만주지역 항일독립운동사 연구

만주지역 항일독립운동사 연구

황민호

국학자료원

서문

한국독립운동사에 있어서 만주는 일제시기 전 기간에 걸쳐 가장 활발하게 항일독립운동이 전개된 지역이었다. 따라서 우리 민족의 독립을 향한 의자와 열망을 가장 뚜렷하게 보여주었던 곳이었다. 필자는 석사논문으로 만주지역 민족유일당운동에 관한 연구를 쓴 이후 만주지역에서의 좌·우익의 항일독립운동사와 재만한인사회의 동향에 관해 공부해 왔으며, 이 책은 그 가운데 15편의 논문을 묶은 것이다.

제1장에서는 봉오동·청산리전투에서부터 정의부, 국민부, 조선혁명군의 한중연합작전과 한국독립군의 항일무장투쟁에 대한 논문을 모았으며, 만주지역 항일무장투쟁사와 관련해 기존의 연구성과를 보완할 수 있을 것이다.

제2장에서는 노은 김규식, 백야 김좌진, 백산 지청천의 항일독립운동에 관한 논문을 묶었다. 일제하 만주지역 항일무장투쟁사와 관련해 가장 치열한 삶을 살았던 분들이다. 원고를 정리하면서 보통 사람은 엄두도 내기 어려운 항일무장투쟁의 지도자로 평생 한길을 살았던 분들의 마음을 다시 한번 되새겨 보았다.

제3장에서는 간민회와 합법적 자치운동, 간도봉기에 관한 논문을 실었다. 일제와 중국당국의 중층적 억압구조 속에서 민족의 정체성을 지키며, 독립운동을 전개하고자 했던 한인사회의 노력을 살펴보고자 하였다.

제4장에서는 항일독립운동사에 대한 연구경향과 고등학교 한국사 교과서의 내용과 문제점에 대해 검토한 논문을 게재하였다. 만주지역 독립운동사 연구의 전반적인 상황을 이해하는 데 도움을 줄 수 있을 것이다.

부편에서는 중일전쟁 이후 봉천지역 관동군이 조직한 흥아협회에 관한 논문을 게재하였다. 항일무장투쟁의 맞은편에 서있었던 친일문제는 언제나 간과되어서는 않 된다는 생각이다.

논문을 모아놓고 보니 관련 주제들 가운데 어느 것 하나도 필자의 견해를 분명하게 설명하기 어렵다는 생각이 들기도 했으나 책으로 묶지 않으면 흩어져 버릴 듯하여 출간하기로 했다.

이 책은 필자가 그동안 쓴 논문을 정리한 것으로 애초부터 논리 전개의 중복을 피하기 어려웠다. 책의 내용을 포괄하는 의미 있는 제목을 붙여보려고 노력했으나 이번에도 만주지역 항일독립운동사 연구라는 지극히 평범한 제목을 붙이고 말았다. 독자들의 너그러운 이해를 바란다.

그동안 필자가 꾸준히 공부할 수 있도록 이끌어준 한국민족운동사학회와 수요역사연구회, 숭실대학교 사학과에 감사의 마음을 전한다.

출판 시장의 어려운 여건에서도 언제나 책을 내주는 것에 주저함이 없는 국학자료원의 정찬용 원장님과 정구형 대표님께도 감사드리며, 항상 정성스럽게 책을 만들어 주는 편집부에도 감사드린다.

이 책이 만주지역 항일독립운동이 오늘 우리에게 전해주고자 했던 울림과 기억을 올바르게 전달하는데 조금이라도 도움이 되었으면 하는 바람이다.

2023년 3월

필자 씀

목차

제2부 항일무장투쟁과 인물

제1장 蘆隱 김규식의 생애와 항일독립운동

제2장 白冶 김좌진의 항일독립운동과 그 기억

제3장 白山 지청천의 만주지역에서의 항일무장투쟁

제3부 한인사회와 민족운동의 전개

제1장 1910년대 한인사회의 형성과 墾民會의 활동

제2장 1920년대 合法的 自治運動의 전개와 한인사회

제3장 1930년 '間島蜂起'의 전개와 한인사회의 대응

제4부 연구 경향과 과제

제1장 만주지역 민족운동사 연구의 동향과 과제

제2장 청산리전투에 대한 연구 성과와 과제

제3장 고등학교 한국사 교과서의 만주지역 독립운동사에 대한 서술체계와 내용

附編

奉天 關東軍의 在滿 興亞協會 設立과 친일논리

제1부

민족진영의 항일무장투쟁

봉오동 · 청산리전투에 대한 『매일신보』의 보도와 '歪曲'

Ⅰ. 머리말

일제하 만주지역에서의 항일무장투쟁은 1920년대에 들어 본격화되기 시작하였으며, 활발한 국내진공작전과 삼둔자전투와 봉오동 · 청산리 대첩 등에서 승리를 거둠으로써 민족진영의 항일무장투쟁사에서 빛나는 승리를 거두었다. 1920년에 들어 독립군의 활동이 본격화되자 일제는 총독부 기관지 『매일신보』를 통해 독립군단체의 동향이나 독립군과 일본군의 교전상황을 왜곡 보도하였다. 특히 봉오동전투와 관련해서는 조선군사령부의 발표를 인용한 '朝鮮人武裝團에 대한 越江追擊戰의 經過'[1]라는 보도기사를 게재하기도 했다.

1920년 9월 26일 조선총독부에서는 『동아일보』를 정간시키고 이보다 앞서 1920년 9월 5일에는 『조선일보』 정간시킨[2] 후 『매일신보』를

---

1) 『매일신보』 1920년 6월 20일~21일 「조선인 무장단에 대한 월강추격전의 경과(1)-(2) 한국병합 이후의 조선 사람의 불온한 상황 국경 건너편에 있는 조선인들의 계획일반, 19일 군사령부발표」

통해 간도를 불법적으로 침범한 '討伐軍'의 활동을 독점적으로 보도함으로서 청산리전투의 전체적 실상도 왜곡하였다. 庚申慘變에서 일본군이 저지른 만행을 호도하는 기사들을 반복적으로 게재하였다.[3)]

『매일신보』에서는 토벌대가 김좌진과 홍범도 연합부대와의 교전에서 패전한 사실을 숨기거나 다른 독립군부대와의 교전에서 승리한 것으로 왜곡하는 다양한 기사를 게재하였다. '토벌대가 잔악한 행동을 했다는 것은 전혀 거짓말'[4)]이라고 하거나 재만 한인들이 일본군에게 '感謝狀'을 제출했다고 하기도 했다. 이밖에 '金佐鎭이 마적과 내통하는 書翰을 보냈다고 보도하는 등[5)] 일본군의 잔학성을 숨기고 독립군의 활동을 악의적으로 폄하하는 기사들을 게재하였다.[6)]

이에 본고에서는 1920년대 초 만주지역 항일독립군의 활동과 관련하여 봉오동전투와 청산리대첩, 그리고 경신참변에 대한 『매일신보』의 보도경향에 대해 확인해 보고자 한다. 또한 이 시기 독립군의 국내진공이나 봉오동전투와 관련하여 『동아일보』의 보도 내용과 비교하여 살펴보고자 한다. 본고의 이러한 노력은 궁극적으로 1920년대 초 만주지역 민족진영의 항일무장투쟁이 거두었던 역사적 성과의 의미와 그것이 일제에게 주었던 충격이 얼마나 큰 것이었는가를 확인하는데 일정

---

2) 신용하, 『한국항일독립운동사연구』, 경인문화사, 2006, 254~256쪽.

3) 조동걸, 「靑山里戰爭 80주년의 역사적 의의」, 『한국근현대사연구』15, 2000, 110~111쪽.

4) 『매일신보』 1920년 12월 5일.

5) 『매일신보』 1921년 1월 22일. 「마적과 상통한 김좌진의 서한, 군정서에서 마적단에게 보낸 사과한 의미의 편지의 내용」

6) 『매일신보』 1921년 1월 23일. 「최근 김좌진의 소식, 병자에게는 모르히네 주사를 하고 최면 치료까지 해」

하게 기여할 수 있을 것으로 생각된다.[7]

II. 독립군의 활동에 대한 국내언론의 보도경향

1920년대에 들어 만주지역에서의 독립군단은 주로 서간도와 북간도 지역으로 나뉘어 활발하게 결성되고 있었다. 서간도지역에서는 유인석의 의병부대와 신민회계열의 이회영・이시영・이상룡 등이 유하현 삼원포를 중심으로 활동하고 있었다. 서간도에서 결성되었던 독립군단으로는 서로군정서[1919년 11월 유하현], 대한독립단[1919년 4월 유하현 삼원보], 大韓獨立青年團[1919년 3월 安東縣], 大韓青年團聯合會[1919년 11월 寬甸縣], 大韓獨立軍備團[1919년 長白縣 八道溝], 匡正團[1920년 봄, 撫順縣城], 義成團[1920년, 懷德縣], 신흥무관학교[1920년 5월, 通化縣 哈泥河], 大韓光復軍總營[1920년, 寬甸縣]을 비롯해 다양한 항일투쟁 단체들이 있었다. <표 1>은 3・1운동 이후 서간도지역의 독립군단 또는 항일단체를 정리한 것이다.

---

7) 3・1운동 이후 항일무장투쟁과 관련된 기존의 연구로는 다음과 같은 것을 들 수 있다. 신용하, 『의병과 독립군의 무장독립운동』, 지식산업사, 2003. 愼鏞廈, 『韓國民族獨立運動史硏究』, 乙酉文化社, 1985. 윤병석, 『해외동포의 원류－한인 고려인 조선족의 민족운동-』, 집문당, 2005. 尹炳奭, 『獨立軍史 鳳梧洞, 青山里의 獨立戰爭』, 知識産業社, 1990. 박영석, 『日帝下獨立運動史硏究; 滿洲・露領地域을 중심으로』, 일조각, 1984. 신용하, 『한국항일독립운동사연구』, 경인문화사, 2006. 愼鏞廈, 『日帝强占期韓國民族史』(상), 서울대학교출판부, 2001. 국사편찬위원회, 『한민족독립운동사(독립전쟁)』4, 1988.

<표 1> 서간도지역의 중요 항일단체 및 독립군단[8)]

團體名	中心地	重要任員	摘記事項
韓族會(扶民團)	柳河縣 三源浦	李沰, 金宗勳, 李震山, 金衡植, 南庭燮, 金定濟, 梁圭烈, 郭文	1919년 3월 13일 발회식, 韓族新報 발행.
西路軍政署 (軍政府)	柳河縣 三源浦	李相龍, 呂準, 金東三, 池青天, 梁圭烈	한족회가 조직한 무장단체이며, 임시정부와의 협의과정을 통해 1919년 11월 군정부가 서로군정서로 명칭이 전화되었다.
新興武官學校 및 新興學友團	柳河縣 三源浦	李世榮, 池青天, 吳光鮮, 申八均, 李範奭	서로군정서 산하의 독립군양성학교이며 통화현 합니하의 본교 이외에 快大帽子와 孤山子 등에 분교를 둠
大韓獨立團	柳河縣 三源浦	趙孟善, 朴長浩, 白三圭, 崔永浩, 尹德培, 金元燮	1919년 3월 15일(음) 檀君御天節에 결성되었으며, 保約社, 鄕約契, 農務契, 砲手團 등 의병계열이 주도
大韓青年團聯合會 義勇團	安東縣 弘通溝	安秉瓚, 金瓚星, 金承萬, 金時漸, 吳學洙, 金鐸	3·1운동 이후 안동현에서 안병찬을 중심으로 조직된 대한청년단 연합회 내의 무장부대
光復軍總營 大韓光復軍司令部	寬甸縣 安子溝	吳東振	임시정부에서 파견된 李鐸이 대한청년단연합회 간부와 협력하여 조직
大韓獨立軍備團	長白縣 十七道溝	李殷卿, 李泰杰	함경도의 민족운동가들이 체계적인 독립운동을 전개하기 위해 함경도와 마주하고 있는 장백현을 근거지를 조직
光韓團	寬甸縣	李時悅, 玄益哲, 玄鼎卿	1921년 5월 한족회 내의 소장파에 의해 조직된 후 적극적인 國內進入戰을 전개, 국내에 決死隊員을 두어 게릴라전을 전개
義成團	懷德縣 五家子	片康烈	1920년에 편강렬이 梁基鐸·南正과 함께 조직 남북만주에서 일제 기관의 파괴와 친일파숙청에 주력
天摩隊	義州郡 天馬山	金時興, 崔志豊	한말 군인출신이 많으며, 1920년부터 1922년 사이에 국내에서 게릴라전을 전개 일본 군경 및 친일파를 다

			수 숙청, 광복군총영에 합류하여 그 별동대로 활동
太極團	長白縣 華蓋山	趙仁官, 鄭森承, 金東俊	단원 2,000~3,000명이라하며, 國內進入戰을 주장
少年團		徐哲, 崔賢吉, 李明善, 申泰鉉, 郭敬	본부는 上海에 있었다고 하며, 북간도를 비롯 서간도 八面屯, 하얼빈, 길림 등에 지부을 결성
大震團	安東縣 興道子	金中建	1920년 11월에 결성, 청년단원 200명 내외였으며, 軍銃으로 무장
鄕約團	寬甸縣 小雅河	白三奎	柳麟錫의 高弟 백삼규가 지휘하여 무력항쟁을 통한 조선왕조의 復辟을 주장하였으며, 후에 大韓獨立團에 통합
白山武士團	臨江縣 帽兒山	李斗星, 金寶煥	1921년 5월경에 임강현 · 撫松縣에 걸쳐 약 6,000명의 단원으로 구성
義勇團, 武裝團 光復團, 靑年團	寬甸縣		1921년 11월 현재 獨立團과 더불어 各團總數가 약 1,8000명
農務會	臨江縣 頭道溝	金宗範	1920년 말경 김종범 등 30명 내외로 조직
普合團	寬甸縣	金仲亮, 金攸信, 朴初植	군자금을 모집하여 임시정부에 송금
中興團	通化縣 七道溝	白寅均	한족회의 分枝로 통화남부 집안현 노령 남부 등의 세력범위에 속함
武士團	茂松	金星奎 · 尹世復	1919년 5월에 조직되었으며, 무송현을 근거로 활동
義勇軍講習所	吉林省 華甸縣	朴世宗 · 姜應浩	지역 청년들 군사교육을 담당하였으며, 독립군 무장대을 건립하기 위한 준비를 함
韓僑公會	桓仁縣 橫道川	孫克章 · 獨孤旭 · 李天民	3 · 1운동직후 조직되었으며, 친일기구와 친일분자를 공격

8) <표 1>과 <표 2>는 각 독립군단의 지역별 현황에 대해서는 앞의『한민족독립운동사』4, 45~52쪽 참조. 앞의,『日帝强占期韓國民族史』(상), 357~358쪽의 내용을 참고하였다. 또한 윤병석,『獨立軍史』, 지식산업사, 1990, 120~122쪽과 국사편찬위원회,『한민족독립운동사(독립전쟁)』4, 1988, 45~47쪽.의 내용을 참조하여 작성하였다. 김양,『압록강유역의 조선민족과 반일운동』요녕민족출판사, 2001 등을 참

한편 북간도지역에서 조직된 독립군단으로는 대한독립군[1919년 3월 왕청현], 正義團[1919년 3월, 왕청현], 大韓新民團[1919년 3월, 혼춘현], 義軍府[1919년 4월, 연길현], 大韓正義軍政司[1919년 10월, 안도현], 북로군정서[1919년 12월, 왕청현], 大韓義民團[1920년 4~5월, 연길현], 大韓國民團[1921년 10월 장백현], 大韓義勇軍事會[1921년 10월, 연길현], 등이 다양한 조직들이 결성되었는데 북간도지역에 결성되었던 단체의 현황은 정리하면 <표 2>와 같다.

<표 1>과 <표 2>를 통해서 보면 1920년대 초기를 전후하여 서간도와 북간도지역에는 비교적 많은 수의 독립군단들이 조직되었음을 알 수 있으며, 이들은 '독립전쟁론'을 근간으로 항일무장투쟁을 위한 적극적인 활동을 전개하고 있었다고 하겠다.

<표 2> 북간도지역의 중요 항일단체 및 독립군단

團體名	中心地	重要任員	摘記事項
大韓國民會國民軍	延吉縣	具春先, 高東煥, 金奎燦, 金精, 朴斗和	1920년 1월 본부는 연길현 春陽鄕 蛤蟆塘이었으며, 1920년 8월 15일 현재 병력 약 450명, 군총 400정, 권총 160정을 보유한 것으로 나타나고 있다. 주로 홍범도의 대한독립군이나 최진동의 군무독군부군과 제휴
琿春大韓國民議會	琿春	李明淳, 黃炳吉, 盧宗煥	琿春大韓國民會라도 하며, 기독교 장로파의 신자들이 주축이 되어 조직되었고 대한신민단과 더불어 혼춘지방의 항일독립운동의 중심적 역할을 하였다.
正義團	汪淸縣	徐一, 桂和, 蔡五, 梁玄	1911년 망명 의병을 규합하여 서일이 조직한 중광단을 모체로 3·1운동 이후 조직한 항일무장단체
北路軍政署(北路軍司令部)	汪淸縣 西大坡	徐一, 金佐鎭, 李章寧	정의단을 근본으로 개편하여 군사적인 측면을 강화하여 재조직

조하여 작성하였다.각 독립군단의 창설 시기 및 지역과 관련해서는 기록에 따라 약간의 차이가 나타고 있다.

大韓獨立軍	延吉縣 明月溝	洪範圖, 朱建, 朴景哲	한말의 의병장 홍범도가 3·1운동 직후 북간도에서 조직한 독립운동단체
軍務都督府	汪淸縣	崔振東, 朴英, 李東春	봉오동에서 신한촌을 건설한 최진동의 형제들이 3·1운동이 일어나자 조직한 항일무장단체
大韓光復團	汪淸縣 春明鄕 大坡子	李範允, 金聖倫, 金聖極, 洪斗極, 黃元瑞	독립군 200~300명을 편성, 독립전쟁을 적극 주장하였으며, 구 한국의 復辟을 주장함.
韓民會軍	혼춘	李光澤, 黃丙吉	3·1운동 직후 조직되었으며, 청산리전투에서 200명의 무장대원이 홍범도부대와 동일한 지역에 주둔하여 전투에 참가하였다.
義民團	북간도	方雨龍, 金鍾憲, 許根, 洪林	천주교도가 중심이되었고 國內進入戰을 주장하고 軍銃 400여정 이상을 보유함.
國民會軍	간도지역	具春先, 安武, 崔翊龍	간도의 대한국민호의 직할부대로 1919년 겨울부터 결성되기 시작한 것으로 보인다. 약 200~250명 내지 400명 규모의 병력을 확보하고 있었다함.
義軍府	延吉縣 明月溝	李範允, 秦學新, 崔又翼, 金淸鳳, 金鉉圭	한말 의병이 중심이 되어 조직하고 1920년 8월 경에 독립군이 400명 이상이었으며, 일제 식민지 통치기관 및 그들 軍警營所 과괴에 주력함.
義團軍	北間島	陳相山, 池章會	義兵山砲隊라고 하였는데 복벽주의 운동을 전개하고 있었으며, 연호도 檀紀를 사용함.
大韓新民團	琿春	金奎晃, 李在浩, 韓京瑞, 李仁, 李元俊, 金準根	기독교인을 중심으로 조직되었고 1920년 7월 상해 임시정부 파견원 金應植의 보고에 의하면 독립군이 약 500명이라 함.
大韓正義軍政司	安圖縣	李圭, 姜熹, 洪禎贊, 張南燮, 李東柱, 趙東植, 吳一	의병들이 중심이 되어 3·1운동 직후 大韓正義團臨時軍政府를 조직, 1919년 10월에 대한정의군정사로 개편하였다. 本營인 內道에 둔 100여명 이외에도 小沙洞 에 240명과 華甸縣 古桐洞에 100명이 있었다고 함.
野團	연길현 尙義鄕	林甲石, 金光淑	청림교도들이 중심이 되어 조직되었으며, 독립군단을 편성하지 못하다가 대한군정사와 합병
血誠團	黑龍江省 烏雲縣	金國礎, 金春一	1920년 초 청년들이 조직했으며, 애국청년혈성단이라고 함.
新大韓靑年團	琿春縣 春化鄕	李京鎬, 崔德在, 金承洙	1920년에 조직되었으며, 회원은 약 350명 정도였다. 이들은 매월 1회의 정기모임을 가졌으며, 13개 조로 된 규칙을 제정하였는데, 주로 간도청년의 혁

			신을 위해 활동하였던 것으로 보임.
大韓青年團	延吉縣 小道溝	徐成權, 姜伯奎	1920년 4월경에 각지역의 학교 교사들이 중심이되어 조직 왕청현, 연길현, 화룡현 등에 5개의 지부를 둠. 무장력은 갖추지 못했던 것으로 보임.
復皇團	延吉縣 志仁鄉	文述謨, 崔禹翼	孔教會員이 많았고 독립사상의 고취와 군자금모집에 주력하여 상해임시정부에 전달하였다.
倡義團	北間島	李範模	북간도와 茂山지방이 세력권이며, 이범윤의 부하였던 이범모가 조직함.
青年猛虎團	北間島	金尙鎬	明洞 및 正東學校의 교직원과 학생들을 중심으로 조직
急進團	琿春		3·1운동 직후에 조직되었고 노령의 과격파와 관련이 있다고 함
學生光復團	延吉縣 蛤蟆塘	吳仁伯, 金南轍	참모에 金雲鍾, 羅益, 단원은 朴昌俊이었던 것으로 나타남
保皇團	王清縣 大坎子	金二洙, 金星極	20여명의 유림출신 독립투사들이 황제를 위하여 목숨을 내걸과 독립투쟁을 목표로 조직함.
建國會	琿春	黃丙吉, 朴致煥	3·1운동 직후 20여명의 회원을 모아 조직한 항일무장투쟁 단체.
自衛團	局子街	崔經鎬	국자가에 있던 중국 道立중학교 한인학생들과 졸업생으로 조직.
吉林軍政司	吉林	李相龍, 柳東悅, 朴贊翊, 曺成煥	1919년 2월에 대한독립선언서를 발표한 大韓獨立義軍府의 후신으로, 1919년 3월 중순 이후 조직
大韓公義團	春明鄉 二岔子	嚴俊, 沈龍雲	대한독군부에 합류하기도 했으며, 1920년 10월 대한총군부에 합류하였으며, 약 50명의 병력을 확보.
大韓議事部	汪清縣 羅子溝	李東輝, 崔正國	국민의사부라고도 하며, 대한국민회와 밀접한 관계를 맺고 있었다. 대한통군부의 결성에 참여했다가 291년 2월 경에 다시 분립하여 활동.
救國團	汪清縣 百草溝	金東勛, 金日京	1920년 2월 군무부라는 명칭으로 조직, 1920년 7월 현재 70명의 단원을 확보,
大韓總軍府	汪清縣 羅子溝	최진동	일본군의 간도출병 이후 나자구 방면으로 퇴거했던 대한군무독군부와 대한공의단, 대한광복단, 대한의군부, 대한의사회 등이 연합하여 결성한 조직

독립군의 활동이 활발해 자자 『동아일보』에서는 만주지역 독립군

조직이 국내와 연결하여 대대적인 항일무장투쟁을 계획하였음을 상세하게 보도하기도 했다.

> 만주에 본부를 두고 경성에 중앙 기관과 각도에 총지단, 각 군과 면에 지단을 두고 조선 전도에 군대조직으로 기관을 설치, 의용대에서 암살단과 방화단을 꾸며서 관리와 친일파를 죽이고 각쳐에 불질러 소방하는 틈에 경관의 무기를 약탈하야 만주에서 독립군이 건너올 때 호응하야 대병을 출동하야 중앙에셔 전투를 개시, 釋奠日에 進行할 計劃이 平壤에서 發覺, 各處에서 繼續 檢擧, 대한독립단원 다수히 피착.
>
> 근일 평안남북도와 황해도 각지에서 경찰과 또는 면장을 암살하는 사건이 끝을 이어 일어났는데 최근 평안남도 제삼부에서는 대한독립단 평남소집전권위원을 체포하고 증거품인 과격문서를 압수하는 동시에 중대사건의 단서를 발견하야 각 지방에 연루자를 계속 검거하야 엄중히 취조중인데 그 단체의 규칙을 보건데 아래와 같더라.
>
> 大韓獨立團通則
>
> 一. 목적하는 바는 남북만주와 조선 내지에 기맥 상통하야 조선독립의 완전한 성취를 도모할 일.
>
> 一. 조직 대한독립단의 본부를 중국 유하현 삼원보에 두어서 이를 總裁所라 하고 도총재로 박장호, 백삼규, 총단장으로 조맹선을 임명하고 경성에 전국 중앙기관을 두고 각도에는 總支團, 각군 각면에는 군면지단을 설치할 일.
>
> 一. 방법 각도에 소집전권위원을 특파하야 일동의 전권을 급속히 위임할 일.
>
> 一. 전권위원의 사무는 아래와 같다.
>
> 가) 독립운동 의무금을 징수할 일. 나) 만주에 있는 본단에서 동병하야 압록강을 건널 때에는 일제히 내응할 일. 다) 독립단이 개전할 때에는 군인 군속과 군수품을 징발하야 운수해 보낼 일. 라) 기타 적

병(敵兵) 일본군과 적국의 경찰관 배치한 상황과 전국의 間諜과 친일하는 관리의 조사표를 꿈일 일. 마) 행정관리에 대한 경고를 본부의 명령으로 선포할 일. 바) 지방청년으로 의용단을 조직하야 군(郡)에는 200명으로 조직한 중대를 두고 도에는 400명으로 조직한 대대를 두고 중앙에는 800명으로 조직한 연대를 설치할 일. 사) 의용단 중에서 용감한 사람을 선발하야 암살단과 防火隊를 조직하여 암살대는 중앙기관의 명령을 받아서 관리와 친일하는 사람들을 암살하고 방화대는 일이 일어날 때에 경관이 소방하러 나간 틈을 타서 무기를 탈취하고 경관과 싸움하는 동시에 중앙으로부터 대병을 출동시키어 전투를 개시하고 또 각소에 있는 감옥을 파괴하야 각처에 있는 죄수를 행방 일일 군용품은 물론 철도와 전신을 파괴 절단할 기구를 준비하여 줄 일 등이요 그들은 넓은 만주와 조선 각지에 연락을 통하여 숙천, 영유, 順安 등지에 사단을 설치하기로 준비 중인데 지난 16일 석전제에 각도 유생이 도 대회로 모이는 것을 기히로 하여 연락을 하려 함인데 목하 조선 각도 제삼부에서는 일제히 동단의 연루자를 체포하는 중이더라.[9]

위의 내용은 대한독립단 평남소집전권위원이 체포되면서 보도된 것이다. 이 내용에서 보면 박장호, 백삼규, 조맹선이 이끄는 대한독립단이 만주에서 뿐만 아니라 국내와 연결된 전국적인 연결망을 갖춘 의용단을 조직하고 이들을 중심으로 암살단과 방화대를 결성하여 일시에 전국적인 규모의 항일무장투쟁을 전개하고자 했음을 강조하고 있는 것을 볼 수 있다. 그리고 이를 위해 대한독립단에서는 군자금을 모직하고 전국적 봉기에 필요한 정보를 수집하고 독립군이 압록강을 건널 때를 대비하고자 했다는 점을 대대적으로 보도하였다.

---

9) 『동아일보』 1920년 9월 19일. 「大規模의 大韓獨立團」.

『동아일보』 9월 17일자에서는 대한독립단의 수령 河燦隣이 조선에서 관리노릇을 하는 사람들을 죽이기 위해 평안북도로 들어왔으나 삭주군 舊曲洞·延豊洞 일대에서 경찰대에 발각되어 교전 중 사살되었으며, 추격하던 경찰관 1명도 죽었다고 보도하기도 하였다.[10] 그런데 대한독립단의 활동과 관련한 『매일신보』의 기사 내용은 『동아일보』와 상당한 차이를 나타내기도 하였다.

> 지나 유하현에 본거지를 두고 있는 도총재 박장호, 부총재 조맹선, 총단장 金起漢 등의 영솔한 독립단은 종래 평안부도 강안 일대 출몰 횡횡하던 중인데 본년 4월 이래로 그 독립 支團을 각도에 설치하고 조선 내지에 있는 청년회를 합하야 전선 일치로 일제히 무력운동을 일으킬 계획을 하고 임의 평안남도에서 임의 착수하야 잠차로 각도에 미치고져 하는 것을 동도 제삼부에서 탐지하고 9월 3일에 간부 李發永 외 16명을 검거하야 무서운 음모를 발견 방지하고 동월 19일 취조를 마치고 그 사건을 소할 검사국에 보내었다더라.[11]

『매일신보』에서는 대한독립단의 국내조직이 검거되었음을 보도하면서 '무서운 음모를 발견 방지'하였다고 하거나 '全鮮一致 武力的 運動을 惹起 …코저 계획한 것이 발각'이라고 하여 '독립' 혹은 '독립투쟁'이라는 의미의 단어를 의도적으로 생략하고 있었다.

『매일신보』의 다른 기사에서는 '조맹선 외 4명의 조선인 음모단 수령은 通化, 寬甸,輯安 등 압록강 방면의 각 현에서 혼춘사건의 일단과

---

10) 『동아일보』 1920년 9월 17일. 「獨立團首領銃殺, 삭주군에서 경찰과 싸우다가」.

11) 『매일신보』 1920년 10월 19일. 「全鮮一致 武力的 運動을 惹起 …코저 계획한 것이 발각, 간부 16명 就捕」.

연락할 뿐 아니라, 마적 및 중국관헌과도 연결하여 교통이 불편한 곳에 있는 일본인 관공서를 습격하고 다시 의주로 침입하고자 하고 있으며, 대 격전이 있을 것을 대비하여 그 가족을 안전한 곳으로 보내고 있다고 보도하였다.[12] 1920년 10월 28일자 기사에서는 음모단 5명이 昌城郡 高黃克의 집을 음습하여 육혈포로 집안사람들을 위협하여 현금 47원을 강탈 도주하였는데 출동한 경찰에 대해 그 집안의 가족과 친척들이 음모단이 다시 온 것으로 알고 살기 위해 도망하던 중 경찰의 誤認射擊으로 총살당하였다[13]고 하였다. 그런데 이러한 보도는 궁극적으로 만주지역 독립운동세력에 대한 『매일신보』의 경향성을 보여주는 것이라고 하겠다.

한편 <표 3>에서 보는 바와 같이 1921년 『동아일보』에 나타나는 독립군과 일본 경찰과의 交戰 관련 기사의 일부를 정리해 보면 당시 독립군의 국내진격작전이 일제의 국경치안을 심각하게 위협하고 있었음을 알 수 있다.

<표 3> 『동아일보』에 나타난 1921년의 독립군의 국내에서의 활동 상황[14]

날짜	지역	사건 개요
5.19	함경남도 삼수군 남면 槍洞里	14일 함경남도 中坪場 경찰서원으로 조직된 수색대와 조선사람 장정 3명이 총을 놓아 싸워 조선 사람 2명이 죽고 1명은 다라나 버리었슴으로 … 군자금 영수증과 광복단 취지서를 발견하였다. 필경 그들은 광복단원으로 각 지방으로 군자금을 모집하러 다니든 사람이 분명하더라

12) 『매일신보』 1920년 10월 19일. 「交通不便한 地方에 所在한 官公署를 襲擊하고 義州侵入을 計劃, 음모단 수령들은 봉천성 관전현 하에서 대격전이 있을 것을 미리 생각하고 있는 중」.

13) 『매일신보』 1920년 10월 28일. 「昌城郡 의 避難民을 陰謀團으로 誤認하고 擧皆 銃殺한 慘事, 음모단을 피하여 도주하는 사람을 총으로 쏘아 죽였다」.

5.19	의주군 내면 於石洞	17일 무장하고 병기를 가진 배일 조선사람 수명이 침입하야 동군 주재 헌병대 헌병 河成鎭 외 1명과 격투하야 드디어 배일파 조선사람에게 참혹히 살해를 당하였는데 당지 경찰당국에서는 범인을 엄정히 수색중이나 아직 체포치 못하였다더라
6.6	함경북도 갑산군 혜산진	권총을 가진 독립단 14명이 군자금을 모집하고 돌아다닌다고 하여 성진경찰서에서는 관내 주재소와 연합하여 엄중 수색 중
6.11	평안북도 압록강 연안	지나간 1일 독립당 조선 사람이 출몰하야 인심을 소란케 하는 중인데 초산군 북면 및 高面에 독립군이 나타남. 부호들을 협박하여 금전을 강청, 풍면 용당동에서는 金俊錫을 총살하였는데 … 이들은 교묘히 창성으로 도망한 듯한데 창성에서도 독립파의 조선사람 수삼명이 오전 10부터 11시 동안 許鳳珍과 한사람의 집을 급습하야 군자금을 강청, 목적을 이루지 못하였으나 평안북도 임야조사원 金永寬에게 육혈포를 사격함
6.16	벽동군 松西面	1일 아침 9시경 벽동군 송서면 崔錫引의 집에 독립단 5명이 침입하여 전 面長 최석인 처를 총살하고 그집에 불을 노았는데 소서명 주재소에서는 경부 이하 8명이 출장하여 총을 놓고 한참동안 교전한 후 경관이 충돌하여 1명을 피살
6.28	의주군 州內面	24일 독립단 3명이 주재소에서 근무하던 순사가 압록강변을 순찰하던 중 육혈포로 쑨사를 쏘아 바른편 다리에 총상을 입힘. 무장 경관 다수가 현장에 출동하여 부상한 순사는 자혜병원으로 옮기고 수색하였으나 한명도 잡지 못하였다.
6.30	평안북도 벽동군	26일 오전 독립단 벽동을 내습, 경관 헌병과 밤중에 충돌, 독립신문 10장, 권고문 1장 등 여러 가지 물품을 가지고 있었으며, 대게 10명에 지나지 못함. 光復軍에 속하는 사람들로 吳東振의 부하기 분명하였음. (別報) 26일밤 下北경찰관 주재소 柴崎 순사외 1명은 벽동군 오복면에서 9명의 광복단원을 만나 충돌이 있었은 후 마침내 시기 순사는 간곳을 모르게 되었다더라
7.21	함경북도 경성군 朱北面	3일 오전 2시 7~8명의 배일조선인이 나타나 군자금을 강청, 저녁에 준비해두라고 하고 어디로 갔는데, 정동(町洞) 파출소에서 수색한 결과 산속에 숨어있던 4명을 체포하였는데 그 중에 1명은 교전 중에 총살됨.
7.24	자성면 高嶺洞	자성 경찰서의 白井 순사 등 5명은 상평 임시경찰관 출장소를 습격할 목적으로 침입하는 申光休의 부하 수명의 독립단과 격투하야 서로군정서 재무부 尹相基 외 1명을 총살하고 군자금 영수증과 권총 등 7가지를 압수하였다.
7.29 · 7.30 · 8.6	평안북도 후창군 東興	25일 무기를 기진 독립단 약 40명이 들어와 아침밤을 지어달라하고 서남방면으로 갔는데 ... 후창군 奉雲山 중에 있는 듯 한다하며. 후창과 강계 수비대는 명령만 내리면 곧 출동할 준비를 하는 중이라더라. 27일 오후 경찰과 충

		돌하여 高田 순사부장에게 총상을 입히고 長津郡 방면으로 자취를 감추었는데 아직까지 간곳을 모른다더라. 지난 27일 경 평안북도 후창군으로 침입한 배일조선인단체는 각처로 돌아다니며 일본경찰대와 충돌하기를 세차례나 미치고 경찰대를 심히 괴롭게 할 뿐 아니라 평안북도 지방은 깊은 골과 험한 산이 점점히 연하여 여간 경찰대의 수색으로는 도저히 발견할 수 없음으로 조선군사령부에서는 함경남도 장진 수비대에 대하여 동원령을 발동하였다더라.
8.23	평안북도 강계군	지난 18일 오후 10시경 金寬奎의 집에 독립단 6명이 들어왔다는 급보를 접한 강계경찰서에서는 端正 부장 외 4명이 급히 현장에 출동하야 피차에 총을 쏜 결과 독립단 1명이 맞아 죽고 5명은 도주하였다.
8.29	자성군 上仇徘 나루	14일 정오 12시경 獨木舟를 타고 2명의 독립단이 조선 내지로 건너옴을 발견한 경찰 출장소원은 강가에 갓가이 옴을 기다려서 두 번이나 누구냐라고 물었으나 대답이 없고 가졌던 권총을 놋흠으로 순사는 이에 응전하야 총을 쏜 결과 2명은 드디에 총에 맞아 죽었다더라
9.9	함경남도 갑산군	7일 해산진경찰서의 山 경부보가 거느리는 경관대는 동흥면 東薪里에서 10여명의 독립단과 충돌하야 그 중에 1명을 죽이고 장총 1자루와 탄환 50발과 기타 여러 가지를 압수하였는대 독립단은 수풀 속으로 자취를 감추었음으로 방금 추적중이라더라
9.14	함경북도 갑산군	10일 오후 3시반 해산진수색대는 갑산군 보혜면 五豊洞에서 南陽洞으로 가는 도중 경동(慶洞) 근처에서 독립단 6명과 충돌하였는데 독립단들은 무성한 산림속으로 도망함으로 쫓아가서 그중의 1명을 총살하고 나머지 5명은 栢德洞 방면으로 도주하였다더라
9.21	평안북도 雲山 北鎭	15일에 독립단과 순사가 충돌하야 高村 순사는 총에 맞아 죽었다고 하며, 양방의 인원수는 알수 없다더라
11.15	의주군 古館面 館洞	11밤 권총을 가진 독립단 3명이 나타났다는 소문을 들은 동면 순사주재소에서는 그 시로 무장을 하고 출동을 하야 수색하던 결과 순사와 독립단이 충돌되야 피차 총을 쏘며 한참동안 접전을 한 결과 독립단 2명은 순사의 총에 맞아 죽고 한명은 어데로 도망하야 금방 수색하는 중이라 하며, 그때 압수한 물건은 궈총 2자루와 및 탄환 68발아라더라.

14) 날짜는 『동아일보』에 게재된 날짜이며, 사건 개요는 필자가 축약하여 정리한 것이다. 실제 『동아일보』에는 이보다 훨씬 많은 기사가 게재되어 있으나 여기에서 몇 가지 기초적인 사례들만 간추렸다. 신문기사의 제목을 정리하면 다음과 같다. 『동이일보』 1921년 5월 19일. 「光復團과 接戰, 함경도 삼수군에서 경관과 광복단이

<표 3>에서 보면 독립군은 국내로 진공해 일제 경찰과 교전하거나 친일 면장 등을 처단하였으며, 군자금을 모집하는 활동을 전개했던 것으로 나타나고 있다. 특히 광복군총영에서 파견한 것으로 보이는 독립군부대는 '독립신문' 10장과 권고문 1장 등을 소지하고 있었던 것으로 나타나고 있다. 1920년 7월 25일에는 독립군 약 40여명이 평안북도 후창군에 들어왔는데 이들은 27일 高田순사부장을 교전 중 사살하였으며, 3차례의 교전에서도 경찰 수색대를 따돌려 조선군사령부에서 함경남도 長津守備隊에 동원령을 내려야 할 정도였음을 보여주고 있었다.

『매일신보』에서도 국경지역에서 발생하고 있는 독립군과 일본경찰의 교전에 대해 자주 보도하고 있었는데 그 내용을 정리하면 다음과 같다.[15)]

싸워서 2명이 죽어」. 5월 19일. 「武裝한 排日派 에게 헌병보 일명은 총을 맞아 죽어」. 6월 6일. 「端川郡에 獨立團 십사명의 한단체가 출몰」. 6월 11일. 「鴨綠江沿岸大騷亂, 무장한 독립단이 자주 출몰, 구당 한명은 총살당하여」. 6월 16일. 「前 面長의 妻를 射殺, 벽동군에서 독립단 5명과 경관이 충돌하야 한명 피살」. 6월 28일. 「山間에서 突然 銃聲, 압록강 중승애도 풀습에서 독립단 삼명이 순사를 쏘아」. 6월 30일. 「獨立團 碧潼郡을 來襲, 경관 헌병과 밤중에 충돌, 들은 아마 광복군인 듯」. 7월 21일. 「獨立團員 一名 銃殺, 경관과 격투 후 세명은 잡히고」. 7월 24일 「獨立團 二名 射殺, 자성에서 경관과 격투 중」. 7월 29일 「獨立團 侵入警戒, 독립단 40명이 후창조애 경관과 헌병은 협력 토벌 중」. 7월 30일. 「武裝團體 長津으로 이십칠일에 경관과 충동, 순사부장 한명은 중상해」. 8월 6일. 「平北에 軍隊出動令, 독립단을 토벌키 위하야 당진있는 수비대에 명령」. 8월 23일. 「江界에서 衝突, 한명을 총살」. 8월 29일. 「獨立團二名 獨木舟로 강을 건너다가 총을 맞아 죽어」. 9월 9일. 「甲山에 獨立團 , 경관과 충돌하야 마침내 한명피살」. 9월 14일. 「甲山地方에서 衝突, 독립단 육명 중 한명은 피살」. 9월 21일. 「巡査一名被殺, 평안북도 운산에서」. 11월 15일. 「獨立團 二名被殺, 의주고관면에서 경관과 충돌」.

15) 『매일신보』 1920년 9월 17일. 「昌城山林主事를 暗夜에 襲擊한 獨立團」, 9월 17일. 朝鮮人 獨立團에게 襲擊 當한 山林主事」, 9월 20일. 「營林敝員銃殺, 다순한 조선인 무장단체가 들어와서 백주에 습격했다」. 9월 12일 「義州郡 玉尙面長 銃殺됨」. 10월 11일. 「新義州搜査隊가 決死隊長과 交戰, 맹렬한 접전을 한 후 그중 4명을 잡았

<표 4> 『매일신보』에 나타난 1920~1921년의 독립군의 국내에서 활동 상황

날짜	지역	사건 개요
9.5	평안북도 초산군	7·8명의 독립단체가 초산군에 거주하는 山林主事 楪木楠見 집을 습격
9.11	의주군 玉尙面	玉尙面 면장 金仁瑞 독립단의 손에 의해 총살됨
9.17	혜산진	무장한 독립단이 들어와서 營林廠員 1명을 총살하고 1명 三谷秀一에게 부상을 입혔다
10.8	구성면	독립단 총재 趙孟善이 파견한 암살대장 이하 5명과 신의주 수사대가 교전
10.25	평안북도 서천군	철산경찰서 수색반은 철산군 하혜면에서 독립단원 4명과 충돌
11.6	평안북도 삭주군	삭주군 경찰수색반은 의주군 옥상면에서 국경 건너편 관전현 향로구(香爐溝)의 평북독판부에서 파견한 암살단원과 충돌
11.8	평안북도 용천군	평안북도 용천군에 10여명의 조선인 음모단이 출현하야 경관대와 應戰 1명은 쏘아 죽이고 3명은 체포.
12.1	신의주	신의주경찰서 관내 고성경찰관 주재소 대원은 신의주군 고성면에서 조선인 음모단원 2명을 발견하고 교전하였는데 조선인 순사 한 명은 음모단의 탄환이 복부에 관통하는 부상을 입음
12.8	평안북도 철산군	평안북도 철산군 경찰 수색반은 철산면에서 음모조선인 5명과 만나 교전하였는데 2명을 죽이고 3명은 깊은 산중으로 도망하였는데 교전 중 순사 한명은 오른편 엉덩이를 관통하는 총상을 입음.

다」. 11월 10일. 「平北督辦府 暗殺團員과 大接戰, 삭주경찰서 수색반원이」. 11월 12일. 「음모조선인이 경관대와 應戰하야, 한명을 쏘아 죽이고 세명은 체포하고 나머지는 모다 의주군 비현면으로 도망했다」. 12월 3일 「義州 台山洞에서 交戰」. 12월 12일 「鐵山郡에서 衝突接戰」. 12월 24일. 「陰謀團 三名이 携帶 銃器를 遺棄 逃走, 지금 추격 중」. 1921년 1월 8일, 「陰謀團 一隊와 交戰, 태천군에서 충돌하야 권총 압수, 一名은 射殺」. 1월 11일, 鴨綠江上에서 衝突 接戰, 魁首 以下 三名 射殺」, 1월 22일, 「陰謀團과 交戰, 의주경찰서 수색대원이 十餘名과 衝突」. 1월 25일, 「陰謀團 交戰, , 구정경찰대와 충돌하야 한명 체포 일명은 사살」. 8월 2일, 「武裝團과 交戰하야 음모단 팔명을 쏘아 죽여」. 8월 28일 「團長 等 六名 射殺, 후창 수색대가 격투한 후」. 9월 25일 「搜索隊와 陰謀團 衝突, 좌등 순사는 부상을 당하고 추격 중」. 10월 11일, 「武裝團 楚山에 出現, 應戰한 巡査夫婦를 射殺, 주재소와 면사무소를 습격한 바, 면장 형제도 부상되어」. 10월 19일, 「甲山에 武裝團, 會麟 駐在所 襲擊事件, 약 육십명의 무장단체가 쟁백현 방면으로 출현해」. 11월 28일, 「昌城에서 衝突, 움모단 네명을 사살하고 무기 압수」.

12.11	신의주	신의주 경찰서의 박경부보의 수색대는 의주군 월하면에서 독립군 음모단 3명을 발견하고 뒤를 쫓아간 즉 휴대한 총기를 버리고 도주
1921. 1.4	평안북도 태천	평안북도 泰川 경찰서의 後藤 경부보가 거느린 5명의 검사반은 長林面에서 음모조선인 일단과 충돌하여 충돌, 조선인 1명을 죽이고 육혈포 1개와 불온문서 약간을 압수하였다.
1921. 1.4	평안북도 후창군	평안북도 후창 건너편의 압록강에서 조선으로 침입하고자 하는 독립단 5명이 있음을 탐지한 동홍 경찰서원은 급히 출동하여 강상에서 충돌 접전을 한 결과 괴수 이하 3명을 사살하였다
1.20	평안북도 의주	평안북도 의주경찰서의 수색대는 동군 수진면에서 10여명의 조선인 음모단과 충돌하여 장시간 교전
1.21	평안북도 구성군	평안북도 구성경찰서 堀井 부장 이하 6명은 구성군 沙器面에서 조선 독립음모단과 충돌하여 격전 한후 괴수 裵俊高외 1명은 쏘아 죽이고 1명은 체포
7.30	평안북도 자성군	평안북도 자성군 閭延面에서 중강진경찰수사대와 조선인음모단 14명이 충돌하여 조선인 8명이 죽었으나 교전 중에 大島 순사는 사망하였으며, 澤井 순사부장에 1명의 순사도 부상을 당하였다
8.23	평안북도 후창군	후창 경찰서 경부보 이하 10명은 후창 강구 부근에서 약 20명의 음모단과 충돌하여 단장 이하 6명을 사살
9.34	의주군	의주군 松長面 산림 중에서 수색대와 음모조선인 5~6명이 충돌하여 佐藤 순사가 어개에 총상을 입음
10.7	초산군	20여명의 무장단이 초산군 순사주재소와 면사무소를 습격, 응전하는 순사부부를 사살되고 면장 형제도 부상을 당함
10.17	함경남도 갑산군	장백현으로부터 침입한 조선인 무장단체 약 16명 함경남도 갑산군 會麟 회린 주재소를 습격하였는데 피차 100여발을 쏘고 그 단체가 패하였다더라
11.18	창성군	창성경찰서 大倉순사주재소의 수색대 6명은 신창면 산중에서 음모단 수명과 충돌하여 음모단 4명을 쏘아 죽임

그런데 『매일신보』의 경우는 독립군의 활동을 서술하면서 '조선인음모단', '음모조선인' · '독립군음모단' · 등의 명칭을 주로 사용하여 일관되게 '獨立團'이라는 용어를 사용하고 있는 『동아일보』와는 다른 태도을 보이고 있었다. 『동아일보』에서는 독립군의 활동을 설명하면서 '광복단 오동진의 부하가 분명하다'고 하거나 '서로군정서 재무부의 尹

相基라고 보도하는 등 그 내용에 있어서도 『매일신보』와는 다른 측면이 있었다.16)

뿐만 아니라 『매일신보』 1920년 6월 24일자에서는 '본년 3월 이래로 평안북도에서 병장기를 가진 조선 사림들이 중국측으로부터 들어와서 경찰관과 및 직원을 살해하고 혹은 금품을 강탈하여 가지고 도망하는 강폭한 행동을 함으로 당국이 이를 극력으로 경비하여 막고자 노력하고 있다. 그러나 멀기가 200리나 되는 압록강을 밤사이에 건너와 지금도 오히려 준동하는 자가 있다고 하는 '警務當局發表'의 보도기사를 게재하기도 하였다.17)

Ⅲ. '越江追擊隊'의 활동과 봉오동 전투에 대한 보도

독립군의 국내진공작전이 본격화되는 가운데 1920년 6월 7일에 봉오동전투가 전개되었다. 이는 6월 4일에 화룡현 月新江 三屯子에서 전개된 '삼둔자전투'에서 독립군부대가 승리하면서 시작되었다. 이날 새벽 新民團의 朴承吉이 지휘하는 30명가량의 독립군부대가 함경북도 종성군 江陽洞으로 진입, 일본 헌병 순찰소대를 기습하자 일본군은 新美중위의 인솔 하에 南陽守備隊 소속의 1개 중대와 헌병경찰 중대를 동원하여 두만강을 건너 독립군부대를 추격하게 하였다. 그러나 삼두자에

16) 실제로 『매일신보』와 『동아일보』에게 게재된 독립군관련 기사는 본고에서 제시한 내용보다 훨씬 많은 것으로 나타나나고 있다. 다만 여기에서는 그 일부만은 정리하여 경향성을 확인하고자 하였다.

17) 『매일신보』 1920년 6월 24일 「延長200里에 걸친 國境警備狀況, 당국관헌의 고심활동과 국경경비로 일망타진해, 平北朔州郡 事件顚末, 警務當局 發表」

이르러 독립군부대를 발견하지 못한 일본군이 무고한 양민을 학살하자 독립군은 삼두자 서남방 요지에 잠복했다가 이들을 섬멸하였다. 일본군은 두만강을 건너 중국영토를 불법적으로 침범하면서까지 독립군을 추격하였으나 오히려 敗戰를 당한 것이다.

한편 羅南에 주둔하고 있던 19사단 사령부에서는 삼둔자전투에서 일본군이 패전했다는 보고 받고 곧바로 安川 소좌가 인솔하는 越江追擊隊를 편성해 간도로 들어가 독립군을 섬멸할 것을 명령하였다. 이는 일본군 추격대와 독립군이 봉오동에서 재차 대규모의 전투를 치르게 되는 발단이 되었다. 이에 월강추격대는 보병 37연대 제10중대[神谷 대위 이하 70명의 혼성중대]와 기관총 소대[紫山 준위 이하 27명]보병 75연대 제2중[森 대위 이하 123명] 헌병대 小原 대위 이하 11명, 경찰대 葛城 경시 이하 11명을 비롯하여 삼둔자전투에서 패배한 신미중대의 병력도 포함하여 7일 새벽 3시 30분 봉오동에 집결, 독립군을 토벌군사작전에 돌입하였다. 그러나 일본군 월강추격대 역시 봉오동에서 홍범도와 최진동이 이끄는 독립군 연합부대에게 크게 패하고 말았다.[18] 그런데 삼둔자전투와 봉오동전투에서 패한 조선주둔군사령부에서는 6월 19일 '군사령부 발표'를 통해 전투 상황을 왜곡하였다.

> 그런데 최근 5월 27일(1920년－필자) 약 20명의 무장한 배일 조선인이 穩城 동편으로부터 강을 건너 침범하여 회령으로부터 慶源으로 가는 길에 있는 雲霧嶺 서편 산록에 나타나서 우편 채송인을 사격하야 헌병보에게 중상을 시키고 그의 탄 말을 쏘아 죽이고 전선을 끊어 버림으로 일본군대는 騎兵의 일부를 출동시키어 에워싼 후

18) 한국독립유공자협회, 『中國東北지역 韓國獨立運動史』, 집문당, 1997, 121~131쪽.

에야 진전되었다는 전긔와 같은 형세임으로 두만 연안에 있는 일본 수비대는 더욱 엄밀히 하야 방비하던 중이더니 과연 금월 4일에 무장한 조선인단체가 강을 건너 침입함으로 드디어 삼두자 부근에서 격렬한 싸움을 일으키었더라.

6월 4일 오전 5시경 화룡현 신강 삼둔자에 30명의 무장한 배일 조선인 단체가 낫○나서 종성군 鍾城郡 북편 약 5리나 되는 穩城郡 江陽洞 상류에서 두만강을 건너 조선 내지에 침입하야 일본 보초를 공격함으로 동 보초장 憲兵軍曹 福江太三郎은 그곳에 있던 헌병 6명, 경관 2명, 수비병 5명을 지휘하야 이에 응전하야 잠시 교전한 후 조선인들이 삼두자 근처에 있는 민가로 들어간 후 오히려 사격을 계속하였다. 南陽守備隊長 新美二郎(步兵中尉)은 동 오전 10시에 급보를 접하고 부하 10명, 경관 2명, 헌병 4명을 데리고 그 뒤를 좇아 공격할 목적으로 남양 땅에서 강을 건너 동일 정오경에 전혀 배일조선인의 뒤를 좇아 갔더니 조선인들은 점차 서남편으로 퇴각하기를 시작하면서 일본군을 사격함으로 이를 추적하였다. 이때에 강양동에 있던 부대도 역시 무장한 조선인을 공격하면서 강가로 좇아 나가 新美小隊와 함께 삼둔자의 부락 안으로 돌입하야 동 부락의 수색을 행하고 그 후 동대는 삼둔자 부근의 요해지를 점령하고 상황을 정탐하였다.

이 싸움에 배일조선인 편으로 죽은 자가 1명 상한 자가 2명, 사로잡힌 자가 2명(이 두명은 민가에 숨어 있으면서 병든 사람 같이 차리고 있는 것을 체포함) 아라사 총 2개 탄환 335개, 담요 2개 포승 2개 그 외에 여러 가지 물건을 얻은 외에 그곳에 살던 조선 인민에 부상한 사람이 3명, 부인 2명, 아해가 1명, 그중에 1명은 사망함인데 이는 민가에 들어가 있는 배일 조선인을 사격하는 탄환에 맞은 것이더라.[19]

---

19) 『동아일보』 1920년 6월 20일, 「國境方面의 排日派 侵入 祥報, 금년 1월 이래로 최근 6월까지 30여회나 배일조선인 단체의 침입하였던 자세한 내용, 6월 19일 軍司

위의 내용에서 보면 조선군에서는 삼두자전투가 있기 전인 5월 27일에 이미 20여명의 무장독립군이 두만강을 건너 운무령 서편 산록에서 일본 헌병대와 교전하여 헌병보에게 총상을 입히고 그가 탄 말을 죽였으며, 電線을 끊어버리는 등 국경치안을 위협하는 일련의 사건이 있었음을 밝히고 있다.

또한 만주지역 독립군단은 1920년 3월 현재 연길, 화룡, 혼춘, 왕청등지에서 적극적인 배일활동을 준비하면서 특히 密江, 鳳梧洞, 결만동등지에는 군대를 주둔시켜 조선으로 진격할 준비를 갖추고 있었다고 하고 있다. 뿐만아니라 토문자, 나자구, 백초구, 서대파 등지에서는 장정들을 모아 훈련시키고 있으며, 군자금과 군량미를 모으고 있다고 하였다.

이밖에 1920년 1월부터 6월까지 독립군이 '朝鮮內地를 침입한 일이 32회에 이르렀으며, 총기를 사용해 물리친 일이 10번이나 된다'고 밝히고 있었다. 따라서 일본군의 월강추격대의 편성은 1920년 1월 이후 계속되었던 독립군의 국내진공작전에 대한 대응이라는 측면에 이었음을 보여주고 있다. 더욱이 위의 내용에서 보면 조선군사령부에서는 삼둔자전투의 전개과정을 설명하면서 헌병군조 복강태삼랑 휘하의 13명과 남양수비대장 보병중위 신미이랑 휘하의 16명 병력이 전투에 참가하여 독립군 1명 사살, 2명부상, 2명을 생포하였으며, 총 2자루 탄환 355발, 담요 2개 포승 2개를 획득하는 전과를 올렸다고 하여 일본군의 戰果를 왜곡하고 있음을 알 수 있다고 하겠다.[20]

令部 發表」.

20) 봉오동전투 이후 상해 임시정부 군무부의 발표에 의하면 일본군 사살 157명, 중상 200여명, 경상 100명에 달하는 큰 성과 였으며, 아군은 전사 장교 1인 兵員 3인, 중

삼둔자 전투와 봉오동전투에 전황에 대한 이러한 보도는 그것이 기본적으로 조선군사령부의 발표를 게재한 것이기 때문에 『매일신보』에도 『동아일보』와 거의 같은 내용의 보도문이 실려 있었다.[21)]

㉮ 安川隊는 또다시 오전 5시에 그 주력으로써 도로 동편의 산복을 山崎중위의 지휘 받는 부대로써 본 도로와 북방지구를 봉오동으로 향하여 추격하면서 전진하여 오전 6시 30분에 尖兵의 先頭로써 高力嶺 서방으로 약 1,500미터되는 부근에 달하자 그 북방에서 약 1,200미터되는 높은 곳과 그 동북편의 부락촌락으로부터 돌연히 배일단의 사격을 받았음으로써 곳 부로써 이것을 공격하여 그 수명을 사상케 하였음으로써 배일단은 북방과 동북방으로 퇴각하였는데 안천대는 점점 전진하여 오전 10시 반에 배일단의 근거지되 草帽頂子의 동편산간에서 새로 시설한 鳳梧洞에 달하였으나 배일단 보지 못하고 그 부락은 과반수는 신축한 가옥으로 되었는데 그 정비된 것은 도저히 다른 촌락에 비할 수가 없고 더욱 首領되는 최명록의 주택 같은 것은 굉장하며 주위에는 담을 둘러 쌓았더라.[22)]

㉯ 안천대는 다시 오전 5시에 그 주력으로서 길 동쪽의 산허리를 山騎中尉의 지휘하는 본대로서 본도와 그 북방지역을 봉오동에 향하여 추격전을 하여 오전 6시 30분에 보병을 선두로 하고 高嶺에서 서쪽으로 약 1,500미터에 도달하였을 때 그 북방 약 2,200미터 되는 高地와 그 동북편 부락에서 돌연히 조선사람의 사격을 당하였기에 이에 이르러 일부 군병으로서 이에 대항케 하여 수명의 조선사람을

상자 2인 인 것으로 나타나고 있다. 윤병석, 『간도역사의 연구』, 국학자료원, 2003, 82~83쪽

21) 『매일신보』 1920년 6월 20~21일, 「朝鮮人武裝團에 대한 越江追擊戰의 經過』(一·二)」.

22) 앞의, 『매일신보』 1920년 6월 21일

무참히 죽임에 조선사람은 北方及 東北方으로 퇴각하였다. 동부대는 다시 전진하여 오전 10시 반경에 조선사람의 근거지인 봉오동에 도달하였스나 그들의 자취는 볼수 없섯다.(이 부락은 반분 이상이나 새로 세운 가옥으로 그 정제된 형편은 도저히 다른 부락의 밋치지 못할 점이 많으며, 특히 수령 崔明祿의 주택은 제법 웅대하기 이를 곳이 없고 주위에 담이 높이 싸였더라)[23]

위의 ㉮와 ㉯의 내용은 '월강추격대'를 지휘했던 安川隊가 봉오동에서 독립군과 교전했던 상황을 『매일신보』와 『동아일보』가 보도했던 내용을 비교한 것이다. 이 내용을 통해서 보면 두 신문은 전투상황에 대해 기본적으로 조선군사령부의 발표내용을 거의 동일하게 게재하고 있음을 알 수 있다.

다만 『동아일보』의 경우 '(조선군사령부가—필자) 노령과 중국 더욱이 吉林 지방에서 배일사상을 가진 조선인 단체가 여러 번 무기를 가지고 국경지방을 침입한 사실에 대하야 오늘까지 발표치 못하더니 어제 19일 오전 10시에 군사령부에서 금년 1월 이래의 배일 조선인 단체의 침입전말을 자세히 발표하였기로 그 발표대로만 보도하노라'라고 하였다. 전투 상황과 관련하여 조선군 사령부의 일정하게 보도통제가 있었음을 은연중에 나타낸 것이었다.[24]

또한 『동아일보』에서는 독립군에 '군기는 최신식, 규율은 엄정'했음을 강조하고 있었던 것에 반해, 『매일신보』에서는 일본경비대 활동은 自衛上 단호한 처치에 나온 것이오, 장래도 조선 내지에 침입하면 일본

23) 앞의, 『동아일보』 1920년 6월 20일
24) 앞의, 『동아일보』 1920년 6월 20일

군은 자위상 격퇴할 뿐 아니라 한층 더 대규모로 또 철저적으로 추격을 단행한 것이라고 강조하여 서로 다른 보도 경향을 보이고 있었다.

봉오동전투에서 패한 일제는 1920년 8월 이른바 '間島地方不逞鮮人剿討計劃'을 수립하였으며 9월 2일자로 동원될 각 부대에 출동준비를 통첩하였다.[25] 그리고 이 계획의 수행을 위한 연장선상에서 『동아일보』와 『조선일보』를 정간시켰다. 『동아일보』는 1920년 9월 25일자의 '祭祀問題를 再論하노라'리는 사설에서 우상의 예 가운데 일본의 神社가 봉안하고 있는 물품이 들어있다는 이유를 들어 26일자로 정간당했다가 이듬해인 1921년 2월 21일에 복간을 허용하였다.[26]

『조선일보』의 경우도 1920년 8월 28일 姜宇奎 의사의 사형에 관한 보도 기사가 문제가 되어 9월 3일까지 정간되었으며, 9월 2일 일단 정간이 해제되었다가 9월 5일 '愚劣한 총독부 당국자여 何故로 우리 일보를 정간시키느뇨'라는 기사가 문제가 되어 다시 정간당하였다. 이후 『조선일보』는 12월 2일에 복간될 수 있었다.[27] 그런데 이 같은 상황은 조선총독부가 간도출병을 앞두고 국내언론에 대한 보도통제를 실시하고자 했던 의도를 반영하는 것이었다고 하겠다.

---

25) 신용하, 앞의 책, 251쪽.

26) 『동아일보』 1921년 2월 21일. 「本報發行停止와 總督府의 主張」.

27) 조선일보사보편찬위원회, 『朝鮮日報50年史』, 1970, 529쪽.

Ⅳ. 일본군의 간도침입에 대한 보도경향

1. '討伐隊'의 활동과 청산리대첩에 대한 왜곡

만주 출병 계획을 확립한 일제는 1920년 10월 2일 새벽 琿春事件를 조작한 후 곧바로 간도에 침입하여 대규모의 군사작전을 전개하였다.[28] 『매일신보』는 일본군의 간도침입 이후 일본군의 동향과 戰況에 대해 다양한 보도기사를 게재하면서 일본군의 활동을 선전하였다.

『매일신보』 1920년 8얼 21일자 기사에서는 '연길도윤 陶彬이 지방 치안을 문란케 하는 독립군들에게 무장해제를 요구하였으며, 낭패를 당한 軍政署는 그 근거지를 러시아 땅으로 옮기고자 한다고 보도하였다.[29] 10월 4일자 기사에서는 暴虐殘忍한 마적단의 所爲로 혼춘이 烈火猛焰에 빠졌으며, 잔악무비한 마적은 여자까지 참살하고 남자는 총살하였으며, 일본수비대가 급행하였다고 보도하여 상황을 왜곡하고 있었다.[30] 이밖에 『매일신보』에서는 혼춘에서 일본 通信兵 40명과 朝鮮人團이 接戰 하여 조선인은 50명의 사체를 버리고 도망하였으며, 일본군은 14명만 부상당했을 뿐이라고 보도 하기도 했다.[31]

10월 8일자 기사에서는 7일 저녁 일본군이 국자가에 도착하자 재류 '日支人'이 然然한 빛을 나타냈으며, 독립단과 연결된 500여명의 마적단이 頭道溝를 음습한다는 소문이 있어 주민 등이 극히 혼란해 지자 영

---

28) 국사편찬위원회, 『한국사』48, 2001, 222~247쪽.

29) 『매일신보』 1920년 8월 21일. 「獨立團 수령들에 대하야 武裝解除, 警告를 하얏다. 군정서도 옮긴다」.

30) 매일신보』 1920년 10월 4일. 「烈火猛焰 中」에 陷.한 琿春」.

31) 『매일신보』 1920년 10월 8일. 「鮮人團의 琿春方面에서 日本通信兵과 接戰, 두사이에 끼여싸호다가 사체 50을 버리고 도주. 일본 병졸 14명 負傷」.

사관분관에서는 구원병 파견을 요구하였다고 보도하였다.[32] 이밖에 『매일신보』에서는 폭탄까지 가진 음모단이 니콜리스크 방면에서 北鮮地方으로 침입하고자 하는 중이며, 군정서 음모단은 孟團長의 토벌 이후에도 오히려 의연히 행동을 계속하며, 대부분은 茂山對岸에 집합하는 중이라고 하였다.[33] 이밖에 일본영사관 通化分館에서는 조선인 음모단에 대한 支那側의 경찰력이 심히 빈약하여 최근의 정세로 보아 봉천으로부터 8명의 경관을 증원키로 했다고 하였다.[34] 이러한 기사들은 대체로 일본군의 간도출병을 정당화 하고자 하는 조선군의 의도를 반영한 보도였던 것으로 보인다.

일본군의 간도침입이 감행되자 『매일신보』는 '討伐隊'의 활동이나 군사작전의 성과를 왜곡하는 보도 기사를 냈다.[35] 1920년 10월 19자에서는 '討伐隊 行動開始, 토벌대 제3대로 편성하야 가지고 15일 출발함, 음모조선인과 마적을 토벌코저'라는 제목의 기사를 게재하였다.[36] 일본군의 성과에 대해서도 혼춘현 토벌대는 14일부터 16일 사이에 四道溝에서 음모단의 소굴을 발견하고 몇 명을 쏘아 죽였으며, 20여명을 체포하였고 소총 50자루와 육혈포 1정, 탄약 660발을 얻었다고 하였다. 대황구 부근에서는 3명을 사살하고 총기 탄약 및 음모관계서류를 획득하여 귀환하였다고 하였다.[37] 10월 10일에는 明東學校를 소각했다는

---

32) 『매일신보』 1920년 10월 8일. 「茂山對岸에 集合, 폭탄까지 가진 음모단이 북선지방을 습격코자해」.

33) 위의, 『매일신보』 1920년 10월 8일.

34) 『매일신보』 1920년 10월 8일. 「通化分館에 警官 增員, 조선인 음모단 때문」.

35) 『매일신보』의 보도 기사에 따라서는 '淸津特電 ' 혹은 '本社特電' · '東京電報' 등이라고 하여 강조하여 보도하는 경우도 있었다.

36) 『매일신보』 1920년 10월 19일. 「討伐隊 行動開始, 토벌대 제3대로 편성하야가지고 15일 출발함. 음모조선인과 마적을 토벌코저'

기사를 게재되었는데 교장 김약연 이하 직원 생도가 모두 독립운동에 가담하고 있는 明東學校를 수색한 결과 총기와 과문서 등을 압수한 후 학교와 집을 불태우고 돌아왔다고 하였다.[38)]

10월 28일자 보도에서는 金佐鎭部隊와의 교전에 대해 상세히 보도하였다.

> 草賊團을 合한 一千餘名의 首魁 金佐鎭部下, 漁老村에서 서로 만나 충돌되며 일장 접전이 시작, 彼此死傷이 不少햇다.
>
> 두도구에 있는던 동지대의 예비대는 蜂蜜溝부근에 음모단의 집단이 있는 것을 탐지하고 당시 봉밀구 서북방 약 80리 되는 後車廠溝로부터 돌아오는 길인 22일 이른 아침 기병연대의 합하여 동지 서편 산중에서 음모단과 충돌하여 오후 7시까지 싸움을 계속한 후 드디어 그들을 뒤편되는 밀림지대 안으로 격퇴하였다. 그 싸움에 대한 일본군의 손해는 戰死 下士 1, 졸 2, 부상, 졸 11명, 기관총 1, 소총 11, 劍 2, 탄약 1,200, 眠銃 1 鹵獲하였는데 음모단의 두목은 김좌진이요 부하 2~300명을 거느렸으며, 그 외에 草賊團 7~800명이 그에 참가한 듯한대 그 합계는 1,000명 내외인 바 음모단의 사상은 다대한 모양이나 아직 알 수 없다.[39)]

위의 내용을 통해서 보면 일본군 토벌대는 22일 오전 김좌진 부대와

---

37) 『매일신보』 1920년 10월 23일. 「琿春 토벌대 四道溝 방면에서 음모단 소굴발견, 銃器彈藥多數押收」 혼춘 토벌대의 활동과 관련해서는 『매일신보』 1920년 10월 21일. 「陰謀團將來를 協議, 연통라자 북방산 꼭대기로 모여서 의논한다」라는 기사가 보도되기도 하였다.

38) 『매일신보』 1920년 10월 26일. 「음모의 책원지 明東學校를 燒却햇다, 다수의 총기와 과격문서도 발견 압수」. 본 기사에는 가 본즉 교장 이하는 벌써 들어날 줄 알고 도주하였다고 밝히고 있다.

39) 『매일신보』 1920년 10월 28일.

어로촌에서 대규모의 접전을 치른 것으로 보인다. 그런데 김좌진 부대는 약 1,000여명에 이르는 규모였으며, 음모단의 피해에 대해 '다대한 모양이나 아직 알 수 없다'고 하여 결과적으로 토벌대의 패전을 은폐하고 있었다.

뿐만 아니라 『매일신보』는 독립군을 초적단과 연합한 부대라고 폄하하였으며, 일본군의 피해에 대해 '戰死 下士 1, 졸 2, 부상, 졸 11명, 기관총 1, 소총 11, 劍 2, 탄약 1,200발 등을 鹵獲'했다고 함으로써 궁극적으로 전투의 상황을 심각하게 왜곡하고 있었다.[40)]

10월 29일의 조선군 군사령부 발표를 인용한 『매일신보』의 보도에서는 東支隊 예비대가 漁老村에서 홍범도 부대의 露營地를 돌격했다고 하면서 '아군에게는 피해가 없으며 음모단의 손해는 캄캄한 밤중이라 그 수효를 알 수는 없으나 죽은 자가 30명가량이요 손해가 다대한 모양'이라고 하였다.[41)]

더욱이 11월 6일자 기사에서는 '음모단 중 가장 무서운 두령' 홍범도가 10월 25일 수비대의 맹렬한 야습을 받고 혼잡한 틈에 저격당했다는 말일 있다는 설을 기사화함으로서 토벌대가 홍범도를 사살하는데 성공한 듯 한 추측성 보도를 게재하기도 했다.[42)]

---

40) 전투가 22일에 있었으며, 장소가 '어로촌'인 것으로 보아 『매일신보』가 보도하고 이는 전투는 1920년 10월 22일에 있었던 어랑촌 전투를 나타내는 것으로 보인다. 그리고 이 전투에 대해 임시정부에서는 일본군 사망자만 300명에 이르는 것으로 추산하였으며, 이범석의 저서인 『우등불』에서는 일본군의 사망자와 부상자가 1000명 가량인 것으로 추산하고 있다. 한국독립유공자협회, 『중국동북지역 韓國獨立運動史』, 1997, 161쪽.

41) 『매일신보』 1920년 10월 28일. 「洪範圖의 露營地를 暗夜에 突擊, 열열한 총소리는 산천이 진동하고 광경은 처참해, 29일 軍司令部發表」.

42) 『매일신보』 1920년 11월 6일. 「獨立軍의 頭目 洪範圖의 消息, 수비대가 밤중에 드

이밖에 『매일신보』에서는 '小池대위가 지휘하는 헌병과 경찰관 ○○명이 12월 4일부터 18일까지 茂山 건너편 柳洞과 孟下洞에서 작전을 전개하여 음모 조선인 1명을 사살하고 감추어 둔 총기 20여 종을 확보 했다고 하였다.[43] 12월 15일에는 島田 소위가 蛤螟塘으로부터 서편으로 약 50리 되는 중국인의 집에 10여명의 조선인 음모인이 숨어있다는 밀고를 받고 30여명의 부하를 이끌고 집을 포위하여 5명을 사살하고 2명을 포박하였으며, 총기와 탄약을 노획하는데 일본군측의 피해는 병졸 3명이 부상당하는데 그쳤다고 하였다.[44]

『매일신보』 12월 22일자 기사에서는 19사단이 간도지방에 출동한 이래 체포한 조선인 음모단의 연인원은 116명이며, 간도영사관에 인도한 인원은 44명이고 소총 356정, 소총탄약 19,110발, 권총 65정 탄약 43발, 기타 불온문서, 피복, 나팔 등을 압수하였다고 주장하였다. 그리고 12월 1일까지 혼춘현과 사도구에서 귀순한 인원이 605명인데 앞으로도 귀순할 자가 더 있을 것 같다고 하여 전체적으로 일제의 토벌작전이 소기의 성과를 거둔 것 같이 보도하고 있었다.[45]

또한 12월 18일에는 '김좌진은 二道溝로 홍범도는 안도현으로 도망

릴 칠 때 혼잡 통에 저격당한 말」. '경무국의 丸山 사무관은 25일은 야습을 하던 당일 밤임으로 혼잡 통에 총을 마졌을지는 모를 일이요 그런데 아직 군사령부에도 경무국에도 무슨 공전이 없으니까 알 수 없소 홍범도 등을 음모조선인 중에도 특히 유의하는 인물이니까 사실을 즉시 보고를 받을 터이겠고 따라서 진위여하는 모를 일이요 라고 말하더라'라고 보도하였다.

43) 『매일신보』 1920년 12월 22일. 「陰謀團의 新兵舍를 燒却, 그의 총기와 탄약과 및 불온문서를 많이 압수하얏다고」.

44) 『매일신보』 1920년 12월 22일. 「支那人家에 잠복한 음모단」.

45) 『매일신보』 1920년 12월 22일. 「國境의 鎭壓成績, 19사단에서는 230명을 체포하고 다순한 총기 탄약과 피복 나팔 등을 압수, 其他部隊의 現況」.

하여 그림자도 없으며, 음모단체 중 韓民會는 귀순하였으며, 기타 단체도 그림자도 없다고 하였다.[46] 12월 22일에는 '軍政署 警信局長 蔡奎五는 12월 10일 木村 토벌대에 귀순하고 광복단 총무 洪斗植, 국민회의 연락원이었던 朴春瑞 등 2명은 12월 18일에 東支隊에 귀순하였다고 하면서 음모단의 수령이 토벌을 견디지 못하여 속속 귀순하는 모양이라는 제목으로 기사를 게재하기도 했다.[47] 실제로 『매일신보』 1920년 12월 13자에서는 한민회의 유력인사들이 토벌대의 위력에 눌려 귀순할 의사를 표명하는 결의문을 발표하였다고 보도하기도 했다.[48]

'혼춘 부근에 한 세력을 가지고 있는 한민회 소속인 음모조선인단은 우리 파견군의 위력에 눌리어서 유력한자의 대부분은 모다 귀순할 뜻을 표하게 되었는데 그들은 다시 자신의 성의를 일반 조선인에게 표할 목적으로 지난 7일에 다음과 같은 결의문을 배부하였더라.

一. 각 촌락에 잠복하야 있는 음모단을 하나도 남기지 아니하고 귀순시킬 일.

二. 우의 목적을 관철하기 위하야 회원을 각 촌락에 파견하야 경고문을 배부하고 또는 별호 방문을 하야 귀순을 권고할 일.

三. 가부의 사용하는 무기는 수색하야 그것을 일본군에게 제공할 일.

---

46) 『매일신보』 1920년 12월 18일. 「金佐鎭은 二道溝로 洪範圖는 安圖縣으로 逃亡하여 影子도없다. 음모단체 중 한민회는 귀순하고 가타 단체는 그림자도 없다」. 또한 『매일신보』 1920년 11월 18일. 「國境地方의 討伐狀態, 힘것 활동 중이라고 육군성 발표」라는 기사도 토벌대의 戰況을 긍정적으로 보도하고 있었다.

47) 『매일신보』 1920년 12월 22일. 「陰謀首領이 속속 歸順, 견디지 못하여 속속 귀순하는 모양이다」.

48) 『매일신보』 1920년 12월 13일. 『歸順者의 決議文, 음모단을 하나도 남기지 아니하고 귀순시키자는 뜻」.

四. 혼춘현 하에 재주하는 조선인은 지금으로부터 경거망동하지 안코 안녕질서를 유지할 일.

五. 조선인 보민회를 설립하야 생명재산을 보호하며, 교육산업을 장려할 일.

六. 보민회를 설립키 위하야 그 유지법을 협의하야 우유지방법에 대하야 평의원 8명을 서명하야 오는 13일에 회합케하여서 구체적 방침을 협의할 일

위의 내용에서 보면 일제는 혼춘지역에 친일세력을 부식시키기 위해 노력하였으며, 그 연장선상에서 조선인보민회가 설립 강화되었던 것으로 보인다. 이밖에 12월 16일의 보도에서는 말 70~80두를 가진 140~150명의 조선인 음모단이 寧古塔에 도착하였는데 이들은 남방에서 토벌한 자들의 잔당이며, 십수 명의 부상자를 데리고 있었고 중국당국에게 적당한 가옥을 給與 받을 수 있으면 대신 무기를 제공하고 농사일에 종사하겠다고 신청하였다는 기사를 게재함으로써 궁극적으로 독립군부대가 戰意를 상실해 가고 있는 것처럼 보도하였다.[49)]

그러나 이러한 보도들에도 불구하고 『매일신보』는 토벌에 참여했던 安川三郞의 증언을 인용하여 靑山里 西大浦있던 무관학교는 군대의 편성도 매우 규칙적으로 되어 있었으며, 김좌진과 홍범도 부대는 모두 크나큰 수목 속과 기타 수림 사이에 숨어있어 수시로 토벌하기에 간단치 않았다고 함으로서 실제로 독립군의 토벌이 성공하지 못했음을 간접적으로 시인하기도 했다.[50)]

---

49) 『매일신보』 1920년 12월 16일. 「陰謀朝鮮人 寧古塔에 移動, 집을 빌려주면 농사에 힘쓰겠다고」.

50) 『매일신보』 1920년 11월 18일. 「間島方面 陰謀團 총사령관은 김좌진인대 군기는

이밖에 12월 22일자 기사에서는 일본군의 비행기가 상삼봉에서 저공비행으로 음모단에게 폭탄을 투척했다고 보도하였다.[51)]

2. 재만 한인 탄압에 대한 正當化

독립군과의 일련의 교전에서 패한 토벌대는 간도지역 도처에서 무고한 한인들을 '不逞鮮人'으로 지목하여 가혹한 탄압을 자행하였다. '경신참변'은 1920년 10월초부터 12월까지 3개월 동안 집중적으로 진행되었으며, 길게는 일본군이 간도에서 퇴각하는 1921년 5월까지 자행되고 있었다. 일본군 19사단 주력에 하나였던 木村支隊는 百草溝와 依蘭溝, 八道溝 등에서 150명의 무고한 한인양민을 학살하였으며,[52)] 10월 30일에는 '獐巖洞慘變'을 일으켰다.[53)] 장암동에 침범한 일본군은 기독교인들이 주로 살고 있던 약 40여 호의 한인 가옥과 학교 및 교회를 초토화하였다. 성인 남자 33명을 한곳에 집결시켜 처참하게 학살하고 시신까지 불태우는 만행을 저질렀다.

이 사건은 다음날 케나다 북장로교회 선교사 푸트(富斗一, Foote. D.D)와 용정에서 제창병원을 경영하던 영국인 선교사 마틴(閔山海,

---

아라시기관총」.

51) 『매일신보』 1920년 12월 22일. 「近藤 中尉가 비행기 상에서 陰謀團에 爆彈投下, 상삼봉에서 저공비행을 하야 간담을 서늘케 했다」.

52) 리관인, 「'경신년 대토벌과 연변조선족 군중의 반'토벌'투쟁」, 『한국학연구』4, 인하대학교 한국학연구소, 1992, 125쪽.

53) 장암동참변은 '연해주로부터 침입한 일본군 제14사단 제15연대 제3대대장 大岡隆久가 인솔한 77명의 병력이 용정촌 북방 25리 지점에 위치한 장암동으로 침입하여 주민 33명을 참혹하게 학살하고 마을을 초토화한 사건이다. 車成瑟, 「獐巖洞慘案에 關 한 硏究」, 『獨立運動史의 諸問題』, 범우사, 1992, 202~204쪽.

Dr. S. Martin)이 장암동을 방문해 현장을 확인함으로서 폭로되었다.

일본군의 만행이 문제가 되자 『매일신보』는 1920년 11월 13일자 기사에서 간도지방의 선교사가 거짓말로 선동하여 排日 유언비어가 자꾸 돌아다니고 있으며, 이에 민심이 동요하고 있다는 취지의 보도기사를 게재하였다.[54] 11월 30일에는 水町大佐가 간도에 주재하는 영국인 선교사에게 일본군대의 토벌상황을 악의적으로 선전하여 양국의 국교가 원만하게 되지 못할 염려가 있음을 유감스럽게 생각하며, 반성을 촉구한다는 내용의 글을 보냈다고 보도하였다.[55]

12월 5일자 기사에서는 토벌대가 잔인한 행동을 한다는 것은 전혀 거짓말이며, 誤傳이라고 주장하였다. 뿐만 아니라 일본군대가 宿營하는 것에 대해 양민들이 환영하고 있으며, 영구히 군사가 주둔하기를 탄원하는 자가 적지 않은 상황에서 일부의 풍문은 아무 근거가 없는 것이라고 까지 하였다.[56] 1920년 12월 22일자에서는 경신참변에서의 일본군의 만행을 변명하는 육군당국자의 주장을 게재하였다.

> 그 다음 우리군대가 노유남여를 묻지 아니하고 燒殺하야 그 참상은 눈으로 볼 수 없는 것같이 보도하얏으나 이것은 필경 우리군대가 우리나라 국풍에 의지하여 후의로서 죽은 자를 화장하는 사실을 오해한 것인 듯하며 또한 연료가 부족한 까닭에 충분히 태우지 못한 것을 외국인 선교사로 하여금 촬영케 한 사실이 있는 것은 임의 보

---

54) 『매일신보』 1920년 11월 13일. 「간도방면에 奇怪한 宣教師, 거짓말로 선동하며 한 것 배일하는 모양」.

55) 『매일신보』 1920년 11월 13일. 「間島의 水町大佐가 外人 宣教師에게 反省을 要求, 정중한 서면을 용정촌에 있는 선교사에게 보냈다」.

56) 『매일신보』 1920년 12월 5일. 「討伐隊에 대한 誤傳, 토벌대가 잔악한 행동을 한다는 것은 전연 거즛말이다」.

도한 바 있거니와 어찌할 수 없는 일이지마는 우리 군대에서 그와 같은 참학한 행동이 없는 것은 일반국민 확실히 믿고 의심하지 않는 바이다. 우리 군대 출동으로 인하여 음모조선인 촌락이 그의 음모를 또다시 근거지를 잃어버리게 된 것은 기쁜 일이요 지금 그 각 촌락으로부터 우리군대가 영구히 주둔하여 달라는 탄원한 일이 있스니 그것으로서 일반의 동정을 알 수 가 있다.57)

위의 글에서 보면 일본군이 남녀노소를 가리지 않고 태워 죽인 것에 대해 그 참상을 눈을 뜨고 볼 수 없다고 하였다. 그러나 이는 죽은 자를 화장해주는 것을 후의로 여기는 일본의 國風에 의지한 것이라고 하고 있으며, 연료가 부족한 까닭에 충분히 태우지 못한 것을 선교사들이 촬영하여 생긴 오해라고 변명하였다. 또한 예수교 촌락과 학교가 독립운동의 책원지로서 소각당하는 피해를 입었는데 이는 외국인에게 의뢰하는 것이 이익이 된다고 생각하게 만든 선교사들에게도 책임이 있다고 하였다.

『매일신보』에서는 일본군대의 파견이 긍정적이었다는 인상을 주기 위해 노력하였다. 1920년 12월 11일자 기사에서는 太平川小六道溝鮮民居住民一同의 명의로 제출되었다고 하는 '感謝狀'의 내용을 보도하였다. 기사에서는 일본군대는 불량배와 마적을 소탕하고 주민을 보호해 주고 있으며, 과거 독립운동에 참여했던 사람들까지 관대하게 처분해주고 있어서 '오늘 받은 은혜의 10,000분의 1이라도 奉答하기로 하여 이에 서약한다고 보도 하였다.58) 뿐만 아니라 『매일신보』에서는 3

57) 『매일신보』 1920년 12월 5일. 「國境鎭壓에 對하야 外國人의 誤認, 엇지하는 수 없어서 행한 바를 모다 해석을 잘못한다고 陸軍某當局者談」.

58) 『매일신보』 1920년 12월 22일. 「國境의 鎭壓成績, 19사단에서는 230명을 체포하

월 6일 入京한 奉天省 東邊道道尹兼安東省交涉員 河厚琦가 일본의 출병으로 국경지방이 안정을 취하게 된 것에 대해 중국측을 대표해서 총독부경무당국과 헌병사령부 및 군사령부를 방문하여 감사의 예를 표했다고 보도하였다. 중국대표의 顔面에 無○한 喜色이 現하는 듯 하더라'라고 하였다.[59]

1921년에 들어서도 『매일신보』에서는 독립군의 활동에 대해 단편적인 보도기사를 내고 있었다. 1921년 1월 19일 下關에 도착한 直田大尉의 증언을 인용하여 김좌진은 다소간의 의학지식이 있어서 조선인 병자에게 모르핀 주사를 하거나 최면요법으로 치료하고 있다고 보도하였다.[60] 홍범도는 부하 300명을 규합하여 감추어 두었던 무기를 꺼내 다시 반항할 것을 계획함으로 일본영사관에서는 중국관헌에게 체포해 줄 것을 요청했다고 하였다.[61]

이밖에 작년 토벌 당시 東京城으로 도주하였던 具春先은 요사이 신문을 발행하는 일에 종사하고 있는데 그 내용이 음모적 선전인 것은 두말 할 필요가 없다고 하였다.[62] 그리고 노령으로 도망갔던 조선인단은 다시 국경방면을 소란케 하기 위해 하얼빈에 연락기관을 설치한 形迹이 있으며, 하얼빈에서는 배일조선인이 조선인회에 2번이나 폭탄을 던

고 다순한 총기 탄약과 피복 나팔 등을 압수, 其他部隊의 現況」.

59) 『매일신보』 1921년 3월 21일. 「國境出兵의 感想, 支那를 대표하야 感謝, 奉天省東邊道尹」.

60) 『매일신보』 1921년 3월 21일. 「최근 김좌진의 소식, 병자에게는 모르히네 주사를 하고 최면 치료까지 해」.

61) 『매일신보』 921년 1월 24일 . 「홍범도 대거 준비, 철병후에 감추어두었던 무기를 꺼내가지고 반항계획, 김좌진은 鄭家屯에」.

62) 『매일신보』 921년 7월 20일 . 「陰謀團의 出沒과 情勢, 국경밖에 있난 여러 단체의 음모조선인들의 최근 형편」.

진 적이 있는 등 상황을 가볍게 볼 일이 아니라 한 하얼빈 총영사 松島肅의 말을 인용 보도하기도 하였다.63)

『매일신보』 1921년 7월 24일과 26일자에서는 간도시찰 단장 曹喜林의 논설을 게재하기도 했다. 기사에서는 마적의 行惡이 간간히 있으나 생활의 불안전을 感 하는 일은 없으며,64) 만약 상당한 기관과 충분한 설비만 有한다면 恐컨대 (생활이－필자) 조선보다 憂하다 할진데65) 라고 하여 간도지역이 안정을 되찾고 있는 것으로 보도하였다. 그러나 『매일신보』의 이러한 보도 경향은 일본군 토벌대의 활동이 일제의 기대만큼 성공하지는 못했음을 역설적으로 보여주는 것이라고 하겠다.

Ⅴ. 맺음말

본 고에서는 1920년대 초에 만주지역 독립군의 활동에 대한 『매일신보』의 보도경향에 대해 살펴봄으로서 총독부 관제 언론으로서의 특징을 확인하는 한편, 봉오도전투와 청산리전투에 대한 왜곡보도의 양상을 살펴보고자 하였다. 그 특징을 정리하면 다음과 같다.

첫째, 1920년 후반 봉오동전투와 청산리승첩을 전후로 하여 『매일신보』에는 독립군의 국내진격과 관련하여 많은 기사들이 게재되고 있었다. 그런데 이 경우 기사 내용은 대체로 『동아일보』의 보도 경향과 차이를 나타내는 측면이 있었다. 독립군의 국내진공과 관련해서는 『매

63) 『매일신보』 921년 6월 23일 .「國境方面을 騷擾코져 음모조선인단은 합이빈에 연락기관을 설치했다」.

64) 『매일신보』 921년 7월 24일 .「最近의 間島事情(上)」.

65) 『매일신보』 921년 7월 26일 .「最近의 間島事情(下)」.

일신보』와 『동아일보』가 모두 다양한 보도기사를 게재하고 있는데 이는 1920년대 초에 평안도와 함경도의 국경지역을 중심으로 한 독립군의 무장활동이 그만큼 활발했음을 말해주는 것이라고 하겠다. 『매일신보』는 독립군의 활동에 대해 조선인음모단', '음모조선인' · '독립군음모단' · 등의 명칭을 주로 사용하면서 독립군을 주로 '陰謀團'이라고 지칭하고 있어서 일관되게 '獨立團'이라는 용어를 사용하고 있는 『동아일보』와는 다른 경향을 보이고 있었다고 하겠다.

둘째, 『매일신보』와 『동아일보』는 삼두자전투 및 봉오동전투와 관련하여 조선육군이 발표를 인용에 상세하게 보도하고 있었다. 그러나 『동아일보』에서는 독립군에 대해 '규율은 엄정'했다고 하며, 이번 사건은 '무장한 조선인 단체가 강을 건너 침입한데 대한 부득이한 조치'라고 하고 있었다. 반면에 『매일신보』에서는 일본경비대는 自衛上 단호한 처치에 나온 것이오. 장래도 조선 내지에 침입하면 일본군은 자위상 격퇴할 뿐 아니라 한층 더 대규모로 또 철저적으로 추격을 단행한 것이라고 강조하고 있었다. 뿐만 아니라 『동아일보』에서는 조선군 사령부에서 '배일 조선인 단체의 침입전말을 자세히 발표하였기로 그 발표대로만 보도하노라'라고 언급함으로서 일제가 전투의 상황을 보도하면서 일정하게 보도통제를 가하고 있었음을 암시하고 있었다.

셋째 청산리대첩과 관련된 『매일신보』의 기사는 일본군 토벌대의 패전을 왜곡 보도하는 다양한 기사를 게재하고 있었다. 심지어 東支隊豫備隊가 漁老村에서 洪範圖부대의 야영지로 돌격하여 다대한 손해를 입혔으며, 교전의 와중에 홍범도가 저격당했을 지도 모른다는 추측성 보도를 하기도 했다.

경신참변과 관련해서는 선교사들의 보도 내용이 부당함을 강조하는 한편, 일본군대가 한인들을 燒殺한 것이 아니라 죽은 사람에 대해 후의로 火葬을 하던 중에 연료가 모자라 충분히 태우지 못한 것을 선교사들이 촬영하여 생긴 오해라고 주장하는 육군당국자의 발표문을 게재하기도 하였다. 『매일신보』에서는 토벌 이후의 독립군의 활동에 대해서도 악의적인 기사를 게재하고 있었는데 이는 식민지 관제언론으로서의 『매일신보』의 성격을 극단적으로 반영하는 것이라고 하겠다. 뿐만 아니라 일제의 청산리전투에의 패전을 감추려는 의도를 나타내는 것이었다고 할 수 있을 것이다.

정의부의 對民활동과 항일독립운동

Ⅰ. 머리말

정의부는 1924년 11월 24일 만주지역 樺甸縣에서 성립되어 1929년 4월 주도세력이 조직을 국민부로 개편할 때까지 參議府·新民府와 함께 3부를 형성하며, 한인사회의 독립운동을 주도했던 대표적 기관이었다. 정의부는 서간도지역의 독립군단이 1922년 8월에 결성한 統義府의 혼란을 수습하는 과정에서 성립되었다. 만주지역 독립운동세력은 1922년 8월 통의부를 건립함으로써 안정을 확보할 수 있었다. 그러나 오래지 않아 義軍府가 분립되었고 1923년 8월에는 참의부가 결성되었다.

한편 1924년 7월 10일 吉林에서 통의부대표 김동삼과 이종건 등을 비롯하여 대한군정서·길림주민회·대한광정단·대한독립단·노동친목회·학우회 등의 대표들이 참석한 가운데 全滿統一議會準備會가 개최되었다. 이 단체들은 9월 25일에 길림에서 본 회의를 개최할 것과 남북만주의 각 단체 대표들이 본회의에 필히 참석할 것을 각 단체에 통지하였다.[1] 10월 18일에 개최된 본 회의에는 10개 단체에 25명의 대표[2]가 모였으며, 대한통의부의 책임자였던 김동삼을 의장으로 선출하고 회의를 거듭한 결과 11월 정의부가 결성되었다.[3]

1924년 12월 25일자 『동아일보』에서는 정의부의 성립에 대해 다음과 같이 보도하고 있었다.[4]

> 오래전부터 南北滿洲에 잇는 동포들은 통일적으로 일을 진행하기 위하야 全滿統一會를 모처에서 개최하고 오래동안 의론하엿는데 그 결과로 正義府라는 것을 조직하고 모든 것을 조직으로 진행하기도 하얏스며 집행을 하기 위하야는 위원 열 사람을 선정하는대 그 씨명은 아래와 갓다더라. 李靑天, 李震山, 金履大, 玄正卿, 吳東振, 尹德甫, 李拓 外 三人.

당시 국내언론에서는 정의부의 활동에 대해 비교적 소상하게 파악하고 있었는데, 『동아일보』나 『조선일보』·『중외일보』·『매일신보』 등은 정의부의 동향과 대민활동 및 항일무장투쟁에 대해 다양한 보도기사를 게재하고 있었다.

각 신문의 보도 내용에는 중복되거나 사실관계가 명확하지 않은 경우도 있기는 하지만, 크게 보아 전체 기사의 내용을 정리해 보면 재만

---

1) 한국독립유공자협회, 『중국동북지역 한국독립운동사』, 집문당, 1997. 324쪽.
2) 참가단체와 대표는 다음과 같다. 대한통의부대표 김동삼, 고할신 외 4명, 서로군정서대표 이진산, 김광민 외 3명, 광정단 대표 김호 외 4명, 의성단 대표 승진, 길림주민회 대표 최영수, 노동친목회 대표 이승범, 변론자치회 대표 윤하진, 고본계 대표 신형규, 대한독립군단 대표 이장령(임시정부 옹호문제로 도중 탈퇴, 학우회 대표 김철, 회명 보존문제로 도중 탈퇴
3) 정원옥, 「재만정의부의 항일독립운동」, 『한국사연구』34, 1981, 120쪽.
4) 「全滿同胞統一會, 正義府를 새로히 조직」, 『동아일보』 1924년 12월 25일.

정의부의 항일독립운동에 대해서는 물론 재만 한인사회의 상황을 보다 구체적으로 이해하는 데에도 도움을 줄 수 있을 것으로 파악되고 있다.[5]

따라서 본고에서는 정의부에 대한 기존의 연구경향을 바탕으로[6] 국내언론에 보도되었던 정의 부 관련 기사 내용을 보다 구체적으로 정리해 봄으로써 궁극적으로 재만 정의부의 대민활동과 항일무장투쟁의 양상을 새롭게 정리해 보자 한다. 그리고 이는 국내언론의 만주지역 독립운동에 대한 인식의 일면과 정의부의 활동상황을 보다 구체적으로 확인하는 데 일정하게 기여할 수 있을 것이다,

II. 정의부의 결성과 對民 활동

1924년 11월 조직을 결성한 정의부에서는 중앙행정위원으로 이탁·吳東振·玄正卿·金履大·尹德甫·金容大·李震山·金衡植, 지청천 등을

---

5) 황민호, 「1920년대 초 재만 독립군의 활동에 관한 '매일신보'의 보도경향과 인식」, 『한국민족운동사연구』50, 『한국민족운동사학회』, 2007. 황민호, 「일제하 한글신문의 만주지역 항일무장투쟁에 관한 보도경향」, 『한국민족운동사연구』58, 한국민족운동사학회, 2009. 황민호, 「만주사변 이후 재만 한인의 항일무장투쟁과 국내언론」, 『한국민족운동사연구』68, 한국민족운동사학회, 2011. 황민호, 「1920년대 초 국내언론에 나타난 임시정부의 항일독립운동」, 『한국민족운동사연구』60, 한국민족운동사학회, 2009.

6) 채영국, 『한민족의 만주독립운동과 정의부』, 국학자료원, 2000. 박영석, 「정의부연구－민주공화정체를 중심으로－」, 『일제하 독립운동사연구』 일조각, 1984, 박환, 『만주지역 한인민족운동의 재발견』, 국학자료원, 3014. 변승웅, 「정의부」, 『한민족독립운동사』4, 국사편찬위원회, 1988. 황유복, 「정의부연구(上)－사회적 배경을 중심으로－」, 『국사관논총』5, 1990. 유병호, 「1920년대 중기 남만주에서의 自治와 共和制－정의부와 참의부의 항일근거지를 중심으로－」, 『역사비평』 여름호, 1992.

선임하였으며, 지방치안유지를 위해 무장대를 둘 것, 정의부 구역은 당분간 하얼빈, 額穆, 北間島의 선을 劃하고 그 이남의 만주 전부를 포용할 것, 유지비로서 매호에서 해마다 6원과 별도로 소득세를 부과할 것 등을 결의하였으며, 憲章과 宣言을 발표하였다.[7)]

정의부는 초기에는 본부를 유하현 삼원보에 두고 관전현, 집안현, 桓仁縣, 통화현 등 4개현의 일부를 제외한 지역에 10개의 地方總管所를 설치하였다. 이후 본부를 樺甸, 吉林의 新安屯, 盤石 등지로 근거지를 옮겨가며 활동하였으며, 1926년 말 경에는 17개 지방총관소를 설치하였고 吉林省에 살고 있는 한인 1만 7천여 호, 8만 7천 명을 관할하였다.[8)]

국내 언론에서는 정의부의 활동 초기부터 그 동향에 대해 비교적 자세한 내용을 보도하고 있었다.

> 1) 만주에 잇는 正義府 중앙집행위원회에서는 정의부의 세력권 내에 잇는 각 總管地方行政委員기타를 임명하고 또 所得稅徵收規程과 食票 발행규정 결의 사항 등을 발표하엿더라. 財務理財課主任委員 宋奎源, 義勇軍第四中隊 洪基柱, 依願免本官 生計部安業課委員, 金基甸, 生計部殖産課主任委員을 命함. 崔昌善, 李東勳, 生計部秘書官을 命함 其他 三十九名.[9)]

> 2) 모처에 착한 정보에 의하건대 滿洲에 잇는 正義府 中央行政委員會에서는 정의부원 세력 관내에 잇는 각 총관지방행정위원

7) 慶尙北道警察部, 『高等警察要史』, 1927, 118쪽.

8) 변승웅, 「정의부」, 『한민족독립운동사』4, 243쪽.

9) 「正義府幹部任命, 여러 가지 결의 사항도 발표, 任員 宋圭源 洪基柱 金基甸 崔昌善 李東勳」, 『동아일보』, 1925년 5월 31일.

기타를 임명하고 또는 所得稅 징수규정, 食票發行 규정 결의 사항을 발표하엿다더라.[10]

위의 사료 1)과 2)는 각각 『동아일보』와 『조선일보』의 보도 기사이다. 이를 통해서 보면, 정의부 중앙집행위원회에서는 세력권 내에 있는 각 지역에 총관지방행정위원을 임명하고, 소득세징수 규정을 결의하는 등 조직의 위상을 강화하기 위해 노력하고 있었음을 보여주고 있다. 그리고 재무이재과 주임위원, 생계부식산과주임위원, 생계부비서관 등을 임명한 것으로 나타나고 있다. 그런데 이는 정의부가 재만 한인사회와 조직의 안정을 위해 노력하고 있었음을 반영하는 것이라고 하겠다.

1927년 9월에는 정의부의 운동 방침을 결정하는 中央會議가 개최되었으며, 『동아일보』를 통해 비교적 상세한 내용이 보도되고 있었다.

모처에서 전하는바에 의하면 만주를 중심무대로 하고 조선○○운동을 맹렬히하든 正義府에서는 지난 9월경에 모처에서 중앙의회를 열고 주민자치와 ○○운동에 대한 신정책을 수립하엿다는 바 참회한 의원은 중앙집행위원 김동삼 이하 9디방 7개구역위원등 합 50여명과 기타 ○○로동당 만주청년총동맹 만주여자교육회 등 각단톄대표 십여명이 잇섯다는데 행정상보고 등 각 보고가 잇슨후에 시국문뎨 自治 軍事 教育 産業 財政 ○○決算 豫算 人選에 대한 당 시간의 토의를 한 결과 결의된 전안은 아래와 갓다더라.(신의주)

◇決議案◇

10) 「正義府의 新計劃. 만주에 잇는 正義府 中央行政委員會에서 소득세 증수와 식표를 발행」, 『조선일보』 1925년 5월 31일.

一. 時局問題

(가) 滿洲運動線의 統一를 위하야 ○○府는 ○○兩府와의 統一을 積極圖成하기로 함.

(나) 全民族運動의 統一을 위하야 唯一黨促成을 주비하기로 함.

(다) 中國에 入籍치 못한 者는 入籍케하고 旣히 入籍한 者는 市民權 獲得을 奬勵努力하기로 함.

(라) 農民婦人靑年少年運動을 一律的規律下에서 그 發達을 期함.

二. 自治問題

(가) 各地方自治事務를 區分實行할 일

(나) 敎育産業等奬勵方針을 該地方形便에 依하야 施設할 일

(다) 衣服을 改良하되 男服은 黑色을 主하고 黑白笠 총배감투等을 廢止할 일과 女服은 上衣는 길게 하나 衣裳은 통치마로 할 일

(라) 住民은 一切削髮하고 여자는 一切 랑자를 쪽지게 할 일

(마) 婚喪制度를 制定할 일

(바) 春秋로 種痘를 力施하여 淸潔 其他衛生에 대한 一切을 基準時 行할 일

三. 軍事問題

(가) ○○軍名義를 變更하야 朝鮮○○軍이라 稱하기로 함

(ㄴㄷㄹㅂ은 略함)

四. 敎育問題

(가) 敎育의 精神은 ○○養成으로 目的으로하야 ○○○敎育과 職業的敎育에 置重할 일

(나) 各地方에 民立模範小學校를 設立할 일

(다) 敎育費를 獨立식힐 일

(라) 敎育硏究會를 擴張하는 同時에 小學校用 敎科書와 農民講習用 讀本을 編纂發行하기로할 일

(마) ○○○○을 設立하야 ○○○養成에 힘쓸 일

(바) 農民講習과 通俗講演을 적극 實施 又는 後援奬勵하야 文盲退治와 中語學習에 주력할 일[11]

위의 내용에서 보면 정의부에서는 중앙집행위원 김동삼 외 50여명과 만주청년총동맹과 만주여자교육회 등 각 단체 대표 10여명이 모인 가운데 시국문제, 자치문제, 군사 · 교육 · 재정 등 중요 현안을 논의한 것으로 나타나고 있다.

회의에서 정의부는 시국문제와 관련해서는 3부통합운동과 민족유일당운동을 적극적으로 추진하고자 했으며, 재만 한인 문제에 대해서는 중국으로의 귀화입적을 적극적으로 추진하는 한편, 입적한 한인들에 대해서는 市民權獲得을 장려 · 노력함으로써 중국관헌의 부당한 박해와 일제의 탄압에서 벗어나고자 하였다.

자치문제와 관련해서는 男服은 黑色으로 하고 女服은 상의는 길게 하되 衣裳은 통치마로 할 것 등을 강조하는 의복개량과 복장의 간소화를 추진하였던 것으로 보인다. 그리고 婚喪制度의 제정, 種痘의 실시와 청결 및 위생에 대해서도 강조하고 있었음을 알 수 있다고 하겠다.

교육문제가 강조되고 있었는데 직업교육과 民立模範小學校의 설립, 교육비 사용의 독립, 소학용 교과서의 편찬, 농민강습, 문맹퇴치, 중국어 강습 등의 문제가 논의 되었다. 그런데 정의부의 이같은 노력은 안정적이고 전문적인 근대 교육과 민족의식의 고취 및 중국인사회와의 원활한 소통을 통해 재만 한인사회와 독립운동의 발전에 기여하고자 하는 의지를 보여주는 것이라고 하겠다.[12]

---

11) 「中央會議에서 決議된 正義府의 新方針, 위원 50여명과 각 대표 참석, 三府統一積極圖成」, 『동아일보』 1927년 11월 23일.

정의부에서는 학무위원장 명의로 지방위원들에게 각지에 있는 조선인 학교에서 교과서를 일본어로 편찬하여 사용하고, 심지어는 일본어로 교수하는 곳이 있는데 이는 한인자제들에게 친일사상을 갖게 할 염려가 있음으로 금지하기로 결의하였으니 엄중 취체할 것과 일본의 投餌的 恩惠는 절대 거절하라는 훈령을 발표하기도 하였다.13)

이밖에 정의부 교육부에서는 한인 자제들의 교육을 위해 교과서 재료를 수집하고 있으며, 국어·本國歷史·本國地誌·修身·理科 등의 교과서를 편찬하고자 노력하고 있다고 보도하였다.14) 『조선일보』에서는

---

12) 실제로 정의부에서는 초등교육을 의무화여 마을마다 소학교를 세웠으며, 중등교육을 위해 홍경현 왕천문에 化興中學校, 유하현 삼원보에 東明學校, 길림성 관전현 城內에 華成義塾, 유하현 왕청문에 南滿洲學院을 설치했던 것으로 보인다 채근식, 앞의 책, 136쪽.

13) 「正義府學務部에서 日語使用嚴禁, 만주에 잇는 정의부학무위원 일반학교에 일어 사용을 엄금」, 『동아일보』 1927년 3월 25일. 그런데 이러한 내용의 기사는 같은 날짜의 『조선일보』 기사에서도 보이고 있다. 「吉林 정의부 훈령 남북만주 조선인 각 학교에」, 『조선일보』 1927년 3월 25일 '중국 吉林에 잇는 大韓正義府中央執行委員會에서는 學務委員長의 명의로써 南北滿洲 각디에 잇는 각 단체의 디방위원들에게 대하가 현하 각 학교에서 사용하는 교과서를 보면 日本語로써 편찬하엿고 또 우 심한 곳을 보면 교수까지 일본어를 사용하니 이러한 현상은 조선인자제로 하여금 친일의 사상을 품게 될 염려가 잇슴으로써 중앙집행위원회에서는 일본어로 된 교과서와 일본어 교수를 절대 금지키로 결의 하엿스니 관하 각 학교를 엄중 취톄하라 하엿스며 더욱이 일본의 投餌的恩惠는 거절 할 것을 훈령하엿다더라'

14) 「教科書材料蒐集, 正義府 教育府에서 在滿同胞教育을 위해」, 『동아일보』 1927년 12월 10일, '數十年의 歷史를 가지고 滿洲地方에 散在 한 同胞의 子弟를 教育하여 오든 中에 아직도 一定한 教科書를 編纂치 못하야 以來 小學生들이 筆記로 繼續하는 것을 보고 在滿各團體에서는 以內 宿題로 되어오던 中 正義府新規事業으로 그 教育部에서 編纂에 着手하고 저 方今 努力 中이라는 바 科目은 如左하다더라. 一, 國語, 本國歷史, 本國地誌, 修身, 理科 等 材料를 蒐集함. 二, 學制는 六年制로 하야 初級三 年高級 三年을 標準함. 三, 國語를 가장 重要科目을 하야 實生活에 가장 適當한 課本으로 하되 할 수 잇는대로 滿洲生活에 必須材料를 만히 取하기로 함. 四, 投稿는 國漢文을 任意로 하되 한 가지 科程 될 만한 材料를 二十字一行 二十行 以內로 함. 五, 投稿人의 住所氏名을 明記함을 要함. 六, 投稿는 한 科目이 될 만하거나

정의부 학무부가 1927년 7월 15일부터 22일까지 봉천성 홍경현 모처에서 南滿敎育會를 개최하고 교육제도의 개혁과 학교의 증설, 조선문 교과서의 편찬 문제 등이 논의 되었다고 보도하였다.[15] 그리고 『중외일보』 1927년 12월 9일자에서는 '정의부 교육부에서 교과재료 모집'이라는 제목 하에 관련 기사를 게재하고 있었다.[16]

정의부는 학교의 증설을 위해서도 노력하였다. 『동아일보』에서는 1928년 3월을 전후하여 '正義府가 舒蘭縣 特別區에 模範小學校를 설립한 것으로 보도하였다. 기사에 따르면, 본래 이곳에는 養英學校 두 곳과 中興학교가 있었으나 이번에 가장 규모가 완비된 학교를 하나 세울 필요가 있다고 하여 모범학교를 설립하게 되었다고 하였으며, '교육에 주력하는 정의부'라고 강조하고 있었다.[17] 1928년 9월 18일자 기사에서는 정의부가 '의무금을 除減하고 교육에 置重擴張'하기로 했다고도 하였다.[18]

정의부에서는 일제 관헌의 국경 警備나 警戒 상황, 압록강 流沿狀況 및 渡涉個所, 중국관헌의 取締狀況 등에 대한 정보를 수집하고 있었으며,[19] 吳東振·鄭伊衡·梁起鐸 등이 磐石縣에 농업 경영을 목적으로 하

一部 或 全體에 對한 參考案을 더욱 歡迎함. 七, 投稿其間은 本年 十二月末日까지 함. 八, 投稿가 三課以上이 入選 될 時는 五十元 以上 一百元 以內의 報償을 들임. 九, 第一項에 列擧 한 各科中에 適當한 參考書를 보내주면 그 送費도 當하고 參考卽時 그 原本을 還送하겟스며 編輯部에서 發刊하는 모든 册子를 無代進呈함.

15) 「조선文 本位 교과서 교육제도 개혁. 15일부터 남만 교육회 개최, 정의부 학무부 주최」, 「조선일보』 1927년 7월 23일.

16) 「정의부 교육부에서 교과재료 모집」, 『중외일보』 1927년 12월 9일.

17) 「模範小學校設立, 모든 설비를 완전히 한다, 敎育에 注力하는 正義府」, 『동아일보』 1928년 3월 25일.

18) 「'義務金은 減除하고 敎育에 置重擴張' 吉林에서 正義府代議會」, 『동아일보』 1928년 9월 18일.

는 '有限農業公司'를 설립하고 만주 각지 단체와 조선 각 방면에 선전문을 배포했던 것으로 보인다.[20]

이밖에 정의부에서는 다양한 독립운동세력과의 연합을 모색하고 있었는데 이와 관련한 국내언론의 중요 보도 내용을 정리해 보면 <표 1>과 같다. 정의부에서는 설립초기부터 임시정부는 물론, 참의부·신민부 및 기타 중소 단체들과의 협력을 위한 다양한 논의를 전개하고 있었던 것으로 나타나고 있다.

<표 1> 만주지역 독립운동세력의 통합 및 연합운동에 대한 중요 기사 목록

구분	날짜	기사 제목
동아일보	1926년 2월 28일	臨時政府와 正義府, 提携協同에 主力, 주요한 인물들의 활약, 臨時政府國務領 李相龍씨와 正義府의 吳東振 李裕弼씨 등이
	1926년 12월 16일	滿洲萬石縣某處에서 在滿各團秘密會議, 만주에 잇는 正義府와 新民府 參議部가 만석현 모처에서 중앙집행위원회 개최, 經過報告와 將來方針協議
	1927년 3월 7일	在滿正義府에서 各團代表會議, 각단톄대표자가 한곳에 모혀 장래에 취할 방침을 결의하여
	1927년 11월 23일	中央會議에서 決議된 正義府의 新方針, 위원 오십여명과 각 대표 참석, 三府統一積極圖成
	1928년 1월 6일	新民 正義 參議 三團體聯合, 신민부총회에서 결의해, 代表機關을 組織
	1928년 3월 8일	海外單一黨組織에 朝鮮內代表出席? 新民府 正義府 參議府를 필두로 해외각대표와 조선내대표도 출석, 當局은 事件進展을 監視

19) 「正義府의 命令」. 『동아일보』 1926년 7월 17일. '정의부원에서는 장백현 18도구에 있는 모 조선사람에게 다음과 가튼 사항을 조사하엿더라. 一, 朝鮮內地의 農作物狀況. 二, 日本官憲이 我等에게 對한 警備警戒의 狀況. 三, 中國官憲의 現今 取締 狀況. 四, 鴨綠江流沿狀況及渡涉個所

20) 「北滿磐石縣農業公司를 設定, 농업경영을 목뎍으로 北滿에서 活動하는 正義府」, 『동아일보』 1926년 9월 21일.

<table>
<tr><td rowspan="4">조선
일보</td><td>1925년 5월 29일</td><td>上海와 滿洲의 連絡. 상해임시정부의 朴殷植氏가 李裕弼을 만주에 파견하여 新民府와 正義府에 대하야 장래방침을 토의할 작뎡으로</td></tr>
<tr><td>1927년 10월 4일</td><td>南北 滿洲 통일 결의. 正義府 대의회의. 통일운동과 각 부분운동까지 토의. 군사, 산업, 교육 등 중요건</td></tr>
<tr><td>1928년 5월 5일</td><td>상해에 열린 유일당 촉성회. 통일되어 가는 해외단체, 正義, 新民도 참가</td></tr>
<tr><td>1928년 10월 13일</td><td>정의, 신민, 참의 3단체 통일의회. 중국 귀화문제 토의로, 일중관헌 深甚 주목</td></tr>
<tr><td rowspan="2">중외
일보</td><td>1828년 8월 18일</td><td>재만 각 단체연합 민족유일당 조직, 운동자 1만 8천여 명을 포괄한 대조직체를 만들어 통괄케 된다, 신민부와도 방금 타협 진행 중</td></tr>
<tr><td>1828년 10월 21일</td><td>단일당 수립의 기운 점차 농후, 길림모처에서 개회중인 전만통일회의</td></tr>
<tr><td>매일
신보</td><td>1926년 3월 13일</td><td>正義府又內訌 假政府와의 提携破綻 다시 십수단톄에 분리할 모양</td></tr>
</table>

또한 아래의 내용을 통해서 보면 정의부는 필요에 따라서는 고려공산당 대표 金河球 등은 물론, 상해임시정부 대표, 북만 학생단 대표 등을 초청하여 대표자회의를 개최하는 등의 활동을 전개하기도 했다.

> 正義府에서는 지난 2월 중순경에 南北滿洲와 긔타 각디에 잇는 단톄의 대표자들을 撫松縣 모처에 초청하고 대표자 대회를 개최한 후 선뎐에 관한 사항을 결의하엿다는데 출석한 대표자들은 高麗 共産黨 대표 金河球 외 두 사람과 上海 假政府 대표 두 사람과 北滿 學生團 대표 여섯 사람의 기타 모모단톄 대표 다섯 사람 등이엇다더라.[21]

그런데 총독부기관지인 『매일신보』에서는 <표 1>에서 보는 바와

21) 「在滿正義府에서 各團代表會議, 각단톄대표자가 한곳에 모혀 장래에 취할 방침을 결의하여」, 『동아일보』 1927년 3월 7일.

같이 만주지역 독립운동세력의 통합운동에 대해서는 별다른 보도기사를 게재하지 않고 있었으며,[22] 정의부와 임시정부와의 관계에 대해서도 '正義府 又 內訌 假政府와의 提携破綻 다시 십수단체에 분리할 모양'이라고 하는 제목의 보도 기사를 게재하고 있었다.[23] 이밖에 정의부에서는 관할지역 주민들을 대상으로 義務金·營業稅·地方費, 戶別稅, 所得稅 등을 징수했던 것으로 보인다.[24]

따라서 이상의 내용을 종합해 보면 1924년 말에 조직된 정의부는 빠르게 조직을 안정시키는데 성공했으며, 이후에는 한인자재들을 위한 교육문제나 자치문제 등에 주의를 기울이면서 한인사회 내에서 주도권을 장악해갔다고 하겠다.

---

22) 한국언론진흥재단의 http://www.mediagaon.or.kr/jsp/sch/mnews/gonews/goMain.jsp?go_code=B 홈페이지를 통해, 유일당·단일당·삼부통합 등의 단어로 검색해 보면 검색되는 기사가 없는 것으로 나타난다.

23) 「正義府又內訌 假政府와의 提携破綻 다시 십수단톄에 분리할 모양」, 『매일신보』 1926년 3월 13일. '상해가졍부의 대통령 李相龍은 극도로 궁한 끗헤 가졍부의 재졍을 구졔할 목뎍으로 작년 말에 만주 樺甸縣에 근거를 둔 正義府와 서로 뎨휴하기로 하고 쌍방이 대표를 파견 하야음을 공표하고 극력으로 부원의 단결을 도모하는 즁이라는데 본시 정의부는 만주방면에 잇는 과격파 수십 단톄가 련합하야 조직된 것임으로 이번의 내홍으로 인하야 혹은 이상 수십 단톄가 다시 분렬될는지 알 수 없다더라.

24) 세금과 관련된 기사는 다음과 같다. 「移住民에 徵稅 正義府에서」, 『동아일보』 1926년 2월 27일. 「地方費를 거더 正義府에 納稅, 구장으로 잇스며 지방비를 거더 정의부에 밧쳣다고 경찰에 잡혀, 吉林 倫區長 尹河鎭의 動靜」, 『동아일보』 1926년 9월19일. 「南滿正義府 營業稅 徵收 징수는 재무부장 명의로 南滿奉海沿線 一帶」, 『동아일보』 1928년 8월 4일. 「義務金 徵收 錢票 發行 年收四十萬圓. 正義府는 남만주내 조선인에게 의무금 징수, 전표 사용해 물건을 팔고 사게 해 자금 조달, 新民府에서는 대규모 米穀商 경영 利得으로 武器購入」, 『조선일보』 1927년 4월 27일. 「정의부 재정운동, 각종 세금을 징발, 북만 각지의 거류 동포에게, 장춘에도 봉서로 통달」, 『중외일보』 1928년 8월 17일. 「正義府 武裝隊 滿洲서 徵稅. 호별세와 소득세를 지정하고 추수 후에 납부하라고 명령」, 『조선일보』 1927년 8월 11일.

Ⅲ. 정의부 군사조직의 동향과 항일무장투쟁의 전개

1. 정의부 군사조직의 동향

정의부의용군의 군사조직은 초기에는 통의부의 것을 그대로 이어받은 것으로 보이며, 1925년 9월 경에 이르면 <표 2>와 같은 안정적인 조직의 형태를 갖추었던 것으로 나타나고 있다. 제1중대에서 제5중대까지로 편성된 정의부의용군은 제2중대의 60명을 제외하고 모두 80명으로 편성되었으며, 30명의 헌병대를 두어 의용군 내의 기강을 확립하고자 하였고 총병력은 410명이었다. 의용군은 몇 차례의 조직 변화가 있었는데 1926년 1월 24일에 軍民代表會가 개최된 후에는 헌병대가 폐지되고 6개 중대로 편성되었으며, 총병력은 300명이었던 것으로 나타나고 있다.[25] 1926년 10월경 오동진이 총사령에 취임하였으며,[26] 1926년 말경에도 조직 구성에 변화가 있었던 것으로 나타나고 있다.[27]

---

25) 「朝保秘第67號 大正15年 5月 10日, 鮮匪團正義府ノ近狀二關スル件」, 아연필 100-4-034, 132~133쪽. 또한 각 중대의 중대장은 다음과 같다. 제1중대 중대장 鄭伊衡(吉林), 제2중대 중대장 李泰亨(撫松), 제3중대 중대장 文學彬(撫本<無順 · 本溪>), 제4중대 중대장 李奎星(京原<홍경>), 제5중대 중대장 金錫夏(寬甸), 제6중대 중대장 安鴻(柳河), 채영국, 앞의 책, 139쪽 참조.

26) 지복영, 『역사의 수레를 끌고 밀며-항일무장 독립운동과 백산 지청천장군』, 454쪽, 문학과지성사, 1995.

27) 「抄件(不逞團正義府幹部員)」, 通化縣 檔案館 資料. 당시의 조직은 다음과 같다. 사령장 吳東振(平北 義洲, 38세), 제1중대장 李泰亨(평북 泰川, 39세) 吉林省內外 柳水·五常·哈爾濱, 長春地方 소재, 소대장 梁瑞鳳(평북 의주, 35세)·李東勳(평북 江界, 27세)·金乙龍(平南 江東, 38세), 제2중대장 張喆鎬(평북 昌城, 33세) 撫松·長白·臨江·金川地方, 소대장 吳尙殷(평북 楚山, 32세)·黃君三(平北 宣川, 27세), 제3중대장 文學彬(평북 義州, 38세) 樺甸·伊通·磐石·額穆·和龍·汪淸·延吉·琿春地方, 소대장 崔尙燁(평남 安州, 25세)·金亨明(黃海 黃州, 31세), 제4중대장 李奎星(평북 義州, 35세) 撫松·興京·淸源·開原·鐵嶺·東長·西長·西安·通化地方, 소대장 李

<표 2>정의부 의용군 조직(1925년 9월 경)[28]

부대	직책	간부명	소재지	비고
제1중대	중대장	文學彬	柳河縣 三源浦	무장단원 80명
	제1소대장	車用睦	〃	
	제2소대장	李奎星	〃	
	제3소대장	金昌欽	〃	
제2중대	중대장	安鴻	通化縣 興廟子	무장단원 60명
	제1소대장	○武雄	〃	
	제2소대장	金世俊	〃	
	제3소대장	金保國	〃	
제3중대	중대장	金錫夏(별명 金孝晟)	寬甸縣 下漏河	무장단원 80명
	제1소대장	朱河範	〃	
	제2소대장	鄭伊衡	〃	
	제3소대장	崔觀		
제4중대	중대장	金昌憲	해독 불능	무장단원 80명
	제1소대장	金○錫		
	제2소대장	申浩承		
	제3소대장	田龍烈		
제5중대	중대장	金岡(?)雨		무장단원 80명
	제1소대장	趙雄水	寬甸縣 天雅河	
	제2소대장	○昌俊	〃	
	제3소대장	金德山	〃	
	제4소대장	金○植	〃	

永根(평북 초산, 32세)·白允班(평북 선천, 38세), 제5중대장 金錫夏(平北 江界, 30세) 寬甸·桓仁·鳳凰·安東地方 소대장 朱河範(평북 초산, 22세) 寬甸·草荒溝 渾江口로부터 1里中 奧地, 제6중대장 安鴻(京城, 38세) 柳河·海龍·輝南地方 소대장 趙化善(黃海 谷山, 28세)·崔錫用(평북 楚山, 27세)

28) 「在滿不逞鮮人團體 一覽表」(大正14年 9月 末 現在), 平安北道 警察部. 채영국, 앞의 책, 136쪽. 정의부 군사조직의 현황과 활동에 대해서는 이 저서의 많은 부분을 참조하였다.

헌병대	대장	金錫夏	寬甸縣 下漏河	무장단원 30명
	제1분대장	金信鐸(?)	〃	
	제2분대장	李觀	〃	
	제3분대장	張天○	〃	
무장단원 총계 410명				

정의부의용군에 대한 국내언론의 보도 내용을 살펴보면, 우선 1926년 12월을 전후해서는 각 중대에 재봉기 1대와 縫工 1명을 배치하여 중국관병의 복장과 유사한 형태의 군복을 만들어 입도록 했던 것으로 보인다.[29] 1927년 3월경에는 헌병대를 다시 조직했는데 이와 관련해 『조선일보』의 다음과 같은 보도하고 있었다.

> 모처에 도착한 정보에 의하면 正義府에서는 작년 11월 경에 정의부 正義府 憲兵隊를 폐지하고 헌병대장이든 安鴻으로 하야금 第六中隊를 편성시켜엇섯는데 최근에 이르러 다시 헌병대의 필요를 늣기게 되어 지난 2월 초순경에 文學彬을 시켜서 헌병대를 編隊하얏다는데 문학빈은 柳河縣으로부터 정의부 근거지인 盤石縣에 이주를 하는 동시에 ○○대를 조직한 후 가장 정예한 단원 20명을 두 대에 난호어 대활동을 개시할 계획으로 목하 맹렬히 암중비약을 하는 중이라더라.[30]

29) 「正義府員服色 中國官兵服을 模倣, 복공을 두고 새로히 지어닙혀」, 『동아일보』 1926년 12월 4일. 「정의부군복은 중국관병을 모방. 얼른 보기에 중국관병과 조금도 다른이 없도록 해」, 『조선일보』 1926년 12월 4일. 「正義府員 제복 변경, 중국병 같이」, 『조선일보』 1926년 12월 4일. 군인들은 겨울에는 黑色, 여름에는 灰色, 그리고 장교는 茶褐色服을 입었던 것으로 보인다.

30) 「○○隊組織 正義府活動. 헌병대 다시 조직, 精銳卄名으로 二隊編成」, 『조선일보』 1927년 3월 13일.

이를 통해서 보면 정의부에서는 1926년 11월경에 헌병대를 폐지하여 헌병대장이던 安鴻으로 하여금 6중대를 편성케 했었다. 그러나 다시 헌병대의 필요를 느껴 1927년 2월 초순 경에 文學彬을 대장으로 정예병 20명 규모의 헌병대를 편성하여 활동을 개시할 예정이었던 것으로 나타나고 있다.

뿐만 아니라 정의부에서는 1927년 9월에는 중앙회를 개최하고 이 회의에서 군사문제에 대해서도 토의했던 것으로 보인다. 『동아일보』에서는 일제의 언론 통제로 인해 아래와 같이 그 내용을 제대로 기사화하지 못했던 것으로 나타나고 있다.

> 三. 軍事問題
> (가) ○○軍名義를 變更하야 朝鮮○○軍이라 稱하기로 함
> (ㄴㄷㄹㅂ은 略함)[31]

그러나 위의 내용에서 보면 정의부에서는 의용군의 명칭을 조선혁명군으로 개칭했던 것으로 보이며, 정의부의 일련의 이 같은 조치들은 향후 정의부가 보다 적극적인 항일무장투쟁을 전개하고자 노력하고 있었음을 의미하는 것이라고 하겠다.

뿐만 아니라 의용군 사령장에 취임한 오동진은 1927년 3월 경 軍人들 중에 民事 또는 刑事에 속하는 일을 해결해 준다고 하여 신성한 의용군의 가치를 추락시키고 그 위신을 떨어뜨려 실로 우리들 의용군 전체에 큰 羞恥를 안기는 타락한 행동을 하는 者들이 있다. 이들의 행동

---

31) 「中央會議에서 決議된 正義府의 新方針, 위원 50여명과 각 대표 참석, 三府統一積極圖成」, 『동아일보』 1927년 11월 23일.

을 엄정하게 단절시키지 않으면 우리 의용군은 어느 때고 위신을 회복할 수가 없음을 지적한 뒤, 군대의 장교와 군인들에게 民刑事에 관련된 일에 간섭하지 말 것을 강조하는 '포고문'을 발표하기도 하였다.[32]

정의부에서는 우수한 병력의 확충을 통해 의용군의 역량을 안정적으로 강화하고자 했다. 첫째, 舊韓國시대에 軍人系統에 종사한 경험이 있는 자. 둘째, 해외 각국에서 軍人系統에 종사했거나 軍事學 硏究學校를 졸업한 자. 셋째, 南滿州에서 韓人民族學校를 졸업한 자. 넷째, 北滿州 및 軍政署 또는 유럽이나 아시아 어느 곳에서 軍事學校를 졸업한 자. 다섯째, 독립운동을 실시한 이래 독립군 分隊長 이상을 역임한 자 등으로 병력을 충원하고자 했던 것으로 나타나고 있다.[33]

정의부에서는 의용군의 모집을 위해 한인들의 주소를 파악하고자 했으며,[34] 만주 各縣 군인모집 위원을 파견했던 것으로 보인다.

> 正義府中央總部에서는 금년 4월 1일부터 정의부 군인 노릇할 청년을 모집할차로 위원을 선정하야 各縣에 파견하얏는데 일본과 중국관헌의 주목을 피하기 위하야 중학생을 모집한다는 명목으로 실행할터이라는 바 그 위원의 지명은 다음과 갓다더라
>
> ▲桓仁縣 林圭春 ▲通化縣 洪基鎭 ▲寬甸縣 康濟河 ▲輯安縣 崔文浩 ▲撫松縣 吳濟東 ▲安圖縣 姜碩仁 ▲臨江縣 黃鍾勳 ▲長白縣 蔡永浩[35]

---

32)「朝保秘第560號 昭和2年 3月 15日, 不逞團正義府武裝團ノ內情ニ關スル件」, 아연필100-4-035, 308~311쪽. 또한 '제4중대장 이었던 李奎星을 軍紀를 紊亂시키고, 職務를 解弛하게 처리한 이유로, 제5중대 소대장이었던 朱河範은 職權을 濫用했다는 이유로 면직시켰으며, 이들의 자리에는 梁世鳳과 李希淵을 임명하였다'.

33)「在鄕軍人調査班」, 新賓縣 檔案館 資料, 채영국, 앞의 책, 207쪽 재인용

34)「府員을 廣募하며 義勇軍隊編成, 부원을 모집코자 동포주소를 조사, 의용군대를 편성코자 대장을 물색, 間島正義府의 各種計劃」, 『동아일보』 1926년 5월 22일

위의 내용에서 보면 정의부에서는 의용군이 될 청년들을 모집하기 위해 환인·통화·관전·집안·안도, 임강·장백현에 강제하 등의 인물을 파견하였으며, 이들은 중국관헌의 눈을 피해 중학생을 모집한다는 활동했던 것으로 보인다.

『조선일보』에서는 정의부에서 청년들을 모집하여 군사훈련을 시킬 목적으로 청년모집대를 국내로 파견하였으며, 李世俊·金鴻植 외 한명이 지난 초순 경에 함경도를 통해 국내로 들어왔다는 정보가 있어 경찰이 엄중 경계 중이라고 하였다.[36] 『동아일보』에서는 이때 李世俊·金鴻植과 함께 李珖民이 들어왔으며, 이들은 가장 심지가 강한 府員을 모집하는 동시에 자금을 청구하기 위한 목적도 있는 것으로 보도하였다.[37]

『조선일보』 1927년 9월 2일자 기사에서는 정의부와 신민부가 森林 중에 무관학교를 설립하고 학생 30여명을 모집한 후 군사훈련을 실시하고 있다는 보도하기도 했다.[38] 『동아일보』에서는 지청천이 만주 군

35) 「正義府中央總部 各縣에 軍人募集. 모집위원을 각현에 파견」, 『조선일보』 1926년 2월 14일. '선정위원들은 1926년 4월 1일부터 각 지역에 파견되어 활동했으며, 그 결과 관전현 石柱子에서만 金龍淳·白贊弼·徐龍雩 등 7명이 선발되어 의용군 제5중대에 편입되었다고 한다' 앞의, 「抄件」, 吉林 檔案館 資料. 이들 외 4명은 徐京贊·金炳浩·金龍國·崔永奎 등이 모집되었다고 한다. 앞의 채영국, 207쪽 재인용.

36) 「군인모집차로 正義府員 잠입. 함경도를 경유하여 잠입해, 경찰당국 엄중경계」, 『조선일보』 1926년 2월 18일. '間島에 근거를 두고 조선 독립운동에 만흔 노력을 하든 大韓正義府 參謀部에서는 壯丁 청년을 모집하야 軍事力 교련을 식히고자 청년모집대를 조선 내지에 보낼터이라는데 선발대로 李世俊, 金鴻植 외 한명이 지난 초순경에 咸鏡道를 경유하야 조선 내지로 드러왓다는바 이런 놀다울 정보를 접한 조선경찰당국은 미리부터 엄중경계를 한다더라'

37) 「正義府員 入京? 동지를 구하려 세명이 입경 한편으로 군자금도 모집해」, 『동아일보』 1926년 02월 18일.

38) 「正義府員 新民府員이 서로공모 武官學校를 세워 軍事教育. 露人 技師雇聘 軍器를

벌 馮玉祥과 밀약을 맺고 조선청년을 양성할 고려혁명사관학교를 밀산에 설립하고 지원자를 모집하고 있다고도 하였다.39)

이밖에 정의부에서는 1926년 5월에는 正義府軍事部委員 金仁順은 中東鐵道線 海林에서 郭松齡의 부하 唐景顯과 비밀히 회합한 후 다수한 기관총과 장총과 총탄 화약 등을 전부 8천 5백원에 양도를 받는 밀약을 체결하고 총기 탄약 등을 通化縣 白威河村까지 운반한 것으로 나타나고 있다.40)

따라서 이상의 내용을 종합해 보면 정의부에서는 산하의 의용군에 대한 군기를 확립하고 전투역량을 강화는 한편, 안정적 기반을 갖는 군사조직이 될 수 있게 하는데 최선을 다하고 있었다고 하겠다.

2. 국내에서의 군사활동

정의부의 항일무장투쟁의 내용은 국내언론을 통해 지속적으로 보도되고 있었다. 『조선일보』 1925년 6월 10일자 보도에서 정의부 의용군

密造」, 『조선일보』 1927년 9월 2일.

39) 「馮玉祥 또 密約締結, 高麗革命士官校設立, 방금생도를 모집하는 중, 南滿에서 李青天活動」, 『동아일보』 1928년 11월 3일. '조선○○운동에 다년간 활동하든 李青天(本名李重鏞)은 이번에 馮玉祥과 밀약을 맺고 조선청년을 양성할 고려혁명사관학교를 동만주 密山에 설립하고 만주 일대에서 지원자를 모집한다는데 졸업 후에는 남방혁명군과 동일한 자격을 준다더라'.

40) 「正義府大活動, 각디방에 군대를 파송활동」, 『동아일보』 1926년 6월 1일. '滿洲에 잇는 正義府軍事部委員 金仁順은 5월 상순에 中東鐵道線 海林에서 郭松齡의 부하 唐景顯과 비밀히 회합한 후 다수한 긔관총과 장총과 총탄 화약 등을 전부 8천 5백원에 양도를 밧는 밀약을 톄결하고 그 총긔 탄약 등은 벌서 通化縣 白威河村地方까지 운반하엿다는데 열마전 4월 중순에 자금을 조달하려고 朴永을 대장으로 한 일대를 間島와 함경북도 茂山디방으로 보냇고 張九를 대장으로 한 일대를 鴨綠江對岸디방으로 파견하엿다는 바 그 총긔와 탄약에 대하야 경찰당국에서는 방금 엄중히 주목하는 중이라더라.'

이 별동대원 18명을 출동시켜 만주에 있는 일본의 정치기관을 폭파할 계획 중이라고 하였다.[41] 『동아일보』에서는 1925년 6월 14일에 정의부 백산의용대의 소대장으로 임명된 車承九가 부하 20명을 거느리고 각각 변장하여 함북 茂山을 거쳐 국내로 들어온 후 吉州·明川·城津 등에서 군자금을 모집 중이라고 하였다.[42]

『조선일보』와 『동아일보』에 나타나는 정의부의 국내에서의 군사활동에 대한 중요 기사목록을 정리하면 <표 3>과 같다.[43]

신문보도의 전체적 양상이라는 측면에서 보면 정의부 의용군은 국내로 들어와 군자금을 모집하거나 독립정신을 고취하는 전단이나 격문을 살포하고, 경찰 주재소나 금광 및 금융조합 등을 습격하는 군사활동을 전개한 것으로 보인다.

<표 3> 정의부의 국내에서의 항일투쟁 관련 중요 기사 목록

구분	날짜	기사 제목
	1925.11.14	正義府 幹部會議. 府員변장 파견을 결정, 內地 대도회와 개항지로 부원 파견하야 모계획
	1926.1.10	정의부원 80명 특파설. 3~4인씩 한대를 꾸며서 변장을 하고 들어온다고

41) 「南北滿洲 獨立團 正義府別動隊 出動, 의용군의 별동대원 18명을 출동시켜 만주에 있는 일본의 정치기관을 파괴할 계획」, 『조선일보』 1925년 6월 10일.

42) 「咸北에 潛入說, 대장 車承九의 인솔로 20명이 드러와 군자금모집 중이라고 正義府白山義勇隊」, 『동아일보』 1925년 6월 14일.

43) 『조선일보』와 『동아일보』에 나타나는 무장투쟁과 관련된 기사는 상당수인 것으로 파악되고 있으며, 본고에서는 필자가 중요하다고 판단되는 기사들을 임의로 간추려 정리하였다. 『조선일보』는 조선일보사의 홈페이지를, 『동아일보』 국사편찬위원회의 한국사데이터베이스의 목록을 참조하였다. 신문보도의 특성상 추측성 정보가 기사화한 경우도 있는 것으로 보이지만, 그것 역시 정의부의 군사 활동에 대한 전체적 양상이나 추세를 이해하는데 도움을 줄 수 있을 것으로 생각되어 중요한 것들을 수록하였다.

조선일보	1926.2.11	博川署에 체포된 正義府員 3명. 군자금 모집 차로 왔다 잡혀 관계자도 다수 취조 하는 중
	1926.4.24	總督府廳舍 爆破와 大官暗殺計劃. 正義府 오동진의 부하 申容晢외 삼십명은 총독부청사폭파와 대관암살계획을 세우다가 중국경관에게 발각되여 잡혀
	1926.6.17	정의부원 단천에서 군자모집. 국경을 넘어 들어와서 군자금을 모집한다고 경찰당국 대수색중
	1926.12.10	結氷期를 利用 參議府 活動. 正義府와 련락, 조선내디에 잠입계획중
	1927.2.5	곽산驛頭에서 정의부원 피촉. 중대사명 띄고 들어오다가 조선 某團과 연락 계획
	1927.7.21	五人組拳銃隊 德川에 또 出現. 二週後에 경찰이 探知
	1927.7.24	決死警官隊 出動 前日에 楚山서 巡査部長 射殺. 東衝西突하던 德川○○團, 경찰 은 계속 추격 중. 덕천일대 ○○단도 정의부원으로 판명. 신계획 수립코 선발 제1대 잠입? ○○단원 간 곳은 냄새만 맡게되고 아직은 그림자도 보지 못하였다고, 5명 권총대 22일 또 출현, 덕천으로 덕천으로 운집하는 경관대
	1927.8.17	정의부원 출현으로 토벌대 15명 의주로 派送. 선천서에서
	1927.8.19	合邦紀念日을 압두고 ○○團 潛入計劃. 正義 參義 高麗 三團體에서, 경무당국은 엄중경계 巡査買收와 二萬宣傳紙 配布準備
	1927.8.21	40명 경관대와 4명 권총대 30분간 맹열한 실탄戰!. 白晝 市街에 횡령하기까지의 詳報, 천마산 根據의 정의부원 일대?. 의주署 허약을 보고 출현, 경무과장까지 출동, 덕천일대와 별계? 안주 약수터에도 3명 돌현, 은행, 金組 경계, 물레방아 소리에 덕천 경관 총출동
	1927.8.22	定州郡 舊藥水터에도 又復 出現 金品募集. 正義府권총대의 무상한 出沒
	1927.8.28	四人隊正義員 義州에 潛伏? 경관은 변장하고 수색, 인심은 아직도 불안
	1927.8.30	正義府幹部 逮捕. 부하와 함께 국경에서, 엄중 취조중
	1927.9.10	귀성에 出現한 正義府拳銃隊. 룡만금융조합습격과는 딴패
	1927.10.9	권총을 목에 대고 위협하며 村中 橫行. 우리는 대한정의부원이라고 하며 현금 40여원을 받아간 청년2명. 靑道 권총단사건 詳報
	1927.11.15	권총 가진 정의부원 현금 1천원을 領去. 유유히 몇시간을 있으면서 가져가. 함남 北靑 金豪家에 4명 突現. 영무
	1927.11.24	正義府遊擊隊長 無期 懲役을 言渡. 平北 渭原에서 무기탄약을 실고가는 마차를 습격 탈취한 사건에 무기징역 언도
	1928.1.14	正義府員 潛入說로 京城憲兵隊 大活動. 金昌道가 중대한 계획을 가지고 잠입
	1928.1.18	頻頻한 협박문. 정의부 결사대의 명의로 현금 3천원을 산수천리 목촌연와공장 부근으로 가지고 오라는 협박문이 서강 부호집에 들어온다

	1928.1.31	정의 募捐隊 판결. 桂亨珍은 金相培와 金承懋와 공모하고 조선○○군자금 모집, 복심에서 징역 6년에
	1928.4.21	慶北一帶에 正義府 脅迫狀. 대구시내에 배부되엇다고 情報 接하고 경찰 活動
	1928.5.2	新義州경찰서에서 拳銃隊員 又逮捕. 正義府員 金某, 拳銃一挺도 押收
	1928.9.23	假裝한 ○○團員 駐在所에 密入偵探. 주재소에 들어가서 일자리를 어더달라고 교묘한 청탁으로 주재소리면을 뎡탐하여, 大膽無敵한 正義府員 李昌連
	1928.10.5	폭탄 수십개 휴대하고 일본에 잠입계획. 동경 모모단체와 연락하여, 정의부원 20명 兩隊로 밀파설.
	1928.11.17	정의부원 명의의 협박문 발견. 옹진군내 모모의 집에 정의부 특파원 명의로, 옹진경찰 활동 개시
	1928.12.3	法廷에서 ○○高唱. 정의부결사대원 金成範 死刑언도되자 ○○○○만세 고창, 從犯 白林虎는 懲役二年 言渡
	1929.1.19	駐在所 襲擊한 正義府員 送局. 中國 警官의 손에 잡히어
	1929.2.27	정의부 상등병 尹鳳祥 피착. 일시 경관대와 포화를 사기여 신의주署에서 엄조중
	1929.2.27	在滿 정의부 密謀사교위원 파견설. 조선 내지에 파견하여 학생, 사상단체와 연락
	1929.4.2	寒食日을 期하야 ○○○단체 正義府에서 重大行動을 劃策? 모처에 들어온 정보때문에 市內各署 一層警戒
	1929.4.18	의주 비현면에 권총청년 3명 출현. 정의부원으로 1명만 피착, 2명은 거처불명
	1929.5.24	조선에 잠입하여 군자 모집하던 정의부원 4명의 공판. 22일 오전 11시경에 최고 징역 3년을 언도
	1929.6.22	暫入한 正義府員 新義州署에 被捉. 모사명을 바더 가지고 왓다 잡혀, 緊張裡에 活動繼續
동아일보	1925.6.14	咸北에 潛入說, 대장 車承九의 인솔로 20명이 드러와 군자금모집중이라고 正義府白山義勇隊
	1925.12.2	正義府義勇軍 무긔 불온문서 휴대코 潛入說, 李春山인솔하에, 동시에 군자도 모집코저
	1926.4.24	正義府先鋒 小隊長申容哲 조선침입중도에서 잡혀
	1926. 4.24	正義府서 海陸竝進決死隊 組織코 함남 평안남북도로 파견(四月二日)
	1926.6.4	正義府員 六名中 金忠錫 金利大 두명이 시내에 잠복하엿다고, 機密係에 倒着한 情報
	1926.6.29	軍資募集 檄文, 평북디방에 격문을 보냇다고, 正義府 義勇隊에서
	1926.7.1	군자금모집하든 正義府員判決 朴齊奎는 8개월 또 金丁涉은 5개년 징역
	1926.12.2	拳銃으로 軍資募集, 여러곳에서 금품을 모집, 新義州署에 被捉된 正義府員 2名

	1926.12.10	參議部와 正義府員 大擧國境潛入說, 조선에 들어와 부호를 습격키로, 方今_餘名이 協議中
	1926.12.31	警官 六名을 殺害한 正義府軍曹 六名被捉, 초산과 창성등디에서 경관들을 죽여 전후 다섯해 동안에 놀랄만치 활동해, 昌城淸山駐在所 襲擊事件, 前後五年間 十數回犯行
	1927.2.25	正義府員入境, 경찰당국이 가장 주목하는 정의부원이 또 드러왓다고, 義勇團과도 連絡活動, 正義府 秘密幹部會議
	1927.3.7	正義府員潛入? 총독부 명령밧고 경북경찰부대 正義府무력단원인 朴泰柱 체포코저 활동
	1927.7.24	平安一帶에 出沒하는 拳銃事件: 義州에는 四名 德川에는 五名, 警戒網을 突破神出鬼沒 民家에 突現, 軍資請求富豪射殺 眼鼻莫開하는 平北 平南 兩警察, 搜索隊와 숨박곡질 軍資金領避身, 경계망도 몰으는체 하고 나서 댕겨 德川拳銃隊五里霧中, 系統은 參議府員, 隣近各要處에 警官集中狀況, 出動前後의 警官隊 決死覺悟코 祝盃, 潛跡七時間後出現又復 一名을 銃殺, 일곱시간만에 또 나타나 사람 쏘아, 義州 拳銃隊踪跡杳然, 正義府特派隊로 楚山署員射殺犯
	1927.7.26	○○團出沒自在, 銃聲中의 平南北: 巡査一名을 射殺 警官隊와 時餘激彈, 선천방면으로 종적을 감추어, 造岳里에 四人團, 金鑛을 襲擊 多數金圓領去, 正義府所屬隊?, 休憩中警察官出現交火타가 退去, 각 경찰의 다수 경관파송, 豊德地方五人團.
	1927.8.15	巡査殺傷한 拳銃隊 義州古館面에 出現, 귀성금광에서 순사죽인 권총단 義州古館面에 나타나 군자청구, 平北에 出沒하든 正義部員, 三橋川方面에 潛跡, 最後의 一案으로 境外逐出을 劃策, 最初六名의 一團이 一名은 負傷落伍
	1927.8.16	龍川郡? 天摩嶺? 今明間 衝突豫想 평북경찰부의 대대덕활동, 正義府員四人隊消息, 侵入만을 防禦 경찰소극방책
	1927.8.20	四處에 閃忽 銃聲이 連響, 白晝金組襲擊 拳銃隊後報: 金組 떠난 十分뒤에 街上에서 巡査狙擊, 飛彈에 村民一名만 誤中仆地 림리한 피로보기에도 끔띡한 현장광경, 民家를 들려 悠悠히 退去, 嶺去한 大金은 市場中에 撒布, 東部洞에서도 發砲行人一名 또 誤中, 電光가치 突現 石火가치 潛跡, 혼비한 리사와 창황한 경찰, 金組襲擊하든 前後光景, 學生絶命 총상된 학생, 平南北兩隊를 搜索코자 千餘警察出動準備, 천여명의 무장경관을 출동식힐터, 關係警察이 秘密히 請援, 隣近警察까지 出動식혀 金剛山을 包圍搜索, 犯人은 松長面附近으로 潛入, 신의주서도 응원 경관대가 급거출동 鴨江沿岸도 嚴密警戒, 金額은 千餘圓 리사의 방까지 떨어가 農夫로 變裝 市日을 機會, 東出西沒의 四人隊 十八日間 十處出現 십팔일동안에 열군대나 나타나, 평북출생으로 지리가 매우 정통, 正義府員으로 平北出生

1927.8.22	東出西沒의 拳銃隊와 戒嚴狀態의 國境: 正義府의 義勇隊一派 三十餘名의 國境潛入을 揚言 兩處에 突現 檄文을 撒布, 軍資를 募集, 義州隊와 同系의 定州隊 詳報, 警部의 親子를 拳銃으로 脅迫
1927.8.28	正義府員 간대온대, 警察이 그 服色으로 徹夜, 차저다니는 정의부원은 간데온데 업고 그복색차린 경관대의 활동만 더욱 엄중, 平北拳銃團의 其後消息
1927.9.9	正義府員 兩권총隊도, 踪跡은 五里霧中(신의주)
1927.10.10	淸道拳銃犯 二名을 被捉, 실상은 시국을 표방한 강도, 假正義府員으로 橫行
1927.11.15	正義府員 大金을 領去, 네명이 나타나 대금을 밧고 유유히 종적을 감추어 버려, 今般에는 北靑郡에
1927.11.24	組織的軍募, 正義府檢務監 高仁燮 密偵도 絞殺 中國海原地方에서
1927.12.10	軍資五千圓請求, 고발밧고 경찰은 대활동, 正義府別動隊名義로(고원)
1927.12.25	拳銃을 亂射하며 金組襲擊犯, 正義府上等兵 張基仙 安東縣에서 逮捕
1927.12.28	義州一帶를 中心으로 橫行前後五個月間 正義府 第五中隊 張基仙(二六) 崔成俊(一九) 四人拳銃隊中兩名, 金鑛을 襲擊 警官을 射傷, 의주시 내외로 신출귀몰, 數處에서 軍資도 募集, 潛跡卄日後에 古館面에 突現, 警官鐵壁中血路 열어 潛跡, 약조딸아 부호집에 출현, 一時間後 面所掩襲, 一隊는 殖支로 一隊는 金組로, 農民으로 變裝 白晝金組襲擊, 수천원을 끌어가지고가 場軍모아 一場演說
1928.01.19	沿江一帶富豪에 飛舞하는 脅迫狀, 소관룡산서 범인엄탐중, 正義府○○隊名義 현금팔천원 가저오라고
1929.1. 21	永山市駐在所襲擊 警官富豪射殺犯, 평안도 각디에서 부하더리고 활동하든 정의부원이 잡혀 신의주에서 취됴중, 正義府李龍淡被捉

실제로 평안북도 博川 경찰서에 체포된 정의부원 3명은 군자금을 모집하던 중이었다. 그리고 이들 중 조창주는 정의부의 軍資金募集總部員이 되어 정의부 군사장 지청천으로부터 권총 1정과 실탄 10발, 信任狀 등을 받아 국내로 들어와 활동했던 것으로 보인다.(『조선일보』, 1926.2.11) 국내로 들어온 정의부원들은 募捐隊로 불렸으며(『조선일보』, 1928.1.31), 국경지방에 수풀이 무성한 기회를 틈타 평북지방 부호들에게 관련 격문을 보내고 군자금을 모집하고자 했던 것으로 나타나고 있다.(『동아일보』, 1926.6.29.)

1927년 11월에는 함경남도 북청군 신포면 六坮東里 徐斗璇의 집에 정의부 대원이 나타나 현금 천원을 받은 후 순 한글으로 인쇄된 領收證을 발급해 주기도 했다.(『동아일보』, 1927.11.15)

또한 1926년 4월에는 오동진의 부하이며, 의용군 소대장인 신용철 외 30여명이 총독부청사 낙성식을 기회로 국내로 들어와 총독부 신청사를 폭파하고 군자금을 모집하고 대관을 암살하기로 결의하였는데 중국관헌에게 발각되어 康濟河 외 3명이 체포되기도 하였던 것으로 보인다.[44] 1926년 6월에는 순종의 因山을 앞두고 정의부에서 金忠錫 외 2명과 金利大 외 2명이 각각 선전문과 폭탄 등을 가지고 2대로 나뉘어 경성에 들어와 기회를 엿보고 있다는 정보가 있어 경기도 경찰부 機密係가 긴장하고 있었다고 하였다.(『동아일보』, 1926.6.4)

1927년 7월부터 8월 사이에는 국경지대에 정의부 의용군의 활동이 활발하게 전개되었다. 7월 24일자 『조선일보』에서는 정의부 권총대 5명이 국내로 들어와 楚山에서 순사부장을 사살했으며,[45] 決死警官隊가

---

44) 「正義府先鋒 小隊長申容哲 조선침입중도에서 잡혀」, 『동아일보』 1926년 4월 24일. 길림성 吉林省 樺甸縣 正義府 吳東振의 부하 申容哲 외 30여명은 지난 이월 중순경에 興京縣 紅廟子溝에서 협의한 결과 신용텰을 소대당으로한 12명을 2대로 나누어 금추의 총독부 신축 락성식을 긔회로 조선안에 드러와 총독부 신청사를 파괴하고 군자금을 모집하며 대관을 암살하기로 결의한바 이것이 중국관헌에게 발각되야 康濟河 외 3명은 桓仁縣 砂卡子溝로 가는 도중에 톄포되야 환인 경찰텽에 이송 구금되엿다는데 그에 대하야 정의부에서는 興京縣 紅廟子溝 야소교회장로 강모에게 3백원을 보내어 중국관헌에게 뢰물을 주고 석방운동을 하여달나고 의뢰하엿슴으로 강씨는 그 돈을 변통하기 위하야 목하 가축을 방매한다더라.(모처착뎐).

45) 같은 내용의 기사가 『동아일보』 1927년 7월 24일자에도 보도되어 있다.'平安一帶에 出沒하는 拳銃事件: 義州에는 四名 德川에는 五名, 警戒網을 突破 神出鬼沒 民家에 突現, 軍資請求富豪射殺 眼鼻莫開하는 平北 平南 兩警察, 搜索隊와 숨박곡질 軍資金領避身, 경계망도 몰으는체 하고 나서 댕겨 德川拳銃隊五里霧中, 系統은 參議府員, 隣近各要處에 警官集中狀況, 出動前後의 警官隊 決死覺悟코 祝盃, 潛跡七時

추적 중이라고 보도하였다. 8월 22일 『동아일보』에서는 4인조의 정의부 무장대가 들어와 격문을 배포하고 군자금을 모집하였는데 이들은 특히 정의부에서 발행하는 신문인 『대동민보』와 별도의 격문을 주민들에게 나누어주며, 독립의식을 고취하는 연설을 하였다.[46]

8월 20일자 『동아일보』에서는 정의부 대원들이 농부로 변장, 장날(市日)을 기회로 18일 동안 10번이나 나타나 東出西沒하고 있으며, 평북출생으로 지리에 매우 정통한 정의부원일 것이라고 보도하였다. 8월 22일자에서는 '東出西沒의 拳銃隊와 戒嚴狀態의 國境'이라고 하였으며, 『매일신보』에서도 당시의 상황에 대해 '戒嚴地帶와 如한 鴨綠江沿岸地方 평안북도 권총단의 자취는 여전히 묘연'이라고 하고 있었다.[47] 1927년 9월 11일자 기사에서도 '鐵箒갓흔 鴨江沿岸 無船籍한 船舶取締 권총대의 월경할 길을 끊코자 夜間의 鴨江은 寂然'이라고 보도하고 하고 있었다.[48] 따라서 이러한 통해서 보면 1927년 7월과 8월을 전후하여 국내로 들어온 정의부 의용대의 활동은 일제의 국경치안에 적지 않

間後出現又復一名을 銃殺, 7시간만에 또 나타나 사람 쏘아, 義州 拳銃隊踪跡杳然, 正義府特派隊로 楚山署員射殺犯'

46) 『조선일보』 1927년 8월 21일자 보도에서는 '40명 경관대와 4명 권총대 30분간 맹열한 실탄戰!. 白晝 市街에 횡령하기까지의 詳報, 천마산 根據의 정의부원 일대?. 의주署 허약을 보고 출현, 경무과장까지 출동, 덕천일대와 별계? 안주 약수터에도 3명 돌현, 은행, 金組 경계, 물레방아 소리에 덕천 경관 총출동'이라는 제목의 보도기사를 게재하고 있었는데 이 기사에서는 당시 경찰과 총격전을 한 부대가 정의부 의용군인지 여부에 대해 명확하지 않은 것으로 보도하고 있다.

47) 「戒嚴地帶와 如한 鴨綠江沿岸地方 평안북도 권총단의 자최는 여전히 묘연하야 경관대는 곳곳이 매복되야 엄밀한 감시지속 渺然한 拳銃隊去處」, 『매일신보』 1927년 8월 27일.

48) 「'鐵箒갓흔 鴨江沿岸 無船籍한 船舶取締 권총대의 월경할 길을 끈코자 夜間의 鴨江은 寂然'」, 『매일신보』 1927년 9월 11일.

은 충격을 주는 성과를 거두었다고 하겠다.

이밖에 『조선일보』의 보도에서는 정의부원 1명이 노동자로 위장하고 평북 의주군 위화주재소를 찾아와 일자리를 얻어달라고 청탁하며, 주재소의 상황을 살피기도 하였다.(『조선일보』, 1928.9.23.) 이밖에 <표 3>에서 보면 정의부원들이 '중대사명'이나 학생 및 사상단체와의 연락을 위해 무기나 '불온문서'를 휴대하고 국내로 들어왔으며, 심지어 경북 청도에서는 정의부원을 사칭하고 시국을 빙자하여 강도행각을 벌이는 일이 발생하기도 하였다.(『동아일보』, 1927.10.10.)

3. 만주지역에서의 군사활동

<표 4>에서 보는 바와 같이 정의부의 만주지역에서의 군사활동은 상대적으로 적극적으로 전개되고 있었다. 의용군은 일제의 밀정을 처단하거나 그들의 동정을 파악하는 것과 군자금을 모집하는 일에 전개했으며, 이 과정에서 일본영사관경찰에게 체포되거나 중국관헌과 충돌하기도 했다.

<표 4> 정의부의 만주에서의 항일투쟁 관련 중요 기사 목록

구분	날짜	기사 제목
조선일보	1926.01.20	正義府員 被捉. 金敬禹는 일본관헌의 행동탐색 중 봉천 총령사관에 붓잡혀
	1927.03.17	哈爾賓日領事 正義府員 逮捕. 일곱명이나 일시에 체포되어 證據品도 多數押收
	1927.08.03	정의부 6중대 密偵 6명총살. 취조중에 있는 사람도 다수
	1927.09.07	正義府參謀員이 日本官憲의 密偵十餘名 銃殺
	1927.11.27	正義府三中隊副士 七年 懲役 不服. 군자금 모집을 하다 잡힌 李學松, 뎨령위반 강도 살인미수라는 죄명으로 징역 7년의 언도를 밧고 일건 서류와 함께 평양으로와

	1927.12.23	金某를 밀정으로 長春에 유인체포. 정의부 군사위원장 吳東振체포 전말. 부하 1명은 절박도망
	1928.1.7	정의부 吳東振은 不日 검사국에. 관할지 관계로 구수 밀의 진상을 경찰 각서에 통지, 시내 경계 嚴益
	1928.1.19	정의부 수령 吳東振 예심. 17일에 취조 마치고 예심으로 넘겨졌으며 죄명은 治維 위반, 폭물 취체
	1928.1.21	吳東振 가두고서 옥문 외를 비상 계엄. 옥문 밖은 무장 간수 2명씩 경계 친족의 면회까지 極難
	1928.3.16	吳東振 공판에 변호사만 15~16인 세상의 이목을 끌게 될 듯하다
	1928.3.28	密偵殺害 軍資募集 正義府員三名 送局. 군자금으로 오천여원 모집, 新義州法院서 取調
	1928.11.21	正義員 死刑執行. ○日派 殺害한 金昌林(본명 金元國)지난 구일 십삼분만에 절명, 旅順 地方法院에서
	1928.12.4	搜索 警官隊를 射擊. 正義府의 ○○團이 鐵嶺附近 茶溝에서, 一名은 피살 一名은 체포 李滿葉과 朴在秀
	1929.1.11	사상교육하고자 동명교를 설립. 삼원포에 군정서 설치하고 또 학교를 세워 독립교육단, 정의부원 韓敬禧 送局
	1929.1.17	思想教育하고저 東明校를 設立한 正義府員 韓敬禧 送局
	1929.1.26	정의부원 3명이 피착. 개원지방에서 활동하다가 중국 관헌에게 체포되었다, 권총과 탄환을 다수 압수
	1929.2.2	정의부원 3명의 送局. 중국 海龍현에서 잡혀서 신의주경찰서 취조 받고
	1929.2.9	柳河縣서 逮捕된 正義府員 押送. 四日에 檢事局 送致
	1929.2.19	基督教會牧師로 軍政署 設置活動. 正義府員 韓敬禧 公判, 증인 신청으로 無期延期
	1929.3.2	군자모집 중에 3인을 살상한 정의부원 피착. 합이빈 일본경찰의 손에 방금 합이빈서 취조중
	1929.5.24	軍資募集中의 正義府員 被捉 同胞들의 釋放運動 猛烈. 十六道溝 中官憲에게 체포되어 취조받는 중, 崔聖八
	1929.6.2	武器携帶한 正義府員이 被捉. 일본군사령부군인이 尹東勳을 吉林省 盤石縣에서
	1929.6.14	拳銃 運搬中에 被捉된 正義府員 엄중히 취조. 吉林司令部의 손에
	1929.6.23	密偵殺害하려다가 二人 銃殺한 金用澤. 정의부원으로 활동하다가 逮捕되어 新義州에
	1929.7.7	中國 官憲에게 正義府員 被捉. 정의금 모집 활동중 임강현에서 잡히어, 柳成國 李成林外 一名

	1929.8.16	正義府地方委員會 朝鮮內에 軍資募集. 李道明이하 그부하들, 조선내외의 세고을 에서 군자금모집코자 계획
동아일보	1926.1.20	正義府員被捉, 일관헌의 행동을 됴사하다가 봉텬령사관 경찰서에 잡히여
	1926.4.21	正義府員六名 長春에서 警官에게 被捉, 각쳐에서 군자금모집한 까닭
	1926.5.23	正義府軍隊 武裝하고 吉林에 뎡대장이 인솔한 정의부의군대 권총과 폭탄을 휴대하고 길림에, 爲先 六名에게 極刑宣告, 各團頭領會合
	1927.1.16	警察殺害犯 正義府員一名 또 被捉, 당츈령사 경찰의 손에 잡혀, 定州郡出生의 盧宇根
	1927.3.18	正義府員七名 哈爾賓서 被捉, 북만합이빈 중국인시가에셔 정의부원이 일본경찰에 잡혀 日本領事館警察活動 2면
	1927.3.25	禁錮令을 宣布 密偵을 死刑, 자위단으로 군자금 모집위해 활동하다 잡힌 正義府 裁判長 高仁燮
	1927.4.8	正義府員 長春潛入 여섯명이 장춘서 친일파를 조사
	1927.5.11	軍資募集未成, 룡정촌서 正義府員 文于日 군자모집하랴다 목뎍을 못달하고 국자가로, 警察에서 嚴探
	1927.6.29	十數正義府員 十五道溝에 出現, 대동리에 나타나 군자금청구, 日中官憲搜查에 專力
	1927.11.24	組織的軍募, 正義府檢務監 高仁燮, 密偵도 絞殺 中國海原地方에서
	1928.4.24	正義府員活動 군자금을 모집
	1928.9.29	密偵嫌疑로 父子를 殺傷, 밀정을 죽이려고 여러번 출현하얏다가 필경은 전가족을 습격하야 두명을 살상, 淸原縣三果城慘劇, 軍資募集하든 正義府員이
	1928.10.28	楚山對岸에 正義府員密偵親戚家襲擊, 네명이 나타낫다가 잠적, 一名을 射殺後潛跡
	1929.1.26	義務金 바드려든 正義府員三名 中國官憲에 被捉, 일본경찰의 교섭을 밧고 奉天省西豊縣에서

정의부 제1중대 제1소대장 정이형은 1926년 4월 초순 다량의 폭탄과 권총을 차만영이 경영하는 삼풍공사와 손정도의 집에 나누어 보관하고 있으면서 많은 군자금을 모금하는 한편, 길림주재 영사관경찰서에 근무하는 순사 홍건균, 채영묵, 길림 거류민회 회장 김정원, 부회장 김병전, 촉탁의 채규옥, 홍순걸 등에게 사형을 선고하고 처단할 계획을 갖고 있었던 것으로 보인다.

중국 間島에 근거를 둔 正義府의 뎨일 중대 뎨일 소대 대댱 鄭伊衡 외 12명은 龜甲形의 길이 세치 닷분 넓이 한치 여덜분 가량 되는 爆彈과 권총을 가지고 지난달 초순부터 吉林省 小東門 外 崔萬榮의 경영하는 三豊公司와 부근 孫貞道의 집에 각각 논니여 잇스면서 다수한 군자금을 모집하는 한편으로 吉林 주재 일본 총령사관 경찰서에 근무하는 순사 洪建均과 蔡永默과 길림 거류민 조선인의 회장 金正元과 동회 부회장 金秉典과 동회 囑托醫 蔡奎玉 洪淳傑 등에 대하야 사형을 선고하고 불원간에 爆殺을 식힐 계획이라는데 그로 인하야 경찰관헌은 엄중히 경계중이라더라.[49]

다음의 내용은 1925년 11월 만주에서 郭松齡의 反奉事件[50]이 발생하고 곽송령이 승기를 장악하는 것처럼 보이는 상황에서 『조선일보』에 보도된 내용이다.

만주에 있는 정의부로부터 奉天에 있는 모 연락자에게 보낸 정보에 의하면 봉천군이 패전하며 봉천성 내는 郭松齡이 점령한 바 될 터이며 시내는 한동안 혼란한 상태에 빠질 터임으로 그곳에 잇는 정의부원은 이 기회를 타서 일즉부터 계획 중이든 일본 관공 아문의 파괴와 친일 조선인의 암살을 결행하고자 하여 冒險隊를 조직하여

---

49) 「正義府軍隊 武裝하고 吉林에 뎡대장이 인솔한 정의부의군대 권총과 폭탄을 휴대하고 길림에, 爲先 六名에게 極刑宣告, 各團頭領會合」, 『동아일보』 1926년 5월 23일.

50) 송한용, 「郭松齡의 '反奉事件'」, 『역사학연구』19, 호남사학회, 2002. 곽송령의 반봉사건은 1925년 11월 말부터 12월 말까지 한달동안 奉天軍 제3방면군 7만여명을 이끌고 馮玉祥의 국민군과 대치하고 있던 곽송령이 일으킨 반란이다. 곽송령은 자칭 '東北國民軍'이라 칭하고, 장작림의 하야을 주장하면서 京津지역에 주둔하고 있던 군대를 돌려 봉천을 진군하였다. '反奉'초기 곽송령의 군대는 무풍지대를 가는 것처럼 질주하였지만, 일본 관동군의 노골적인 간섭으로 인하여 군사적 거사는 실패하였으며, 곽송령은 부인과 함께 총살당하였다.

이미 출발하얏다는 바 이러한 소문이 이전부터 한 두번이 아니엇스며 최근에 이르러서는 여러 차례로 군자금 요구의 협박장이며 기타 격문이 빗발치는 우편으로 온 끗이라 재봉 일본 관공리와 친일 조선인 사이에는 대단 당황한 모양이라더라.[51]

이 내용에서 보면 당시 정의부는 만주지역의 내전 상황을 이용해 冒險隊를 조직하고 일제의 관공서를 파괴하고 친일 조선인을 처단하고자 적극적인 활동을 전개하였으며, 이 때문에 일제 관헌들과 친일조선인들이 크게 당황하고 있었던 것으로 보도하고 있을 볼 수 있다. 그러나 곽송령의 군사정변은 실패하였으며, 정의부의 계획도 실행에 옮겨지지 못했을 것이다.

또한 <표 4>에서 보면『동아일보』1927년 4월 8일자 기사에서는 정의부의용군 제1중대장 李雄이 부하를 거느리고 장춘 철도부속지에 잠입하여 친일파 조선인들의 조사하였으며, 海原지방 檢務監이었던 高仁燮은 1925년 음력 11월 경 봉천에 있는 羅景錫의 집에 들어가 군자금 200원을 수령하는 등 각처에서 군자금을 모금하였음을 보여주고 있다. 1926년 7월경에는 開原縣 姜似振의 집에서 밀정으로 지목되던 金在根을 처단하였다.(『동아일보 1927년 03월25일)

1927년 12월 16일자『동아일보』의 보도에서는 정의부 총사령 오동진이 신의주경찰서 형사대에 의해 길림에서 체포당한 내용을 보도하였으며,[52]『조선일보』에서는 그의 재판 및 옥중 관련 상황을 14차례에

51)「奉天軍의 沒落과 正義府의 活躍. 봉천잇는 일본관공령을 파괴하려고 비밀 중 활략, 在奉日本人 戰戰兢兢」,『조선일보』1925년 12월 17일.

52)「正義府首領 吳東振檢擧 신의주형사대 습격으로 吉林某處에서 活動中」,『동아일보』1927년 12월 19일.

걸쳐 자세하게 보도하고 있었다. 즉 '吳東振 예심종결, 6일 신의주지방법원 예심계에서 1년 11개월만에 종결되어 즉시 공판에, 기록 3만 5천여매, 군자모집, 주재소습격 등 각종 사건을 지휘, 사색에 전심, 吳東振의 옥중 생활'·'기미 이후 10년간 직접행동을 지휘, 정의부군사 집행위원장으로 전후 10년간을 맹렬히 직접운동을 한 吳東振'이라고 하여 만주지역 민족진영의 독립운동에서 오동진의 역할과 위상을 강조하기도 하였다.53)

53) 오동진의 재판관련 보도기사는 다음과 같은 것들이 있다. 「정의부 수령 吳東振 예심. 17일에 취조 마치고 예심으로 넘겨졌으며 죄명은 治維 위반, 폭물 취체」, 『조선일보』 1928년 1월 19일. 「吳東振 가두고서 옥문 외를 비상계엄, 옥문 밖은 무장 간수 2명씩 경계 친족의 면회까지 極難」, 『조선일보』 1928년 1월 21일. 「吳東振 공판에 변호사만 15~16인 세상의 이목을 끌게 될 듯하다」, 『조선일보』 1928년 3월 16일. 「정의부군사위원장 吳東振 점차 결복. 신병이 차차 나아 성서를 탐독, 최근에 들리는 옥중생활」, 『조선일보』 1929년 9월 16일. 「정의부원 吳東振 근일중 심리 개시. 신병으로 일시 중지하였다가」, 『조선일보』 1929년 10월 26일. 「吳東振豫審. 십여년동안 남북만주에서 조선○○운동에 진력하던 정의부 군사위원장 吳東振의 豫審」, 『조선일보』 1929년 11월 13일. 「吳東振의 調書 萬餘枚 大記錄. 豫審判決 實地 檢證」, 『조선일보』 1929년 11월 17일. 「吳東振豫審 不日間 終結?」, 『조선일보』 1929년 11월 20일. 「정의부군사위원장 吳東振 예심종결. 6일 신의주지방법원 예심계에서 1년 11개월만에 종결되어 즉시 공판에, 기록 3만 5천여매, 군자모집, 주재소습격 등 각종사건을 지휘, 사색에 전심, 吳東振의 옥중 생활」, 『조선일보』 1929년 12월 6일. 「吳東振의 예심 결정서(전2회)(1) 미국 의원단 통과시 3대로 폭탄대 파원, 평북도청에 폭발탄 터진 張德震,경성에서 발각된 金榮喆사건, 신의주에서 정차장에 투탄」, 『조선일보』 1929년 12월 9일. 「吳東振의 예심 사건(전2회)(2) 관내의 의무금과 군자모집 수십만원, 만주 각단체 통일회의 개최, 吳東振의 예심사실」, 『조선일보』 1929년 12월 9일. 「吳東振 記錄費辨出이 一問題. 정의부軍事執行委員長 吳東振의 예심」, 『조선일보』 1929년 12월 9일. 「吳東振의 예심 사건(전2회), (1) 기미이후 10년간 직접행동을 지휘. 정의부군사 집행위원장으로 전후 10년간을 명렬히 직접운동을 한 吳東振의 예심 사실」, 『조선일보』 1929년 12월 9일. 「吳東振의 변호는 10여변호사가 담당. 공판을 앞두고 변호계를 제출, 경성과 신의주의 중요한 변호사들이 공판은 금춘 3~4월간, 5백여원의 기록비가 문제, 辨出할 도리가 없어서 애를 태우고 있는 그 부인」, 『조선일보』 1930년 1월 10일.

『매일신보』에서는 정의부를 비롯한 민주지역의 독립운동단체들의 활동에 대해 부정적인 보도를 게재하여 『조선일보』나 『동아일보』와는 다른 경향을 보이고 있었다.

> 每年 繁茂期에 이르면 南北滿洲에 散在한 正義府, 參議府와 新民府 等 ○○團決死隊가 越境潛入하야 資金募集 等으로 平北은 勿論이오 平南 外 자주 騷動케 하야 昨夏에는 參議府의 六人組와 正義府의 四人組, 三人組의 兩隊가 白晝에 駐在所를 襲擊하며 警官을 射擊하는 外에 또 富豪의 집을 出入하며 義州金融組合을 襲擊하는 等 자못 騷然하엿섯는데 今夏에 드러서는 馬賊討伐로 國境警備가 前보다 嚴重하여 젓슴인지 朝鮮內地에는 ○○團들의 影子도 보히지 안코 오즉 정의부 거두 正義府 巨頭 吳東振을 奪還하겟다고 拳銃隊 二名이 潛入하엿든 例밧개업섯는대 그 한편 資金調達에 困難하야 南北滿洲居留朝鮮人들에 徵稅가 자못 甚하다 하며 그로서 오히려 不足한 모양인지 參議府에서는 奉標紙貨를 多數僞造하엿다는 情報도잇다더라.[54]

위의 내용에서 보면 『매일신보』에서는 매년 繁茂期가 되면 만주지역의 독립운동단체인 정의부, 참의부, 신민부 등의 결사대가 국경에 자금을 모집하는 등의 활동을 전개하여 평북은 물론, 평남 등에서도 자주 소동이 일어났음을 보도하고 있다.

특히 작년 여름에는 참의부의 6인조와 정의부의 4인조, 3인조가 白晝에 주재소를 습격하고 경관을 사살하는 한편, 부호와 금융조합 등을

---

54) 「在滿各團의 困境 資金調達의 窮策 세금강징과 봉텬표위조 등 繁茂期에도 平穩無事」, 『매일신보』 1928년 08월 13일.

습격하는 사건이 있어서 일제의 국경치안이 불안정한 상황이었다고 하였다. 그러면서 올해에는 국경경비가 엄중해져서 인지 정의부의 거두 오동진을 탈환하겠다고 권총단 2명이 잠입한 것 이외에는 ○○단의 그림자는 찾아 볼 수 없다고 하고 있었다.

또한 독립운동단체에서는 자금조달이 곤란하여 재만한인들에게 징세를 자못 심하게 하고 있으나 오히려 부족한 상황이며, 참의부에서는 '奉標紙貨'를 다수 위조하고 있다고 보도하였다. 그런데 『매일신보』의 이 같은 보도는 역설적으로 1928년 여름 이전까지 정의부를 포함한 만주지역 독립운동단체들의 항일무장투쟁이 적극적으로 전개되고 있었으며, 이들의 활동이 총독부의 국경치안을 크게 위협하는 상황이었음을 말해주는 것이라고 하겠다.

Ⅳ. 맺음말

본고에서는 1920년대 중반 국내언론에 나타난 정의부의 항일투쟁과 관련된 기사들의 내용과 경향성을 분석하여 그 특징을 살펴보는 한편, 궁극적으로 정의부의 군사활동의 일면을 보다 구체적으로 파악해 보고자 하였다.

국내언론들을 정의부가 만주지역 독립운동단체들의 분열을 극복하고 새롭게 성립되자 그 상황을 비교적 정확하게 보도하고 있었던 것으로 보인다. 정의부의 군사활동을 비롯하여 교육활동 및 자치운동과 기타 다른 독립운동세력과의 연합을 위한 노력 등에 대해서도 비교적 그 핵심적인 내용들의 정확하게 보도하고 있었던 것으로 보인다고 하겠다. 특히 정의부의 교육활동에 대해 비교적 자세한 내용을 보도하고 있었었으며, 군사활동에 대한 방침에 대해서는 언론통제로 인해 정확한 실상을 보도하지 못했던 것으로 보인다. 또한 정의부에서는 주민들을 대상으로 일정한 세금을 징수하여 군자금 등으로 활용했던 것으로 보인다.

정의부의 군사활동과 관련해서는 국내와 만주지역에서의 활동으로 구분해서 파악할 수 있을 것으로 보인다. 정의부는 설립 초기부터 비교적 안정적으로 군사조직을 운영하고 있었으며, 헌병대를 부활하거나 군복의 제정 및 군사요원의 모집과 확충을 통해 그 세력을 확대해 가고자 했던 것으로 보인다.

정의부의용군의 군사 활동은 주재소나 금융조합 등을 습격하거나 군자금을 모집하며, 각종 격문의 배포 등을 통해 항일의식을 고취하였다. 또한 정의부에서는 조선총독부 건물 낙성식이나 순종의 인산일 등에 국내에 들어와 대대적인 항일투쟁을 전개하고자 했던 것으로 보인다. 대체로 정의부의 국내에서의 항일투쟁은 일제의 국경치안에 중대한 영향을 끼쳐 평안도지역의 치안을 '계엄상태'에 이르게 했던 것으로 보도되고 있었다.

만주지역에서의 군사활동은 의용군이나 군자금의 모집 및 친일파 숙청 등이 본격적으로 이루어졌던 것으로 보인다. 조선총독부 기관지였던 『매일신보』에서는 정의부의 활동에 대해 대단히 부정적인 내용의 보도기사를 게재하고 있었다. 끝으로 『조선일보』에서는 정의부 총사령 오동진이 체포된 이후 그의 재판 과정이나 감옥생활에 대한 보도기사를 자세하게 게재하고 있었는데 이는 항일독립운동세력으로서의 정의부와 오동진의 위상을 보여주는 것이라고 하겠다.

국민부의 항일무장투쟁의 전개와 성격

Ⅰ. 머리말

만주사변 이후 민족진영의 국민부와 한인공산주의자들이 남만지역을 중심으로 전개한 항일무장투쟁은 일제의 만주지배와 조선의 국경치안을 심각하게 위협하고 있었다. 國民府는 초기에는 주로 중국 국민당 계통의 항일의용군과 연합하여 항일무장투쟁을 전개하였으며, 1930년대 중반 이후에는 동북항일연군 등과 함께 활동하면서 전투를 전개하고 있었다. 또한 국민부에서는 대원들을 국내로 파견하여 군자금을 모집하거나 국내와 연계된 조직망을 확보하는데 주력하였다. 당시 국내 언론에서는 국민부의 이같은 활동을 빈번하게 보도하고 있었으며, 국민부에 대해 '조선○○운동의 전투단체로서 유일한 존재'[1]라고 평가하기도 했다.

---

1) 『동아일보』 1932년 2월 12일, 「國民府根據地包圍 幹部卄三名 檢擧, 수차검거에 뿌리가 뽑히어 領警과 公安隊協力」.

한편 만주사변 이후 한인공산주의자들은 중국공산당과 연합하여 조직한 항일부대의 일원으로 활동하였는데 국내언론에서는 이들에 대해 '共匪'혹은 '共(軍)產黨'으로 지칭하고 있었다. 1935년 초에 평안북도 東興지역을 공격했던 李弘光이나 金日成의 활동에 대해서도 비교적 자주 언급하고 있었다.[2]

따라서 본고에서는 만주사변 이후 국내의 언론에 보도되었던 국민부와 한인공산주의자들의 항일무장투쟁에 관한 내용을 정리해 봄으로서 궁극적으로 이들이 전개했던 성과의 일면을 확인해 보고자 한다.[3] 그러나 이러한 작업은 언론에 보도된 재만 한인들의 항일투쟁이 단편적이거나 총독부의 보도통제 등으로 인해 명확한 사실관계를 확인하기 어려운 측이 있을 것으로 여겨지기도 한다. 그럼에도 불구하고 본고의 이러한 노력은 일제하 만주지역에서 다양한 항일세력들이 전개했던 항일무장투쟁의 역사적 실체를 보다 객관적으로 검증하는 또 다른 밑거름이 수 있을 것으로 생각되기도 한다.

---

2) 이홍광과 관련해 『동아일보』는 11건 『조선일보』는 17건을 보도하고 있었으며, 김일성과 관련해서는 각각 43건과 52건이 보도었다. 앞의, 「일제하 한글신문의 만주지역 항일무장투쟁에 관한 보도경향」, 141쪽.

3) 李命英, 「1930年代 在滿韓人의 抗日武裝鬪爭」, 『亞細亞學報』11, 1975. 정원옥, 「在滿 國民府의 抗日獨立運動－國民府·朝鮮革命黨·朝鮮革命軍의 組織과 活動을 中心으로－」, 『亞細亞學報』 第11輯, 아세아학술연구회, 1975. 朴昌昱, 「朝鮮革命軍과 遼寧民衆抗日自衛軍과의 聯合作戰」, 『韓民族獨立運動史論叢』, 朴永錫敎授華甲紀念論叢, 1992. 장세윤, 「朝鮮革命軍 硏究－몇가지 爭點에 對한 批判的 檢討－」, 『한국독립운동사연구』 4. 1990. 황민호, 「1930년대 재만 국민부계열의 활동에 관한 연구」, 『金文經敎授停年退任紀念 동아시아 연구논총』, 1996. 황민호, 「일제하 한글신문의 만주지역 항일무장투쟁에 관한 보도경향」, 『한국민족운동사연구』58, 2009, 141쪽.

II. 국내언론에 나타난 민족진영 國民府의 항일무장투쟁

1. 친일세력의 처단과 韓·中聯合作戰의 전개

만주사변 직전 일제의 침략정책이 노골화되고 있는 상황에서 국민부는 만주지역 친일세력에 대한 응징을 위해 노력하고 있었다. 국민부는 1931년 3·1운동 제13주년을 기념해 발표한 선언서에서 '保民會와 朝鮮人民會, 鮮民府, 擁護團, 東亞保民會, 滿蒙開發隊 등은 조선인의 혁명전선을 교란하고 혁명자와 순량한 농민들을 암살'하고 있다고 성토하여 이들이 독립운동의 적대세력임을 분명히 하였다.[4] 『조선일보』에서는 이에 대해 국민부가 조선혁명군 총사령 李雄의 명의로 '安東에 있는 擁護團과 東亞保民會, 興京縣에 있는 同鄉會 및 만주 각지에 있는 朝鮮人會 등의 반동단체를 討滅할 것'이라는 선언서를 발표했다고 보도하였다.[5]

국민부는 韓僑同鄉會(鮮民府)에 대한 공격에 집중하고 있었던 것으로 보인다. 한교동향회는 通化領事館警察과 조선총독부 외사과원 福道義一의 후원 하에 일본경찰의 독립운동자들에 대한 수사에 협조하거나 중국당국에 독립운동자의 체포나 단속을 요청하는 청원서를 제출하는 등의 활동을 하고 있었으며, 자체 무장력도 확보하고 있었다.[6]

국민부에서는 환인현에서는 약 200명의 한인 농민들을 동원하여 한교동향회에 반대하는 시위와 공격을 3차례나 전개하였다. 이 과정에서

---

4) 독립운동사편찬위원회 편, 『독립운동사자료집』 10, 1970, 627쪽.

5) 『조선일보』 1929년 10월 8일, 「反動團體討滅로 國民府活動」.

6) 蔡根植, 『武裝獨立運動秘史』, 大韓民國公報處, 1949, 150쪽.

한인농민들은 '환인현 일본영사관 파출소를 철소하고 한교동향회를 해산시킬 것을 주장하였다.[7] 조선혁명군 부사령관 양세봉은 휘하의 소부대에게 通化의 한교동향회 總本部를 습격케 하여 성과를 거두기도 하였다.[8]

이에 대해 『중외일보』에서는 한교동향회에 대한 토벌을 기치로 조선○○군이 진군을 개시하였으며, 동향회 간부 李東成이 봉천 총영사를 방문해 조선혁명군에 대한 대책을 논의했다고 보도하였다.[9] 뿐만 아니라 1929년 10월 30일자 기사에서는 국민부 무장단의 활동에 대해 다음과 같이 보도하였다.

> 만주에 있는 조선○○○국민부와 그 목적에 반대하는 한교동향회 사이에는 늘 충돌이 있었다함은 여러번 보도하였거니와 이제 한교동향회에서는 아조 최후의 결과를 볼 작정으로 적극적으로 대항할 준비를 하고 있음으로 국민부에서는 소속 무장단에 명하여 대항케 하였음으로 지휘를 받은 동군○○○○○ 길림지방에 있던 4개 중대는 이미 길림을 출발하여 동군 제일지휘대 6개 중대가 있는 興京으로 가서 무비를 갖추고 있는 중이라는 바 양측의 적극행동이 사실화 한다면 동포들에게 험악한 쟁투가 일어날 것으로 그 전도가 매우 주목되는 바이라.[10]

---

7) 중국조선민족발자취 총서 3, 『봉화』, 民族出版社, 1989. 288쪽.

8) 曹文奇, 『鴨綠江邊抗日名將 梁世奉』, 遼寧人民出版社, 1990, 85쪽.

9) 『중외일보』 1929년 9월 18일, 「한교동향회 토벌 기치하 조선○○군 긴급동원, 제일, 제이 양부대 진군개시, 한교동향회는 중국 보갑대 응원을 어더, 통화현 일대 전운 농후, 동향회간부 이동성 봉천 총영사 방문, 출동선포문 배부」.

10) 『중외일보』 1929년 10월 30일, 「韓僑同鄕會 타파하고자 무장단의 활동설, 국민부와 대립하여 반대하고 있는 한교동향회는 최후 결말을 짓고자, 예상되는 미구의 충돌」.

국민부의 대대적인 공세로 수세에 몰린 한교동향회에서는 국민부와 '최후의 결말을 짓기 위해' 보다 적극적인 대항을 준비하고 있다고 하였다. 그리고 국민부에서도 길림지방에 있던 4개 중대를 홍경으로 이동시키고 홍경에 주둔하고 있던 6개 중대와 함께 무장을 갖추게 했다고 하였다. 이에 일제는 한교동향회가 비참한 결과로 끝나면 그 여파는 각 지방에 영향을 끼쳐 수습할 수 없는 상황에 이를 것이며, 한교동향회의 死活은 이들에게 5,000원의 자금을 보조해 줄 것인가 하는 문제에 달려있다고 파악하고 있었다.[11]

국민부에서는 일제경찰이나 친일분자에 대한 처단활동도 전개하였다. 조선혁명군 募捐隊는 1929년 11월 30일 延吉縣 옹성라자에서 간도 일본총영사관 경찰서에 근무하는 警部補 坪井三代治를 사살하였으며,[12] 1930년 4월 6일에는 延吉縣 龍井市外에 사는 밀정 沈容海 父子에게 사형선고장을 소지한 조선혁명군 대원을 파견하여 처단하였다.[13] 국민부의 이같은 활동은 『동아일보』는 1932년 4월 22일자 보도에서 보는 바와 같이 만주사변 이후에도 계속되고 있었다.

> 지난 15일 신빈현 강산령에서 범인호송의 경관대를 습격하여 일본측 경관 1명과 중국측 공안대원 1명을 사살하고 범인을 탈취한 국민부 조선○○군 일대에 대한 추격 토벌은 17일부터 중국군대가 출동하여 계속 중이나 아직도 이에 대한 상보를 전할 수 없다. 강산령 사건이 발생하자 봉천총영사관과 기타 각 관계당국에서는 그와 같이 국민부의 실력이 팽창하여 대부대 행동을 하도록 된데 대하여 적

11) 앞의, 『독립운동사자료집』 10, 417~419쪽.
12) 『중외일보』 1930년 2월 23일 「坪井警部射殺한 國民府募捐隊長被逮」.
13) 『중외일보』 1930년 4월 8일 『龍井에 ○○團 突現籌備處敎官父子殺傷」.

지 않게 당황하는 빗을 보이고 있다. (중략) 행동을 개시한 국민부에서는 지난 14일 왕청문내 영국인병원에 입원 치료중인 밀정혐의의 黃奎淸을 국민부원 3명이 침입하여 암살하고 이어 당지에서는 친일계 인물 전부를 암살코자 하였음으로 당지의 민회준비위원이었던 朴魯良, 金鳳洙, 崔

逸化 등 10수명은 전부 피난하였으며, 동시에 영사분관 파견원 2명도 피난한 것이라 한다.[14]

위의 내용에서 보면 국민부에서는 만주사변이 격화되는 가운데에서도 신빈현 왕청문 내 영국인병원에서 입원치료 중이던 밀정 黃奎淸을 처단하였다. 국민부의 활동이 강화되자 지역 내에서 民會 설립을 준비하던 朴魯良, 金鳳洙, 崔逸化 등 십여 명과 영사분관 파견원 2명이 모두 피난했던 것으로 보인다.

이밖에 이 기사에서는 현재 국민부가 대부대를 편성하여 활동을 하고 있는 것에 대해 봉천영사관과 기타 관계당국에서 적지 않게 당황하고 있다고도 하였다. 『동아일보』의 이러한 보도는 만주사변 이후 국민부의 항일투쟁이 크게 강화되고 있었음을 보여주는 것이라고 하겠다. 『조선일보』는 1933년 8월 11일자 기사에서 국민부 혁명군이 8월 29일인 '합병기념일'을 기해 조선인 民會 역원에 대한 암살을 계획하고 있다고 보도하기도 했다.[15]

---

14) 『동아일보』 1932년 4월 22일, 「國民府의 勢力增大 旺淸門一帶를 占據 當地의 公安隊를 全部 擊退, 新賓縣崗山嶺事件發生까지 派遣員等現地脫出, 義勇軍과 聯絡武裝隊編成, 三月中旬부터 行動開始 興京의 襲擊도 計劃, 民會委員 十數名 避亂, 파견원 두 명도 피란해 密偵嫌疑者一名 黃奎淸暗殺, 新幹部選任 陣容을 整頓, 二萬餘同胞集團的 村落, 동포의 근거가 오랜 지방 念慮되는 그 安危」.

15) 『조선일보』 1933년 8월 11일, 「합병기념일 기하여 일본 만주 대관 암살 기도. 唐聚

<표 1> 만주사변 이후 국민부의 상황과 한중연합활동에 관한 기사

신문	날짜	기사 제목
동아	1931.9.28	吉林에 入한 出動軍 ○○團 徹底掃蕩說, 北滿國民府 全部를 襲擊, 同系朝鮮人檢擧中
	1932.1.26	武裝隊 編成中의 國民府根據襲擊, 거두 五명을 검거하얏다, 總司令 金保安等 巨頭被逮
	1932.2.12	國民府根據地包圍 幹部卄三名 檢擧, 수차검거에 뿌리가 뽑히어 領警과 公安隊協力
	1932.2.13	國民府根據地 再襲 一名射殺 田雲擧, 朴致化 洪秀彬等 三名 逮捕, 통화현 영관경찰 활동을 계속 黃土岡子被襲後報
	1932.2.18	國民府 根據屢襲 二三四 中隊는 全滅 領警과 公安隊의 合力討伐로 第一隊만 餘力收拾中
	1932.4.21	新賓縣駐在 領警은 撤退 국민부의 세력이 휠신 늘어 將次 大規模의 討伐
	1933.7.22	國民府員 祕密히 移動 國境探査 軍資强徵, 反滿軍黃作及軍과 聯絡하야 桓仁縣에 大部隊集中?
	1933.8.20	國民府와 反滿軍 握手 積極抗日을 計劃, 撫松縣下에 根據를 두고 輯安通化等에 集結
조선	1931.10.10	침체를 전하는 國民府 陣容 整齊. 9월 하순 사변에서 중요회의. 위원장에는 梁海山
	1932.01.25	國民府 本據를 掩襲. 巨頭 5명 전부피검. 사령 참모장 지방위원장 등. 만주○○團 탄압개시
	1932.02.13	滿蒙 신국가 준비와 좌우 진영 소탕방침. ○○단과 공산당 적극 탄압. 국민부의 근거는 전멸
	1932.5.17	중국『의용군』과 합세 국민부원활동설. 즙안현방면에서
	1933.8.11	합병기념일 기하여 일본 만주 대관 암살 기도. 唐聚五 鄧鐵梅 등과 합작하여 국민부원의 재활동
매일	1932.2.24	陸續檢擧全滅에 陷한 國民府와 共産黨 만주사변이후 대검거 개시로 領袖들도 大概被捉
	1932.2.25	奉天에서도 十餘名被檢 총령사관의 계속활동으로 國民府員檢擧續報
	1933.2.15	國民府會議開催中 警備隊包圍襲擊 세력을 확대하고저 밀의중을 首腦部 十九名逮捕
	1933.3.18	梁瑞鳳部下逮捕 위용군과 연낙활동하던중 奉天憲兵隊에서
	1933.10.14	南京政府의 指令으로 決死暗殺隊를 組織 國民府革命軍 梁瑞鳳等 活動 일본관리와 ○○○○○의 살해를 목적 滿洲國攪亂大陰謀

五 鄧鐵梅 등과 합작하여 국민부원의 재 활동」.

<표 1>에서 보면 만주사변 발발 직후 吉林을 장악한 일본군은 국민부에 대한 대대적인 공세를 가하고 있었던 것으로 보인다.

> 전통에 의하면 만주사변이 발발하야 혼란한 틈을 타가지고 봉천성과 신빈현을 중심으로 중국군과 호응하여 일본군 후방교란을 획책하고 있던 조선○○군 국민부는 通化 일본영사관경찰 중국공안대에게 체포되었다. 동 국민부 총사령 김보안 외 5명의 최고 간부를 1월 하순에 체포하고 다시 계속하여 수색한 결과 지난 8일 밤중에 그의 근거지를 수색하고 田雲鶴외 22명을 일망에 총 검거하였다. 이것으로 조선 ○○운동의 전투단체로서 유일한 존재였던 국민부는 뿌리가 뽑힌 셈이라 한다.[16]

만주사변 이후 국민부는 通化 영사관경찰과 중국 公安隊의 습격으로 1월 하순 金保安 외 5명이 체포되었으며, 곧이어 2월 8일에는 全雲鶴 외 22명이 일제의 근거지 수색활동 과정에서 체포된 것으로 나타나고 있다. 다른 언론에서도 '國民府 本據를 掩襲, 巨頭 5명 전부피검'[17]이라고 하거나 '全滅에 陷한 國民府'라고 보도하고 있었다.[18] 그런데 국내언론의 이 같은 보도는 1932년 1월 18일에 발생했던 '新賓事件' 등을 가리키는 것으로 생각되며,[19] 역설적으로 국민부가 적극적인 항일무장

---

16) 『동아일보』 1932년 2월 12일, 「國民府根據地包圍 幹部卄三名 檢擧, 수차검거에 뿌리가 뽑히어 領警과 公安隊協力」.

17) 『조선일보』 1932년 1월 25일, 「國民府 本據를 掩襲. 巨頭 5명 전부피검. 사령 참모장 지방위원장 등. 만주 ○○團 탄압개시」.

18) 『每日申報』 1932년 2월 24일, 「陸續檢擧全滅에 陷한 國民府와 共産黨 만주사변 이후 대 검거 개시로 領袖들도 大槪被捉」.

19) 국민부에서는 조선혁명당 중앙집행위원장 李浩源, 조선혁명군 사령관 金保安(金寬雄 또는 金輔安), 군 부사령 張世湧, 국민부 公安部 집행위원장 李鍾建, 군사령부

투쟁을 전개하고 있었음을 보여주는 것이라고 하겠다.

이후 국민부에서는 곧바로 집행위원장에 梁荷山, 조선혁명당 중앙집행위원장에 高而虛, 조선혁명군 총사령관에 梁世鳳(奉)을 임명하여 조직의 안정을 확보하였던 것으로 보인다.[20] 『동아일보』에서는 영사관경찰과 중국 공안대의 토벌로 기세가 꺾였던 국민부가 최근 치안이 문란해진 틈을 타 궐기한 패잔병들과 기맥을 통해 적대행동을 심하게 함으로 신변에 있던 영사관경찰서 주재소 경관들이 18일부터 철퇴하였다고 보도하였다.[21] 즉 국민부가 중국의용군과의 연합작전을 통해 강력한 항일세력으로서의 위상을 확보해 가고 있었다.

『동아일보』에서는 국민부가 反滿軍과 연락하여 '桓仁縣에 大部隊集中'[22]이라고 보도한 이래, 국민부가 日滿大官을 암살할 계획을 수립하고 총사령 양세봉과 부사령 朴大浩 등을 중심으로 휘하의 6개 중대가 撫松縣을 근거로 집결하고 있다고도 하였다.[23] 뿐만 아니라 국민부

副官長 朴致化, 군사령부 警衛隊 李奎星 등 10여 명이 체포되었으며 3월 초까지 83명에 달하는 중요간부들이 체포되었던 것으로 나타나고 있다. 金學奎, 「三十年來韓國革命運動在東北」, 『光復』 第1卷 第4期, 28쪽.

20) 曺文起, 『鸭绿江边的抗日名将梁世凤』 遼宁人民出版社, 1990, 202쪽

21) 『동아일보』, 1932년 4월 21일, 「新賓縣駐在 領警은 撤退 국민부의 세력이 휠신 늘어 將次 大規模의 討伐」.

22) 『동아일보』 1933년 7월 22일, 「國民府員 祕密히 移動 國境探查 軍資强徵, 反滿軍黃作及軍과 聯絡하야 桓仁縣에 大部隊集中?」.

23) 『동아일보』 1933년 8월 20일, 「國民府와 反滿軍 握手 積極抗日을 計劃, 撫松縣下에 根據를 두고 輯安 通化等에 集結」 '모처정보에 의하면 朝鮮○○○○軍國民府 당원은 얼마전부터 반만군과 협력한 후 금월 29일 전후를 기하야 일만대관의 암살 습격 등 적극항일 협동을 계획하는 중으로 목하 ○○군사령 梁瑞鳳 (一名 梁世奉) 부사령 朴大浩 이하 사령참모 특무참모 군사부장 외에 六개 중대를 새로히 편성하야 無松野下를 근거로 輯安, 通化 방면에 집결하는 동시에 행정기관으로 중앙집행위원장 金東山 이하 公安局 地方部 學務部 財務部 外務執行部 이하 각 위원을 개선시키어 토벌군의 눈을 피하야 만주 오지에 사는 조선 농민으로부터 의무금, 군자금

가 唐聚五의 抗日軍과도 聯絡活動 하고 있다고 하였으며,[24] 양세봉이 국민당의 南京政府의 지령을 받아 만주국을 교란시키고자 한다고도 하였다.[25]

『조선일보』와 『매일신보』에서도 비슷한 내용을 보도하고 있었다. 『조선일보』에서는 국민부가 '唐聚五 및 鄧鐵梅 등과 합작하여' 재활동을 준비하고 있으며, 합방기념일을 기해 일만 대관을 암살하고자 한다고 보도하였다.[26] 『매일신보』에서는 民衆自衛軍總司令 唐聚五로부터 무기와 탄환 등을 확보한 國民府 사령장 梁河山(필자－梁荷山)이 적극적인 행동을 추진 중이라고 하였다.[27] 국민부가 3개의 결사대를 조직하여 일본·만주·조선에 걸쳐 치안질서를 교란시키고자 음모를 추진하고 있는 중인 것으로 판명되었다고도 하였다.[28]

국민부에서는 중국의용군과 함께 鴨綠江鐵橋를 폭파함으로써 일제의 국경 치안을 교란하고자 하였다.

> 모처 정보에 의하면 압록강 하류 지방에 집합하여 있던 ○○군 양서봉 일파는 오는 29일 합방 기념일을 기회로 국경의 주요 관문 안 압록강철교를 폭파시키려고 최근 모방면으로부터 미국제 폭약 다량을

등을 중수하야 착착 음모결행의 준비를 계속하고 있는 중이라고 한다'.

24) 『동아일보』 1933년 11월 16일, 「國民府에 加擔하야 團員募集 軍資徵收, 唐聚五 抗日軍과도 聯絡活動, ○○黨員 鄭俊信 盧奉文 朴順福等 三名 送局」.

25) 『동아일보』 1933년 10월 14일, 「決死○○隊를 組織 國民府一派活動, 梁瑞鳳이 南京政府와 聯絡, 日滿當局大警戒」.

26) 『조선일보』 1933년 8월 11일, 「합병기념일 기하여 일본 만주 대관 암살 기도. 唐聚五 鄧鐵梅 등과 합작하여 국민부원의 재 활동」

27) 『매일신보』 1932년 12월 6일, 「國民府司令長梁河山의 動靜」.

28) 『매일신보』 1933년 2월 5일, 「國民府決死班을 組織 日鮮滿攪亂陰謀 테로단을 三대로 편성햇다 首領以下集合會議」.

구하야 이것을 삼각지대에 상륙시키려고 총사령 양서봉을 그의 부하 金保國 ○○○ 외 5명을 그곳으로 보내었다하여 일만 관헌은 경계 중이다.29)

양세봉은 다량의 폭탄을 구입하고 김보국 외 6명의 부하를 파견하여 압록강 철교의 폭파를 시도했으며, 이 계획은 중국의용군 鄧鐵梅 부대와의 연합으로 추진되었던 것으로 보인다.30)

따라서 이상의 내용을 종합해 보면 국민부에서는 만주지역 친일세력과의 투쟁에서 일정하게 성과를 거두고 있었다. 만주사변 발발 이후에는 중국의용군과의 연합을 통해 일제의 대대적인 공세에서 벗어나는 한편, 만주국의 치안을 심각하게 위협할 정도의 강력한 항일무장투쟁을 전개했던 것으로 보인다.

2. 항일무장투쟁의 전개와 공산진영과의 연합

만주사변 이후 국민부의 국내에서의 항일무장투쟁은 국경지대에서 전개한 국내진공작전과 국내 각지에서 전개한 군자금 모집 및 연락기

29) 『조선일보』 1933년 8월 22일, 「○○軍梁瑞鳳一派鴨綠江鐵橋爆破劃策」. 비슷한 내용의 기사가 『조선중앙일보』, 「압록강철교 폭파코저 폭약다수를 밀송, 삼각지대에 이미 상륙시키고, 양서봉 등이 계획 중」.

30) 중국조선민족발자취 총서 3, 『봉화』, 民族出版社, 1989. 291쪽. 앞의, 중국조선민족발자취 총서 3, 『봉화』, 291쪽. 그러나 『조선일보』 1933년 9월 2일, 「鐵橋爆破失敗하고 安奉線 攪亂劃策」의 기사에서는 '만주에 근거를 둔 ○○단 양세봉 일파와 중국공산당 조선인계 일파가 압록강철교의 폭파를 계획하였다함은 누차 보도하였거니와'라고 하여 이 사건이 한인공산주의자들과의 연합을 통해 이루진 것으로 보도하고 있다.

관의 설치를 위한 활동이 중심이 되고 있었다. 1933년 2월 국민부 소속원 康春三은 군자금을 모집하기 위해 渭源郡 密山面에 잠입 활동 중 체포되었다.[31] 1933년 3월에는 碧潼郡 松西面 二西洞에서 李興燮 '납치' 사건이 발생하자 이를 추격하던 벽동경찰서 수색대와 국민부원 십수명이 寬甸縣 下漏河에서 교전하였다.[32]

1934년 3월에는 국민부원 7명이 평북 楚山郡에서 잡화상을 운영하는 崔德成을 납치하고 현금 3,000원을 요구하는 사건이 있었으며,[33] 1932년 1월에는 5년 전 白晝에 평안북도 義州城에 돌입하여 금융조합과 식산은행 의주지점을 습격하여 거액의 군자금을 확보했던 국민부 별동대 대장 李晋武 외 13명이 체포되었다고 보도되기도 했다.[34] 그런데 이 사건은 시기적으로 보아 정의부 시기의 활동이었으나 재판이 늦

31) 『조선일보』 1933년 3월 17일 「渭原郡에 潛入한 國民府員被逮, 군자금 획득코저 잠입 중 위원경찰서원에서」.

32) 『매일신보』 1933년 3월 10일, 「漏河의 國民府員三十名 決死的侵入計劃 被拉同胞의 奪還不能으로 搜査隊의 增員要請, 수색대와 교전한 후 총탄 遺棄, 十수명의 일단은 도주하여 잠적, 碧潼拉人事件詳報」. 『동아일보』 1933년 3월 9일, 「碧潼署員追跡隊 國民府員과 交戰, 시체 한 개 버리고 국민부원 도주, 鴨綠江對岸에서 交火」. 이 과정에서 일본 경찰 추격대는 러시아식 장총 1정과 탄약 114발을 노획했다고 한다.

33) 『조선중앙일보』 1934년 3월 10일, 「朝鮮○○團七名楚山對岸에 突現, 잡화상 최덕성을 인질로 拉去, 삼천원 제공을 요구」.

34) 『每日申報』 1932년 1월 20일, 「朝鮮○○軍의 首魁 李晋武一派就縛 五年前의 義州金組襲擊犯人 國境兩署活動으로 一團十四名全部를, 국민부 별동대로 전율할 범행, 평북 각지로 출몰, 살인 강도 등 자행, 車輦館주재소 경관 4명도 銃殺, 대담무적한 괴수의 爲人과 그의 過去」. 『동아일보』 1932년 1월 20일, 「義州金組를 襲擊한 ○○團 全部 被逮, 봉황성에 근거 두고 활동튼 ○○군 國民府別動隊 新義州署에 李星霜(一名李晋武)과 洪學元 등 十四名 留置, 駐在所襲警官도 殺傷 놀라운 그들의 범죄내용 車輦館事件에도 關聯」. 이진무은 '국경의 黑旋風이라는 별명까지' 갖고 있었다고 한다.

어지면서, 국민부로 보도되었던 것으로 보인다.

『조선중앙일보』에서는 1934년 3월 東邊道지역에 산재한 조선○○(혁명―필자)군이 공산당과 제휴한 후 격렬한 선전문 수 천매를 인쇄하여 남북 만주지역은 물론 조선 내에까지 우송한 것으로 보여 국경지역 관헌들이 활동 중이라고 하였다.[35] 일제 경찰에서는 국민부가 1932년에는 16회, 1934년에는 10회에 142명의 대원을 동원하여 국내 진격공작전을 전개한 것으로 파악하고 있었다.[36]

국민부에서는 국내의 깊숙한 지역까지 대원을 파견하고 있었다. 1932년 4월 조선혁명군 소속의 李先龍은 권총을 휴대하고 국내로 들어와 장호원에 있는 東一銀行을 습격하고 약 13,000원의 군자금을 확보하여 일제에게 충격을 주었다. 그는 양세봉에 의해 파견되었는데 충청과 경기·강원 일대로 광범위하게 펼쳐진 일제의 경계망을 뚫지 못하고 강원도 원주에서 체포되고 말았다.[37]

---

35) 『조선중앙일보』, 1934년 3월 26일, 「만주의 조선○○단서 격문 다수를 우송? 동북만 공산당과 제휴한후 각처 관헌은 맹활동」.

36) 朝鮮總督府警務局, 『最近朝鮮の治安狀況』, 1938, 213~214쪽.

37) 『중앙일보』, 1932년 4월 6일, 「피체된 이선룡은 장호원사건 진범인, 범행 후 111시간, 천마산에서 피체, 18세에 만주로 출분, ○○군에 가담 활동, 3월 상순에 집에 돌아와, 이선룡의 이력 대요, 범인은 위선 원주서로 압송, 범인 어떠한 방법으로 경계망을 돌파하였던가? 험준한 산을 넘어다니면서 신출귀몰한 그의 경로, 범인은 원주서에서 엄중 취조 중, 권총과 현금은 5일 새벽 매몰한 현장에서 발굴, 권총 범인과 피체된 단서, 지명수배도 일원인, 대담무쌍한 괴청년, 주재소 전을 통과, 파수경관의 불심질문 받고 권총을 난사 코 도주, 범인의 범행 동기는 재차 만주로 갈 여비로서, 동지도 2인이나 있다. 『동아일보』 1932년 4월 6일, 「指名手配關係等으로 犯人은 京畿道에 護送, 拳銃과 現金은 目下搜索中 장호원 둘러 경긔경찰부로 온다, 李先龍事件 續報, 李先龍逮浦까지 經路 廿餘名警官 追擊遁走四十餘里! 두 시간 분이 걸렷다 발도 벗고 옷도 벗고, 警鍾을 亂打 消防隊召集, 맨발로 越墻 鳴鳳山에 脫走, 두 손에 돌들고 追擊警官威脅, 옷 입고 涉江 옷 벗고 달아나, 二時五十分間 五十里周回, 犯人日誌 : 晝夜二百十時間四夜는 山上에서 콩과 수수 등으로 생식연명 前後

1932년 6월에는 邊洛奎를 대장으로 金光海·金弓民 등의 대원들이 국내로 파견되어 군자금의 모집과 국내와의 연락기관의 설치를 추진하기도 했다. 이들은 1932년 6월과 9월 2차례에 걸쳐 국내로 파견되었다. 이들은 평북 龜城에서 광산부호 崔昌學을 볼모로 거액의 군자금을 획득하고자 하였으나 뜻을 이루지 못하고 일단 만주로 되돌아갔다. 이후 다시 국내로 들어와 1933년 2월 4일 덕천군 德安邑 王澤埻의 집에서 권총 1발을 발사하고 군자금으로 현금 150원을 획득하는데 성공하였다. 그러나 덕천경찰서가 사건을 조사하는 과정에서 단원이었던 장인준과 김일봉이 체포되면서 집중적인 검거가 이루어져 더 이상의 활동이 불가능했던 것으로 보인다.[38)]

1932년 11월에는 조선혁명당 집행위원장 高而虛와 조선혁명군 부사령 양세봉의 명령을 받은 徐元俊이 국내로 파견되었다. 그는 5만원 이상의 군자금 획득과 국내에 당 연락 기관의 설치하고자 하였다.[39)] 그는 1933년 1월 15일 宣川郡에서 수금하고 돌아오던 포목상의 점원 小松信一을 습격하여, 1,600여원의 자금을 마련한 후 일단 만주로 돌아갔다.[40)] 이후 서원준은 1933년 2월에 다시 국내로 들어와 安永俊을 동지

變裝四回, 떡심이 풀린 搜索本部! 엿새동안 헛물만 켯다 犯人逮捕飛報 밧고, 原住地에 民籍도 업다 三歲부터 漂浪身勢 사건발생 卄여 일 전에 만주서 귀국 犯人 李先龍의 來歷, 外祖母의 歡息

38) 『동아일보』 1933년 5월 17일, 「警察取調에 날아난 德川爆彈事件 全貌 邊洛奎等 十五名 送局 三名 公判에 關係者 金光海 金炳洙 二名 未逮捕, 同志 얻어 機關設置 賭博場을 襲擊 强奪 平北을 舞臺로 活動中에 巡査向해 發砲逃走, 寧邊山中에서 通貨도 僞造? 十五명을 송국함과 동시에 證據物도 多數 送局, 送局者氏名」. 김광해와 김병수는 마지막까지 체포되지 않았던 것으로 추정된다. 국민부 국내파견 대원의 활동에 대해서는 황민호, 「일제하 한글신문의 만주지역 항일무장투쟁에 관한 보도 경향」, 『한국민족운동사연구』58, 2009에 보다 상세하게 정리하였다.

39) 朝鮮總督府高等法院檢事局思想部, 『思想彙報』 高麗書林, 1987, 90쪽.

로 포섭한 후 평양에 있는 朝鮮銀行 支店을 비롯하여 주요 금융기관을 습격했으나 성공하지 못하였다. 거사 직후 서원준은 경찰의 추격을 받아 도주하던 중 沙里院 警察署 巡査部長 富田吉五郎을 권총으로 사살였으며, 6월 16일에 체포되었다.[41]

국민부는 만주지역에서도 다양한 활동을 전개하였는데 『동아일보』에서는 1932년 8월 撫順新屯 부락의 경비상황을 조사하던 국민부원 3명이 무순경찰서에 체포되었다고 보도하였다.[42] 11월에는 국민부원 여러명이 상인으로 변장하고 寬甸縣 大青溝에서 압록강 대안을 왕래하며 일제 관헌의 경비상황을 내사했다는 정보가 있어 일제가 경계중이라고 하였다.[43] 1933년 7월에는 국민부가 압록강 연안에 偵察隊를 파견하여 국경을 探査하였으며, 군자금을 징수했다고 하였다.[44]

『조선일보』에서는 1933년 7월 국민부 의연대장 金碧山이 집안현 馬蹄溝 沙包甸子에서 군자금 모집과 동지를 획득하고자 했다고 하였

40) 앞의, 『思想彙報』 1, 92~96쪽. 서원준은 탈취한 돈 중에서 국내와 만주에서 자신의 일을 돕던 한신옥과 金炳模에게 각각 400원과 700원씩을 교부하고 230원을 당자금으로 탁송하였다.

41) 『조선일보』 1933년 6월 18일, 「평양노동연맹에서 일시 분주, 勞靑宣言으로 복역'·'국민부결사대 多數人잠입모양, 各署에서 대 검색 개시'·'출동 경관의 연인원 1만 2천, 범인 走破 2천 5백리」. 『동아일보』 1933년 6월 18일, 「권총범 서원준사건 대단원'이라는 제목 하에 '연인원 3만여명 출동'·'남북 주파 700여리'·연인원 3만여명 출동, 활동비용 4만원, 14일간 철야수사, 전조선경찰에게 엄명 결사대를 대수색」.

42) 『동아일보』 1932년 8월 21일, 「撫順을 窺視튼 國民府員檢擧 경비상황을 조사하는 중에 拳銃과 彈丸을 押收, 白南玉 崔善元 朴俊吉 等」.

43) 『동아일보』 1932년 11월 13일, 「國民府員 越境說로 鴨江岸 警備益嚴 國民府員活動開始」.

44) 『동아일보』 1933년 7월 22일, 「國民府員 祕密히 移動 國境探査 軍資强徵, 反滿軍黃作及軍과 聯絡하야 桓仁縣에 大部隊集中?」.

다.[45] 1934년 10월에는 의무금 징수를 철저히 하기로 하고 유하현 지방 국민부 재무위원 金光宇의 명의로 재류 한인 촌장에게 의무금 납부 통지서를 발송했다고 하였다.[46] 『조선일보』에서는 국민부가 무순지역에서 瀋海線 철도를 폭파고자 했음을 다음과 같이 보도하였다.

> 최근 폭탄사건이 자조 생김으로 인하야 당국에서는 화약류의 ○○취체를 엄밀히 하면서 잇는바 또 모 기관의 탐지한 바에 의하면 日滿討伐軍이 동변도에서 반만군을 토벌할 때에 반反滿軍 首領 朝鮮人 梁瑞鳳 일파가 隱匿하엿든 강력한 폭탄이 십여개를 가지고 撫順에 들어와 瀋海鐵道 폭파를 企圖한 사실이 잇서 목하 연선에 경비병을 增置하고 엄밀히 경계하는 중이라고 한다.[47]

위의 내용에서 보면 양세봉이 강력한 폭탄 10여 개를 얻어 무순으로 들어와 심해선의 폭파를 기도하고 있다는 정보를 얻은 일제가 철도 연선에 대한 경비를 강화하고 있음을 보여주고 있다. 『조선중아일보』에서는 양세봉이 9월 18일을 기해 안봉선을 폭파하고자 5개반을 편성하고 安奉線 각처에서 활동 중이라는 정보가 있어 일만 관헌이 경계중이

---

45) 『조선일보』 1933년 7월 20일, 「沙包甸子서 군자금을 모집하여 국민부원 활동」.

46) 『조선일보』 1934년 11월 2일, 「수확기 앞두고 의무금 납부 통첩. 국민부 ○○군에서」

47) 『조선일보』 1933년 6월 3일, 「국민부 양서봉일파. 瀋海線폭파 기도. 경비원을 증가 위계 중」. 이와 관련된 기사는 『조선중앙일보』 1933년 6월 3일, 「양서봉 등의 심해선 폭파 계획, 폭탄 이십여 개를 입수하여, 군경이 엄중 경계 중」이라는 기사에서도 '모처착 정보에 의하면 얼마 전에 일만토벌군이 동변도를 토벌할 때에 교묘히 몸을 피하였던 양서봉 등이 모처에서 폭탄 20여개를 얻어가지고 무순을 경유하여 심해선 폭파를 계획 중이라 하야 일만 경비대는 그 방면에 엄중 경계 중이라 한다'라고 하였다.

라고 하였다.[48]

『매일신보』에서는 1932년 10월 관전현 大川溝에 잠복 중이던 국민부원 李永杰 이하 30명이 이주조선 동포로부터 의무금을 强徵하였다고 보도하였다.[49] 11월에는 집안현 제5도구에서 張振英 이하 4명의 국민부원이 이주 조선인 韓一奉의 집에 침입하여 현금 15원을 강탈하고 雙岔河 방면으로 도주했다고 하였다.[50] 이밖에 1933년 3월에는 국민부 소대장 金光洙와 3명의 대원이 大陽岔에서 이주 조선인 金興洙 외 1명으로부터 소양각 15원씩을 강탈하였으며, 이주 조선인을 납치했다고 하였다.[51]

한편 1933년 7월경 일제는 '조선혁명군은 종래 氷炭間이었던 공산당과 제휴하여 그 세력의 확대를 도모'하고 있는 것으로 파악하고 있었다.[52]

> ① 재만 ○○ 단체 國民府에서는 일만군의 토벌을 수차나 바덧슴에도 불고하고 지난 五일 新濱縣太西邊門에서 國民府將校會議를 열고 국민부 중앙집행 위원회 위원장 黃모 이하 부위원장 梁瑞鳳 국민부 조선 ○○○○○총사령 梁河山 등과 각 유격대장 등이 참집하여 일만군의 경비상태를 탐색할 것과 간도 공산당과 중국공산당과에 밀접한 정보를 교환하야 서로 행동을 원조할 것을 결의하야 일만군의 후방교란을 격화시킬 것을

---

48) 『조선중앙일보』 1933년 9월 4일, 「양서봉 등도 안봉선 폭파계획, 9월 18일 기하여 거사설, 5대로 분대활동」.

49) 『每日申報』 1932년 10월 22일, 「國民府員卅名警備狀況內偵」.

50) 『每日申報』 1932년 11월 23일, 「國民府員等四名이 現金을 强奪逃走 이주동포의 집에 침입하야 現金十五圓을 强奪」.

51) 『每日申報』 1933년 3월 15일, 「楚山對岸의 ○○軍 强奪拉去를 肆行 옹상토동포촌을 습격하야 移住同胞五名拉去」.

52) 앞의, 『독립운동사자료집』 10, 662쪽.

협의하얏다 한다.[53]

② 조선○○군 총사령관 梁瑞鳳이 길림공산당 회의에 출석코저 桓因縣으로 출발하엿다 함은 긔보한 바와 갓가니와 지난 16일 회의를 필하고 돌아온 양서봉은 즙안·환인 양현을 무대로 ○○함은 물론 대대적 적화를 획책코저 공산당원 20명을 吉林서 달이고 환인현 四平街에 내도 하여 각지에 파견하야 대대적 선전을 함으로 경무국과 영사관은 이의 격퇴에 부심 중이라고 한다.[54]

③ 만주에 근거를 둔 조선○○군 총사령 양서봉은 최근 적극적인 행동을 개시하여서 각지에 산재해 있는 수뇌간부에게 명령을 발하여서 구 부하를 규합하는 동시 이주선인을 강제로 입○시키고 또 중국공산당과 긴밀히 연락을 취하고 암암리에 대활동 중이라 전한다.[55]

위의 내용에서 보면 ①은 『동아일보』의 보도로 국민부가 장교회의를 개최하고 간도공산당 및 중국공산당과 밀접한 정보교환을 통해 서로 원조하고 후방교란을 격화시킬 것을 결의하였다고 하였다. ②의 『조선일보』 보도에서는 길림공산당회의에 참석한 양세봉이 공산당과의 제휴를 넘어 집안현과 환인현을 중심으로 공산주의를 선전하고 있

53) 『동아일보』 1933년 2월 9일, 「日滿警備狀態探索 共産黨과 合勢行動, 新賓縣에서 將校會 열고, 國民府 또 策動開始 : 國民府員梁瑞鳳 梁河山等活動」.

54) 『조선일보』 1934년 1월 22일, 「국민부 무장대 활동 강제로 군인모집. 梁瑞鳳은 적화 선전 중」

55) 『조선중앙일보』 1934년 3월 6일, 「양서봉의 근황, 중국공산당과 연락하여 암암리에 대 활동 중」.

어 경무국과 영사관이 이를 퇴치하기 위해 부심하고 있다고 하였다. ③의 『조선중앙일보』 보도에서는 양세봉이 중국공산당과 밀접하게 연락을 취하며 암암리에 활동 중이라고 강조하고 있는데 이는 만주사변 이후 국민부가 확실히 공산주의자들과의 연합전선 형성의 필요성을 느끼며 활동하고 있었음을 보여주는 것이라고 하겠다.[56]

당시 만주지역의 항일세력들은 일제의 '治安肅整工作'에 대항하기 위해 적극적인 연합작전을 전개하고 있었으며, 1936년에는 조선혁명군 제4중대장 金允杰 부대와 동북항일연군의 楊靖宇부대가 연합한 약 200명의 대원들이 桓仁縣 警備隊 소속의 일본군 20명에 대해 기습공격을 가하여 성과를 거두었다.[57] 1938년에는 朴大浩・崔允龜 등은 약 60여 명의 조선혁명군 대원들이 양정우의 동북항일연군 제1로군으로 합류하여 항일무장투쟁에 참여했던 것으로 나타나고 있다.[58]

Ⅲ. 한인공산주의자들의 항일투쟁과 '反滿軍'

만주사변 이후 한인공산주의자들은 중국공산당 산하에서 중국인공산주의자들과 연합하여 조직한 항일유격대를 출발로, 동북인민혁명군(1933)을 거쳐 동북항일연군(1936년)로 조직을 개편하면 적극적인 항

---

56) 『조선일보』 1933년 2월 9일, 「만주 파견군의 교란을 책동. 간도, 중국 공산당과 연락. 국민부의 재차 협의』. 『동아일보』 1934년 3월 7일, 「梁世奉은 일방으로는 중국공산당과 연락을 취하야 모종의 운동을 적극적으로 책동 중」, 『朝鮮中央日報』 1934년 1월 17일, 「梁瑞鳳 紅軍과 合勢 軍事會議를 開催」.

57) 滿洲國軍政部顧問部 篇, 『滿洲共産匪の硏究』, 1936, 424쪽.

58) 黃龍國, 「朝鮮革命軍 歷史에 대하여」, 『國史館論叢』9, 1989, 16쪽.

일무장투쟁을 전개하였다. 또한 중국 국민당군 소속의 항일부대인 '救國軍'도 활동하고 있었는데 언론에서는 이들을 '반만군' 또는 '항일반만군' 등으로 통칭해 보도하였다. 이들에 대한 대부분의 보도 내용은 반만군의 한인동포들에 대한 약탈과 방화 및 납치 등과 관련된 내용이거나[59] 반만군이 일제의 국경치안의 위협하고 있다는 기사 등이 주류를 이루고 있다. 이러한 경향은 <표 2>를 통해서도 그 일면을 확인할 수 있다.

<표 2> 1935년 이후 국내언론에 보도된 국경지역 반만군의 상황

신문	날짜	기사 내용
동아	1935.1.23	鴨江對岸의 武裝團 國境侵入이 漸增, 昨年末부터 一月初까지 五十回 當局空陸討伐을 準備, 共産軍 反滿軍 朝鮮○○黨等
	1935.4.10	咸南 對岸의 反滿軍 朝鮮村落 時時襲擊, 電話線切斷, 金品等을 强奪, 臨江 長白엔 人心 恟恟
	1935.4.23	鴨江에 反滿軍 船舶襲擊 人質拉去 航行中의 滿洲人十九名을 잡아가 慈城署員 出動追擊
	1935.4.25	鴨綠江對岸 八道溝에 反滿軍 襲擊 평북 경찰은 강안을 경계 人家에 放火 金品强奪
	1935.5.10	鴨綠江 國境警備와 航行狀態를 偵察 反滿軍 二十名이 오르나리며, 平北警察部 大緊張
	1935.5.18	鴨江岸에 反滿軍 出沒 越境 發砲가 頻頻, 慈城土城洞에서 自動車 襲擊, 義州水鎭面에도 侵入
	1935.6.2	惠山 工事場附近 反滿軍 密偵出現 밀임지대로 종적을 감추어 流動搜査隊가 追擊
	1935.8.31	朝鮮側向하야 反滿軍發砲 對岸의 警察分署도 襲擊 中江署員出動擊退

59) 『동아일보』와 『조선일보』의 반만군 관련 기사의 건수를 각각 국사편찬위원회와 조선일보사의 홈페이지에서 검색해 보면 『동아일보』는 1932년 1월 8일부터 1936년 8월 27일까지 총 904건의 기사가 검색되며, 『조선일보』는 1932년 3월 11일부터 1937년 5월 8일까지 148개의 가사가 검색되고 있다.

	1935.9.10	騷然한 國境對岸 土兵反滿軍, 出沒無常, 行船을 襲擊하고 人質拉去等 八九日에만 三件發生
	1936.3.29	江岸을 넘보는 聯合反滿軍 朔州署嚴重警戒中
조선	1935.5.18	玉洞對岸에 反滿軍
	1935.9.26	백여명 반만군 방화약탈자행. 대안임강현 백초구에서 중강진 경찰대가 격퇴
	1936.5.13	창성대안 백채지에도 3백 반만군 출현, 시가 습격을 계획. 주민은 망루피난
	1936.8.15	자성대안에 반만군습래. 부근조선인 속속피난
	1936.9.9	압록강안의 반만군 봉성현에 이동빈번. 주민을 농락하여 방화납치 등 행발사행. 2,3양일에 8회 출몰
	1936.9.26	벽동대인에 반만군
	1936.11.5	벽동 대안에 반만군 출현
	1936.11.29	초산서 토벌대 반만군과 교전
	1936.12.12	위원 신천 대안에 10여 반만군 사살 권총 탄환등도 압수
	1937.1.14	납거 264명. 살해 46명. 작년중 평북대안의 반만군 출몰 상황

『동아일보』에서는 1935년 8월 경 만주지역 동변도의 반만군이 8천명이며, 선박을 습격한 것이 220건이고 국내를 침입한 것이 90건에 이른다고 하였다.[60] 『매일신보』에서는 1934년 3월 30일자 기사에서 작년에 국경 대안지역에서 반만군의 襲來가 4,000여 회였으며, 살상 납치 등이 3,000여 명에 이른다고 하였다.[61]

일제는 재만 한인이 반만군에 대거 참여하고 있는 것에 대해 우려를 나타내기도 하였다. 『조선중앙일보』에서는 '渡滿 이주동포가 年年이

60) 『동아일보』, 1935년 8월 30일, 「頻繁한 反滿軍襲擊 朝鮮內 侵入90件 8月까지 對岸 8千反滿軍이 船舶襲擊 220件」. '금년 夏節 이래 빈번히 압록강안과 조선측까지 진출하는 만주동변도의 반만군 수는 약 8천명으로 기보한 바와 같이 금년은 예년보다 그들의 출현 수가 현저히 많은데 장차 추수기와 결빙기를 앞두고 평북경찰부는 긴장리에 대책을 강구중이다'.

61) 『每日申報』 1934년 3월 30일, 「襲來四千餘回 殺傷拉去近三千名 작년중대안 反滿軍跋扈狀況」.

증가되는 한편, 대다수는 일정한 직업 없이 이동생활을 전전하는 끝에 곤궁에 빠져 동변도 각지에 있는 ○○○ 반만군에 투신하는 현상'이 있으며, 전만조선인민회는 이 문제에 대해 관계당국에 선후책의 마련을 진정했다고 보도하였다.[62)]

또한 코민테른이 소만국경지대에서 조선인 당원을 모집하여 반만군을 양성하고 있다고 하거나,[63)] 길림 제5중학의 학생 徐炳浩 외 18명과 사립 문광중학의 韓進鎭 등이 중국공산당에 가입한 후 70여명의 동지를 규합하고 吉海線 小城子를 근거지로 불온한 활동을 하고 있어 당국이 이들의 행동을 감시하고 있다고 하였다.[64)] 『東亞日報』에서는 공산진영의 항일투쟁이 활발하게 전개되고 있음을 다음과 같이 보도하였다.

> 鴨綠江沿岸一帶에 共匪出沒二千餘回 延人員은 十萬七千名의 多數 越境侵入도 十五次, 金日成一派. 압록강 구역 일대의 一千六百餘리의 만주측 산악에는 연연이 共匪의 출현이 빈번하든 바 금년에 出沒한 공산군은 제1군 楊靖宇와 그의 부하 程斌, 제2군의 王德泰,

---

62) 『조선중앙일보』 1935년 6월 9일, 「이주동포 곤궁에 빠져, 반만군에 투신 현상, 전만조선인민회에선 선후책을 관계당국에 진정」.

63) 『조선중앙일보』 1933년 4월 15일, 「선인 당원 모집, 단기적 군사 훈련, 조선인 반만군 등 다수 양성, 제3 제공산당 최근의 활동, 군경 당국 중대시」.

64) 『동아일보』 1933년 5월 5일, 「脫走한 朝鮮人 中學生七十餘名 共黨加入 朝鮮○○黨과 中國共産黨聯絡, 反滿軍선동 모종계획 警察當局 行動監視中」. '길림제5중학교 생도 徐炳浩 외 18명과 사립 문광중학교 생도 韓進鎭 등은 작년 말경에 중학교를 탈주하야 자최를 감추었더니 중국공산당에 가입하여 70여인의 동지를 규합하야 최근 吉海線 小城子를 근거지로 하야 길해전선 기타의 각지에 반거하여 기회를 엿보고 있는 국민부 조선○○단 중국공산당 등과 교묘히 연락을 취하야 부근의 반만군을 선동하여 불온한 일을 진행하고 있던 일이 판명되어 당국은 사태를 매우 중대시하야 그들의 행동을 감시중이라 한다'

崔賢, 曾國安 외의 金日成 등이 늘 출몰하여 왔는데 금년 10월 중순까지의 출몰 수가 2,403회에 이르고 총인원수가 107,057명에 이르고 작년 同期에 비하면 출몰 수가 183회 증가되고 연 인원 수가 10,735명 증가 되었다고 한다. 그리고 조선측(東興, 中江, 厚昌)에 출몰 수는 15차가 있었다 한다.[65)]

위의 내용에서 보면 당시 압록강 연안 일대에서의 '共匪'의 출현은 2천 여회에, 연인원 10만 7,000명에 달하고 있으며, 이들이 국내로 침입한 횟수도 15차례에 이른다고 하였다.

한인공산주의자들의 활동 가운데 國內進攻作戰의 전개와 관련하여 자주 언급되었던 인물로는 1935년 초에 평안북도 동흥지역 전투를 통해 일제의 국경치안에 타격을 가했던 李紅光[66)]과 김일성의 경우가 대표적이라고 할 수 있다. 국내언론에서는 동흥읍을 습격한 공산군의 수령은 이홍광이며, 600명의 부하를 인솔하고 있었고 전투에서 10명의 사망자가 발생하였다고 보도하였으며, 토벌대는 2개의 진으로 나뉘어 이홍광부대를 추격하고 있다고 하였다.[67)] 또한 이홍광이 동흥에 대한 재침을 豪言[68)]하고 있다고 하거나 포로가 된 동지 6명의 원수를 갚겠

---

65) 『東亞日報』 1937년 11월 21일자, 「鴨綠江沿岸一帶에 共匪出沒二千餘回 延人員은 十萬七千名의 多數 越境侵入도 十五次, 金日成一派」.

66) 황민호, 「남만지역 중국공산당의 항일무장투쟁과 한인대원」, 『한국민족운동사연구』31, 2002. 이들의 활동에 대해 국사편찬위원회와 조선일보사 홈페이지의 기사검색 사이트를 통해 확인해 보면 이홍광과 관련해 『동아일보』는 11건 『조선일보』는 17건이 나타나고 있었으며, 김일성과 관련해서는 각각 43건과 52건이 검색되고 있다.

67) 『조선중앙일보』 1935년 2월 20일, 「동흥읍을 습격한 공산군의 군세 판명, 수령 이홍광은 6백 부하 솔선, 과반 전투에 死者 10명, 공산군의 신호를 발견하고 추격 중 행동개시한 水野 부대의 동정, 각 부대 오지로 진격, 각 署에서 다시 응원부대 파견, 토벌대의 제2진으로」.

다고 하고 있다고 보도하였다.69)

김일성의 활동에 대해서는 『東亞日報』가 1937년 6월 5일 이후 보천보전투에 대해 상세히 보도하면서 주목받고 있었다. 김일성 휘하의 약 200명의 동북항일연군이 기관총을 소지하고 보천보를 기습하여 전화선을 절단하고 郵便所, 面所, 駐在所, 學校, 민가 등을 방화하였으며, 「삐라」를 뿌리고 전투를 전개하였다고 보도하였다. 그리고 함경남도 경찰부에서 출동한 추격대와의 교전에서는 양측에서 70명의 사상자가 발생한 것으로 나타나고 있다.70) 이후 김일성부대의 활동은 대체로

---

68) 『동아일보』 1935년 3월 8일. 「李紅光部下三百 八道溝奧地에 移動, 東興의 再襲擊을 豪語」. '경무국 착전에 의하면 장백현 신방자경찰서로부터 팔도구경찰서에 보고된 전보에 의하건대 5일 오전 11시 육도구 방면에서 팔도구 오지 大湖라고 하는 팔도구에서 동방 5리반 가량되는 신방자에서 4리되는 지점에 계통이 불명한 홍군 약 300명이 이동하여 와서 목재운반과 일반여행자를 저지하고 있다. 이들은 항차 동흥을 습격할 당시에 同志 6명을 잃은데 대한 보복수단으로 동흥 재습격흥 호언하고 있다. 이러한 점을 미루어보아 이들은 홍군 이홍광 일파로 인정되고 있는 바 동 오후 5시 경 이들은 于溝子에 나타나서 다시 말 썰매를 증발하여 가지고 오지방면으로 이동하였다'.

69) 『매일신보』 1935년 3월 8일, 「李紅光 일파의 匪賊 東興報復을 豪言, 포로 된 6명의 원수를 갚는다고, 목재 운반코 結陣中」. 『조선일보』 1935년 3월 8일, 「同志被殺 報復, 再襲計劃, 移動이 頻頻한 李紅光一派」. '또한 장백현 신방자경찰서에서 팔도구서에 보고한 바에 의하면 5일 오전 11시 육도구방면으로부터 팔도구 오지 대호에 계통이 불명한 무장단 300명이 이동하여 와서 목재운반과 일반여행자를 저지하고 있는데 이들은 일전 동흥습격 당시에 전사한 6명의 동지에 대한 보복수단으로 동흥재습격을 계획하고 있다고 한다. 이러한 점으로 보아 이들은 공산군 이홍광일파로 보인다는 바 5일 오후 5시경에 간구자에 나타나 다시 썰매를 다수 징발하여 가지고 벽지로 이동하였다 한다'.

70) 『동아일보』 1937년 6월 5일, 「咸南普天堡를 襲擊, 郵便所 面所에 衝火, 昨夜 二百餘名이 突然 來襲, 普校 消防署에도 放火, 咸南警察部에서 出動, 金日成 一派로 判明, 追擊警察과 衝突, 兩方死傷 七十名, 對岸卄三道溝에서 交火, 惠山 新乫坡 好仁等 三署警官 總出動」. 『동아일보』 1937년 6월 6일, 「機關銃 가진 二百餘名 越境, 普天堡 市街를 襲擊衝火, 駐在所 郵便所 普校 面所에 放火, 電線切斷, 詳細한 被害未判, 民家數戶에도 放火卽死一名, 負傷二名, 百餘戶, 千餘住民 사는 堡田村落 全滅狀態,

1940년 6월까지 국내언론에 보도되고 있었다.[71] <표 3>을 통해서 보면 1930년대 후반에 들어 국내언론에서는 김일성부대의 활동에 대해 비교적 다양한 내용을 기사화하고 있었던 것으로 보인다.

<표 3> 국내언론에 나타난 김일성 관련 중요기사

신문	날짜	기사 제목
동아	1937.6.5	咸南普天堡를 襲擊, 郵便所 面所에 衝火, 昨夜 二百餘名이 突然 來襲, 普校 消防署에도 放火, 咸南警察部에서 出動, 金日成 一派로 判明, 追擊警察과 衝突, 兩方死傷 七十名, 對岸卄三道溝에서 交火, 惠山 新乫坡 好仁等 三署 警官 總出動.
	1937.6.6	機關銃가진 二百餘名越境, 普天堡 市街를 襲擊衝火, 駐在所 郵便所 普校 面所에 放火, 電線切斷, 詳細한 被害未判, 民家數戶에도 放火卽死一名, 負傷二名, 百餘戶, 千餘住民 사는 堡田村落 全滅狀態, 携帶 電話機 갖고 惠山鎭서도 動員, 金日成一派로 判明, 咸南警察部에서 出動, 激流에 筏 띠우고 越江, 「비라」 撒布코 來襲, 惠山署 守備隊 憲兵隊出動 對岸二·三道溝로 逃亡
	1937.6.6	機關銃가진 二百餘名越境, 普天堡市街를 襲擊衝火, 駐在所, 郵便所, 普校, 面所에放火, 電線切斷詳細한被害未判
	1937.6.6	金日成一派로 判明, 咸南警察出動
	1937.6.8	長白密林을 根據로 國境線에 出沒 共匪 金日成一派와 崔賢 一派와 合流한 百名의 정예부대
	1937.6.13	綠陰에 숨은 數千共匪, 再襲코저 頻繁히 移動, 不安에 떠는 國境一帶, 金日成 一派에
	1937.6.20	金日成, 崔賢一派 江岸再襲을 豪言, 處處에 偵察隊 出沒로 當局의 警備陣도 强化
	1937.6.25	金日城一派 二三洞을 襲擊, 二百의金日成一派, 十三道溝 二洞 襲擊, 混成第一旅長出動

携帶 電話機 갖고 惠山鎭서도 動員, 金日成一派로 判明, 咸南警察部에서 出動, 激流에 筏 띠우고 越江, 「비라」 撒布코 來襲, 惠山署 守備隊 憲兵隊出動 對岸二·三道溝로 逃亡」

71) 『동아일보』 1940년 6월 28일, 「鳳寧村 福壽洞에 金日成 匪團出沒 部落民 三十名拉致(明月溝)」, 『조선일보』1940년 6월 4일, 「삼장서 대안에 金日成 일파 식량 약탈 중 격퇴」.

	1937.6.30	國境線 進出企圖, 金日成 曹國安派 合流, 對岸을 嚴重 警戒中
	1937.7.2	咸興 新乫坡 對岸에 金日成 一派 五百餘名이 來襲, 咸南軍隊 出動擊退, 交戰 三時間 만에 雙方死傷 六十七, 銃器等 多數武器奪收
	1937.7.11	金日成一派 等 百餘 十八道溝에 出現 七名을 拉去 食糧 其他를 奪去 鴨江一帶 依然嚴戒, 百餘名이 襲擊 九名戰死 自動車 燒卻
	1937.7.29	集團部落 襲擊說 國境沿岸의 警備緊張 食糧難에 빠진 金日成一派, 計劃
	1937.9.18	武裝搜查隊를 組織, 甲山 密林地帶 包圍, 共匪 金日成一派 越境潛伏으로 兩道 四百餘 警官 動員
	1937.9.24	卄一日 國境 三個所 金日成一派의 共産匪 越境 來襲 平北警察部 非常警戒(新義州)
	1937.9.25	騷亂한 長白縣一帶 三個集團村 被襲 大部隊 匪團 十道溝에 放火掠奪 東興署員이 出動擊退, 甲山青林洞에도 出現, 金日成一派
	1937.11.21	鴨綠江沿岸 一帶에 共匪出沒 二千餘回 延人員은 十萬七千名의 多數 越境侵入도 十五次, 金日成一派
	1937.11.21	金日成一派 九百匪賊 大移動 咸南對岸에 不安, 이동정세 여하로는 락관을 불허 國境線警備 大緊張
	1938.4.10	東興對岸에 來襲 金日成匪團 高地에서 發砲 署長引率隊 急出動
	1938.12.2	金日成의 三百共匪 咸南對岸에 出沒 結氷期利用 食糧奪去에 汲汲 國境警備隊 大緊張
	1939.4.14	百餘名의 金日成一派 食料品 村民拉致 新乫坡 對岸을 襲擊
	1939.5.22	白頭山麓對岸에서 二百餘匪賊과 激戰 金日成 崔賢一派와 大擧來襲 國境警備는 極緊張
	1940.5.18	金日成一派의 匪團 越境 三長面에 侵入 食糧을 强奪코 逃走
	1940.6.28	鳳寧村 福壽洞에 金日成 匪團出沒 部落民 三十名拉致
조선	1936.10.23	탐조등 사용, 정세 정찰 혜산읍 진격 기회 규시. 활동 재개한 金一成의 일맥 당국 악연 총동원 엄계
	1936.11.22	소연한 14도구 金日成 일파가 시가지를 습격 토벌대 1團 대거 출동
	1937.2.3	삼수군에 토병침입. 반시간이나 교전. 金日成일파의 소행인듯
	1937.4.28	金日成 援助혐의로 400여명을 검거 長白縣이래 21개 촌락에서 공산군 외곽단체 박멸
	1937.7.21	金日成, 崔賢 일파 만군 무장을 해제. 무기 탄약 다수를 탈법
	1939,5,5	함남대안 "반절구"를 金日成 비대습격. 4시간 교화, 40여명 살상. 식량등을 약탈도주
	1939.6.8	김일성 일당중에는. 여 당원도 10여명. 순직 경관 위령 방법을 강구. 보천

		보 습격사건 후보
	1940.3.13	김일성비 100명. 두만강대안 대마특구에 출현. 경찰본부피습, 3명이 전사상
	1940.5.14	金日成비 100명 삼장 대안 습래. 경방단이 용전 격퇴
매일	1936.10.23	深照燈으로 鮮內偵察 長白縣廳을 襲擊하고 惠山邑을 進擊爲計 咸南對岸 金一成一派共産匪 武裝警官出動待機
	1937.2.3	三水郡內에 侵入한 金日成匪擊退 三十餘名이 드러온것 추격 新乫坡署員奮戰
	1937.4.28	共匪金日成一派支援 外廓團體員總打盡 食糧과 物品을 調達供給하든 四百三十名을 檢擧
	1937.6.13	金日成一派와 遭遇한 滿洲國軍의 奮戰 쌍방에 즉사자 수명을 내이고 討伐軍九名을 拉去
	1938.4.29	金日成派來襲으로 六道溝被害莫大 사자가 三명 행방불명도 수명 拉致된者四十餘名
	1939.2.21	共匪金日成派二百名 新乫坡對岸을 襲擊, 隣近警察이 嚴戒中
	1940.3.13	豆滿江對岸에 金日成匪跳梁－森林警察部를 襲擊
	1940.3.29	金日成匪와 激戰 我方에서 應戰擊退 國境警備隊, 江岸을 嚴戒中
	1940.5.18	金日成 匪一派 卄名 朝鮮內로 侵入 警備隊에게 卽時擊退
	1941.3.1	共匪 金日成 一派 會寧對岸 和龍縣에 出沒

이밖에 1937년 10월 31일 관전현 사평가를 기습한 약 200명의 공비를토벌하는 과정에서 일본군이 큰 피해를 입는 사건이 발생하자 국내 언론에서는 '관전현의 공비토벌대 분전, 적의 피해도 다대한 듯하나 我方 死傷도 20명'[72]'이라 하여 양측의 교전 사실을 보도하기도 했다.[73]

---

72) 『매일신보』 1937년 11얼 2일. '31일 오전 6시 봉천 관전현 사평가에 약 200명의 공비가 습격하였다는 보고를 듣고 출동한 松岩부대 휘하 水出부대는 동시 남방에서 비적과 교전하여 10여시간 교전에 응원출동한 木越가 응원출동하니 오후 7시에 이르러 적에게 다대한 타격을 주었는데 적의 손해는 다대하나 아방도 ○○대장 이하 전사 14명 부상 6명을 내었다'

73) 『동아일보』 1937년 11월 2일, 「寬甸縣 四平街에 二百名 共匪襲來, 水出部隊長以下 戰死傷 二十名, 激戰 十時間後에 潰走」. '松岩 부대장 발표 31일 오전 6시 봉천성

따라서 이상의 내용을 종합해 보면 만주사변 이후 중국공산당 산하의 항일부대에서 활동했던 한인대원들의 활동은 그 내용이 명확하게 '조선인'이나 '한인'으로 구분되어 보도되는 경우가 드물어 자세한 내용을 파악하기는 어려운 측면이 있는 것으로 보인다. 그러나 전체적으로 보면 만주사변 이후 국내의 언론들은 한인공산주의자들의 활동에 대해 꾸준히 보도하고 있었으며, 이는 궁극적으로 이들의 활동이 만주사변 이후 일제의 만주국 통치와 조선총독부의 국경치안에 일정한 타격을 가하고 있었음을 보여주는 것이라고 하겠다.

Ⅳ. 맺음말

본고에서는 만주사변 이후 국내언론에 나타난 국민부의 항일무장투쟁과 한인공산주의자들의 항일무장투쟁에 대해 당시의 보도 기사를 중심으로 살펴보았으며, 중요한 내용을 정리해 보면 다음과 같다.

첫째 국민부는 만주사변을 전후하여 친일세력에 대한 응징에 주력하였으며, 만주사변 이전에는 한교동향회와의 투쟁에서 커다란 성과를 거두고 있었다. 만주사변 이후에는 신빈현 왕청문 일대에서 民會와 친일세력에 대한 처단과 공격에 성과를 내고 있었으며, 영사관 분관의 파견원 등을 몰아내는데 성공했던 것으로 보인다. 이는 국민부가 만주

관전현 사평가에 약 200의 공비가 습격하여 왔다는 보고를 접하고 출동한 암송부대 휘하의 水出부대는 동지 남방에서 실로 10여시간이나 되고 응원으로 출동한 木越부대와 협력하여 7시에 이르러 대타격을 주고 괴주시켰다.이 전투로 말미암아 공비의 타격은 심대하였으나 아방은 수출부대장 이하 전사가 14명 부상자가 6명이다'

사변 이후에도 그 핵심 근거지였던 신빈현 왕청문에서 여전히 강력한 영향력을 행사하고 있었을 보여주는 것이라고 하겠다.

둘째, 만주사변이 발발하자 국민부에서는 양세봉을 중심으로 중국 구국군의 당취오, 등철매, 이춘윤 부대 등과 연합하여 일제의 만주국 치안을 위협하는 다양한 군사 활동을 전개하고 있었다. 주로 국경지대와 만주국의 치안이 불안한 곳에서의 철도 파괴 및 요인의 암살을 위한 활동이 보도되고 있었는데 이는 국내 대중들의 항일의식 고취에 일정한 영향을 끼쳤을 것으로 여겨진다.

셋째, 국민부에서는 대원들을 국내로 파견하여 군자금의 모집과 국내 연결망의 확보를 위한 활동을 전개했던 것으로 보인다. 그리고 이같은 활동은 본고에서 언급한 이선룡, 변락규, 서원준 등의 활동 이외에도 보다 다양한 양상이 전개되었을 가능성이 높다고 하겠다.

넷째, 1930년대 후반에 후반 이후 언론보도에 나타는 반만군과 관련해서는 한인공산주의자들의 활동을 명확하게 구분하기는 어려워 보인다. 다만 1935년 초에 동흥지역에 대한 국내 진공작전을 전개했던 이홍광과 1937년 6월 보천보전투의 김일성부대의 활동에 대한 보도가 가장 빈도가 높았던 것으로 보인다. 이밖에 한인공산주의자들의 다양한 활동이 있었을 것으로 보이는데 이는 보다 많은 언론자료에 대한 검토를 통해 파악해 볼 필요가 있을 것으로 생각된다.

조선혁명군의 항일무장투쟁과 한·중연합작전

Ⅰ. 머리말

1931년 9월 18일 만주사변을 도발한 일제는 만주 전역에서 침략전쟁을 강화해 갔다. 반면에 항일무장투쟁을 위한 새로운 기회라고 생각한 朝鮮革命軍에서는 다양한 항일세력과 연합하면서 새로운 차원의 항일무장투쟁을 전개하였다. 조선혁명군은 만주사변 초기에는 주로 중국의 抗日救國軍과 연합하여 활동하였으며, 이후에는 점차 공산진영과의 연합작전으로 그 범위를 넓혀 나갔다.

국내언론에서는 梁世鳳을 총사령으로 하는 조선혁명군이 反滿軍과 연합하여 通化縣城을 습격하여 부근 일대가 자못 동요하고[1]있다고 하거나 '조선○○운동의 전투단체로서 유일한 존재'[2]라고 보도하고 있

1) 「反滿軍과 提携하야 朝鮮○○團活動, 通化를 中心으로 梁瑞鳳이 指揮, 結氷期와 國境物情」, 『동아일보』 1933년 12월 13일.
2) 「國民府根據地包圍 幹部卄三名 檢擧, 수차검거에 뿌리가 뽑히어 領警과 公安隊協力」. 『동아일보』 1932년 2월 12일.

었다. 만주지역 항일무장투쟁 세력의 동향과 관련하여 '반만군'을 검색해보면 『동아일보』에서는 총 904건, 『조선일보』에는 148개, 조선총독부의 기관지였던 『매일신보』의 경우는 43건의 기사가 검색되고 있다. 따라서 이들 기사의 내용을 분석해 보면 일제하 만주지역 항일세력의 다양한 활동과 더불어 조선혁명군의 일면을 확인할 수 있을 것으로 생각된다.[3]

이에 본고에서는 만주사변 이후 양세봉이 본격적으로 활동했던 1934년을 전후하여 국내의 각 언론에 나타나는 조선혁명군과 만주지역 항일세력의 한중연합작전과 관련된 기사를 정리하여 그 특징을 분석해 봄으로써 조선혁명군이 수행했던 한·중연합작전의 구체적인 내용과 국내언론의 보도 경향에 대해 살펴보고자 한다.

또한 본고에서는 반만군을 통칭되는 한인공산주의자들의 항일무장투쟁과 반만군 자체에 대한 국내 언론의 보도 경향에 대해서도 검토해 보고자 한다. 본고의 이러한 노력은 대체로 일제하 만주지역 항일무장투쟁에서 나타나고 있던 한·중연합작전의 특징과 성격을 보다 구체적으로 파악할 수 있는 또 다른 토대를 마련하는데 기여할 수 있을 것으로 생각된다.

---

3) 필자는 만주지역의 항일무장투쟁과 관련하여 신문기사의 내용을 분석한 여러 편의 논문을 발표한 바 있으며, 이 연구는 그 연장선상에서 수행되었다. 황민호, 「일제하 한글신문의 만주지역 항일무장투쟁에 관한 보도 경향」, 『한국민족운동사연구』 58, 한국민족운동사학회, 2009. 황민호, 「만주사변 이후 재만 한인의 항일무장투쟁과 국내언론」, 『한국민족운동사연구』 68, 한국민족운동사학회, 2011.

II. 중국 '義勇軍'세력과의 연합작전과 조선혁명군

1. 조선혁명군의 동향과 중국 '義勇軍'세력과의 연합

만주사변 도발 초기에 일제는 남만지역 한인의 항일무장세력인 국민부에 대해 대대적인 공세를 취함으로써 조선혁명군의 세력을 약화시키고자 하였다.

> 만주일보의 보도에 의하면 길림에 종래 조선 ○○인 국민부가 있어 간도와 북만 등지를 연락하여 ○○운동을 하던 바 이번 길림 출병과 동시에 손을 대지 못하던 ○○단의 철저적 소탕을 기하기로 하였다 한다. 그리하여 출동군은 국민부 본부를 습격하고 동 계통의 조선인을 검거하기에 노력중이라고 한다.4)

위의 내용은 『동아일보』 1931년 9월 28일자 기사인데 이를 통해서 보면 일제는 만주사변을 도발한지 10일도 되지 않은 시점에 국민부에 대한 대대적인 공격을 감행하여 그 본부를 습격하고 독립운동가들을 검거하고자 군사작전을 전개했던 것이다.

실제로 일제의 탄압이 계속되는 가운데 국민부의 주요 간부들은 1932년 1월 遼寧省 新賓縣 교외있던 徐世明의 집에서 비밀회의를 개최하던 중 일제 경찰에 의해 포위되어 대대적으로 검거되는 이른바 '신빈(興京)사건'을 겪었다. 이 사건으로 조선혁명당 중앙집행위원장 李浩源, 조선혁명군 사령관 金寬雄(號 保安, 本名 金俊澤), 조선혁명군 부사령관

4) 「吉林에 入한 出動軍 ○○團徹底掃蕩說, 北滿國民府 全部를 襲擊」, 『동아일보』 1931년 9월 28일.

張世湧(本名 張元濟), 국민부 공안부 집행위원장 李鍾乾(本名 李鐘淳), 조선혁명군 사령부 부관장(일부 기록에는 조선혁명당 機要비서) 朴致化, 조선혁명군사령부 경위대장 李奎星(號 島波), 조선혁명당원 洪淳弼 등의 인원이 체포되었다. 이후에도 일제의 검거활동은 계속되어 2월까지 국민부 계열 인사 70여명이 남만주 지역 9개 縣에서 체포되었으며, 특히 조선혁명군 대원은 확인된 사람만 42명이었다고 한다.[5)]

사건이 발생하자 언론에서는 봉천성과 신빈현을 중심으로 중국군과 호응하여 일본군의 후방교란을 획책하고 있던 조선○○군 국민부는 通化 일본영사관경찰 중국 공안대에게 체포되었다. 국민부 총사령 김보안 외 5명의 최고 간부를 1월 하순에 체포하고 다시 계속하여 수색한 결과 지난 8일 밤중에는 그의 근거지를 수색하여 田雲鶴 외 22명을 一網에 총 검거하였다고 했다.[6)]

또한 다른 언론에서는 '國民府 本據를 掩襲, 巨頭 5명 전부 피검'[7)]이라고 하거나 '全滅에 陷한 國民府'라고 보도하였다.[8)] 그런데 만주사변

5) 金學奎, 「三十年來韓國革命運動在東北」, 『光復』 第1卷 第4期, 28쪽. 「신빈사건」, 독립기념관 독립운동사연구소, 『한국독립운동사사전』 2004.

6) 「國民府根據地包圍 幹部卄三名 檢擧, 수차검거에 뿌리가 뽑히어 領警과 公安隊協力」, 『동아일보』 1932년 2월 12일. '전통에 의하면 만주사변이 발발하야 혼란한 틈을 타가지고 봉천성과 신빈현을 중심으로 중국군과 호응하여 일본군 후방교란을 획책하고 있던 조선○○군 국민부는 通化 일본영사관경찰 중국공안대에게 체포되었다. 동 국민부 총사령 김보안 외 5명의 최고 간부를 1월 하순에 체포하고 다시 계속하여 수색한 결과 지난 8일 밤중에 그의 근거지를 수색하고 田雲鶴외 22명을 일망에 총 검거하였다. 이것으로 조선 ○○운동의 전투단체로서 유일한 존재였던 국민부는 뿌리가 뽑힌 셈이라 한다'.

7) 「國民府 本據를 掩襲. 巨頭 5명 전부피검. 사령 참모장 지방위원장 등. 만주 ○○團 탄압 개시」, 『조선일보』 1932년 1월 25일,

8) 「陸續檢擧全滅에 陷한 國民府와 共産黨 만주사변 이후 대 검거 개시로 領袖들도 大槪 被捉」, 『每日申報』 1932년 2월 24일,

을 도발한 일제가 국민부와 조선혁명군에 대해 발빠르게 대대적인 공세를 취했던 것은 남만지역에서의 항일독립운동세력으로서의 국민부와 조선혁명군의 위상을 보여주는 것이라고 하겠다.

조선혁명군은 일제로부터 타격을 입었음에도 불구하고 국민부 집행위원장에 梁荷山, 조선혁명당 중앙집행위원장에 高而虛, 조선혁명군 사령관에 梁世鳳을 임명하여 조직을 정비한 후 한·중연합작전의 모색을 통해 위기를 돌파하고자 하였다. 1932년 3월 초 양세봉은 평소에 친분이 있었던 大刀會 法師 梁錫福·王彤軒과 공동투쟁에 합의하였다. 조선혁명군에서는 이들이 조직한 遼寧農民自衛團(이하—농민자위단)에 참여하는 한편, 10명의 군관으로 파견하고 대도회가 요구하는 大刀와 槍을 공급해 주는 등 농민자위군의 무장력 강화에 도움을 주었다.[9] 농민자위단의 사령관은 王彤軒, 부사령관은 양세봉이 맡았는데, 전체 병력은 2,000여명었다고 한다.[10] 3월 10일 농민자위단은 근거지인 왕청문에서 첫 출정식을 거행했으며, 조선혁명군은 신빈현 南陡領에서 일본군 및 만주군경 연합부대와 격전을 치른 뒤 西永陵街를 점령하였으며, 계속해서 木奇·黑牛·上夾河 등을 점령하는 전과를 거두었다.[11]

농민자위단과의 연합작전에서 성과를 거둔 조선혁명군은 국민당군 계열의 항일의용군인 遼寧民衆自衛軍(이하—민중자위군)과의 연합작전에도 적극적으로 참여하였다. 北京에서 조직된 동북항일민중구국회에서는 환인현에 주둔하고 있던 동북군의 지휘관들에게 밀사를 파견

---

9) 황민호, 『在滿韓人社會와 民族運動』, 국학자료원, 1997.

10) 장세윤, 「1930년대 남만주지역 한인무장세력의 활동」, 독립기념관, 『한중항일연대투쟁과 대전자령전투』, 2013년도 국제학술회의 발표집 참조.

11) 장세윤, 『1930년대 만주지역 항일무장투쟁』, 독립기념관, 2009, 147~148쪽.

하여 항일봉기를 촉진하였으며, 관내로 피신해 있던 張學良은 강력한 항일의지를 갖고 있던 唐聚五를 적극적으로 후원하고 있었다. 이같은 분위기에서 중국 國民黨의 특파원 王育文·李春潤·王鳳閣 등과 東邊道 10개縣 대표 30여명이 3월 21일 환인현에 모여 요녕민중구국회를 조직하였으며, 당취오는 요녕민중자위군의 총사령 겸 군사위원회 위원장을 겸직하였다. 또한 新賓縣 東大營에 주둔하고 있던 李春潤이 군사위원회 위원 겸 제6로군 총사령이 되었다.

농민자위단에서는 왕동헌이 이 소식을 듣고 민중자위군에 가담하였으며, 왕동헌부대는 '18路軍'으로 편성된 부대 편제 중 11로군에 편성되었다.[12] 이 과정에서 조선혁명군은 민중자위군 특무대사령부라는 별도의 부대로 편성되었던 것으로 나타나고 있다. 이같은 상황은 『동아일보』의 기사를 통해서도 확인되고 있다.

> 朝鮮軍司令部發表, 장학량이 조직한 요녕성 구국자위군은 제一로군(第一路軍)으로부터 十八로군까지 잇는데 그 군관들은 알에 와 가티 임명햇다. 그리고 다수한 무긔 탄약을 밀수입하며 매월 백만원 내지 백五十만원가량의 군자금을 자위군에게 보내어 요녕성의 치안을 교란케할뿐아니라 조선 국경을 엄습하려고 계획하고 잇다.
>
> 遼寧省救國自衛軍 總司令, 總司令 唐聚五, 副司令 萬相林, 同 成羽豊, 第一路,軍司令 唐聚五, 第二路軍司令 常永林, 第三路軍司令 萬達科, 第四路軍司令 張達波, 第五路軍司令 張中國, 第六路軍司令 萬春潤, 第七路軍司令 郭景棚, 第八同 徐達, 第九同 盧應響, 第十同 徐公尙, 第十一同 李子梁, 第十二同 文殿甲, 第十三同 郭鐵梅, 第十四同 寧廢海, 第十五同 石岩地, 第十六同 孫秀岩, 第十七同 徐文海, 第十八

12) 장세윤, 앞의 책, 148~149쪽.

同 林振清.

遼寧省救國自衛軍特務隊總司令部(朝鮮○○軍)

司令 梁瑞鳳, 副司令 梁阿山, 隊長 朴大浩, 小隊長 姜玉成13)

특무대 총사령부 부사령 梁河山을 梁阿山으로, 6로군 사령 李春潤을 萬春潤으로 13로군 사령 鄧鐵梅를 郭鐵梅로 표기하는 등 人名 표기에 일부 오류가 보이고 있으나 조선혁명군이 특무대 총사령부라는 독자성이 강조되는 연합군 부대의 일원으로 참가하고 있음을 분명히 하고 있었다.

실제로 조선혁명군에서는 민중자위군에 참가하기 전인 1932년 4월 29일 참모장 金學奎를 환인에 파견하여 당취오 등과 연대투쟁 문제에 대해 논의하였다. 이 회의에서는 '중국과 한국의 軍民은 절실하게 연합하여 일치 항전하고 人力과 物力을 서로 통용하며, 합작의 원칙하에 국적에 관계없이 그 능력에 따라 항일공작을 나누어 맡는다'는 것에 합의하였다.14) 뿐만 아니라 양측은 향후 조선혁명군의 독립전쟁 수행에도 적극적으로 원조하는 것에 동의하는 등의 성과를 이루었다.15)

---

13) 「遼寧省救國 自衛軍組織, 遼寧省救國自衛軍組織, 第一路에서 十八路形成, 朝鮮○○軍도 編入」, 『동아일보』, 1932년 6월 12일.

14) 金學奎, 「三十年來韓國革命運動在中國東北」, 『광복』1－4, 1941, 29쪽.

15) 김학규, 「백파자서전」, 『한국독립운동사연구』2, 586~587쪽. '김학규의 자서전에는 보다 상세한 합의 내용이 수록되어 있기도 하다. 첫째, 동변도 일대에서 조선혁명군의 활동을 정식으로 승인할 것. 둘째, 당취오군 관할 내에 예속하는 각급 관공서와 민중은 조선혁명군 활동에 관한 일체에 대하여 원조해 줄 것을 당취오군 사령부에 지시할 것. 셋째, 조선혁명군의 군량 및 장비는 중국 당국에서 공급할 것. 넷째, 일본군을 향하여 작전할 때 쌍방이 호응 원조함으로써 작전의 임무를 완성할 것. 다섯째, 조선혁명군이 일단 압록강을 건너 한국 본토작전을 전개할 때 중국군은 그 전력을 기울여 한국독립전쟁을 원조할 것.

한편 다른 기록에서는 조선혁명군의 활동에 대해 特務隊와 宣傳隊를 편성한 조선혁명군은 특무대 사령에는 양세봉, 선전대 대장에는 金光玉이 취임하였으며, 민중자위군과 연합하여 200여 차례에 달하는 전투를 치뤘다고 하였다.[16] 또한 선전대에서는 救國會 선전부 내에 한인 선전과를 설치하고 漢語 출판물을 간행하였는데, 漢語 신문인 「合作」을 비롯하여 각종 벽보 · 표어 · 전단 등은 만주지역 주민들의 항일의식을 고취시켰을 것으로 보인다.[17] 사령부 하에는 8개의 특무대를 설치하여 동삼성 및 한국 내의 특무공작을 분담하였으며, 민중자위군 사령부의 소재지인 通化의 강전자에 속성군관학교를 설치하여 400여명의 장교와 사병을 양성하였다. 이때 조선혁명군은 중앙군과 지방군으로 구분되어 있었는데 중앙군의 규모는 300명가량 되었다고 한다.[18]

<표 1>에서 보면 조선혁명군은 1932년 4월부터 8월까지 민중자위군의 이춘윤부대와 연합작전을 전개하며 항일무장투쟁에 전력을 다하고 있었던 것으로 파악되고 있다.

<표 1> 1932년 4~8월 조선혁명군이 행한 중요 전투[19]

시간	지점	조선혁명군부대	요녕민중 자위군부대	전과
미상	신빈현 경내	대부대	이춘윤 부대	극현克縣성을 여러 번 공격
4~5월	신빈현 노성	최윤구·조화선 부대	“	80여 명 적 살상

16) 앞의, 「三十年來韓國革命運動在中國東北」, 30쪽.

17) 蔡根植, 『武裝獨立運動秘史』, 大韓民國公報處, 1949, 167쪽.

18) 계기화, 「3부 · 국민부 · 조선혁명군의 독립운동 회고」, 『한국독립운동사연구』1, 140쪽.

19) 장세윤, 앞의 책, 151쪽. 재인용.

	신빈현 영릉가	"	"	2일간 적과 교전
6월	신빈현성 부근	양세봉 부대	"	신빈현성을 3차례 탈점
	청원현 경내	최윤구 부대	"	일·만군과 10여 차례 교전
	집안·임강현	김광옥 부대	손수암 부대	일·만군과 30여 차례 교전
	환인현 아하	문영찬 부대	5로군	일·만군의 공격을 수차 격퇴
7월 상순	신빈현 석인구	양세봉 부대	이춘윤 부대	일·만군 40여 명 살상
7월 중순	무송현 노구태	미상	불참	일·만군 거점을 습격
7월 하순	통화현 쾌대무	최윤구 · 조화선 부대	불참	일·만군 80여 명 섬멸
8월	청원현마산위자	조화선 부대	불참	일·만군 36명 섬멸

출처: 新賓滿族自治縣民委朝鮮族志編纂組 編, 『新賓朝鮮族志』, 遼寧民族出版社, 1994, 27쪽.

국내언론에서는 민중자위군과 일본군의 전투에 대해 일본군의 勝戰라는 관점에서 보도하고 있었다.

> 간도 모아산발 모처 착전에 의하면 동변도 반만군의 총두목 唐聚五는 통화로 도주한 후 목하 동지 서북 八리되는 英哥布에 있는 것이 확실하게 되었다. 그의 유력한 부하인 두목 林振青 통화 서남횡도에 있어서 진퇴에 궁한 모양으로 일본군의 추격에 여명이 절박하여 있다고 한다. 그리고 합니하곡에 있는 徐達三의 부하 馬興山의 5백명과 무송에 있는 王水成의 부하 2천명은 이미 대세에 저항할 수 없음을 깨닭고 일본군에 귀순하기를 희망하고 있는 중이라 한다.[20]

이 내용에서 보면 당취오는 일본군의 대대적인 공격으로 '進退維谷'에 빠졌으며, 다수의 부하들이 귀순을 희망할 정도로 어려운 상황에 처해 있다고 하고 있다.[21] 그러나 1933년 12월 23일자 기사에서는 '散在

20) 「日本軍追擊으로 唐聚五進退維谷」, 『동아일보』 1932년 10월 20일.

21) 「唐聚五司令部 爆擊으로 全滅」, 『동아일보』 1932년 10월 22일. '일본 비행대는 19일 오전 朝陽鎭 서측 小○領子 黃兒岡 板廟子부근에서 당취오의 사령부인 듯한 곳

한 反滿軍 糾合코 唐聚五 再起를 企圖, 窮境의 反滿軍에게 資金等 支給 "東北義勇救國區"組織'이라고 하거나 당취오가 關朝爾・鄧鐵梅・李春潤・宋國榮 등을 軍區司令으로 임명했다고 하고 있는데 이는 궁극적으로 당취오의 민중자위군 세력이 일본군의 대대적인 공격에도 불구하고 여전히 저항하고 있었음을 보여주는 것이라고 하겠다.[22] 실제로 조선혁명군은 민중자위군세력과의 연합을 일정기간 동안 지속적으로 추진하고 있었던 것으로 나타나고 있다.

> 모처전보 = □각지대(□□□□)를 근거로한 反滿軍 거두 李春潤 등은 일만토벌군의 맹□한 공격으로 그 一부는 東邊道에 침입하야 조선○○단 梁瑞鳳 一파의 긔□을 통하야 □□□(□□□)밋 鴨綠江의 국□철교를 폭파계획중이라 함은 기보한바와 갓거니와 □□은 어듸까지 反滿抗日)의 계획을 세우고 습격폭파공작의 □□을 진행하는 중인데 최근 그 주요간부 二十여명은 비밀회의를 열고 다음과 가튼 결의를 하얏다 한다.
>
> 一' 세계제二대전쟁이 □발됨에까지 國民府는 동변도을 死守할 것.
>
> 二' 리□□□□□으로 국민부를 원조하야 무긔탄약을 배급 함.
>
> 三' 친일××를 ××할 것.
>
> 등 十여조항을 결의시행하기로 하얏다한다.[23]

을 연속 수회로 폭격하야 다대한 손해를 주고 다시 오전 11시 40분 경 그 나머지로 생각하는 자 약 약 30騎를 판석하자에서 폭격하여 사방으로 도주하는 자는 겨우 4 기만인 바 기타는 전부 전사한 것이 확실하다 한다'.

22) 「'散在한 反滿軍 糾合코 唐聚五 再起를 企圖, 窮境의 反滿軍에게 資金等 支給 "東北義勇救國區"組織'」, 『동아일보』 1933년 12월 23일.

23) 「○○團 幹部等 卄餘名 秘密會議, 東邊道의 死守를 決意하고 爆破工作 進行準備」, 『조선중앙일보』, 1933년 9월 17일.

위의 내용은 양세봉의 조선혁명군은 민중자위군의 이춘윤부대와 서로 연락을 취하고 있으며, 양측의 중요 간부 20여명은 회의를 개최하고 국민부는 동변도를 사수할 것, 친일세력을 처단할 것, 국민부(조선혁명군－필자)에 대해 무기와 탄약을 지원해 줄 것 등에 합의했던 것으로 나타나고 있다.

또한 비슷한 시기에 양세봉은 왕봉각과 비밀협정을 체결한 것으로 보인다. 즉 '양측은 비밀회의를 개최한 결과 금후로 동일한 보조를 취하기로 결정했다고 보도되거나[24] 향후 조선혁명군은 반만군과 연합하여 通化縣城을 습격한다고 선포하여 부근 일대가 자못 동요하고 있다고 하였다.[25]

1935년 9월 조선혁명군 제1사 사령 韓劍秋는 민중자위군의 王鳳閣部隊와 연합하여 韓中抗日同盟會를 조직하기도 했다. 한중항일동맹에서는 '일본제국주의를 타도하고 東北의 失地를 회복하며 조선독립을 목적으로 하며, 중한양국의 항일동포는 '누구라도 회원이 될 수 있다'는 취지의 선언서를 발표하였다. 한중항일동맹회의 정치위원회 위원장은 高而虛였으며, 군사위원장은 왕봉각, 총사령은 韓劍秋였다.[26]

조선혁명군은 중국의 다양한 항일세력과도 연합하여 활동을 전개

---

24) 「北滿의 梁瑞鳳 反滿軍과 連絡 活動, 各處 重要機關 爆破를 計劃, 日滿當局도 重大視」, 『조선중앙일보』, 1933년 12월 13일.

25) 「反滿軍과 提携하야 朝鮮○○團活動, 通化를 中心으로 梁瑞鳳이 指揮, 結氷期와 國境物情」, 『동아일보』 1933년 12월 13일. '桓仁縣 北甸子에 있는 革命黨 總司令 梁瑞鳳은 輯安縣으로 이동하였다. 그리하여 王鳳閣과 비밀히 합하고 금후는 동일 보도로써 진행할 것을 협정하고 부하 각 中隊에 대하여 반만군과의 제휴를 명령하였다. 이와 같이 조선○○단과 반만군과의 연합한 부대는 通化縣城을 습격한다고 전포되어 부근 일대는 자못 동요되고 있다.(조선군사령부발표)'

26) 滿洲國軍政府顧問部 編, 『滿洲共産匪の硏究』1집, 1937, 414쪽.

한 것으로 나타나고 있다. 우선 '國民府에서는 최근에 반만군 黃作及·保國 등과 비밀히 연락을 취하여 모중대 계획을 목적하고 桓仁縣 北甸子 부근에 대원 240명을 집중하는 한편, 鴨綠江 연안에는 偵察隊를 파견하여 내정을 밀탐하는 동시에 군자금을 증수하고 있다고 하였다.[27)]

또한 환인현과 관전현 縣境에 근거를 두고 부근 일대를 횡횡하던 반만군 두목 占東邊 일당 70명은 최근 조선혁명군 부사령 박대호가 인솔한 80여명의 騎馬兵과 합류하여 약 150여명의 기마병을 만들었는데 이들은 수일전 환인현에 침입하여 四尖子 동방 老黑山에 주둔하고 자주 모종의 계획을 획책하는 중이라는 바 동지 부근 渾江 유역에 있는 만주조선 선박업자 700여명은 대 공황 중에 있다고도 하였다.[28)]

이밖에 寬甸縣 第五區 大川溝에 이동하여 同地에 잠복중인 조선○○(혁명-필자)군 제3중대장 李永杰일파는 반만군 두목 朱司令 부하 60명와 합세하여 모종의 중대 음모를 획책하는 듯하여 일반 경관은 엄중 경계중이라 보도하기도 하였다.[29)] 따라서 이상의 내용을 종합해 보면 이는 당시 만주지역 항일무장투쟁세력 내에서의 조선혁명군의 위상은 중국의용군 및 다양한 항일세력들과 대등한 관계를 유지하며, 적극적인 항일무장투쟁을 전개하고 있었던 것으로 보인다.

---

27) 「國民府員祕密히 移動 國境探查 軍資强徵, 反滿軍黃作及軍과 聯絡하야 桓仁縣에 大部隊集中?」, 『동아일보』 1933년 7월 22일.

28) 「○○軍朴大浩 反滿軍과 聯絡劃策 騎兵隊를 組織 山中에 屯兵, 日滿警官이」, 『동아일보』 1934년 5월 25일.

29) 「鴨江對岸의 反滿軍 朝鮮○○軍과 聯絡活動, 六十餘名이 寬甸縣으로 移動」, 『동아일보』, 1935년 3월 12일.

2. 조선혁명군의 활동과 항일무장투쟁

조선혁명군은 1929년 4월에 결성된 국민부의 군사조직이이라는 성격을 갖고 있었기 때문에 만주사변 이전부터 활발한 항일무장투쟁을 전개하고 있었다. 1927년 9월 국민부의 전신인 정의부 시기에 개최한 中央會議에서 '○○軍의 名義를 變更하야 朝鮮○○軍이라 稱하기로 함'이라고 함으로서 조선혁명군이 정의부의용군을 계승하여 조직되었음을 보여주었다.30)

조선혁명군은 친일단체인 韓僑同鄕會에 대한 대대적인 공세에 집중하고 있었다. 한교동향회는 通化縣 주재 일본영사관에 의해 조종되고 있던 친일단체로 통화현 민회장 李東成을 중심으로 결성되어 鮮民府로도 불렸으며, 額穆, 淸源, 桓因 등지에도 조직을 두고 활동하고 있었다.31)

조선혁명군의 한교동향회에 대한 공세가 강화되자 1929년 10월 8일자 『조선일보』에서는 조선혁명군이 총사령 李雄의 명의로 '安東에 있는 擁護團과 東亞保民會, 興京縣에 있는 同鄕會 및 만주 각지에 있는 朝鮮人會 등의 반동단체를 討滅할 것'이라는 선언했음을 보도하였다.32) 당시 조선혁명군 부사령이었던 양세봉은 환인현지역 농민들을 동원하여 한교동향회에 대한 시위를 3차례나 전개하였으며, 휘하의 소부대에게 通化에 소재한 한교동향회 總本部를 습격하여 성과를 거두었다.33)

---

30) 「中央會議에서 決議된 正義府의 新方針, 위원 50여명과 각 대표 참석, 三府統一積極圖成」, 『동아일보』 1927년 11월 23일.

31) 황민호, 『재만한인사회와 민족운동』, 국학자료원, 150~151쪽.

32) 「反動團體討滅로 國民府活動」, 『조선일보』 1929년 10월 8일.

33) 曹文奇, 『鴨綠江邊抗日名將 梁世奉』, 遼寧人民出版社, 1990, 85쪽.

『中外日報』에서는 조선○○군이 진군을 개시하였으며, 통화현 일대에는 전운이 농후한 가운데 동향회간부 李東成이 봉천 총영사를 방문해 대책을 논의했다고 하였다.[34] 상황이 심각해지자 일제는 한교동향회가 비참한 결과로 끝날 경우의 여파를 염려하는 상황이었으며, 대체로 조선혁명군의 토벌공작은 반년도 못되어 일단락된 것으로 보인다.[35]

조선혁명군에서 친일파 처단에도 활발한 활동을 전개하였다. 1929년 11월 延吉縣 옹성라자에서 간도 일본총영사관 경찰서의 警部補 坪井三代治가 조선혁명군에 의해 총살되었으며,[36] 1930년 4월에는 延吉縣 龍井市外에 사는 밀정 沈容海 父子가 처단되기도 하였다.[37]

만주사변 이후에도 조선혁명군의 친일분자에 대한 공세는 계속되고 있었다. 1932년 4월에는 왕청문 내 영국인병원에서 입원치료 중이던 밀정 黃奎淸을 처단하였다. 그리고 그 여파로 이 지역에서 民會 설립을 준비하던 朴魯良, 金鳳洙, 崔逸化 등 10 수명의 친일계 인물과 영사분관 파견원 2명이 모두 피난한 것이 보도되었다.[38] 『조선일보』 1933년 8월 11일자에서는 조선혁명군이 당취오 및 등철매 등의 부대와 합작을 강화하고 있으며, 8월 29일 합병기념일을 기해 朝鮮人民會 역원에 대

---

34) 「한교동향회 토벌 기치하 조선○○군 긴급동원, 제일, 제이 양부대 진군개시, 한교동향회는 중국 보갑대 응원을 어더, 통화현 일대 전운 농후, 동향회간부 이동성 봉천 총영사 방문, 출동선포문 배부」, 『중외일보』 1929년 9월 18일.

35) 蔡根植, 『武裝獨立運動秘史』, 大韓民國公報處, 1949, 151쪽.

36) 「坪井警部射殺한 國民府募捐隊長被逮」, 『중외일보』 1930년 2월 23일.

37) 「龍井에 ○○團 突現籌備處教官父子殺傷」, 『중외일보』 1930년 4월 8일.

38) 「國民府의 勢力增大 旺淸門一帶를 占據 當地의 公安隊를 全部 擊退, 新賓縣崗山嶺事件發生까지 派遣員等現地脫出, 義勇軍과 聯絡武裝隊編成, 三月中旬부터 行動開始 興京의 襲擊도 計劃, 民會委員 十數名 避亂, 파견원 두 명도 피란해 密偵嫌疑者一名 黃奎淸暗殺, 新幹部選任 陣容을 整頓, 二萬餘同胞 集團的 村落, 동포의 근거가 오랜 지방 念慮되는 그 安危」, 『동아일보』 1932년 4월 22일.

한 암살을 계획하고 있다고 하였다.[39)]

1933년 6월에는 양세봉이 모처로부터 폭탄 20여개를 입수, 瀋海線을 폭파하고자 하여 軍警이 엄중 경계중이라고 하였으며,[40)] 8월 29일에는 合邦記念日을 기회로 국경의 중요 관문인 압록강철교를 폭파하려고 미국제 폭약을 다량 구입했다고도 하였다.[41)] 이밖에 조선혁명군에서는 9월 18일을 기회로 安奉線 철도를 폭파하고자 5개반을 편성하고 安奉線 각처에서 활동 중이라는 정보가 있어 日滿官憲이 경계중이라고 하였다.[42)] 그런데 당시 만주지역의 중요 항일세력들은 하얼빈을 출발하여 러시아(포크라니치아)로 향하는 국제열차[43)]나 新京을 출발하여 청진으로 향하는 국제열차[44)] 및 瀋海線[45)]・安奉線[46)]이나 吉海線[47)]에

---

39) 「합병기념일 기하여 일본 만주 대관 암살 기도. 唐聚五 鄧鐵梅 등과 합작하여 국민부원의 재 활동」, 『조선일보』 1933년 8월 11일.

40) 「梁瑞鳳等의 深海線 爆破計劃, 爆彈 二十餘個를 入手하야 軍警이 嚴重 警戒中」, 『조선중앙일보』, 1933년 6월 3일. 「국민부 양서봉일파. 瀋海線폭파 기도. 경비원을 증가 위계 중」, 『조선일보』 1933년 6월 3일.

41) 「○○軍梁瑞鳳一派鴨綠江鐵橋爆破劃策」, 『조선중앙일보』, 「압록강철교 폭파코저 폭약다수를 밀송, 삼각지대에 이미 상륙시키고, 양서봉 등이 계획 중」, 『조선일보』 1933년 8월 22일.

42) 「양서봉 등도 안봉선 폭파계획, 9월 18일 기하여 거사설, 5대로 분대활동」, 『조선중앙일보』 1933년 9월 4일.

43) 「一面坡附近에 反滿軍 國際列車를 顚覆, 百名이 襲擊 掠奪盛行」, 『동아일보』 1934년 5월 7일.

44) 「國際列車顚覆直後 救援裝甲車도 顚覆, 今曉 京圖線' 反滿軍에게 被襲, 乘客' 兵士 卄六名死傷」, 『동아일보』, 1935년 9월 24일.

45) 「滿洲瀋海線에 反滿軍襲來」, 『동아일보』 1933년 6월 5일.

46) 「綠陰을 틈타서 反滿軍 安奉線에 出沒頻繁 그러나 열차승객에는 안전」, 『동아일보』 1933년 6월 21일.

47) 「吉海線에 反滿軍 出沒, 軍警 乘務員戰死續出 列車脫線 人質等도 拉去 裝甲列車出動警戒中」, 『동아일보』 1933년 9월 2일. 「吉海線襲擊 機關車顚覆, 反滿軍益猖獗」, 『동아일보』 1933년 9월 11일.

대해 기습이나 軌道 파괴 등의 방법으로 일제와 투쟁하고 있었다.

조선혁명군과 반만군은 함께 일본군 수송 차량이나 우편차량을 공격하기도 했다.

> ① 지난 1일 오전 11시경 桓仁縣 晌水河子 第九區曲 馬菜溝에서 野猪溝 派遣隊의 교체차로 당일 아침 協榮公司 버스를 타고 興京을 출발하여 환인현으로 가던 일본군수비대 吉岡 삼등병 이하 30여명은 반만군 20여명(조선○○군도 가담된 듯)에게 그만 포위공격을 당하여 약 2시간 동안이나 교전을 하였는데 坂本 일등병 한명은 전사되고 吉岡治佐衛門 상등병 외 두 명과 경승원 두 명 운전수 등 7,8명의 사상자를 내었고 승객 한명과 동 운전수 조수 한 명은 납거까지 되었다 한다.[48]

> ② 금월 상순 桓仁 우편국으로부터 興京을 경유하야 奉吉연선으로 향하야 우송중인 우편물 二백 수十통이 永陵街 동편 三道溝 부근에서 조○○○군 백수十명에게 약탈되엇는데 그 우편물에는 중요한 기밀서류가 다수히 주는듯하다 한다.[49]

위의 ①에서 보면 조선혁명군과 반만군 20여명은 桓仁縣 晌水河子 第九區曲 馬菜溝에서 野猪溝 派遣隊의 교체를 위해 홍경에서 환인현으로 가던 일본군 수송버스를 기습하여 일본군 2명을 포함하여 7~8명을 사살하는 전과를 올렸다.

---

48) 「朝鮮○○軍混合의 反滿軍 軍用 뻐스를 急襲 一日白晝 桓仁縣 馬菜溝에서 交替部隊八名死傷」, 『동아일보』 1935년 4월 6일.

49) 「朝鮮○○軍' 郵車襲擊 機密書類奪取, 백수十명이 습격' 二백여 통 강탈, 奉吉沿線의 突發事」, 『동아일보』, 1934년 8월 22일.

②에서는 백수십 명의 조선혁명군이 환인우편국에서 홍경을 경유하여 奉吉沿線으로 향하던 일제의 우편 수송차를 영릉가 동편 삼도구에서 습격하여 우편물 이백 수십통을 탈취하였는데 이 가운데에는 중요한 기밀서류가 다수 있는 듯하다고도 보도하였다. 이밖에 1934년 4월과 5월경 양세봉 휘하의 부대가 재만 한인을 대상으로 군자금 모집 활동을 전개한 것이 보도되고 있었으며,[50] 『동아일보』에서는 조선혁명군의 군자금모집과 친일분자 처단활동에 대해 보다 자세하게 보도되기도 하였다.

> 高粮의 수확기를 앞두고 反滿抗日軍과 朝鮮○○軍의 활동은 이즘 지극히 맹렬하여 鴨綠江 연안의 물정은 자못 소연한데 20일 전기 양군의 혼합부대 30명이 輯安縣 臨江口를 습격하여 전 楚山경찰서 순사 金龍興 방에 침입하여 권총을 발사하여 김의 부부에게 중상을 입히고 김의 장남과 장녀를 죽이었음은 기보한 바이거니와 이외의 것을 소개하면 인질납거, 군자금 강청, 반동분자 기타 총살 등 무시

---

50) 「梁瑞鳳 反滿軍과 協力 興京縣襲擊을 計劃, 潛入한 部下도 無慮 三四百名 日滿警官嚴重警戒中」, 『동아일보』 1934년 4월 13일. 朝鮮○○○幹部들은 興京縣 桓仁縣에 근거를 두고 잇엇는데 최근에는 환인현 香草河子에 근거를 두고 부하 수명을 각지에 파견시켜 청년들을 모집하며 농민 一호에 지방세 三원 五十전을 징수하여 一변으로 반만군인 蘇子衛軍과 협력하야 興京縣을 습격키로 계획하고 부하 三, 四백명을 부근에 잠입시켓다 하며 또 朝鮮○○○ 總司令 梁瑞鳳도 부하 一백二十명을 인솔하고 기회를 엿보고 잇는 중이라는 바 일만경관은 엄중히 경계중이라 한다.
「梁瑞鳳 部下一派 桓仁에서 某種計劃, 反滿軍과 會見코 積極活動코저 農民에게 戶別金徵收設」, 『동아일보』 1934년 5월 4일. 興京 桓仁, 柳河 각현 일대에는 朝鮮○○黨 다수가 잠복 활동하든바 최근에는 홍경현에 移動集團이 되어 모종의 계획을 책동 중인 것 같다는 정보가 잇고 또 梁瑞鳳과 朴某일파는 反滿X日 군중 유력한 鄧鐵梅, 張聚五의 부하와 함류키로되어 그들은 桓仁현 부근에 비밀히 회견까지 하고 양서봉부대는 七개단에 나누어 각각 그 부근 농민부락에 가서 ○○서전과 戶別金을 징수하 기동한다는 정보가 잇다 한다.

무시한 사실이 많다.

◇16일 조선○○군 제2중대장 趙化善 일파 8·9명은 寬甸縣 小長甸子서 이주 조선인 尹慶化 외 5명을 납거하여가는 도중 다시 동소 張南胡 방에서 紅石拉子의 이주 조선인 金萬奎를 납거하였으며 소장전자, 홍석납자, 久財溝 각촌의 이주조선인 각호에 의무금으로 大洋 30원 씩을 9월 4일까지 조달하여 두라고 명령하고 또 각호에서 만 15세 이상 35세 이하의 청소년을 군인에 알선하라는 협박문을 교부하였다고.

◇19일 寬甸縣 第七區 三岔子 이주조선인 유력자 康濟雲 방에는 조선○○군 명의로 금월 말일까지에 조선인 매호에 군자금 대양 40원씩을 준비하여두되 만일 □□하는 시에는 가인을 납거하던가, 가족을 사살하겠다는 협박문이 송달되었으므로 강은 이를 동민과 상의중이라고

◇19일 오전 9시경 ○子溝藥水谷 이주조선인 金郭山방에는 조선○○군 수명이 침입하여 출금을 강요하였으나 불응하매 권총을 발사하여 김곽산은 복부에 그의 처는 바른편 가슴에 각기 관통총상을 입히고 돌아갔다고.[51]

위의 기사에서 보면 반만군과 조선○○(혁명–필자)군의 활동이 지극히 맹렬하여 압록강 연안의 물정이 자못 소연하다고 하며 8월 16일, 19일 20일에 일어난 조선혁명군의 활동을 연이어 보도하고 있었다. 조선혁명군 제2중대장 조화선의 부대원 8·9명은 관전현 내의 여러 지역에서 조선인 各戶에 대해 大洋 30원씩을 의무금을 준비하라고 명령하는 한편, 만 15세에서 35세 이하의 청소년을 군인으로 알선하라는 '협

51) 「○○軍 反滿軍과 合流 最近重大事件頻發, 人命殺傷拉去 資金强徵等 物情騷然한 鴨江對岸」, 『동아일보』 1934년 8월 25일.

박문'을 교부하였던 것으로 보인다. 집안현에서는 전 楚山警察署 순사 金龍興부부와 가족을 처단하였으며, 이주조선인 유력자 康濟雲과 金郭山 등에게 군자금을 모집하고자 했던 것으로 보인다.[52)]

Ⅲ. 중국공산당 세력과의 연합과 조선혁명군

만주사변이 발발하자 중국공산당 산하의 한인공산주의자들은 각지에서 조직된 항일유격대를 출발로 동북인민혁명군(1933)을 거쳐 동북항일연군(1936년)으로 조직의 명칭과 이념적 지향을 확장해 가며 항일무장투쟁을 전개하였다. 그리고 이 과정에서 조선혁명군과 공산진영의 연합이 이루어졌다.

만주사변 이전 한인인공산주의자들은 국민부에 대해 민족통치식단체라고 하여 , 제국주의 국민당군벌과 함께 타도해야 하는 대상으로 상정하며, 적대적 태도를 나타내고 있었다.[53)] 그러나 만주사변이 발발하자 조선혁명군과 공산주의세력은 연합작전 전개의 필요성을 느끼고 있었던 것으로 보인다. 1933년 7월 일제의 정보 보고에서는 조선혁명군이 종래에 '氷炭'관계였던 공산진영과도 제휴를 하고 있다고 파악하고 있었다.[54)] 1933년 8월 7일자 『동아일보』에서는 조선혁명군 간부들이 군용금(군자금－필자) 조달과 무기교섭을 위해 北平의 국민당 및 중

52) 김홍룡의 처단과 관련해서는 같은 내용의 기사가 총독부 기관지인 『매일신보』에도 보도되고 있다. 「反滿軍과 ○○軍 渭原對岸에 出現 一家族四名殺傷코 市街를 包圍射擊」, 『매일신보』, 1934년 8월 23일.

53) 梶村秀樹 · 姜德相 編, 『現代史資料』 29, みすず書房, 1972, 638~639쪽.

54) 독립운동사편찬위원회 편, 『독립운동사자료집』 10, 1970, 662쪽.

국공산당과 교섭하고자 했음을 보도하였다.[55)]

뿐만 아니라 국내언론에서는 양세봉이 적화선전 중이라고 하거나,[56)] 국민부에서는 장교회의를 개최하고 공산당과 合勢할 것을 결의했다고 보도하였다.[57)] 이밖에 양세봉의 근황에 대해서도 중국공산당과 밀접하게 연락을 취하며 암암리에 활동 중이라고 강조하였다.[58)]

또한 국내언론에서는 만주지역에서 반만군과 공산군의 무장투쟁에 대해 다음과 같이 보도하였다.

> 최근 총독부 당국의 조사한 바에 의하면 작년 일년 중 間島지방 각처에서 共産黨 및 反滿軍들과 日軍警과의 교전한 회수는 三천二백四十회로 하로 평균 九회에 해당하다. 그리고 逆襲을 당한 것은 一백八十四회이요 이로인하야 경관의 殉職만 十二명 부상된 순경 十여명이엿다하며 교화한 결과 공산당 혹은 반만군측에 사상된 사람은 二천 七백 六十六명, 검거한 인원이 실로 二천 四백 八十四명의 ○수를 돌파하야 ○○○○ 이후 미증유의 긔록을 지엿다한다.[59)]

위의 내용에서 보면 1933년에 간도지역에서 공산당과 반만군이 일제 군경과 교전한 횟수가 3,240회로 하루에 9회에 이르는데 이는 '間島

---

55) 「朝鮮○○軍幹部 某處에 會合密議, 北平國民黨과 中國共産黨에 武器交涉委員派遣」, 『동아일보』, 1933년 8월 6일.

56) 「國民府 武裝活動 强制로 軍人募集, 梁瑞鳳은 赤化宣傳中」, 『조선일보』 1934년 1월 22일.

57) 「日滿警備狀態探索 共産黨과 合勢行動」, 『東亞日報』 1933년 2월 9일.

58) 「양서봉의 근황, 중국공산당과 연락하여 암암리에 대 활동 중」, 『조선중앙일보』 1934년 3월 6일.

59) 「交火 三千餘回에 死傷 二千七百餘, 檢擧者 總數 二千四百餘人, 間島史上 未曾有의 直接行動 時代 出現」, 『조선중앙일보』, 1933년 4월 3일.

史上' 미증유의 직접행동 시대가 출현한 것이라고 하였다.

『매일신보』에서는 작년(1933년－필자)에 국경 대안지역에서 반만군의 襲來가 4,000여회였으며, 살상 납치 등이 3,000여명에 이른다고 하였다.[60] 『동아일보』에서는 1935년 8월 경 만주지역 동변도의 반만군이 8천이며, 이들이 선박을 습격한 것이 220건이고 국내를 침입한 것이 90건에 이른다고 하였다.[61] 그리고 1937년 11월 21일자에서는 '鴨綠江沿岸一帶에 共匪出沒 2,000여회, 연인원은 177,000명의 多數, 越境侵入도 15차'라고 하였다.[62]

반만군은 국경지대를 중심으로 국내로 '越境侵入'하고 있었으며, 이는 일제의 국경치안에 상당한 위협 요인이 되고 있었다.

> 모방면의 조사연구에 의하면 만주에 잇는 반만항일군과 滿洲事變이래의 만주와 중국과의 무역두절, 우편두절과 사이에 크다란 관련이 잇는것이 분명하여지엇으며 이는 직적으로 반만항일군의 鴨綠江 연안 진출과 심지어는 조선내에의 越境 입국을 초래하고잇는 것으로 보인다고 한다.
>
> 즉 만주사변직후 얼마동안까지는 중국본토로로부터 반만항일군에게 武器를 제외한 여러가지 물자, 식량, 衣類, 군자금등이 전달되

---

60) 「襲來四千餘回 殺傷拉去近三千名 작년중 대안 反滿軍跋扈狀況」, 『每日申報』 1934년 3월 30일.

61) 「頻繁한 反滿軍襲擊 朝鮮內 侵入90件 8月까지 對岸 8千反滿軍이 船舶襲擊 220件」, 『동아일보』 1935년 8월 30일, '금년 夏節 이래 빈번히 압록강안과 조선측까지 진출하는 만주동변도의 반만군 수는 약 8천명으로 기보한 바와 같이 금년은 예년보다 그들의 출현 수가 현저히 많은데 장차 추수기와 결빙기를 앞두고 평북경찰부는 긴장리에 대책을 강구중이다'.

62) 「鴨綠江沿岸一帶에 共匪出沒二千餘回 延人員은 十萬七千名의 多數 越境侵入도 十五次, 金日成一派」, 『東亞日報』 1937년 11월 21일.

엇으나 그후 만주국이 성립되어 중국과 무역이 끊기고 우편도 전연 히 두절되어서 군사행동에 필요한 물자가 전달되지 못하게 되엇으므로 반만항일군은 크게 곤난을 느끼어 여러가지로 중국본토와의 연락을 꾀하엿으나 거의 모두 실패에 돌아갓으므로 식량을 얻고저 인가가 가장 조밀한 압록강연안으로 南下한다고 한다.(중략) 그리고 현재 반만항일군이 가장 많이 모여잇다고 보이는 곳은 渭原으로부터 中江鎭에 이르는 사이의 압록강 對岸인 輯安縣과 臨江縣의 일부라는데 반만항일군은 종전에는 순전히 무기획득을 위하야 조선내에 월경 입국하엿섯으나 장래네는 무기이상으로 필요한 식량기타 물화를 얻으려는 것으로 종전보다 좀더 자주 조선내에의 월경입국을 획책할 것으로 보인다고 한다. 이같은 推理는 결코 추리뿐에 그처지는것이 아니오 현재의 실황은 이미 그러한 것이므로 평북경찰부에서는 대안의 군경과 협력하야 그방어책을 강구중인 듯하다.[63]

위의 내용에서 보면 일제는 반만군이 월경하여 국내로 들어와 항일투쟁을 전개하는 것에 대해 그들이 곤경에 처해있기 때문으로 설명하였다. 즉 만주사변 초기에는 중국 본토로부터 무기를 제외한 여러 가지 물자, 즉 식량, 의류, 군자금 등이 전달되었다. 그러나 만주국이 들어선 이후에는 무역이 끊기고 우편도 두절되어 곤란을 겪게 되자 식량을 얻고자 人家가 가장 조밀한 압록강 연안으로 남하하고 있다고 하였다.

따라서 이상의 내용을 종합해 보면 조선혁명군은 적어도 1933년 중반을 지나면서 공산당세력과의 연대를 모색하고자 했으며, 이는 남만지역에서 공산당세력을 포함한 반만군의 활동이 일제에게 심각한 영향을 끼치는 가운데 강화되는 측면이 있었던 것으로 보인다고 하겠다.

---

63) 「反滿軍侵入防止코저 鴨江兩岸을 警備 從此로 朝鮮襲擊이 많을가하야 平北 警察은 對策講究」, 『동아일보』 1934년 5월 18일.

그런데 일제가 남만지역에 대한 상황에 대해 특별히 주의를 기울이고 있었던 것은 지리적으로 국내와 인접해 있기 때문이었다. 이 지역에 대한 치안확보는 만주뿐만 아니라 朝鮮에도 중요한 영향을 끼칠 수 있었으며, 남만의 풍부한 지하자원은 전쟁으로 고립되어 가고 있던 일제에게 산업자원의 수급문제를 해결할 수 있는 전략적 가치를 지니고 있었기 때문이었다. 개전 초기에 일제는 唐聚五가 이끈는 遼寧民衆自衛軍에 대해 대대적인 공세를 가하였으며, 1932년 11월부터 1933년 5월까지는 공산진영의 항일유격대에 대해 4차례에 걸친 토벌을 감행하였다. 1·2차 토벌에서는 1,000여명의 병력이 동원되었으며, 3·4차 토벌에서는 5,000명의 병력이 동원되어 磐石縣의 중심지인 坡離河套 지역을 공격하였다. 이 기간에 양정우와 이홍광은 60여 차례의 전투를 수행하며 일제에 저항하였다.[64)]

만주사변이 발발하자 곧바로 항일무장투쟁에 돌입할 것을 지시했던 중국공산당 중앙은 1933년 1월 26일 '1월 서한'을 채택, 북방회의 이후 견지해 오던 좌경노선을 해소하고 항일통일전선의 폭을 넓히는 계기를 마련하였다.[65)] 1935년 7월 모스크바에서 개최된 코민테른 제7차대회의 과정에서는 8·1선언을 체택함으로써 통일전선의 형태를 더욱 강화해 갔으며, 조선혁명군과 중국공산당 항일부대의 연합작전은 이 같은 분위기 속에서 진전되어 갔던 것으로 보인다.[66)] 1934년 4월 중국공산당 반석현위원회에서는 조선혁명군과 국민부에 사람을 파견하여 병

64) 조선족약사편찬조 지음, 『조선족약사』, 백산서당, 1989, 141쪽.

65) 「中央及滿洲各級黨部及全體黨員的書信－論滿洲的狀況和我們黨的任務」 東北抗日聯軍史料編寫組, 『東北抗日聯軍史料』上, 中共黨資料出版社, 41~57쪽.

66) 황민호, 『일제하 만주지역 한인사회의 동향과 민족운동』, 신서원, 2005, 172~184쪽.

사들을 중심으로 한 연대공작을 진행하라고 동북인민혁명군 제1군에 지시하였다.[67]

1935년 2월 13일에는 李紅光부대가 '銅牆鐵壁'으로 불리던 평안북도 厚昌郡 東興邑을 습격에 성공하여 중국공산당 내 한인유격대원들의 투쟁 역량을 과시하였다. 사건이 발생하자 국내언론에서는 東北人民○○軍 200여명이 후창군 동흥읍을 습격하야 사상자 다수를 내인 사건은 평북 국경경비 사상 가장 커다란 기록으로서 아직까지 우리의 머리에 새롭거니와 이홍광은 26세나 된 청년(?)으로 동군 제1군 제1師의 사령이라고 하였다.[68]

또한 1935년 4월 중순에는 조선혁명군 총사령 김활석이 통화 북쪽 강산령에서 동북인민혁명군 제1군 군장 양정우 부대와 연합작전을 전개하였다.[69] 1936년 후반기에는 조선혁명군 4중대장 김윤걸 부대가 동북항일연군 제1로군 양정우 부대와 환인현 결석령에서 이동 중인 일본군경 합동 환인경비대를 기습하였다.[70]

조선혁명군정부 중앙집행위원회가 동북항일연군과 공동투쟁 하기로 결정한 것은 1936년 10월이었으나, 이미 그 이전부터 적지 않은 연대투쟁이 실현되었던 것으로 보인다.[71] 그리고 1938년 2월에 이르면 독자적인 항일투쟁의 견지에 어려움을 겪고 있던 조선혁명군의 정치

---

67) 「中共黨石磐縣中心縣委員會 가 人民革命軍 第1軍 獨立師 全體 黨·團 同志에게 보내는 편지」, 『東北地區 革命歷史文件彙集』 甲 36, 195쪽. 장세윤, 앞의 책, 173쪽, 재인용.

68) 「수수께끼의 人民軍司令 李紅光은 (廿六歲)青年?, 二百名이 鴨江 건너 東興襲擊타 잡힌, 紅軍 二名은 豫審終結」, 『동아일보』, 1935년 7월 18일.

69) 黃龍國, 「朝鮮革命軍 歷史에 대하여」, 『國史館論叢』15집, 1990, 241쪽.

70) 앞의, 『滿洲共産匪の研究』 1, 418·447~448쪽.

71) 「朝鮮革命軍ノ狀況ニ關スル件」, 800쪽, 장세윤, 앞의 책, 176쪽 재인용.

위원 朴大浩, 사장 최윤구, 참모장 崔基弘 등 60여명의 대원들이 桓仁縣 牛毛嶺에서 동북항일연군에 합류했던 것으로 보인다.72)

Ⅳ. 맺음말

본고에서는 국내의 언론 자료를 중심으로 만주사변 이후의 조선혁명군의 한·중연합작전에 대해 살펴보았으며 그 내용을 정리하면 다음과 같다.

만주사변 이후 국내언론의 보도에 의하면 조선혁명군은 일제의 대대적인 공세에 의해 어려움을 겪기도 하였으나 곧바로 조직을 정비하고 요녕민중자위단 및 요녕민중자위군과의 연합작전을 통해 일제와의 전면적인 항일무장투쟁에 돌입하였다. 『동아일보』의 보도에 의하면 조선혁명군은 요녕민중자위군의 특무대사령부라는 부대편성을 통해 독자적인 부대의 일원으로 참가하고 있음을 확인할 수 있다.

조선혁명군은 1932년 4월부터 8월까지 민중자위군의 이춘윤부대와 활발한 연합작전을 전개하였다. 1935년 9월 조선혁명군 제1사 사령 韓劍秋는 민중자위군의 王鳳閣部隊와 연합하여 韓中抗日同盟會를 조직하였다. 한중항일동맹에서는 '일본제국주의를 타도하고 東北의 失地를 회복하며 조선독립을 목적으로 하며, 중한양국의 항일동포는 '누구라도 회원이 될 수 있다'는 취지의 선언서를 발표하여 연합을 과시하였다.

조선혁명군은 박대호와 이영걸의 활동에서 보는 바와 같이 작전이 전개되는 지역의 상황을 고려하면서 山林隊 등 다양한 항일세력과의

---

72) 黃龍國, 「朝鮮革命軍 歷史에 대하여」, 『國史館論叢』15집, 1990, 참조.

연합작전도 전개하고 있었던 것으로 보이며, 이 같은 상황은 언론에 보도된 내용보다 훨씬 많았을 것으로 추정된다.

조선혁명군은 1929년 4월에 결성된 국민부의 군사조직이라는 성격을 갖고 있었기 때문에 만주사변 이전부터 활발한 항일무장투쟁을 전개하고 있었으며 만주사변 이전에는 주로 친일세력에 대한 공세에 주력하고 있었던 것으로 보인다. 그러나 만주사변 이후에도 이같은 활동은 계속되고 있었다. 1932년 4월에는 왕청문 내 영국인병원에서 입원치료 중이던 밀정 黃奎淸을 처단하였으며, 그 여파로 民會 설립을 준비하던 朴魯良, 金鳳洙, 崔逸化 등 10 수명의 친일계 인물과 영사분관 파견원 2명이 모두 피난했던 것으로 나타나고 있다. 『조선일보』에서는 조선혁명군이 당취오와 등철매 등의 부대와 합작을 강화하고 있으며, 8월 29일 합병기념일을 기해 조선인 民會 역원에 대한 암살을 계획하고 있다고도 하였다.

또한 국내언론의 보도를 통해서 보면, 조선혁명군은 일제가 관리하고 있는 중요 철도시설에 대한 조직적인 공세를 강화하고 있었던 것으로 나타나고 있다. 국내언론에서는 1933년 6월에 양세봉이 모처로부터 폭탄 20여개를 입수, 瀋海線을 폭파하고자 하며, 이로 인해 軍警이 엄중 경계중이라 보도하였다. 그리고 8월 29일에는 合邦記念日을 기회로 국경의 중요 관문인 압록강철교를 폭파하려고 미국제 폭약을 다량 구입했다고도 하였다. 또한 조선혁명군은 반만군과 연합하여 일본군 수송 차량이나 우편차량을 포위 공격하기도 하였다. 이밖에 조선혁명군은 재만한인을 대상으로 군자금모집활동이나 항일무장투쟁 대원을 모집하는 일에도 주력하고 있었던 것으로 나타나고 있다.

한국독립군의 성립과 항일무장투쟁의 전개

Ⅰ. 머리말

1920년대 후반 이후 만주지역의 독립운동세력들은 효과적인 항일투쟁의 전개를 위해서는 민족운동의 역량을 하나로 결집한 '유일당'의 결성이 바람직하다고 생각하였다. 그리고 좌우가 연합한 민족유일당운동을 전개했으나 별다른 성과를 거두지 못하였다.[1] 이후 민족진영은 남만에서는 국민부와 조선혁명군을, 북만에서는 한국독립당과 한국독립군을 결성하여 항일무장투쟁의 역량을 강화하고자 하였다.

민족진영에서는 1928년 9월 길림성 新安屯에서는 3부통합회의를 개최하였으며,[2] 12월 하순에는 金東三, 金元植, 黃學秀, 李靑天, 金承學, 申肅 등이 吉林에서 군정부 건립을 목적으로 革新議會를 조직하고 활동하였다.[3] 혁신의회는 민족진영의 김좌진 · 김승학 · 지청천과 홍진 등

1) 황민호, 「만주지역 민족유일당운동에 관한 연구」, 『숭실사학』 5, 숭실사학회, 1988.
2) 蔡根植, 『武裝獨立運動秘史』, 147~151쪽. 대한민국공보처, 1949.
3) 鄭原鈺, 「在滿韓人獨立運動團體의 全民族唯一黨運動」, 『白山學報』19, 1975, 207쪽.

이 주축이 되어 결성되었으며,[4] 여기에 좌익진영의 일부 세력이 지지를 표명하여 이루어진 좌·우연합적 조직이었다.[5] 혁신의회는 보다 강력한 항일무장투쟁을 전개하기 위한 大黨의 결성과 합법적 자치운동 등에도 관심을 보이고 있었다.[6] 그러나 혁신의회는 1929년 4월 남만에서 국민부가 결성되고 좌우익 진영의 노선 갈등이 표면화되는 과정에서[7] 1929년 5월 조직의 해산을 결정하였다. 이후 각자 근거지인 돌아간 중요 인물들은 1930년 7월 위하현에서 한국독립당과 한국독립군을 결성하였으며, 韓族自治聯合會를 조직하였다.[8]

이후 만주사변이 발발하자 한국독립당 중앙위원회에서는 휘하의 한국독립군에 대해 총동원령을 내리는 한편, 중국군과 연합하여 항일전을 수행하여 상당한 전과를 거두었다. 한국독립당과 관련해서는 당의

金承學,『韓國獨立史』1965, 362~363쪽. 혁신의회를 조직하기 위한 회의에는 참의부 대표, 김승학, 金筱廈·朴昌植·신민부 대표, 김좌진·黃學秀·鄭信, 東滿僑民 대표, 全盛鎬·金東鎭, 北滿僑民 대표 : 李應瑞, 정의부 대표 : 김동삼·이관일·지청천, 상해임정 대표, 홍진. 住中青總 대표, 金尙德 등 25명의 대표가 모였다고 한다.

4) 朴永錫,「晩悟 洪震 硏究」, 국사편찬위원회,『國史館論叢』18, 1990, 95쪽.

5) 독립운동사편찬위원회 편,『독립운동사』5, 1973, 487~488쪽.

6) 혁신의회의 4대 방침은 다음과 같다. '1. 大黨促成의 積極的 幇助, 2. 軍事善後 및 敵勢侵入의 防止, 3. 合法的 中國自治機關(同鄕會)組織, 4. 殘務處理'「革新議會」, 大韓民國光復會編,『獨立運動大事典』, 763쪽. 또한 김동삼은 1929년 11월에도 吉林督軍 熙洽과 '合作'하여서 재만한인 보호와 독립운동역량의 강화를 이루고자 노력했는데, 熙洽을 수반으로 하고, 김동삼을 의장으로 하여 개최된 회의에서 양측은 '韓人義勇軍 20만을 모집하여 중국군대에 編入訓練할 것과 재만동포의 교육은 韓人自治會에서 施行하되 중국측에서 積極援助할 것' 등에 합의하고 이를 추진하였던 것으로 보인다. 이밖에 회의에서는 '新聞 및 雜誌를 刊行하여 內外에 宣布하기로 하고 그 機關은 吉林省域에 두어서 兩國人으로 部署를 擔當 活動케 하기로 하였다'고 한다. 李元赫,「一松 金東三先生 略傳」,『獨立血史』2, 1949, 135쪽.

7) 金俊燁·金昌順,『韓國共産主義運動史』4, 1986, 184쪽.

8)「한족자치연합회」, 독립기념관,『한국독립운동사사전』, 2004.

성립과정이나 이념적 성향 등에 대한 연구 성과가 있으며,[9] 한국독립군의 항일무장투쟁에 대해서는 개략적인 전투의 개황과 함께 대자령전투에 대한 연구가 있다. 대전자령전투와 관련해서는 전투에 참가한 일본군이 기존에 알려졌던 羅南 주둔 72연대 飯塚聯隊가 아니라, 제19사단 예하 會寧 주둔 보병 제75연대이며, 약 1,300여명의 병력 규모였음을 밝히기도 하였다.[10]

따라서 본고에서는 기존의 연구 성과를 바탕으로 주로 한국독립당과 군의 성립과정 및 조직의 구성, 그리고 초기의 활동에 대해 살펴보자 한다. 그리고 이를 위해 한국독립당의 총무위원장과 정치부위원을 지냈으며, 한국독립군의 관내 이동을 위해 활동했던 李圭彩[11]에 대한

9) 박환, 「在滿韓國獨立黨硏究」, 『在滿韓人民族運動史硏究』, 一潮閣, 1991; 추헌수, 「조선혁명당과 한국독립당의 활동」, 『한민족독립운동사』 4, 국사편찬위원회, 1988. 신재홍, 「한중연합군의 항일전과 독립군의 수난」, 『한민족독립운동사』 4, 1988. 황민호, 「재만 한국독립당의 성립과정과 활동에 관한 연구」, 『숭실사학』 12, 숭실사학회, 1998.

10) 張世胤, 「韓國獨立軍의 抗日武裝鬪爭硏究」, 『한국독립운동사연구』 3, 독립기념관 한국독립운동사연구소, 1989. 장세윤, 『1930년대 만주지역 항일무장투쟁』 한국독립운동사편찬위원회 편, 2009. 이 논문에서는 '나남 주둔 72연대 飯塚聯隊가 아니라, 당시 羅子溝에 주둔하고 있던 일본군 부대는 한국주둔 제19사단 예하 會寧 주둔 보병 제75연대이며, 연대장 池田信吉 大佐를 대장으로 하는 간도파견부대였으며, 이 부대는 제19사단 管下 步·騎·砲·工兵 등의 혼성 2개 대대와 池田이 거느리는 주력부대 등 약 1,300여명 규모'였음을 밝혔다. 또한 이 연구에서는 한국독립군의 활동과 관련하여 趙擎漢의 회고록에 보이는 여러 가지 문제들에 대해서도 비교적 상세하기 언급하기도 하였다. 실제로 논문 334~361쪽에서 필자는 서란현전투나 대전자령전투 등의 전과와 한국독립군의 이동경로 등에는 검토해 보아야 할 문제가 있다고 보기도 하였다.

11) 이규채(1888. 6. 6~1948. 2)는 경기도 포천 사람으로 公三, 東啞, 字精, 圭禾, 圭輔, 康山 등으로 불렸다. 1924년 12월 임시정부 임시의정원의 충청도 의원으로 피선되어 활동하다가 그 이듬해인 1925년에 사임하였으며, 1930년에는 韓國獨立黨에 가입하여 정치부위원 겸 군사부 참모에 선임되어 활동하였다. 1932년에는 한국독립

京畿道警察部와 在上海日本領事館警察部의 訊問調書와 聽取書 등의 재판기록을 가능한 한 상세하게 검토하고자 한다.[12] 따라서 본고의 이러한 노력은 궁극적으로 1930년 이후 한국독립당과 군의 활동 상황과 항일무장투쟁의 성격을 보다 명확하게 이해하는데 도움을 줄 수 있을 것으로 생각된다.[13]

Ⅱ. 한국독립당과 군의 결성과 초기 활동

한국독립당의 결성은 1920년대 후반 이후 민족유일당운동과 3부통합운동이 결렬된 가운데 북만지역을 중심으로 민족진영과 한인공산주의자들의 대립이 격화되는 상황을 반영하면서 결성되었다.

한인공산주의자들은 "寧安縣 · 牧丹江 · 鐵嶺河 · 阿城縣 · 哈爾賓 등지에서 세력을 확대해 가고 있었으며,[14] 1929년 12월 중국공산당이 哈爾

당의 總務委員長에 피선되었다. 1933년에는 중국 吉林 육군 제3군 上校參謀가 되어 활약하였으며, 그 이듬해에는 南京에 본부를 두고 있던 韓國革命黨과 한국독립당이 제휴하여 新韓獨立黨을 조직하게 되자 감찰監察委員長으로 피선되어 활동하였다. 1935년 9월 25일에 중국 上海에서 일본 경찰에게 체포되어 징역 10년형을 받고 京城刑務所에서 옥고를 치렀다. 국가보훈처, 『大韓民國 獨立有功者 功勳錄』 第5卷, 1988, 700~701쪽.

12) 박환, 「만주에서의 항일무장투쟁과 池青天」, 『만주지역 한인민족운동의 재발견』, 국학자료원, 2014. 이규채의 재판 기록 중 한국독립군과 당의 기록에 대한 분석은 앞의 논문에서 많은 도움을 받았다. 국사편찬위원회, 『韓民族獨立運動史資料集』 43, 「中國地域獨立運動 裁判記錄, 韓國獨立黨 관련 李圭彩事件」, 2000.

13) 한상도, 「在滿 韓國獨立黨과 韓國獨立軍의 中國關內地域 移動」, 『사학연구』 55 · 56, 한국사학회, 1998. 한상도, 「중국 관내지역 독립운동세력의 동북지역 독립운동 인식」, 『한국민족운동사연구』 57, 2008.

14) 한국독립운동자협회 엮음, 『中國東北地域韓國獨立運動史』, 집문당, 1997, 494쪽.

賓市反帝同盟을 조직하자,[15] 화요파에서는 1930년 1월 28일 在滿朝鮮人反日帝國主義同盟을 조직하고 중국공산당과의 연합하여 활동하고 있었다.[16] 그리고 이 과정에서 1930년 1월 김좌진이 암살당했으며, 1930년 6월 18일에는 한인공산주의자들이 山市에 있는 한족총연합회의 근거지를 습격하여 그 시설을 파괴하는 한편, 연합회의 간부 박경천·김종진·이을규 등을 살해하려다 실패하였다.[17]

1930년 8월 초순에는 180여명의 한인공산주의자들이 哈綏線 海林站에 있던 한국독립당 본부를 습격하였으며, 11월 중순에는 鄭信이 피살되었다.[18] 이에 한국독립당의 남대관 권수정 등은 1931년 6월 길림성 당국과의 협의 하에 探共隊를 조직하고 공산주의자들을 공격하자 양측의 갈등은 심각한 상황에 이르고 있었다.[19]

한국독립당이 결성되는 과정에 직접 참여했던 이규채의 신문조서에서 보면 그는 한인공산주의자들과의 대립이 한국독립당 결성에 직접적인 요인이 되고 있음을 명확히 하고 있다.

문 吉林에 가서는 어떤 행동을 하였는가.

답 吉林으로 가서는 최초 大屯에 잠시 체재하고, 소화 四년 一월에 吉林省 舒蘭縣 圭黑頂子의 李章寧을 의지하고 가서 李章寧이 경영하는 농장에 고용되어 있던 중, 소화 五년 一월 吉林省 五常縣沖河鎭에서 농사를 경영하고 있는 朴一萬의 집으로 이

15) 박환, 앞의 책, 232쪽.

16) 梶村秀樹·姜德相編, 『現代史資料』 29, 668쪽.

17) 堀內稔, 「韓族總聯合會について」, 『朝鮮民族運動史』 9, 1993, 43쪽.

18) 許東粲, 『金日成 評傳』, 북한연구소, 1987, 373~374쪽.

19) 앞의, 『1930년대 만주지역 항일무장투쟁』, 206쪽.

거하여 동인과 함께 토지를 매입하여 농장을 개간하려고 稻田공사를 개설하려고 상의 중에 당시 공산운동자인 李營民, 趙東九 등의 주도로 공산당원이 봉기하여 수 백 명의 조선인 농업자를 선동했는데, 우리는 민족주의자이므로 박멸하라고 하면서 우리에게 사형을 선고하는 등 위해를 가하려고 하므로 그 경영을 포기하고, 동년 二월경에 우리는 중국관헌의 보호로 楡樹縣으로 도피하게 되었다.

㉮ 그대가 공산당에게서 민족주의자라고 사형선고 등을 받은 뒤에 그것에 대하여 어떤 대책운동을 일으켰는가.

㉯ 楡樹縣으로 도피해 있으면서 누군가 동지를 발견해서 그것에 대한 대등한 운동을 하려고 생각하고 있던 중, 소화 五년 五월 하순경에 中東線二道河子에 있는 申肅에게서 五월 五일에 그곳 朴觀海의 집에서 한국독립당 준비회를 개최하고, 오는 七월에 일단 조직하려고 선전하기로 결정했으니 참가하라고 편지를 받았다. 그래서 그것에 참가하려고 동년 六월 중순경에 二道河子로 갔다. 내가 갔더니 이미 준비회는 끝나고 창립조직의 준비를 하고 있었다. 준비위원은 朴觀海, 鄭信, 申肅, 崔塢, 李章寧 등이었다.[20]

위의 내용에서 보면 이규채는 1930년을 전후하여 서란현에서 이장녕, 박일만 등과 교유하며 농장을 개간하고 있었다. 그런데 한인공산주의자 이영민, 조동구 등의 주도로 농민봉기가 발생하고 이들로부터 민족주의자임으로 박멸되어야 한다는 사형선고를 받고 危害를 당할 위기에 처하자 중국관헌의 보호 하에 유수현으로 도피하게 되었던 것

20) 국사편찬위원회,『韓民族獨立運動史資料集』43, 2000. 京畿道警察部,「李圭彩 신문조서(제二회)」, 1935년 1월 9일.

으로 보인다.

유수현으로 도피한 이규채는 동지들을 규합하여 공산주의자들에 대응하고자 하던 중, 신숙으로부터 5월 5일에 중동선 二道河子에 있는 朴觀海의 집에서 한국독립당의 결성을 위한 준비회가 개최됨을 통보 받았음을 밝히고 있다. 이후 7월에는 당이 조직될 것이니 회의에 참석하라는 연락을 받았으며, 6월 중순 이도하자로 갔으나, 이미 준비회는 끝나고 창립조직이 준비되고 있었다. 준비위원은 朴觀海, 鄭信, 申肅, 崔塢, 李章寧 등이었다고 한다.

따라서 이규채의 이러한 증언을 통해서 보면 한국독립당은 1930년 초부터 한인공산주의자들의 민족진영에 대한 공세가 강화되자 이에 대한 대응과정에서 1930년 7월에 결성되었다고 할 것이다. 그리고 이는 시기적으로 보아 한인공산주의자들의 간도봉기가 본격화되는 상황과 맞물려 있었던 것으로 생각된다.[21] 이와 유사한 내용은 김승학의 기록에서도 확인되고 있다.

> …… 4 · 5개월간의 신중한 협의를 거쳐서 이론체계와 조직체계를 완전 정비하여 表面自治體와 裏面核心機構를 완전히 분리하기로 하였다. 그리하여 表面自治體를 軍民議會라 하고 裏面 核心體를 韓國獨立黨이라 하여 獨立運動의 最高指導權을 가지게 하고 各部에 소속해 있던 軍隊는 精粹分子를 擇하여 獨立黨軍으로 편성하였는데 …… 이상과 같은 陣容으로 막 활동을 개시하려 할 때에 또다시 大打擊을 받았으니 …… 倭敵에게 被殺되고 共産主義者들에게 虐殺되어 도저히 再起不能의 狀態에 빠지게 되었다. 그러나 李靑天 · 洪震 ·

21) 황민호, 「일제하 간도봉기의 전개와 한인사회」, 『한국민족운동사연구』 65, 2010 참조.

黃學秀·申肅·吳光鮮·沈萬浩·李章寧·安旭·李元芳·李宇精·崔岳 등은 다시 용기를 내어 北滿에서 黨勢를 擴張하게 되었는데……[22)]

위의 내용에서 보면, 한국독립당은 裏面의 핵심체로서 독립운동의 최고 지도권을 갖는 기관으로 결성되었음을 밝히고 있다. 또한 일제의 탄압과 공산주의자들의 공격에 의해 타격을 받았으나 지청천·황학수·홍진 등이 다시 용기를 내어 黨勢를 확장하였고, 당이 결성될 때 精銳分子를 택하여 한국독립군도 편성하였다고 하고 있다.[23)] 당의 결성을 주도했던 인물은 李青天, 洪震, 黃學秀, 申肅, 吳光鮮, 沈萬浩, 李章寧, 安旭, 李元芳, 李宇精(이규채－필자), 崔岳이었던 것으로 나타나고 있다.

한국독립군의 결성에 대해서는 이규채의 다음과 같은 기록에서 보면, 그 내용을 확인할 수 있다.

㉮ 위와 같이 하여 한국독립당을 조직했는데, 그것과 동시에 피

---

22) 金承學, 『韓國獨立史』 362~363쪽.

23) 한국독립당의 결성과 관련하여 조경한의 경우도 다음과 같은 회고를 남기고 있다. '9월 그간 만주 통합운동의 여러 정세를 알려주는 편지가 번갈아 도착하였다. …… 정의부 안에 협의측을 아무리 최후까지 설득시켜 보려고 노력하였어도 안되므로 부득이 촉성회측이 정의부를 脫離하여 신·참 양부와 기타 남북 만주 교민대표들과 통하여 7월에 각자 발전적으로 해소를 단행하고 안으로 韓國獨立黨, 밖으로 軍民議會를 결성하였는데…… 주객 합해서 다섯 노선배와 나 이규보 7명이 한자리에 앉자 시국 수습책을 진지하게 논의한 결과 한국독립당을 재정리 재 확대하여 기본 정치토대를 확립하고 박두한 왜적의 만주침략전쟁에 대비할 군사준비를 하자는 데 의견의 일치를 보았다. …… 7월 한국독립당의 중흥을 위하여 동북만주 일대의 옛 신민부 진영과 새로 수습된 대소단체의 간부들이 寧安에서 대표자회의를 열었다.' 즉 조경한의 경우도 한국독립당이 표면조직인 군민의회와 함께 조직되었으며, 옛 신민부진영과 새로 수습된 대소단체들을 중심으로 조직되었다고 보고 있다. 趙擎韓, 『白岡回顧錄』, 종교단체협의회, 1985, 87~91쪽.

고인은 각 임원과 협의하여 군사부는 그것을 한국독립군이라 일컫고, 당원 중에서 二〇세 이상 四五세 이하의 보통학교 졸업 정도의 사람으로 우수한 분자를 선발하여 구성하기로 하고, 당이 목적하는 조선독립을 완성하기 위해서는 직접 행동을 취하기로 했다는데 어떤가.

답 그렇다. 군사부를 개칭하여 한국독립군이라 하고, 당의 목적 수행을 위하여 직접행동을 취할 방침을 결정한 것은 틀림없으나, 원래 독립군은 滿洲 각지에 거주하는 조선인에 대한 공산당원의 포학이 심했으므로 그것을 방위하기 위하여 군대를 모집했던 바, 그것이 三〇〇여 명에 달해서 더욱 그것을 확대하여 조선독립운동 실행을 담당하게 할 생각이었다.

문 독립군 편성 당시는 그 수효가 약 三〇〇명으로서 二개 중대, 六개 소대를 편성했다는데 그런가.

답 그렇다.[24]

문 이 한국독립군이라 함은 한국독립당의 군사부에 속하는 당원으로 조직한 것인가.

답 그렇다. 그러나 그 자격으로 연령 二〇세 이상 四五세 이하 보통학교 졸업이라고 정하고, 각각 지원 또는 자격자를 임명하는 것이다.

문 독립군은 언제 조직되었는가.

답 소화 五년 음력 一一월에 조직되었다.

문 그대가 그 군대의 참모장이 되어 있었는가.

답 그렇다.

문 조직 당시의 독립군의 인원수는 어떤가.

답 三〇〇명 정도 있었다. 그 군대는 一소대 五〇명으로 三개 소대가 一중대가 되어 二개 중대만 있었다.

---

24) 앞의, 京城地方法院刑事部, 「李圭彩 공판조서」, 1935년 2월 26일.

[문] 당시 독립당의 당원은 몇 명인가.

[답] 四○○명 정도 있었다.

[문] 이 한국독립군이라 함은 한국독립당의 목적인 조선독립을 위하여 직접 행동을 취하도록 조직된 것인가.

[답] 그렇다.[25]

한국독립당은 당을 결성하면서 당원 중 20세 이상 45세 이하의 보통학교 졸업 정도의 우수한 인력을 대상으로 한국독립군을 조직하였음을 알 수 있다. 또한 한국독립군은 조선의 독립을 위해 直接行動을 취하기 위한 조직으로, 1930년 11월 결성되었고 병력은 1개 소대에 50명씩 6개 소대, 2개 중대로 편성된 300명 정도의 규모였던 것으로 파악되고 있다.

吳光鮮은 한국독립당과 독립군의 결성과정에 대해 '白冶를 비롯하여 많은 선각자들이 일찍부터 黨軍을 조직하기 위해 노력하였다.' 이를 위해 '3부통합운동과 민족유일당 조직운동을 전개되었으나 성공하지 못하였다' 이후 '백야는 북만으로 돌아와 한족총연합회를 조직하고 몸소 당군제를 건설할 생각으로 준비를 진행하였으며 '한국독립당과 독립군은 백야가 조직한 한족총연합회를 기반으로 조직되었던 것이다.'라고도 하였다.[26]

이규채는 신문조서에서는 한국독립당이 '葦沙縣 성내의 조선인 崔某의 집에서 창립대회가 열렸으며, 나도 참석했다'고 하였다. 이밖에 각 지방에서 100명이 참석했는데 준비위원 이외에 葦沙縣 대표 姜百瑞,

---

25) 앞의, 京城地方法院檢事局, 「李圭彩 신문조서(제二회)」, 1935년 1월 31일.

26) 金俊燁 · 金昌順, 『韓國共産主義運動史』 4, 1986, 201쪽.

濱州縣 대표 崔鍾元, 阿城 대표 李應民, 寧安縣 대표 閔武, 延壽縣 대표 朴世晃 등이 참석했다고 하여, 한국독립당이 북만 여러 곳의 지역적 기반을 바탕으로 결성되었음을 보여주고 있다.

이규채는 창립대회에서 있었던 토의사항에 대해서도 다음과 같이 밝히고 있다.

> **문 대회에서 어떤 것을 토의하고 결정했는가.**
>
> 답 대회에서 사회자로 申肅을 선정하고, 임시서기로 閔武를 선정한 뒤에 선언으로
> 一, 백의동포는 소련공산당에 속지 말자.
> 一, 백의대중은 일치 협력하여 조국의 광복을 도모한다.
> 강령으로서
> 一, 조선의 정치독립
> 一, 조선의 경제독립
> 一, 조선의 문화독립을 제정하고,
> 이에 六대 강요로서
> 一, 입헌민주국으로 한다.
> 二, 토지와 대생산기관은 국유로 한다.
> 三, 신문화 학술을 수입한다.
> 四, 약소민족과 제휴한다.
> 五, 각지의 민족단체와 연합한다.
> 六, 국민의 교육은 의무적으로 한다 등을 결정한 뒤에
> 조직은 집행위원제로 하고,
> 부서로 정치부, 경제부, 문화부, 군사부, 선전부, 조직부를 설치하여 중앙기관으로 하고, 그 아래에 각지의 당부, 지부 반을 조직하여 각각 집행기관을 설치하여 운동하기로 결정했다.
> 그래서 중앙기관 이하의 지방부 집행기관의 조직은

一, 지방당부는 중앙기관과 마찬가지고 상무위원 六명을 둔다.
一, 지부에는 군사부만 두지 않고, 다른 五부를 두며 상무위원 五명을 선임한다.
一, 반에는 문화, 경제, 조직의 三부를 설치하고 상무위원 一명을 선임하여 각각 집행을 담당하는데, 중앙기관에는 집행위원 三〇명이고, 그 중 상무위원은 一二명으로 되어 있었다.[27]

위의 내용에서 보면 한국독립당의 창립대회는 신숙이 사회를 담당했으며, 민무가 임시 書記로 선출된 후 진행되었다. 회의에서는 먼저 '백의동포는 소련공산당에 속지 말 것과 일치 협력하여 조국광복을 도모할 것'을 선언함으로서 한국독립당이 공산주의에 반대하고 조국의 절대독립을 목표로 하는 민족진영의 조직임을 분명히 하였다. 6대 綱要에서는 입헌민주주의와 토지와 대생산기관의 국유화 및 의무교육의 실시 등을 주장함으로서 향후 건설될 독립국가의 면모를 대체로 사회민주주의적인 관점에서 제시하고 있었다.[28]

조직의 형태는 집행위원제로 하였으며, 정치부, 경제부, 문화부, 군사부, 선전부, 조직부를 두었고, 중앙조직과 지방 당부에는 각각 6명의 상무위원을 두기로 하였다.[29] 지방 당부 아래에는 지부가 있었는데[30]

---

27) 앞의, 京城地方法院檢事局, 「李圭彩 신문조서(제二회)」, 1935년 1월 31일.

28) 박환, 「만주에서의 항일무장투쟁과 池青天」, 『만주지역 한인민족운동의 재발견』, 국학자료원, 2014.

29) 金學奎, 「三十年來韓國革命運動在中國東北」, 『光復』 제1권 제3기, 1941. 5, 26쪽. (독립기념관 한국독립운동사연구소 영인본, 1987)에서는 총무, 조직, 군사, 선전, 경리, 감찰의 6부가 있었다고 되어 있다. 또한 앞의, 『白岡回顧錄』, 90쪽에는 총무부, 민정부, 군사부, 조직부, 훈련부, 선전부, 조사부 등 7개부서가 있는 것으로 되어 있다.

30) 앞의, 在上海日本總領事館警察部, 「이규채 청취서(제3회)」, 1934년 12월 8일.

군사부만 두지 않고 다른 5부를 두는 것으로 되어 있었으며, 지방조직의 말단에는 班을 두었다. 지부 이하에서는 비밀을 유지하기 위해 횡적 연락은 없고 상부와만 연락이 되었으며, 1932년 2월 정치부를 총무부로 변경하였다.[31]

한국독립당에서는 동지를 모집하여 조선의 혁명의식을 선전하고 당세를 확장하며, 군사훈련에 노력할 것을 강조하고 있었다.[32] 한국독립당은 결성 초기부터 항일무장투쟁을 보다 철저하게 준비하고자 했던 것으로 보인다.[33]

창립대회에서 한국독립당은 黨首[34]로 洪冕熙를 선출하고 정치부장

---

31) 지부 이하에는 三·三제로 하되, 비밀을 지키기 위하여 횡적 연락(곧 반과 반, 지부와 지부 등)은 없고, 상부와의 연락만으로 하되, 중앙 하부조직은 다음과 같다. (一) 각지 당부 조직은 중앙과 같고, 상무위원은 중앙은 一二명이나, 각지 당부에는 六명을 둔다. (二) 지부에는 군사부를 두지 않고, 다른 五부를 두고, 상무위원은 三명을 둔다. (三) 반은 三명 이상으로 조직하고, 부서는 문화, 경제, 조직의 三부만 두고, 상무위원은 一명으로 한다. 二, 부서(중앙)는 전회의 진술과 같은데, 그 뒤 소화 七년 二월에 정치부를 총무부로 변경한 뒤의 부서를 말하겠다. 앞의, 在上海日本總領事館警察部, 「이규채 청취서(제3회)」, 1934년 12월 8일.

32) 앞의, 京城地方法院檢事局, 「李圭彩 신문조서(제二회)」, 1935년 1월 31일에는 다음과 같이 되어 있다. '그 밖에 운동 방침으로 먼저 각지에서 동지를 많이 모집하여 조선의 혁명의식을 선전 주입하여 교양하고 조직해서 당세를 확대 강화하고, 군사적 훈련을 하여 교양하기로 결정한 뒤에 각자 담당 지방을 정하여 활동하기로 결정했다.

33) 한국독립당의 활동과 관련해서는 앞의, 『白岡回顧錄』, 91쪽에 다음과 같은 기록이 보이기도 한다.'(一) 당의 지부는 현지부·구지부로 三칭 체계를 둘 것. (二) 군은 黨軍으로 편성하되 전만주를 十五구로 나누어 신병을 모집하여 三개월씩 일기로 미리 훈련할 것. (三) 당원 및 청소년 훈련을 적극적으로 추진하여 적색의 오염을 방지 할 것. (四) 농민 성인에 대한 강습은 농한기나 추·동간 야간을 이용할 것.'

34) 앞의, 京城地方法院刑事部, 「李圭彩 공판조서」, 1935년 2월 26일에서는 '당수 겸 정치부장에 洪震, 군사부장에 李青天, 선전부장에 鄭信, 조직부장에 朴觀海, 경제부장에 崔塢, 문화부장에 申肅이 각각 선임되어 취임하고, 나는 정치부원 겸 군사부참모장이 되어 있었다'라고 하였다.

을 겸임하게 하였으며, 정치부위원에는 이규채, 경제부장 崔塢, 문화부장 申肅, 군사부장 李青天, 군사부 참모장 李圭彩, 선전부장 鄭信, 조직부장 朴觀海을 선출하였다. 이외에 각부 부장과 閔武, 李章寧, 崔岳 등 3인의 위원을 합하여 중앙상무위원회를 조직하였다.[35)]

각 지방을 담당한 인물도 정했는데 朴觀海·申肅이 阿城, 濱州지방을 담당했으며, 閔武·鄭信은 寧安, 李章寧은 五常, 舒蘭은 崔塢·朴世晃은 方正 李青天·李圭彩는 楡樹를 담당하였다. 결성 당시 한국독립당은 본부를 葦沙縣에 두었으나, 그 뒤 阿城縣 大石河로 옮겼으며, 1931년 1월 이후는 본부를 여러 곳으로 이동하는 형태였던 것으로 보인다.[36)]

이규채는 1930년 7월 同濱縣 黃家燒焗로 이주하여 당의 지방부 조직을 강화하고자 노력하였다. 中東線, 延壽, 洙河지방을 순회하면서 한인 농민들의 생활 상태를 시찰하는 한편, 이들에게 독립사상을 선전하는 일에 주력했던 것으로 나타나고 있다. 그는 '내가 활동한 결과' 당원 약 21명의 楡樹縣 東溝지부가 결성될 수 있었다고 하였다. 한국독립당은

35) 앞의, 「李圭彩 신문조서(제二회)」. 그런데 한국독립당의 임원과 관련해서는 앞의, 『抗日武裝獨立運動秘史』, 156~157쪽에서는 .중앙위원장에 홍진, 총무위원장에 신숙, 조직위원장에 남대관, 선전위원장에 안훈, 군사위원장에 지청천, 경리위원장에 최호, 감찰위원장에 이장녕 등이 임명되었다고 하고 있다. 또한 앞의, 『白岡回顧錄』, 90쪽에는 고문 呂準, 李鐸, 尹覺, 金東三, 金昌煥, 위원장 홍진, 부위원장 이진산, 황학수, 이장녕, 金奎植, 집행위원 홍진, 이진산, 황학수, 이장녕, 김규식, 지청천, 김동진, 정신, 조경한, 민무, 전성호, 公昌俊, 鄭藍田, 오광선, 김해강, 김청농, 申肅, 이규보, 李鵬海, 이관일, 김원식, 崔萬翠, 孫武英, 崔岳, 남대관, 尹×冑, 沈萬浩, 慶惠春, 朴明鎭, 총무부위원 정신, 이관일, 김동진, 민정부위원 전성호, 김해관, 이관일, 군사부위원 지청천, 오광선, 민무, 이붕해, 김청농, 최만취, 손무영, 조직부위원 신숙, 정남진, 공창준, 박관해, 훈련부위원 조경한, 최악, 呂運達, 선전부위원 조경한, 남대관, 김영호, 조사부위원 경혜춘, 심만호, 이규보.

36) 앞의, 京城地方法院刑事部, 「李圭彩 공판조서」, 1935년 2월 26일.

1930년 12월 말에 이르면 상당수의 지부를 두게 되었던 것으로 보이며, 申肅의 濱州縣지부, 鄭藍田의 五常縣 沙河子지부, 呂義準의 五常縣 太平川지부, 甲肅의 阿城縣 大石河지부, 洪冕熙의 珠河縣지부, 閔武의 寧安縣 山市지부가 대표적이었다. 그리고 본부가 있던 葦沙縣 지부의 長은 姜何栖였다.[37]

따라서 이상의 내용을 종합해 보면 한국독립당은 1920년대 말 북만지역에서 활동하던 반공주의적 경향의 민족주의자들에 의해서 결성되었던 것인다. 이들은 결성 초기부터 조직의 확장에 노력하는 한편, 강력한 항일무장투쟁을 염두에 두는 민족진영의 독립운동세력으로 성장해 가고 있었다고 하겠다.

Ⅲ. 한국독립군의 항일무장투쟁과 한중연합전선

1. 한중연합전선의 확대를 위한 노력

1931년 9월 18일 만주사변이 발발하자 한국독립군에서는 11월 2일 吉林省 大石河子에서 긴급 중앙회의를 개최하였다. 그리고 이 회의에서는 첫째, 各軍區에 총동원령 내려 軍事行動을 개시할 것, 둘째, 黨內 일체의 공작을 軍事方面에 집중할 것, 셋째, 吉林省 抗日軍事 당국에 특파원을 파견하여 韓中合作을 상의할 것 등을 결정하였다.[38] 11월 10일

37) 앞의, 京畿道警察部, 「李圭彩 신문조서(제三회)」, 1935년 1월 21일. 東溝지부는 1930년 11월 중순경에 東溝의 조선인 사립학교 내에서 조직되었으며, 지부장 公心淵, 선전부 金碧波, 정치부 成世榮, 경제부 金東坡, 조직부 金碧波(겸임)였던 것으로 보인다.

에는 각 군구에 총동원령을 내려 장병의 召集과 徵募활동을 전개하였으며,[39] 이때 黨에서는 군사위원장 지청천을 총사령으로 한국독립군의 편제를 강화하였다.[40]

한국독립군은 독립군의 모집을 위해 징집구역을 크게 密山, 虎林, 東寧, 汪淸, 穆陵, 寧安, 撫松, 和龍, 琿春, 延白, 額穆, 吉林, 五常, 舒蘭, 阿城, 雙城, 敦化로 나누고, 각 현에 이응서 · 王德三 · 許敬三 · 전성호 · 申良植 · 조경한 · 오광선 · 權得守 · 심만호 · 정남전 · 오종걸 · 김학유 등을 책임징집위원으로 파견하였다.[41] 새로 모집한 장정들은 '3 · 3제'로 30명을 1소대로, 3소대를 1개중대, 3중대를 1개 대대로 하는 편성이었다.[42]

한국독립군은 한중연합전선의 확대에 주력하였다. 중국군으로부터 한인들을 보호하기 위한 방편의 하나로서도 연합전선은 필요한 것이었다. 만주사변 이후 재만 한인들은 일제의 부당한 침탈과 중국군의 박해라는 이중의 곤경에 직면하고 있었다. 따라서 한국독립군과 중국군과의 연합은 효과적인 항일무장투쟁의 전개 뿐만 아니라, 한인사회의

---

38) 一靑, 「九一八後韓國獨立軍在東北殺敵將史」, 韓國光復軍司令部編, 『光復』 제2권 제1기, 53쪽. 蔡根植, 앞의 책, 157쪽.

39) 앞의, 『光復』 제2권 제1기, 53쪽.

40) 앞의, 『독립운동사』 5, 599쪽. 당시 한국독립군의 조직은 총사령관 李靑天, 부사령장관 南大觀, 참모장 申肅, 재무겸 외교관 安也山, 의용군훈련대장 李光雲, 의용군중대장 吳光鮮, 암살대장 李出正, 의용군소대장 李春正, 별동대장 韓光彬, 헌병대대장, 裵成雲, 통신부대 겸 검사역 申元均, 구국군원호회회장 權秀貞, 서기장 洪萬湖(洪震), 선전대 겸 결사대장 沈重根 등이었다. 그런데 『白岡回顧錄』, 95~96에서는 총사령 지청천, 참모장 이장녕(후임 신숙), 정훈대표 조경한, 참모 신숙 · 조경한 · 김상덕(후임), 부관 최만취 · 이규보 · 전성호, 영군인물 이응서 · 오광선 · 최악 · 최해룡 · 차철 · 지상기 · 손무영 · 尹X冑 · 仝北濱 · 安鍾鳴 등 150여인 이었다고 한다.

41) 앞의, 『光復』 제2권 제1기, 53쪽.

42) 앞의, 『白岡回顧錄』, 96쪽.

안정이라는 측면에서도 효과적인 수단의 하나였던 것이다.

'중국 군인들은 각지의 조선인 농촌마을에 들어와 너희들은 일본에 속하는 소 일본이라고 하며, 무단히 학살·강간·약탈을 가하여 한인 농민들은 生死의 線이에 이르러 살 수 없는 지경'이었다고 한다.[43] 이에 鐵嶺지방에서는 중국군대가 한인을 학살하고 부녀자를 능욕하며, 한인가옥에 불을 질러 한인들은 철도연선지역 안으로 피신하기도 했다.[44]

한국독립군은 만주사변 이후 전략적으로 한중연합전선의 결성을 위해 노력할 수밖에 없었다. 사변을 도발한 일제는 길림성정부에 대해 한인 독립운동세력에 대한 공동수색을 요구하였으며, 이에 따라 한국독립당 당원들은 길림성정부로부터 護照를 발급받아 피신해야 하는 상황이었다.[45] 또한 한국독립군은 密山지역의 경우 吳相世를 제2대장으로 임명하고 영안현 동쪽지방에서의 활동을 지휘하도록 했으나 무장하지 못한 병사가 많아 일본군에게 대항하지 못하고, 서로 쳐다만 보고 통곡하며 후퇴할 수밖에 없었다고 한다.[46] 조경한의 경우도 그 회고록에서 만주사변의 발발과 한중연합전선의 형성이 독립군 항일투쟁에 매우 유리한 형국이 될 것이라고 판단하고 있었던 것으로 보인다.[47]

---

43) 앞의, 京畿道警察部, 「李圭彩 신문조서(제三회)」, 1935년 1월 21일.

44) 譚譯·王驅·邵宇春, 「9·18事變後 東北義勇軍과 韓國獨立軍의 聯合抗日述約」, 『국사관논총』 44, 1993.

45) 「韓國獨立軍與中國義勇軍」, 『中華雜紙』 제1권 제4기(1934.4.15), 丁慧芝·胡淑英·李秉剛 編, 『東北抗日義勇軍史料匯編: 吉林分册』 157쪽. 앞의, 「在滿 韓國獨立黨과 韓國獨立軍의 中國關內地域 移動」, 770쪽 재인용. 이하 『吉林分册』과 관련된 내용은 한상도의 논문에서 재인용하였다.

46) 앞의, 『吉林分册』, 321쪽.

47) 앞의, 『白岡回顧錄』, 94쪽. 실제로 조경한은 만주사변에 대해 다음과 같이 인식하

한중연합전선의 결성이 현안으로 대두되자 한국독립당에서는 1931년 11월 12일 신숙과 남대관을 중국 護路軍聯合軍摠部에 파견하였으며, 양측의 협의는 비교적 순조롭게 이루어졌다.

> 11월 12일 한국독립당은 당·군 대표로 신숙 남대관을 길림자위군과 호로군연합군 총부에 파견하였다. 이들은 이달말 목적지에 도착하여 길림자위군 사령관 정초 및 제2·3군장 楊文揮와 考鳳林을 만나 상의했는데 그 형세가 심히 흡족하였다. 이 소식을 듣고 지청천이 최악·오광선·심만호·金青濃·崔寬用·崔鐘元 등과 함께 친히 그곳으로 가서 한중연합의 구체적인 조건을 논의 결정하였다. 그 중요 내용은 (一) 韓中兩軍은 어떤 열악한 환경을 막론하고 함께 長期抗戰할 것을 서약한다. (一) 中東鐵路를 경계로 하여 서부전선은 중국군이 맡고, 동부전선은 한국독립군이 담당한다. (一) 韓中兩軍의 戰時 후방교련은 한국독립군의 장교가 담당하고, 한국독립군의 소요일체(보급)자료 중국군이 보급한다.[48]

한중 양군은 장기항전에 임할 것을 약속하는 한편, 한국독립군은 중동철도를 경계로 동부지역에서 독자적인 군사행동을 전개하였다. 또한 전시 후방교련은 한국독립군 장교가 담당하고, 군사행동에 필요한 원조는 중국군이 담당하는 것에 합의했음을 알 수 있다.

한국독립당에서는 賓縣政府에 權守貞을 교섭원으로 파견하여 主席

고 있었다고 한다. '왜적의 이번 발동은 다만 만주의 침략에만 그치지 않고 장차 山海關 이내 중국 대륙과 기타 지역까지 침략할 것이고 이 결과는 반드시 세계대전을 유치하고야 말 것이다. 그렇게 되면 우리 한국독립의 계기는 여기서 싹트게 마련이다. 왜냐하면 이제부터는 만주바닥의 항일부대와 공동작전을 펴서 무기·탄약 등 일체 보급을 얻을 수 있을 것이며'라고 하였다.

48) 앞의, 『光復』 제2권 제1기, 53쪽.

인 誠允과의 논의를 통해 공동전선을 꾀하고자 하였다. 권수정은 성윤에게 무기와 군자금의 지원 및 한국독립군의 독자성을 인정해 줄 것을 요청하였다.[49] 이후 한국독립군은 1932년 1월에는 길림성 아성현 大石河에서 임시대회를 개최하였는데 한국독립당의 임원을 개편[50]하고 군사위원장 지청천에게 소집령을 발동하게 하였다.[51]

만주사변이 발발 이후 한국독립군은 민족진영 내부의 연합전선도 시도하였다. 1931년 10월 18일 한족연합회의 남대관과 권수정, 한족자치연합회 군사위원 지청천, 그리고 국민부의 李東善 등이 주축이 된 가운데 한족연합회·한족농무연합회·국민부·조선혁명당의 대표 30여명이 石道河子에서 시국회의를 개최하고 다음과 같은 내용을 결의하였다.

---

49) 박환, 「재만한국독립당에 대한 일고찰」, 『韓國史硏究』 제59호, 1987, 151~152쪽. 권수정은 길림성정부를 위한 한공산주의자에 대한 검거활동을 했는데 당시 자신의 직접 상관이었던 王啓(吉林 軍法處 科長)을 통해 許允과 교섭하였다. 대체로 한국독립당에서는 1. 한국독립당군에게 소총 1천정과 기타의 군수품을 공급할 것. 2. 군인징집 동원비 1만 5천元을 지출할 것. 3. 조선인 군대를 중국군대와 독립해서 편성할 것을 요구하였다. 그러나 권수정의 이 제안은 허윤이 소개한 阿城 주둔 馮占海가 무기와 자금을 지원하기로 했으나 약속이 지켜지지 않아 성사되지 못하였다. 그런데 이때 한국독립군의 지청천은 李鐸·李範奭 등과 함께 중한 軍事委員會를 조직하고 의용군의 모집을 위해 노력했는데 권수정과 남대관은 영안으로, 지청천은 오상현으로, 신숙은 아성에서 沈萬浩, 崔寬用은 楡樹에서, 尹必漢은 빈현에서 선전문을 배포하고 募兵에 주력했던 것으로 보인다. 『外事警察報』 124, 1932년 11월, 76쪽.

50) 당시 개편된 임원 명단은 다음과 같다. 독립당 수령 洪冕熙, 총무위원장 李圭彩, 위원 李靑天, 위원 申肅, 위원 韓東根, 위원 崔岳, 위원 鄭藍田, 총무비서 安一淸, 군사위원장 겸 독립군 총사령 李靑天, 위원 黃鶴秀, 위원 金尙德, 위원 申肅, 재정부위원장 崔塢, 문화부위원장 申肅, 선전부위원장 鄭信, 조직부위원장 朴觀海 등이었다고 한다. 앞의, 京畿道警察部, 「李圭彩 신문조서(제三회)」, 1935년 1월 21일.

51) 앞의, 在上海日本總領事館京察部, 「이규채 청취서」, 1934년 11월 8일.

1. 한족연합회 · 국민부 · 한족농무연합회 · 조선혁명당 등이 연합하여 在滿韓僑總聯合會를 조직하고, 동회 내에 연합선전부 및 연합 總軍部를 설치할 것.
1. 연합선전부는 재만 조선인 민족파의 대동단결에 의한 대내 선전을 위하여, 연합총군부는 4개 단체의 군사파를 연합하여 이를 기초로 東淸沿線을 중심으로 하여 군대를 양성하여 중국군대와 공동전선을 펴 일본군에게 적대행동을 취한다.
1. 연합 총군부는 전 길림 변방 부사령 王군법 과장 배하의 육군장교의 지휘를 받을 것.
1. 연합선전부 및 연합총군부의 비용은 중국측 군부의 원조 및 북만 지방 재류 조선인 부호 등의 의연금에 의하여 지출할 것.
1. 무장 및 피복은 앞의 중국 육군으로부터 지급 받을 것.[52]

이 내용에서 보면 만주사변이 발발하자 민족진영의 중요 인사들은 시국회의를 개최하고 항일무장투쟁을 위해 연합전선을 형성하는 문제에 대해 논의하였음을 확인할 수 있다. 이들은 재만한교총연합회를 조직하고 그 아래 선전부 및 總軍部를 설치하는데 동의함으로써 연합의 목적이 적극적인 항일투쟁에 있음을 분명히 하였다.

또한 東淸鐵道 沿線을 중심으로 군대를 양성하여 중국군대와 함께 대일항전을 전개할 것과 연합총군부는 전 길림 변방 부사령관 왕군법 과장의 지휘를 받는 한편, 중국군으로부터 자금과 무기와 피복을 지원받아 항일무장투쟁을 강화할 것 등을 결의했던 것으로 나타나고 있다.[53]

52) 앞의, 『독립운동사자료집』 10, 610~611쪽.

53) 앞의, 『독립운동사자료집』 10, 600~611쪽. 당시 권수정과 남대관은 간도봉기 이후 중국당국이 공산주의자들의 검거를 위해 민족주의자를 이용하려는 방침을 군

한국독당에서는 1932년 2월경에도 민족진영의 단결을 위해 노력했던 것으로 보이며, 이는 국내언론에 보도되기도 하였다.

> 근번 만주사변으로 인하야과거 남만 각지에 근거를 두고 조선○○을 목적으로 활동하던 ○○주의 단체에서는 대 타격을 밧고 다시 북만으로 옮겨 중동선 일대에 근거를 두고 재래 북만에 잇든 ○○단체와 악수하고 중동선 모처에서 3연합회의(國民府·歸一黨·大獨立黨)를 개최하고 재래의 반목 암투하든 오해를 풀고 피차 협력하야 운동의 발전을 도모하였다는데 앞으로 이 시국의 분요한 틈을 타서 모종의 대대적인 계획을 세우고 방금 대 활동 중이라 한다.(하얼빈)[54]

위의 내용은 국내 언론의 보도라는 점에서 정확한 사실관계를 확인하는 것은 어렵지만, 한국독립당(대독립당)[55]에서는 국민부와 대종교인으로 조직된 종교적 색채를 띤 독립당과의 연합을 시도했던 것으로 보인다.[56]

한국독립군 대규모 병력이 한곳에 집결할 수 없었기 때문에 寧安縣 동쪽(嶺東)과 서쪽(嶺西)으로 나누어 활동하고 있었다.[57] 따라서 부대 편제는 단위부대의 체제를 유지하면서 필요에 따라 중국군과의 연합

히자 돈화주둔 중국 육군 제7단장 王樹棠의 휘하에서 근무하고 있었다. 그리고 이러한 계획 하에 饒河·虎林·密山·동녕·안영 등지에서 군사부원 모집에 착수하였으나 이 계획은 일본군이 길림을 점령하면서 무산되었던 것으로 보인다.

54) 「中東線 일대 각 단체 모종계획을 수립, 3단체 연합회의를 개최하고 北滿 각지 ○○團 활동」, 『조선일보』, 1932. 1. 19.

55) 지복영, 『역사의 수레를 끌고 밀며』, 문학과 지성사, 1995, 213쪽.

56) 國史編纂委員會 編, 『獨立運動史』 5, 探求堂, 1968, 714쪽.

57) 앞의, 『吉林分冊』, 321쪽.

작전을 전개하고 있었던 것으로 보인다. 이러한 정황은 다음과 같은 기록에서도 유추가 가능할 것이다.

> 불령단은 그 후도 이합집산을 반복하면서 도처에 준동을 계속하고 있던바, 2월 하순에 한국 독립군에 지청천 일파와 홍진 일파와의 사이에 내분이 일어나 지청천 파는 丁超의 군대에 편입되어 한국독립연대라고 하고, 三姓·富錦 방면에 횡행하며 홍진 일파는 劉萬魁의 救國軍에 가담하여 영안현 방면으로 집결하였다.[58]

일제는 한국독립군의 지청천과 홍진이 내분을 일으켜 각각 정초와 유만괴의 구국군에 가입한 것으로 파악하고 있다. 그러나 이는 악의적인 선전이라고 할 것이다. 그리고 일제는 지청천의 부대가 정초의 군대 내에서 '한국독립연대'로 편성되어 있었던 것으로 파악하고 있었는데 이는 만주사변 이후 한국독립군은 지역별로 분산되어 각각의 단위부대로서 일정하게 독자성을 견지하면서 활동했던 일면을 보여주는 것이라고 하겠다.

2. 항일무장투쟁의 전개와 대전자령전투

1932년 1월 일본군은 치치하얼과 錦州를 공략하는 한편, 대규모 병력을 동원하여 하얼빈을 공격하였다. 이에 맞서 李杜, 丁超, 馮占海 등의 중국군은 일제히 집결하여 격전을 통해 적을 격퇴하였다. 이들은 원래 만주지역의 지방군출신이었기 때문에 誠允이 지도하는 항일 길림성

58) 앞의, 『독립운동사자료집』 10, 612쪽

정부에 가담할 것을 선언하고 1월 31일 길림자위군의 결성을 선포하였다. 이 항일부대는 근 1년 동안 만주국군 및 일본군과 맞서 싸웠다.[59)]

1932년 1월 한국독립군도 길림자위군의 謝復成부대와의 연합하여 항일투쟁을 전개해하였다. 五常縣과 舒蘭縣 일대에서 조경한과 權五鎭이 주축이 되어 모집한 한국독립군 1개대대 병력은 본부가 있는 方正縣으로 이동하던 중 謝復成부대를 만났으며, 무장지원을 받아 '韓國獨立軍遊擊獨立旅團'의 명칭으로 공동작전을 수행하였다.

한국독립군은 舒蘭縣城 전투에 참가했는데 1월 29일 밤 성 주변에 병력을 분산 배치한 양군은 일본군 1개 분대와 길림군 1개 중대가 지키는 서란현성을 포위한 후 자위군이 성의 동·서·남쪽의 3방향에서 공격을 가하고 한국독립군의 성의 북문 밖에 매복했다가 후퇴하는 적을 섬멸하기로 약속하였다. 적전은 성공을 거두었으며, 한중 양군은 상당한 전과를 거두었다.

한중 양군은 1932년 2월초 한·중 양군은200여명의 길림군이 주둔하고 있던 액목현성을 별다른 저항 없이 점령하였으며, 약 50일간 머물면서 전열을 정비한 후 3월 말경 중동철도 연선을 따라 북상하였다. 그러나 한중 양군은 일면파 방면의 太平川 拉鳳山 계곡에서 적 1개 대대와 교전하던 중 공군의 지원을 받으며, 대규모 지원병을 동원하여 공격해 오는 적을 당해낼 수 없어 퇴각하였다. 이후 謝復成부대는 사기가 크게 떨어져 東滿으로 이동하였으며, 한국독립군유격독립여단은 이들과 결별하고 총사령부가 있는 正方縣으로 향하였다.[60)]

---

59) 장세윤, 『중국동북지역 민족운동과 한국현대사』 명지사, 2005, 251쪽.

60) 앞의, 『白岡回顧錄』, 105~109쪽, 참조.

지청천의 한국독립군은 1932년 1월 大石河에서 개최된 임시대회 이후 延樹縣에서 길림자위군의 王之維와 연합하여 무장투쟁을 전개했던 것으로 나타나고 있다.

> 임시대회에서 중국군과 합작하기로 결의한 뒤, 독립군 총사령 李青天은 각 지방에 산재해 있는 재래의 독립군을 소집한 결과 인원 六○명에 달했으므로 그것을 우선 一대로 조직 편성하여 吉林省 자위군 王之維가 인솔하는 약 一○만군과 연합하여 전투하여 黑龍江으로 향하여 퇴각하는 도중에 중국군의 王之維는 귀화하고, 잔병 약 五만군과 함께 黑龍江까지 가서는 할 수 없이 日·滿군의 토벌을 받아서 승산 없이 패산하여, 소화 七년 八월에 阿城으로 李青天은 약 四○○여명의 독립군을 인솔하고 되돌아왔다.[61]

지청천은 임시대회 이후 각 지방에 산재한 60명 정도의 병력을 이끌고 길림자위군의 왕지유가 이끄는 10만의 대부대와 연합하여 흑룡강까지 진출, 항일전을 전개하였다. 그러나 왕지유가 변절하고 일·만군의 공격을 받아 상황이 어렵게 되자 중국군 패잔병 5만과 함께 퇴각하였다.

그런데 이때 지청천은 전투에서 패해 아성현으로 돌아오는 어려운 과정에서도 400명의 독립군 병력을 모집해 온 것으로 나타나고 있다. 그런데 지청천의 이 같은 노력은 그가 한국독립군 총사령으로서 갖고 있던 독립운동에 대한 의지와 지도력의 일면을 보여주는 것이라고 하겠다.[62] 일제는 한국독립군의 활동이 활발해지자 지청천, 오광선, 김

---

61) 앞의, 京畿道警察部, 「李圭彩 신문조서(제三회)」, 1935년 1월 21일.
62) 앞의, 京城地方法院檢事局, 「이규채 신문조서」, 1935년 1월 31일.

창환, 이규채 등에 대해 현상금을 내걸고 이들을 체포하고자 했던 것으로 보인다.[63)]

1932년 5월 초순 경 이규채는 安海崗고 함께 阿城에 있는 吉林自衛聯合軍 총지휘관 楊耀鈞[64)]을 방문하여 길림자위연합군 제3군(軍長 考鳳林)과의 연합을 성시시켰다.

> 七년 五월 중순경에 李青天이 黑龍江省에서 돌아오기 전인데, 대대장 吳光善은 黑龍江省에서 먼저 돌아왔으므로 吳光善과 부사령 金昌煥을 불러서 잔류하여 독립군을 소집하라고 명했던 바, 군인 약 六○명을 모집해 왔으므로 제三군 내의 한국군인 부대를 편성했다. 우선 李青天이 귀환할 때까지 훈련을 하고 있었다. 그리고 阿城을 지키고 있었다. 그런데 동년 八월 一일경에 李青天이 黑龍江省에서 약 四○○여명을 인솔하여 귀환했으므로 그것과 함께 편성하여 제三군과 연합하여 阿城을 방비하는 임무를 맡고 있었다.[65)]

---

63) 한국독립군의 활약상을 뒷받침하는 중국측의 기록에 의하면 "漢奸 吳省三 무리가 일본군에 공로를 세우기 위해 지청천, 이규채, 김창환, 오광선 등에 대해 현상금을 내걸었고", 하얼빈 『濱江日報』는 匪首 지청천이 이끄는 400여명이 쌍성을 공격 파괴하였다고 보도하였다. 앞의, 『吉林分册』, 318쪽. 또한 조경한은 "일본군 사이에는 지청천에게 현상금 60만원을 내걸고 만주 광야를 휩쓰는 우리 독립군 군사위원장이며, 총사령인 그를 체포하는데 혈안이 되어 있었다"고 하였다. 조경한, 「지청천 장군과 광복군(하)」, 『세대』 1970년 11월호, 299쪽.

64) 楊耀鈞은 중국 육군 중장이며, 연합군은 3군으로 조직되어 있었으며, 병력은 10만이었다고 한다. 앞의, 京城地方法院檢事局, 「이규채 신문조서」, 1935년 1월 31일

65) 앞의, 京畿道警察部, 「李圭彩 신문조서(제三회)」, 1935년 1월 21일. 당시 이규채는 제3군의 중교참모로 활동하였고, 제3군의 군장은 考鳳林이었다. 길림자위연합군의 경우는 총지휘 楊耀鈞, 제一군장 孫慶林, 부하 三만명, 제二군장 李福亭, 부하 약 四만명, 제三군장 考鳳林, 부하 약 一만 수 천 명. 또한 당시 한국독립군의 병력은 500명 정도였다고 한다.

위의 내용에서 보면 양측의 연합은 지청천이 흑룡강성에서 돌아오기 전 성사되었으며, 한국독립군은 부사령 김창환과 흑룡강성에서 먼저 돌아온 대대장 오광선이 소집한 60명의 대원으로 제3군내에 한국부대를 편성하여 지청천이 귀환할 때까지 훈련하고 있었다. 그리고 지청천이 흑룡강성에서 400명의 대원을 인솔하고 귀환하자 제3군(軍長－考鳳林)과 연합하여 阿城을 지키는 임무를 담당하였다.

吉林自衛軍中路聯合軍 第三軍 獨立營으로[66] 편제된 한국독립군의 조직은 총사령 李青天, 부사령 金昌煥, 참모 李圭彩·申肅, 회계 韓東根, 대대장 吳光善, 중대장 崔岳, 중대장 安海崗, 중대장 崔寬容, 소대장 車轍, 소대장 尹必韓, 소대장 李艮, 소대장 公興國, 소대장 朴泳默, 대대부관 安圭元, 군수처장 韓阿江, 군수정 沈萬湖, 수종원 崔晩翠, 영장 吳光善, 영부관 李鳳林(중국인), 영부관 安一淸 등이었다.[67]

---

66) 한상도, 앞의 논문, 771쪽.

67) 앞의, 京畿道警察部, 「李圭彩 신문조서(제三회)」, 1935년 1월 21일. 이밖에 임원들에 대해서는 다음과 같은 보다 자세한 기록이 나타나기도 한다. 독립당 수령 洪震, 洪晩湖 곧 洪冕熙 그는 京城 車洞 출신으로 당 五九세, 작년 八월에 남하하여 현재는 南京의 琦變의 집에 있음. 총무위원장 李宇精 곧 李圭彩, 총무위원 李青天 곧 池大亨, 京城府 內 資洞 一二八번지 당 四七세, 객년 九월에 남하하여 洛陽군관학교로 가서 금년 七월경에 漢口로 갔음, 총무위원 申淑, 申肅 곧 申泰痴, 京畿道 加平 출신, 당 五二세, 작년 四월에 上海에 왔다가 현재는 北平西直門 밖에 가족 五인과 함께 농업에 종사 중임, 총무위원 韓荷江 곧 韓東根 平安北道 江界 출신, 당 五一세, 현재 하얼빈 道裡外國街 三五호, 조선상회 주인임, 총무위원 崔岳 곧 崔圓舟, 본적 咸南 甲山郡 이하 미상, 당 三七세, 그 후 소식 불명임. 총무위원 鄭藍田 곧 鄭騫, 咸南 甲山郡 출신, 당 四二세, 滿洲 이하 불명임. 총무비서 安一淸 곧 安圭元, 忠南 論山郡 출신, 당 三五세, 작년 一二월에 남하하여 江蘇省拓林 朴南波의 집에 거주 중임. 군사위원장 겸 독립군 총사령, 李青天 곧 池大亨, 군사위원 黃夢手 곧 黃鶴秀, 忠淸道 출신, 당 五五세, 현재도 滿洲에 있음, 군사위원 金永珠, 金瀛洲 곧 金尙德 慶北 安東郡 출신, 당 四二세, 작년 四월에 남하하여 현재는 南京에 거주하나, 주소는 비밀로 하고 있음. 군사위원 申淑, 申肅 곧 申泰痴, 재정부 위원장, 崔塢 곧 崔松塢, 平壤 출

그런데 이규채는 60명정도의 한국독립군이 10만명에 이르는 길림연합자위군과 합작할 수 있었던 것에 대해 '중국 군인은 무식한 사람뿐으로 상관은 나쁜 일을 하지 않지만 병사들이 멋대로 하는 반면, 조선인은 모두 상당한 학문도 있고 소행도 좋기 때문에 반갑게 환영'해 주었기 때문이라고 하였다.68)

雙城縣을 제一회 습격하고 귀환했을 때에 회의를 열었었다. 그 회의는 전후책을 강구하기 위한 독립군 장교회의도 되고, 독립군 간부회의도 되는 것인데, 거기에서 총사령 李青天은 아직도 계속해서 額穆縣 중심으로 자위군의 王德林 軍이 있으니, 계속해서 그들과 연합하여 싸우자고 주장했고, 나는 지금은 독립당에서는 그런 행동을 했기 때문에 자위군에서도 양해하고 조선인 동포에는 위해를 가하지 않아서 조선인 농부는 모두 수확을 끝내고 식량을 수습하여 피난했기 때문에 생활에는 도움이 되었고, 또 정세를 보더라도 日·滿軍과 싸워도 승산이 없고 참패할 것이 틀림없으니, 그것을 중지하고 중국본토로 들어가서 적극적으로 운동을 하자고 주장했다. 李青天 등 장교들은 참패로 끝날 때까지 반항하여 싸우자고 주장하므로, 그러면 나는 먼저 중국 본토로 가서 자금을 조달해 보낼 것이니

신, 당 五三세, 그 뒤 귀화했다고 들었는데, 현재도 滿洲에 있을 것임. 문화부 위원장, 申淑, 申肅 곧 申泰痴, 선전부 위원장, 崔一愚 곧 崔信, 咸鏡道 사람, 소화 六년 사망했음. 조직부 위원장 朴觀海 곧 朴性俊, 忠淸道 출신, 당 五一세쯤, 현재 하얼빈에 있고, 귀화자임. 앞의, 在上海日本總領事館警察部, 「이규채 청취서(제3회)」, 1934년 12월 8일.

68) 앞의, 京城地方法院檢事局, 「이규채 신문조서」, 1935년 1월 31일. 실제로 한국독립군은 전투에 참가하여 민첩하게 행동하고 1명이 100명을 당해내지 않은 이가 없었다. 대오는 훈련을 받음에 있어 흐트러지지 않았고 사병들은 손에서 책을 놓지 않아 중국인들이 모두 칭찬하였다고 한다. 앞의 『吉林分册』 313쪽. 한상도, 앞의 논문, 772쪽 재인용.

끝까지 싸우다가 패배하거든 본토로 도피해 오라고 약속하고 결정 했던 것이다.[69]

위의 내용은 제1차 쌍성보전투가 끝나고 난 후에 개최된 한국독립당과 군의 간부연석회의에 대한 이규채의 증언이다. 이를 통해서 보면 당시 한국독립군 내부에서는 중국 관내로의 이동 문제가 논의되고 있었다. 즉 총사령 지청천은 액목현을 중심으로 활동하고 있는 王德林과 연합하여 계속해서 항전할 것을 주장한 반면, 이규채 등은 한인들의 안정과 생계대책이 중요하며, 만주에서의 항일무장투쟁이 더 이상 승산이 없음으로 중국관내로 들어가 투쟁할 것을 주장했던 것으로 보인다.

의견이 양분되자 회의에서는 이규채를 선발대로 관내에 파견하여 자금을 조달하게 하고 나머지 병력은 현지에 남아서 끝까지 투쟁하다 패하면 관내로 이동할 것을 약속했던 것으로 보인다.

이후 한국독립군 400여명의 병력은 8월 15일에 전개되었던 쌍성보 제1차 전투에서 승리하였다. 그리고 그 여세를 몰아 9월 하순에 다시 雙城堡 제2차 전투를 전개하였으나 이 전투에서는 일본 공군기의 폭격으로 피해를 입고 同賓縣으로 퇴각하였다.[70] 뿐만 아니라 10월에는 일

---

69) 앞의, 京畿道警察部, 「李圭彩 신문조서(제三회)」,

70) 쌍성보전투에 대해 이규채는 다음과 같이 진술하고 있다. (1) "1932년-필자(소화 七년) 八월 一일경 李靑天이 부하 三○○여명을 거느리고 阿城으로 와서, 먼저 阿城에 있던 독립군과 합하여 四·五○○명이 되어 전술한 부서를 결정한 뒤에 음력 八월 一五일에 제三군으로 雙城縣 성내를 습격하여 다수의 금품 및 그 곳 군경의 총기, 탄약을 강탈하고, 그 곳 商務會 회장 車軾分을 표면상 인질로 납치하여 돌려보내는 보상금으로 다량의 의복, 식량을 받았다. 그런데 그것에는 이유가 있는데, 위 車軾分을 표면상 납치한 것은 본인이 자진해서 제三군에 추종한 것으로 사실은 납치한 것은 아니다. 그것이 중국인의 성격으로 표면상으로는 납치로 가장하고, 사실은 스스로 지원하여 항일하는 것이었다. 그것은 일본의 滿洲에 대한 정책상에도

본군의 대공세를 견디지 못한 고봉림이 투항하고 휘하 부대가 흩어지게 되자 한국독립군은 이들과 결별하고 새로운 항일투쟁의 전략을 모색하야 하는 상황이 되었다.[71]

이에 한국독립군은 10월 23일 군사회의를 개최하고 심만호, 孔震遠, 姜鎭海, 馬蒼仁을 동녕현의 中國國民救國軍에 파견하여 합작문제를 협의토록 하였으며, 이 이듬해 1월 중국 구국군 보병 제8연 23단(團長 柴世榮)과 연합한 中韓聯合討日軍을 편성할 수 있었다.

중한토일연합군은 (一) 安圖·撫松縣을 군사 제1근거지, 饒河·虎林·寶淸·密山을 제2근거지로 삼아 屯田을 설치한다. 사병을 모집하여 단기군사교육을 실시한다. (一) 선전대원을 편성 선전조직을 전담하여 鄕曲을 순회하여 討日聯合軍을 조직한다. 전단 및 신문잡지를 간행, 민중을 고무 격려시킨다. (一) 사방에 복병을 출몰시켜, 각지에 적기관을 습격 군수품을 탈취한다. (一) 실력을 축적 양성하여 때가 오기를 기다린다. 그런 다음 대부대로서 중동로 일대를 먼저 점령하고 서쪽을 석권한다는 계획을 수립하였다.[72]

전력을 보강한 한국독립군은 1933년 2월 중순부터 7월 중순 사이에

가장 주의해야 할 것이라고 생각한다" (2) 금년 음력 九월 하순에 위 합류군은 두번째로 雙城縣을 습격하여 일본군과 교전하게 되어, 다음날 아침에 일본군 비행기의 폭격을 받고 퇴각하여 同賓縣으로 피했었다. 앞의, 在上海日本總領事館警察部, 「이규채 청취서(제3회)」, 1934년 12월 8일.

71) 앞의, 『중국동북지역 민족운동과 한국현대사』, 252쪽. 한국독립군은 함께 활동했던 고봉림 부대가 "정예분자는 모두 깊은 산속으로 숨어들고 나머지 무리들은 투항하여 내년 4월 풀이 돋을 때 일제히 합응하여 재기할 것을 결의"함에 따라 한국독립군은 이들과 결별하였다고 한다. 앞의, 「在滿 韓國獨立黨과 韓國獨立軍의 中國關內地域 移動」, 772쪽.

72) 한상도, 앞의 논문, 773쪽.

경박호전투, 사도하자전투, 동경성전투 및 대전자령전투를 전개하였다. 이밖에 이규채의 증언에 따르면 한국독립군은 1933년 1월부터 5월 사이에 자위단이나 일본군과의 소규모전투도 지속적으로 수행했던 것으로 보인다.

> 독립당 및 독립군의 활동 상황을 말하겠다. 1933년－필자 (소화 八년) 一월경에 나는 참전하지는 않았지만, 독립군은 救國軍 사령 柴世榮의 병사 약 二○○명과 합류하여 곧 寧安縣 黃家屯 조선인 자위단(친일단체) 약 五○을 습격했으나, 승산이 없음을 보고 퇴각한 일도 있다. 기타 지금 물은 소화 八년 四월 寧安縣 柳家屯의 滿洲人 자위단 약 一○○명을 습격하여 무장을 해제시키고 약탈한 일. 그 해 五월 중순 同縣馬蓮河에 주둔 중, 일본군의 토벌을 맞아서 교전 五시간만에 총퇴각한 일. 등은 나는 관여한 일은 없고, 전술한 바와 같이 피난 중에 독립군과의 연락이 끊겨 있었기 때문에 전연 모른다.[73]

이규채는 자신이 직접 참여하지 않았지만, 한국독립군은 1933년 1월에는 시세영부대와 연합하여 영안현 黃家屯에 있는 조선인 자위단을 공격하였다. 4월에는 영안현 柳家屯의 만주인 자위단을 습격하였으며, 5월 중순에는 영안현 馬蓮河에 주둔 중에 일본군의 공격을 받고 5시간 동안 교전한 일도 있었다고 하였다.

한국독립군은 대전자령전투에서는 일본군을 상대로 대승을 거두었다. 한국독립군은 약 500여 명의 병력으로 2,000여 명의 시세영부대와 연합하여 大甸子嶺에서 철수하는 일본군 수송부대를 매복 기습하여 많

---

73) 앞의, 在上海日本總領事館警察部, 「이규채 청취서(제3회)」, 1934년 12월 8일.

은 군수물자를 빼앗는 승리를 거두었다. 이 부대는 1932년 4월 간도에 출동했다가 이듬해 6월 말 철수하는 일본군 75연대의 砲·騎·工兵 등으로 구성된 혼성 부대였으며, 다량의 군수품을 수송하고 있었다. 한중연합군은 이 부대를 太平嶺에서 기습하여 섬멸하였다. 이 전투에서 한중연합군이 노획한 군수물자는 박격포 등 각종 포 8문, 각종 기관총 110자루, 소총 580자루, 탄약 300상자,수류탄 100상자, 권총 200자루, 도점 40자루, 군용지도 2,000여매, 각종 문서 300여부, 피복, 담요, 기타 군장비 2,000여건, 장갑차 2량, 망원경 25개 및 약품 50상자 등이었다. 따라서 이상의 내용을 통해서 보면 한국독립군은 1933년에 들어서도 대전자령전투를 비롯하여 다양한 규모의 대소 전투를 전개하면서 일제와 치열한 항일무장투쟁을 전개하고 있었음을 확인할 수 있다고 하겠다.

이 무렵 백두산 근처의 안도현 일대에서 활동하고 있던 길림구국군 대리총사령 吳義成은 대전자령전투에서 한중연합군이 대승을 거두었다는 소식을 듣고 대전자령 부근으로 이동해 시세영부대와 통합하였다. 그러나 이후 한국독립군과 중국군 사이에서는 갈등이 심화되기 시작했다. 당시 한국독립군은 이미 전리품 분배문제로 시세영 부대와 분쟁을 치뤘던 상황이었다. 오의성부대가 합류한 후에서는 그의 휘하에 周保中 등 상당수의 공산주의자들이 있었으며, 이로 인해 갈등을 빚었던 것으로 보인다.[74)]

양측의 갈등은 골이 더욱 깊어지고 있었으며, 이 같은 상황에서 관내

---

74) 앞의, 『중국동북지역 민족운동과 한국현대사』, 253~255쪽. 대전자령전투와 관련해서는 이 논문의 내용을 참고하였다.

에 파견되어 있던 이규채로부터 이동 자금이 전달됨에 따라 홍진, 지청천, 조경한, 오광선, 공진원, 김창환 등 한국독립군의 중요 간부들과 사병 가운데 선발된 군관학교 입학지원자 등 40여명이 북경을 거쳐 중국 관내로 이동하였다.75)

이때 이동한 청년 34명은 중국군관학교 낙양분교 한인특별훈련반에 입교하여 1935년 4월에 졸업하였다.76) 현지에 남은 申砬, 崔岳, 崔晩翠, 安泰振 등은 잔류부대를 이끌고 寧安, 액목, 목릉, 밀산일대의 산림지대에서 지속적인 항일무장투쟁을 전개하였다.77)

IV. 맺음말

본고에서는 주로 한국독립당의 총무위원장과 정치부위원을 지냈던 이규채의 재판기록에 대한 분석을 통해 재만한국독립당의 성립과 한국독립군의 항일무장투쟁에 대해 한중연합군의 관점에서 살펴보았으며, 그 내용을 정리해 보면 다음과 같다.

첫째, 한국독립당은 1930년 5월 경 이도하자에 있는 朴觀海의 집에서 결성을 위한 준비회가 개최되었으며, 7월에 조직의 결성을 완료했던 것으로 나타나고 있다. 한국독립당의 결성은 1930년 초부터 한인공

---

75) 당시의 상황에 대해 조경한은 "한국독립군이 진퇴유곡에 빠져있을 무렵 의외의 오광선의 보고를 받고 급전직하 낙양특훈 방향으로의 전환으로 결정되었고 오광선, 심만호는 군사간부의 연락과 학생모집, 고립된 간부가족의 관내이주와 각종 여비조달 등의 책임을 지고 동분서치하였다"고 회고하고 있다. 앞의, 『白岡回顧錄』, 212쪽.

76) 앞의, 『중국동북지역 민족운동과 한국현대사』, 258~259쪽.

77) 한상도, 앞의 논문, 774쪽.

산주의자들의 민족진영에 대한 공세가 강화되자 이에 대응하는 과정에서 결성된 것으로 보인다. 시기적으로 한인공산주의자들의 간도봉기가 본격화되는 상황과도 맞물려 있기도 했다.

둘째, 한국독립당은 당원 중 20세 이상 45세 이하의 보통학교를 졸업 정도의 우수한 인력을 대상으로 한국독립군을 조직하였다. 한국독립군은 조선의 독립을 위해 직접행동을 취하기 위한 조직으로 1930년 11월 결성되었고 병력은 1개 소대에 50명씩 6개 소대, 2개 중대로 편성된 300명 정도의 규모였던 것으로 파악되고 있다.

셋째, 창립대회에서 한국독립당은 소련 공산주의에 반대하고 조국의 절대독립을 목표로 하는 민족진영의 조직임을 분명히 하였다. 6대綱要에서는 입헌민주주의와 토지 및 대생산기관의 국유화와 의무교육의 실시 등을 주장함으로서 향후 건설될 독립국가의 면모를 사회민주주의적인 관점에서 제시하고 있었다.

넷째. 한국독립당은 창립대회에서 당수로 홍면희를 선출하였으며, 각 지방을 담당하는 인물도 정했다. 申肅의 濱州縣지부, 鄭藍田의 五常縣 沙河子지부, 呂義準의 五常縣 太平川지부, 甲肅의 阿城縣 大石河지부, 洪冕熙의 珠河縣지부, 閔武의 寧安縣 山市지부, 그리고 본부가 있던 葦沙縣 지부의 姜何栖 등이 대표적이었다.

한국독립당의 본부는 결성 당시에는 葦沙縣에 두었으나, 그 뒤 阿城縣 大石河로 옮겼으며, 1931년 1월 이후는 본부를 여러 곳으로 이동하는 형태였던 것으로 보인다.

다섯째, 만주사변이 발발하자 한국독립군은 즉각적으로 장병의 모집과 군사훈련을 통해 대일항전을 준비하였으며, 총사령 지청천을 중심으로 한중연합작전을 전개하였다. 만주사변 이후 재만한사회가 일제의 침탈과 중국군의 박해라는 이중의 곤경에 처해있는 상황에서 한국독립군은 중국군과의 연합작전을 통해 항일무장투쟁의 전개하는 한편, 이를 통해 한인사회의 안정에 기여하고자 했던 것으로 보인다.

여섯째, 한국독립군의 한중연합작전은 이규채, 남대관, 조경한 등의 노력으로 사부성부대나 왕지유부대, 고봉림부대 및 시세영부대 등과의 연합이 이루어질 수 있었다. 그리고 이를 바탕으로 한국독립군은 서란현전투와 아성현 1 · 2차전전투 및 대전자령전투 등에서 승리할 수 있었다. 이밖에도 1933년 후반까지 소규모의 전투를 수행하고 있었던 것으로 파악된다.

일곱째, 한국독립당과 군은 제1차 쌍성보전투가 끝난 후 중국관내로의 이동문제에 대해 본격적으로 논의했던 것으로 보인다. 이규채를 중국 관내로 파견하였으며, 대전자령전투 이후 중국 구국군과의 사이가 악화되는 가운데 이규채로부터 중국관내로의 이동에 필요한 자금이 도착하자 한국독립당과 군의 주력이 중국관내로 이동하여 광복군 결성에 초석을 다지게 되었던 것으로 보인다.

제2부

항일무장투쟁과 인물

蘆隱 김규식의 생애와 항일독립운동

Ⅰ. 머리말

만주지역 독립운동사와 관련하여 그 중요성에도 불구하고 상대적으로 연구가 되자 않은 인물 가운데 한 사람이 김규식이다. 그는 1882년 1월 15일 경기도 양주군에서 출생했으며, 호는 蘆隱이고, 異名은 瑞道이다.[1] 별명으로 虎將軍이라고 불리기도 했으며, 尤史 김규식과는 다른 인물이다.

1903년 1월경 구한국 사관학교 견습생을 시작으로 군인의 길을 걸었으며, 侍衛隊 副校와 陸軍硏成學校 조교로 근무하다 1907년 8월 군대해산 조칙이 공포되자 낙향하였으며, 이후 許蔿·李麟榮 의병장과 함

---

1) 보훈처가 제공하는 「독립운동가」 편(http://terms.naver.com/entry.nhn?docId=3573382&cid=59011&categoryId=59011)에는 그의 異名이 瑞道 로 되어있으며, 다른 글에서는 그의 이명이 賜道이며, 字인 듯 하다고 하고 있다. 이이화 『빼앗긴 들에도 봄은 오리니』 김영사, 2008, 201쪽. 이밖에 노은 김규식에 대한 인터넷상의 문헌의 경우 한국학중앙연구원의 『민족문화백과사전』(http://terms.naver.com/entry.nhn?docId=551797&cid=46623&categoryId=46623)에는 출생연도에 대해 '미상~1929년'이라고 하고 있으며, 尤史 김규식의 사진이 제시되어 있다.

께 경기 북부지역에서 의병항쟁을 전개하였다. 13道倡義軍에서 격전을 치르던 중 체포되어 옥고를 치렀다.[2] 조선총독부에서는 김규식에 대해 '排日思想을 견지한 자' 혹은 韓日併合을 싫어하여 同志를 규합해 排日行動을 하고 있는 인물이라고 기록하였다.[3]

만주로 망명한 후에는 김좌진과 함께 청산리전투에 참가하였으며, 露領으로 이동해서는 高麗革命軍을 조직하고 사령관이 되어 白軍을 지원하던 일본군과 싸웠다. 만주로 돌아온 후에도 1923년 5월 延吉縣 明月溝에서 결성한 고려혁명군을 기반으로 항일무장투쟁의 역량 강화에 힘을 기울였던 것으로 나타나고 있으며, 1925년에는 신민부계열의 인물들과 함께 활동하였다.[4] 한인자제들의 교육사업에 종사했는데 1931년 3월 23일에는 북만지역 연수현에 세운 학교 운영 문제로 하동지역에 갔다가 반대파의 공격을 받고 피살되었다.[5] 따라서 노은 김규식은 국내에서의 의병투쟁과 만주와 연해주에서의 항일무장투쟁 및 북만지역에서의 교육활동 등을 전개하며, 순국하는 순간까지 일생을 독립운동에 헌신한 인물이라고 할 것이다.

김규식의 항일투쟁에 대해서는 생애를 간략하게 정리한 논문이 있

---

2) 조선총독부, 『要視察人名簿』 1925, 113쪽. 국가보훈처, 1996. 그런데 김규식의 재판기록에는 '陸軍步兵 副校로 陸軍硏成學校에 봉직하다가 光武 10年(1906년－필자) 陰曆 10월 중에 願에 따라 退官'한 것으로 되어 있다. 「金奎植判決文」, 京城公訴院, 1908년 8월 25일. 이와 관련해 홍영기의 논문, 37쪽에서 김규식이 군대해산 이후 강제로 군대를 떠나 의병투쟁에 가담한 것으로 보는 것이 바람직하다고 하였다. 홍영기, 「한말 경기북부지방의 의병활동과 김규식」, 『(학술발표회)노은 김규식과 항일독립운동』, 구리문화원, 2004.

3) 조선총독부, 『要視察人名簿』 1925, 112~116쪽. 국가보훈처, 1996.

4) 김규식의 개략적 활동에 대해서(http://www.mpva.go.kr/narasarang/gonghun_view.asp?id=670&ipp=10000) 공훈록의 내용을 참조하여 정리하였다.

5) 한국독립유공자협회, 『중국동북지역 한국독립운동사』, 집문당, 1997, 511~512쪽.

을 뿐이며, 내용에 따라서는 검토의 여지가 있는 부분도 있는 것으로 보인다.[6] 그의 노령에서의 항일무장투쟁과 관련해서는 그와 함께 활동했던 이범석의 회고록[7]이나 최근의 연구 성과[8]를 검토해 보면 보다 세밀한 내용에 접근할 수 있을 것으로 생각되기도 한다.[9]

따라서 본고에서는 기존의 연구 성과를 바탕으로 노은 김규식의 생애와 독립운동의 전개과정에 대해 보다 구체적으로 검토해 보고자 한다. 본고의 이러한 노력은 을사늑약 이후 줄기차게 항일무장투쟁을 전개해 온 노은의 삶과 민족의식을 보다 깊이 있게 이해하는데 기여할 수 있을 것으로 생각된다.

---

6) 김규식의 가계와 국내에서의 의병투쟁에 대해서는 이이화의 앞의 논문에서 비교적 상세하게 논증되고 있는 것으로 보인다. 그리고 1919년 2월경에 발표된 대한독립선언서에 노은을 서명자로 보는 견해, 신주백, 「만주 연해주의 독립운동과 김규식」, 『(학술발표회)노은 김규식과 항일독립운동』, 구리문화원, 2004. 16~17쪽, 그리고 尤史를 서명자로 보는 견해가 있다. 송우혜, 「대한독립선언서(세칭 「무오독립선언서」)의 실체」, 『역사비평』 18, 역사비평사, 1988. 157쪽.

7) 이범석, 『우둥불』, 삼육출판사, 1978.

8) 윤상원, 「러시아 내전 종결과 한인빨지사부대의 해산」, 『역사연구』20, 역사학연구소, 2011.

9) 노은의 국내에서 활동과 관련해서는 위에서 언급한 『要視察人名簿』의 기록이 중요 검토의 대상이 되고 있으나 이 문건의 기록은 적어도 尤史 김규식의 내용과 중첩되는 부분이 많으며, 이밖에 다른 인물의 내용도 함께 수록되어 있을 개연성이 높아서 사료적 검토나 비판적 활용이 요구된다. 기록에 따르면 變名은 金成이라고 되어 있으나 이는 尤史가 중국에서 활동할 때 사용한 이름 중 하나이며, 渡航 後의 言動 經歷은 중국과 모스코바에서의 우사의 활동에 관한 내용인 것으로 보인다. 조선총독부, 『要視察人名簿』 1925, 112~116쪽. 김삼웅, 『우시 김규식평전』, 채륜, 2015. 이밖에 이이화의 앞의 책 212쪽에서는 『要視察人名簿』의 기록을 근거로 김규식이 1917년 구리 소재의 동구릉 산림순시원에 임명되었다고 하거나 1920년 8월 경성고등법원에 구리면의 3·1운동과 관련하여 경성고등법원에 다시 기소되었다고 하고 있는데 이와 관련해서는 검토가 필요할 것으로 생각된다.

II. 義兵鬪爭과 13道倡義軍에서의 활동

노은은 壬午軍亂이 발발했던 해인 1882년 1월 15일 경기도 양주군 구리면 四老里 281번지에서 아버지 김영선의 4남매 중 장남으로 출생하였다.[10] 본관은 金海이고 부친은 궁내부 혹은 궁중 소속의 낮은 관직에 종사했던 것으로 보인다. 그의 외동 딸 현태의 증언(1990년)에 따르면, 노은은 15세의 나이에 같은 마을에 사는 16세의 처자 朱明洙(來)와 서울에서 혼인하였으며, 슬하에 4남 1녀를 두었다고 한다. 현태는 1915년생인데 노은은 그가 태어나기 이전부터 독립운동에 가담하고 있었다고 한다. 김규식은 집은 제삿날 같이 사람이 조금만 많이 모이거나 아버지(노은)가 몇 칠만 보이지 않아도 日警이 찾아와 괴롭혔다고 하였다. 이 같은 상황에서 아버지는 만주로 망명하였고 아버지가 떠난 후 어머니는 경찰서로 끌려가서 많은 고통을 당했다고 한다.[11] 노은의 집은 조상들이 물려준 재산도 꽤 있었고 훌륭한 기와집도 있었다고 하여 대체로 중농 이상의 넉넉한 경제 형편이었던 것으로 보인다.[12]

노은의 가족은 현태가 11살(1925년?)이 되던 해에 아버지의 부름을 받고 만주로 이주한 것으로 보인다.

---

10) 노은의 국내에서의 상황과 관련해서는 앞의, 이이화의 글을 주로 참고하였다. 노은의 손자인 金健培의 「公證書(1990년)」에는 노은의 출생일이 壬午年 11월 15일로 되어있다.

11) 강용권, 『죽은자의 숨결, 산자의 발길』, 장산, 1996, 96~99쪽.

12) 이이화, 앞의 책, 207~208쪽. '이밖에 김규식에 대한 『要視察人名簿』의 내용 중 일부를 살펴보면 성격은 剛膽하며, 住家 1채 및 동산을 합하여 약 500円 정도의 자산이 있었고 어린시절 私塾에서 漢文을 전습하였으며, 키는 5척 5촌정도에 農夫體의 체격을 갖고 있었다'고 한다.

> 내가 열한살 나던 해였다. 아버지의 부름을 받고 우리 식구들은 놈들의 눈을 속이기 위해 집 살림살이를 그대로 놓아 둔채 깊은 밤중에 중국으로 들어오는 기차에 몸을 실었다. 산설고 물설은 어둡고 컴컴한 땅을 달리고 달려 아버지가 계시던 하얼빈 역에 도착하였다. 이국땅에 처음 오는 우리의 옷차림과 행동거지가 달랐던지 대뜸 한 사람의 주의를 끌게 되었는데 (중략) 후에 알고 보니 그는 왜놈의 개가 아니라 부친께서 우리를 마중하여 안내해 오라고 특별히 일러 보낸 임춘정이라는 사람이었다.[13]

김규식의 가족들은 부친의 연락을 받고 일경의 감시를 피해 야반도주 하듯 국내를 빠져나와 하얼빈에 도착하였으며, 아버지가 보낸 임춘정이라는 안내인의 도움으로 부친과 재회하였다.[14]

노은이 국내에서 항일의병투쟁에 가담한 것은 1907년인 것으로 보인다.[15]

> 京城 東署 敦岩峴 通戶不詳
> 前陸軍步兵副校退役
> 金奎植 年齡 27
> 右 內亂 被告事件에 대하여 檢事 寺田恒太朗을 立會하고 本院에

---

13) 김현태의 증언(1993년 3월), 강효삼 정리.

14) 강용권의 앞의 책, 96쪽의 증언은 조금 다르다. '어머니 큰오빠 내외, 둘째오빠, 셋째오빠, 나, 남동생 모두 7명은 달도 없는 캄캄한 밤을 택해 조용히 떠나 새벽기차를 탔다. 신의주를 거쳐 안동에서 내렸다. 우리가 안동역을 나오는데 한 젊은 사람이 와서 어디서 오며, 어디로 가는지 물었다.(중략) 알고 보니 아버지가 하얼빈에서 우리를 위해 마중을 보낸 사람이었다'라고 되어 있다.

15) 김규식의 의병투쟁과 관련해서는 홍영기, 「한말 경기북부지방의 의병활동과 김규식」, 『(학술발표회)노은 김규식과 항일독립운동』, 구리문화원, 2004의 내용을 주로 참고하였다.

서 審理 判決함이 如左함.

主文

被告 金奎植을 流刑 15年에 處함

단 압수된 軍銃 1자루, 軍刀 1자루, 彈丸 상자 2개, 탄환 41개, 나선기계 1개, 총구덮개 1개 및 倡義元帥 李麟榮이 준 差帖 1장을 모두 몰수하고 그 나머지 물건은 제출인에게 돌려준다.

理由

被告는 曾前에 陸軍步兵 副校로 陸軍硏成學校에 봉직하다가 光武 10年(1906년－필자) 陰曆 10월 중에 願에 따라 退官하여 無職으로 날을 보내던 바, 隆熙 元年(1907년－필자) 음력 6월에 이르러 전 육군 正尉 玄德鎬가 주관하는 梨峴 基督新興學校의 校務에 관계하더니 同 7월중에 玄德鎬의 발의에 응하여 其 當時 政府에 대해서 不滿의 뜻을 품고 此를 變更하려고 玄德鎬와 같이 楊州郡 東頭川에 가서 自稱 義兵 괴수 許蔿의 部下에 투입하여 그의 徒黨 4~50명 내지 80여명을 이끌었다. 被告는 부하를 敎鍊시킨다는 名目으로 銃劍을 携帶하고 麻田, 삭녕, 연천, 양주, 철원 등 각 군을 횡행할 때에 일본병과 4~5차 교전한 일이 있어서 그때 同黨 중 金昌順이라는 자가 바로 피살된 바 그의 장례비용으로 쓰기 위하여 양주 불암동 동네에서 돈 1천냥과 이 동리 宋仁植에게서 돈 8백 냥을 강탈하고 또 동년 12월에 창의원수 李麟榮과 합진하여 피고는 使令將이 되어 그의 부하로 종사하고 그의 도당 1천 5백여 명 가량을 거느리고서 장단, 양주 등의 군에서 일본병과 교전하여 괴수 허위와 이인영의 하수자로 그 목적 수행에 종사한 자이다.[16)]

16)「金奎植判決文」, 京城公訴院, 1908년 8월 25일.

위의 기록에서 보면 김규식이 의병항쟁에 가담할 당시 연령은 26세로 서울 敦岩洞에 거주하였다. 광무 10년인 1906년 10월에 대한제국 육군 보병 副校로 육군연성학교에서 봉직하던 중 퇴직하였던 것으로 보인다.

그의 군 경력과 관련해『要視察人名簿』에서는 '明治37년(1904년) 12월 구한국 시위대에 입대하여 명치39년(1906년)까지 육군 보병 부교로 승진해 명치40년(1907년) 해산칙령에 의해 제대'했다고 되어 있다.[17]

이후 김규식은 1907년 6월에 육군 正尉였던 玄德鎬가 주관하는 梨峴基督新興學校의 校務에 관계하던 중 7월 그와 함께 양주군 동두천으로 가 의병장 許蔿의 휘하에 들어갔다. 이때 노은은 50~60명, 혹은 80여 명의 부하를 휘하에 두었으며, 총검을 휴대하고 병사들의 훈련을 위해 힘썼다. 또한 마전, 삭녕, 연천, 양주, 철원 등지에서 4~5차례 일본군과 교전하였다. 그는 동료 의병 김창순이 사망하자 장례비용과 군자금에 충당하기 위해 양주 불암동에서 송인식 등에게 1,800냥을 거두었다.

김규식은 허위와 함께 1907년 12월 양주군에서 결성된 13道倡義軍에 합류하였다. 위의 재판기록에서 보면 그는'使令將'으로 활동했는 이는 그가 의병진의 結陣을 위해 활동했음을 보여주는 것이라고 하겠다. 이에 대해『대한매일신보』에서는 '평안도 의병은 황해도 의병장 박기섭과 연락하고 황해도 의병은 장단 의장 김수민과 상련하고, <u>김수민은 철원 의장 전 참위 김규식과 연통하고 김규식은 적성, 마전 의장 허위</u>

17) 홍영기, 앞의 논문, 37쪽에서는 김규식이 1907년 8월 군대해산 과정에서 강제로 군을 떠나게 된 것으로 보는 것이 타당하다고 보았으며, 현덕호와 함께 기독신흥학교의 교무에 관계했다는 판결문의 내용에 대해서도 이들이 일본 군경의 수색을 피해 일시 몸을 숨긴 것에 대한 우회적인 표현이라고 보았다.

와 상통하고, 허위는 지평, 가평 등지의 이인영과 통섭하고 이인영은 제천, 영동 등지의 이강년과 상통하고, 이강년은 원주 등지의 의장 민긍호와 연접되어 호상 통첩하다'라고 보도하였다.[18)]

재판기록에서는 김규식이 13도창의군의 총대장 이인영과 군사장 허위가 연합한 1,500여명의 의병부대를 지휘하며, 장단, 양주 등지에서 일본군과 교전했다고 하고 있는데 이는 그의 의병투쟁이 매우 적극적이었음을 보여주는 것이라고 하겠다. 이는 다음의 다른 기록에서도 확인되고 있다.

> ㉠ 선생(허위－필자)께서 친히 敢死兵 백명을 거느리고 선두에 서서 동대문 밖 30리되는 지점에 전군이 와서 모이기를 기다려 일제히 공격할 계획을 세웠다. 그러나 後軍은 시기를 어기고 日軍은 졸지에 몰려와 장시간 사격을 몹시 심하게 하니, 이때 후원군이 오지 않아서 할 수 없이 퇴진되었고, 김규식·연기우기 모두 탄환을 맞고 붙들렸다.[19)]

> ㉡ 김규식씨는 허위씨 휘하의 第一勇壯인데 인천 등지에게 日兵에게 피착되었더니 허위씨의 소재를 추궁하기 위해 그를 밧줄로 묶어 앞세우고 강원도 지방으로 향하다가 도중에서 그가 밧줄을 끊고 달아났다는 설이 있다더라.[20)]

㉠에서 보면 김규식은 허위가 13도창의군의 군사장으로 100명의 敢

18) 『대한매일신보』 1907년 11월 28일자
19) 「왕산허위선생거의사실대략」, 『독립운동사자료집』2, 1970, 241~242쪽.
20) 「飛去何處」, 『대한매일신보』 1908년 7월 10일.

死兵을 거느리고 선두에서 동대문 밖 30리 지점까지 진격하여 일본군과 교전을 벌이던 전투에서 연기우와 함께 총을 맞고 체포된 것으로 나타나고 있다. ㉡은 『대한매일신보』이 보도인데 김규식에 대해 허위 휘하의 第一勇壯이며, 일본군이 체포된 김규식을 끌고 허위의 소재를 파악하기 위해 강원도로 향하던 중 밧줄을 끊고 탈출했다고 하였다. 따라서 이러한 내용을 통해서 보면 김규식의 의병활동은 상당히 출중했음을 알 수 있다고 하겠다.[21]

『매천야록』에서는 "허위와 이인영의 부하 조연수, 김규식, 홍인관, 이병채, 장순원, 오수연, 김연상, 황재호, 이명기, 연기우, 고재석, 박종한, 윤인선, 황순일, 김윤이, 김동섭 등 모두 16인인데 力士로 알려져 있다.(중략) 의병장 허위가 붙잡혔으며, 부하 김규식도 체포되었는데 뛰어난 용맹이 있어서 묶은 줄을 끊고 몸을 솟구쳐 달아났다고 하였다. 이는 김규식이 서울진공작전 중에 부상을 입고 체포되었으나 호송 도중에 탈출하였음을 보여주는 것이라고 하겠다.[22]

그러나 김규식은 1908년 4월을 전후하여 일본군에게 체포되었으며, 京城地方公訴院에서의 재판을 통해 內亂罪의 명목으로 1908년 8월 25일 流刑 15년의 판결을 받았으며, 2년간의 유배 생활을 하다 1910년 9월 5일 사면되었다.[23]

---

21) 김규식의 탈출을 보도한 『대한매일신보』 1908년 7월 10일자 보도에 대해서는 허위가 1908년 6월 11일 이미 양평에서 체포된 상황임으로 기사의 신빙성에 문제가 있다고 보았다. 타당한 지적인 것으로 생각된다. 홍영기, 앞의 논문, 43쪽

22) 黃玹, 『梅泉野錄』 6권, 국사편찬위원회, 1955, 452·456쪽

23) 「司法 警察及監獄」, 『朝鮮總督府官報』, 1910년 9월 5일.

Ⅲ. 만주와 연해주지역에서의 항일독립운동

1. 北路軍政署와 연해주 高麗革命軍에서의 무장투쟁

노은 김규식이 유배에서 풀려난 후 언제 만주로 망명했는지는 명확하지 않지만,[24] 망명 후에는 주로 北路軍政署 계열의 인물들과 함께 활동했던 것으로 보인다. 북로군정서는 3·1운동 이전 만주에서 활동하던 대종교인들이 조직했던 正義團이 1919년 가을 이후 강화된 독립군을 조직하기 위해 조직을 개편되면서 결성되었다.[25] 정의단은 1919년 8월 임전태세를 강화할 목적으로 군정부로의 전환 계획을 추진하였다. 12월에는 총재 徐一, 총사령관 김좌진, 참모장 李章寧, 사단장 김규식 등으로 조직을 결성하였으며, 김규식의 휘하에는 여단장 崔海, 연대장 鄭勳, 연성대장 이범석, 경리 桂和, 무기감독 梁玄 등이 있었다.[26]

김규식은 청산리전투가 발발하기 직전에는 사관연성소의 교관으로

---

24) 김규식의 만주로의 망명에 대해서는 여러 가지 주장이 있다. 그의 딸 김현태는 '아버지는 비밀활동을 계속하다 경술년(1910－필자)에 만주로 망명했다고 하였다. 앞의,『죽은자의 숨결, 산자의 발길』, 97쪽. 또한 국가보훈처 홈페이지 2011년 '이달의 독립운동가'에 소개된 김규식에 관한 글에서는 그의 망명시기를 1912년이라고 하고 있다. 이밖에 이이화는 김규식이 '죽은 해가 호적에는 1919년으로 기재되어 있으나 아마도 망명 뒤 소식이 끊기고 일경의 감시가 심하여 가족들이 이를 모면하려 가족들이 사망계를 届出했을 수도 있다고 하고 있다. 이이화『빼앗긴 들에도 봄은 오리니』김영사, 2008, 202쪽. 그러면서 이이화,「金奎植의 가계와 출신배경에 관한 고찰」,『(학술발표회)노은 김규식과 항일독립운동』, 구리문화원, 2004. 30쪽에서는 1920년 7월 '만주로 망명 북로군정서 참여'로 김규식의 <연보>를 정리하였다.

25) 신용하,「大韓(北路)軍政署 獨立軍의 硏究」,『한국독립운동사연구』제2집, 1988.

26) 蔡根植,『武裝獨立運動秘史』, 대한민국공보처, 1949, 79쪽. 당시 북로군정서의 병력은 500명, 장총 500정, 권총 40정, 기관총 3문, 탄환 100발, 군자금 10만圓이었다고 한다.

도 활동하였다. 교관은 김규식 이외에 李章寧, 李範奭, 金弘國, 金尙云 등이었다. 북로군정서는 西大坡 十里坪의 산림지대에 8개동의 兵營을 건립하고 18세에서 30세의 청년을 선발하여 본격적인 군사교육을 실시하였다. 교육은 6개월 과정의 鍊成科였으며, 과목은 역사, 군사학, 術科, 체조·호령법 등을 가르쳤다. 이밖에 『步兵操典』, 『築城敎範』, 『軍隊內務書』, 『野外要務令』 등이 교제로 사용되고 있었다.[27] 훈련은 구한국 군대식을 기본으로 하고, 1정보 넓이의 연병장을 설치하여 수시로 사격훈련을 실시하는 등 강도 높은 훈련이 이루어지고 있었다. 1920년 6월 현재 기초적인 군사훈련을 끝낸 병력이 약 600명 정도였으며,[28] 사관연성소는 1920년 9월 289명의 제1회 졸업생을 배출하였다.[29]

북로군정서의 주도인물 김좌진, 이장녕, 나중소, 김친수, 홍충휘, 박형식 등은 대한제국 무관학교 출신이거나 군인 출신이었다. 김규식은 이들과 인연을 바탕으로 간도지역 항일무장투쟁 세력 내에서 빠르게 지휘관으로서의 입지를 굳힐 수 있었을 것으로 보인다.[30]

이범석의 회고록인 『自傳』에서는 김규식이 북로군정서 내에서 존경받는 지휘관이었음을 보여주고 있다.

---

27) 황민호·홍선표, 『3·1운동직후 무장투쟁과 외교활동』, 62~65쪽, 한국독립운동사편찬위원회, 2008.

28) 姜德相編, 『現代史資料』28, 362쪽. 『現代史資料』27, 349쪽.

29) 북로군정서는 청산리대첩 직전인 1920년 8월 중순 현재 대원 약 1,200명에 소총 1,200정, 탄약 24만발, 권총 150정, 수류탄 780발 기관총 7문의 무기를 확보하고 있었다. 日本外務省史料館, 『大正十五年 四月 間島地方에서의 不逞鮮人團의 組織 및 役員 調査書』, 「大韓軍政署」.

30) 박환, 「北路軍政署의 成立과 活動」, 『國史館論叢』 第11輯, 1990.

> 군정서에는 서간도 및 기타 지역에서 훌륭한 인물·군인들이 많이 모여들어 있었다. (중략) 이(김규식-필자)은 구한말 부위까지 지낸 분으로 체구가 건장하고 국방군(대한제국 군대-필자)이 해산될 당시 강원도 原州隊에 있었다. 유명한 의병장 민긍호씨와 어깨를 나란히 하여 강원·황해·함남·경기도 일대를 누빈 경력을 갖고 있다.[31]

이범석은 김규식에 대해 건장한 체구의 대한제국 군인으로서 한말에 의병장 민긍호와 함께 활약했던 '훌륭한' 인물로 인식되고 있었다. 또한 그는 홍춘의, 김사일, 최형식, 오상세, 백종렬, 이교성, 한근원 등과 함께 보병대에서 활동했던 것으로 기억되고 있다.[32]

김규식은 1920년 10월 청산리전투가 발발하자 북로군정서군의 최일선에서 일본과 교전하여 전투를 승리로 이끄는데 기여하였다. 전투가 시작되기 직전 김좌진, 홍범도, 최진동, 안무 등의 독립군부대 사령관들은 和龍縣 二道溝에서 일본군과의 전투에 대비한 부대편성 및 배치에 관한 회의를 개최하였다. 제1연대는 홍범도, 제2연대 김좌진, 제3연대 최진동을 사령관으로 하는 연합부대를 편성한 것이었다. 그리고 이때 김규식은 북로군정서군에서 보병대대장에 임명되었다.[33]

---

31) 이범석, 『철기 이범석 자전』, 외길사, 1991, 203~204쪽.

32) 이범석은 '김규식은 까딱하면 해방직후 남북협상을 圍繞하고 국내 정계의 영수로서 활동하던(중략) 김규식 박사와 글자도 틀리지 않는 분으로 착각을 일으키기 쉽다고 하였다. 이범석, 위의 책, 204쪽.

33) 당시의 부대 편재는 다음과 같았다. 사령부는 총사령관 김좌진, 참모장 羅仲昭, 부관 朴寧熙, 硏成隊長, 李範奭, 종군장교 李敏華·白鍾烈·韓建源·金勳. 보병 대대장 金奎植, 부관 金玉鉉, 제1중대장 姜華麟, 특무 정사 羅尙元, 제2중대장 洪忠熹(대대장 서리 겸) 등이었다. 또한 독립군 연합부대의 편재와 관할지역은 다음과 같았다. 제1연대 홍범도 6개 중대 完樓溝(일명 萬鹿溝) 중앙 산록, 제2연대 김좌진 2개 대대

청산리전투를 승리로 마무리한 독립군은 일본군의 추격을 피해 北滿의 密山에 집결하였는데 밀산은 1910년을 전후하여 독립운동가들이 국외독립운동기지의 하나로 경영하고 있었던 지역이었다. 그러나 이곳은 독립군이 장기적으로 주둔하기에는 한인사회의 규모나 경제적인 측면에서 취약한 측면이 있었다. 이에 독립군 지도자들은 러시아의 연해주로 들어가 새로운 항일투쟁의 전략을 모색하기로 하였다. 연해주는 약 20만의 한인들이 거주하고 있을 뿐만 아니라, 혁명에 성공한 볼세비키정권이 피압박 약소민족에 대한 적극적인 지원을 공언하고 있는 상황에서 이들로부터 무기도 공급받고 조직도 새롭게 정비할 수 있을 것이라고 기대하고 있었다.

이동을 결정한 독립군 지도자들은 통일된 독립군단의 결성이 필요하다는 인식하에 1920년 12월 3,500명 규모의 병력을 통할하는 대규모의 대한독립군단을 결성하였는데 당시 김규식은 군대의 지휘를 책임지는 총사령의 중책에 임명되었다.34)

연해주로 이동한 김규식은 고려혁명군(연해주) 사령관에 취임하여 소련의 赤軍과 함께 시베리아로 출병하여 백계 러시아군을 지원하고 있던 일본군과의 무장투쟁을 전개하였다.

二道溝 좌편 고지, 제3연대 최진동 6개 중대 동 우편 고지. 독립유공자사업기금운영위원회, 『독립운동사』5권(독립군전투사 상), 1983, 383쪽.

34) 앞의 『3·1운동직후 무장투쟁과 외교활동』, 142쪽. 대한독립군단의 임원과 참여단체는 다음과 같다. 대한독립군단의 총재 서일, 부총재 홍범도, 김좌진, 曺成煥, 총사령에는 김규식, 참모장, 이장령, 여단장 지청천, 중대장 金昌煥, 吳光鮮, 趙東植 등이었다. 대한독립군단에 합류한 중요 독립군 부대로는 대한군정서를 비롯하여 대한독립군, 대한국민회군, 혼춘한민회, 대한신민단, 군무독군부, 대한의군부, 혈성단, 야단, 대한정의군정사 등이었다.

'수 년동안 서백리와 哈爾賓에서 근무하다가 돌라온 일본군 모 장교는 말하되 현제 브라고베젠스크를 중심으로 서백리아 각지에 해어져 있는 배일 조선인의 수효는 약 3,000명 가량이 있는데 이들은 모두 작년 가을 일본군 토벌대에게 간도방면에서 奚기어 보쿠라니 차나를 지나 서백리아로 도망하야 왔는데 두령은 역시 文昌範이라 저들은 이미 무력으로 조선독립을 할 수 없을 것을 자각하고 아라사 과력파와 협력하여 極東共和國이 확립한 후에 그 공화국의 원조 아래에 勞農韓國을 세우기로 결정하였는데 그때까지 극력으로 과격파를 원조하여 철두철미 과격파와 공동 행동하기로 방침을 정하고 향자에 전기 『브』시로부터 노농로국에 대표위원을 파견하여 세가지 조건을 결정하였는데 첫째, 서백리아에 조직한 朝鮮義勇軍은 독립을 완성하기까지 과격파 군사와 행동을 같이할 일 둘째는 노농정부는 조선독립의용군이 쓰는 병기와 탄약을 공급할 일. 셋째는 로국노농정부는 조선의 독립군을 도와주고 조선독립의용군은 과격파의 군대를 원조하여 일본군대의 領土的 野心을 막은 후 서백리아에서 쳐서 물리칠 일 등 세 가지이라(하략) 이러함으로 배일조선인의 세력이 늘고 줄음은 곳 로국의 운명을 좌우할 만하니까 일본의 배일조선인에 대한 방책도 앞으로 매우 곤란하다 말하였다더라'.35)

위의 내용을 통해서 보면, 청산리전투 이후 연해주로 들어간 독립군과 그 지역에서 활동하고 있던 독립군은 약 3,000명에 이르며, 불라고베시첸스크를 중심으로 각지에 흩어져 있었다. 독립군단에서는 소련당국에 대표위원을 파견하여 極東共和國과 행동을 통일하고 일본군과의 交戰에 대비하고 있었다.

이들은 극동공화국 크게 3가지의 협정을 체결했던 것으로 나타나고

35) 『동아일보』 1921년 4월 26일, 「文昌範이 中心이 되어 과격파와 크게 연락운동」.

있다. 첫째, 소련으로 들어온 독립군으로 조선의용군을 조직하고 소련 赤軍과 행동을 같이 할 것, 둘째, 노농정부는 조선의용군에 대해 무기와 탄약을 지원해 주고 셋째, 독립군은 赤軍과 함께 연해주지역에서 일제의 영토적 야욕을 분쇄하고 시베리아에서 이들을 물리칠 것이었다.

뿐만 아니라 이 기사에서는 '배일조선인의 늘고 줄음이 露國의 운명을 좌우할 만하여, 일본의 배일조선인에 대한 방책도 매우 곤란하다'고 해 독립군의 활동이 성과를 거둘 수 있을 지도 모른다는 생각을 내비치고 있었다.

대한독립군단은 1921년 3월 이만을 거쳐 自由市에 도착하였다. 1921년 6월 自由市慘變을 겪은 후에는 한인독립군에 대한 통합논의가 전개되었고 1922년 9월 1일 연해주지역 한인빨지산부대의 혁명소비에트 조직되었다. 소비에트 위원으로는 김규식을 의장으로 하고, 최호림, 안동백, 한창걸, 및 러시아 빨지산부대의 혁명쏘비에트군 의장인 빠벨스탄코프 등 5명이 선임되었다. 김규식과 한창걸은 수이푼(綏芬河)지역과 수찬지역 한인 빨지산 대표의 자격으로 위원이 되었다. 이 부대의 공식명칭이 高麗革命軍이었다.[36)]

고려혁명군은 1922년 10월에는 연해주지역 백계러시아 세력을 축출하는 마지막 전투에 참가하였으며, 1922년 11월 20일 현재 총사령부의 편제는 사령부, 무기부, 경무부, 위생부, 향무국, 재무국. 피복국, 재무국 등의 부서와 총병력 667명으로 구성되어있었다. 사령부 간부로는 총사령관 김규식, 군정위원장 최호림, 사령부관 강남일, 제1대대장 최

---

36) 윤상원, 「시베리아 내전의 종결과 한인빨지산부대의 해산」, 『역사연구』20, 2011, 149~152쪽.

준형, 기병대장 이범석, 기관총대장 나만규, 치중대장 이철, 무기부장 서용욱, 경무부장 정통, 경리부장 최춘선, 위생부장 박성철, 군위관 유치얼, 정치부장 여인빈이었다.37)

그런데 김규식이 고려혁명군의 총사령으로 연해주에서 항일전쟁 참여하고 있다는 사실은 국내언론을 통해 보도되었다.38) 부대는 소련 赤軍이 우스리스크를 점령하는 과정에서 상당한 전투력을 발휘하였다.

> 총사령 김규식 부하의 활동 이번 서백리아에서 일본군대의 철퇴를 기회로 하여 대한독립군은 도처에서 활동을 하는데 蘇王營을 점령할 때에도 대한독립군이 수 천명이 되었고 韓我 총사령은 金奎植이요 騎兵隊長은 李範奭인데 김규식은 구한국시대부터 군인으로 여러 해 동안 북간도에서 의병으로 종사하던 사람이요 이범석은 중국 운남군관학교 기병과를 졸업하고 작년 3월 운동이 일어난 후에 즉시 만주로 가서 독립운동에 참가하여 그동안 여러 번 실전에 경험이 많은 당년 22세의 용감한 청년 사관이라고 아라사 사람들 사이에까지 명성이 자자하다더라.39)

위의 내용에서 보면, 1922년 말경 연해주 한인독립군 세력은 도처에

---

37) 반병률, 『만주·러시아지역 항무장투쟁』, 한국독립운동사편찬위원회, 2008, 참조.

38) 『동아일보』 1922년 11월 10일, 「革命軍의 新.組織說. 간부까지 모두 새로이 작정」. '모처에서 온 전보를 보면, 근일 高麗革命軍總支部에서 임원 개선이 있고 고려혁명군 연해주 총지부에는 참모, 서무, 재무, 선전, 사법, 외교, 검사, 군량 등 8부분을 두고 또 4지방에 사령부를 두고 사령관이 통활하며, 이에 소속된 군대가 24부대인데 총지부의 임원은 아래와 같더라. 總支部總裁 李中執, 총사령관 김규식, 동부사령관 金應天(在蘇城), 서부사경관 申禹汝(在 八○子), 남부사령관 林炳極(在妥嶺溝), 북부사령관 李雄(在이만)

39) 「蘇王營의 獨立軍隊, 총사령 김규식부하의 활동」, 『동아일보』 1922년 11월 22일.

서 전투에 참가하여 일본과 교전하였으며, 우스리스크를 점령할 때도 수천명의 독립군이 참여하였다. 이들의 총사령은 김규식이며, 기병대장은 이범석이었고 특히 이범석은 22세 용감한 청년사관으로 러시아 사람들에게까지 명성이 자자하다고 하고 있었다.

그러나 10월 25일 불라디보스톡이 해방되고 러시아 내전이 소련 적군의 승리로 종결되자 김규식과 고려혁명군은 전혀 다른 상황을 맞이하게 되었다. 철병하는 일본군이 한인무장부대의 해산을 철병 협상 조건의 하나로 강력하게 제시하고 있었던 것이다. 소련의 입장에서도 한인 무장세력의 노동력을 극동공화국의 재건을 위한 사업으로 전환시킬 필요가 있었다.

그러나 김규식은 소련군의 무장해제 조치를 거부하고 보병과 기병대원들을 이끌고 중국령으로 탈출하였으며, 이 과정에서 한인독립군의 개별 부대와 소련군 사이에서는 交戰이 벌어지기도 하였다. 당시의 상황에 대해 이범석은『自傳』에서 다음과 같이 회고하였다.

> (백군과의 전투에서 ― 필자) 승리에 취해 東進하는 적로 제2군은 우리 독립군에게 완전 무장해제를 강요하면서 니꼬르스키에 진주하였다. 그 당시 만주에 있던 우리 독립군은 총사령부를 시베창에 두고 총사령관 金奎植장군의 지휘 아래 隊伍도 정연히 각기 부서部署에 들어서 싸웠다. 나는 綏芬지역의 사령관이었다. 싸움에 지쳐 있던 우리가 그들의 무장 해제 요구를 들었을 때는 분으로 이가 북북 갈렸다. 니꼬르스키까지 진출한 소비에트 러시아 遠東 제2군은 한 쪽으로는 무장 해제를 강요하면서 비밀히 우리의 측면과 배후로 전략적 우회를 하기 시작하였다. 우수리 이남지역을 확보하고 있던 우리도 여지없이 포위당하고 말았다. 게다가 리콜리스끄에 사령부

> 를 둔 러시아 원동 제2군의 초청을 받고 리콜리스크로 들어간 독립군 총사령관 김규식씨는 마침내 그들의 인질로 잡히게 되었다. 사령관이 인질로 잡히자 우리는 더 이상 은인자중할 아무런 이유가 없어졌다.[40]

내전에서 승리를 확신했던 소련군 제2군은 시베창에 본부를 두고 총사령관 김규식의 지휘 하에 정연한 대오를 갖추고 전투에 임하고 있었던 고려혁명군에 대해 무장해제를 요구하고 있었던 것으로 보인다. 그리고 만일에 대비해 비밀리에 이범석이 지휘하는 수분지역 독립군을 포위하는 전략을 취하였다. 더욱이 소련 제2군의 초청을 받아 리콜리스크로 간 김규식이 인질로 구금되자 소련군의 갈등은 交戰으로 치닫는 수준이었고 이범석은 교전 중에 머리에 총상을 입는 부상을 당했던 것으로 보인다.

따라서 이러한 내용을 통해서 보면, 內戰이 종결된 후 소련의 정책변화에 따른 일종의 '배신행위'는 김규식과 휘하의 독립군이 소련에 대해 강한 불신을 갖게 하는 계기가 되었으며, 이 같은 상황에서 김규식은 고려혁명군의 일부 병력을 이끌고 만주로 귀환하여 독립운동의 새로운 활로를 모색해야 했던 것으로 보인다.

---

40) 이범석, 『우등불』, 삼육출판사, 1978, 152~153쪽. 이후 '이범석은 소련군 포위망을 뚫기 위해 부하들과 격전을 치러야했으며, 머리에 총상을 입고 혼절한 상태에서 寧古塔으로 후송되어 3주간 치료를 받았다고 한다.

2. 만주로의 귀환과 독립운동 기반 조성을 위한 노력

1922년 말 김규식은 연해주에서 탈출하여 만주로 귀환하였으며,[41] 안도현 방면으로 이동하는 과정에서 김좌진의 부대와 합류한 것으로 나타나고 있다. 그러나 1922년 12월 穆陵縣 八站子에서 중국군에 의해 약 400명의 대원들이 무장해제를 당했던 것으로 보인다.

두 사람이 어떤 과정을 거쳐 합류했는지는 명확하지 않지만, 일제측 정보기록에 의하면, '金佐鎭과 金圭植이 이끄는 약 400명의 부대는 1922년 12월 상순 露領 松田關으로부터 서간도로 이동할 목적으로 穆陵縣 八站子 부근을 통과할 때 지역 中國 保衛團에 의해 억류되었으며, 중국군으로부터 무장해제 명령을 받았던 것으로 나타나고 있다. 중국군에서는 보위단에 편입하여 국경경비에 종사하는 경우에만 특별히 채용할 것이며 이에 응하지 않는 자는 무력으로 무장을 해제한다고 하였다. 그러나 독립군 가운데 보위단 입단을 희망하는 자가 없었기 때문에 무장 해제를 당하고 소지한 무기 전부를 압수당한 것으로 보인다.[42]

---

41) 윤상원, 앞의 논문, 166쪽. 이 논문에서는 '김규식은 1922년 11월 15일 경 수이푼 재피거우에서 부하 군인이 러시아인 4명을 살해한 사건으로 적군의 반감을 사서 무장해제를 강제당했으나 이를 거부하고 마침내 부하군인을 이끌고 서간도 안도현 방면으로 출발했다'하였다. 「高警 第4142號, 武裝解除後ニ於ケル在露領不逞鮮人團ノ狀況」, 1922.12.28, 『在西比利亞部』14권, 36항. 그리고 이와 관련해 김규면은 "김규식은 로씨야 농민 네사람을 총살하면서 성명하기를 우리는 붉은 주권을 반대한다. 그래서 너희들을 총살한다고 하고 그 즉시로 군대를 다리고 중국 땅으로 넘어서 도주하였다"고 적고 있다고 하였다. 독립기념관 한국독립운동사연구소, 앞의 책, 180쪽.

42) 「機密 第24號, 金佐鎭一派不逞團ノ解散ニ關スル件」, 1923.1.29, 『在西比利亞部』 14권, 58항. 윤상원, 앞의 논문, 166쪽 재인용 '인도할 때에는 무기 전부를 한 무더기로 하고 거기에 中韓 兩國旗를 세워 빈손의 선인부대는 그 후방에, 중국군대는 전면에 열석하여 선인은 총기와 중국군대에 대한 경례를 하는 인도식을 거행했다.

이후 김규식은 전열을 정비하여 1923년 5월 연길현 明月溝에서 高麗革命軍을 재건했던 것으로 나타나고 있으며, 이에 대해서는 다음과 같은 기록이 있다.

> 총사령 김규식, 참모장 高平, 副官長 崔海, 기병사령 이범석, 師長 崔俊亨, 헌병대장 許承完, 경무관 鄭○, 軍勢 400명.(중략) 조직에 있어서는 民兵制의 國民皆兵制度를 택하고 일반 韓僑의 교육계몽에 주력하며, 軍人의 自治를 도모하고 한교의 부담을 적개하기 위하여 군인도 이마에 땀을 흘려야 밥을 먹을 수 있는 兵農一致制를 실시하였다. 무기는 露領에서 구입하였으며, 이 구입을 위해 군인들은 열심히 農耕에 힘썼다. 청산리전역은 국제문제로 정식군사행동은 할 수 없고 군사훈련도 비밀히 하며, 표면으로는 善良한 농민으로 假裝하고 있었다.43)

위의 내용에서 보면 김규식은 중국으로 귀환하여 고려혁명군을 조직하고 國民皆兵制를 채택하여 일반 한인들의 교육계몽에 주력하는 한

무기의 수량은 장총 약 400정, 권총 30정, 폭탄 약 300개, 기관총 3정, 군도 30본, 소총탄 약 1만6천발, 기관총탄약 1만발이었다. 무기 인도 후 김좌진은 부하 전부를 한 곳에 집합시켜 "露支領 어디에서도 무장행위를 허가할 수 없다는 것이 자연의 추세라고 하는 것은 유감이 지만 어떻게 할 수가 없으니 차제에 해산하고 금후의 행동은 각자의 자유에 맡긴 다. 그럼에도 종래의 행동을 돌아보아 고향으로 귀향하기를 바라지 않는 자는 최근 조직된 연해주한족노동회에 입회하여 생활의 안정을 얻는 것이 가하다. 또한 장래 기회가 있을 때 결속하여 국사에 분주할 것을 잊지 말아달라"고 고별사를 하고 해산에 이르게 되었다. 약 400명 중 250명은 연해주노동회 혹은 추풍지방에서 농업 기타에 종사하고 약 50명은 목릉현 八面通 지방에 들어가 농가의 고용이 되고, 약 100명은 간도지방의 家鄕으로 귀환하여 생업에 나섰다. 12월 중순 삼삼오오 이산한 김좌진과 김규식 기타 중요한 간부는 연해주노동회에 들어간다고 하며 노령으로 향했다고 한다.'

43) 앞의, 『武裝獨立運動秘史』, 105~106쪽.

편, 독립군이라 하더라도 땀을 흘려 일을 해야 밥을 먹을 수 있는 兵農一致制의 원칙을 채택하였다. 그런데 이는 김규식의 전략이 독립군의 장기항전을 염두에 두는 새로운 단계를 고려하기 시작했음을 나타내는 것이라고 할 수 있을 것이다.

독립군의 군사훈련도 비밀리에 실시하여 표면적으로는 농민으로 假裝하여 활동했는데 이는 청산리전투에서의 승리와 연해주에서의 치열한 항전에도 불구하고 독립군의 개관적 상황이 국제 관계 속에서 개선되지 않은 상황에서 취할 수 있는 최선의 선택이었을 것이다.

김규식은 북로군정서 세력이 새로운 근거지로 삼고자 했던 북만으로 이동했던 것으로 보인다.

> '義兵大將으로 이름이 높은 金奎植은 조선에 독립이 일어난 후 북간도로 건너와서 北間島軍政署 간부의 한사람으로 위험을 무릅쓰고 밤낮으로 활동하던 터인데 재작년 이래 외지에 있는 무장군인은 흑하로 모이게 됨에 따라서 많은 활동과 노력을 하던 바 요사이 신병으로 북만 ○○으로 들어와 ○○병원에서 치료하는 중이라더라.[44]

이는 『동아일보』 보도 기사인데 의병대장으로 이름이 높던 김규식이 조선의 독립을 위해 위험을 무릅쓰고 밤낮으로 많을 활동과 노력을 해오던 중 身病으로 북만의 병원에서 치료 중이라고 하고 있다. 그런데 이는 달리 생각해 보면 김규식이 연길을 떠나 새로운 독립운동의 기지로 떠오르고 있던 북만으로 이동하였음을 추측케 해주는 것이라고 하겠다.

---

44) 「金奎植治病中 북만주 모처에서」, 『동아일보』 1923년. 2월 19일.

북만으로 이동한 김규식은 북로군정서를 재건하기 위해 金赫 등이 주축이 되어 조직한 大韓獨立軍政署에서 활동하였다. 192년 4월 하순에 영고탑에 있는 大倧教教堂에서 연합총회를 개최한 대한독립군정서에서는 본부를 同賓縣에 두고 지부를 寧安縣에 두고 하얼빈, 烏吉密河, 牧丹江, 穆陵, 東寧 등에 연락기관을 두어 조직의 역량을 강화하였다.

이들은 조선민족으로 倭奴의 밀정이 되는 자는 곧 살육할 것과 本年은 갑자년에 해당하고 조선독립의 실현이 익어오고 있다. 두만강을 건너 삼각산 상에 태극기를 세우고 만세를 높이 부르며, 우리민족이 倭奴의 壓政을 제거하고 列國에 우리의 독립을 선포하는 최초의 시기가 될 것이다. 우리의 행동을 방해하는 자는 軍法에 의해 엄히 처벌할 것이요, 우리 민족된 자는 이때를 당하여 전력을 다해서 후원해야 할 것이라고 결의하였다. 또한 대한독립군정서에서는 흑룡강성 烏雲縣에 사관학교를 설치하고 독립군 양성을 위해 노력했는데 당시 총재 玄天默, 군사부장 曺成煥, 서무부장 나중소, 재무부장 桂和였으며, 김규식은 金赫, 李章寧, 金弼, 權寧濬 등과 함께 참모로 활동하였다.45)

이후 대한독립군정서는 新民府로 통합되었다. 당시 북만지역의 독립운동단체들은 1925년 1월 목릉현에서 夫餘族統一會議를 개최하고 통합문제에 대해 논의하였으며, 3월 10일에 寧安縣 城內에서 신민부를 결성하였다. 그리고 신민부는 산하에 중앙집행위원회(행정기관), 검사원(사법기관), 참의원(입법기관) 등을 설치해 기본적으로는 3권분립 체제를 갖추었고 활동하였다.

신민부의 핵심권력은 중앙집행위원회에 집중되어 있었는데 초기 중

---

45) 박환, 『만주지역 한인민족운동의 재발견』, 국학자료원, 2014, 170~172쪽 참조.

앙집행위원회 위원들을 보면 위원장 김혁, 민사부위원장 최호, 군사부위원장 김좌진, 참모부위원장 나중소, 외교부위원장 조성환, 법무부위원장 박성태, 경리부위원장 유정근, 교육부위원장 허빈, 선전부위원장 허성묵, 연락부위원장 정신, 실업부위원장 李一世, 심판원장 金墩, 총사령관 김좌진, 보안사령관 박두희, 제1대대장 백종렬, 제2대대장 오상세, 제3대대장 文宇天, 제4대대장 주혁, 제5대대장 장종철, 별동대장 문우천 등이었다.[46] 따라서 근거지를 북만으로 옮긴 김규식은 신민부의 중요 인물들이 거의 대부분 북로군정서 출신인 상황에서 신민부 직접적으로 참여했다는 기록은 보이지 않으나 적어도 신민부와 상당한 연계를 맺으며 활동했을 가능성이 높다고 하겠다.[47]

김규식은 1926년 4월 중국 吉林省 吉林市의 嶺南飯店에서 결성된 高麗革命黨에 김좌진과 함께 위원으로 참가하였다. 일제는 고려혁명당에 대해 만주지역의 正義府와 국내의 天道敎 및 衡平社의 3개 단체가 연합하여 국제공산당과 중국국민당의 원조를 얻어 암살 · 파괴 · 방화 등의 방법으로 그 영향력을 강화하고 이를 통해 일제를 괴멸시키고 새로운 국가를 건설하는 토대를 마련하고자 하는 전략을 갖고 있었던 것으로 파악하고 있었다.

고려혁명당은 당원의 자격에 대해'계급의식이 철저한 남녀로 만 20세 이상인 자'로 한다거나 1927년 6월 아성현 취원창에서 당 세포연합대회를 개최하는 등 일정 부분에서 사회주의적 성향을 나타내기도 하였다.[48] 이러한 고려혁명당의 성격과 투쟁 노선은 綱領과 黨略을 통해

---

46) 「신민부」, 독립기념관 한국독립운동사연구소, 『한국독립운동사사전』, 2004 참조.
47) 앞의, 「만주 연해주의 독립운동과 김규식」, 50~51쪽.
48) 金俊燁 · 金昌順, 『韓國共産主義運動史』 4, 청계연구소, 1986, 121~123쪽.

서도 확인할 수 있다.

강령

1. 우리들의 인간 실생활의 당면한 적인 모든 계급적 기성제도 및 현재 조직을 일체 파괴하고 물질계와 정신계를 통해 자유 평등의 이상적 신사회를 건설하자
1. 제국주와 자본주의에 대한 근본적인 반항에서 우리와 공명하는 각 피압박 민족을 결합해서 동일전선에서의 일치된 보조를 취하자

당략

1. 대국의 성세에 향응하고 지리의 관계를 이용해서 滿洲를 최선의 戰地로 삼는다.
1. 최고 간부는 상해에 두고 동양의 피압박 민족과 연락을 취하고 만주 戰策上 필요가 있을 때에는 임시로 적당한 지대로 轉置한다.
1. 동양운동의 필요상 제3국공산당과 합치는 전략을 취한다.[49]

김규식은 1930년 1월 김좌진이 한인공산주의자 청년에게 암살당한 후 민족진영과 사회주의진영의 대립이 격화되는 상황에서 7월 葦河縣에서 결성된 韓國獨立黨 참가하였다. 김규식은 황학수, 이장녕, 이진수 등과 함께 부위원장에 선임되었다. 당시 한국독립당에 참여했던 인물은 고문 呂準, 李鐸, 尹覺, 金東三, 金昌煥, 위원장 홍진, 부위원장 이진

49) 警務局保安課, 『昭和二年十二月 治安狀況』, 78~79쪽. 김정인, 「1920년대 중후반 천도교세력의 민족통일전선운동」, 『한국사학보』11, 고려사학회, 2001, 237쪽 재인용.

산, 황학수, 이장녕, 金奎植, 집행위원 홍진, 이진산, 황학수, 이장녕, 김규식, 지청천, 김동진, 정신, 조경한, 민무, 전성호, 公昌俊, 鄭藍田, 오광선, 김해강, 김청농, 申肅, 이규보, 李鵬海, 이관일, 김원식, 崔萬翠, 孫武英, 崔岳, 남대관, 尹×冑, 沈萬浩, 慶惠春, 朴明鎭, 총무부위원 정신, 이관일, 김동진, 민정부위원 전성호, 김해관, 이관일, 군사부위원 지청천, 오광선, 민무, 이붕해, 김청농, 최만취, 손무영, 조직부 위원 신숙, 정남진, 공창준, 박관해, 훈련부위원 조경한, 최악, 呂運達, 선전부위원 조경한, 남대관, 김영호, 조사부위원 경혜춘, 심만호, 이규보 등이었다.[50)]

한국독립당의 창립대회는 신숙의 사회 하에 민무가 임시 書記로 지명되어 개최되었는데 대회에서는 '백의동포는 소련공산당에 속지 말 것과 일치 협력하여 조국광복을 도모할 것'을 선언하였다.

한국독립당은 소련 공산주의에 반대하고 조국의 절대독립을 분명히 하고 있었으며, 6대 綱要에서는 입헌민주주의와 토지와 대생산기관의 국유화 및 의무교육의 실시 등을 주장함으로서 향후 건설될 독립국가의 면모를 대체로 사회민주주의적인 관점에서 바라보고 있었던 것으로 파악된다.[51)] 한국독립당에서는 동지를 모집하여 혁명의식을 선전

---

50) 趙擎韓, 『白岡回顧錄』, 종교단체협의회, 1985, 90쪽. 그러나 당시 한국독립당의 임원에 대해서는 다른 기록들도 보이고 있다. 蔡根植, 『武裝獨立運動秘史』, 156~157쪽, 대한민국공보처, 1949에서는 .중앙위원장에 홍진, 총무위원장에 신숙, 조직위원장에 남대관, 선전위원장에 안훈, 군사위원장에 지청천, 경리위원장에 최호, 감찰위원장에 이장녕 등이 임명되었다고 하고 있다. 또한 국사편찬위원회, 『韓民族獨立運動史資料集』 43, 2000. 京畿道警察部, 「李圭彩 신문조서(제二회)」에서는 黨首로 洪冕熙를 선출하고 정치부장을 겸임하게 하였으며, 정치부위원에는 이규채, 경제부장 崔塢, 문화부장 申肅, 군사부장 李靑天, 군사부 참모장 李圭彩, 선전부장 鄭信, 조직부장 朴觀海을 선출하였으며, 이외에 각부 부장과 閔武, 李章寧, 崔岳 등 3인의 위원을 합하여 중앙상무위원을 조직했다고 되어 있다.

51) 박환, 「만주에서의 항일무장투쟁과 池靑天」, 『만주지역 한인민족운동의 재발견』,

주입하고 당세를 확장하며, 군사훈련에 노력할 것을 강조하고 있었다. 이는 항일무장투쟁을 염두에 둔 내용이라고 할 수 있는데 이후 黨軍인 韓國獨立軍을 결성하여 적극적인 항일무장투쟁을 전개하였다.[52]

그러나 이 시기에 김규식은 정당이나 군사활동보다는 한인자제들을 위한 교육활동에 주력하고 있었던 것으로 보인다. 그는 자신이 살던 마을인 연수현 태평촌에 학교를 설립하고 선생이 부족하여 주하현 하동 3계 마을에 살고 있던 황포군관학교 출신 이붕해를 초빙하기 위해 방문했다가 살해되었다. 김규식 1931년 3월경 한족자치연합회의 본부가 있던 주하현 하동농장에 찾아가 지청천, 신숙 등과 연수현에서 운영하고 있던 학교문제를 상의하고자 하였다. 그런데 당시 직권을 남용하여 하동농장 주민들로부터 원성을 사고 있던 백운봉과 최호 등은 김규식이 자신들의 자리를 위협하고 있다고 생각하고 그가 묵고 있던 한족자치연합회 주하지방 집행위원장인 이붕해의 집을 습격했던 것이다.[53] 김규식의 활동에 두려워 했던 일부 세력이 그의 학교 경영이 활발해 지는 것에 위기의식을 느끼는 한편, 자신의 마을에 까지 영향을 끼치는 것을 두려워하여 그를 살해한 것이었다. 피살 직후 김규식의 시신은 螞蟻河에 유기되었지만, 동포들에 의해 거두어져 南興村에서 화장된 후 마의하 강가에 뿌려졌다.[54]

국학자료원, 2014.

52) 황민호, 「재만한국독립군의 성립과 항일무장투쟁의 전개」, 『사학연구』114, 2014.

53) 국가보훈처, 「김규식 이달의 독립운동가」, 2011년 10월https://e-gonghun.mpva.go.kr/user/IndepCrusaderDetail.do?goTocode=20003&mngNo=8869

54) 강용권, 『죽은자의 숨결 산자의 발길』 장산, 1996, 92~94쪽. 申肅, 『剛齋 申肅의 生涯와 獨立鬪爭 -나의 일생』, 국학자료원, 1963, 96~98쪽.

Ⅳ. 맺음말

이 논문은 만주지역에 활동했던 대표적인 항일독립운동가 가운데 상대적으로 알려지지 않았던 노은 김규식의 독립운동 활동에 대해 정리한 것이며, 중요 내용을 정리하면 다음과 같다.

노은 김규식은 1882년 1월 15일 경기도 양주군에서 출생했으며, 蘆隱은 號이고, 異名은 瑞道이며, 虎將軍이라고도 불렸는데 이는 그가 군인으로의 위엄과 용맹함을 갖추고 있었음을 나타내 주는 것이라고 하겠다.

1903년 1월경 구한국 사관학교 견습생이 되었으며, 侍衛隊 副校와 陸軍硏成學校 조교를 거쳐 1907년 8월 대한제국 군대가 해산되는 과정에서 군을 떠났던 것으로 보인다. 그러나 이 부분과 그의 만주로의 망명시기에 대해서는 명확한 시기나 과정 등을 밝히기 어려운 것으로 보인다.

의병항쟁에 참여한 그는 약 80명정도의 병력을 거느리고 4~5차례에 걸쳐 일본군과 교전하는 용맹함을 보였으며, 13도창의군이 결성되는 과정에서는 허위와 이인영의 의진에서 '使令長'으로서의 역할을 수행하여 의병의 결진에 많은 공을 세운 것으로 보인다. 1908년 4월을 전후하여 일본군에게 체포되었으며, 京城地方公訴院에서 內亂罪의 명목으로 1908년 8월 25일 流刑 15년의 판결을 받았으며, 2년간의 유배 생활을 하다 1910년 9월 5일 사면된 것으로 보인다.

만주로 망명한 이후에서는 북로군정서의 교관으로 활동하였으며, 청산리전투에서는 보병대대장으로 전투에서 참가하였다. 이후 독립군의 이동 경로를 따라서 북만의 밀산을 거쳐 연해주로 들어갔으며, 이 대한독립군단의 총사령에 임명되기도 하였다.

露領으로 이동해서는 연해주 高麗革命軍을 조직하고 사령관이 되어 白軍을 지원하던 일본군과의 항일무장투쟁을 지휘하여 전투를 승리로 이끌었으나 소련의 배신으로 만주로 귀환하였다. 1925년에는 신민부 계열의 인물들과 함께 활동한 것으로 보이며, 고려혁명당과 한국독립당에도 참여하였다. 1931년 3월 23일에는 북만지역 한인사회의 역량 강화를 위한 노력의 일환으로 연수현에 세운 학교를 운영하는 문제로 하동지역에 갔다가 반대파의 공격을 받고 피살 순국하였다.

白冶 김좌진의 항일독립운동과 그 기억

Ⅰ. 머리말

백야 김좌진은 일제하 만주지역 항일무장투쟁사에서 청산리대첩을 승리로 이끄는데 결정적인 역할을 했으며, 신민부와 한족총연합회의 활동을 통해 1920년대 북만지역 항일독립운동을 주도했던 민족진영의 대표적인 인물이다.

> 신민부 新民府 軍事委員長 金佐鎭은 지난 1월 28일 오후 2시에 북간도 中東線 모처에서 누구에게 인지 피살되엇는데 향년이 42세이더라 忠南 洪城人으로 小兒時에 兵書 耽讀, 청산리에서 일시는 교화俄領에선 赤白戰爭(중략) 北路軍政署가 됨에 總司令官이 되어 旺淸縣 十里坪에 가서 일변으로 군사를 모집하고 일변으로 土官養成所를 두어 사관을 양성하다가 중국관헌의 간섭으로 떠나게 되어 和龍縣 青山里를 지나다가 마츰 서백리아에서 나오든 일본군사와 간도로 들어오든 일본군사에게 포위되어 전후 5일간 교화한 결과 저편군사 1,300명이 죽고 련대장 加納이가 죽엇섯다(當時 大阪每日 所報) 그러나 물밀 듯 말리는 저편 군대를 저항치 못하야 다른 부대와

함께 俄領에 가서 赤白戰爭에 참가하여 그 후원을 어드려다가 의외에 黑河事變이 이러나고 무장해제를 당하게 됨에 할 수업시 다시 만주로 나와서…[1])

위의 내용은 1930년 1월 백야가 순국하자 그 소식을 보도한 『조선일보』의 기사로 백야는 왕청현 십리평에서 군사를 모으고 사관연성소를 설립해 독립군을 양성하던 중 화룡현 청산리에 전개된 일본군과의 5일간의 격전에서 1,300명의 적을 사살하고 연대장 加納을 죽였으며, 이 내용이 당시 大阪每日에 보도되었음을 전하고 있다. 『조선일보』의 이 같은 보도는 일제하에서 상당히 의미있는 보도인 것으로 여겨진다.

지금까지 김좌진의 항일독립운동에 대해서는 청산리전투와 신민부를 중심으로 다양한 연구가 이루어져 있으며, 백야의 가계와 국내에서의 활동에 대해서도 구체적인 연구 성과가 발표되어 있다.[2])

그러나 청산리전투에 대한 국내 언론의 보도 경향이나 이후의 백야의 활동 및 순국 과 관련한 국내 언론의 보도 경향에 대해서는 여전히 관련 자료를 분석 정리해 볼 부분이 있는 것으로 생각된다.

---

1) 「新民府軍事委員長 金佐鎭被殺 確實, 지난 1월 28일 오후 2시 中東線 某處에서 慘事」, 『조선일보』 1930년 2월 13일

2) 박환, 『대륙으로 간 혁명가』, 국학자료원, 2003. 반병률, 『1920년대 전반 만주 · 러시아 지역의 항일무장투쟁』, 한국독립운동사연구소, 2009. 장세윤, 『중국동북지역 민족운동과 한국현대사』 명지사, 2005. 김연옥, 「일본군의 '간도출병' 전략과 실태」, 『일본역사연구』 50, 일본사학회, 2019. 신효승, 「청산리 전역의 전개 배경과 독립군의 작전」, 『한국민족운동사연구』86, 한국민족운동사학회. 황민호, 「1920년대 초 재만 독립군의 활동에 관한 『매일신보』 의 보도경향과 인식」, 『한국민족운동사연구』 50, 2007. 박경, 「북만주 新民府의 선전활동; 新民報」, 『한국민족운동사연구』113, 한국민족운동사학회 2022. 강수종, 「1930년대 북만 지역 한족농무연합회의 조직과 활동」, 『한국민족운동사연구』110, 한국민족운동사학회 2022. 이성우, 「백야 김좌진의 국내민족운동」, 『역사와 담론』44, 호서사학회 2006.

따라서 본고에서는 조선총독부 기관지 『매일신보』를 비롯해 『조선일보』와 『동아일보』 등의 기사에서 백야의 활동과 직접적으로 관련이 있다고 판단되는 내용들을 선별해서 분석해 봄으로서 백야 김좌진의 항일독립운동에 대해 보다 충실하게 확인하는 또다른 접근을 시도해 보고자 한다.

그리고 해방 직후 백야에 대한 남한 사회의 기억과 기념의 특징에 대해서도 확인해 보고자 하였다. 따라서 본고의 이러한 노력은 백야의 항일독립운동의 특징과 성격에 대해 보다 명확하게 이해할 수 있는 새로운 토대를 마련하는데 일정하게 기여할 수 있을 것으로 생각된다.

II. 청산리전투에 대한 『매일신보』의 보도 경향

3 · 1운동 이후 북간도에서는 북로군정서와 대한독립군을 비롯해 다양한 독립군단이 결성되고 있었으며, 이들의 국내진공작전이나 군사활동은 일제의 국경 치안을 크게 위협하는 요인이 되고 있었다. 실제로 1920년 한에만, 1,651회에 달하는 독립군의 국내 진공작전이 전개되었으며,[3] 특히 1920년 6월 삼둔자전투와 봉오동전투에서 연이어 敗戰한 일본군은 8월에 들어 대규모의 병력을 동원한 이른바 '間島出兵'을 계획하기에 이르렀다.

그리고 이에 앞서 총독부에서는 1920년 9월 5일과 26일에 각각 『동아일보』와 『조선일보』을 폐간시켰으며, 기관지 『매일신보』를 통해 청

3) 朝鮮總督府警務局, 『朝鮮警察之概要』, 1925, 123-124쪽

산리전투의 교전상황을 왜곡하였다.[4] 『매일신보』에서는 1920년 10월 19일 '討伐隊 行動開始, 토벌대는 제3대로 편성하야 가지고 15일 출발함, 음모조선인과 마적을 토벌코저'라는 제목의 기사를 게재하였다.[5] 이후 10월 10일에서는 교장 김약연 이하 직원과 생도들이 모두 독립운동에 가담하고 있는 明東學校를 수색한 결과 총기와 과문서 등을 압수하였으며, 학교와 집을 불태우고 돌아왔다고 하였다.[6]

10월 28일자에서는 토벌대의 주력부대였던 東支隊와 金佐鎭部隊와의 교전에 대해 상세하게 보도하였다.

> 두도구에 있는던 동지대의 예비대는 蜂蜜溝부근에 음모단의 집단이 있는 것을 탐지하고 당시 봉밀구 서북방 약 80리 되는 後車廠溝로부터 돌아오는 길인 22일 이른 아침 기병연대의 합하여 동지 서편 산중에서 음모단과 충돌하여 오후 7시까지 싸움을 계속한 후 드디어 그들을 뒤편되는 밀림지대 안으로 격퇴하였다. 그 싸움에 대한 일본군의 손해는 戰死 下士 1, 졸 2, 부상, 졸 11명, 기관총 1, 소총 11, 劍 2, 탄약 1,200, 眠銃 1 鹵獲하였는데 음모단의 두목은 김좌진이요 부하 2-300명을 거느렸으며, 그 외에 草賊團 7-800명이 그에 참가한 듯한대 그 합계는 1,000명 내외인 바 음모단의 사상은 다대한 모양이나 아직 알 수 없다.[7]

---

4) 조동걸, 「靑山里戰爭 80주년의 역사적 의의」, 『한국근현대사연구』15, 2000, 110-111쪽.

5) 『매일신보』 1920년 10월 19일. 「討伐隊 行動開始, 토벌대 제3대로 편성하야가지고 15일 출발함. 음모조선인과 마적을 토벌코저'

6) 『매일신보』 1920년 10월 26일. 「음모의 책원지 明東學校를 燒却햇다, 다수의 총기와 과격문서도 발견 압수」.

7) 「草賊團을 合한 一千餘名의 首魁 金佐鎭部下, 漁老村에서 서로 만나 충돌되며 일장 접전이 시작, 彼此死傷이 不少햇다」, 『매일신보』 1920년 10월 28일.

일본군 토벌대는 22일 오전 김좌진 부대와 어로촌에서 대규모의 접전을 치뤘다고 하면서, '草賊團을 합한 1,000名의 首魁 金佐鎭 部下, 漁老村에서 서로 만나 충돌되며, 일장 접전이 시작되어, 彼此死傷이 不少햇다'고 하였다.

기사에서는 일본군의 피해에 대해 '戰死 下士 1명, 졸 2명, 부상, 졸 11명, 기관총 1정, 소총 11정, 劍 2자루, 탄약 1,200발 등을 鹵獲'했다고 하면서 음모단의 피해에 대해서는 '다대한 모양이나 아직 알 수 없다'고 해 결과적으로 토벌대의 패전을 은폐하고 있었던 것으로 보인다. 그런데 이 전투는 청산리전투에서 가장 대규모의 격전이었던 어랑촌전투에 대한 보도였던 것으로 보인다.

또한 다른 기사에서는 조선인 음모단들은 여전히 출몰하고 있는데 음모단의 수령은 홍범도, 김좌진, 최명록이며, 각지의 형세가 여전히 자못 불온하다'고 해 당시의 분위기를 전하기도 하였다.[8)]

이후 12월 18일자에서는 '김좌진은 二道溝로, 홍범도는 안도현으로 도망하여 그림자도 없다고 하거나[9)] 22일자에서는 '軍政署 警信局長 蔡奎五가 木村토벌대에 귀순했다고 하여 북로군정서군이 심각한 타격을 받은 것 같은 인상을 주기도 했다.[10)]

또한 『매일신보』에서는 "청산리 西大浦에 있던 무관학교는 군대의

---

8) 『매일신보』 1920년 10월 22일, 「國境方面政勢險惡, 토벌대는 이곳 저곳으로 방비차로 활동이 성행, 조선인 음모단들은 여전히 출몰하며 서로 대항, 陰謀團의 首領은 洪範圖 金佐鎭 崔明祿, 各地에서 來着한 電報綜合, 三道溝 方面에 雄據한 朝鮮人의 大集團, 약 천여명이 모여 있어서 형세 자못 불온하다는 말」

9) 『매일신보』 1920년 12월 18일. 「金佐鎭은 二道溝로 洪範圖는 安圖縣으로 逃亡하여 影子도없다. 음모단체 중 한민회는 귀순하고 가타 단체는 그림자도 없다」.

10) 『매일신보』 1920년 12월 22일. 「陰謀首領이 속속 歸順, 견디지 못하여 속속 귀순하는 모양이다」.

편성도 매우 규칙적이었으며, 김좌진과 홍범도부대는 모두 커다란 수목과 기타 樹林 사이에 숨어 있어 토벌하기에 간단치 않았다고 하는 토벌대 소좌 安川三郎의 인터뷰를 게재하기도 했다. 그런데 『매일신보』의 이같은 보도는 이는 역설적으로 일본군의 토벌작전이 성과를 거두지 못했음을 드러내는 것이었다고 할 것이다.

이밖에 1921년 1월 19일자 기사에서는 일본 육군 대위 直田의 증언을 인용해 김좌진은 다소간의 의학 지식이 있어 조선인 병자에게 모르핀 주사를 하거나 최면요법으로 치료하며 활동하고 있다고 보도하기도 하였다.[11] 조선군사령부가 1926년에 작성한 『간도출병사』에서 작전에 선봉이었던 東支隊는 출동지대가 敵地가 아니었으며, 중국 군대와의 타협적 토벌 이후여서 賊徒들이 사방으로 흩어졌으며, 긴급 출동 직후 초토행동으로 나설 수 없었던 점에서 문제가 있었다고 하였다. 게다가 외교 및 기타의 사정으로 서쪽과 북쪽 지구는 대체적으로 개방되었으며, 작전 지역이 광활한 것에 비해 병력은 매우 적고 시일도 짧았던 점 등 여러 요인에 의해 섬멸적 타격을 기하는 것이 불가능했다고 하였다.[12]

청산리전투 당시 북로군정서가 사용한 태극기와 무기 및 인장

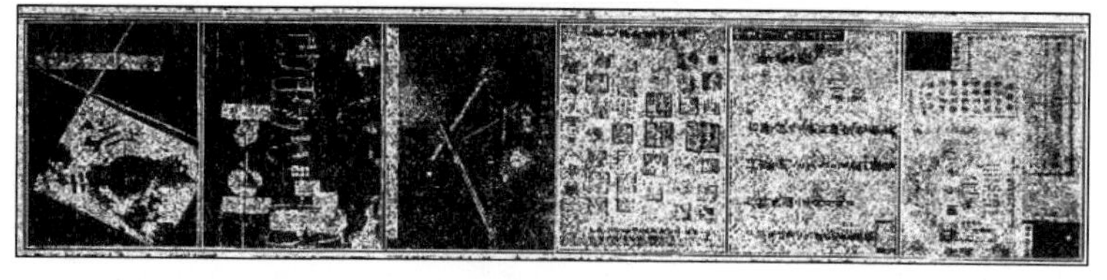

---

11) 『매일신보』 1921년 3월 21일. 「최근 김좌진의 소식, 병자에게는 모르히네 주사를 하고 최면 치료까지 해」.

12) 김연옥, 「일본군의 '간도출병' 전략과 실태」, 『일본역사연구』 50, 일본사학회, 2019.

한편 『동아일보』에서는 작년 가을 이래로 간도에서 독립사상을 선전하고 여러번 일본군과 접전하던 大韓軍政署의 金佐鎭과 洪範圖의 부하들에게서 토벌대 東小將부대가 노획품이라고 하며 사진을 게재하기도 하였다.

당시 토벌대가 노획했다고 하는 물품 목록으로는 一 김좌진이 쓰던 피무든 태극기, 二 김좌진과 홍범도의 부하가 쓰던 군모 배랑 라팔 등, 三 김좌진이 쓰던 기관총, 四 대한군정서와 김좌진이 쓰던 여러 가지 도장, 五 대한군정서 사관 양성소의 필업증 六. 상해림시정부 재무총장 李始榮이 발행한 100원자리 독립공채증서 등이었다.

그리고 『조선일보』에서는 김좌진과 홍범도가 노농정부로부터 군수품과 무기와 탄약 등을 제한없이 공급받게 되었다는 권고문을 발표해 독립단원들 노령으로 옮겨간 사람들이 적지 않다고 하였다.[13] 그런데 국내언론의 이같은 보도는 일본군에 맞선 독립군의 기세를 알리는 계기가 되었을 것으로 여겨진다.

1943년 3월 1일 대한민국 임시정부에서는 『光復軍小史』를 발간해 청산리전투의 승리에 대해 다음과 같이 기록하기도 했다.

> … 청산리전투에서 적구는 총 3천 3백여 명이 사상당하였고 한국무장대오는 사망 60명, 부상 90명 및 1백여 명이 실종되는 손실을 입었습니다. 곧 평균 1대 20의 현격한 병력차에도 불구하고 한국무장대오 1명이 손실을 입었을 때 적구는 20명의 손실을 입은 것입니다. 청산리전투는 한국무장항일운동사에서 가장 빛나는 사적일 뿐 아

13) 『조선일보』 1920년 12월 21일. 「間島에 在洪範圖 金佐鎭으로부터 部下召集 勸告文 軍需品은 勞農政府에서 供給한다고 云」

> 니라 동방약소민족의 항일사에서도 가장 고귀한 승리의 한 페이지를 장식한 것입니다. 당시 일본의 모든 신문들은 한 면 전체를 청산리전투에 관한 기사로 채웠습니다. 일본 신문들은 "…아군(일군)은 加納 연대장 외에 대대장 2명, 중대장 5명, 소대장 9명, 하사 이하 사병 9백여 명이 사망하였다…"고 보도하였습니다. 적국의 저명한 박사 한 명은 '김좌진은 도대체 어떤 인물인가?'라는 제목의 논문까지 발표하였습니다. 청산리에서 큰 패배를 맛본 적구는 동북 한교들을 증오하는 마음이 뼈에 사무쳐 요녕과 길림 두 성에서 대규모 도살을 전개하여 아무런 무장도 갖추지 않은 한교 3만여 명을 살해하였습니다.14)

위의 내용에서 보면, 북로군정서의 근거지를 공격한 일본군은 총 3천 3백여명의 사상자를 냈으며, 독립군은 평균 20대 1의 현격한 병력차에도 불구하고 대승을 거두었다고 하였다, 뿐만 아니라 이는 한국의 항일무장투쟁사와 동방약소민족의 항일사에 있어서 가장 빛나는 승리의 한 페이지를 장식한 것이라고 하였다.

이밖에 당시 일본 신문에서는 "…아군(일군)은 加納 연대장 외에 대대장 2명, 중대장 5명, 소대장 9명, 하사 이하 사병 9백여 명이 사망하였다…"고 보도했다고 하였다. 또한 청산리에서 큰게 패배한 일본군이 요녕성과 길림성에서 아무런 무장력을 갖추지 않은 한인교민 3만여명을 살해했다고 해 경신참변의 피해에 대해서도 언급하고 있음을 볼 수 있다.

---

14) 국사편찬위원회, 『대한민국임시정부자료집』11, 韓國光復軍小史(1943. 3. 1)

Ⅲ. 신민부 성립 전후의 항일무장투쟁

청산리전투 이후 북로군정서군은 다른 부대들과 함께 북만을 거쳐 러시아 방면으로 이동한 것으로 보이며, 이는 다음과 같은 기사를 통해서 확인되고 있다.

> 간도방면으로부터 북방으로 향한 대한민국 군뎡서 총재 徐一 동군 사령관 金佐鎭 ㅁ로독군부 령슈 崔明錄과 밋 洪範圖 등은 각々 부하를 령솔하고 로지국경부근 로령 쇼츄풍이라는 곳에 집합하야 각파가 련합하야 최근 大韓國總合部라하는 것을 조직하고 크게 세력을 만회하야 捲土重來의 계획을 하는 즁 그 방법으로는 또 대한독립을 션언하고 긔관 신문을 발행하야 긔세를 선동하며 또 각디에 파견원을 보내여 동디에 규합과 군자금의 모집에 노력하며 또 조선내디에도 드러오랴하는 예정이라 그런대 일명내지 이명으로 조선의복또는 지나의복을입고 과격한 행동을 연츌하야 목적을 일우고져 지금 각파의인원 약삼쳔명이 잇고 풍쇼츄의 조선사람 팔백여명은 량식 기타 여러가지 급여품을 담당하얏스며 홍범도는 일본군과 교뎐할지음에 부상(일셜에는 부하를 인하야 부상운々)되야 일시 라자구에 인양치료하다가 셔일등의 거사에 찬동하야 이왕먹고 잇던 자긔의 뜨ㅅ을 관쳘코져하야 쇼츄풍으로 이젼하얏다는 말이잇다더라.15)

위의 내용에서 보면 청산리전투 이후 독립군단은 연합군단을 형성했으며, 러시아령으로 이동하는 과정에서도 항일무장투쟁을 계속하기 위해 군자금을 모으고 일단의 의열투쟁을 계획하는 등의 활동을 전개

---

15) 『조선일보』 1921년 2월 19일, 「軍政署首領等 小秋風로으 集合 三千名의 大軍領率, 大韓國總合部를組織하고過激派와聯絡하야 擧事中」.

하고자 노력하고 있었던 것으로 보인다.

한편 이범석의 회고록에서 보면 백야는 러시아 영토로 들어간 후 소련 赤軍이 요구하는대로 러시아혁명을 위해 시베리아 깊숙한 곳까지 진격해 일제가 후원하고 있는 白軍과 싸우는 것은 향후 독립운동의 진로와 관련해 전략적으로 문제가 있다고 판단해 金奎植[16] 등과 함께 대열을 이탈해 독자적인 행보를 보였던 것으로 나타나고 있다.[17]

이후 만주로 돌아온 백야는 소만 국경지대의 한인사회를 바탕으로 독립운동의 강화를 위해 노력했던 것으로 나타나고 있다.

> 獨立團 수령 金佐鎭씨 일파는 北滿州 廟街방면으로부터 寧古塔에 이르러 북만쥬와 露領 沿海州 방면에 산재한 大韓獨立團을 소집하야 大會를 개최코자하야 이미 녕고탑에 소집된 당원이 500명에 달한다는데 그중에는 유명한 대한독립 軍政府 일파의 수령 玄天默씨와 大韓革命團 수령 金奎植씨 등도 잇는데 년래의 목뎍하는 一致團結의 필요로 上海에 잇는 臨時政府를 녕고탑으로 이뎐하야 종래 연해주 일대에서 활동하든 武力派의 전부를 합병하야 적극뎍으로 활동코자하는 생각이라고 전하며 일본 小倉師團 騎兵 제12련대에 잇든 긔병 中尉 金光瑞씨도역시 廟街에 잇셔 활동하는중이라더라.[18]

백야는 북만주의 영고탑과 연해주지역에서 현천묵, 김규식, 김광서

16) 김규식은 호는 蘆隱이고, 異名은 瑞道이며, 虎將軍이라고도 불렸는데 尤史 김규식과는 다른 인물이다. 황민호, 「蘆隱 金奎植의 생애와 항일독립운동」, 『한국민족운동사연구』95, 한국민족운동사학회 2018.

17) 이범석, 『우등불』, 삼육출판사, 1978, 151쪽.

18) 『조선일보』 1923년 11월 13일. 「寧古塔에 獨立團會議 벌서 來集한 團員이 五百名 각쳐에 헤여져잇든 무력파가 단결하야 적극뎍 활동을 계획」

등과 연합해 독립군을 규합하는 대회를 소집하고 임시정부와도 연락해 항일무장투쟁 역량을 강화하고자 했던 것으로 보인다. 실제로 당시 『동아일보』에서는 영고탑이 북만의 교통요지로 정치·경제의 중심지라고 보도하고 있었다.19)

1923년 8월 경 김좌진의 부대는 대한군정서원 400명 이외에, 小綏芬武官學校 생도 60명과 연해주에서 모집한 무관학교 후보생 120명을 합쳐 580여명이었다고 한다.20)

또한 백야는 11월 경에는 북만지역 독립운동지도자 21명과 함께 獨立黨統一計劃을 추진하고 있었던 것으로 보인다.21)

> 金佐鎭의 密使 俞政根이 부내에 들어와서 安東 金氏를 중심으로 모々계획을 하다가 발각되야 동대문 경찰서에서 취조를 밧는다함은 임의 보도한 바이어니와 그들은 그동안 비밀리에 취조를 밧고 작일 오후에 일건 서류와 함께 모다 경성디방 법원 檢事局으로 넘어갓는데 위선 이번사건의 主謀者로 大韓獨立軍 總司令部 派遣 軍資金

---

19) 『동아일보』 1923년 12월 8일, 「寧古塔의 近情, 독립당의 거두 만히 모여」. "중국 吉林省 영고탑은 북쪽 만주의 정치 경제의 중추지로 각지와 교통요지인 관계로 독립운동의 주모자들은 뒤를 이어 모혀든다는데 金佐鎭, 玄天默, 金奎植, 李範奭, 金東三 등을 위시하야 사회주의 잡지 新生活의 필화사건으로 유명하던 김모도 이곳에 잠복중이라더라."

20) 박환, 『대륙으로 간 혁명가들』, 국학자료원, 2003, 140쪽.

21) 『동아일보』 1923년 11월 17일, 「獨立黨統一計劃, 유력한 21명의 발긔로」. "임의 보도한 바와가치 北滿洲에 잇는독립당원 21명이 南北滿洲의 통일할 회의를 발긔하얏는 바 그뒤에 상세한 소문을 듯건대 그 취지서에는 도々한 긴말로써 우리의 과거의 통일되지 못하야 우리 사업이 진행되지 못한 것을 통분히 말하고 진행방침에 대한 5.6가지 조건을 들어서 찬성을 요구하얏는대 그 발긔인의 씨명은 아래와 갓다더라 姜國模, 桂和, 金秉○, 金鼎義, 金爀, 金奎植, 金燦洙, 金佐鎭, 南相珣, 梁在憲, 梁圭烈, 李範允, 李章, 李範奭, 朴斗熙, 裴永善, 曹成煥, 崔振東, 玄天默, 洪景律, 洪忠憙"

募集員 俞政根과 그 관계자의 일홈을 소개하면 아래와갓다 本籍 忠南 天安郡 葛田面 梅堂里 現住 中國吉林省 寧安城內 西方一名 晩松 俞政根(35), 本籍 忠南 洪城郡 齊逸面 杏山里 現住 京城府 臥龍洞 五九番地 金東鎭(33) 本藉 京城府 昭格洞 二八番地 現住 右同 金恒圭(44) 本籍 楊州郡 伸湲面 東豆川里 九三 現住 右同 金完圭(47) 本籍 忠南 大田郡 鎭岸面 松亭里 現住 京城府 齋洞一二番地 金炳僖(36) 本籍 振威郡 靑北面 玄谷里一七一 現住 右同 平澤里 九五 申贊雨(41) 이제 사실의 내용을 듣건대 유정근은(중략) 작년 3월경에 다시 만주로 와서 김좌진의 군자금 모집을 계획하였다는 혐의로 유정근 외 4사람이 동대문서의 취조를 마치고 검사국으로 넘어갔다함을 별항과 갈거니와 유정근 이외에 오씨는 각각 증거 불충분으로 작일 오후에 무죄방면되었더라. (중략) 이 같이 경성에 들어와서 박영효, 한규설, 장길상, 이종건, 민병승, 차경석 등 제씨에게 公函을 보내고 김태연, 김승진, 김용진 등 제씨에게 趣旨書를 보내려고 계획하다가 발각된 것이라더라.[22]

위의 내용에서 보면, 이 시기 백야는 측근인 유정근을 국내로 파견해 친족인 안동김씨를 중심으로 군자금을 모집하는 활동을 추진했던 것으로 나타나고 있다.

이 과정에서 유정근은 김동진, 김항규, 김완규, 김병희 등과 접촉했으며, 박영효, 한규설, 장길상, 이종건, 민병승, 차경석 등 에게는 公函을 보내고자 하였고 김태연, 김승진, 김용진 등에게 趣旨書를 보내고자 했던 것으로 나타나고 있다.[23]

---

22)『동아일보』 1923년 8월 2일. 「俞政根外 5人은 畢竟檢事局에, 김좌진의 청구로 군자금을 모집코자 준비한사실 발각 俞氏 外는 無罪放免 1일 오후에 다나왓다 計劃中에 發覺 여러 재산가에게 공함을하랴는중, 俞政根은 김좌진의 심복 군자금 조달 사명을 띠고 경성에 와」.

1925년 6월 30일에는 동대문서 고등계에서 김좌진의 조카가 金○漢를 독립운동 혐의로 체포해 취조했던 것으로 나타나고 있다.[24]

1923년 7월 경에는 상해 임시정부에서 개최되고 있던 민족대표대회에 대해 개조파를 지지하는 선언을 발표했던 것으로 보인다.

> 최근 북간도에 잇는 독립당의 중요인물인 李範允 玄天默 曹成煥 金奎植 金佐鎭 씨등 35인의 련셔로 吉林省 각디에 잇는 윤주영, 羅仲昭, 劉禮均, 李章寧, 金熹洙 씨등 22인의 련셔와 서간도에 잇는 중요 인물 康濟河 李天民 吳東振 崔志豐 孫晒憲 玄正卿 白狂雲 씨등 79인의련셔로 각々 엄졀한 경고문을 국민대표회의에 향하야 발하얏는데 그들은 모다 긔셩된 림시졍부制度 憲法 인물 등을 공의 여론에 의하야 실제운동과 시의 民度에 맛도록 개조함은 가하되 현금 림시졍부의 력사를 말살하고 다시 신졍부를 창조함은 졀대로 불가한 뜻을 경고하고 아울너 통일을 졀규하얏더라.[25]

위의 내용에서 보면 백야를 포함한 만주지역 독립운동 지도자 136명은 임시정부의 개조론은 가능하나 다시 새로운 정부를 창조한다는 것에 대해서는 반대한다는 입장을 분명히 했으며, 통일을 절규한다고 하였다.

한편 백야는 1925년 1월에 개최되었던 '夫餘族 統一會議'를 통해 3월 10일 寧安縣城 내에서 결성된 신민부에 주도적 인물로 참여하였다.

김좌진은 남성극, 崔灝, 朴斗熙 등과 함께 대한독립군단의 대표로 참

23) 『동아일보』 1923년 7월 28일 「安東 金氏 門中에, 경찰의 눈이 번득인다」. 『동아일보』 1923년 8월 2일 「俞政根外 5人은 畢竟檢事局에」.

24) 『조선일보』 1925년 7월 1일, 「金佐鎭의 親姪을 동대문서에서 인치 취됴」.

25) 『조선일보』 1923년 7월 5일, 「獨立團首領의 連署警告 리범윤, 조셩환씨 외 열어사람이 림시졍부 파괴의 불가함을 주창」,

석했는데 회의에는 대한독립군단 이외에도 대한독립군정서 및 16개 지역의 民選代表, 10개의 국내단체 대표 등이 참석하였다.[26] 신민부의 결성에 대해 당시 국내 언론에서도 다음과 같이 보도하였다.

Ⅰ. 금번에 南北滿洲에 잇는 大韓獨立軍團의 대표 金佐鎭, 南極 등과 대한독립군의 金爀 曹成煥과 또 中東線 教育會長 尹瑀鉉 급 조선내디 단테 OOOO의 崔OO등 각 단테의 주뇌자되는 약38명이 북만주 穆稜에 모혀서 扶餘族統一議會를 개최하고 부여족 전부를 규합하야 큰 세력 단테를 만든 뒤에 모중 대사업을 실행하라고" 新民府를 조직 하엿다는데 그 부의 행정구역은 남은 安圖縣으로부터 북은 饒河縣에 까지 이른다하며 중앙조직은 委員制로 ▲特別部 首腦 李範允 ▲軍事部 首腦 金佐鎮 ▲中央執行委員長 金爀 이라는 바 그 외 중요한 인물들을 다수히 망라하엿다 하며 더욱 그때 이 회의에 참석한 조선내디의 대표자 2사람은 그 즉석에서 현금 3,000원을 義捐하엿고 또 장래로도 계속하야 事業 維持費로 만흔 돈을 내리라고 公言하엿는데 가장 주목할 일은 그 신민부의 宣傳部員인 車東山이가 연해주와 밀접한 련락이 잇슴으로 장차로 농로서아와 서로 손을 마주잡게 될 듯한데 그 지방 일대는 북간도의 흉년으로 이사오는 사람이 많아서 모든 일이 급전직하로 발전되리라고 주목되더라.[27]

Ⅱ. 北滿洲에 잇는 조선무장 단테는 오래동안 통일이 되지 못하고 그 가운대도 다소의 파란이 잇섯다함은 일반이 일즉 다 드른바 이어니와 얼마전부터 통일에 노력한 결과 北路軍政署와 밋 武裝團의 수령들이 지난 3월 중순경에 新民府라는 통일긔관을 조직하엿는대 참

---

26) 국사편찬위원회, 『한국독립운동사』4, 1968, 808쪽.

27) 『동아일보』 1925년 4월 28일. 「北滿統一機關 新民府組織, 大韓獨立軍團 代表 金佐鎭 等, 부여족통일회의를 개최, 세력단테로 신민부조직, 中央組織은 委員制」

가한 사람은 무장단 대표 군정서 대표 中東線敎育會 대표 內地 團體 대표 등 38명이 모헛섯는데 동 회의에서 선거된 위원은 다음과 갓다

▲中央執行委員長 金爀, 同執行委員 曹成煥, 金佐鎭, 崔顥, 鄭信, 李英伯, 朴性儁, 許斌, 劉賢, 崔正浩

▲保○總○○ 朴斗熙

▲參議院 院長 李範允, 同叅議員 金震淵, 金奎鉉, 車東山, 宋象鉉, 崔文一, 洪鍾林, 尹覺, 金松谷, 安浩龍, 梁在憲, 許ㅁ, 黃公三, 南極, 李章寧, 李自香, 安龍洙

▲檢查院 院長 玄天默, 同檢查員 盧湖山, 黃國敏, 羅仲昭, 姜寅洙, 池章會, 金基南, 姜明鉉, 姜奎尙, 楊允三, 孫一民

▲職員任命 保○總○○部 副官 朱爀,保○第一○ 第一分隊長 文宇天, 同 第二分隊長 朴正德[28)]

위의 Ⅰ과 Ⅱ는 각각 신민부의 결성을 보도한 『동아일보』와 『조선일보』의 보도인데 『동아일보』에서는 기사의 표제로 '대한독립단 대표 김좌진 등이 참여'라고 하여 신민부의 결성과정에 백야가 참여했다는 사실이 상징적인 의미를 갖고 있음을 나타내고 있었다.

또한 이 기사에서는 신민부의 행정구역이 안도현에서 요하현에 이르는 방대한 지역에 미치고 있었다는 것과 2명의 국내 대표가 거금 3천원을 義捐했으며, 앞으로도 많은 돈을 낼 것이라고 공언했다고도 하였다. 뿐만 아니라 신민부가 장차 노농러시아와 손잡을 잡을 듯하다는 것과 간도에 흉년이 들어 이사오는 사람이 많아 모든 일이 급전직하로 발전되리라고도 하였다.

---

28) 『조선일보』 1925년 4월 8일, 「北滿武裝團 統一 위원제를 실시하고 임원까지 선거햇다」

신민부의 조직구성과 참여인물에 대한 보도에 있어서는 『조선일보』가 상대적으로 자세하게 설명하고 있었는데 이 기사들은 결국 북만지역 독립운동 단체로서의 신민부의 위상을 긍정적으로 인식하게 했을 것으로 보여진다.

이밖에 백야는 1926년 5월에는 일본 외무성의 보조를 받아 경영되고 있는 東亞勸業會社의 이사 李延善이 회사로부터 교부받은 자금 6,000원을 탈취해 독립자금으로 사용했던 것으로 보인다.[29] 동아권업주식회사는 1921년 12월에 일본 외무성과 척무국의 주도로 만몽지역 토지개간과 농업경영 한인농민들의 보호와 통제를 목적으로 설립되었으며, 실질적인 목표눈 한인농민들을 통한 만주지역 토지 획득에 힘을 기울이고 있었다. 그러나 만주에서의 조직적인 토지의 매입이 중국인들의 민족감정을 자극할 수 있는 상황에서 별다른 성과를 거두지 못하다가 만주사변 이후 안전농촌사업을 주도하였으며, 1936년 9월 조선총독부가 만주 이민정책의 대행기관으로 鮮滿拓殖株式會社를 설립하자 중요 자산과 직원을 양도하고 해산하였다.[30]

1927년 7월에는 신민부 군대의 무기 제작을 위해 '勞農勞國'의 技士까지 채용했다고 보도했으며,[31] 8월에는 김좌진 외 여러 사람이 寧安縣 雄基溝에서 陸軍士官學校를 창립하고 생도를 모집 중인데 응모자가

---

29) 『동아일보』 1926년 5월 26일, 「總督府公金 新民府가 奪取, 총독부에서 만주로 보내는돈 中東鐵道연선에서 신민부원 金佐鎭이 軍資에 쓰랴고 빼아서, 奪取된 金額은 六千圓」, 『조선일보』 1926년 5월 16일, 「總督府交附金 6,000圓 奪取 동아권업회사에 보낸 돈을 신민부에서 탈취해 갓다고」.

30) 조정우, 「만주사변 전후 '척식'사업기구의 변화-동아권업(주)의 기업지배구조를 중심으로-」, 『사회와 역사』92, 한국사회사학회 2011.

31) 『동아일보』 1927년 9월 18일자, 「勞農技師 招聘 軍器製作說, 노농 로국 기사 초빙 군긔 제작설, 新民府의 新計說」.

벌써 수십명이라고 하였다.[32)]

신민부가 결성되자 백야는 목릉현 小秋風에 城東士官學校를 설립하여 독립군 간부의 양성에 주력했는데 김혁이 교장이었으며, 부교장이 되어 약 500명의 청년들에게 군사교육을 실시하였다.[33)] 따라서 위의 기사는 신민부가 형편이 닿는 곳에 무관학교를 세우기 위해 노력했음을 보여주는 것이라고 하겠다.

백야는 17세부터 40세 미만의 청장년을 대상으로 軍區制을 실시하여 軍籍을 갖추고자 했으며, 둔전제를 실시하여 군사력을 유지하고자 하였다.[34)] 이를 위해 그는 김혁과 함께 중소 국경지대인 杜門河를 시찰하고 興安嶺山脈의 평원지대를 군사적 요충지로 정하는 한편, 그 외의 각 지역에는 산업과 교육기관을 설립해 자치제도를 실행하고자 하였다.[35)]

그런데 북만지역에 대규모의 농장을 건설하고 농업경영을 통해 장기전에 대비하고자 했던 노력은 청산리전투 이후 독립군의 전략전 변화와도 관련이 있었던 것으로 보인다. 백야는 1922년 경에는 밀산지역에서도 중국관헌으로부터 국유지를 대부 받아 대규모 농장 경영하여 군자금을 획득하고자 하였다.[36)]

---

32) 『조선일보』 1927년 8월 22일, 「軍政署士官學校 김좌진 외 여러사람이 生徒를 募集하는 中」

33) 崔衡宇, 『海外朝鮮革命運動小史』, 東方文化社, 1945, 76쪽,

34) 채근식, 「징병제 실시」, 『抗日武裝獨立運動秘史』, 대한민국 공보처, 1948, 109-110쪽.

35) 『동아일보』 1925년 6월 21일, 「新民府의 新政策, 군사계획과 산업교육긔관」. "新民府 수뇌 김혁 김좌진은 5월 중순에 중국과 로서아 最要 地帶 杜門河를 시찰하고 모방면으로 도라갓다는데 그 지대는 興安嶺산맥으로 4.5천리의 森林平原인 바 그 중부 지대에 큰촌락이 잇슴으로 그 지대는 軍事上要地로 뎡하고 그 외 각 디방에는 產業과 教育긔관을 설립하야 自治制度를 실행 하는 중이라더라."

36) 『동아일보』 1922년 6월 28일, 「金佐鎭營農說」. "密山縣에서 모처에 온 정보에 하

1925년 11월는 郭松齡의 反奉事件이 발생하자 이를 활용해 친일세력에 대한 공세를 강화하고자 하였다. 사건은 11월부터 12월까지 奉天軍 제3방면군의 7만여명을 이끌고 馮玉祥의 국민군과 대치하고 있던 곽송령이 반란을 일으키면서 일어났다. 그는 스스로를 '東北國民軍'이라 칭하고, 장작림의 퇴진을 주장하면서 봉천으로 진군하여 초기에는 무풍지대를 질주하 듯 전쟁의 승기를 잡는 듯하였다. 그러나 장작림을 지지하고 있던 일본 관동군이 노골적으로 곽송령의 진격을 방해하며 간섭하자 거사는 실패했으며, 그는 부인과 함께 처형당했다.[37]

이에 대해 『동아일보』에서는 김좌진이 곽송령이 승리해 봉천에 들어오는 기회를 이용해 여러 가지 계획을 세우고 활동하고자 했으며, 20여명의 부하를 거느리고 봉천으로 와서 西塔大街의 목사 郭某 등을 비롯해 동지들과 연락을 취하고 있다고 하였다.[38]

그런데 이같은 동향은 정의부에서도 확인되고 있다. 정의부에서는 같은 시기에 冒險隊를 조직하고 일제 관공서를 파괴하고 친일분자를 차단하고자 했으며, 이에 봉천지역의 일제 관헌과 친일파들이 '戰戰兢兢'하고 있다고 하였다.[39]

얏스되 밀산현디방에 잇는 金佐鎮은 요사이 군자금모집의 성적이 여의치 아니하야 中國관헌으로부터 국유디를 대부하야 대규모로 농작을 하야 그 수입을 군자금으로 쓸 예뎡이라더라."

37) 송한용, 「郭松齡의 '反奉事件'」, 『역사학연구』19, 호남사학회, 2002.

38) 『동아일보』 1925년 12월 22일 「動亂을 機會로 金佐鎭의 活動, 爲先 奉天潛入計劃」.

39) 「奉天軍의 沒落과 正義府의 活躍. 봉천잇는 일본관공령을 파괴하려고 비밀 중 활략, 在奉日本人 戰戰兢兢」, 『조선일보』 "1925년 12월 17일.만주에 있는 정의부로부터 奉天에 있는 모 연락자에게 보낸 정보에 의하면 봉천군이 패전하며 봉천성 내는 郭松齡이 점령한 바 될 터이며 시내는 한동안 혼란한 상태에 빠질 터임으로 그곳에 잇는 정의부원은 이 기회를 타서 일즉부터 계획 중이든 일본 관공 아문의 파괴와 친일 조선인의 암살을 결행하고자 하여 冒險隊를 조직하여 이미 출발하얏다

백야는 만주지역의 마적을 활용해서도 항일무장투쟁의 역량을 강화하고자 했던 것으로도 보인다. 이범석의 회고에 따르면, 백야는 1927년 1월 張作霖과 대립하고 있던 馮玉祥[40]이 백야에게 밀사를 보내 봉천군벌이 중국 통일운동을 호응하도록 압력을 가해줄 것을 요청했으며, 이 때 김좌진은 이범석에게 마적을 규합해 줄 것을 요청했다고 한다. 이에 이범석은 약 4개월 동안에 중동철도 葦河縣 葦塘溝에 들어가 약 6,000~7,000명의 마적을 규합하는데 성공했다고 하였다. 당시 이 지역에는 20여개의 馬賊團이 활동하고 있었다고 한다.[41]

그런데 백야는 1927년 4월 경, 김동삼 등과 함께 사회주의단체까지를 포함하는 단일 단체 조직운동을 전개해 국제공산당으로부터의 원조를 받고자 했던 것으로 나타나고 있는데 이는 백야가 1927년 초부터 전개되었던 민족유일당운동에 참여하고 있었음을 보여주는 것이라고 하겠다.[42]

는 바 이러한 소문이 이전부터 한 두번이 아니엇스며 최근에 이르러서는 여러 차례로 군자금 요구의 협박장이며 기타 격문이 빗발치는 우편으로 온 끗이라 재봉 일본 관공리와 친일 조선인 사이에는 대단 당황한 모양이라더라."

40) 田子維, 『中國近代軍閥史詞典』. 黨案出版社, 1989 참조.

41) 이범석, 『우둥불(年譜)』, 삼육출판사, 1978, 198~201쪽, 483쪽. 이 사건으로 이범석은 장작림군벌로부터 지명수배령[通緝令]과 함께 비싼 현상금이 걸리게 되었고 만주군벌의 그물망이 좁혀오자 항복하던지 자살을 하는 방법 밖에 없다는 생각을 했었다고 한다.

42) 『동아일보』 1927년 4월 17일, 「駐滿民族主義團體 統一運動을 劃策 만주에 잇는 각 단톄가 통일운동 계획 각 단의 거두들이 모히여서 협약톄결」. "共產系 各團도 合同組織 滿洲에 잇는 大韓統義 新民府 이외 각 民族主義團體는 최근 통일운동을 계획하야 金佐鎭 金東三등 거두 사이에 협약이 성립된 모양이라는데 조선인에 잇는 共產系統 단톄의 당원도 만주 각디에 잇서 여러 가지로 분립해 오던바 종래의 태도를 일변하야單一運動團體를 조직하야 國際共產黨의 원조를 바다 활동할 방침을 세운 모양이라는데 당국에서는 매우 중요시 한다더라."

백야는 1928년 말에는 3부 통합운동에 적극적으로 참여했던 것으로 보인다.『조선일보』에 따르면 북만의 海琳 지역에 근거를 두고 있던 신민부는 참의부 및 정의부와 3단체 통일을 도모하고자 협의를 거듭해 왔으며, 길림 모처에서 열리는 연합회의는 통일 여부의 운명을 가를 중요회의 인데 신민부에서는 김좌진, 朴英 이외에 3명의 대의원이 참석하였으며, 사회는 김좌진이 보았다고 하였다.43)

그런데 이 회의는 1928년 7월 정의부주도로 개최되었던 3부통합회의를 보도한 것으로 정의부 대표로 참석한 金東三은 "光復의 第一要인 血戰의 숭고한 使命 앞에" 3부합작은 지상명이며, 3部의 軍部는 반드시 연합해야 한는 취지의 연설을 하였다.44)

그러나 이 회의는 3부통합회의를 눈치 챈 일경이 파견한 밀정이 마을 주변을 경계하던 청년들에게 붙잡혀 살해되는 사건이 발생하자 상황하는 상황에서 민족진영 내부의 의견에도 일치되지 않는 부분이 있어 11월 경 회의가 결렬되고 말았다.45)

또한 1929년 7월에는 백야와 정의부의 이청천, 참의부의 김희산 등이 함께 손잡고 산만부, 정의부, 참의부의 합동문제를 논의하고 있으며, 간부들이 자주 會見하고 있다고 보도되기도 하였다.

그런데 이는 3부통합 회의가 결렬된 이후 남만에서 국민부가 결성되자 신민부 군정파와, 참의부 주류 및 정의부의 이청천과 김동삼 등이 논

---

43)『조선일보』 1928년 11월 9일.「參義, 新民, 正義 統一會議開催, 지난달 21일부터 金佐鎭의 司會로」.

44) 앞의,『武裝獨立運動秘史』, 147쪽.

45) 황민호, 「만주지역 민족유일당운동과 3부통합운동」, 『爭點 韓國近現代史』4, 48-49쪽.

의하고 있던 革新議會의 결성과 관련된 동향이었던 것으로 생각된다.[46] 따라서 이 시기 백야는 만주지역 각 단체들의 통합 혹은 연합을 통해 항일독립운동 역량을 강화하고자 노력하고 있었던 것으로 보인다.

그러나 길림에서 존속기간 1년 이내에 군정부 건립을 목표로 활동했던 혁신의회가 별다른 성과를 거두지 못하고 남만에서 새로운 독립운동단체로 국민부가 결성되자 19혁신의회의 활동은 중단되었고, 백야는 근거지인 북만으로 돌아왔던 것으로 보인다

이후 1929년 7월 21일 신민부를 개편해 한족총연합회를 결성했는데 南大觀, 李乙奎, 李鵬海 등 재만조선무정부주의자연맹 세력과 연합해 결성하였다. 그리고 위원장에는 김좌진, 부위원장에는 權華山이 임명되었으며, 金鍾鎭, 鄭信, 이을규, 박경찬, 이붕해, 金野蓬, 金野雲, 李德載 등 다수의 무정부주의자들이 참여하고 있었다. 당시 백야에게 무정부주의 사상을 소개했단 것은 族弟인 김종진과 柳林 등이었다.[47]

창립 이후 한족총연합회는 조직 기반의 확충을 위해 지방조직을 정비하는 한편, 50여 개소의 소학교를 운영하는 한편, 九江泡學校, 保新學校, 東新學校 등 3개 학교를 신설하였으며, 중학교 설립 작업도 추진하였다. 이밖에 1929년 10월부터 寧安縣 山市에서 정미소를 운영하여

46) 『동아일보』 1929년 7월 6일, 「三府合同 機運 最近에 濃厚, 신민, 정의, 참의 합동문데 幹部等 會見頻頻」, "해외에 흐터저 잇든 각 OO단 중 특히 만은 부하와 공고한 基盤을 가지고 잇는 正義府 參議府 新民府 3단톄의 合同說은 일즉부터 잇서 오든것으로 특히 이 운동에 잇서서 상서롭지 못한 派爭을 할 것이 아니라하야 派閥淸算主義를 가지고 정의부에 이청천 신민부에 金佐鎭 참의부에 金希山 등과 손을 잡고 크게 노력 중이든… 최근에 와서 전긔 3단톄의 중요 간부의 會見 회합이 빈번한 터이라는 것은 극히 중대시되는 문뎨로서 과연 3단톄가 合流한다면 해외에 잇서서 조선OO운동은 새로운 階段를 밟아나 가는것이 됨으로 각 방면에서 크게 주목된다더라"

47) 李乙奎, 『是也金宗鎭先生傳』, 1963. 77-78쪽.

농민들의 권익보호를 위해 노력하였으며, 독립사상의 고취, 군사훈련, 아나키즘 사상의 고취, 공산주의 비판 등의 활동을 전개하였다.48)

그런데 『조선일보』에서는 백야가 무정부주의자들과 함께 새로운 조직을 결성한 것에 대해 다음과 같이 보도하였다.

> 남북만주에 잇는 각조선×× 단체의 합동으로 國民府를 다시 조직하고 여러 가지 운동을 함은 루보와갓거니와 그때 삼단체의 하나인 新民府의 軍政委員長 金佐鎭, 鄭信 일파는 삼부합동파로 분리하야 다른 방향으로 운동을 개시한다는데 그 내용을 들으면 김좌진은 남북만주에 흐터저잇는 종래의 암암리에 운동을 계속하야 오든 무정부주의 계통의 無政府主義系統 黑友同盟의 간부 李鵬海, 南大觀, 田晦觀, 柳華永一(一名 金月波)들과 서로 악수하야 지난 7월 21일 中東線 石頭河子 조선인 학교내에서 김좌진과 李鵬海 일파의 거두가 모히어 협의한 결과 민족통일 긔관인 韓族協會를 조직하고 北滿에 잇는 각 운동단체를 해산하야 새로히 긔관을 조직하고 북만에 잇는 각 지방의 北滿 地方 自治行政權을 운동하기로 결의한 후에 지금까지 그 조직에 노력중이라 한다.(중략)
>
> 별항과 가티 지금까지에 조직된 韓族協會의 조직 내용을 보면 전체의 立法機關으로 韓族總聯合會를 설치하고 다시 지방에 ××產業, 行政, 教育, 經濟의 각부로 난우어 각각 위원회를 조직하야 사무를 집행하게 하고 그 하층 조직으러는 다시 지방에 지방 地方韓族協會를 두어 教育, 產業, 保安, 軍事의 각 사항을 처리케 하며 다시 그 미테 각 촌락에는 村落 農務協會를 조직하야 각 사무를 처리 집행케 하기로되엇다 한다.49)

---

48) 채영국, 『1930년대후반 만주지역 항일무장투쟁』, 독립기념관 한국독립운동사연구소, 2007.

49) 『조선일보』 1929년 11월 10일, 「金佐鎭一派 中心 協會를 새로 組織 南大觀 等一派와 聯絡하야 活動에 注力한다고, 國民府와의 對立, 장래는 분파나 념려된다, 分科委

위의 내용에서 보면, 한족총연합회에 대해 입법기관으로 보도한 점 등에서는 사실관계와 다른 내용이 있기는 하지만, 전체적으로 볼 때 삼부통합운동이 결렬되고 국민부가 결성되자 신민부 군정위원장 김좌진을 중심으로 무정부주의자들과 손을 잡고 새로운 운동을 전개하고자 하고 있음을 분명히 하였다.

한편, 한족총연합회가 결성된 이후 백야의 활동이 활발해 지는 가운데 1930년 1월 24일 백야가 화요파계열의 한인공산주의자에 의해 피살되었던 것으로 보이며, 그가 사망하자 그와 함께 한족총연합회에 참여했던 무정부주의자의 타격을 불가피했던 것으로 보인다.

그럼에도 불구하고 1930년 9월 18일자 『조선일보』 기사에서는 자유연합적 지방합의제에 의해 조직된 한족총연합회가 지난 7일에 제2차 정리대회를 개최하고 시국에 대해 중대 결의를 결정했으며, 임원을 선거한 후 폐회했다고 보도했다. 즉 백야의 순국 이후도 무정부주의자들은 자신들의 운동 방침을 지속적으로 추진하고자 했던 것으로 보인다.[50] 그러나 백야가 사망한 이후 북만지역의 사회운동(독립운동-필자)은 민족운동에서 공산주의 운동을 전환되었으며, 영안현과 아성현에서는 스파이혐의가 있는 사람들 다수가 사살되는 혼란이 있었던 것으로 나타나고 있다.[51]

員會두어, 모든일을 처리하게 하고 住民에게 資金거두어」

50) 『조선일보』 1930년 9월 18일, 「韓族聯合會, 100餘人會合, 모다 중대한 밀의를 하고, 各 部署를 選定 閉會」, "自由聯合的 地方合議制에 의지하야 조직된 韓族總聯合會는 이래 일개년동안 준비하야 지난 9월 7일에 제2차정리대회를 북만 모처에서 열엇는데 주야 7일 동안 전심 토의한 결과 여러가지 시국에 대한 중대 결의를 하고 알에와 가티 임원을 선거한 후 폐회하엿다고 한다. 全明源 金是也 宋泰俊 金野雲 郭煥 李鵬海 李康勳 金夜烽 李容漢 權華汕 姜弼九 吳祥世 朴耕天 辛英斌 李乙 李達伊 申素性 姜雲山 朴京道.

Ⅳ. 순국 이후의 기억과 추모

백야가 순국하자 국내언론에서는 신민부 군사위원장 김좌진 피살 확실,[52] 북만○○운동의 거두, 凶報를 확전하는 백야 김좌진의 訃音 등의 기사를 게재하였다.[53] 또한 <표>에서 보는 바와 같이 그의 일생을 정리한 특집기사를 연재했는데 그 내용을 종합해 보면 백야의 독립운동과 관련해 보다 명확한 사실들을 확인할 수 있다.

<표> 국내 중요신문에 게재되었던 김좌진 장군 관련 추모기사[54]

신문	날짜	기사 제목
동아일보	1930.2.4	故白冶 金佐鎭 種種挿話(一) 幼年부터 武藝絶人 豪膽과 俠氣의 四十平生 어릴때부터 아이모아 전쟁작난 오십여호 노복도 자유해방 햇다
	1930. 2.15	故白冶 金佐鎭 種種挿話(二) 庚戌政變에 不平품고 光復團 朴尙鎭과 關係 밥은 통으로 술은 대접으로 먹엇스며 탑동공원 뒷문도 문나히 뛰어 넘엇다고
	1930.2.16	故白冶 金佐鎭 種種挿話(三) 川營月下摩刀客鐵寨風外秣馬人 눈싸힌 북간도 벌판에서 혈전

51) 『중외일보』 1930년 5월 21일. 「북만의 ○○운동, 공산운동으로 전화, 밀정혐의자 다수 총살, 김좌진 피살 후의 정세」 "북만주에 산재하야 잇는 조선인은 약 80만이나 되는데 생활난으로 사상이 악화되는 자가 많아 김좌진씨가 암살당한 후 조선인의 사회운동은 민족운동에서 공산주의 운동으로 전환되오 영안현과 아성현 방면에서는 스파이의 혐의가 있는 사람들을 최근 다수히 사살하였다더라"

52) 『조선일보』 1930년 2월 13일. 「新民府軍事委員長 金佐鎭被殺 確實, 지난 1월 28일 오후 2시 中東線 某處에서 慘事」.

53) 『동아일보』 1930년 2월 13일. 「兇報를 確傳하는 白冶 金佐鎭 訃音, 北滿OO運動者의 巨頭」.

54) 『조선일보』의 경우 逸話만흔 金佐鎭의 一生 중 제4회가 확인되지 않으며, 『중외일보』는 1930년 2월 19일자에 「長逝한 김좌진 일생(5)」라는 기사제목은 확인되지만, 기사 내용을 확인하지 못하였다.

		계속 밤에 잠 한잠 자지안흔 절륜의 정력
	1930.2.18	故白冶 金佐鎭 種種挿話(四) 國際共産黨도 聯絡 實力養成의 屯兵田 공사와 사사를 확연하게 구별하야 우애깁흔 동생도 잘못하면 엄벌해
	1930.2.13	兇報를 確傳하는 白冶 金佐鎭計音 北滿○○運動者의 巨頭 四十二歲를 一期로, 復團 組織 新民府統率 해외풍상은 십년이 넘엇다. 波瀾重疊한 그 一生, 同志 等 發起로 葬儀籌備會 社會葬擧行을 決議, 七十老母와 膝下엔 幼子뿐 가족의 의지할 곳도 업다 養子는 安城에 居住, 「怪力과 大飮大食 九尺長身의 巨人」 열장정이 들지도 못하는 두껑을 혼자서 어렵지 안케 들고 노코해 長姪 金弼漢氏 夫人談, 兇報듯고 愕然失色 養子 金文漢氏 평소성격은 매우 원만했다 反對派 狙擊은 虛傳인 듯
조선일보	1930.2.13	新民府 軍事委員長, 金佐鎭被殺 確實, 지난 1월 28일 오후 2시, 忠南 洪城人으로, 小兒時에兵書 耽讀, 청산리에서 일시는 교화, 俄領에선 赤白戰爭, 中東線某處에서 慘事, 넓고둥근얼골에 寬厚한 性格이고 담력도 사람에 뛰어낫다 그의 知友인 金恒奎氏 談, 눈싸힌滿洲벌판 애끈는 父女 別淚, 생리별을 필경 영리별이 되어
	1930.2.14	四十二歲로 長逝한 金佐鎭 一生(一) 名門에 일흠놉흔 安東金氏, 自古로 風雲兒가 만히나, 大國建設 金覺均과 金玉均도 一門, 西北問島 咸鏡合併, 大國建設의 金覺均, 寬厚仁慈한 性格, 家庭에선 孝養子, 친구의 한사람으로 비창, 金氏親友인 洪淳祚氏談
	1930.2.15	逸話만흔 金佐鎭의 一生(二) 三國誌의 次看下回를 自解, 斷髮開化에 急先鋒, 안저서 뛰어 오랑대들보를 바닷고, 天主教徒를 大喝後 奴隷解放, 남류달라 早熱한, 十六歲에 學監되어 各地를 遍踏코 演說, 종文書들 살르고서 當場에 敬語로 相對, 안진뛈이 길을 넘어, 五樑에 『동곳』이 깨저
	1930.2.15	老母와 幼兒두고, 赤貧如洗한 家庭, 異域 放浪中에 貯蓄이 업서, 葬儀도 困難한 故金氏
	1930.2.16	逸話만흔 金佐鎭의 一生(三) 長銃든 十五强盜, 한손에 묵거노코, 처갓집 소를 공중에 놉히메여처, 一世를 掀動하든 靑年時代膂力, 송아지를 내던저서 수십명이 풍지박산, 大韓協會 支會 創立, 湖西教育會도 並設, 長銃을 한손에 꺽거, 강도의 肝膽이 서늘

	1930.2.18	逸話만흔 金佐鎭의 一生(五) 廣漠한 滿洲벌판에서, 腥風 血雨를 무릅쓰고, 자긔가 양성한 군대를 거느려, 有名한 靑山里事件에는 一騎로 當千, 아모것도 손거칠것업는 廣漠한 滿洲 벌판을 舞臺삼어 悲壯 凄絶한 연극의 첫막은 열리엇다, 軍政署司令官 就任 士官練成所를 設立, 有名한 靑山里事件 單身으로 全軍指揮, 陰九月 二十日夜, 醒血의慘劇을 演出
	1930.2.19	逸話만흔 金佐鎭의 一生(六) 各派를 聯合하야 統一軍團을 組織 어랑진사건을 치르고난 뒤에 手兵을 一時 解散하고 屯田에 用力, 사홀 동안을 굶고도 여전히 싸홈을 계속, 是日子正에 이르러 全軍에 解散을 命令, 洪範圖와도 握手해 三軍을 한곳에 모하
중외일보	1930.215	長逝한 김좌진 일생(1) 幼時의 理想도 武將, 40년간 東馳西驅, 어려서부터 말타기, 진치고 놀기, 15세에 집안의 종들을 자유해방.
	1930.2.16	長逝한 김좌진 일생(2) 이창양행을 설립, 만주 웅비의 서막, 십오살에 사립호명학교를 설립, 십팔살에 조직적 계획에 착수해.
	1930.2.17	長逝한 김좌진 일생(3) 「창검을 비켜 들고 광야에 나서보니……」, 부호 십이명 살해한 광복단 사건 후 표연히 만주로 목숨을 가지고 도망.
	1930.2.18	長逝한 김좌진 일생(4) 군정사 창립, 군사운동의 기초, 기미년 만주로 망명한 동지와 악수, 놀라운 소식을 전하던 운동의 기초.
	1930.2.24	배후에서 권총으로 김좌진에 하수한 金一星, 어려서부터 불량한 성질의 소유자, 비열하게 등 뒤로부터 권총을 발사, 성행 불량한 그의 내력
	1930.4.22	고 백야 김좌진 사회장 성대 거행, 중국 관공서 대표와 각 단체 참석, 중동선 산시점에서

『동아일보』는 백야가 고향에서 '노복을 해방하였으며, 눈 싸인 북간도 발판에서 '혈전'을 감행하였고, 공사를 확연히 구분하여 '우애 깊은 동생도 잘못하면 엄벌'하였다고 하였다. 또한 백야 암살범 박상실이 阿城縣 護路軍에게 체포되어 사형판결을 받았다고 하였다. 『중외일보』

에서는 백야가 사립 호명학교를 건립하였다는 것과 집안의 종들을 해방한 일, 그리고 광복단에서 독립운동을 전개하다가 만주로 망명하여 운동 초기에 '놀라운 소식'을 전해 주었다고 하였다. 백야를 직접 암살한 것이 '金一星'이라고 하는 보도기사와 함께, 백야의 장례식이 사회장으로 중국관공서 대표와 각 단체가 참여한 가운데 중동선 산시에서 성대하게 거행되었다고 하였다.

이밖에 『중외일보』에서는 백야가 순국한 후 1930년 5월 "桂洞 김병옥씨 집에서 김좌진씨의 유아 斗漢 소년의 장래 교육을 위해 안동김씨가 모여 회의를 열었다더라"라는 기사를 보도하기도 했다.[55]

백야의 독립운동과 관련해서는 『조선일보』가 보다 상세한 내용을 보도한 것으로 보인다. 백야가 종문서를 불태우고 노비를 해방하였으며, 16세에 학감이 되어 곳곳을 돌아다니며, 교육운동을 전개하였고, 대한협회 지회를 창립하였으며, 호서교육회도 설립했다고 하였다.

또한 一騎當千으로 청산리사건에서 單身으로 전군을 지휘하였다고 하고 있다. 뿐만 아니라 군정서 사령관에 취임하여 사관연성소를 설립했으며, 통일군단을 조직 어랑진사건을 치뤘으며, 사흘을 굶고도 싸움을 계속했으며, 홍범도와도 손잡았다고 밝히기도 하였다.[56]

55) 『중외일보』 1930년 5월 20일, 「김좌진 遺孤로 안동김씨 회합, 두한군을 위하여」

56) 또한 홍범도는 청산리전투 과정에서 김좌진의 북로군정서가 청산리에 있다는 소식을 듣고 함께 연합해 국내 진공작전을 전개할 계획으로 청산리쪽으로 향하고 있었는데 이는 두사람의 신뢰관계를 보여주는 일면으로 생각된다. '"……**군정서가 청산리에 있다 하니까 연합하여 고려(한국)로 나갈까 하고 찾아 가는 길에** 어구의 큰 길에 나가 서자마자 보초병이 뒤물러 서면서 일병이 수천명이 당금 당진하였다 한즉 할 수 없이 고려나가 쓰자고 하던 뿔리묘트(기관총)를 걸고 일병 대부대에다 내두르니 쓰러진 것이 부지기수(不知其数)로 자빠지는 것을 보고 도망하여 오른 길로 산폐로 들어와……" 반병률, 『홍범도장군-자서전 홍범도일지와 항일무장투쟁』,

이밖에도 백야에 대해 "조선이 가진 만주의 장사"라는 늣김을 주든 씨도 42세의 파란만흔 력사를 이 세상에 남기고 눈싸인 만주벌판에 최후의 피를 흘리고 말앗다"고 했으며,57) "풍채는 괴위하다 할만치 키가 6척을 넘고 얼골이 둥글고 넓고 또 담력도 남보다 뛰어날 뿐더러 긔운이 징사이엇스며 성격은 관후하고도 엄격하엿습니다" 라는 생전의 친구이며, 신간회간부로 활동하던 金恒圭의 인터뷰를 개재하기도 했다.58) 이밖에 『조선일보』에서는 中東線 山市站 금성정미소 문앞에서 권화산의 집례로 40여단체의 참배가 있은 후 백야의 장례식이 성대하게 거행되었다고 보도하였다.59)

따라서 이상의 내용을 종합해 보면 백야의 순국은 국내에서도 충격적인 사건으로 받아드려지고 있었으며, 적어도 당시 국내 언론에서는 청산리전투에서의 김좌진의 활약에 대해 비교적 소상하게 파악하고 있었던 것으로 여겨진다고 하겠다.

한편 광복 이후에 백야에 대한 기억과 추모는 청산리전투와 함께 다시

한울아카데미, 2014. 89쪽.

57) 『동아일보』 1930년 2월 13일. 「兇報를 確傳하는 白冶 金佐鎭 訃音, 北滿OO運動者의 巨頭」

58) 『조선일보』 1930년 2월 13일, 「그의 知友인 金恒奎氏 談 김좌진 참변의 급보를 접하고 그의 생전 친우인 新幹會本部 金恒圭씨는 아래와 가티 말하더라」 "김항규는 1927년 2월 洪命熹, 安在鴻 과 함께 新幹會를 발족시킨 뒤, 이미 비타협적 민족주의자들과 서울청년회계 사회주의자들과의 협동전선체적 성격을 띠고서 1926년 7월에 발족해 있던 朝鮮民興會측과의 합동 교섭을 개시하여, 민흥회측이 신간회로 합류한다는 합의를 얻어내고 성공적인 합동을 기하였다. 1930년 11월 신간회 제4회 중앙집행위원회 석상에서 書記長 겸 서무부장에 임명되어 1931년 2월에 신간회가 해소되는 마지막 순간까지 신간회 해소론을 반대하고 조직을 보위하기 위한 활동을 계속하였다. 국가보훈처, 『독립유공자공훈록』 11권, 1994.

59) 『조선일보』 1930년 4월 22일, 「盛大히 擧行된 金佐鎭氏 葬禮」

살아났다. 철기 이범석이 1946년 4월 20일 『한국의 분노-청산리 혈전 실기』라는 제목으로 청산리전투에 대한 자신의 회고를 출간하였다.60) 그런데 이 책은 1941년 11월 『韓國的 憤怒』라는 제목으로 중국 西安에서 '광복총서' 1권으로 출간되었던 책을 한글로 번역한 것이었다.61)

1946년 10월 4일에는 이범석이 라디오 방송을 통해 '한국혁명투쟁사와 오늘'이라는 주제으로 청산리전투에 대한 강연을 했으며, 방송에서는 라디오 드라마와 함께 신홍악단의 혁명가곡 합창이 있었다.62)

1946년 10월 9일부터 11월 26일에는 『조선일보』에 소설가 朴啓周가 '청산리싸움'이라는 제목으로 청산리전투에 대해 총 31회에 걸쳐 연재였는데 청산리싸움에 대해 우리 독립운동사에서 가장 빛나는 기록의 하나라고 강조하였다.63) 1947년 1월에는 영화계의 유지들이 제작

---

60) 「신간 '韓國의 憤怒, 李範奭作 金光洲譯, 光昌閣發行'」, 『동아일보』 1946년 6월 4일. 그런데 『조선일보』에서 『한국의 분노』 엄항섭 번역으로 광창각에서 발행되었으며, 정가는 15원이라고 보도하기도 했다. 「新刊紹介」,『조선일보』 1946년 5월 21일. "韓國의 憤怒 李範奭將軍 原著 嚴恒燮 飜譯 서울市 社稷町 三一一의 五〇 光昌閣 發行 定價 十五圓"

61) 김재욱, 「이범석을 모델로 한 백화문 작품의 한국어 번역본」, 『중국어문학지』 48, 2014.

62) 戰勝도 燦然하다, 四日 靑山里記念行事盛大」, 『조선일보』 1946년 10월 4일. "금 4일은 고 金佐鎭씨가 지도하든 우리 독립군 北路軍政署 산하의 6백명이 26년전 김좌진장군지휘로 間島 靑山里에서 소위 왜적 토벌대 2개사단 4만명을 상태로 한 대접전에 쾌승을 한 역사적 날이다 이 청산리 전승기념일을 당하야 당시 제일선에서 지휘하든 李範奭장군은 이날 오후 8시부터 서울중앙방송국 「마ㅁ크」 를 통하고 「한국혁명투쟁사와 오늘」 이란 제목으로 강연을 하기로 되었다 또한 서울중앙방송국에서는 전승을 주제로 한 라다오드라마와 신홍악단의 혁명가곡 합창을 방송하기로 되었다" 「靑山里전승기념, 금일 李장군 등 특별방송」, 『自由新聞』 1946년 10월 4일. '1920년 10월 4일 倭兵을 참패시킨 유명한 靑山里戰鬪 제26주년을 맞이하여 이를 기념하고자 서울방송국에서는 4일 오후 8시부터 1시간 동안 특별순서를 작정하여 방송하기로 하였다는데 이 전쟁○○○○○지휘 분전한 李範錫 장군의 기념강연과 라디오 드리마가 있으리라 한다.

위원회를 결성하고 김좌진장군의 일대기를 영화를 제작하기로 했으며, 유진산 외 14명이 회의를 가졌다고 한다.64)

이같은 분위기에서 1947년 1월 16일에는 백야의 17주기 추도회가 서울 국제극장에서 성대하게 개최되었다.

> ①불타는 조국 광복의 일념으로 눈보라치는 만주벌판 넓은 들을 무대로 구국동지를 모집하고 독립군을훈련하야 잔악한 왜놈들을 피와 살로 꺽꺼넘겨 우리의 민족혼을 세계만방에 유감없이 현시하고 이역에 혼이된 고 白冶 金佐鎭장군의 17주 추도회가 16일 오후 2시 金九씨를 비롯하야 각계 명사 수천명 참석 하에 서울國際劇場에서 엄숙히 거행되였다. 식순에 따라 애국가봉창 옥상 尊影개막 일동배례 추도가 제창이 있은 다음 趙素昻씨의 식사와 金尙德씨로부터 장군의 略史보고 조소앙씨의 추도문 랑독이 있엇고 이이서 장엄한 고려악극단의 주악 속에 대한민청원 10명의 獻花가 곳나자 민주民議 民統을 비롯한 각게의 추도문 랑독 金九 李範奭 咸尙勳 제씨의 추도사 이왕직 아악부의 哀樂 위문품증정과 유가족대표로 嗣子 金斗煥씨의 답사기었은 후 일동촬영으로 장군의 유혼은 고히잠든 채 동 4시경 폐막하였다.65)

---

63)「靑山里싸움, 朴啓周」,『조선일보』1946년 10월 9일. "청산리싸움은 우리 독립운동사에서 가장 빛나는 기록의 하나이다. 백두산 북록에서 청산리싸움의 어마어마한 분위기 속에서 자라난 소설가 박계주씨가 당시의 기억을 더듬에 지금 여기에 계속 게재하는 수기는 청산리싸움의 산 측면사가 될 것을 믿으며, 여기에 소개하는 바다"「靑山里싸움」(31),『조선일보』1946년 11월 26일. "筆者附記=오늘까지 연재해 온「청산리싸움」의 실전 장면은 당시 제일선 총 지휘관이였던 이범석장군이 금번 重慶에서 가지고 돌아온 華文 원고를 필자에게 빌려주어서 그것을 참작한바 컸음을 여기에 말해둔다"

64)『경향신문』1947년 1월 9일,「金佐鎭將軍映畵化」.『조선일보』1947년 1월 10일,「金佐鎭將軍 一代記를 映畵化」

65)『조선일보』1947년 1월 17일.「自主獨立을 盟誓, 金佐鎭將軍 追悼會盛況」,

②독립사를 피로역근 白冶 金佐鎭 장군의 신령이시여 고히 잠드소서. 우리의 독립을 위하야 싸우다가 마침내 그 웅지를 품은 채 삭풍이 거세인 만주벌판에서 대저의 이슬로 사러진 고김장군의 17주기를 마저 동 장군 추도준비회에서는 16일 하오 2시부터 국제극장에서 金九선생을 비롯하야 趙정무부장 민통 金尙德씨 등 만당의 내빈이 참석 아래 성대하고 엄숙한 추도회를 거행하였다 정각보다 약간 늦어 2시 30분 柳珍山씨의 개회사로 시작되어 梨花高女코라스단의 추도가에 이어 동회 회장 趙素昂씨의 식사 김상덕씨의 약사보고가 있고 추도문 낭독이 있은 다음 유진산씨의 獻花가있었다 각계의 추도문 낭독 哀樂이 있은 다음 유가족에 대한 위문품 증정이 있어 유가족대표 金斗漢씨의 답사로 마치었다.66)

위의 ①은 백야의 추도식에 대한 보도기사인데 『조선일보』에서는 조국광복의 일념으로 만주벌판에서 구국의 동지들을 모으고 독립군을 훈련시켜 잔악한 왜놈들을 피와 살로 꺽어넘겨 우리의 민족혼을 세계 만방에 유감없이 현시하고 이역에 혼이된 고 白冶 金佐鎭이라고 하였다.

②의 『동아일보』에서는 우리의 독립사를 피로 엮은 白冶 金佐鎭 장군의 신령이시여 고히 잠드소서. 우리의 독립을 위하야 싸우다가 마침내 그 웅지를 품은 채 삭풍이 거센 만주 벌판에서 대지의 이슬로 사라진 고 김장군이라고 하였다.

이날의 추도식에는 김구를 비롯해 김구, 조소앙, 김상덕, 함상훈, 이범석 등 각계 인사가 참여했으며, 이화여고 학생들의 코러스와 이왕직 아악부가 哀樂이 연주되었다. 유진산의 헌화를 시작으로 대한민청단원들의 헌화가 있었으며, 유가족에 대한 위문품 증정이 있었으며, 유가족

---

66) 『동아일보』 1947년 1월 17일. 「抗日鬪爭의 雄 金佐鎭將軍 追悼會 擧行」

대표로 김두한의 답사가 있었으며, 오후 4시 폐막하였다.

뿐만 아니라 국제극장에서는 장군의 위업을 일반에게 인식시키기 위하여 21일부터 장군의 일생을 그린 金永壽作 '荒野'를 극단 문화극장에서 공연하기로 했는데 출연에는 徐一星, 張陣, 韓恩珍, 李藝蘭 등이라고 하였다.[67]

1949년 9월 17일에는 충남 홍성의 남산공원에서 장군의 기념비 제막식이 있었는데 기념비는 대한청년단 홍성군단부에서 주최하였다.[68] 1949년 10월 22일에는 백야의 어머니 李氏가 돌아가시자 김좌진 장군의 대부인이며, 김두한씨의 왕대부인 한산이씨가 와병 중에 삼청동 자택에서 별세했다고 보도하기도 했다.[69]

이밖에 백야를 보좌해 청산리전투에 참가했던 이범석은 그의 자서전에 백야에 대해 다음과 같이 회고하였다.

> 칠 척이 넘는 키에 거구, 만인을 위압하는 위엄, 총명해 보이는 눈동자와 입매 –일견지하에 그만한 터전을 마련한 인물이며 또한 그에게 지도를 받아서 나의 앞길은 반드시 광명하리라 즉각 느꼈다. 나와 일행을 소개했다. 김좌진 장군은 한없이 기쁘고 명랑한 표정을 한껏 지었다. 먼저 북로서에 관해 요샛말로 브리핑해주었다. 도도한 그의 웅변... 사람을 흡인하는 매력을 뿜었다. 정연한 이론··· 그가 하고자 하는 모든 노릇 외에는 더 나은 길이 조국 독립을 위해서 없다는 것을 수긍케 했다(중략)
>
> 김장군은 곧 군정서 총재로 계신 徐一선생을 뵙게했다.(중략) 김

---

67) 『경향신문』 1947년 1월 16일, 「白冶金佐鎭 將軍의 追悼會와 紀念公演」

68) 『동아일보』 1949년 9월 18일, 「金佐鎭將軍의 紀念碑를 建立」

69) 『조선일보』 1049년 10월 25일, 「故金佐鎭 將軍 慈堂 別世」 『동아일보』 1049년 10월 25일, 「金佐鎭 將軍의 慈堂 廿二日別世」

장군을 서일선생 방에 들어서더니 큰 절을 했다. 수시로 만났을 터 인데도 김장군의 이러한 행동이 마음에서 우러나는 진정한 행동이 아니라고 假定하고라도 우리로 하여금 백포선생을 존경케 하는 설 명인 동시에 후배들에게 예의에 대한 훌륭한 示範을 한것이라고 했다.[70]

이범석은 백야를 만나는 순간, 7척이 넘는 키의 거구, 만인을 위압하는 위엄, 총명해 보이는 눈동자와 입매는 한 눈에 그의 지도를 받아서 나의 앞길은 반드시 광명하리라는 것을 즉각 느끼게 했다고 하였다. 또한 도도한 웅변은 사람을 흡인하는 매력을 뿜었으며, 정연한 이론은 그가 하고자 하는 모든 것 이외에는 조국 독립을 위해 더 나은 길이 없다는 것을 수긍케 했다고 하였다. 뿐만 아니라 백포 서일의 방에 들어서자 큰절하는 것을 보고는 후배들에게 예의를 가르키려고 하는 훌륭한 태도를 보았다고 하였다. 백야의 인간적 품성을 느끼게 하는 회고였던 것으로 생각된다.

Ⅴ. 맺음말

본 논문은 일제하와 해방 직후 국내언론에 나타난 백야 김좌진의 항일독립운동과 추모관련 기사를 분석한 것이며, 백야와 직접적인 관련

---

70) 이범석, 『철기 이범석 자전』 외길사, 1991, 176-178쪽. “백포 서일의 나이는 '정학하게는 김장군과 8살 차이, 가냘픈 체구에 단아한 용모, 여기에 빛나는 눈동자는 슬기로움을 發하는 표징이 있었다고 하였다. 낮은 목소리에서 침착한 성격과 인자한 천성을 엿볼수 있었다”라고 하였다.

이 있다고 판단되는 기사들을 중심으로 그 내용을 정리래 보았다. 그 특징을 정리하면 다음과 같다.

청산리전투와 관련해 일제는 총독부 기관지인 『매일신보』 남겨두고 『조선일보』와 『동아일보』을 폐간해 언론은 통제한 상황에서 전투와 관련된 상황을 자의적 혹은 선택적으로 보도하고 있었던 것으로 보인다. 그러나 이 같은 상황에서도 『매일신보』의 보도 내용의 행간을 읽어보면 청산리대첩과 관련해 김좌진과 홍범도는 탁월한 전투능력을 발휘하며 대단한 승전을 거두었다는 사실을 짐작할 수 있는 것으로 보인다. 그리고 이러한 상황은 백야가 순국한 이후 그의 활동을 정리한 국내 언론 『조선일보』, 『동아일보』, 『중외일보』의 특집기사을 통해서도 확인할 수 있는 것으로 생각된다. 『동아일보』에서는 김좌진이 광복단에서 활동하다 만주로 망명해 독립운동 초기에 놀라운 소식을 전해다라고 보도하였다. 또한 『조선일보』에서는 일기당천으로 청산리사건에서 단신으로 전군을 지휘하였으며, 통일군단을 조직 어랑진 사건을 치뤘으며, 사흘을 굶고도 싸움을 계속했으며, 홍범도와도 손잡았다고 하였다.

청산리전투 이후에도 백야는 항일무장투쟁 전개를 위해 꾸준한 노력을 전개했던 것으로 보인다. 그리고 국내언론에서는 그 활동에 대해 연해주지역에서의 활동과 신민부의 결성 및 신민부의 동향, 3부통합운동, 혁신의회, 한족총연합회 등 그의 활동 전반에 대해 상당히 구체적으로 파악하고 있었던 것으로 보인다.

해방 이후에는 백야에 대한 기억과 추모가 청산리전투와 함께 되살아났으며, 이와 관련해서는 아들 김두한의 관계도 상당한 관련이 있어 보인다. 김구와 조소앙 등 각계의 인사가 참여한 가운데 17주기 추도식이 서울 국제극장에서 거행되었으며, 추모비가 대한청년단 홍성군단부 주체로 고향인 홍성의 남산공원에 건립되었다. 일대기에 대한 영화제작이 논의 되었으며, '황야'라는 제목의 대본을 바탕으로 한 연극공연이 이루어졌다. 그리고 이범석의 회고에 나타난 기억은 단편적이기는 하지만, 김좌진의 인간적 품성이 존경받는 독립운동 지도자로서의 면모를 보여주고 있었음을 나타내고 있다고 하겠다

白山 지청천의 만주지역에서의 항일무장투쟁

Ⅰ. 머리말

백산 지청천은 1888년 1월 25일 서울에서 아버지 지재선과 어머니 경주이씨 사이에서 태어났다. 관향은 충주 관명은 석규였고 아명은 수봉이다. 어려서 서당 교육을 받았으며, 1897년 교동소학교에 편입하였고 1904년 배재학당에 입학하여 신학문을 배웠다. 1907년 대한제국 육군무관학교에 입학하였으며, 학교가 폐교되자 국비생으로 일본에 유학하였다. 육군유년학교를 거쳐 1914년 일본 육군사관학교를 26기로 졸업하였다. 1919년 4월(음) 일본군 현역장교의 신분으로 서간도로 망명하여 신흥학교를 찾아가 본격적인 항일무장투쟁을 시작하였다.

지청천은 일본 육사 23기인 김경천과 함께 최신병서와 군용지도를 소지하고 망명했다고 하며, 1919년 5월(음)에는 신흥무관학교의 교성대장에 취임하였다. 서로군정서와 정의부 의용대의 사령관으로도 활동하였으며, 만주사변 이후에는 한국독립군의 총사령관으로 적극적인 항일무장투쟁을 전개하였다.[1)]

지금까지 지청천에 대해서는 광복군총사령으로서의 활동과 대동청년단 등 행방 이후의 정치활동에 대한 연구 성과가 있다.[2] 이밖에 만주지역에서의 항일무장투쟁과 관련해서는 정의부에서의 활동과 민족유일당운동 및 혁신의회와 한국독립군의 활동 및 한국독립군의 중국관내로의 이동 등에 대한 연구가 있다.[3]

최근의 연구에서는 김경천의 『擎天兒錄』과 지청천이 남긴 『자유일기』와 한국독립당에 참여했던 李圭彩의 신문조서를 분석하여 지청천의 활동을 조명한 연구가 있으며, 대전자령 전투에 대해 보다 집중적으로 조명한 연구 등이 발표되었다.[4]

따라서 본고에서는 기존의 연구 성과를 바탕으로 국내외 언론자료와 이규채의 재판기록 등을 통해 나타나는 지청천과 한국독립군의 항

---

1) 지복영, 『역사의 수레를 끌고 밀며－항일무장 독립운동과 백산 지청천장군』, 449~452쪽, 문학과지성사, 1995.

2) 池憲模, 『青天將軍의 革命鬪爭史』, 삼성출판사, 1949. 박영석, 「白山 李青天將軍」, 『在滿韓人獨立運動史研究』, 일조각, 1988. 이현주, 『한국광복군총사령 지청천』, 역사공간, 2010. 한시준, 「지청천과 한국광복군」, 『한국근현대사연구』56, 2011. 노경채, 「일본 육사 출신 광복군 총사령 지청천」, 『내일을 여는 역사』1, 2000. 김수자, 「대동청년단의 조직과 활동(1947－1948)」, 『역사와 현실』31, 1999.

3) 황민호, 「만주지역 민족유일당운동에 관한 연구」, 『숭실사학』, 5, 숭실사학회, 1988. 박환, 「在滿韓國獨立黨研究」 『在滿韓人民族運動史研究』, 一潮閣, 1991 ; 추헌수, 「조선혁명당과 한국독립당의 활동」 『한민족독립운동사』 4, 국사편찬위원회, 1988. 신재홍, 「한중연합군의 항일전과 독립군의 수난」 『한민족독립운동사』 4, 1988. 張世胤, 「韓國獨立軍의 抗日武裝鬪爭研究」, 『한국독립운동사연구』3, 독립기념관 한국독립운동사연구소, 1989. 한상도, 「在滿 韓國獨立黨과 韓國獨立軍의 中國關內地域 移動」, 『사학연구』55 · 56, 한국사학회, 1998.

4) 박환, 「만주에서의 항일무장투쟁과 池青天」, 『만주지역 한인민족운동의 재발견』, 국학자료원, 2014. 황민호, 「한국독립군의 성립과 항일무장투쟁」, 『한국독립운동과 대전자령전투』, 독립기념관 한국독립운동사연구소, 2013. 이준식, 「항일운동사에서 대전자령전투의 위상과 의의」, 『한국독립운동과 대전자령전투』, 독립기념관 한국독립운동사연구소, 2013.

일무장투쟁에 대해 살펴봄으로써 궁극적으로 지청천의 만주지역에서의 항일무장투쟁에 대한 기존의 연구 성과를 일정하게 보완해 보고자 한다.

II. 만주로의 탈출과 신흥무관학교

지청천의 유년 시절의 교육과정과 만주로의 탈출과 관련된 내용은 『신한민보』에 보도된 기사 내용을 통해서 보면 그 윤곽을 확인할 수 있다.

> 지청천은 경성사람이오 호는 백산이다. 품성은 영명○○하고 신체가 건장하고 위엄이 당당하여 ○○군관자격을 갖추어 가졌더라 그의 소년시대는 한국 ○○초에 있었음으로 그때 신문화의 최고학부인 배재학당에서 수업하야 보통과를 졸업하니 묘령이 17이요 때는 광무 9년이라 노백린 이갑 등이 주관하는 무관학교에 들어가 군사학을 배우더니 을사조약 늑체이후 일본인이 한국의 군대를 해산하고 아울러 무관학교와 및 무관유년학교까지 폐지함에 이로 인하여 지청천이 학업을 중지하였고 그후 전임 무관학교 교장인 노백린이 다시 무관유년학교를 설립하고 50명생도를 뽑아 가르칠 때에 지청천이 그 학교에 들어가 공부하더니 1년을 지나 또 일본의 간섭을 받어 이 학교까지 폐지됨에 지청천이 다시 그 학업을 중지하게 되었나니 지청천이 소년시대에 군사학을 배우는 길이 이만치 간난하였고 그는 이때로부터 국가의 주권 상실을 분기하야 맹세코 군사학을 배우기로 결심하더라
>
> 그후 한국정부의 파견을 받어 일본 동경으로 건너가 육군중앙유년학교에 입학하여 6년을 전공하여 육군사관과를 졸업하였더라 지

> 청천은 본래 기품과 ○략이 특출함으로서 일본군대에서 상위가 되었고 청도 덕일전쟁에 중대장으로 출전하였더라
>
> 광복 대계의 큰 뜻을 품은 지청천이 부득이 一시 적군중에 근무한 것은 다만 군사학을 배우기 위함이요 또 적정을 유의하여 다른 날 전쟁에 참고를 삼기 위함이더니 1919년 3·1독립선언이 발표된 후 5월에 드디어 군관을 버리고 틈을 타 만주 서간도로 가서 신흥학교의 군사교관이 되니 이것이 지청천의 본 뜻이오 그의 귀난 용이 못 속에서 일어난 듯, 범이 함정을 벗어난 듯 대비략을 꿰하더라.[5)]

지청천의 품성이 영명하고 신체가 건장하며, 위엄이 당당하여 군관으로서의 자격을 갖추었으며, 배재학당에서 교육을 받으 것으로 나타나고 있다. 광무 9년(1905) 노백린과 이갑이 주도하는 무관학교에 들어가 군사학을 배웠으며, 주권 상실에 분기하여 맹세코 군사학을 배우기로 결심했다고 하였다. 그가 군사학을 배운 동기가 지극히 애국적이었음을 알 수 있다.

지청천은 일본에서 육군중앙유년학교를 거쳐 일본육사를 졸업하였으며, 청도전쟁에 출전했다가 3·1운동 이후 서간도의 신흥학교에 가서 군사교관이 되니 용이 못 속에서 일어난 듯하며, 범이 함정에서 벗어난 듯 한 것이라고 하였다. 따라서 『신한민보』의 이 같은 보도는 미주지역의 동포사회가 광복군 총사령관 지청천에 대해 전폭적인 지지를 보내고 있음을 나타내는 것이라고 하겠다.

만주로의 탈출은 김경천과 함께 이루어졌는데 김경천은 『동아일보』 1923년 7월 29일자 인터뷰에서 다음과 같이 증언하였다.

---

5) 홍언찬, 「한국독립광복군 총사령－지청천사략」, 『신한민보』 1940년 10월 24일.

세상 사람이 다 아니는 바와 같이 1919년에 전무후무한 세계적 회의가 열리고 각 약소민족에게도 권리를 준다함에 우리 동경유학생이 독립운동의 첫소리를 발하였소 이때 나는 동경에서 사관학교를 마치고 일본 육군 기병대 1연대 사관으로 있으 때이라 꿈속같이 기쁜 중에도 ◯일듯한 마음을 참을 수가 없었소. 그리고 병으로 수유를 얻어가지고 2월 20일에 경성에 도착하니 도처에 공기가 이상스러웠소 그러터니 3월 1일에 독립선언이 터지니 이때 우리 군인 몇 사람은 장래 조선민족이 독립운동을 하자면 아령과 남북 만주를 중심삼지 아니하면 아니 되리라 하고 동지 지청천과 함께 밀의하고 국경을 넘으려는데 당시는 경계가 심한 때이라 잘못하다가는 잡힐 염려가 있음으로 6월 6일에 우리 두사람은 군복을 벗고 보통 양복을 갈아 입은 후 자동차로 수원으로 갓었소 그리하야 수원에서 차를 타고 그대로 남대문으로 오니 해가지고 어둡게 되다. 그대로 신의주까지 와서 자는데 밤중에 경찰의 조사가 있음으로 그밤을 자지 못하고 처음에는 일인이라 대답하고 정거장에 가서 차를 타고 국경을 넘었습니다. 그런 후에 나는 간도 모 사관학교에 가서 군사를 기르면서 기회를 엿보았습니다.[6]

일본 육군 기병대 1연대 사관으로 근무하고 있던 그는 민족자결주의의 영향 하에 동경유학생들의 2·8독립선언이 결행되자 병을 핑계로 2월 20일 경성에 도착하으며, 서울에서도 3·1운동이 일어나자 지청천과 함께 국외로 탈출할 것을 밀의했던 것으로 나타나고 있다. 이후 이들은 자동차로 수원에서 남대문과 신의주를 거쳐 국경을 넘어 서간도에 도착했으며, 한족회를 찾아가 신흥무관학교에서 군사를 가르치게

6)「米雪싸힌 西伯利亞에서 紅白戰爭한 實地經驗談(俄領朝鮮人 金擊天)」,『동아일보』, 1923년 7월 9일.

되었던 것이다.

지청천과 김경천은 한족회를 중심으로 독립운동가들과 접촉하였는데 이와 관련해서는 다음의 내용에서도 확인되고 있다.

> 1) 우리의 고난이 끝이 있어 약 보름만에 봉천성 유하현 孤山子 大肚子에 있는 서간도 무관학교에 도착하여 南一湖군의 집에 숙소를 정하였다. 본 무관학교는 올해 3월까지 보통교육을 실시하였다가 독립선언을 이후로 그것을 전부 폐지하고 군사학을 시작하였다(중략－필자).[7]

> 2) 3·1 운동 발발 후, 한족회는 정치적 역량을 발휘해야 할 뿐만 아니라 군사 활동도 집행해야 했다. 그리하여 한족회는 혁명운동의 요구로 군사기구를 설립하고 그 기구를 大韓西路軍政署라 명명하였다. 산하에 2개의 좌우익(聯隊)를 설치하고 좌우익 아래 또 6개 큰 부대를 설치하였다. 군정서의 간부는 모두 구한 국정부군대의 고급군관 및 외국군관학교 출신이었으며 초급간부는 新興學友團 단원 혹은 기타 군사학교 출신이었다. 그리고 군정서의 병사들은 전부 18~40세의 한국교민으로서 3개월 이상 실외에서 군사훈련을 받았다. 新興學校, 본교와 분교의 2000여 명 학생은 군정서의 간부후보였다. 한국교민이 거주하는 마을에서는 밤낮 없이 군사 교육이 실시되어서 마치 전쟁 전야와 같은 분위기와 긴장이 감돌았다.[8]

1)의 내용에서 보면 국내를 탈출한 지청천과 김경천은 15일만에 유

7) 김경천, 김병학 정리, 『擎天兒日錄』, 학고방, 2012, 76쪽.
8) 김학규, 「30년이래 중국 동북에서의 한국 혁명운동(후속)」, 『광복』 제1권, 제2기, 광복군총사령부정훈처, 1941.

하현 고산자의 신흥무관학교에 도착하였다. 신흥무관학교는 3·1운동 이전에는 보통교육을 실시하고 있었는데 3·1운동 이후 보통교육 전부를 폐지하고 군사학에 집중하는 무관학교로 전환했던 것이다.

2)에서는 3·1운동 발발 이후 한족회가 대한서로군정서라는 군사기구를 설립하였으며, 본교와 분교의 2,000명의 학생들은 모도 간부후보였으며, 밤낮없이 군사교육이 실시되어 마치 전쟁전야의 분위기와 같은 긴장감이 돌았다고 하였다.

이들은 가을이 되기 전에 압록강을 넘어 국내로 진격하는 것을 꿈꾸며, 활동하고 있었고 얼마후 김경천은 신영균과 함께 무기 구입을 위해 러시아로 떠났다고 한다.[9] 서로군정서에서는 독립군의 전력강화에 필요한 무기구입을 위해 노력하고 있었는데 1920년 5월에는 김준·김봉학 등 14명을 노령의 추풍에 파견하여 무기를 구입 운반해 오기도 했다.[10]

지청천은 1919년 11월에는 서로군정서 사령관에 취임하여 항일무장투쟁을 지휘했던 것으로 파악되고 있는데 <표 1>은 경신참변 이전까지 서로군정서 대원들이 전개했던 활동의 내용이다. 지청천은 서로군정서군을 지휘하며 적극적인 항일무장투쟁을 전개하고 있었던 것으로 보인다.

---

9) 앞의, 『擎天兒日錄』(1919년 6월 9일 이래)o9, 79쪽. '여름이 다가고 초가을이 올려고 한다. 여러 유지들은 낙엽이 떨어지면 군사행동이 불리하니 무기를 준비하여 가지고 압록강을 한번 넘기가 소원이라 한다. 나도 그렇게 생각하나 현재 형편으로는 압록강을 고사하고 개천도 못건너겠다고 생각한다. 그러나 이에 무기 문제가 생겨 혹은 무송현으로 가자하며, 혹은 러시아령으로 가자고 한다. 회의한 결과 러시아령 니콜리스크로 가기로 하였다. 위원을 정하니 나와 신영균 두 사람이다.'

10) 국사편찬위원회, 「間島不逞鮮人團狀況」, 『한국독립운동사』3, 645쪽.

<표 1> 1920년 서로군정서의 군사활동[11]

날짜	의용군 내역	군사 활동 내용	비 고
1920. 6	의용군	국내 작전 전개, 평북 강계·자성·벽동·위원 등지에서 적 기관 습격, 밀정 처단	서로군정서 국내 작전 시작
1920. 6	1중대 1대	야저구에서 일제 경찰대·산림대와 교전	6명 전사
1920. 6	의용권 이동규 등 1대	평북 삭주 양산면 적 주재소 습격	허기호 등 4명 전사, 천마산대와 합동으로 작전
1920. 6	중대 1대	집안현 뢰사차, 관전현 소황구에서 적 경찰대와 교전, 격퇴	
1920. 6	1중대 1대	집안현 상화보에서 적 경찰대 60명 격퇴	
1920. 8	이창덕·이종식 1대	평북 후창군의 친일파 군수 등 총살	
1920. 8	김동순·한우양 등	서울에서 적 고관 처단, 군사령부 설치 계획	10명 체포로 실패
1920. 7	의용군 문학빈·송문평 등 1대	삭주·벽동 등지에서 적 경찰대와 교전	하찬리·이구태 전사
1920. 8	의용군 문학빈·송문평 등 1대	평북 자성·대안에서 적 경찰대와 교전	
1920. 8	유격대	평북 강계 고산면에서 적 경찰대와 교전, 격퇴	
1920. 9	4중대 이병철 등 1대	평북 강계군 문옥면·삼강면에서 적 주재소, 면사무소 습격, 무기노획, 적의 자금 압수	

Ⅲ. 정의부에서의 활동과 독립운동의 역량 강화를 위한 노력

1920년대 중반 지청천은 정의부에서 오동진과 함께 정의부 의용군 총사령관으로 항일무장투쟁을 전개하였다. 대한통의부를 탈퇴한 양기

11) 독립운동사편찬위원회, 「독립군전투사일지」. 「서로군정서의 전투」, 『독립운동사』 5, 지복영, 앞의 책, 72쪽 재인용.

탁이 길림지역의 유력자인 이장녕과 박관해 등을 설득하여 전만통일회의주비회를 개최하기로 하고 이장녕을 주비회장으로 추대하였으며, 12월 통합 독립운동단체로 정의부가 건립되었다.12)

정의부에서는 지방치안유지를 위해 무장대를 둘 것, 정의부 구역은 당분간 하얼빈, 額穆, 北間島의 선을 劃하고 그 이남의 만주 전부를 포옹할 것, 유지비로서 매호에서 해마다 6원과 별도로 소득세를 부과할 것 등을 결의하였으며, 헌장 및 선언을 발표하였다. 또한 중앙행정위원으로 이탁 · 오동진 · 현정경 · 김리대 · 윤덕보 · 김용대 · 이진산 · 김형식 등을 선임하였는데 이 때 지청천도 이들과 함께 중앙집위원이 되었다.13)

정의부는 초기에는 본부를 유하현 삼원보에 두고 참의부의 세력권인 관전현, 집안현, 환인현, 통화현 등 4개현의 일부를 제외한 지역에 10개의 지방총관소를 설치하였다. 이후 본부를 화전, 길림의 신안둔, 반석 등지로 옮겨가며 활동하였으며, 1926년 말 경에는 17개 지역에 지방총관소를 설치하였고 봉천성과 길림성에 살고 있는 한인 1만 7천여 호, 8만 7천 명을 관할하였다고 한다.14)

정의부 산하의 군사부는 사령관 아래 중대와 소대를 두는 군사조직을 갖추고 있었다. 지청천은 김창환 및 오동진 등과 함께 지휘부 형성하였으며, 양세봉 · 문학빈 · 정이형 등이 소대장과 중대장의 직책을 맞고 있었다.15) 정의부는 부내의 모든 장정에 대하여 의무병제를 실시하

---

12) 정원옥, 「재만정의부의 항일독립운동」, 『한국사연구』, 34, 1981, 120쪽.

13) 경상북도 경찰부, 『고등경찰요사』, 118쪽.

14) 변승웅, 「정의부」, 『한민족독립운동사』4, 243쪽.

15) 당시의 정황에 대해 김학규는 다음과 같이 증언하고 있다. '1925년, 梁基鐸, 李탁

였으며, 상비군으로 8개 중대와 민경대를 두었다. 1927년에는 700명 이상의 병력을 보유하고 있었는데 군인들은 모젤과 뿌로닝 권총 및 소총 등으로 무장하고 있었다.[16] 촌락에는 군사보급회를 설립하여 모든 장정과 재향군인들에게도 군사훈련을 실시하였다.[17]

지청천은 1925년 1월 정의부 군사위원장 겸 총사령관에 취임하였으며, 그의 임기는 1926년 10월 오동진이 후임으로 사령관에 임명될 때까지 지속되었다.[18] 1927년 12월 오동진이 일경에 의해 체포되자[19] 재차 정의부 군사위원장 겸 사령관으로 선임되었으며, 정의부 중앙사판소장을 겸임하였다. 이와 관련해 『동아일보』는 다음과 같은 기사를 보도하였다.

> 정의부 사령장관 吳東振이가 톄포되어 신의주 검사국에서 취됴를 밧는다함은 기보와 갓거니와 正義府에서는 그 후임 사령관을 물

등은 統義府, 義成團, 匡正團 등 8개의 단체를 大韓正義府로 통합하자고 제의하였다. 大韓正義府 본부는 吉林의 樺甸에 두기로 했는데 이곳에 본부를 두면 거의 동북삼성의 각지에 영향을 미칠 수 있기 때문이었다. 당시 義務金 납부자는 10만戶에 달하고 正義府의 모든 제도는 마치 공식 정부와 같았다. 興京 旺清門에 化興中學를 설립하고 柳河 三原浦에 東明學校를 설립하였다. 이 밖에 기타 학교들을 설립하고 교포 및 자손들의 교육하였다. 또한 樺甸城에 華成義塾을 설립하고 혁명 간부들을 전문적으로 훈련시켰다. 旺清門에는 남만학원을 설립하고 혁명에 필요한 각종 학문을 연구하였고 무장한 부대는 계속하여 대한의용군으로 명명하였다. 대한의용군은 吳東振과 李青天 등 사령관의 지휘 하에 혁명활동을 적극적으로 전개하였다'. 김학규, 「30년이래 중국 동북에서의 한국 혁명운동(후속)」, 『광복』 제1권, 제2기, 광복군총사령부정훈처, 1941.

16) 박환, 「만주에서의 항일무장투쟁과 池青天」, 『만주지역 한인민족운동의 재발견』, 국학자료원, 2014.

17) 채근식, 『무장독립운동비사』, 대한민국공보처, 1949, 137~138쪽.

18) 지복영, 앞의 책, 454쪽.

19) 국가보훈처, 『大韓民國 獨立有功者 功勳錄』 제4권, 1987, 747~749쪽.

색하든 중 근간에 와서 額穆縣 蛟河子에 거주하는 日本士官學校 출신으로 步兵中尉까지 다니든 李靑天(四五)를 선발하야 오동진의 후임을 삼는 동시에 다시금 여러 방면으로 활동을 개시하리라더라.[20]

위의 내용에서 보면 오동진이 체포되자 정의부에서는 그 후임으로 지청천을 선발하였으며, 향후 지청천을 중심으로 한 정의부 의용군이 상황을 수습하면 여러 방면에서 다시 활동을 시작할 것임을 추측하고 있었다.[21]

<표 2> 『동아일보』에 나타난 정의부 의용군의 중요 활동

날짜	기사제목
1925.6.14.	正義府白山義勇隊 咸北에 潛入說, 대장 車承九의 인솔로 이십명이 드러와 군자금모집중이라고
1925.11.18.	大韓獨立團 正義府員 出現, 권총가지고 강서에 나타나 현금강청
1925.12.2	正義府義勇軍 무긔 불온문서 휴대코 潛入說, 李春山인솔하에, 동시에 군자도 모집코저
1925.12.11	正義府義勇軍 別動隊員 潛入說, 정보가 뎐하는 그들의 목적은 정읍 보텬교에서 돈 어들것과 白白敎의 八萬圓도
1926.2.18.	正義府員 入京? 동지를 구하려 세명이 입경 한편으로 군자금도 모집해
1926.4.21.	正義府員六名 長春에서 警官에게 被捉, 각쳐에서 군자금모집한 까닭
1926.4.24.	正義府先鋒 小隊長申容哲 조선침입중도에서 잡혀
1926.4.24.	正義府서 海陸竝進決死隊 組織코 함남 평안남북도로 파견(四月二日)
1926.6.4	正義府員 六名中 金忠錫 金利大 두명이 시내에 잠복하엿다고, 機密係에 倒着한 情報

---

20) 「吳東振後任은 李靑天으로 決定, 내부의 정돈을 마치고서 各方面에 活動開始」, 『동아일보』 1928년 2월 8일.

21) 지청천은 1928년 8월 제5회 정의부 중앙의회에 참가하여 유일당조직 방안에 대한 견해차이로 김동삼 등과 함께 정의부와 관련한 직무 포기 선언을 할 때까지 대체로 정의부 의용군의 항일무장투쟁에 관한 활동을 관장하고 있었을 것으로 판단된다. 이현주, 앞의 책, 226쪽.

1926.6.29	軍資募集 檄文, 평북디방에 격문을 보냇다고, 正義府 義勇隊에서
1926.8.1	楚山警官을 襲擊射殺한 正統團員 鄭伊衡被捉, 적화선뎐을 주요한 목뎍으로 한 길림의 정통단 金尙源은 신의주에서 鄭伊衡은 길림에서 잡혀, 主要한 目的은 朝鮮의 赤化計劃
1926.11.7	騷然한 情報와 各地의 拳銃靑年, 正義府拳銃隊 潛入說, 勞働者로 變裝한 崔聖八一隊
1926.11.14	勞働者로 變裝한 正義府員 軍資모집코자 入境, 地方行政委員長 崔聖八 部長外三名을 引率
1926.12.2	拳銃으로 軍資募集, 여러곳에서 금품을 모집, 新義州署에 被捉된 正義府員二名(新義州)
1926.12.31.	警官 六名을 殺害한 正義府軍曹 六名被捉, 초산과 창성등디에서 경관들을 죽여 전후다섯해 동안에 놀랄만치 활동해, 昌城淸山駐在所 襲擊事件, 前後五年間 十數回犯行
1827.2.5	正義府員入境, 경찰당국이 가장 주목하는 정의부원이 또 드러왓다고, 義勇團과도 連絡活動, 正義府 秘密幹部會議
1927.3.27	正義府員潛入? 총독부 명령밧고 경북경찰부대 正義府무력단원인 朴泰柱 체포코저 활동
1927.8.16	龍川郡? 天摩嶺? 今明間 衝突豫想 평북경찰부의 대대뎍활동, 正義府員 四人隊消息, 侵入만을 防禦 경찰소극방책
1927.8.22	東出西沒의 拳銃隊와 戒嚴狀態의 國境: 正義府의 義勇隊一派 三十餘名의 國境潛入을 揚言 兩處에 突現 檄文을 撒布, 軍資를 募集, 義州隊와 同系의 定州隊詳報,警部의 親子를 拳銃으로 脅迫
1927.8.28	正義府員 간대온대, 警察이 그 服色으로 徹夜, 차저다니는 정의부원은 간데온데 업고 그 복색차린 경관대의 활동만 더욱 엄중, 平北拳銃團의 其後消息
1927.10.8.	平原拳銃團은 「大韓正義府員」 李正岩과 金海岩으로 판명, 前後八處의 富豪襲擊
1927.11.5,	正義府員 大金을 領去, 네명이 나타나 대금을 밧고 유유히 종적을 감추어 버려, 今般에는 北靑郡에
1927.12.9.	對岸을 筆頭로 南朝鮮에 潛入, 압록강결빙긔를 리용해 正義府의 끔직한 計劃
1927.12.10.	軍資五千圓請求, 고발밧고 경찰은 대활동, 正義府別動隊名義로

<표 2>에서 보면 정의부 의용군은 국내 진공작전을 통해 군자금을 모집하거나 격문을 살포하였으며, 경찰 등 친일세력을 처단하여 일제

의 국경치안은 교란하는 적극적인 활동을 전개하고 있었다. 뿐만 아니라 1941년에 발행된 『광복』 제1권 1기에 수록된 '광복군총사령 지청천 장군 약력'에서 보면 '계임 정의부 중앙집행위원, 군사부장 겸 조선의용군사령, 솔군전전 압록강 연안 각지'라고 하여 지청천이 정의부 중앙집행위원, 군사부장 겸 조선의용군 사령으로서 압록강 연안 각지에서 항일무장투쟁을 적극적으로 지휘하였음을 강조하였다.[22]

> 정통단 위원인 평북 용천군 양광면 정이형(三二) 경남 부산출생 김종범(三〇)외 한명은 적화선전의 사명을 가지고 약 3개월 전부터 중국 길림 北極門부근에 근거를 두고 표면으로는 秋田洋行支店을 경영하는 듯 보이고 교묘히 관헌의 경찰망을 피하여 오든 바 동 단원 金尙源이라는 사람이 지난달 7월 상순에 조선에 들어왔다가 신의주경찰서에 체포되었는데 평북 경찰부에서는 경찰관 2명을 길림에 파견해 그곳 영사관 경찰서와 협력하여 가지고 수색한 결과 전기 정이형은 마침내 체포되고 김종범은 어디로 종적을 감추었는데 정은 부하 30여명을 거느리고 상당한 활동을 하던 사람으로 大正 11년에 평북 초산으로 부근에 들어와 파출소를 습격하고 高橋순사와 2사람을 죽인 일까지 있다더라.[23]

위의 내용은 1926년 8월 1일자 『동아일보』 보도 기사로 지청천의 휘

---

22) 「光復軍總司李靑天將略歷」, 『光復』 第1卷 第1期 한국광복군총사령부 정훈처, 1941. 21~22쪽.

23) 「楚山警官을 襲擊射殺한 正統團員 鄭伊衡被捉, 적화선던을 주요한 목덕으로한 길림의 정통단 金尙源은 신의주에서 鄭伊衡은 길림에서 잡혀, 主要한 目的은 朝鮮의 赤化計劃」, 『동아일보』 1926년 8월 1일. 그런데 이 보도기사에서 정이형을 정통단원이라고 한 것이나 적화선전을 위해 활동했다고 보도한 것은 오류인 것으로 보인다.

하에서 활동하던 정이형의 체포와 관련한 기사이다. 정이형은 1926년을 전후하여 부하 30여명을 거느리고 독립군 전투를 전개했던 인물이며, 1922년 초산 부분의 파출소를 습격하여 일제 순사 고교 및 친일파 2명을 처단했던 것으로 유명하다. 그런데 지청천은 그가 남긴 「자유일기」 1956년 12월 11일자에서 정이형의 사망에 대해 마음 깊이 애도하였다.[24] "'쌍공 정이형 동지가 서세하다. 정동지는 吾가 정의부 조선혁명군 사령관으로 있을 때에 문학빈과 같이 5개 중대장의 1인인 직계부하이다. 적에 피포된 이래 근 20년 의주, 평양, 서울 감옥으로 전전하다 미군에 의해 석방되어 출옥되었는데 금년에 60세 가까이 되었다… 20년 영어생활을 한 진정한 애국자 독립군이다… 민족의 영웅으로 천당에 가서 깊이 평안하고 영화롭기를 축원하노라 만수를 다 잊고 고이 잠드소서'라고 하였다."

1920년대 후반에 들어서면 전민족유일당운동과 삼부통합운동이 활발해 지자 지청천도 이 운동에 관여하고 있었다.[25] 민족유일당운동에

---

24) 박환, 「만주에서의 항일무장투쟁과 池青天」, 『만주지역 한인민족운동의 재발견』, 국학자료원, 2014. 195쪽 재인용

25) 「央會議에서 決議된 正義府의 新方針, 위원 오십여명과 각 대표 참석, 三府統一積極圖成」, 『동아일보』 1927년 11월 23일. '모처에서 전하는 바에 의하면 만주를 중심무대로 하고 모처에서 조선○○운동을 맹렬히 하던 정이부에서는 지난 9월 경 모처에서 중앙의회를 열고 주민자치와 ○○운동에 대한 신정책을 수립하였다는 바 참회의원은 중앙집행위원 김동삼 이하 9지방 7개구역 위원 등 합 50여명과 기타 ○○로동당 만주청년총동맹 만주여자교육회 등 각 단체 대표 10여명이 있었다는데 행정상 보고 등 각 보고가 있은 후 시국문제, 자치, 교육, 군사, 재정, ○○결산, 예산, 인선에 대한 장시간의 토의를 한 결과 결의된 全案은 아래와 같다더라. 결의안 一. 시국문제 (가) 만주운동의 통일을 위하여 ○○부는 양부와의 통일을 적극圖成하기로 함. (나) 전민족운동의 통일을 위하여 유일당 촉성을 籌備하기로 함. (다) 중국에 입적하지 못한자는 입적케 하고 기 입적한 자는 시민권 획득을 장려노력케 하기로 함. (라) 농민부인청소년운동을 일류적 규율하에서 그 발달을 기함.'

대한 논의가 본격화되자 각 독립운동세력은 1928년 5월 12일부터 18개 단체대표 39명과 30명의 방청객이 모인 가운데 화전현에 있는 화흥학교에서 제1차 전민족유일당촉성회의가 개최되었으며, 이때 지청천은 고할신, 양세봉, 김문거 등과 함께 정의부 대표로 참석하였다.

그러나 5월 26일까지 3차에 걸쳐 계속된 회의에서 만주지역의 각 운동세력은 크게 보아 유일당에 대한 조직 방식을 놓고 단체본위조직론과 개인본위조직론 등이 대립하면서 결렬되었던 것으로 보인다. 단체본위조직론은 민족유일당이 다수의 소운동단체를 기초로 하여 조직되어야 한다는 것이었다. 정의부를 중심으로 한 민족진영의 다수가 찬성하고 있었으며, 협의회파를 형성하였다.

개인본위조직론은 기성의 군소단체를 본위로 해서 유일당을 조직할 경우 기성단체 중에는 남을 인솔할 만한 실력과 권위를 갖춘 단체가 없으며, 지방적 파벌에 의해 당파전의 소굴이 될 우려가 있음으로 유일당은 개인본위로 조직되어야 한다는 주장이었다. 개인본위조직론은 조선공산당 만주총국 산하의 사회주의계열의 단체들이 찬성하고 있었으며, 촉성회파를 형성하였다.[26)]

민족유일당운동이 초반의 기대와 달리 별다른 성과 없이 전개되자 지청천은 1928년 8월 제5회 정의부 중앙의회에서 자신이 정의부 내에서 핵심적인 위치에 있었음에도 불구하고 '혁명관을 달리하기 때문에 협의회에서는 성공이 불가능하다고 자신하고, 개인으로서의 권리를 포

이 보도에서만 보아도 정의부에서는 시국문제에 대한 결의를 통해 우선적으로 3부 통합의 중요성을 제시하고 있었던 것으로 파악된다고 하겠다.

26) 黃敏湖, 「滿洲地域 民族唯一黨運動에 關한 硏究－唯一黨促成會議를 中心으로－」, 『崇實史學』5, 1988 참조.

기한다'고 선언하고 협의회를 탈퇴하는 한편, 정의부에서의 직무를 포기하였다.27)

민족유일당촉성회의와 3부통합운동이 성과없이 결렬되자 지청천은 혁신의회에 참가하였다. 혁신의회는 1928년 12월 하순 길림에서 존속기간 1년의 군정부 건립을 목적으로 결성된 조직이었으며,28) 결성 당시 회장에는 김동삼, 중앙집행위원장에는 김원식, 군사위원장에 황학수, 군사위원에는 지청천, 민정위원장에 김승학이 취임했으며, 지청천, 김승학, 신숙 등 16명이 중앙집행위원으로 선출되었다.29)

혁신의회에서는 민족유일당재만책진회를 조직하여 민족유일당운동도 지속적으로 추진하고자 했다. 정의부 탈퇴파에서는 지청천, 김동삼, 김원식, 김상덕 외 4명, 참의부에서는 김희산, 김소하 외 2명, 신민부에서는 김좌진, 황학수, 최호, 정신 등이 집행위원으로 선출되었다.30) 이후 책진회는 중앙집행위원장에 김동삼, 동 위원에 김좌진, 전성호 등을 선출하고 대당촉성을 위한 활동을 전개하였다.31)

혁신의회에서는 참의부 관할구역을 남일구, 정의부에서 탈퇴한 지청천과 김동삼 등의 관할구역을 중일구, 신민부 관할구역을 북일구로 나누고 대당촉성의 적극적 봉조, 군사선후 및 적세침입의 방지, 합법적 자치기관(同鄕會)조직, 잔무정리를 목표로 활동하였다.32)

그러나 1년을 기한으로 하여 군정부를 결성하고자 했던 혁신의회는

---

27) 지복영, 앞의 책, 181쪽, 454쪽.
28) 황민호, 『재만한인사회와 민족운동』 국학자료원, 1998. 102쪽.
29) 蔡根植, 『武裝獨立運動秘史』, 大韓民國公報處, 1949. 151쪽.
30) 慶尙北道警察局, 『高等警察要事』, 1927. 127쪽.
31) 황민호, 앞의 책, 102~103쪽.
32) 「革新議會」, 大韓民國光復會, 『獨立運動大事典』, 763쪽.

1929년 4월 남만에서 국민부가 결성되자 더 이상의 활동이 곤란해졌으며, 좌우연합적 조직이라는 한계 등으로 이해 더 이상 활동하기 어려웠을 것으로 보인다. 이후 혁식의회는 1929년 5월 중앙집행위원회의 결의에 의해 조직을 해산하였고 책진회를 중심으로 활동하기로 결의하였다.[33] 하지만 책진회의 경우도 만주 각지에서 모인 간부들이 오래 동안 근거지를 이탈할 수 없었기 때문에 김좌진은 북만주로, 김승학과 박희곤, 이백파 등은 남만주로 돌아갔으며, 지청천은 지청천은 오상현으로 갔던 것으로 보인다.[34]

따라서 이상의 내용을 종합해 보면 지청천은 1920년대 후반 이후 만주지역의 독립운동계가 재편되는 과정에서 민족진영은 물론 좌 · 우익 모두가 기득권을 포기하고 보다 적극적인 항일무장투쟁을 전개할 수 있는 새로운 조직의 결성을 위해 노력했던 것으로 보인다고 하겠다.

Ⅳ. 한국독립군의 항일무장투쟁과 지청천

1. 한국독립당 · 군의 결성

혁신의회의 활동 이후 북만으로 간 지청천은 생육사를 조직하고 활동하기도 했으며,[35] 김좌진이 한인공산주의자 청년에 의해 암살된 후

---

33) 國史編纂委員會 編, 『獨立運動史』5, 探求堂, 1968. 732쪽.

34) 愛國同志援護會, 『韓國獨立運動史』 1956, 275쪽.

35) 북만으로 돌아온 지청천은 1929년 五常縣 沖河를 근거지로 生育社를 조직했는데 1930년 2월 13일 길림 春登河에서 제2회 정기총회를 개최했을 때 190株를 농토를 조차하여 경영했다고 한다.이 생육사는 후일 한족총연합회와 같이 한국독립당의 모체가 되었다. 박환, 「만주에서의 항일무장투쟁과 池青天」, 『만주지역 한인민족

에는 한국독립당과 한국독립군의 결성에 참여하였다. 북만지역의 한인 공산주의자들은 민족진영에 대한 공세를 강화해 가고 있었다. 1930년 6월 18일에는 山市에 있는 한족총연합회의 근거지를 습격하여 그 시설을 파괴하는 한편, 연합회의 간부 박경천 · 김종진 · 이을규 등을 살해하려다 실패하였다.36)

한국독립당의 총무위원장과 정치부위원으로 활동했던 李圭彩37)는 재판기록에서 북만지역에서의 민족진영과 한인공산주의자들 간의 대립이 한국독립당의 결성에 직접적인 요인이 되고 있음을 분명히 하였다.

이규채는 1930년을 전후하여 舒蘭縣에서 이장녕, 박일만 등과 교유하며 농장을 개간하고자 했으나 한인공산주의자들의 주도로 농민봉기가 발생하고 이들로부터 민족주의자임으로 박멸해야 한다는 사형선고를 받고 危害를 당할 위기에 처하자 중국관헌의 보호 하에 楡樹縣으로 도피하였던 것으로 나타나고 있다.

이 과정에서 이규채는 유수현으로 도피하여 동지들을 규합, 공산주의자들과 대등한 조직을 결성하고자 했던 것으로 보인다. 그는 신숙으로부터 5월 5일에 중동선 二道河子에 있는 朴觀海의 집에서 한국독립당의 결성을 위한 준비회가 개최될 것이며, 7월에는 당이 조직될 것이라는 통보를 받았다. 이에 이규채는 6월 중순 이도하자로 갔는데 이때는 이미 한국독립당의 준비회는 끝났고 朴觀海, 鄭信, 申肅, 崔塢, 李章寧 등을 중심으로 당의 결성이 추진되고 있었다고 하였다.38)

운동의 재발견』, 국학자료원, 2014.

36) 堀內稔, 「韓族總聯合會について」, 『朝鮮民族運動史』9, 1993, 43쪽.

37) 국가보훈처, 『大韓民國 獨立有功者 功勳錄』第5卷, 1988, 700~701쪽.

김승학의 경우도 이와 유사한 내용을 증언하고 있다.

> … 4·5개월간의 신중한 협의를 거쳐서 이론체계와 조직체계를 완전 정비하여 表面自治體와 裏面核心機構를 완전히 분리하기로 하였다. 그리하여 表面自治體를 軍民議會라 하고 裏面 核心體를 韓國獨立黨이라 하여 獨立運動의 最高指導權을 가지게 하고 各部에 소속해 있던 軍隊는 精粹分子를 擇하여 獨立黨軍으로 편성하였는데 … 이상과 같은 陣容으로 막 활동을 개시하려 할 때에 또다시 大打擊을 받았으니 … 倭敵에게 被殺되고 共産主義者들에게 虐殺되어 도저히 再起不能의 狀態에 빠지게 되었다. 그러나 李青天·洪震·黃學秀·申肅·吳光鮮·沈萬浩·李章寧·安旭·李元芳·李宇精·崔岳 등은 다시 용기를 내어 北滿에서 黨勢를 擴張하게 되었는데 …[39]

위의 내용에서 보면, 한국독립당은 裏面의 핵심체로서 독립운동의 최고 지도권을 갖는 기관으로 결성되었으며, 일제의 탄압과 공산주의자들의 공격에 의해 타격을 받았으나 지청천·황학수·홍진 등이 다시 용기를 내어 黨勢를 확장하였고, 당이 결성될 때 精銳分子를 택하여 한국독립군도 편성했던 것으로 나타나고 있다. 당의 결성과정에서 지청천이 핵심적인 역할을 수행했던 것이다.

이규채는 재판기록에서 한국독립당은 당을 결성한 이후 군사부를 개칭하여 한국독립군이라 하였으며, 당원 중 20세 이상 45세 이하의 보통학교를 졸업 정도의 우수한 인력을 군에 참여시켰다고 하였다. 뿐만

---

38) 국사편찬위원회, 『韓民族獨立運動史資料集』43, 2000. 京畿道警察部, 「李圭彩 신문조서(제二회)」, 1935년 1월 9일.

39) 金承學, 『韓國獨立史』 362~363쪽.

아니라 한국독립군은 조선의 독립을 위해 直接行動을 취하기 위한 조직으로, 1930년 11월 결성되었고 병력은 1개 소대에 50명씩 6개 소대, 2개 중대로 편성된 300명 정도의 규모였다고 하였다.[40]

이규채는 창립대회 개최와 토의사항에 대해서도 다음과 같이 증언하였다.

문 대회에서 어떤 것을 토의하고 결정했는가.

답 대회에서 사회자로 申肅을 선정하고, 임시서기로 閔武를 선정한 뒤에 선언으로

一, 백의동포는 소련공산당에 속지 말자.

一, 백의대중은 일치 협력하여 조국의 광복을 도모한다.

강령으로서

一, 조선의 정치독립

一, 조선의 경제독립

一, 조선의 문화독립을 제정하고,

이에 六대 강요로서

一, 입헌민주국으로 한다.

---

40) 국사편찬위원회, 『韓民族獨立運動史資料集』43, 2002, 京城地方法院檢事局, 「李圭彩 신문조서(제二회)」, 1935년 1월 31일. '문 위와 같이 하여 한국독립당을 조직했는데, 그것과 동시에 피고인은 각 임원과 협의하여 군사부는 그것을 한국독립군이라 일컫고, 당원 중에서 二○세 이상 四五세 이하의 보통학교 졸업 정도의 사람으로 우수한 분자를 선발하여 구성하기로 하고, 당이 목적하는 조선독립을 완성하기 위해서는 직접 행동을 취하기로 했다는데 어떤가. 답 그렇다. 군사부를 개칭하여 한국독립군이라 하고, 당의 목적수행을 위하여 직접행동을 취할 방침을 결정한 것은 틀림없으나, 원래 독립군은 滿洲 각지에 거주하는 조선인에 대한 공산당원의 포학이 심했으므로 그것을 방위하기 위하여 군대를 모집했던 바, 그것이 三○○여 명에 달해서 더욱 그것을 확대하여 조선독립운동 실행을 담당하게 할 생각이었다. 문 독립군 편성 당시는 그 수효가 약 三○○명으로서 二개 중대, 六개 소대를 편성했다는데 그런가. 답 그렇다.

二, 토지와 대생산기관은 국유로 한다.

三, 신문화 학술을 수입한다.

四, 약소민족과 제휴한다.

五, 각지의 민족단체와 연합한다.

六, 국민의 교육은 의무적으로 한다 등을 결정한 뒤에 조직은 집행위원제로 하고, 부서로 정치부, 경제부, 문화부, 군사부, 선전부, 조직부를 설치하여 중앙기관으로 하고, 그 아래에 각지의 당부, 지부 반을 조직하여 각각 집행기관을 설치하여 운동하기로 결정했다.

그래서 중앙기관 이하의 지방부 집행기관의 조직은

一, 지방당부는 중앙기관과 마찬가지고 상무위원 六명을 둔다.

一, 지부에는 군사부만 두지 않고, 다른 五부를 두며 상무위원 五명을 선임한다.

一, 반에는 문화, 경제, 조직의 三부를 설치하고 상무위원 一명을 선임하여 각각 집행을 담당하는데, 중앙기관에는 집행위원 三○명이고, 그 중 상무위원은 一二명으로 되어 있었다.[41]

한국독립당의 창립대회에서는 '백의동포는 소련공산당에 속지 말 것과 일치 협력하여 조국 광복을 도모할 것'을 선언함으로서 한국독립당이 공산주의에 반대하고 조국의 절대독립을 목표로 하는 민족진영의 조직임을 분명히 하였다. 또한 6대 강요에서는 입헌민주주의와 토지와 대 생산기관의 국유화 및 의무교육의 실시 등을 주장함으로서 향후 건설될 독립국가의 면모를 대체로 사회민주주의적인 관점에서 제

41) 앞의, 京城地方法院檢事局, 「李圭彩 신문조서(제二회)」, 1935년 1월 31일.

시하고 있었다.

창립대회에서는 한국독립당의 당수[42]로 홍면희를 선출하고 정치부장을 겸임하게 하였으며, 정치부위원에는 이규채, 경제부장 崔塢, 문화부장 신숙, 선전부장 정신, 조직부장 박관해, 군사부장에는 지청천을 선출하였다.[43] 각 지방을 담당한 인물도 정했는데 박관해 · 신숙은 아성, 빈주지방을 담당했으며, 민무·정신은 녕안, 리장녕은 오상, 박세황은 방정, 리청천·이규채는 유수를 담당하였다.

2. 한중연합전선과 대전자령전투

한국독립군은 만주사변이 발발하자 1931년 11월 2일 길림성 대석하자에서 긴급 중앙회의를 개최하고 첫째, 각군구에 총동원령 내려 군사행동을 개시할 것, 둘째, 당내 일체의 공작을 군사방면에 집중할 것, 셋째, 길림성 항일군사 당국에 특파원을 파견하여 한중합작을 협의할 것 등을 결정하였다.[44] 그리고 11월 10일에는 각 군구에 총동원령을 내려 장병의 소집과 징모활동을 전개하였으며,[45] 당에서는 군사위원장 지청천을 총사령으로 하여 한국독립군의 편제를 강화하였다.[46]

---

42) 앞의, 京城地方法院刑事部, 「李圭彩 공판조서」, 1935년 2월 26일에서는 '당수 겸 정치부장에 洪震, 군사부장에 李靑天, 선전부장에 鄭信, 조직부장에 朴觀海, 경제부장에 崔塢, 문화부장에 申肅이 각각 선임되어 취임하고, 나는 정치부원 겸 군사부참모장이 되어 있었다'라고 하였다.

43) 앞의, 「리규채 신문조서(제이회)」.

44) 일청, 「구일팔후한국독립군재동북살적장사」, 한국광복군사령부편, 『광복』제2권 제1기, 53쪽. 채근식, 앞의 책, 157쪽.

45) 앞의, 『광복』제2권 제1기, 53쪽.

46) 앞의, 『독립운동사』5, 599쪽.

한국독립군은 중국군과의 한·중연합작전의 전개를 도모할 필요가 있었다. 이는 일제의 침탈과 중국군의 박해라는 이중적 곤경에 처해 있는 한인사회를 보호하고 한국독립군의 전투역량을 강화하는데 기여할 수 있는 방법이 될 수 있었기 때문이었다. 한국독립당에서는 1931년 11월 12일 신숙과 남대관을 중국 호로군련합군총부에 파견하여 양측의 연합작전에 관한 합의를 이끌어냈다.[47] 빈현정부의 주석인 성윤과의 논의를 통해 무기와 군자금의 지원 및 한국독립군의 독자성을 인정해 줄 것을 요청했던 것이다.[48]

한국독립군은 대규모 병력이 한 곳에 집결할 수 없었기 때문에 영안현 동쪽과 서쪽으로 나누어 활동하였으며,[49] 단위부대의 체제를 유지하면서 독자성을 견지한 상황에서 필요에 따라 중국군과의 연합작전을 전개하고 있었다.[50]

지청천은 1932년 1월 대석하에서 개최된 임시대회 이후 연수현에서 길림자위군의 왕지유와 연합하여 무장투쟁을 전개했던 것으로 나타나고 있다.

> 임시대회에서 중국군과 합작하기로 결의한 뒤, 독립군 총사령 李青天은 각 지방에 산재해 있는 재래의 독립군을 소집한 결과 인원 六○명에 달했으므로 그것을 우선 一대로 조직 편성하여 吉林省 자위군 王之維가 인솔하는 약 一○만군과 연합하여 전투하여 黑龍江으로 향하여 퇴각하는 도중에 중국군의 王之維는 귀화하고, 잔병 약

---

47) 앞의, 『광복』제2권 제1기, 53쪽.
48) 박환, 「재만한국독립당에 대한 일고찰」, 『한국사연구』 제59호, 1987, 151~152쪽.
49) 정혜지·호숙영·이병강 편, 『동북항일의용군사료회편: 길림분책』 321쪽.
50) 앞의, 『독립운동사자료집』10, 612쪽.

五만군과 함께 黑龍江까지 가서는 할 수 없이 日·滿군의 토벌을 받아서 승산 없이 패산하여, 소화 七년 八월에 阿城으로 李青天은 약 四○○여명의 독립군을 인솔하고 되돌아왔다.[51]

지청천은 임시대회 이후 각 지방에 산재한 60명 정도의 병력을 이끌고 길림자위군의 왕지유가 이끄는 10만의 병력와 연합하여 흑룡강까지 진출, 항일전을 전개하였다. 그러나 왕지유가 변절하고 일·만군의 공격을 받아 상황이 어렵게 되자, 중국군 패잔병 5만과 함께 퇴각하였다.

그런데 이때 지청천은 전투에서 패하여 아성현으로 돌아오는 어려운 상황에서도 400명의 독립군 병력을 모집해 오고 있었다. 이는 지청천이 한국독립군 총사령관으로서 갖고 있었던 항일무장투쟁에 대한 의지와 지도력의 일면을 보여주는 것이라고 할 것이다.

이같은 상황에서 일제는 한국독립군의 활동이 활발해지자 지청천, 오광선, 김창환, 이규채 등에 대해 현상금을 내걸고 이들을 체포하고자 했던 것으로 나타나고 있다.[52]

1932년 5월 초순 경 이규채는 안해강과 함께 아성에 있는 길림자위연합군 총지휘관 양요균[53]을 방문하여 길림자위연합군 제3군(군장 고봉림)과의 연합을 성사시켰다.

七년 五월 중순경에 李青天이 黑龍江省에서 돌아오기 전인데, 대대장 吳光善은 黑龍江省에서 먼저 돌아왔으므로 吳光善과 부사령

51) 앞의, 京畿道警察部, 「李圭彩 신문조서(제三회)」, 1935년 1월 21일.

52) 조경한, 「지청천 장군과 광복군(하)」, 『세대』 1970년 11월호, 299쪽.

53) 양요균은 중국 육군 중장이며, 연합군은 3군으로 조직되어 있었으며, 병력은 10만이었다고 한다. 앞의, 경성지방법원검사국, 「이규채 신문조서」, 1935년 1월 31일

> 金昌煥을 불러서 잔류하여 독립군을 소집하라고 명했던 바, 군인 약 六○명을 모집해 왔으므로 제三군 내의 한국군인 부대를 편성했다. 우선 李靑天이 귀환할 때까지 훈련을 하고 있었다. 그리고 阿城을 지키고 있었다. 그런데 동년 八월 一일경에 李靑天이 黑龍江省에서 약 四○○여명을 인솔하여 귀환했으므로 그것과 함께 편성하여 제三군과 연합하여 阿城을 방비하는 임무를 맡고 있었다.54)

위의 내용에서 보면 양측의 연합은 지청천이 흑룡강성에서 돌아오기 전 성사되었던 것으로 보인다. 한국독립군은 부사령 김창환과 흑룡강성에서 먼저 돌아온 대대장 오광선이 소집한 60명의 대원을 중심으로 제3군 내에 한국독립군부대를 편성하여 지청천이 귀환할 때까지 훈련하고 있었던 것으로 나타나고 있다. 이후 지청천이 흑룡강성에서 400명의 대원을 인솔하고 귀환하자 제3군(軍長－考鳳林)과 연합하여 阿城을 지키는 전투에 참가하였다.

그런데 이규채는 총 규모 500명이 않되는 규모의 한국독립군이 10만명에 이르는 길림연합자위군과 합작할 수 있었던 것에 대해 '중국 군인은 무식한 사람뿐으로 상관은 나쁜 일을 하지 않지만 병사들이 멋대로 하는 반면, 조선인은 모두 상당한 학문도 있고 소행도 좋기 때문에 반갑게 환영'해주었기 때문이라고 하였다.55)

> 七'雙城縣을 제一회 습격하고 귀환했을 때에 회의를 열었었다. 그 회의는 전후책을 강구하기 위한 독립군 장교회의도 되고, 독립군 간부회의도 되는 것인데, 거기에서 총사령 李靑天은 아직도 계속해서

54) 앞의, 京畿道警察部, 「李圭彩 신문조서(제三회)」, 1935년 1월 21일.
55) 앞의, 京城地方法院檢事局, 「이규채 신문조서」, 1935년 1월 31일.

額穆縣 중심으로 자위군의 王德林 軍이 있으니, 계속해서 그들과 연합하여 싸우자고 주장했고, 나는 지금은 독립당에서는 그런 행동을 했기 때문에 자위군에서도 양해하고 조선인 동포에는 위해를 가하지 않아서 조선인 농부는 모두 수확을 끝내고 식량을 수습하여 피난했기 때문에 생활에는 도움이 되었고, 또 정세를 보더라도 日·滿軍과 싸워도 승산이 없고 참패할 것이 틀림없으니, 그것을 중지하고 중국본토로 들어가서 적극적으로 운동을 하자고 주장했다. 李靑天 등 장교들은 참패로 끝날 때까지 반항하여 싸우자고 주장하므로, 그러면 나는 먼저 중국 본토로 가서 자금을 조달해 보낼 것이니 끝까지 싸우다가 패배하거든 본토로 도피해 오라고 약속하고 결정했던 것이다'.

위의 내용은 제1차 쌍성보전투가 끝나고 난 후에 개최된 한국독립당과 군의 간부연석회의에 대한 이규채의 증언인데 이를 통해서 보면 한국독립군 내부에서는 중국 관내로의 이동 문제가 논의되고 있었음을 보여주고 있다. 즉 지청천은 액목현을 중심으로 활동하고 있는 왕덕림과 연합하여 계속해서 항전할 것을 주장한 반면, 이규채 등은 한인들의 안정과 생계대책이 중요하며, 만주에서의 항일무장투쟁이 더 이상 승산이 없음으로 중국관내로 들어가 투쟁할 것을 주장하였다. 의견이 양분되자 연석회의에서는 이규채를 선발대로 관내에 파견하여 자금을 조달하게 하는 한편, 한국독립군은 현지에 남아서 끝까지 투쟁하다 패하면 관내로 이동하기로 하였다.[56]

이후 지청천 이하 400여명의 한국독립군은 8월 15일에 전개되었던 쌍성보 제1차 전투에서의 승리하였다. 여세를 몰아 9월 하순에 다시 쌍

---

56) 앞의, 京畿道警察部, 「李圭彩 신문조서(제三회)」, 1935년 1월 21일.

성보 제2차 전투를 전개하였으나 이 전투에서는 일본 공군기의 폭격으로 피해를 입고 동빈현으로 퇴각하였다.[57] 뿐만 아니라 10월에는 일본군의 대공세를 견디지 못한 고봉림이 투항하고 휘하 부대가 흩어지게 되자 한국독립군은 이들과 결별하고 새로운 항일투쟁의 전략을 모색하야 하는 상황이 되었다.[58]

이에 한국독립군은 10월 23일 다시 군사회의를 개최하고 심만호, 공진원, 강진해, 마창인을 동녕현의 중국 구국군에 파견하여 합작문제를 협의토록 하였으며, 이를 통해 이듬해 1월 중국 구국군 보병 제8연 23단(團長 柴世榮)과 연합하여 중한연합토일군을 편성하였다.[59]

1933년 1월 한국독립군은 시세영부대와 연합하여 영안현 황가둔에 있는 조선인 자위단을 공격하였으며, 4월에는 영안현 유가둔의 만주인 자위단을 습격하였고 5월 중순에는 영안현 마련하에 주둔 중에 일본군의 공격을 받고 5시간 동안 교전한 일도 있었다.[60]

1933년 7월 시세영부대와의 연합한 한국독립군은 지청천의 지휘 하에 대전자령전투에서 대승을 거두었다. 이 전투는 만주에서 항일무장투쟁이 일반적으로 일본군의 토벌에 쫓기면서 벌인 전투가 대부분이었던 것에 비해 조선으로 귀환하던 간도임시파견대를 선제공격한 전투였다는 점에서도 그 의의가 크다고 하겠다. 전투에서는 '박격포와 각종 포 8문, 경·중기관총 110자루, 소총 580자루, 탄약 300상자, 수류탄 100상자(상자당 50개), 권총 및 연발총 200자루, 도검 40자루, 군용 비

57) 앞의, 재상해일본총영사관경찰부, 「이규채 청취서(제3회)」, 1934년 12월 8일.
58) 앞의, 『중국동북지역 민족운동과 한국현대사』, 252쪽.
59) 한상도, 앞의 논문, 773쪽.
60) 앞의, 재상해일본총영사관경찰부, 「이규채 청취서(제3회)」, 1934년 12월 8일.

밀지도 만주 및 연해주 1/100,000지도 2,000여 매, 만주침략 관련 각종 비밀문서와 군용서류, 陣中 장부 300여 부, 피복 · 담요 · 기타 군 장비 부속품 등 2,000여 건, 장갑차 2량, 탐조등 2기, 약품 50상자, 망원경 25개, 1개 營(대대급 부대)이 1년 동안 급양할 수 있는 식량 등'을 노획하였다.61)

또한 다른 기록에서는'군복 3,000벌, 군량문서 · 기타 군용품을 실은 우마차 200대, 대포 3문, 산포 · 박격포 10여 문, 담요 3,000장, 소총 1,500정'을 노획했다고 하고 있다. 기록마다 차이가 있어 정확한 내용은 알기 어렵지만 노획물의 규모로는 독립군이 일본군과 치른 전투 가운데 전례가 없는 대승 거둔 것만은 분명해 보인다.62)

지금까지 대전자령 전투에 대한 연구에서는 한국독립군에게 대패했던 일본군이 기존에 알려졌던 나남 주둔 72연대인 飯塚朝吉(이츠카)부대가 아니라, 제19사단 예하 회령 주둔 보병 제75연대 부대장 池田信吉를 중심으로 편성한 부대였으며, 약 1,500여명의 병력 규모였음을 밝힌 연구가 있다.63)

---

61) 「韓國獨立軍與中國義勇軍聯合抗日記實」, 『革命公論』 창간호, 1933, 71~72쪽.

62) 조경한, 『백강회고록』, 한국종교협의회, 1990, 131쪽. 지헌모, 『청천장군의 혁명투쟁사』, 삼성출판사, 1949, 145쪽.

63) 張世胤, 「韓國獨立軍의 抗日武裝鬪爭硏究」, 『한국독립운동사연구』3, 독립기념관 한국독립운동사연구소, 1989. 장세윤, 『1930년대 만주지역 항일무장투쟁』 한국독립운동사편찬위원회 편, 2009. 이 논문에서는 '나남 주둔 72연대 飯塚聯隊가 아니라, 당시 羅子溝에 주둔하고 있던 일본군 부대는 한국주둔 제19사단 예하 會寧 주둔 보병 제75연대의 혼성연대이며, 연대장 池田信吉 大佐를 대장으로 하는 간도파견부대였으며, 이 부대는 제19사단 管下 步 · 騎 · 砲 · 工兵 등의 혼성 2개 대대와 池田이 거느리는 주력부대 등 약 1,300여명 규모'였음을 밝혔다. 부대의 편성과 관련해서는 이준식, 「항일운동사에서의 대전자령전투의 위상과 의의」, 한국독립운동사연구소, 『한국독립운동과 대전자령전투』, 20~22쪽, 2013에서 보다 자세하게

최근의 연구에서는 『조선중앙일보』 등의 언론 보도기록과 기타 일본측 자료를 인용하여 대전자령전투의 실제를 논증[64]하는 한편, 대전자령전투가 조경한의 회고를 중심으로 일반에게 알려지게 되는 과정에 대해 정리하였다. 뿐만 아니라 이 연구에서는 조경한이 한국독립군에게 참패한 일본군 부대의 이름을 반총부대로 잘못 이해하고 있기는 하지만, 그의 회고가 완전히 근거가 없는 것은 아닐 것이라고 주장하기도 하였다.[65]

언급하고 있다.

64) 이준식, 앞의 논문, 15~22쪽, 2013. 당시 「羅子溝의 피난민, 도중에 습격되어, 30명 사상, 1,600명 四散」, 『조선중앙일보』 1933년 7월 9일자 기사에서는 다음과 같이 보도되었다. 조선군사령부 발표에 의하면 회령발 羅子溝 수비대로부터 환송 화물 보호를 하려고 지난 6월 26일 百草溝를 출발한 石井 조장 지휘의 27명은 29일 나자구에 도착 30일에 준비를 하여 가지고 오전 3시에 하차 1백 대로 백초구를 출발하였는데 일행에는 나자구로부터 피난하는 피난민 약 4천과 피난민의 우마차 5백 대와 같이 7월 1일 局子街에 도착하고 동월 6일 오전 6시 30분에 회령에 귀착하였는데 同隊 호송 중 전투 상황은 6월 30일 오전 6시 太平溝 부근에서 약 4천의 패잔병과 교전하여 이것을 퇴각하고 동일 오후 3시 40분경에 다시 구국군 4백과 교전하여 다시 퇴격하고 7월 1일 오전 8시에 張家店 부근에서 약 3백의 구국군과 교전 1시간을 하여 퇴격하고 2일 오전 2시 노령 부근에서 4·5십 명의 패잔병과 교전하여 퇴격하고 4일 오후 5시 花家店에서 약 8십 명의 패잔병과 교전 격퇴하고 3일 오전 6시 화가점 서방에서 약 7십 명의 패잔병과 교전 격퇴하였다. 이 전투에 패잔병이 유기한 사체 1백, 일본 부상 병대 2명, 화물 자동차 1대를 소실, 하차 14대 행위불명, 속행 피난민 20명 사망하고 경상 2명, 행위불명 50명, 병사자 40 명, 우마차 1백 대 행위불명으로 백초구에 도착할 때에는 4천 명의 피난민이 사산 또는 패잔병에게 납치되었다.

65) 이준식, 앞의 논문, 17~20쪽. 이준식은 대전자령전투가 처음으로 기록에 등장한 것은 「韓國獨立軍與中國義勇軍聯合抗日記實」, 『革命公論』 창간호, 1933.이며, 이 글은 조경한의 것으로 보이며, 조경한의 글은 중국잡지인 『中華雜誌』 제1권제4기(1934)에 다시 실렸다. 그리고 『신한민보』에도 「동북통신 한국독립군과 중국의용군의 연합항일실기」라는 제목으로 1933년 12월 28일부터 1934년 1월 18일까지 4회에 걸쳐 일부가 한글로 번역되어 실렸다. 그리고 조경한의 회고는 一靑, 「九一八後韓國獨立軍在中國東北殺敵略史」, 『光復』 제1권 제2기(1942)으로 이어지며, 해

그런데 지청천이 대전자령 전투에서 반총부대를 전멸시켰다는 기록은 조경한의 회고에서 뿐만 아니라 다른 기록에서도 보이고 있다.

1) 光復軍總司令李青天將軍畧歷

李字白山, 京城人, 現年五十三歲. 二十五歲畢業於日本陸軍士官學校步兵科, 服務於日軍, 以大尉職参战. 青島之役後脫出軍隊, 至遼寧省柳河縣, 在韓人所設新興軍事學教內任教職. 三十四歲任高麗革命軍官士學校校長, 继任正義府中央執行委員軍事部長, 兼朝鮮義勇軍司令, 率軍轉战鴨綠江沿岸各地. 九一八後, 被任爲韓國独立軍總司令, 联合東北抗日軍共同作战, 吉林省汪淸拉子○一役, 使日軍飯塚联隊全軍覆滅. 一九三三年應洛陽軍教之聘, 訓練韓籍軍官, 並任韓國革命党軍部長, 臨時政府軍務部長, 韓國獨立党中央執行委員兼訓練部主任.[66]

2) 光復軍總司令李青天將軍略歷 李字白山, 京城人, 現年五十三歲. 二十五歲畢業於日本陸軍士官學校步兵科, 服務於日軍, 以大尉職参加. 青島之役 後脫出軍隊, 至遼寧省柳河縣, 在韓人所設新興軍事學教任教職. 三十四歲任高麗革命軍官士學校校長, 繼任正義府中央執行委員 軍事部長兼朝鮮義勇軍司令, 率軍轉战鴨綠江沿岸各地, 九一八後, 被任爲韓國獨立軍總司令, 聯合東北抗日軍共同作战, 吉林省汪淸拉子全一役, 使日軍飯塚联隊溝軍覆滅. 一九三三年應洛陽軍教之聘, 訓練韓籍軍官, 並任韓國革命党軍事部長, 臨時政府軍務部長, 韓國獨立党中央執行委員兼訓練部主任.[67]

방 후에는 조경한, 「지청천장군과 광복군(상)·(하)」, 『세대』 1970년 10월·11월호, 조경한, 「대전자 대첩」, 『군사』1, 1980, 조경한, 『백강회고록』, 종교문제협의회, 1990 등의 회고록을 남겼다고 하였다.

66) 「抗戰史料李青天將軍略歷」, 국사편찬위원회 2005년 수집자료, 소장처, 대만, 國史館

위의 두 자료는 모두 지청천의 약력에 대해 소개하고 있는 것인데 1)은 대만의 국사관이 소장하고 있던 것으로, 1940년 9월 18일 '중경대공보 3판에 수록되었던 내용을 필사한 것이며, '항전사료'로 정리해 두었던 것을 국사편찬위원회에서 2015년에 수집한 것이다.[68] 2)는 1941년에 한국광복군총사령부 정훈처에서 발행한 『광복』 제1권 1기에 수록된 것이다.[69]

이 기록들은 각각 오자와 탈자가 보이기는 하지만 기본적으로 같은 내용이다. 그런데 이 기록을 통해서 보면, 그는 9·18 사변 이후 한국독

---

67) 「光復軍總司李靑天將略歷」, 『光復』 第1卷 第1期 한국광복군총사령부 정훈처, 1941. 21~22쪽.

68) 이 자료 앞면에서는 '록자중화민국이십구년구월십팔일중경대공보삼판'이라고 되어 있다. '『대공보』는 중국의 대표적 신문으로서 1902년 6월 천진에서 창간되었으며, 처음 천진에서 발행되었기 때문에 '천진대공보'로도 불렸다. 1936년에는 상해판을 발간하였고, 항일전쟁 기간에는 홍콩·한구·중경에서도 간행되었다. 1926~49년까지는 국민당 계열에 속했다. 발행부수는 10만부 정도를 발행했던 것으로 보인다. 구독자는 거의 지식계층이었다. 편집장 장계난(1888~1941)은 "친한파"로서 1930~40년대 국민당정부의 대한민국 임시정부 지원에 중요한 역할을 한 사람이었다. 장세윤, 「20세기 초반 주요 중국 언론의 한국 독립운동 인식-홍콩 화자일보·천진 대공보·상해시보·신보를 중심으로-」. 『한국민족운동사연구』 75, 2013.

69) 이 부분에 대해 독립기념관(http://search.i815.or.kr/OrgData/OrgList.jsp)에서는 다음과 같이 번역하고 있어 검토가 필요한 것으로 보인다. '이, 자는 백산(白山), 경성인, 현재 53세, 25세 일본 육군 사관학교 보병과를 졸업,일본군에서 복무했다. 대위의 신분으로 청도(靑島)의 역에 참가하였으며, 후에 군대를 나와 요녕성(遼寧省) 유하현(柳河縣)에 이르러, 한인이 설립한 신흥군사학교에 교직원으로 일했다. 34세 고려혁명군 사관학교 교장에 임명되었으며, 정의부 중앙 집행위원에 임명되었으며, 군사부장 겸 조선의용군 사령을 겸하였다. 군사를 거느리고 압록강 연안 각지에서 전투하였으며 9·18 후 한국 독립군 군사령으로 임명되었다. 동북의 항일군을 연합하여 공동 작전을 벌였으며, 길림성(吉林省) 왕청현(汪淸縣)에서 독립운동을 계속하면서 무덤을 도굴하려는 일본군을 전멸시켰다. 1933년 낙양 군사학교의 초빙에 응하여 한국인 군관들을 훈련시키고, 아울러 조선혁명당군사부장과 임시정부 군무부장, 한국독립당 중앙 집행위원 겸 훈련부 주임을 맡았다'

립군 총사령에 임명되어 만주지역의 항일군과 연합, 공동작전을 벌였으며, 길림성 왕청현 납자구(나자구-필자)에서 한번 싸워, 일본군 반총 연대 전군을 복멸(철저하게 없앰-필자)케 했다.'고 하고 있는 것을 볼 수 있다. 그리고 『대공보』 중경판의 보도는 『광복』에 수록된 것 보다 시기적으로 빠르며, 특히 『대공보』가 9월 18일을 기해 지청천에 관한 내용을 보도하고 있다는 점은 또 다른 의의가 있는 것이라고 생각된다.

따라서 이상의 내용을 종합해 보면 대전자령전투는 조경한만의 기억이 아니라 당시 중국 언론과 임시정부가 모두 공개적으로 인식하고 있던 승리였던 것으로 생각된다.

대전자령전투 이후 한중연합군은 전리품의 분배와 이념 문제로 갈등을 빚고 있었다. 그리고 이 같은 상황에서 관내지역에 파견되어 있던 이규채로부터 이동자금이 전달됨에 따라 지청천은 조경한, 오광선, 공진원, 김창환 등의 중요 간부들과 사병 가운데 선발된 군관학교 입학지원자 등 40여명과 함께 북경을 거쳐 중국관내로 이동, 임시정부에 합류하게 되었던 것으로 보인다.[70]

Ⅴ. 맺음말

지금까지 본고에서는 백산 지청천의 만주지역에서의 항일무장투쟁에 대해 살펴보았으며, 내용을 정리하면 다음과 같다.

군사학을 배우겠다는 지청천의 일념은 처음부터 국가의 독립에 이

70) 조경한, 『백강회고록』, 종교문제협의회, 1990, 212쪽.

바지할 수 있는 인물이 되기 위함이었으며, 이는 3·1운동 직후 김경천과 만주로 망명하게 되는 결정적인 동력이 되었던 것으로 보인다. 만주로 망명한 지청천은 신흥무관학교로 찾아가 국내 진공작전을 염두에 두면서 학생들의 교육에 전념하였으며, 서로군정서의 사령관으로서 항일무장투쟁에서 성과를 거두었다.

1920년대 중반 이후 정의부에 참여했던 지청천은 정의부의 군사위원장과 의용군 총사령 및 심판원장 등의 요직을 역임하였으며, 민족유일당운동에서는 정의부의 중심노선이었던 단체본위조직론을 거부하며 정의부를 탈퇴하였다. 이후에는 혁신의회에 참여하여 항일무장투쟁의 강화를 염두에 둔 새로운 군정부를 결성하고자 노력하였다. 혁신의회의 활동이 성과를 거두지 못하자 북만으로 이동하였으며, 1930년에 한인공산주의자들의 민족진영에 대한 공세가 강화되자 한국독립당의 결성에 참여하였으며, 한국독립군 총사령으로 취임하였다.

만주사변 직후 지청천은 한중연합전선을 구축하여 한국독립군의 무장력을 강화하고 한인사회의 안정을 도모하는데 기여하면서 적극적으로 항일무장투쟁에 참여하였다. 이 과정에서 그는 60명의 병력을 이끌고 10만여명의 중국군의용군과 연합하여 흑룡강까지 진출 일본군과 교전하였다. 또한 패전하여 돌아오는 과정에서도 용기를 잃지 않고 400명의 대원을 인솔하여 돌아오기도 하였다.

고봉림부대와 연합한 한국독립군은 지청천의 지휘 하에 쌍성전투에서 승리하였으며, 시세영부대와 연합해서는 몇 번의 소규모 부대전투에서 승리하는 전과를 올리는 한편, 대전자령전투에서 일본 정규군을 상대로 대승을 거두는 전과를 올렸다.

대전자령전투에 대해서는 주로 전투에 참가했던 조경한의 기록에 의존하여 설명되어 왔으며, 그 규모나 전투의 성격에 대해 다양한 논쟁이 있어왔다. 그러나 최근의 연구에서는 대전자령전투을 이후 국내외에서 보도되었던 언론자료의 내용과 일본군측의 자료를 검토하여 일본군 간도임시파견대가 한중연합군에게 패전하였다는 사실은 보다 구체적으로 확인되고 있는 상황이라고 하겠다.

본고에서는 중경에서 발행되던 『대공보』가 1940년 9월 18일자의 보도와 1941년 한국광복군정훈처에서 발행한 『광복』에 게재된 지청천의 약력에 관한 기록에서 모두 지청천이 대전자령전투에서 승리했음을 확인하였다. 따라서 이 내용들을 종합해 보면 대전자령전투는 조경한의 체험과 기억일 뿐만 아니라, 당시 중경의 독립운동세력과 중국언론이 모두 함께 공유하고 있던 승리였다고 보는 것이 타당할 것으로 생각된다.

대전자령전투 이후 한국독립군은 다양한 문제로 중국 구국군과 갈등을 겪고 이었으며, 이규채로부터 관내로 이동할 수 있는 자금이 도착하자 북만주를 떠나 임시정부에 합류하게 되었다. 지청천은 관내에서 중경 임시정부와 함께 이전과는 또 다른 새로운 항일무장투쟁의 길을 시작했다고 하겠다.

제3부

한인사회와 민족운동의 전개

1910년대 한인사회의 형성과 墾民會의 활동

Ⅰ. 머리말

1910년 경술국치 이후 많은 한인들은 일제의 탄압을 벗어나 새로운 생활 근거지를 찾아 만주로 이주하였으며, 초기의 이주 한인들은 주로 서간도와 북간도지역에 분포하면서 한인사회를 형성해 나갔다.[1] 이 시기 재만 한인의 인구는 1912년에는 대략 23만 8,000명이었고, 1913년에는 25만명을 넘었으며, 1920년에 일제가 조사한 바에 의하면 약 45만 9400명에 달하는 것으로 나타나고 있다.[2]

간도는 지리적으로 국내와 가깝다는 점에서 다수의 한인들의 이주가 이루어지고 있었으며, 국내에 비해 일제의 압박과 탄압이 상대적으로 적었다는 점에서 독립운동가들에게는 일찍부터 중요한 활동 근거지로 인식되고 있었다. 중국인들도 水田개발을 위해 한인들의 이주를 환영하고 있었으며, 한인들 역시 국내에 비해 地價가 저렴하고 소작료

---

1) 윤병석, 『간도역사의 연구』, 국학자료원, 1999, 9~10쪽.
2) 조선족약사편찬조, 『조선족약사』, 백산서당, 1989, 74쪽.

등에 있어서도 상대적으로 유리했기 때문에 이주 한인의 수는 급증하고 있었다.

뿐만 아니라 1911년 이후 쌀값이 지속적으로 상승하고 있는 상황에서 한인사회는 이전과 다른 역동성을 나타내고 있었다. 북만지역의 경우도 상대적으로 늦은 편이기는 했지만, 中東鐵道 동부선 일대와 松花江 유역을 중심으로 한인사회를 형성해 가고 있었으며, 密山, 虎林, 依蘭, 方正 등의 지역에도 한인의 이주가 이루어지고 있었다.[3]

1913년 4월 북간도지역 한인들은 墾民教育會의 인물들을 중심으로 간민회를 조직했는데 성립 당시 간민회는 회장에 金躍淵, 부회장에는 金學永, 총무에는 鄭載冕이 선출되었다. 그리고 법률, 교육, 교섭 등 12부의 집행부서를 두었으며, 각 지역에 지방총회를 두고 그 밑에 지회를 설치하여 조직을 갖추고 활동에 들어갔다.[4] 간민회는 1914년 3월 중국정부가 자치기관 철폐에 관한 명령을 전달하여 그 활동을 탄압할 때까지 한인들 사이에서는 '俄領의 勸業會와 함께 墾北 獨立謀復의 大機關'으로 인식되고 있었다.[5]

따라서 본고에서는 기존의 연구 성과를 바탕으로 만주지역 한인사회의 형성문제에 대해 살펴보는 한편, 북간도지역 한인사회의 동향과

---

3) 한국독립유공자협회, 『중국동북지역 한국독립운동사』, 집문당, 1997.

4) 윤병석, 『1910년대 국외항일독립운동 I 』, 독립기념관 한국독립운동사연구소, 2009, 46쪽. 그런데 김약연이 총회장이었을 때 백옥보가 부회장, 도성이 총무, 박찬익이 서기였다는 기록이 있으며, 서굉일 · 김재홍, 『북간도 민족운동의 선구자 규암 김약연 선생』 고려글방, 1997, 111쪽.

5) 四方子, 「北墾島(二) 그 過去와 現在」, 『獨立新聞』제36호, 1920년 1월 10일. '此戰爭(제1차세계대전－필자)이 動起되던 初頭에는 獨立謀復의 大機關으로 되엿던 墾北의 墾民會와 俄領의 勸業會가 倭仇의 交涉으로 並時에 解散을 當하고 더욱 中領에서는 滿蒙條約이 結成된 까닭에 우리 事業은 大打擊을 受하엿다'

간민회의 활동에 대해서는 주로 『매일신보』와 『국민보』, 『권업신문』 등의 언론자료와 중국측의 자료들을 중심으로 정리해 보고자 한다.[6] 본고의 이러한 노력은 1910년대 만주지역 한인사회의 동향을 보다 구체적으로 파악하는데 일정하게 기여할 수 있을 것이다.

II. 만주지역 한인사회의 형성과 독립운동세력의 동향

한인들의 만주지역의 이주가 본격적으로 진행된 것은 19세기 중엽부터였다. 서간도의 경우는 1897년에 통화, 환인, 환인, 신빈, 관전 등으로 이주해온 한인들이 8,722호 37,000명이었으며,[7] 1905년 5월에는 장백, 임강, 집안, 통화, 환인, 관전, 안동 등 32개 縣에 총 9,754호 45,593명의 한인이 거주하고 있었던 것으로 보인다.

> 편자는 故 古澤大佐가 거느리는 특별정찰대를 따라 1906년 압록·송화·목단 3강의 유역을 답사한 일이 있었다. 그때 見聞에 의하면 이주 한인 戶口는 淸人의 1배 반이 넘고 있었고 그 가운데 가장 많은 忘入坡子·前小夾皮溝 등에는 淸人의 6배에 달하고 가장 적은 漢湯溝·大靑川 같은 곳에서도 4할 아래로는 내려가지 않는다. 정확한 숫자를 들 정도로 조사하지 못하였으나 하여간 이 부근에 있어서의 이주 한인이 청인보다 훨씬 다수를 차지하고 있었다는 것은 의심할

---

6) 한국독립유공자협회, 『중국동북지역 한국독립운동사』, 집문당, 1997. 박주신, 『간도한인의 민족교육운동』, 아세아문화사, 2000. 김춘선, 「墾民會硏究」, 『韓國民族運動史硏究』, 于松趙東杰先生停年紀念論叢刊行委員會, 1997. 황민호, 「1910년대 만주지역 한인사회의 동향과 한인의 만주이주」, 『숭실사학』25, 2011.

7) 조선족약사편찬조, 『조선족약사』, 연길인민출판사, 1986, 7쪽.

수 없다.……(중략—필자) 그 가운데서도 가장 오래되는 이주의 역사를 가지고 또 가장 다수를 헤아릴 수 있었던 것은 통화의 동북 청나라 里數 20리에 있는 大廟兒溝와 통화의 서남 청나라 이수 120리의 江甸子·崗山·二道 ·高麗墓子 부근의 일대 지방으로 능히 3백호 이상을 헤아릴 수 있었으므로 渾江의 전 유역을 통하여 대략 5백호로 잡고 있었다. 그리고 通化로부터 북쪽 哈密江 상류의 대삼림을 뚫고 孤山子로 나오는 연도의 板石河子라는 한인촌은 그들 특유의 茅屋을 만들어 영세한 생활을 영위하고 있는 것을 볼 수 있었고 新兵堡에는 당시 이미 수백 호의 韓人部落이 있어 벼농사에 종사하여 비교적 견고한 기초를 만들고 있었다.[8]

위의 내용에서 보면, 1906년 경 압록강과 송화강 및 牡丹江지역의 경우 대체로 한인들의 戶口가 중국인들에 비해 한배 반 넘고 있었으며, 일부지역에의 경우에는 중국인에 비해 6배에 달할 정도였던 것으로 보인다. 뿐만 아니라 渾江을 끼고 있는 지역의 한인 戶數는 대략 500호를 헤아릴 수 있으며, 新兵堡에는 수백호의 한인마을이 있었고 이들은 주로 벼농사에 종사하면서 비교적 안정적인 사회적 기초를 형성하고 있다.

이상룡의 『石州遺稿』에서는 1913년에 서간도를 포함하여 남만의 봉천성 관내에만 286,000명의 한인들이 거주하고 있다고 하였다.[9]

Ⅰ. 대개 서북간도는 근대 우리 조국 강토와 토양이 상접한 남북 만주의 지경이요, 만주는 사천년 내에 역사상 밀접의 관계가

8) 牛丸潤亮, 『最近間島事情』, 朝鮮及朝鮮人社, 1928, 80~82.
9) 李相龍, 『石州遺稿』, 고려대출판부, 1973, 175~176쪽.

있는 땅이니 이는 수천 년간 대조선 판도의 한 부분 광채를 찬란히 드러내던 곳이라. 그런즉 간단히 말하자면 조선 민족은 곧 지금 서북간도의 예전 주인이 아닌가. 우리 조국의 혁혁한 역사를 들어 말할진대 태무신왕 · 광개토왕 · 을지문덕 · 천합소문 등 여러 영웅 우리 선조들이 요동 이북 만주에서 발휘하여 위대한 공업을 세웠으니 이는 근대의 유지한 역사가들이 말과 글로써 혹 간략히 하며 혹 자세히 하여 종종 논술한 바가 있은즉 여기 대하여 길게 설명할 필요가 없노라.[10]

II. 북간도는 백두산을 중심점으로 잡고 보면 서편으로 압록강 오른편은 지금 서간도라 칭하는 곳이요 동편으로 두만강 왼편은 곧 지금 말하는 북간도이니 함경도 회령군과 상대되는 지방이라. 원수의 혹독한 압제는 날로 심한 가운데 지형이 서로 가까움으로 인하여 해마다 우리 동포의 이주하는 자가 날로 증가하여 의연히 대조선국 옛적판도를 회복함 같이 되었더라.[11]

위의 사료 I·II는 모두 『국민보』[12]에 게재되었던 기사인데 I 에서는 만주지역에 대해 수 천년 동안 대조선 판도의 한 부분이었으며, 조선민족이 서북간도의 옛 주인이었음을 강조하고 있음을 볼 수 있다. II 에서는 원수(일제－필자)의 압제가 날로 심한 가운데 지형이 서로 가까움으로 인해 해마다 동포의 이주가 날로 증가하고 있으며, 의연히 대

10) 「서북 간도에 이주하는 동포의 기회」, 『국민보』 1914년 1월 14일.

11) 「북간도의 정형」, 『국민보』 1914년 2월 7일.

12) 『국민보』는 1913년 8월 1일 하와이 대한인국민회에서 발간, 1968년 12월 25일 폐간될 때까지 발간(총 24권)된 주간지이다. 한국언론진흥재단, http://www.mediagaon.or.kr/jsp/sch/mnews/gonews/goMain.jsp?go_code=C.

조선국 옛적 판도를 회복함과 같이 되었다고 하고 있다. 따라서 간도지역에 대한 『국민보』의 이 같은 설명은 이 지역에 대해 갖고 있었던 독립운동 진영의 인식을 반영하고 있는 것이라고 할 것이다.

남만지역으로의 한인이주가 증가하면서 수전개발도 활발하게 전개되었다. 만주는 봄이 짧고 灌漑가 불편하다는 점에서 그리고, 강수량은 부족면서도 증발량은 많았기 때문에 벼농사에 불리한 자연조건을 갖고 있었다. 그러나 이러한 악조건은 稻類의 선택이나 6·7·8월의 집중강우를 잘 관리하는 방법 등을 통해 해결할 수 있는 문제였다. 또한 수확기에 강수량이 적은 것은 벼의 성숙을 촉진시킬 수 있었으며, 수확한 벼를 충분히 건조하여 쌀의 변질을 막을 수 있다는 장점되기도 하였다.

맨발로 물에 들어가기를 싫어하는 중국인들의 纏足 풍습도 한인들의 수전경작에는 유리한 요소가 되었다. 밭농사에서도 한인들은 중국인과의 마찰을 피하기 위해 주로 산간의 경사진 곳을 개간하였는데, 소를 이용한 경작 방법이나 火田의 경험 등은 불리한 지형조건을 극복하는데 도움이 되었다.[13]

1910년 일제가 조선을 강점하자 서간도로 이주했던 독립운동 지도자들도 '獨立戰爭論'의 실천을 염두에 두며,[14] 水田開發에 주력하면서 한인사회의 확장에 주력하였다. 石洲 李相龍의 손주 며느리 許銀의 회고에서 보면, 남만지역의 토지는 眼力이 모자랄 정도로 넓었으며, 土質은 '볍씨를 뿌려 놓고 물이 마르지 않게만 해주면 추수가 가능'할 정도였다고 하였다. 그러면서 국내로부터 많은 한인 이주민들이 몰리자 이

---

13) 瀋陽散人, 「滿洲의 水田과 朝鮮人」, 『新民公論』3(2－8), 1922. 11, 41쪽.

14) 황민호 · 홍선표, 『3.1운동 직후 무장투쟁과 외교활동』, 한국독립운동사편찬위원회 편, 2008.

민 온 사람들을 잘 관리하고 통솔하는 것이 곧 애국활동인 것은 인식되고 있었다고 하였다.

한인 이주민이 도착하면 중국말을 잘하고 교제 능력이 있는 사람들이 나서서 중국인 지주와의 교섭을 도왔다. 소작 조건도 유리해서 '처음 3년까지는 등급에 관계없이 무료였고, 그 다음 해엔 토지에 따라 다양한 소작료가 책정되었는데 대체로 農力이 있는 경우 1년이 지나면 생활근거가 잡혔고 그 다음 해엔 스스로 자작농이 될 수 있었다고 하였다.15)

이밖에 『매일신보』에서는 만주로 이주한 이시영의 상황에 대해 巨萬富를 가지고 지방에 名聲이 있는 排日 鮮人의 거두 이시영은 (만주에 이주하여-필자) 평지에 灌漑가 편한 곳에서는 수전을 경작하고 수전

15) 허은, 『아직도 내귀엔 서간도 바람소리가』, 정우사, 63~65쪽, 1995. '地廣이 너무나 넓어 眼力이 모자랄 지경인 이곳은 일단 논을 만들어 씨를 뿌려 놓기만 하면 농사짓기는 쉬웠다. 볍씨를 뿌려 놓고 물이 마르지 않게만 해주면, 그 뒷일은 추수하는 것뿐이다. 이렇게 논을 개간하여 논농사를 하고 난 뒤부터 비로소 밥을 맛볼 수 있었다.풍년을 바라보고 모두들 욕심을 내어 일을 했다. 개간 첫해는 풍년이라도 개간 수고가 크기 때문에 지주에게 주는 것은 그리 많지 않아 괜찮았다. 추수 뒤 중국인 지주에게 비율대로 주고도 남는 것이 많았다. 1년 비용도 갚고, 비교적 안정된 생활이 시작되었다. 그러자 사람들은 본국에서 농토 없이 고생하는 가난한 친척들을 불러들였다. 먼저 온 애국지사들은 개척지를 계획하는 일부터 이민자들을 배당하는 일을 대대적으로 했다. 이민온 사람들 관리하고 통솔하는 일이 곧 애국활동이었다. 한국에서 이민오는 무리가 봉천, 개원, 삼성자에 도착했다는 역락만 오면 담박에 동네회의를 열고 전접할 준비를 했다. 그리고 각 집으로 연락이 온다. "어디까지 몇 백명이, 몇가구 왔다" 그러면 중국 말 잘하고 교제 잘하는 한인 몇몇이 중국인을 만나 농경지와 토지개간 조건 등을 교섭한다. 처음 3년까지는 등급에 관계없이 무료로 있고, 그 다음해엔 토지에 따라 1대9, 또 다음엔 2대 8, 3대7, 4대6, 반반도 있다. 토지에 따라 다르다. 처음 도착하면 자치구에서 당번들이 나와 누구네 몇 가구, 또 누구네 몇 가구를 배당해 준다. 배당받은 집에서는 가옥, 토지가 완전히 결정되어 정착할 때까지 먹여 주고 보살펴준다. 農力이 있는 이들은 1년이 지나면 모든 것이 생활근거가 잡혀 다음 해엔 스스로 자작농을 하게 된다. 그러니 자연 고향에 있는 빈한한 친척들을 자꾸 청해 오는 것이다.'

이 적당치 못한 곳에서는 高粱 등을 경작하여 대성공을 거둔 것은 아니지만, 생활은 용이하다고 보도하고 있었다.[16] 또한 '한인들이 이주한 곳은'－필자 山地이기 때문에 조선인 상호간의 연락 기관은 없으나 通化 부근에는 2개의 조선인 학교가 있으며, 장춘부 방면에는 벌목하는 노동자 1만 이상이 集團하여 토착민의 수를 능가하고 있다고도 하였다. 이같은 상황에서 1921년 安東과 寬甸의 한인 인구는 1911년에 비해 4배나 증가한 것으로 나타나고 있었다.[17]

남만으로 이주한 민족지도자들은 桓仁縣 橫道川과 柳河縣 三源浦 일대에서 독립운동기지 건설에 주력하였는데 李會榮은 당면과제인 토지 구입 문제와 한인사회의 합법적 안정을 중국당국과 협의하기 위해 국내에서부터 알고 지내던 북경정부 袁世凱와 교섭을 하기로 했다.

> 우당장은 독군을 면회하러 봉천에 갔다가 북경까지 가서 袁大總統을 공사간의 논의도 있었던 듯하다. 원 대총통이 胡明臣이라는 분을 우당장과 함께 봉천으로 보냈다. 우당장과 호씨가 독군을 면회를 하고 우리 동포가 만주로 온 사정을 자세히 말하니 독군 역시 排日이라 환희 만만하여 그 시로 3성 支府에게 訓令을 서리같이 지어 押送하니 3성 縣守들이 눈이 휘둥그레져서 이후로는 한국인을 두려워하여 잘 바라보지도 못하였다.[18]

위의 내용에서 보면 이회영의 노력을 통해 한인 이주민들은 중국당

16) 「南滿의 朝鮮人(3) 移住者現狀과 將來」, 『매일신보』 1915년 11월 30일.
17) 중국조선족발자취총서편집위원회,, 『중국조선족발자취총서』1, 민족출판사, 1999, 116쪽.
18) 이은숙, 『가슴에 품은 뜻 하늘에 사무쳐』, 인물연구소, 1981, 52~55쪽.

국으로부터 일정하게 신변 보호를 받게 되었으며, 이후 민족지도자들은 유하현 孤山子에서 耕學社를 조직하게 되었던 것으로 보인다.

남만지역으로 망명한 독립운동가들은 학교 교육을 통해 독립운동의 인재를 양성하고자 노력하였다. 환인현에 건립되었던 東昌學校는 대종교의 제3대 교주 尹世復이 1911년 그의 동생 尹世茸과 함께 설립한 학교로 단군신앙을 통해 민족의식을 고취하고자 하였다. 학교에서는 학생들의 기숙사비는 물론, 약간의 생활비까지 부담하였으며, 교사로는 박은식과 신채호가 조선역사를 가르쳤으며, 이밖에 국어, 한문, 지리 등도 가르쳤다.

撫松縣 河北에도 소학교인 白山學校를 설립하였는데 이 학교 역시 독립군의 양성과 훈련을 주목적으로 하고 있었다.[19]

> 여기에서 尹世復氏와 義兵大將 李碩大(鎭龍)氏와 義兵大將 金東平(錫鉉)氏들과 함께 撫松縣으로 들어가게 되었다. 이곳은 奉天省에 屬한 白頭山 山麓에 있는 新開拓地로 縣을 設한지가 오래지 아니한 땅이다. 그래서 숨어서 義兵하기 좋은 곳이라 우리가 그리로 가는 目的도 여기에 있었다.… 이 白山學校는 우리 同胞가 經營하는 初等科와 高等科가 있는 小學校인데 校生인 金(金의 오기－논자註)星奎氏는 이 곳의 名望家이다.… 이 白山學校 教員 奇宿은 곧 朝鮮 獨立軍의 大本營이 되어서 여기에 集中되어 出入하던 人物은 尹世復氏를 中心하여 李碩大, 金東平, 金虎翼, 成虎, 車道淳, 李章榮 諸氏로 義兵 名將들이었다. 이곳은 이렇게 軍事行動이 있는 곳이라 倭賊의 密偵은 不絶히 出入하게 되고 또는 여러 가지 職業人으로 處處에 配置되어 있어 우리의 獨立軍의 行動을 困하게 만든다. 出入하는 密偵은

19) 조준희, 「단애 윤세복의 민족학교 설립 일고찰」, 『서도문화』8, 2010. 105~107쪽.

> 어떠한 行色으로 나타나는가 하면 혹은 중 혹은 鍮器行商 혹은 布木行商, 혹은 筆墨 行商이 되어 가지고 다닌다. 獨立軍도 敵과 다름이 없이 모든 配置를 하고 있어 密偵의 處分을 適當히 하게 된다. 勿論 그들은 鬼神도 모르게 죽게 된다.[20]

위의 내용은 창동학교와 백산학교에 교편을 잡았던 李克魯의 회고이다. 이를 통해서 보면 백산학교는 대종교계열과 의병계열 인물들의 주도로 설립되었으며, 일제는 유기·포목·필묵 행상 등으로 가장한 밀정을 파견해 학교를 감시하였으며, 독립운동 진영에서도 밀정의 체포와 처단을 위해 부단히 노력했던 것으로 나타나고 있다.

북만에서도 독립운동세력에 의한 한인사회의 건설이 진행되고 있었다. 1910년 봄 美洲 公立協會 회원이었던 金成武가 안창호의 권유를 받고 밀산 十里洼에 들어와 960헥터의 토지를 사들이고 한인사회의 아동교육과 농업장려, 동포구제 등의 사업을 전개하였다. 그는 金明星과 함께 私塾을 열고 기독교 전도와 교육사업을 전개하기도 하였으며, 이상설의 추천으로 밀산에 들어온 金學萬도 南白泡子에 384헥타의 토지를 사드려 한인사회의 형성에 기여하였다.[21]

밀산의 개척사업은 미주 한인들에 의해 주도되고 있었는데 1908년 10월 亞細亞實業株式會社가 발기되어 자본금 2만불, 총 800주(주당 25달러) 자본 총액의 1/10이되면 개업하기로 하고 본사는 불라디보스톡에 두고 지점은 미국과 하와이, 국내에 두기로 하였다. 이 회사는 국민

20) 이극로, 『苦鬪四十年』, 을유문화사, 1947, 17~18쪽.

21) 밀산조선족사편찬위원회, 『밀산조선족 100년사』, 흑룡강조선민족출판사, 2007, 19쪽.

회 발족 후인 1909년 3월에 설립된 泰東實業株式會社로 계승되었다. 이후 태동실업주식회사에서는 주당 50불씩 1천주로 자본금 5만달러를 확보한 뒤 국민회 북미총회장인 鄭在寬과 李相卨을 불라디보스톡에 파견하였다. 밀산부에 위치한 봉밀산 일대는 넓은 평야에 비옥한 토지를 갖고 있어서 농업을 경영하기에 적합한 곳이었으며, 중국령이었지만 정치 · 경제적으로는 러시아의 영향을 강하게 받고 있었다. 따라서 독립운동세력의 입장에서 보면 일제의 영향력을 배제하면서 러시아와의 연결이 가능하고 지리적으로 만주와 러시아의 한인들이 쉽게 집중될 수 있는 지역이었다. 봉밀산의 개척 실무는 대한인국민회 북미지방총회 원동전권위원으로 파견된 정재관, 이강, 김성무 등이 담당하였다. 이상설을 초기에 국민회 전권위원으로 참여했지만, 이후 공화체제를 지지하는 국민회와 결별하고 별도로 개척사업을 추진하여 불라디보스툭의 자산가 김학만과 1908년 5월에 불라디보스톡으로 망명해온 이승희와 협력하여 황무지를 구입 韓興洞을 건설하기도 하였다.[22]

하얼빈 지역에서는 孫貞道 목사에 의해 선교활동이 전개되었다. 그는 1911년 감리교회 선교사의 자격으로 하얼빈 지역에 부임하여 활동을 시작하였으며,[23] 1913년에는 李承熙와 이상설의 후원으로 蜂蜜山子에 무관학교가 설립되기도 했는데 洪範圖가 교관으로 활동하였다.[24]

---

22) 이명화, 「1910년전후 간민교육회의 형성과 간민회」, 『중국동북지역 한인사회의 형성과 간민호의 역사적 위상』, 사단법인 규암 김약연기념사업회 국제학술회의, 2004년 5월, 39쪽.

23) 김창수 · 김승일, 『손정도의 생애와 사상 연구』, 넥서스, 1999.

24) 독립기념관, 『국외독립운동사적지 실태조사보고서』8, 2008, 262~263쪽. 이밖에 이 시기 밀산에 들어온 홍범도는 십리와와 쾌당별이(필자－당벽진)에 소학교를 건립하였으며, 1917년과 1918년 단오날에는 대운동회를 개최하고 한인사회의 단합을 위해 노력하였다. 홍범도는 휘하의 독립군 부대원들로 하여금 가난한 농민들을

북만지역에서도 수전개발이 이루어지고 있었는데 東寧縣에서는 1916년 露領에서 이주한 최동한과 14명의 농민이 小綏芬에서 수전에 성공하였고 이는 목단강, 穆陵河, 綏芬河를 거쳐 송화강의 通河, 三姓, 富錦으로 전파되었다. 한인들은 주로 동청철도 동부연선과 동경성, 밀산, 위하현 일면파 일대에 흩어져 살면서 수전을 개발을 시도하였으며, 1921년 경에 이르면 북만에서의 벼의 생산량은 28,800여 섬에 이르렀다고 한다.[25]

따라서 이상의 내용을 종합해 보면 1910년대의 재만 한인들은 중국인들과의 마찰을 피하면서 수전농업을 중심으로 비교적 안정적으로 한인사회를 형성해 가고 있었다. 독립운동 지도자들도 이미 형성되어 있던 한인사회를 바탕으로 자치기관의 조직과 교육운동을 통해 독립운동의 역량을 강화해 가고 있었던 것으로 보인다. 그러나 1910년대의 경우 남만이나 북만지역에는 아직 이주 한인의 사회적 상황을 대변하고 보호해 줄 만한 공식적인 자치 기구가 결성하지는 못하고 있었다.

Ⅲ. 북간도지역 한인사회의 동향과 간민회

1. 북간도지역 한인사회의 확장과 일제의 동향

북간도의 경우 1869~1870년 간에 함경도와 평안도지역에 유례없

돕도록 하여 농촌 건설 사업을 전개하였으며, 인근의 물을 끌어드려 일명 '홍범도 도랑'이라고 불리는 수로 건설하여 십리와농장을 개척했던 것으로 전해지고 있다.

25) 일 목, 「북만과 서만지구의 수전개발에 공헌한 조선족농민들」, 『중국조선족발자취총서』1, 민족출판사, 1999, 347~346쪽.

는 흉년이 들자 많은 수의 한인들이 國禁을 무릅쓰고 渡江하여 이주를 단행하였다. 이주 초기의 한인들은 대체로 豆滿江에서 멀지 않은 분지와 산기슭에 마을을 형성하고 살았다.[26] 이후 북간도지역으로의 한인 이주는 1910년 이후에도 크게 늘어나고 있었는데 『매일신보』의 보도를 통해서 보면 이 같은 양상은 보다 분명하게 확인되고 있다.

> 지방의 인민이 간도로 이주하는 자－재작년 이래로 현저히 증가하여 作四十三年(明治 43년 -1910년－필자) 秋期로 금년 4월까지에 약 15,000인의 이주자가 有하였다는데 其 이주의 시기는 秋期 10월 이후로 翌年 3월 말 又는 4월 上旬에 終함으로서 常例를 作하는 이주자는 전혀 咸慶南北 兩道의 인민인데 그 目的은 農業이라. 是는 咸南北 토지가 肥沃치 아니하여 농업에 적당한 地를 得하기 곤란하나 間島는 地味가 양호하고 地域이 廣大하여 一反步의 收穫은 함북지방의 2배 내지 3배의 수확에 상당함으로 是等 朝鮮人 이주자는 自力이 乏小하여 淸·朝鮮人 土地所有者에게 耕地를 借受하여 小作에 종사코자 함이라더라.[27]

1910년 가을에서 1911년 4월까지 함경남북도에서만 약 15,000명의 농민들이 만주로 이주할 정도로 한인들의 만주 이주는 격증하고 있었다. 뿐만 아니라 함경남도의 가난한 농민들은 土質이 양호하고 지역이 광대하여 국내에 비해 2~3배의 수확량을 거둘 수 있는 간도지역으로 이주하였는데 대부분 '自力'이 乏小하여 소작에 종사하고 있다고 하였다.[28]

---

26) 현용순 외, 『조선족백년사화』, 요녕인민출판사, 1981. 2~3쪽.
27) 「間島移住者激增」, 『매일신보』 1911년 7월 19일.

『매일신보』의 다른 기사에서도 함경남북도 관내의 빈민들이 부락 全戶를 擧하여 간도로 이주하는 자가 날마다 증가하고 있다고 보도하였다. 즉 近來에 각종 곡물 가격이 폭등함으로 인해 인민의 생활이 곤란해지자 지난 3월부터 6월말 사이에만 약 20,000여명이 간도로 이주하였는데 이들은 대부분 淸津을 경유하여 간도로 이주하고 있다고 하였다.[29]

『매일신보』에서는 경상도 동남 일대, 특히 密陽郡에서는 간도로의 '移住熱' 대단하여 토지와 動産 일체를 매각하고 이주를 준비하기 때문에 土地價가 低落하는 상황이며, 이주자는 郡民 중 上流人이거나 또는 상당한 재산을 가진 자라고 보도하기도 했다.

> 慶尙道 東南一帶 鮮人은 間島移住熱이 大○하다는데 就中 最甚한 處는 密陽郡이라 該 郡住人은 現에 土地와 動産을 一体 賣却ᄒᆞ야 ○移를 準備하기로 土地價가 爲之低落한다는데 其 移去者는 俱○郡民中 上流人이오 又 相當한 財産을 有한人이라더라.[30]

따라서 『매일신보』의 이 같은 내용을 종합해 보면 일제가 조선을 강점한 1910년대 초에 북간도로의 이주는 함경남북도와 경상도지역 등에서는 '移住熱'이라고 불릴 정도로 활발하게 전개되고 있었으며, 특히 밀양지역에서의 자산가들의 이주는 국내에서의 북간도 이주가 크게

28) 「北間島事情(一)」, 『매일신보』, 1917년 5월 20일. '또한 『매일신보』에서는 '間島移住鮮人은 同地의 地味沃饒하고 廣範 且 地價의 低廉함을 傳聞하고 近親知己가 相携하여 漫然 移住한 자가 多하며'라고 하기도 하였다. 「滿洲의 鮮人」, 『매일신보』 1915년 5월 7일.

29) 「間島移住者激增」, 『매일신보』 1911년 7월 12일.

30) 「鮮人間島移住熱」, 『매일신보』 1912년 1월 30일.

확산되고 있었음을 보여주는 것이라고 하겠다.

조선인들의 이주가 크게 늘자 1910년대의 한인들의 분포는 북간도 전체 인구의 80%를 차지하여 중국인들에 비해 절대적 우위를 차지하고 있었고 연평균 29,000명씩 늘어나는 성장세를 보이고 있었다.[31] 그리고 한인들이 다수 거주했던 용정촌과 局子街는 '到處에 家屋이 거의 鮮人家屋이오 住民 또한 白衣人이 아님이 無하야 宛然히 鮮內를 旅行함과 如하고 毫도 支那領의 感이 無하더라'라 할 정도였다.[32]

1923년의 기사이기는 하지만, 국내에서 발행되던 기독교계 잡지인 『靑年』에서는 '북간도는 무슨 模樣으로던지 果然 조선민족의 植民할 만한 福地라. 지금도 間島는 조선인의 간도라고 할 만하거니와 不幾年에 間島에 조선인 인구가 巨萬에 달하게 될 것은 明若觀火로다'라고 전망하였다.[33]

북간도 지역의 수전 개발도 역시 재만한인들에 의해 주도되고 있었다.

> 산업의 상황을 左의 各般으로 구분하면 다음과 같다. 農業 : 북간도는 토지가 비옥하여 비료를 施하는 事 無하고 또 除草의 勞가 無하되 收穫이 多할 뿐○○地價의 저렴함은 조선의 內地에서는 見키 難한 바라 如斯한 利益이 有함으로서 此說이 세상에 傳播됨에 조선의 이주자가 年年 증가하였는데 그 대부분은 농업에 종사한 지라 이래로 간도는 조선의 樂天地라는 稱이 有하니 차는 실로 偶然한 事가 아니며, 尙且 水田의 有望함은 世人의 주목하는 처이니 年年 水田의

31) 김태국, 「북간도지역 조선인거류민회(1917~1929)의 설립과 조직」, 『역사문제연구』제4호, 역사문제연구소, 2000.

32) 「在間島朝鮮人의 狀況 內務部長官 宇佐美勝夫氏談」, 『매일신보』 1917년 5월 11일

33) 梁柱三, 「北間島에 居留하는 朝鮮人의 生活狀態」(二), 『靑年』3-8, 1923. 9, 27~31쪽.

經營者가 증가하고 米의 品質도 조선 內地産에 비하여 毫尾도 退色이 無한데....[34]

북간도지역의 토지는 施肥나 除草를 하지 않아도 충분한 수확을 할 수 있을 정도로 비옥하며, 地價가 저렴하여 국내에서는 보기 어려운 利益을 거둘 수 있는 '樂天地'로 인식되고 있었다. 또한 이주 한인들도 대부분 농업에 종사하고 있는데 쌀의 품질도 국내와 비교해 전혀 손색이 없을 정도로 양호하며, 水田에 대한 전망도 좋아서 수전경영자도 늘고 있는 추세라고 하였다.

북간도에서는 한인자제의 교육을 위한 학교의 설립도 활발하게 이루어지고 있었다. 1916년 12월말 경 연길현에는 55개 학교에 1,370명의 학생이, 화룡현에는 56개교에 1,219명의 학생이, 혼춘현에는 32개교에 757명이, 왕청현에는 13개교에 490명의 학생들이 교육을 받고 있었던 것으로 나타나고 있었다. 그런데 이는 압록강 대안의 한인 학교 76개교에 2,177명의 학생보다 많은 것이었으며, 상대적으로 북만지역인 동녕현과 밀산현의 각각 6개교와 1개교가 있는 것보다는 압도적으로 많은 것이었다.[35]

북간도지역 한인들의 종교현황은 대체로 개신교와 천주교 및 공자회, 대종교, 시천교, 천도교 등의 교단이 설립되어 활동하고 있었던 것으로 나타나고 있다.

34) 「間島事情(三)」, 『매일신보』 1917년 5월 22일.

35) 박주신, 「間島 韓國人의 民族敎育에 關한 硏究」, 인하대학교 박사논문, 1998, 26쪽. 資料 : 姜德相 編, 『現代史資料』27(朝鮮三), 141~165쪽, 「朝鮮駐箚憲兵隊司令部, 在外朝鮮人經營 各學校·書堂一覽表, 大正5年(1916) 12月 28日」

당지에 在한 종교단체는 야소교, 천주교, 시천교, 천도교, 孔子會, 대종교 등이 有하니 단체의 堅固, 勢力, 總信徒數 及 其事業 現況은 如左함.

(一) 耶蘇敎 : 영국인 목사 2인, 조선목사 1인, 총신도○千여명이니 용정에 남녀 2개 학교와 大拉子 龍岩洞에 間東中學校와 여학교 1개소와 局子街 臥龍洞에 昌東學校가 有하여 각각 學事及學務에 노력하는데 團體力이 强固하여 상당한 세력을 保持하며, (二) 孔子會 : 北京에 本會가 有하고 국자가에 支會가 有하여 회장 1인, 부회장 1인, 총신도 1万 五千을 算하여 春秋로 聖尊祭를 거행하며, 經學을 강구하나 단체의 권력이라 칭할 만한 점은 支那側에서 掌握하였다 云할 지며, (三) 天主敎 : 불란서인 神父 1인과 총신도 7천명이니 교회 사업으로는 三個所의 小學校가 有하니 可觀한 것이 無하고 團體力은 稍히 鞏固하나 신부 1인의 지휘 統率하에 在함. (四) 大倧敎 : 회장 1인. 贊成長 2인, 포교사 12인, 총신도 8천여명이오 교회 사업으로는 1개 학교가 有할 뿐이며, 포교는 稍히 熱心의 狀態에 在하여 점차 신도의 수를 증가하는 경향이나 단체의 세력은 微微 不振하며, (五) 侍天敎 : 明治 40년 일한합방 당시에 元 一進會 解散金으로서 용정촌에 一大敎會室을 건축하고 내부의 敎綱이 解弛하고 人心分裂이 심하여 교회의 사업으로는 何等 經營이 無하며, (六) 天道敎 : 교구장 1인, 玄○觀長 1인, 金融觀長 1인, 찬성장 1인, 銓制觀長 1인, 각 명칭과 총신도 6백여명이 有 하나 財政 困難이 甚하여 何等 사업의 경영이 無하고 성도로부터 一匙의 誠米라는 것을 集合하여 僅히 유지하나 此 역시 曉天의 星과 如하여 足히 可論할 가치가 無하니라.[36]

위의 내용은 1917년 5월을 전후한 북간도지역 종교 교단의 현황에 대한 것인데 이를 통해서 보면 북간도에서 '團體力'이 상당한 세력을 유

36) 「間島事情(五), 종교의 槪況」, 『매일신보』 1917년 5월 24일.

지하고 있는 것은 개신교였으며, 개신교와 천주교 및 대종교는 모두 1개 이상의 학교를 경영하고 있는 것으로 나타나고 있다.

대종교에 대해서는 포교에 열심이며, 신도의 수가 점차 증가하고 있다고 하였으며, 천도교에 대해서는 교단을 간신히 유지는 하고 있으나 曉天의 星과 같아 足히 可論 할 것이 없다고 하고 있다. 시천교에 대해서는 한일합방 당시 一進會가 解散金으로 받은 돈으로 용정촌에 一大敎會室을 건축하였으나 내부의 敎綱이 解弛하고 人心分裂이 심하여 교회의 사업을 전혀 못하고 있다고 하였다.

한편 1907년에는 간도일본총영사관이 설치되었고 淸에서도 商埠局을 설치하여 견제하고 있는 가운데 일제의 상업자본의 진출이 본격화되고 있었다.

> 용정촌은 제국총영사관소재지니 간도 日鮮 人間 상업의 중심지요 화물의 집산장이며 경제의 消長을 좌우할 處라 日鮮支의 商鋪가 軒을 聯하여 櫛比한 市街를 盛하였고 거래가 最盛하며, 一個月에 四度의 定期市場日이 有하여 數千의 민중은 人山人海를 成하고 賣買物品은 穀類 洋廣木類, 石油, 鐵物 柴炭類 등이 중요하고 기타는 日常品이니 금후 용정 회령간의 輕便鐵道 敷設時에는 실로 吾人의 商戰上 一大 舞臺가될 터이니(중략)[37]

일제는 龍井의 상업에 대해 한 달에 4회의 정기시장이 개설되어 穀類, 洋廣木類, 石油, 鐵物, 柴炭類 등과 기타의 일상용품이 거래되는 곳으로 日鮮商業의 중심지요, 화물의 집산장이며, 일본 경제의 消長을 좌

37) 「間島事情(二), 著名市街의 狀況」, 『매일신보』 1917년 5월 21일

우할 지역이라고 하며 그 중요성을 강조하고 있었다. 뿐만 아니라 북간도의 용정과 국내의 會寧을 연결하는 輕便鐵道가 완성되면 용정지역의 상권은 일제의 만주진출을 돕는 '商戰의 一大舞臺'가 될 것이라고 하였다.

실제로 북간도에서의 일본의 무역량은 1915년에는 1,074,000엔이었던 것이 1918년에 이르면 5,363,000엔으로 5배로 증가하였으며, 용정에서는 1910년에서 1918년 사이에 무역량이 21배로 증가하여 용정무역총액의 80%에 해당할 정도로 일본 상품의 점유율은 압도적 우위를 나타내고 있었다.[38)]

2. 독립운동 진영의 활동과 간민회

북간도는 1910년 이후 국외독립운동 기지가 가장 먼저 건설된 지역이었다. 1905년 을사늑약 체결로 國亡이 예견되는 상황에서 李相卨, 鄭淳萬, 呂準 등의 민족지도자들은 1906년 8월경부터 용정촌을 중심으로 독립운동 기지를 건설하기 시작하였다. 이상설, 정순만, 여준, 黃達永, 金禹鏞, 洪昌燮, 朴楨瑞 등은 용정촌에 瑞甸書塾을 설립하였다.

기독교계열의 독립운동도 적극적으로 전개되고 있었다. 이동휘는

---

38) 김주용, 『일제의 간도 경제침략과 한인사회』, 선인, 2008. 또한 1911년 5월 용정에서 큰 화재가 일어나자 조선총독부에서는 피해 한인들을 구제한다는 명분으로 25,000엔을 투자하여 용정구제회를 건립하고 대부업을 통해 이 지역의 토지를 잠식해 갔다. 구제회는 회칙 제1조에서 '본회는 주로 간도용정촌 및 그 부근 在住 조선인구제를 위한 부동산 매매 · 대여 또는 부동산을 저당으로 하는 자금 대출을 주목적으로 한다'라고 밝히고 있었는데 이는 일제가 한인에 대한 구제를 빌미로 북간도지역의 토지에 대한 경제적 침략을 강화하고자 했던 의도를 분명히 하는 것이라고 하겠다.

함북성진에서 활동을 하던 캐나다 선교사 具禮善과 제휴하는 한편, 金立, 尹海, 桂奉瑀, 都連浩, 張基永, 高明秀, 馬晉, 金河錫, 金河求 등과 더불어 연해주와 북간도·함경도를 포괄하는 기독교 선교단을 조직하고 활동하였다.

북간도지역의 민족지도자들은 한인사회의 안정과 독립운동세력의 강화를 염두에 두면서 1913년 3월에 합법적 자치기관이 墾民會를 결성했는데 간민회는 간민교육회에 기반을 두고 있었다. 간민교육회는 1909년 李同春 등이 발기하였으며, 1910년 3월 吉林東南路 警備道觀察使署의 허가를 얻어 설립되었다. 간민교육회에서는 우선 한인 마을로 순회연설을 다니며 학교 건립에 주력하였는데 교육자금은 의무금과 學田으로 충당하도록 권장하였다.[39]

> 간민교육회의 세력으로 다수의 학교가 도처에 설립되는 그때에 서전서숙 학생의 勞績이 가장 不少하였다.(중략) 그러는 동안에 명동·광성·창동·북일 등의 중학교도 차례로 일어나고 磊子溝에는 大甸學校라는 養武的 기관도 설립되어 80여명의 건아를 양성하다가 사세의 불리로 도중에 폐지되었지만 현금 中俄 兩領에 위국 헌신하는 청년은 그 가운데서 나온 자가 다수이며, 학교뿐만 아니라 사회교육이 아울러 진흥하여 일반 民志가 부지불각 중에 丕變되므로 지금은 교사에게 禮敬만 배중할 뿐 아니라 상당한 月銀도 있게 되었다.

---

39) 1912년에는 민족교육에 알맞은 교재를 편찬하기 위해 계봉우와 정재면, 南公善 등 3인을 교과서 편찬위원으로 임명하여 초등·중등 교과서의 수집과 편찬에 노력하도록 하였다. 간민교육회에서 편찬한 역사교과서들은 『大韓歷史』, 『幼年必讀』, 『大東歷史略』, 『越南亡國史』, 『吾讐不忘』, 『最新東國史』 등이었으며, 국내에서는 이미 사용 금지된 것들이었다. 한국독립유공자협회, 『중국동북지역 한국독립운동사』, 집문당, 1997.

목하 80여 소학교에 학생의 사상계를 보면 지식보다 오히려 정신이 倍加한다. 이것은 교육자가 復讐主義로 정신상에 最專力함이다.[40]

위의 내용에서 보면 북간도에서는 간민교육회의 활동을 통해 각지에 다수의 학교가 설립되어 민족교육이 실시되었으며, 특히 羅子溝의 大甸學校는 養武的인 교육기관으로 인식되고 있었다.

간민교육회에서는 산하에 연구회를 설치하기도 했는데 중요 임무는 학생들에게 항일의식을 고취하는 동시에 중국당국에 한인 자제들의 교육문제를 자문하기 위한 것이었다. 중심인물로는 具春善, 金躍淵, 鄭載冕, 桂奉瑀, 金鼎奎 등 활동하고 있었으며, 1912년경의 회원 수는 총 300명에 달하였다. 조직의 기반을 강화해 가던 간민교육회는 辛亥革命 이후 墾民自治會를 조직하도 했으나 중국당국과의 교섭과정에서 墾民會로 명칭을 확정했던 것으로 보인다.[41]

간민회가 조직되자 독립운동진영에서는 기대를 나타내고 있었다.

내지에서 생활상 곤란을 인하여 여러 해 동안에 두만강을 건너 북간도 일대에 산재한 동포가 백만 명에 달한 지라. 일찍이 조직된 단체가 없으므로 그곳 동포의 실업과 교육이 완전치 못하더니 모모 신사의 민첩한 수단으로 간민회를 조직한 후 각처에 학교가 더욱 진흥하여 일반 동포가 날로 단합하여 지회를 설립한 곳이 五十여 지방이라 함.[42]

---

40) 四方子.「北間島 그 過去와 現在」,『獨立新聞』제34호, 1920년 1월 1일.

41) 김춘선,「墾民會研究」,『韓國民族運動史研究』, 于松趙東杰先生停年紀念論叢刊行委員會, 1997.

42)「북간도의 새로운 광채」,『국민보』1913년 11월 12일.

이 내용은 『國民報』의 보도기사인데 생활이 곤란해 국내로부터 북간도로 이주해 온 동포가 100만 명에 달하는데 이들을 위해 조직된 단체가 없어서 한인 동포들의 실업과 교육이 완전치 못하다가 간민회가 조직된 후 각처에서 학교가 더욱 진흥하고 일반 동포가 더욱 단합하게 되었다고 하고있다. 한편 간민회가 결성되었다는 소식은 『매일신보』를 통해 국내에도 알려지고 있었다.

> 간도에 在한 謀 조선인의 주창에 의하여 간민회라고 하는 명칭 하에 재 間島鮮人의 복리를 증진하고 신체 생명 재산의 安固를 計하기 위하야 자치기관을 設한다는 飛檄을 發한 자 有― 本年 二月 下旬에 200여명의 鮮人이 局子街에 會集하였는데 其後 支那官憲은 此를 공인하여 陳 길림성 都督은 간민회 설립을 容하여 4월 하순에 認許書를 與하였고(하략)[43]

일제도 간민회가 재만 한인의 복리증진과 신체와 생명 및 재산을 지키기 위한 합법적 자치기관이었음을 인식하고 있었다.

뿐만 아니라 『국민보』의 보도에서는 지회가 설립된 곳이 50여 지방이라고 하고 있었으며, 『권업신문』[44]에서는 '매 五十호에 분회를 하나씩 두어 지방회로 관할 케 하기로 하고 요사이에 각처에 위원을 파송하여 다수의 지방회와 분회를 설립하였는데 일반 거류 동포가 성심 찬송하여 장차 자치생활을 할 만하게 되었다더라'라고 하였다.[45] 의무금은

---

43) 「間島 鮮人의 懇民會」, 『每日申報』 1913년 5월 28일.

44) 「권업신문」은 1912년 4월 22일 李相卨, 申采浩, 張道斌 등이 블라디보스토크에서 발간한 신문으로서 이상설, 신채호가 한때 주필을 맡았고, 1914년 폐간되었다. 한국언론진흥재단, http://www.mediagaon.or.kr/jsp/sch/mnews/gonews/goMain.jsp?go_code=C.

매호 30전이며, 뜻있는 자의 의연금 또한 不少하니 우리민족의 좋은 열매는 장치 그곳에서 구할 것이라고 보도하기도 했다.46)

1913년 5월 17일 간민회 장정에 따라 分會 조직 사업을 마친 화룡현 분회에서는 회장 馬晉, 부회장 南韋鉉, 간사원 김시형 등을 선출하고 이를 중국당국에 통지하였다.47) 1914년 2월에는 국자가에 있는 간민회 회관에서 총회가 개최되었는데 『국민보』에서는 이에 대해 이주 한인 전체에 오직 하나요 우리 민족에게 큰 신앙과 애정을 받는 간민회가 총회를 개최하였다고 전하였다.48) 또한 다른 보도에서는 참석한 인원이 약 700여명이었으며, 900여 원의 의무금도 거쳤다고 하였다.49)

간민회에서는 중국당국을 도와 한인들에 대한 호구조사 사업에 참여하였다. 중국당국에서도 연길, 화룡, 왕청현에서 매년 봄과 가을 2차

---

45) 「간민회의 성황」, 『권업신문』1913년 6월 8일. 이밖에 『권업신문』의 다른 기사에서는 '간민회 총 회관 건축 길림 통남로 간민회 총회관은 국자가 전 교육회관으로 정하였는데 요사이에 간수를 더 늘이고 일신하게 수축한다더라'는 기사가 게재되기도 하였다. 「간도통신, 간민호 총회관 건축」, 『권업신문』1913년 7월 6일.

46) 「북간도 정형」, 『국민보』1913년 2월 7일. 이 기사에서는 다음과 같이 보도하였다. '그러나 여러 동포는 백절불굴하는 마음으로 앞을 향하여 공의를 주장하고 나아갈새 하나님은 반드시 의로운 자를 도우시는 고로 그 원하는 바를 성취케 하셔 비로소 간민회를 조직하고 세력을 크게 떨치매 원근이 향응하여 날로 단합력을 모으며 자치법을 실행하여 의무금으로써 매 호에 三十錢씩 수합하여 많은 일을 예비하는 고로 뜻있는 자의 의연금도 또한 불소하여 부족한 것을 공급하니 우리 민족의 좋은 열매는 장차 그 곳에서 구할네라'

47) 이밖에 간사원 南君弼, 金汝和, 朴貞勳, 평의원 崔道鉉, 劉君三, 金成德, 金舜文, 尹廷鉉, 金炯眞이었다. 「墾民會에서 和龍에 墾民會 分會를 설립하는 것을 보호할데에 관한 件」 中國黨案資料, 자료번호 5437－1, 1913,

48) 「간민호 총회 각 임원」, 『국민보』 1914년 4월 29일. 이날 선출된 임원은 다음과 같다. 회장 강석희, 부회장 조희림, 총무 김하석, 서기 박창이, 민적조사과장 장기영, 법률연구과장 임상초, 교육과장 이병휘, 재정과장 박학인, 의사과장 현영주, 과원 이동춘, 이승교 씨 등 二十八 인. 교제원 박동원, 박세호 씨 등 十 인.

49) 「홍황한 간민회 소식」, 『국민보』 1914년 4월 18일.

례 실시되는 호구조사에 간민회에서 사람을 파견하여 현장에서 통역한다면 유익한 점이 없지 않을 것이라고 하고 있었다.[50] 실제로 1913년 12월 조사위원 1인이 중국 순경 1인과 함께 호구조사에 착수했던 것으로 보인다.[51]

호구조사와 관련하여 재만 한인들과 일제 경찰 간에 충돌이 발생하기도 했다.

> 북간도 평강 이두구 거류 동포들이 용정 일영사관에서 호구조사차로 파송한 일순사를 저항 환송하였다는 말은 이미 게재하였거니와 이제 자세한 소식을 들은즉 당초 일순사 二 명이 한인의 호구와 학교를 조사하려 함이 그곳에 있는 예수교인들이 말하기를 너희는 우리와 상관이 없으니 곧 가라하매 피차 설왕설래하는 사이에 서로 구타가 나매 일 순사 한 놈이 단총을 내어들고 위협하거늘 즉시 그 총을 빼앗고 일순사를 三 일 동안 잡아 가두고 단총은 간민회로 보내어 중국관청에 교부하였는데 특히 탄복 한 것은 그 때 이도구에 있는 부인들이 일순사를 대하여 말하되 우리가 이 고생 하는 것은 너희 까닭이니 조사 받기는 고사하고 ○○○○ 먹지 못하는 것이 한 일이라고 말하였다더라.[52]

북간도 평강 이도구의 한인들은 일본 경찰 2명이 한인들의 호구와 학교를 조사하기 위해 찾아오자 기독교인들은 중심으로 이를 거부하였으며, 일본 순사의 권총을 빼앗고 3일간 구금하였으며, 권총은 간민

50) 「延吉 墾民會員이 延吉, 和龍, 汪淸 세 현 墾民 호구조사에 협조할 사항에 관한 件」, 中國黨案資料, 자료번호 5437-1, 1913.

51) 「간민회의 호구조사 시작」, 『권업신문』 1913년 12월 7일.

52) 「일 순사 조사사건 상보」, 『권업신문』 1913년 11월 2일.

회를 통해 중국관청에 교부하였다. 이때 이도구의 부인들은 우리가 이 고생을 하는 것은 너희들 때문이라고 하며, 강력하게 항의하였다. 간민회는 연합운동회의 개최하여 한인사회의 단합을 도모하고자 했던 것으로 보인다.

> 북간도 각 학교에서는 당지 간민회의 주최로 음 八월 十五일에 추기연합 대운동회를 국자가에서 거행한다는데 경비는 대략 三백원으로 예산하며 참여할 학교는 각 사립학교 외에 중국 각 관립학교도 청요하여 동참케 하리라더라.[53]

간민회에서는 1913년 추석을 기해 300원의 예산으로 국자가에서 대운동회를 개최할 예정이었으며, 운동회에는 한인들이 운영하는 각 사립학교 외에 중국의 관립학교에도 동참을 요청해 중국인들과의 친목도 강화하고자 하였다. 이를 위해 간민회에서는 각 학교 연합운동회 회장 金永學의 명의로 연길현 지사 關雲從을 찬성원으로 추대하고 운동회에 참석해 줄 것을 요청하는 공문을 발송하기도 하였다.[54] 운동회는 오전 7시에 개최되었으며, 합창으로 '동해물(애국가—필자)'를 불렀으며, 다양한 운동경기가 진행되었고 평의와 우승기 수여 등이 있었다.[55]

---

53) 「가배와 추기 대운동회」, 『권업신문』 1913년 9월 7일.

54) 당시 발송된 공문의 내용은 다음과 같다. '墾民 각 학교의 秋期 연합운동회를 9월 16일 本 街에서 개최하기로 하였는데 뭇 사람들이 소망하기로 각하를 贊成員으로 추대하오니 꼭 조감하시면서 운동회에 왕림하여 주시기 바랍니다' 「公函」, 中國黨案資料, 자료번호 5437－6, 1913.

55) 이 날의 식순은 다음과 같다. '개회, 集合敬禮, 趣旨說明, 合唱(東海물), 砲臺攻擊, 徒步競走, 送球競爭, 登校準備, 奪還競走, 計算競走, 鳴鼓競走, 旗取競走, 送花競走, 점심, 휴식, 唱歌前進, 體操, 騎馬脫帽, 二人三足, 奪城競走, 執杖高跳, 冒險競走, 獨脚競走, 來賓競走, 行進聯合, 평의 및 우승기 수여' 「公函」, 中國黨案資料, 자료번호

그러나 추기연합운동회에 대해 중국당국에서는 春期와 같이 호의를 보이지 않고 있었으며, 관찰사 陶彬은 운동회 개최가 교육을 진흥한다는 취지로 보아 안될 것은 아니지만, 간민회에서 사전에 아무런 언질도 없이 임의로 결정한 것은 잘못된 것이라고 하며, 勸學所를 통해 개최일을 10월 10일로 하라고 지시하였다.[56)]

간민회의 해산과 관련해서는 다음과 같은 내용을 통해 그 정황을 확인할 수 있다.

> I) 권업신문 四월 五일에 제一百五호에 "간민회 해산의 별보"라 제목하고 말하였으되, "해외 한인단체로 작년 봄에 창립한 북간도 간민회는 당지 한인의 자치기관으로 그동안 연길, 화룡, 왕청 등 각 고을에 다수한 분회 지회를 설립하여 여러 가지 사업이 매우 진취되는 중 원수의 방해는 백방으로 있었으나, 큰 손해는 없이 지내더니 지난달 十四일경에 당지 중국 관찰사가 원총통의 명령이 있다 하여 졸연히 해산을 명한 고로 간민회의 이름이 이에 맞았는데 이는 중국에서 요사이 지방 자치기관을 모두 혁파하는 시대인 고로 간민회도 이 영향을 받음이라 하며, 또는 일인이 백방으로 간섭하다 못하여 북경정부에 직접 교섭한 까닭이라고 의논이 분분하나 일인의 음해한 것이 사실인 듯하며 이로 인하여 간도에 있는 일인들은 우매한 농민들이 이용하므로 인심이 크게 현란케 된다더라."하였고(하략)[57)]
>
> II) 조선사람들 끼리 그리해 필경 해산명령을 당했○
> 이미 기재한 바와 같이 농민회와 공자교회 2파의 조선사람은 16

5437-6, 1913.

56) 김춘선, 「墾民會研究」, 『韓國民族運動史研究』, 于松趙東杰先生停年紀念論叢刊行委員會, 1997. 537쪽.

57) 「간민회의 해산된 소식」, 『국민보』 1914년 6월 10일

일 국자가에 모여 비방한 사건에 관하여 간민회에 질문한다 일컷고 위협하는 모양을 보이며, 정세가 매우 위험하더니 湯觀察使 돌연히 포고문을 발하야 간민회와 농민회의 해산을 명령하였더라.[58]

I)은 간민회의 해산과 관련하여『勸業新聞』을 인용하여『국민보』가 보도한 내용이다. 이에 따르면, 독립운동진영에서는 간민회의 해산에 대해 중국당국이 지방자치 기관을 모두 혁파하는 시대라 간민회도 영향을 받았으며, 일제가 백방으로 간섭하다 못해 북경정부와 직접 교섭하는 등의 음해가 있었음을 강조하고 있다.

반면에 II)는 총독부 기관지인『매일신보』의 기사 내용이다. 이 내용에서는 간민회의 해산원인에 대해 농민회와 공자교 세력과의 갈등을 중재하는 과정에 돌연 중국당국으로부터 해산명령을 받았다고 하여, 결과적으로 조선 사람 끼리의 내분에 의해 간민회가 해산되었음을 강조하였다.

따라서 이상의 내용을 종합해 보면 북간도 한인사회의 절대적인 지지를 받으며 결성되었던 간민회는 그 적극적인 활동에도 불구하고 일제의 방해 공작과 자치에 대한 중국당국의 정책 변화 등이 중첩되면서 1914년 3월경 해산되었다고 하겠다. 이후 간민회는 墾業會로 조직으로 변경하여 그 명맥을 유지하기도 하였으나 별다른 활동을 하지 못했던 것으로 보인다.[59]

58)「전보와 우편: 鮮人團體 해산」,『每日申報』1914년 3월 18일

59) 김춘선,「墾民會硏究」,『韓國民族運動史硏究』, 于松趙東杰先生停年紀念論叢刊行委員會, 1997.

Ⅳ. 맺음말

본고에서는 1910년대를 전후하여 만주지역 한인사회와 독립운동진영의 동향과 특히 간민회의 결성과정과 한인사회의 보호를 위한 활동에 대해 주로 당시의 언론자료를 중심으로 살펴보았다. 그 내용을 요약하면 다음과 같다.

간도는 지리적으로 국내와 가깝다는 점에서 1860년을 전후하여 많은 한인들의 이주가 이루어졌으며, 1910년 이후에는 독립운동가들에 의해 중요한 활동의 근거지로 인식하고 있었다. 중국인들도 수전개발을 위해 한인들의 이주를 환영하고 있었는데 저렴한 地價와 소작료 및 지속적으로 상승하고 있던 쌀값 등은 한인사회가 간도지역으로 이주하여 역동적으로 확장해 갈 수 있는 계기로 작용했던 것으로 보인다.

남만에서 이회영과 이시영, 이상룡 등의 민족지도자들이 집단으로 망명하여 한인사회를 주도하고 있었다. 이들은 독립전쟁의 실천을 염두에 두면서 이주하였으며, 『매일신보』에서도 이시영이 남만지역에서 일정하게 성공을 거두고 있다고 보도할 정도로 한인사회의 형성에 기여하였다.

남만지역에서는 대종교 계통과 의병계열이 연합하여 설립한 백산학교와 동창학교 등이 한인자재들을 교육에 주력하면서 이들에게 독립의식을 고취시키고 있었다. 북만에서도 홍범도, 김성무, 손정도 등의 활동이 있었으며, 이 지역에서도 한인들은 수전농업을 중심으로 그 영향력을 확대해 갔던 것으로 보인다.

북간도지역에서의 한인사회는 수전개발과 저렴한 地價와 소작료를 바탕으로 급속하게 성장해가고 있었다. 1910년대에는 북간도로의 이주가 일종에 유행처럼 번지고 있었던 것으로 보인다. '북간도는 무슨 模樣으로던지 果然 조선민족의 植民할 만한 福地라. 지금도 間島는 조선인의 간도라고 할 만하거니와 不幾年에 間島에 조선인 인구가 巨萬에 달하게 될 것은 明若觀火'한 것이라고 할 정도였다.

북간도지역에서도 기독교 및 각 종교단체들에 의한 독립운동과 교육운동이 전개되고 있었다. 그리고 용정을 중심으로 한 일제의 자본력을 앞세운 제국주의적 상권의 확장은 일제와 중국당국의 중간에 있던 한인들에게 적절한 대응을 요구하고 있었던 것으로 보인다.

북간도지역의 간민회는 이같은 상황에서 간민교육회를 중심으로 활동하고 있던 세력들이 중국당국으로부터 정식을 인정받은 합법적인 자치조직으로 결성되었다. 그리고 간민회가 결성될 수 있었던 것은 당시 중국정부가 '聯省自治'를 허용하는 정책을 견지하고 있었기 때문이었다.

간민회는 북간도지역 한인사회의 대표기관으로 결성된 이후 한인들의 호구조사 사업과 연합대운동회 및 교육활동 등을 통해 한인들의 복리 증진과 신체와 생명 및 재산을 지키기 위한 다양한 활동을 전개했으며, 한인사회 내에서 존경받는 세력으로 성장해 갔던 것으로 보인다. 그러나 1914년 3월 간민회의 활동에 대한 일제의 집요한 방해와 합법적 자치활동을 허용 금지하는 중국정부의 새로운 정책 및 한인사회의 내부적 갈등 등이 중첩되면 그 활동이 중단되고 말았다고 하겠다.

1920년대 合法的 自治運動의 전개와 한인사회

Ⅰ. 머리말

1920년대에 들어서면서 재만한인사회는 일본 國籍에서 '脫離'하고 합법적 자치기관을 설치하여 궁극적으로 일제와 중국관헌의 부당한 간섭에서 벗어나고자 하는 운동을 전개하였다. 이 운동은 일본영사관이나 중국당국과의 교섭을 통해 시도되고 있었다. 이 운동은 각 시기별로 운동의 주체와 지향하는 바의 정치적 성향에서 일정한 차이를 나타내면서 추진되었다. 1920년대 전반기의 운동은 1923년 2월 12일 龍井에서 한인청년 崔昌浩[1]가 중국군의 총격에 의해 무고하게 피살당하는 사건이 발생하자 이를 계기로 본격화되었다. 이 운동은 간도지역 친일단체인 民會가 중심이 되어 전개되었으며, 이들은 일본영사관과의 접촉을 통해 '朝鮮人民團'이라는 자치단체를 조직하고자 하였다.[2]

---

1) 「崔昌浩被殺과 間島住民大會」, 『開闢』33호, 1923, 85~87쪽 崔昌浩는 咸鏡北道 鏡城郡龍城面 사람으로 延吉縣 龍江洞 富岩坪에 거주한 25세의 청년이었다.

2) 林永西, 「1910~920년대 間島韓人에 대한 中國의 政策과 民會」, 『韓國學報』 73, 1993.

한편 1920년대 후반에 들어 중국당국의 '韓人驅逐政策'이 본격화되자 正義府을 중심으로 한 민족진영에서는 東省歸化韓族同鄉會(이하—한족동향회)를 조직하고 중국국민당 정부의 교섭을 통해 한인구축정책을 철회시키는 동시에, 합법적 자치권을 획득하고자 하는 운동을 전개하였다.[3] 그리고 이러한 취지의 운동은 民族唯一黨促成會議가 결렬된 이후 김좌진, 金承學, 지청천 등이 조직한 革新議會[4]에서도 추진되고 있었다. 민족진영으로서는 1920년대에 들어 한인사회에 대한 중·일양국의 이중적 통제가 강화되자 國民黨 政府나 만주지역 중국당국과의 교섭을 통해 한인들의 자치권을 확보하여 궁극적으로 일제의 재만 한인에 대한 간섭과 통제를 차단하고자 하였다. 뿐만 아니라 중국 내의 '排日'정서와 연합하여 民會나 영사재판권의 철폐, 排日宣傳의 강화 등을 실시하고자 했던 것으로 보인다.

그러나 민족진영의 합법적 자치운동은 1929년 9월에 개최된 國民府 제1회 중앙의회에서 자치운동에 대한 비판이 강력하게 제기 하는 한편, 5월과 8월에는 중국국민당에서 韓族同鄉會가 제기했던 한인들의 귀화문제에 대해 일본정부와의 외교적 관계 등을 이유로 들어줄 수 없다는 입장을 밝혀 옴에 따라 1930년 4월 이후 사실상 중단되었다.[5]

1930년 間島暴動이 발발한 후에는 우익진영 일부가 중국당국의 허락 하에 공산주의 타도의 구호하에 점진적인 자치운동을 전개한다는

---

3) 황민호, 「1920년대 在滿韓人社會의 民族運動硏究」, 숭실대학교 박사학위논문, 1997, 173~212쪽.

4) 박영석, 「晩悟 洪震硏究」, 국사편찬위원회, 『國史館論叢』18, 1990, 95쪽.

5) 신주백, 「1920년대 중후반 재만한인 민족운동에서의 '自治'問題 檢討」, 독립기념관 연구소, 『한국독립운동사연구』17, 2001.

방침 하에 延邊四縣自治促進會를 결성하기도 하였다. 이 운동은 '공산주의 타도'를 표면에 내세웠다는 점에서 기존의 다른 운동과는 다른 측면이 있었다.

뿐만 아니라 간도폭동과 萬寶山事件으로 재만한인이 정치적으로 곤경에 처하자, 국내에서도 언론을 통해 한인들의 자치문제에 대해 논의하고 있었던 것으로 보인다. 따라서 이러한 상황에서 볼 때 1920년대에 들어 본격화되기 시작한 재만한인사회의 합법적 자치운동에 대한 이해는 1920년대 이후 滿洲事變 이전까지 한인사회 처해있던 사회적 현실을 보다 분명하게 이해할 수 있는 의미있는 연구 주제의 하나가 될 수 있을 것이다.

이에 본고에서는 우선 1920년대 이후 본격적으로 전개되기 시작한 재만한인의 합법적 자치운동에 대해 운동의 전개과정과 시기별 특징에 대해 구체적으로 정리함으로서 합법적 자치문제가 시기별로 다양하게 나타내고 있었던 정치적 특징의 일면에 접근해 보고자 한다. 또한 1930년대 초반을 중심으로 국내에서 전개되었던 한인들의 자치문제에 대한 국내 언론의 인식과 동향에 대해서도 보다 구체적으로 살펴보고자 한다.

따라서 본고의 이러한 노력은 궁극적으로 1920년대 재만 한인사회가 처해 있었던 사회적 현실과 그 속에서 각 운동세력이 취하고 있던 정치적 태도를 보다 폭넓게 이해하는데 일정하게 기여할 수 있을 것으로 생각된다.[6]

---

6) 황민호, 『在滿韓人社會와 民族運動』, 국학자료원, 1997.

II. 1920년대 전반 間島朝鮮人大會와 자치운동

1920년대에 들어 한인사회가 한인자치문제에 대한 논의를 본격적으로 전개한 것은 1923년 2월 12일 용정시 牛市場 부근에서 한인청년 崔昌浩가 무고하게 사살된 사건에 대해 항의하는 '間島朝鮮人大會'(이하 -조선인대회)가 개최면서 본격화되었다. 이에 대해 『東亞日報』는 당시의 상황을 다음과 같이 보도하였다.[7)]

> 間島 龍井市에서 중국관병이 조선사람 한명을 무단히 총살하야 그곳에 잇는 형제들은 매우 분개하야 市民大會를 연다함은 이미 보도한 바어니와 십사일에도 시민 전체가 모다 출동하야 시민대회를 열고 여러 가지로 협의하얏는데 작년에도 중국순경이 高炳祥이라는 청년을 총살한 일이 잇섯는데 당시에 領事館에서는 하등의 保護策을 강구치 아니하야 이번사건이 또 이러난 것이라 하야 금번에는 조선인의 생명재산은 조선인이 스사로 自治的으로 보전하기를 결의 하얏스며 또한 그 리유를 日本議會와 中國政府에 통지할터이라는 바 간도에 잇는 여덜 군데의 民會에서는 각각 대회를 열고 선후책에 대하야 여러 가지로 협의하는 등 일반 인심은 더욱더욱 홍분되어 문데는 점차 확대되는 모양이다더라[간도특뎐][8)]

재만 한인들은 작년에도 高炳祥[9)]이라는 청년이 중국 순경에 의해 총살당하는 사건이 있었으나 일본 영사관에서는 아무런 보호책을 강구

---

7) 柳光烈, 『間島小史』, 朝鮮基督教文彰社, 1936, 87~88쪽.

8) 『東亞日報』 1923년 2월 16일, 「間島同胞의 自治決議, 中國官兵 暴行事件에 憤慨하야, 일본정부의 무성의한 태도에 대 분개, 십사일 거류민 시민대회의 결의 사항, 脫籍運動과 抗議, 五日間을 全部撤市」

9) 앞의, 『間島小史』, 85쪽에는 高炳燮인 것으로 나타나기도 한다.

하지 않았다. 그리고 다시 '최창호 피살사건'이 발생하자 격분한 한인들은 스스로 자신들의 생명과 재산을 '自治的'으로 보호해야 할 필요를 느끼고 행동에 들어갔던 것으로 나타나고 있다. 실제로 일련의 사건 이전에도 局子街巡警局 앞에서 12세의 崔童이 피살된 바 있으며, 三道溝에서는 金某가 부당하게 피살되는 등 다수의 피해를 입고 있었다.[10]

중국관헌의 한인들에 대한 부당한 대우가 계속되 민족진영에서는 이미 1923년 초에 金奎植, 張鎭宇, 金精一, 南鎭伍 등이 주축이 되어 중국관헌의 보호 하에 일본에 대항하는 독립운동을 전개하고자 自治期成會를 조직하고 奉天의 중국당국과 교섭했던 것으로 나타나고 있다.[11] 그런데 이러한 노력들은 1920년대 초에 이르면 자치권획득이나 합법적 자치의 문제가 한인사회 내에서 정치적 운동을 일환으로 새롭게 인식되고 있었음을 나타내는 것이라고 하겠다.

'최창호피살사건'[12]이 발생하자 한인들은 1923년 2월 14일 3000여 명의 군중이 모인 가운데 용정에서 조선인대회를 개최한 한인들은 일본국적에서의 脫離運動을 일으킬 것을 결의하였으며[13] 20일부터 28일까지 자치권획득문제에 대해 보다 구체적인 논의를 진행 시켜갔다.

20일부터 21일까지의 철야회의에서는 간도의 한인들은 일본국적에서 벗어나는 '脫離運動'을 전개할 것을 결의 하였으며, 26일부터 28일

---

10) 앞의, 『間島小史』, 85쪽.

11) 『東亞日報』 1923년 1월 21일, 「韓人自治期成會, 만주 잇는 金奎植 張鎭宇 金精一 등의 운동 일본의 단속을 버서 나고자」

12) 崔昌浩의 屍身은 18일 오전 10시 龍井市 天道教教區에서 同教會式으로 장엄하게 거행되었으며, 葬儀委員長 李德基외 외교위원 전부와 市民大會場 李弘濟와 東興中學校 職員學生전부와 기타 내외 參列者 수만명으로써 悲壯한 가운데 치뤄졌다고 한다. 「崔昌浩開被殺과 間島同胞住民大會」, 『開闢』33號, 523쪽.

13) 앞의, 『間島小史』, 86쪽.

까지의 조선인대회에서는 실행위원 34인을 선출하는 한편, 중국정부에 대한 항의와 조선인 자치문제, 한인들에 대한 二重法律의 철폐문제 등에 대한 실행이 결의되었다.[14] 조선인대회의 주도세력들은 鄭在冕, 尹利洙, 金正琪을 위교위원으로 선출하였으며, 이들은 延吉道尹을 비롯해 중·일 관리들을 만나 자치권획득 문제가 원만히 해결될 수 있도록 노력하였다.[15] 조선인대회에서는 자치권획득문제와 관련하여 決議案을 결정하였는데 그 중요 내용은 다음과 같다.

> 一. 國籍脫離運動案은 우리의 生路가 만족히 개척되지 못한 時는 적극적으로 脫離運動을 개시하기로 可決保留한다.
> 一. 중국정부에 대한 抗議案은 國籍脫離運動留保案과 如한 조건으로 保留한다.
> 一. 조선인자체의 自治機關 設置案을 가결한다.
> 一. 中日兩國에 대하야 동일한 犯罪事件에 二重處分을 加치 말기를 요구하자는 案을 가결하다.
> 一. 崔昌浩氏被殺事件에 대한 抗議及要求案은 住民大會執行委員會에 委任하기로 可決하다.[16]
> 一. 執行委員 李康在, 鄭士彬, 姜模 등 34人.
> 一. 經費는 間琿住民全體가 부담하기로 하되 自治機關 完設되기까지 18個所 朝鮮人民會로 負擔收集하기로 가결한다.

---

14) 『東亞日報』 1923년 3월 1일, 「間島自治卽行決議; 이십칠일 주민대회의 세가지 결의, 자치 실행 위원 삼십사명까지 선거, 二十八日도 續開, 오전 열한시부터」. 앞의, 『間島小史』, 86~87쪽.

15) 앞의, 『間島小史』, 86~87쪽.

16) 이후 '최창호사건'에 대해서는 중국당국의 사과가 있었던 것으로 보인다. 『東亞日報』 1923년 3월 22일, 『間島龍井村의 朝鮮人銃殺事件, 중국편에서 과실이라 변명하고 은 삼백원을 유족에게 주어 타협, 朝鮮人 自治運動은 如前繼續』

一. 事務所는 龍井에 두고 有給常務 5人을 둔다.

一. 自治機關이 實現될 時는 其名稱을 朝鮮人民團이라고 칭하기로 한다.

一. 本會의 機關으로 新聞雜誌를 발행하기로 한다.[17]

이 내용을 통해서 보면 조선인대회를 주도했던 세력들의 자치권획득운동의 특징을 확인할 수 있다. 이들은 일본국적 脫離運動과 중국정부에 대한 항의를 적극적으로 전개하는 한편, 조선인 자체의 自治機關을 설립하는 방향으로 운동을 전개하고자 했던 것으로 보인다. 또한 자치기관이 완성되면 그 명칭을 '朝鮮人民團'으로 하기로 하였으며, 34명의 집행위원을 선출하였고,[18] 사무소는 용정에 두고 신문과 잡지를 발행하는 등 적극적인 운동의 전개를 준비하였다.

이에 대해 『東亞日報』에서는 우리의 요구는 '조선인자치기관의 설립을 待함이 切實'하며 間島朝鮮人大會에 體現된 열렬한 氣魄과 結束으로 조선인의 間島가 실현되기를 기대한다고 하였다.[19]

한편 위의 결의안 중에 '中日兩國에 대하여 동일한 犯罪事件에 二重處分을 加치 말기를 요구하자는 案을 가결하다'라는 내용이 있다. 그런데 이를 통해서 보면 1920년대에 들어 일제가 북간도지역에서 정치적

17) 앞의, 『間島小史』, 88~89쪽.

18) 집행위원 34명은 李康在, 鄭士斌, 金正琪, 尹和洙, 鄭在冕, 金演君, 安容浩, 金龍錫, 洪碩燦, 李容碩, 朴定奎, 朴贊順, 韓相愚, 申一默, 金躍淵, 姜瑾, 李熙悳, 趙商九, 王金鵬, 金用燦, 曹喜林, 安壽翼, 孫定龍, 李昌來, 崔斗南, 申鉉默, 姜載厚, 金秉湜, 金炳華, 林炳斗, 崔伯允, 白楡晶, 崔昌奉, 宋義淳 등이었던 것으로 나타나고 있다. 林永西, 「1910~20년대 間島韓人에 대한 중국의 정책과 民會」, 『韓國學報』73, 200~203쪽.

19) 『東亞日報』 1923년 3월 10일, 「間島朝鮮人大會의 決議, 自治機關設置의 運動」.

영향력을 강화해 가자 한인들은 중·일 양국 관헌의 박해에 상당한 고통을 받고 있었던 것으로 보인다. 이밖에 '經費는 間琿住民全體가 부담하기로 하되 自治機關 完設되기까지 18個所 朝鮮人民會로 負擔收集하기로 가결한다'는 내용에서 보면 이 운동은 간도지역의 민회가 깊이 관여하고 있었던 것으로 보인다.

조선인대회의 주도세력들은 4월 2일부터 3일에는 집행위원회를 개최하고 이후의 활동에 대한 결의안을 채택하였는데 그 내용을 통해서도 운동방향의 일면을 확인할 수 있다.

> 一. 각 지방에 주민대회 상무위원회를 만들 일.
> 二. 10일에 제1차 定期通信을 할 일.
> 三. 宣傳委員隊를 전 간도지방에 파견하야 순회 식힐 일.
> 四. 住民大會 經費를 위하야 義捐金 징수의 권리를 지방집행위원회에 주게 할 일.
> 五. 朝鮮人民團 설립을 위하야 각 지방에 있는 民會를 중심으로 각각 共同結束할 일.
> 六. 주민대회에 기초한 朝鮮民團規則을 修正하야 정식으로 일본정부에 認可願을 제출할 권리를 주민대회 집행위원회에 부여할 일.[20]

이들은 각 지방에 상무위원회를 조직하고 전 간도에 선전위원을 파견하거나 의연금의 징수 등의 활동을 통해 운동의 분위기를 확신시켜 가고자 하였다. 또한 주민대회에서 나타난 의견을 기초로 朝鮮民團 規則을 수정하여 일본정부에 認可願을 제출하는 방법으로 자치기관을 조

20) 앞의, 『間島小史』, 89쪽.

직하고자 했던 것으로 보인다. 그런데 이 결의안에서 집행위원회가 '朝鮮人民團 설립을 위해 각 지방에 있는 民會를 중심으로 각각 共同結束할 일'이라고 결의하고 있는 것은 조선인대회의 주도세력이 '민회'를 중심으로 한 세력었음을 보여주는 것이라고 하겠다.

<표 1> 間島朝鮮人大會 執行委員의 略歷[21]

성명	약력
金正琪	間島墾民教育研究會 議事部長
李康在	만주사변 후 龍井村 民會長
鄭士斌	間島新報(친일본계 신문) 기자
尹和洙	간민교육연구회 연구부장 27년, 민회개편을 위한 시민유지대회 집행위원
鄭在冕	墾民會 총무
金演君	義民團 부단장, 墾北南部總辦部 參士
韓相愚	墾北南部總辦部 參士
金躍淵	明東學校 교장, 간민회 회장
姜 瑾	1926년 현재 용정촌 민회장
李熙悳	초대 용정촌 민회장
王金鵬	1920년 局子街청년회 설립하고 회장 역임
金用燦	東亞日報 龍井 지국장
曹熙林	1921년 3월 간도대표로 渡日
孫定龍	東亞日報 局子街 지국장
崔斗南	延吉崇禮鄕聯合 청년회 외교위원
申鉉默	1923년 3월 당시 二道溝 민회장
姜載厚	최두남과 함께 34년 일제 보조 하 産業學園설립
金秉湜	1924년부터 大拉子 민회장
宋義淳	墾北南部總辦部 서기

한편 <표 1>에서 보면 당시 이 운동에는 친일세력 뿐만 아니라 간

21) 앞의 「1910~20년대 間島韓人에 대한 중국의 정책과 民會」, 200~203쪽, 재인용.

도 지역에서 활동하던 민족진영의 인사들도 일부 포함되어 있었던 것으로 나타나고 있다. 墾民會 총무였던 鄭在冕이 외교위원으로 활동하고 이었었으며, 집행위원 34명 가운데에는 金躍淵 등이 대표적인 인물이라 할 수 있을 것이다.

그러나 이 운동은 주도세력이 조선인민단의 규칙을 마련하여 간도영사관에 제출하고 교섭을 통해 자치기관 설립의 목표를 달성하고자 했으나 '自治'라는 것은 일본 법규에 위반되는 것이기 때문에 가령 중국쪽에서 동의한다고 하더라도 일본측으로서는 동의할 수 없다는 의사를 분명히 하자 중단될 수밖에 없었던 것으로 보인다.[22]

Ⅲ. 1920년대 후반 이후 합법적 자치운동의 전개

1. 歸化東省韓族同鄉會의 자치운동

1920년대 후반에 들어서면서 민족진영의 내부에서도 합법적인 자치권 획득운동의 필요성이 제기 되고 있었다. 1925년 6월 이른바 '三矢協定'이 체결된 이후 중국당국의 '韓人驅逐政策' 실시와 관련이 있었다. 삼시협정이 체결된 후 중국당국에서는 1928년까지 무려 66개의 법령을 제정하여 한인사회에 대한 압박을 강화하였다. 1927년에는 주거권 박탈 94건, 소작권 박탈 14건, 불법징세 14건, 이주허가증 박탈 7건, 강제입적 및 풍속변경 42건, 아동교육 방해 6건, 불법체포 및 불법과료 3

---

22) 『東亞日報』 1923년 4월 1일, 「間島民의 自治는 反對, 일본령사관의 자치에 대한 태도」.

건 등 총 181건의 탄압사례가 보고되고 있었다.[23] 또한 1929년에는 불법감금 46인, 傷害 11인, 공갈 取材 33인, 收賂 22건, 불법 벌금 154건, 무전취식 126건 등의 피해를 입고 있었다.[24]

이에 正義府를 중심으로 한 민족진영에서는 1928년 9월 '東省歸化韓族同鄕會'(이하—한족동향회)을 조직하고 합법적 자치운동은 전개하기 시작하였다. 1927년 11월 28일 길림에서는 정의부를 중심으로 '韓僑驅逐問題對策講究會'가 조직되어 재만한인은 일제의 만주침략의 '先驅'가 아니며 한인의 '窮境'은 중국관헌만이 해결할 수 있다고 호소하는 한편, 삼시협정의 철회 등을 요구하였다.[25] 12월 6일에는 중국당국의 박해와 탄압에 반대하고 이를 비판하는 내용의 격문을 살포하였다. 12월 14일에는 귀화한 한인은 중국당국에서 보호해 주어야 하며, 귀화 입적 후에도 옷을 바꿔 입지 않으며, 정치적 자유와 납세에 있어서 차별이 없을 것, 무고한 양민들을 함부로 체포하지 말 것 등을 길림성 당국에 요구하였다.[26] 정의부의 활동이 본격화되자 1928년 1월 9일에는 봉천의 西塔敎會에서 奉天朝鮮人大會·奉天相扶會·新民縣朝鮮人住民會·撫順朝鮮人青年會 등 23개 단체의 대표 40여명이 모여 '滿洲朝鮮人大會'를 개최하고,[27] 한인들의 귀화 입적문제에 대해 본격적인 논의를 진행하였다.[28]

한족동향회에는 崔東旿를 비롯하여 韓馨權, 孫貞道, 李章寧 등 정의

---

23) 『東亞日報』 1932년 4월 8일 李勳求, 「滿洲問題와 朝鮮사람(六七)」
24) 국회도서관, 日本外務省 陸海軍省文書, 제318권 sp 205—5 6054쪽, 6056쪽..
25) 조선족약사편찬조, 『조선족약사』, 92~98쪽.
26) 吳世昌, 「在滿韓人의 社會的 實態」, 『白山學報』9, 1970. 155~156쪽. 앞의, 『조선족약사』, 96~97쪽.
27) 李仁, 「朝鮮人의 國籍問題」, 『別乾坤』5—8, 1930. 8, 23~28쪽.
28) 앞의 논문 「滿朝鮮人의 社會的 實態」, 156쪽.

부 및 민족진영의 유력인사가 망라되어 있었으며,[29)] 『中外日報』에서는 한족동향회의 조직적 성격에 대해 다음과 같이 보도하고 있었다.

> 이 구축문제를 대책으로 하여 韓族問題講究會를 조직하고 지난 4월(1928년－필자)에는 각 지방자치단체 대표회를 소집하야 지반의 기초를 일층 대중의 어깨 위에 세우고 명칭을 東省韓族問題聯合講究會라고 고치어 봉천당국과 북경정부 교섭 등에 많은 효과를 나타내었고……東省韓族問題聯合講究會는 발기 단체인 성질상 당연히 해체되고 대회에서 새로히 韓族同鄕會를 조직하였는데……우리 동포가 중국에서 향유할 수 있는 모든 권리의 획득을 최고의 목표로 하며 동포가 거주하는 현마다 지회를 두며 가장 완전한 통일의 형식과 실질을 취하여 어떠한 일이든지 한 보조를 취할 것이며 현하의 시급한 문제로서는 각지의 입적 수속을 속행함에 가장 주요한 시무가 된다는데……[30)]

위의 내용에서 보면 한족동향회는 중국당국의 한인구축정책에 대응하기 위해 조직되었던 한족문제강구회가 1928년 4월 東省韓族問題聯合講究會로 명칭을 변경하여 중국당국과의 교섭을 진행하였으며, 이후 다시 '한족동향회'로 명칭을 변경하였던 것으로 나타나고 있다. 그리고 이 단체는 한인들이 중국에서 향유할 수 있는 모든 권리의 획득을 목표로 하였으며, 동포가 거주하는 지역마다 지회를 두는 한편, 한인들의 入籍手續을 시급한 현안으로 생각하고 있었던 것으로 파악되고 있다.

---

29) 金俊燁·金昌順, 『韓國共産主義運動史』4, 167쪽. 본부간부는 孫貞道, 尹覺, 李金天, 朴起白, 朴世民, 李昌淳, 崔東昨 등이며, 북만지방의 간부는 申亨基, 李章寧, 申康哉, 裵禹一, 梁白堂, 梁元春, 崔忠浩, 黃公三, 張敏燮, 崔大甲, 金時學, 李存化 등이다.

30) 『中外日報』 1928년 11월 17일, 「在滿居留同胞統一機關韓族同鄕를 組織」.

이밖에 한족동향회에서는 최동오[31]를 국민정부에 파견하여 한인문제에 대한 보다 적극적인 해결을 시도하였다. 동향회에서는 국민정부에 대해 첫째, 입적을 원하는 조선인에게는 一律로 허가하며, 중국국민으로서의 권리와 의무를 향유케 할 것. 둘째, 봉천당국이 주장하는 입적을 원하는 조선인은 일본 내무성으로부터 脫籍證書를 취득할 것이라는 내용을 취소할 것. 셋째, 입적민의 공권행사 제한을 철폐하고 평등한 대우를 부여할 것 등을 청원하였다.[32]

동향회에서는 중국정부 산하에 '入籍朝鮮人部'를 두는 형태로 귀화한 조선인의 자치사무를 처리함으로서 한인사회에 대한 일제의 억압과 통제를 약화시키고자 했던 것으로 보인다.[33] 이밖에도 동향회에서는 중국정부에 대해 間島協約 · 삼시협정 등을 철폐할 것, 입적민의 교육에 주의하여 조선문 및 한문을 번역하는 국민교육을 일으키고 조선인 아동의 학교를 증설할 것, 농민은행을 설립하여 상업 자본을 융통하고 農民會 등 농민개발의 기관을 세울 것 등을 청원함으로서 이 운동에 항일적 측면이 있음을 나타내었다.[34]

합법적 자치운동은 민족유일당운동이 결렬된 이후 1928년 12월 하순 金東三, 金元植, 金佐鎭을 중심으로 조직되었던 '革新議會'에 의해서도 추진되었다. 이들은 '大黨促成의 적극적 幇助' · '軍事善後 및 敵勢侵入 방지'와 함께 '합법적 중국지방 자치기관(同鄉會) 조직'을 주 사업목표의 하나로 정하고 있었다.[35] 특히 이들의 합법적 자치운동은 혁신의

31) 독립운동사편찬위원회 편, 『독립운동사자료집』10, 473쪽.
32) 朝鮮總督府警務局, 『在滿鮮人ト支那官憲』, 1930, 202~203쪽.
33) 앞의, 『在滿鮮人ト支那官憲』, 202쪽.
34) 앞의, 『在滿鮮人ト支那官憲』, 202~203쪽.

회의 유일당 결성을 위한 조직이었던 '民族唯一黨 在滿促進會의 집행 위원 全盛鎬에 의해 주도되었다. 그는 1929년 1월 10일 延邊地方墾民代表로 吉林에 와서 10여명의 대표들과 회합을 갖고 자치운동에 대해 주로 한인들의 귀화소속을 편리하게 하고 귀화한 한인들의 중국당국으로부터 합법적인 공민권과 참정권을 획득하게 하고자 했던 것으로 보인다.

뿐만 아니라 이 회의에서는 직접·간접으로 영사재판권의 철폐에 노력할 것, 각지에 있는 反日會와 연합하여 排日宣傳을 행함으로써 중국당국의 방침에 迎合할 것, 중국당국을 선동하여 朝鮮人民會를 해산시킬 것, 연변지방의 일본측 금융기관에 대항하여 금융기관을 설치하여 한인농민에게 低利資金을 대부해 줄 것을 요청할 것 등을 결의하였다.[36] 이밖에 金東三의 경우도 盤石同鄕會와 樺甸 高麗同鄕會를 조직하고 자치운동을 전개했던 것으로 나타나고 있다.[37]

그런데 민족진영에서 중국당국과의 교섭을 통한 합법적 자치운동을 활발하게 전개하고 있었던 것은 1928년 7월 張作霖이 일제에 의해 暴死당한 후 아버지의 뒤를 이은 張學良이 국민당정부에 합류하게 되자 민족진영으로서는 합법적 자치운동이 유리하게 전개될 수 있을 것이라고 판단했기 때문인 것으로 생각되기도 한다.[38]

---

35) 尹炳奭,『再發掘 한국獨立運動史』, 한국일보사, 1987. 304~306쪽.

36) 앞의,『在滿鮮人ト支那官憲』, 330~331쪽. 그 중요 내용은 다음과 같다. 東三省 行政其他 各 機關의 大革新을 當해 韓族問題를 講究할 機關의 特設 方法을 要望 할 것. 各縣에 同鄕會를 速히 設置하고 在滿韓人의 自治運動을 組織的으로 일으켜서 이로써 民意를 當局에 上申할 것. 在滿韓人에 대한 歸化手續은 簡便을 期하고, 각 同鄕會로써 歸化를 권유케 하여 公民權을 획득케 할 것. 公民權을 取得한 者에게는 中國人과 같이 參政權을 治하고, 대체로 公權을 부여해 줄 것을 當局에 要望할 것.

37) 신주백,『滿洲地域 韓人의 民族運動 硏究』 성대박사학위논문, 1996, 166쪽.

그러나 민족진영의 합법적 자치운동은 중국당국이 일본과의 관계를 고려하여 소극적인 태도를 보이는 가운데 자치운동이 한인사회를 분열시키는 명분으로 이용되자 중단되었는데 국민당정부에서는 일본과의 관계 악화를 염려하여 이 문제에 대한 논의를 회피함으로써 별다른 성과를 거두지 못하였다.[39]

한편 국민부에서는 1929년 11월 2일 개최된 '南滿韓人靑年總同盟 收拾大會'에서 韓族同鄕會의 1년간의 多大한 노력에도 불구하고 合法自治는 불가능할 뿐 아니라, 이 운동은 走狗輩 派閥鬼의 식량 보호책이 되어 운동을 파괴하는 一大 무기가 되었다고 전제하고 이러한 상황에서 합법자치론을 배격함과 동시에 민족 독자의 자치기관설립을 하루빨리 기대한다고 선언함으로써 합법적 자치운동을 중단할 것임을 선언하였다.[40] 그리고 이러한 분위기에서 1930년 4월 8일(음) 각 지역에 30여개의 지회를 갖고 있던 한족동향회의 '解産宣言'이 발표되었던 것으로 보인다.[41]

이밖에 1928년 2월에 吉林에서 조직되었던 在滿農民同盟[42]은 宣言書에서 '만약 조선에서의 자치운동이 日本帝國主義를 지지하는 것이라면 중국주권 하에서의 자치운동은 일본제국주의에 반항하는 것을 의미한다'[43]라고 하여 사회주의진영에서도 만주지역에서의 합법적 자치

---

38) 이정식 지음, 허원 옮김, 『민주혁명운동과 통일전선』, 사계절, 1989 참조.

39) 『中外日報』 1929년 5월 9일, 「조선인 경영 학교, 전부 폐쇄를 명령, 요녕성 정부수석 명의로, 동포 교육 전도 암담 귀화 동포의 공민권 부인」

40) 尾村秀樹 · 姜德相 編 『現代史資料』29, 1972, 654쪽.

41) 『中外日報』 1930년 5월 10일, 「한족동향회 遂 해체, 원조는 없고 공격만 있어」.

42) 金俊燁 · 金昌順, 『韓國共産主義運動史』4, 1986, 139~140쪽.

43) 鄭在洙, 「滿洲韓人 自治問題에 對한 批判」, 『太平洋勞動者』6, 1930. 6, 29쪽.

운동이 국내와는 다르게 일본제국주의에 대항하는 측면이 있음을 긍정적으로 인식하고 있었던 것으로 보인다.

2. 間島蜂起를 전후한 시기의 자치운동

1920년대 후반 이후 한인공산주의자들도 합법적 자치운동에 대해 관심을 표명하기 시작하였다. ML파에서는 1928년 5월에 개최된 민족유일당촉성회의에서 '歸化韓僑의 合法的 自治機關을 發起함과 同時에 종래의 自治機關인 正義府·新民府·參義府를 해산할 것'이라는 의견을 제출하였다.[44] 그런데 ML파의 이러한 주장은 한인사회주의자들이 합법적 자치기관 설립운동을 통해 민족진영 자치기관들의 권위를 약화시키고자 했음을 보여주고 있는 것으로 이해된다. 또한 비슷한 시기 高麗共産青年會 滿洲總局 東滿道에서도 합법적 자차운동에 대한 구체적인 방법론의 윤곽을 잡아가고 있었다.

> 1. 滿蒙積極政策에 反對하는 唯一의 鬪爭을 課業으로 하자
> 2. 中國國民運動에 合流하라(예로는 關稅自主運動, 外貨排斥運動, 東拓會社土地 非賣 및 排斥運動)
> 3. 中國에 入籍하여 居留民會 所屬을 離하자
> 4. 中華民國의 法에 의하여 公民權을 獲得하자
> 6. 吉林省에 있는 東省朝鮮人問題講究會를 支持하자
> 7. 奉天省 滿洲鮮人大會에 反對하자
> 8. 入籍費를 輕減시켜라.[45]

---

44) 金俊燁·金昌順, 『韓國共産主義運動史』(資料集) II, 285쪽.

45) 앞의, 『韓國共産主義運動史』(資料集) II, 1980, 262쪽.

ML파에서는 정치적으로는 일제의 만몽침략에 반대하면서 중국국민당 정부의 항일운동에 합류하여 보다 효과적으로 항일투쟁을 전개하고자 했던 것으로 보인다. 그리고 이 친일기관인 民會를 탈퇴하는 한편, 정의부가 주도하는 '東省朝鮮人問題講究會'에 대한 지지 태도를 분명히 함으로써 합법적 자치운동을 일제의 간섭과 통제에 대항하는 운동의 일환으로 전개하고자 하는 태도를 보여주고 있었다.

1928년 9월 이전에 작성된 것으로 보이는 문건에서도 ML파는 "合法的 參政(自治)運動을 적극적으로 일으킬 것"을 주장하고 있었으며,[46] 이 운동을 '우리 黨의 3大政策'이라고 하고 있었다.[47] 이밖에 1928년 5월 28일에 결성된 在中韓人青年同盟의 창립대회를 통해서도 자치권과 공민권의 획득을 당면투쟁 슬로건의 하나로 제시하고 있었으며, '民族的 差別의 徹底的 廢止' 등을 주장함으로서 자치권획득의 필요성을 역설하기도 하였다.[48]

그러나 공산진영의 합법적 자치운동에 대한 인식은 1929년 7월 10일 만주군벌과 소련간의 군사적 충돌인 '中東路事件'을 계기로 급격하게 변화되었으며, 이러한 경향은 1930년에 들어 나타나고 있었던 것으로 보인다.

> 만주조선인 자치권 획득은 다만 제국주의와 결탁한 반혁명적 국민당의 통치를 타도할 뿐만 아니라 특히 일본제국주의의 驅逐을 철저히 行함에 의해서만 可能한 것이다. 따라서 그들의 革命陣營은 한

46) 앞의, 『韓國共産主義運動史』(資料集) II, 267쪽.

47) 앞의, 『韓國共産主義運動史』4, 362~377쪽.

48) 앞의, 『韓國共産主義運動史』4, 259~273쪽.

> 편으로 중국 다른 한편으로 조선혁명운동의 일 구성요소인 동시에 그 투쟁은 양국혁명을 유기적으로 연결시킬 媒介的 役割을 부하게 된다. 그들의 革命鬪爭의 중심 슬로건은 국민당정부 및 장학량타도, 일본제국주의 타도, 대지주의 토지몰수—농민에게 분배, 중국과 조선의 노동자 농민의 정부수립(勞動民主主義의 獨裁를 토대로 한 소비에트 形態) 등등이다.
>
> 특히 만주의 전체 혁명군중에게는 소비에트 연방 옹호투쟁에 있어서 특히 重任이 부여되었으며, 동시에 조선인에 대한 민족적 차별의 철폐(물론 제한된 의미에 있어서) 자주 교육권 획득 및 제2구축령 철폐 같은 위험의 방어 등에 대한 투쟁도 오직 중국노력대중의 적극적 응원 하에서 공동투쟁을 발전함에 의해서만 가능할 것이다.[49]

위의 내용은 1930년 6월에 간행된 공산진영의 잡지 『太平洋勞動者』에 게재되었던 '滿洲韓人自治問題에 대한 批判'이라는 논설의 일부이다. 이 글에서 보면, 한인사회주의자들은 재만한인의 자치권획득은 반혁명적 국민당의 통치를 타도하고 일제를 철저하게 구축함으로써만이 가능하며, 소비에트에 대한 옹호투쟁을 전개해야 하는 상황 하에서 한인들에 대한 민족적 차별 철폐 등은 중국인 노동자들과의 공동투쟁을 발전시킴으로서 가능하다는 논리를 제시함으로써 기존의 노선과는 전혀 다른 변화를 보여주었다.

또한 1930년 4월 1일에 발행된 서울—상해파의 기관지 『勞力者新聞』 2호에 게재되었던 '滿洲韓人自治問題 어떻게 解決할까'라는 사설에서는 東省韓族同鄕會 · 盤石同鄕會 · 國民府 등 민족진영의 자치운동기관에 대해 이중적 통치기관을 타도하고 민족자결권획득을 목표로 투쟁

49) 鄭在洙, 「滿洲韓人自治問題에 對한 批判」, 『太平洋勞動者』, 1930년 6월.

단체를 조직할 것을 주장하였다.50) 따라서 공산진의 합법적 자치운동에 대한 인식은 1930년 초에 '중동로사건' 이후 소련옹호투쟁의 긴급성에 영향을 받으면서 한인공산주의자들이 중국당국과 대립할 수밖에 없는 상황에서 폐기되었던 것으로 보인다.

한편 한인공사주의자들이 합법적 자치운동에서 이탈하고 1930년 5월 30일을 전후로 間島蜂起를 일으켜 중국당국과 대립하자 중국당국에서는 1930년 9월 延吉市 籌備處長 張書翰은 연길, 화룡, 왕청. 혼춘 등의 한인대표 20명을 소집하여 시정방침에 대한 자문을 구한 것을 계기로 延邊四縣自治促進會(이하-자치촉진회)를 조직됨으로서 반공주의에 입각한 새로운 형태의 합법적 자치운동이 전개되다.51) 이후 자치촉진회는 1930년 10월 3일 연길시정주비처로부터 정식으로 인가를 받아 활동에 들어간 것으로 보이며,52) 다음과 같은 운동방법을 결정하였다.

> 1) 延邊四縣自治促進會를 鮮人思想善導機關 兼 自治知識養成機關으로 인정하며, 同會會員은 민족주의자 及 각 종교단체의 유력자로서 조직할 것.
>
> 2) 同分會 각 支部는 당분간 공산당의 타도에 全力을 다하며 점차

---

50) 앞의, 『現代史資料』29, 685쪽.

51) 앞의, 『現代史資料』29, 627쪽. 이 회의에는 延吉縣에서 金廷一·金京禧·張元俊, 汪淸縣에서 玄天極·崔振東, 琿春縣에서 蔡聚伍 등 귀화한 유력 한인이 참석했던 것으로 보인다.

52) 『東亞日報』 1930년 10월 11일, 「自治促進會 吉林省에서 許可」, 조선인 자치촉진회 조직, 四縣鄕老會의 努力(間島) [간도] 얼마 전에 延吉市政籌備處長으로부터 소집한 鄕老會에서 延吉四縣地方自治促進會를 조직코저 중국에 교섭하야 완전한 승인을 어덧다하며 동 회의에서 다시 정식으로 규측을 작성하야 시정주비처에 정식으로 청원하얏 든 바 지난 삼일에 동 주비처장으로부터 省政府의 정식 허가장까지 교부되엇다 한다

자치촉진을 계획할 것.

3) 同 자치회는 공산주의 타도를 위한 임시 弁法으로 遊說隊를 편성하여 각지에 유세하여 공산주의의 불합리를 일반 민중에게 이해시킴과 동시에 鮮人의 民族的 大同團結의 필요를 고조시킬 것.

4) 공산주의타도 민족주의 고취의 宣傳文을 配布할 것.[53]

자치촉진회는 민족주의자들과 종교단체의 유력자들로 구성된 한인들로 구성되었으며, 사상선도 기관인 동시에 자치 지식을 양성하는 기관임을 표방하였다. 그리고 당분간은 공산주의 타도에 전력을 다한 후 자치촉진을 위한 계획을 추진하고자 하였다. 또한 자치촉진회에서는 공산주의를 타도하기 위해 遊說隊를 각지에 파견하여 민중들에게 공산주의의 문제점을 계몽하는 한편, 민족주의의 고취를 내용으로 하는 선전문 배포하고자 하였다.

자치촉진회에서는 1930년 11월 4일 연길, 화룡, 혼춘, 왕청 지방 자치촉진회의 창립대회를 연길현 農會에서 4縣 대표와 20여명의 중요 인사들이 모인 가운데 개최하였다. 이날 회의에서는 '경과보고, 연변정세보고, 簡章通過가 있은 후 정회장 張斌, 부회장 全盛鎬, 陳致業, 간사 羅今龍, 韓奭基, 馬玉仁, 盧祥麟 등을 선출하였다.[54] 이밖에 자치촉진회의 全盛鎬 · 金廷一은 全省警務處飜譯官이던 한인 吳仁華와 접촉을 갖고 공산주의의 타도를 위해 자치촉진회가 적극적으로 활동한다는 것에 의견의 일치를 보았다.[55] 또한 예수교 장로교파의 민족주의자들과도

53) 앞의, 『現代史資料』29, 628쪽.

54) 『東亞日報』 1930년 11월 12일 「延琿和汪의 自治促進會」

55) 앞의, 『現代史資料』29, 626~628쪽.

회의를 갖고 공산주의운동에 대응하는 문제에 대해 협의했던 것으로 보인다.[56)]

따라서 이러한 내용을 통해서 볼 때 이 시기에 자치촉진회의 활동은 재만 한인공산주의자들의 활동을 견제할 필요가 있었던 중국당국이 공산진영과 대립적 경향을 보이던 우익진영의 일부와 제휴하면서 추진된 자치운동의 한 형태였던 것으로 보인다. 그러나 자치촉진회의 경우도 만주지역에서 중·일간의 대립을 비롯하여 한인사회 내의 이념적 분화와 한인과 중국인간의 갈등 등 다양한 사회적 요인들이 얽혀있는 상황에서 성과를 거둘 수 없었던 것으로 보인다.[57)]

Ⅳ. 자치문제에 대한 국내언론의 동향

1920년대 후반 이후 재만 한인 사회는 중국당국의 부당한 박해와 1930년 5월의 간도봉기, 그리고 1931년 7월의 萬寶山事件 등을 겪으면서 이전과는 다른 곤경을 경험하고 있었다. 그리고 한인사회의 어려움이 국내 언론을 통해 보도되면서 재만 한인문제에 대한 원만한 해결은

---

56) 앞의, 『現代史資料』29, 628쪽. 한편 자치촉진회에서는 한족총연합회와도 연결하여 중국공산당의 폭동에 반대하는 활동을 전개하였던 것으로 보인다. 앞의, 『韓國共産主義運動史』4, 1986, 448~449쪽.

57) 앞의, 『韓國共産主義運動史』4, 448~449쪽 실제로 자치촉진회는 만주사변 이전까지 활동하였으나 만주사변을 계기로 운동이 중단되었던 것으로 보인다. 또한 1931년 4월 局子街自治促進會의 경우 왕청현에 출동한 공산당토벌대가 공산당토벌을 함부로 하여 농촌청년이 모두 투옥되자 사령부를 방문하여 장정이 없어서 농사를 짓지 못할 상황이니 함부로 토벌하지 말아달라는 陳情을 했던 것으로 보인다. 『東亞日報』 1931년 4월 3일 「共産黨討伐 司令部에 陳情, 장정이 업서 농사 못지어, 局子街 自治促進會(間島)」

국내 언론에서도 관심의 대상이 되고 있었다.

安在鴻 중국당국의 한인구축정책의 원인에 대해 중국인들이 한인들을 일제의 대륙 팽창 정책의 앞잡이라고 보거나 '勞農露國에 共鳴된 사람'이라고 하는 정반대되는 의혹과 배척 때문이라고 하였다.[58]

朱耀翰은 재만 한인이 어려움을 겪고 있는 것은 중국인들의 국권회수와 외인배척열 뿐만 아니라, 한인청년들이 중국공산당의 만주폭동(필자-간도폭동)에 가담하였기 때문이라고 하였다. 주요한은 장래에 한인들은 개인적으로 중국인들과 정치상 개인상 평등한 시민권을 가지고 雜居하던지 아니면 조선인 자치부락이 생겨날 것이라고 전망하기도 했다.[59]

申彦俊은 한인들이 생존권을 획득하기 위해서는 중국지주 및 관헌에 대해 저항해야 하고, 강력한 소작쟁의도 전개할 필요가 있으며, 필요할 경우 국내에서도 應援하여 유리한 해결을 짓도록 노력해야 한다고 주장하고 있었다. 뿐만 아니라 그는 對外一致의 필요로 統制的 機關의 수립이 필수'라고 함으로써 직접적으로 합법적 자치기관을 언급하지는 않았지만, 그와 유사한 기관의 설립을 주장하였다.[60] 그런데 이러한 주장들은 중국당국의 재만 한인에 대한 압박과 착취에 대해 국내의 지식인들이 심각하게 생각하고 있었음을 보여주는 것이라고 하겠다.

또한 그는 한국과 중국 양 민족이 서로의 오해를 없애기 위해 '在滿同胞問題協議會'를 조직할 것과 협의회에 중국측의 지식인과 '東北外交協會' 같은 민간단체가 참여하면 재만 동포문제 해결에 도움이 될 것

58) 安在鴻, 「在滿同胞의 安定 民族唯一黨運動의 形成」, 『朝鮮之光』75, 1928. 1. 73쪽.
59) 朱耀翰, 「在滿同胞問題特輯-滿洲問題縱橫談」, 『東光』25, 1931. 9. 2~5쪽
60) 申彦俊, 『在滿同胞問題에 對하여 協議會組織을 提唱함』, 『東光』26, 1931. 10. 8쪽.

<표 2> 간도자치단의 구상도

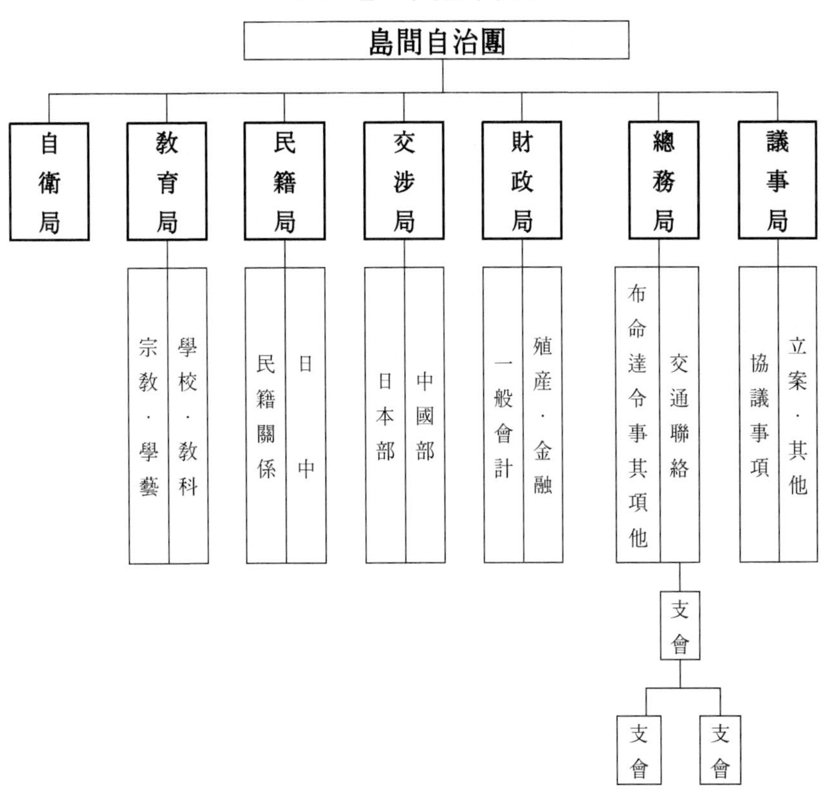

이라고 제안하기도 하였다.[61)]

이밖에 1931년 4월 『彗星』에 게재되었던 李亮의 글에서는 '間島自治主張案'을 게재하기도 하였다. 그는 현재로서는 금융, 군비, 경찰, 문화 등 모든 사업이 난처하겠지만, 즉각적인 자치기관이나 독립된 토지나 정치를 목표로 하는 것이 아니라, 단지 간도주민의 안정을 위해 제안할 뿐이라고 하여 자치안을 제안하면서 정치적 영향력을 배제하였으며,

---

61) 申彦俊, 앞의 글, 8쪽.

<표 2>에서 보는 바와 같은 간도자치단체안을 제안하였다. 그런데 국내의 언론에서 한인자치에 대해 비교적 구체적인 案을 마련하고 있었다는 것은 국내언론이 한인문제를 그만큼 심각하게 느끼고 있었음을 반영하는 것이라고 하겠다.[62)]

이밖에 『東光』에서는 '우리 재만 동포 어떠케 해야 살까'라는 주제로 각계의 인사들의 의견을 전하기도 하였는데 그 내용을 검토해 보면 재만 한인문제에 대한 당시 국내 여론의 동향을 확인할 수 있다.[63)]

<표 3> 한인문제에 대한 중요 견해

성명	소속 및 지위 (지역)	중요 내용
宋鎭禹	東亞日報 社長	재만 동포의 살길은 제1에 견고한 조직체의 결성입니다. 이 조직체는 중국정부와 기타 관계정부에 대하여 재만조선민족의 생존과 필요한 모든 요구를 하도록 힘써야 겠습니다.

62) 李亮, 「間島自治主張論 整理」, 『彗星』 1－2, 1931. 4. 한편 이 글에서는 自治案의 骨子에 대해 다음과 같이 정리하고 있었다. 1. 간도는 간도주민의 장래할 생활 기초로 보던지 또는 ××××經論上으로 보던지 自治制의 擴充을 비롯하여 간도주민의 獨立된 영토로 할 것.(단 國際問題上 緩衝地帶도 可함) 1. 간도는 명의상 중국 영토인 까닭에 其法律, 其經濟, 其教育－모든 문화 사업을 개별의 정치, 개별의 경제조직 아래서 指導開發할 것. 1. 만주의 啓發은 간도주민의 생활안정을 제1義로 하되 이에 다르는 精神問題도 其解決을 보아야 할 것이니 소위 民族主義者 혹은 其他背日團體로 하여곰 彈壓, 監視의 정책보다 모름직이 寬大한 ××로써 其活動을 慂慫할 것. 1. 間島住民의 文化程度 經濟機關 其他 自治機關이 完成되어 스스로 生命 財産을 보호할 만한 警察, 軍務, 諸般實力이 假想될 때에는 原來 목적한 自治를 선언하여 그 治政에 力行할 일. 1. 間島는 中國의 領土인 까닭에 自治機關은 當分間 其住民의 實力을 養成하기 爲하여 中國官廳의 代行機關인 事務에 盡心할 것. 1. 이 自治團의 經費는 住民全部가 負擔하되 每戶年收一圓金貨比例로 春秋 2期l 分納하며, 其他租稅 營業稅등 中國官廳에 依從함. 1. 특히 間島啓發에 對한 土地 金融 등은 中日兩國의 補助를 요구함.

63) 「在滿同胞 어떻케야 살까」, 『東光』26, 1931. 10.

著述家		첫째 국적문제(귀화문제)가 해결되어야 할 것. 이것은 이미 여론화 되어 있으니 좀더 剛烈且熱한 운동이 있어야 한다.
李仁	辯護士	入籍·商租權 兩 問題도 근본적 해결이 못됩니다. 거주민 총투표로 自治領을 만들면 살게 될 것입니다.
李順鐸	延專教授	一言으로 蔽하면 재만 동포는 귀화권을 얻어야 합니다. 한 會를 모아 그 회를 가지고 그 會가 한편으로는 日本政府에 운동하고 他便으로는 國民政府 又 중국대표기관에 운동해야 할 줄로 압니다.
	崇專教授	재만동포는 될 수 있는데로 중국에 入籍하여 토지소유권을 위시하여 제반 중국국민의 향유하는 권리를 향유할 것. 일체 主義 主張의 同異를 無條件으로 버리고 조선인으로서의 대동단결을 실현할 것이라고 합니다.
徐相日	大邱	先決問題는 內地의 中心機關
	朝鮮日報	우리의 대다수가 ××主義나 ××黨의 주구가 아니라 純實한 農民으로서 그들의 最小限度의 생존권을 요구한다는 것을 인식시켜야 할 것입니다. 그것은 一般識者의 最大使命으로 自負하고 나서야 할 救急的 方法입니다. 다음은 普通 法理論的 見地에서 말하는 歸化문제도 중대한 것입니다. 귀화라는 것이 적어도 一民族的 견지에서 보면 큰 恥辱的行爲에서 지나지 않는 것이나 自主權이 없는 사람으로서는 그 생존을 위한 一方法인 것임을 의심할 수 없습니다. 이 치욕적 甘受行爲도 우리의 自意로는 할 수 없는 處地에 있다는 것을 생각하면 너무도 한심한 일입니다.

<표 3>에서 보면 동아일보사 사장 송진우는 무엇보다도 재만 동포 자신이 견고한 조직체를 만들어 중국정부와 관계정부에 한인들의 생존에 필요한 모든 요구를 할 필요가 있다고 보았다. 변호사 李仁은 거주민 총투표로 '自治領'을 만드는 것이 필요하다고 하였으며, 延專 教授 李淳鐸, 대구의 徐相日 등은 한인의 歸化權問題의 선결이나 入籍 등이 필수적이라는 등의 견해를 나타내고 있었다.

1930년에 들어서면 일본 내에서도 재만 한인문제에 대해 일정하게 관심을 나타내고 있었던 것으로 보인다. 松田 拓相은 1월 10일 '在滿朝鮮人에 관한 徹底的 方策의 樹立'과 '滿鐵附屬地 行政權의 關東廳 移管

問題' 등 제반 식민지문제를 논의하기 위한 식민지 장관회의를 齋藤 朝鮮總督, 仙石滿鐵總裁, 太田關東長官 등이 참석한 가운데 拓務省에서 개최하였다.[64] 2월 10일에는 齋藤 總督이 재만 한인의 이중국적문제와 조선에서의 지방자치권 문제를 松田 拓相과 논의하기 위해 東京을 방문하기도 하였다.[65]

1930년 7월에는 朴春琴이 일본정부가 재만 한인에게 귀화권을 부여하는 것에 대해 반대한다는 내용의 논설을 발표하기도 했다. 그는 일본의 滿蒙開發에 先驅라고 이야기되는 한인들에게 귀화권을 부여하여 일본국적을 상실케 하는 것은 일본의 滿蒙國策에 위배되는 것이며, 귀화권부여가 한인문제의 근본적인 해결책이 될 수 없고 한인들도 반드시 그것을 원하는 것이 아니라고 주장하였다.[66] 그는 한인들에게 귀화권을 부여하는 것은 궁극적으로 '陛下의 大御心을 배반하는 일'이 될 수 있으며, '新附同胞인 吾人의 귀에도 거슬리는 일'이라고 주장하였다.

따라서 이상의 내용을 종합해 보면 1920년대 후반 이후 재만 한인문제의 심각성이 국내외의 언론을 통해 보도되자 국내에서는 이에 대한 다양한 논의가 전개되었던 것으로 보인다. 주로 자치권획득과 관련하여 한인들의 상황을 옹호하는 다양한 주장들이 제기되고 있었던 것으

64) 『東亞日報』 1930년 1월 7일, 「在滿朝鮮人保護策과 朝鮮自治權擴張等 植民地長官을 召集 具體協議 拓務省의 三大議案」.

65) 『東亞日報』 1930년 2월 4일, 「在滿朝鮮人 二重國籍問題와 地方自治權問題折衝으로 齋藤總督渡東用務」

66) 朴春琴. 「同胞榮辱의 大問題 在滿朝鮮人歸化問題에 關하여 朝野官民諸賢에 檄함」, 日韓 · 友邦協會(昭和 5年 7月) 실제로 박춘금의 논설에 따르면 1930년 5월 25일 『東京日日新聞』에는 척무성이 재만 한인문제에 대한 해결책으로 이들에게 귀화권을 부여하는 방침을 확립하였으며, 조선총독과 협력하여 조사를 진행 중이라는 내용이 보도되었다고 한다.

로 보인다. 한편 조선총독부의 경우도 재만 한인문제의 심각성을 인식하고 있었던 것으로 보이지만, 박춘금의 주장에서 보는 바와 같이 일제와 친일세력은 한인들의 합법적 자치권의 획득을 원하지 않았던 것이 명확해 보인다고 하겠다.

Ⅴ. 맺음말

본고에서는 1920년대 전반기 이후 재만 한인들이 전개했던 합법적 자치운동의 전개과정과 그 시기별 특징 및 이에 대한 국내언론의 동향에 대해 살펴보았다. 1923년 한인청년 '최창호피살사건'이 발단이 되어 전개되었던 자치운동은 이 시기에는 친일단체인 朝鮮人民會가 중심이 되어 일본영사관과의 접촉을 통해 '朝鮮人民團'이라는 합법적 자치기관을 설립하는 방향에서 진행되었다. 그러나 이 운동은 '자치'라는 것이 일본 법규에 위배된다는 영사관측의 입장표명이 있은 후에는 별다른 진전을 보지 못했던 것으로 보인다. 또한 이 운동에는 김약연 정재면 등 일부 민족주의세력이 가담하고 있었으며, 이는 1920년대에 들어서면 민족진영 내부에서도 합법적 자치운동의 필요성을 인식해 가고 있었음을 보여주는 것이라고 하겠다.

1920년대 후반기의 합법적 자치운동은 민족진영의 정의부 주도의 한족동향회와 혁신의회를 중심으로 전개되었다. 이들은 중국당국의 재만 한인에 대한 부당한 박해가 계속되자 자치권의 획득을 통해 이 문제를 긍정적인 방향에서 해결하고자 했던 것으로 보인다. 민족진영에서는 운동의 전개과정을 통해 간도협약과 삼시협정의 철폐를 주장하거나 중국측 反日會와 연합하여 배일선전을 행하고자 하였다. 이밖에 民會의 해산이나 영사재판권의 철폐 등을 주장하는 등 항일적 성격을 명확히 하였다.

1929년 7월 中東路事件의 발발을 전후로 소련과 중국과의 관계가 악화되기 전까지는 한인공산주의자들도 민족진영의 합법적 자치운동의 가능성과 그것이 내포하고 있었던 항일운동적 성격을 인정하고 있었던 것으로 보인다. 그러나 합법적 자치기관이 설립된 후 정의부, 신민부, 참의부가 해산되어야 한다고 주장했던 점은 민족진영으로서 받아들이기 어려웠을 것으로 생각된다.

1930년 5월에 발발한 간도봉기 이후에는 延邊四縣自治促進會를 중심으로 한 자치운동이 전개되었다. 그리고 이들은 한인공산주의자들이 중국당국과 대립하고 있는 상황에서 공산주의 타도 이후 자치기관을 촉진한다는 운동의 방향을 내세웠던 것으로 보인다. 그런데 한인사회의 자치운동이 다양한 형태로 지속되고 있었다는 것은 이 문제가 한인사회를 안정시킬 수 있는 현실적 대안이 될 수 있다는 한인사회 내의 인식을 반영하는 것이라고 생각된다.

국내에서는 한인 사회의 공고한 단결과 확고한 조직의 필요성을 역설하는 한편, 귀화권의 확립 및 자치단의 조직이나 '자치촌락(부락)' 등에 대해 관심을 보였던 것으로 파악된다. 그러나 국내언론의 이러한 논의에도 불구하고 만주변이 발발할 때까지 일제의 재만 한인정책에는 변화가 없었으며, 일제는 궁극적으로 재만 한인의 합법적 자치를 허용할 생각이 없었다고 할 것이다.

1930년 '間島蜂起'의 전개와 한인사회의 대응

Ⅰ. 머리말

1930년의 간도봉기는 한인공산주의자들의 중국공산당 입당문제가 가닥을 잡아가고 대중투쟁노선이 급격하게 좌경화되는 과정에서 이루어진 일련의 대중투쟁이었다. 1930년 5월부터 시작된 이 투쟁은 한인공산주의자들을 중심으로 전개되었다. 이들은 1930년 4월 24일 '붉은 5월투쟁위원회'를 조직하고 행동에 들어간 한인공산주의자들은 5월 1일 국제노동절기념일, 5월 30일 상해사건기념일, 8월 1일 국제인터네셔날기념일, 8월 29일 한인합방기념일, 11월 7일 혁명기념, 12월 1일 광동쿠테타기념일 등을 계기로 한 대규모의 시위와 단속적으로 지속된 무장투쟁을 전개함으로서 재만 한인사회를 커다란 투쟁의 열기로 몰아넣었다.

간도봉기에 대해서는 주로 5 · 30봉기 이후 계속된 한인공산주의자들의 투쟁을 통해 만주지역 공산주의운동이 크게 고조되었던 것으로 평가되고 있다.[1] 특히 연변에서의 연구는 8 · 1길돈봉기 이후 한인공산주의자들이 중국공산당의 직접 지도하에 적극적인 무장봉기를 전개한 것에 대해 긍정적으로 평가하고 있다.[2] 일본이나 북한에서의 연구에서는 한인공산주의자들과 중국공산당의 참다운 국제연대가 이루어지 못한 것으로 평가하거나,[3] 국내에서 파벌싸움을 벌이던 한인공산주의자들이 만주에서 전개한 분파주의적 혹은 모험주의적 대중투쟁이었다고 하고 있다.[4]

한편 간도봉기를 직접 목격했던 李康勳은 '몇몇 사람의 선동이나 영웅적인 지도로 그렇게 격렬한 대규모의 투쟁이 일어날 수 없다.'고 하거나 '우리민족이 주로 일으킨 사건이므로 항일투쟁사의 일부분으로 보아도 무방하다'고 하였다.[5] 解放直後의 기록에서도 '우리 동포가 조국해방투쟁사상에 있어서 壯烈無比한 間島 5・30暴動'이라고 하여 5・30폭동이 독립운동적 성격을 강하게 나타나고 있었던 것으로 평가하였다.[6]

국내에서 발행되던 잡지 『中央』에서는 '治安維持法 실시 이후 사상관계 사건의 審理나 조선의 刑事裁判史上에 새로운 기록을 남길 未曾

---

1) 장세윤, 「1930년 중국연변 5・30봉기의 성격」, 성균관대학교 사학과 학위논문, 1985. 장세윤, 「1930년대 초 간도지방에서의 한인 대중봉기」, 한국정치외교학회, 『동북아질서의 형성과 변동』, 1994.

2) 황용국 외, 『조선족혁명투쟁사』, 요녕인민출판사, 1988. 朴昌昱, 「간도대폭동 봉기와 조선족공산주의자들」, 『間島史新論』下, 우리들의 편지사, 1993.

3) 金森襄作, 「만주에 있어서 조선 중국공산당의 합동과 간도 5・30봉기에 대하여」, 『1930년대 만족해방운동사』, 거름, 1984. 金森襄作, 「1930年の間島蜂起について」, 『朝鮮民族運動史硏究』3, 靑丘文庫, 1986.

4) 『조선전사』16, 과학・백과사전 출판사, 1981. 사회과학원 역사연구소, 『조선근대혁명운동사』, 한마당, 1988.

5) 李康勳, 『抗日獨立運動史』, 正音社, 1984, 106쪽.

6) 李錫台, 『社會科學大辭典』, 文友印書館, 1948, 11쪽.

有의 사건'이며, 경성지방법원 이 사건의 심리 때문에 25,000여원의 경비를 드려 大法廷을 신축하였다고 하였다.7) 잡지 『新段階』에서도 403명의 被告가 鐵窓에서 呻吟하다가 그 중 12명이 病死의 액을 만나게 되고 1명은 병으로 豫審中止 중에 있어 잔여 390명만이 예심종결을 보게 되었다. 그리고 이중 272명이 치안유지법을 위시하여 24개의 죄목으로 재판에 회부되었고 나머지 118명은 免訴가 되었으나 國境外 逐出의 處決을 받게 되었다고 하여 사건의 규모를 상세히 보도 하였다.8) 따라서

---

7) 一記者, 「間島共産黨大公判 傍聽雜感」, 조선중앙일보사, 『中央』, 1934. 1, 112쪽.

8) 鐵塔生, 「中國(間島)共産黨事件顚末」, 『新段階』, 조선지광사, 1－5, 1933. 2, 96~98쪽. 이들에 대한 최종 재판은 1933년 12월 20일에 이루어졌으며 각각의 형량은 다음과 같다. 사형: 李東鮮 崔寬玉 盧昌浩 金光黙 金東弼 劉泰順 金應洙 高河鯨 閔昌植 池運浩 朴金哲 金鳳乭 曺東律 李聲澈 權泰山 許玩珍 朴東弼 朴翼燮 金龍震 李鍾立 金今南 周現甲. 무기징역: 金明源 朴鳳賢 車柄喆 安應孫 金俊傑. 15년: 元容學 姜錫玹 鄭濟勳 劉載湖 李昌七. 13년: 朴仁煥. 12년: 朴禹龍 嚴澤龍 崔成八 韓鳳南 安東熙 李東浩 洪玄植 李英珪 金秦山. 10년: 安振戀 宋一孫 百致俊 池金石 曺喜雲 尹昌虎 金柄郁 黃龍郁 黃秦國 崔萬億 崔檼松 曺雄範 金德彦. 8년: 李炳熙 金周福 朴昌烈 車鍾洙 許明尙 崔大興. 7년: 劉志遠 李昌日 金秉澤 韓允孫 崔昌範 劉成熙 李鍾德 孫昌福 金昌旭 朴熙喆 朴今龍, 金秦吉 朴仁鳳 安經逢 崔明順 朱鍾聲 朴永觀 金官戀 黃亭會 李元上 李成夏. 6년: 朴文益 姜承壁 黃錫鏈 李一男 金二千 李主憲 吳昌浩 崔文鎬 劉和龍 金斗益 吳成龍 姜承律 朴龍範 金石泉 金秉職 金秉黙 張子寬 金才石 金桂鶴 李暢洙 許正善 許成綠 黃鎭業 崔應龍 孫今石 朴龍凡 金進權. 5년: 金成具 李學根 馬駿 廉利鉉 徐東煥 金仁完 姜基德 劉光台 崔永吉 姜尙鎭 金龍根 石磬浩 金瀅權 安英善 李香園 車濟淳 車竹孫 崔南七 崔根洙 李培洪 朴周珍 朱春烈 李億石 趙庚文 李秉勳. 4년: 許璣, 金得用 車秦豪 李昌赫 金昌乭 金禮植 朴進赫 金世極 中君弼 太千吉 南一壽 朴玉彬 沈容郁 金昌傑 黃會孫 白晶鶴 李配遲. 3년 6월: 南秦寬. 3년: 李福童 嚴興戀 兪日煥 崔相和 尹夢亮 黃丙男 金永權 許竹鶴 金正活 李正萬 李尙皓 車一均 白鶴天 尹道三 鄭秦洙 張貳得 方東振 李萬松 李東明 金學洙 金丙喆 金成洙 韓昌烈 朴成龍 朴逢雨 柳正律 朴完極 金成孫 趙璣衡 李學山 金秦變 張鎬俊 池永禧 金 甲 安載傑 朴興春 姜商國 金錫振 金明活 崔李乭 兪宗傑 蔡洙益 崔澤龍 李春益 鄭斗煥. 2년 6월: 崔基七 姜承祿 黃一鳳 許 澈 高河鼎 金鳳洙 金東振 崔秉黙 崔興載 車正桓 李正求 崔東崙 崔英尙 徐秦源. 2년: 金宗弼 金哲宇 鄭仕鉉 金河星 趙萬基 朴相穆 許守乭 池長億 朴秦震 洪靑龍 金英春 車翰均 朴元春 黃一星 朴宗秀 金秦浩 韓壽男 朴秦鉉 朴海觀 朴會孫 吳成

이상의 내용을 통해서 보면 간도공산당사건의 성격과 관련해서는 서로 다른 평가가 이루어질 수도 있겠지만, 간도봉기는 일제시기 간도지역 한인공산주의운동사에 있어서 가장 큰 규모의 대중봉기였다고 하겠다.[9]

그런데 간도봉기 발생 기간 중에, 그리고 관련자들이 체포되고 재판이 진행되는 과정에서도 국내의 중요 신문과 잡지들은 다양한 기사와 재판 관련을 보도를 게재하으며, 豫審終結決定書 등의 재판기록이 남아 있다. 따라서 본 논문에서는 5·30봉기 이후 국내언론에 보도된 봉기 관련 기사와 재판관련 내용에 나타나는 한인공산주의자들의 활동에 대해 보다 구체적으로 정리해 봄으로써 주로 봉기의 전개과정과 이에 대한 일제와 중국당국의 탄압 및 한인사회의 대응에 대해 살펴보고 보고자 한다.

그런데 본고의 이러한 노력은 지금까지 간도봉기에 대한 연구가 주

南 李秦孫 崔昌殷 朴哲石 張英權 金東洙 全文焚 車東華. 1년 6개월: 黃石鍾 尹學松 李熊吉 李三萬 姜翼賢. 1년: 金金孫. 사망: 姜烈模 宋鳳燮 韓別 金德洙 許成直 崔鉉潤 安泰鉉 姜泰鎬 嚴了峯 朴長郁 呂東濬 黃承龍. 면소: 金南信 全敬文 李 楨 黃德範 金陞基 李 鉉 高 峻 李東極 崔學奉 林解甲 李炳燮 金鴻植 金英傑 崔技賢 李在燮 金周赫 李會龍 鄭世煥 金仁桓 張錫範 崔光一 黃明克 金基浩 崔秉基 李聖奎 金德順 金中範 南秉奎 金弼洙 金 水 李鍾彬 金東立 李三男 金源一 姜贊興 全東範 金明洙 黃京學 張東權 金石峯 黃學鳳 張昇萬 金允基 李夢龍 金應周 徐榮和 羅吉龍 李龍澤 鄭弼洙 崔成昊 嚴鍾燮 安基石 姜德模 朴壽鉉 韓昌浩 方永洙 孫應石 崔靑男 朴鳳壽 文靑龍 白鶴松 高挾馥 許金山 李亨順 崔宗烈 兪秦煥 韓源泌 韓入鳳 田國珍 安浩石 宋定鎭 韓儀順 朴昌郁 金春植 吳中和 許京浩 黃舒翼 曺尙熙 千東鎭 金敬愛 安鳳順 金仁吉 韓靑松 卜京燮 吳萬東 李銀協 李楨元 金龍鳳 崔龍官 金光允 金秦玉 安宗春 朱長暾 李元春 田宅秀 白圭燦 金東根 李永孫 嚴松亨 李秦協 朴東洙 趙龍善 嚴光友 蔡雲鶴 李萬甲 全在根 梁容基 韓英輝 石成天 嚴東潤 姜在鎬 董亨淳. 김준엽·김창순, 『韓國共産主義運動史』(資料集 II), 京城地方法院檢事局, 『中國共産黨事件判決寫』, 1933. 12.20.

9) 황민호, 「1920년대 후반 재만한인공산주의자들의 노선전환과 간도봉기에 관한 연구」, 국사편찬위원회, 『國史館論叢』79, 1998.

로 한인공산주의자들의 중국공산당 입당을 둘러싸고 제기되었던 봉기의 원인과 성격에 대해서만 논의가 집중되어왔던 연구경향에서 벗어나 봉기의 구체적인 양상과 그에 대한 한인사회의 동향에 대해 보다 분명하게 접근하는 단초를 마련할 수 있을 것으로 생각된다. 뿐만 아니라 이 연구는 간도봉기를 전후하여 재만 한인사회가 처해 있던 일제와 중국당국의 이중적 업악 구조의 실상을 이해하는 데에 있어서도 일정하게 도움을 줄 수 있을 것으로 생각된다.

II. 간도봉기의 전개 과정과 한인공산주의자들의 활동

1. 5·30봉기의 전개와 국내언론의 보도

1930년 5월부터 시작된 간도봉기는 1929년경부터 추진되었던 조선공산당만주총국과 중국공산당 만주성위원회의 합동문제가 방향을 잡아가고 이들의 대중투쟁노선이 李立三路線에 따라 급격히 좌경화되면서 구체화되었다. 그리고 5·30봉기의 발발은 중국공산당 만주성위원회의 연변특별지부가 4월 24일 조직한 5·1투쟁행동위원회가 활동하면서 시작되었다. 위원회에서는 '제국주의를 타도하자', '고리대착취를 반대하자', '국민당반동군벌정부를 타도하자', '토지혁명을 실시하여 소비에트정권을 수립하자', '지주의 토지를 몰수하여 민족을 가리지 말고 빈고농민에게 나누어 주자' 등을 투쟁구호로 하여 대규모 시위를 시도하였다. 특히 한인공산주의자들은 5월 27일 약수동에서 약 1,000여명의 농민들이 참여한 가운데 대회를 개최하고 5월 30일을 기해 보다 큰 규모의 무장투쟁을 전개할 것을 결정하였으며, 80여명의 대원을 11개의 소대로 나누고 총지휘부를 조직하는 등의 구체적인 행동계획을 수립하였다.[10]

5·30봉기는 5월 29일부터 31일에 걸쳐 야간에 전개되었는데 『조선일보』에서는 간도지역 각처를 일제히 습격한 무장공산당원들이 東拓과 鐵橋를 폭탄으로 파괴하여 龍井 전 시가지가 암흑화 되었다고 하였다. 領事館 分館을 습격한 공산당 무장대원과 일본 관헌과는 장시간의 교전이 이루졌으며, 일본 경관 1명이 부상당하였다고 보도하였다.[11]

6월 4일자 보도에서는 局子街 부근의 民會가 불에 탔으며, 곳곳의 電線이 절단되었고, 鐘城 對岸의 국경지역은 상당히 긴박한 상황이라고 하였다.[12]

『신동아』의 경우는 ML파 공산당원은 鐵血團 명의로 자금조달하였으며, 기념폭동의 激發 및 선전을 목적으로 기관지 『汽笛』을 발행하였고 봉기가 延和縣行動委員會의 주도로 진행되었고 하였다.[13] 『조선일보』나 『동아일보』에서는 이번의 봉기가 작년에 天道鐵道를 습격한 적이 있는 '鐵血團'의 소행이라는 설이 있다고 하거나 '鐵血團 募捐隊도

10) 조선족약사편찬조, 『조선족약사』, 연변인민출판사, 1986, 103~104쪽.

11) 『조선일보』 930년 6월 2일 「間島 各處一齊襲擊. 武裝한 共産黨員 東拓과 鐵橋를 폭탄으로 파괴, 龍井 全市 街 暗黑化, 龍井電氣局 습격하고 東拓에 폭탄투척, 警官隊 二百名 出動, 在間島 日本 人피난준비, 領事分館 습격하고 日本官憲과 長時間 接戰, 交火한 뒤 忽然潛跡, 領事分館 습격시 日本경관 一人 부상, 宣傳文 多數 配布, 사건 발발시 도화선은 二百餘名 無故 檢擧, 그들을 탈환코저 거사한 듯 하다고, 이번 사건 일으킨 것이 正義府, 鐵血團」

12) 『조선일보』 1930년 6월 4일 「間島襲擊事件 續報. 무장한 공산당원이 果然 頭道溝를 再襲擊, 中國側 계엄령 발표, 鐘城 對岸에 切迫, 閣議에서 對策其?, 機關銃 亂射로 防禦, 局子街 附近에도 民會에 放火」.

13) 金正實, 「間島共産黨事件前後記」, 『新東亞』 3－11, 1933. 11, 105쪽.

和龍縣에 또 出現', '間島 崇禮鄉에 三名의 鐵血團 突現, 拳銃 爆彈 가지고 군자금 강탈코 도주,' '第三次 襲擊計劃 共産黨 鐵血團 合勢'[14] '朝鮮人富豪巨額을 强要, 천원 혹은 천오백원 강청 間島에 鐵血團活動'이라고 보도하였다.[15]

철혈단은 1929년 ML파의 김철, 김근, 황기범, 김상아 등이 조직한 무장단 이었는데, 간도 봉기 이전에 한인공산주의자들이 이 같은 무장단을 조직하고 활동하고 있었다는 것은 이들의 활동이 사상 선전운동 단계를 넘어 무장투쟁을 염두에 두는 상황으로 발전해가고 있었음을 보여주는 것이라고 하겠다.[16]

『동아일보』에서는 일제의 재판 과정에 대해 다음과 같이 보도하였다.

> 지난 5월 30일 間島에서 일어난 간도습격사건의 관계자 金槿이하 66명에 대한 治安維持法違反及放火, 放火幇助, 放火豫備, 騷擾 등 사건은 기보한 바와 가티 사건이 지난 9월 경성지방법원으로 이송된 이후로 동 법원검사국 사상 전문 森浦검사가 수십일 동안 그들이

14) 『조선일보』 930년 6월 2일. 1930년 5월 3일. 1930년 6월 4일. 1930년 6월 5일.

15) 『동아일보』 1930년 10월 29일, 「朝鮮人富豪巨額을 强要, 천원 혹은 천오백원 강청 間島에 鐵血團活動, 全○根氏家에 又現 千五百圓 强請 본부를 돈화에 두고 활동, 領警에게 畢竟被捉」, '지난 23일 오후 일곱시 경에 룡정시내 鐵物株式會社專務取締役 金○國씨의 집에 鐵血團외 임명장을 가진 李承俊 일명이 출현하야 전기 철혈단 임명장을 보이면서 현금 천원을 제공하라고 함으로 전긔 김씨는 지금 현금이 없으니 후일로 연기해주면 천원은 몰라도 백원가량은 맨들 수 잇다 하매 고러면 후일로 연긔하자고 하고 어대로 잠적해 버렷다 한다'

16) 그러나 철혈단은 1930년 5월 중에 한인공산주의자들이 중국공산당에 합류하면서 공식적으로는 조직의 '解體宣言'을 발표하고 중국공산당의 特務隊에 합류했던 것으로 보인다. 황민호, 앞의 논문, 78~79쪽.

수용되어 잇는 西大門刑務所로 출장하야 련일 취조를 계속하야 오돈 중 작 13일까지 대체의 심문을 마치고 긔록을 정리 중 늦어도 명 15일까지는 起訴, 不起訴의 의견을 질정하려는데 긔소 불긔소의 범위는 아즉 미상하나 사건이 얼마전에 간도에서 검거 이송되어 목하동 법원 예심 중에 계속되어 잇는 소위第三次間島共産黨사건과 대부분 깁흔 관계를 가지고 잇슴으로 금번 사건도 십상팔구는 그와 한가지로 예심에 회부하게 되리라한다

일제는 김근 이하 5·30봉기 관련자 66명에 대해 치안유지법위반 및 방, 방화예비, 소요 등의 죄목으로 경성지방법원으로 이송하였다. 그리고 늦어도 9월 15일까지는 기소와 불기소 여부가 결정될 것인데 사건이 소위 제3차간도공산당사건과 깊은 관계를 가지고 있음으로 십중팔구는 그와 한가지로 예심에 회부될 것이라고 하였다. 따라서 일제는 5·30봉기에 대해 기존의 간도공산당사건과 같은 맥락에서 판단하고 있었음을 보여주고 있었다고 하겠다.17)

『매일신보』에서도 5·30봉가가 발생하자 영사관 경찰부에서는 함경북도경찰부의 지원을 받아 용정을 중심으로 약 7~80명의 관련자들을 체포하였으며, 이들은 조선공산당 만주총국의 일파로 策源地와 주모자로 인정할 만한 자들이 모두 체포되었다고 보도하였다. 그들의 범행은 전후 2차례나 경성으로 호송된 간도공산당사건과 조선에서 발생되었던 모사건과도 밀접한 관계가 있음으로 영사관 경찰부의 취조가 일단락 되면 조선으로 호송하여 취조를 받게 되리라고 하였다.18)

---

17) 『동아일보』 1930년 10월 15일, 「間島事件은 明日로 起訴 不起訴 決定 大部分은 豫審으로 廻附 被疑者는 六十六名一名은 死亡 二名은 發病 이송된 피고는 륙십삼명 事件關係者氏名」.

『매일신보』에서는 간도를 시찰하고 돌아온 총독부 外事課長 穗積眞六郞이 시찰담을 게재하기도 하였다.

> 나는 龍井 頭道溝, 局子街, 白草溝, 琿春등 여러 곳을 가보았는데 이번 간도폭동사건이 일어날 때는 한번도 그 일이 일어난 지방에 있지 아니하여 사건의 발생을 직접 당하여 보지는 못하였다. 그곳에서 들으니 제일 맹렬하기는 頭道溝로 거기에서는 폭도가 발포까지 하며 응전하여 자못 소란스러웠었다고 龍井村에서는 東拓출장소에 폭탄까지 던져『보아라』가 모두 파괴되었으나 시민들은 전연히 이것을 알지도 못하고 있었다고 한다. 이번사건에 中國 사람도 참가하였다는 말이 있으나 중국측에서는 이를 절대로 부인하며, 또 금후에 있어서는 결코 그 같은 일이 일어나지 않도록 중국관헌이 책임을 지고 경계에 당하겠다는 말을 들었다.(중략)
>
> 일반 조선인의 생활상에는 작년의 年事가 잘못되었섯고 또 금년에 들어서는 또 穀價가 비상히 떨어지어 참혹하기 그지없는 형편이었다. 그것은 조선 사람만 그런 것이 아니요 중국농민도 조선사람과 같이 참담한 생활을 면치 못하고 있는 상황이었다.19)

위의 내용에서 보면 5·30봉기가 가장 맹렬하게 전개되었던 두도구에서는 총격전이 있었고 용정에서는 東拓出張所에 폭탄이 투척되는 등

---

18)『매일신보』 1930년 6월 11일, 「間島襲擊騷動事件의 首謀者大部分檢擧, 공산당과 ○○○단 등 50명, 동흥 대성 양 중학교 학생들도 다수히 섞여있다, 幹部級 數名만 逃避」. 또한 이 기사에서는 용정에서 체포된 50여명의 관련자 중에는 대성중학과 용정중학의 학생들 20여명의 포함되어 있는데 이는 공산당원이 잘 모르는 학생들을 '선동'한 것이라 주장하기도하였다.

19)『매일신보』 1930년 6월 12일, 「冒雨掩襲한 警察隊에 拳銃亂射 長時應戰, 總指揮隊長, 金燦外卽事, 등사판, 현금, 불온문서 등 다수 압수, 間島事件 檢擧繼續, 中國人의 參加說을 該官憲은 極否認, 제일심한 곳은 두도구였다. 穗積外事課長歸來談」.

의 소란이 있었음에도 불구하고 시민들은 여전히 그것을 알지 못한다고 하였다. 그리고 작년과 올해에 들어 농사가 잘못되고 穀價가 심하게 하락하자 생활이 어려워진 조선인과 중국인 농민들이 폭동에 참여한 것 같다고도 하였다. 그는 이번 사건에 중국 사람도 참가하였다는 말이 있으나 중국측에서는 이를 절대로 부인하고 있으며, 금후에 있어서는 결코 그 같은 일이 일어나지 않도록 중국관헌이 책임을 지고 경계를 다 하겠다는 말을 들었다고 하였다.

한편 <표 1>에서 보면 5·30봉기에서 파괴된 시설의 대부분이 일제측의 시설이었다는 점에서 보아도 한인공산주의자들의 항일적 전통이 강하게 반영되고 있었다고 할 수 있을 것이다.

<표 1> 5·30봉기로 파괴된 시설 현황[20]

	구분	放火			爆彈		燒壞장소	절단장소	피해금액(圓)
		全燒	半燒	未遂	炸裂	不發			
1	朝鮮人民會	1	1	1					4,300
2	보조서당	2		2					4,850
3	會社(東拓)				1	1			50
4	民家	1	2	9	1				2,000
5	電燈會社機關						1		4,000
6	鐵道橋梁						4		2,000
7	電信電話線							10	300
	計	4	3	12	2	1	5	10	17,500

5·30봉기를 주도했던 한인공산주의자들은 6월 14일 새벽 龍井村

20) 梶村秀樹 姜德相 編, 『現代史資料』 29, みすず書房, 1972. 623~624쪽. 1·2. 일본측 시설임 3. 일본인이 설립 4. 중국인측을 제외한 한인 가옥임 5 .중국측 회사임 6. 중일 합작 天圖輕便 철도임 7. 일본측·중국측 天圖鐵道 전용의 3종임.

교외에 잠복 중이던 金槿이 체포된 후 제1차로 체포된 간부급 39명 가운데 35명을 경성지방법원으로 호송되었다. 1931년 6월 27일 이들에 대한 예심이 종결되었고,[21] 1932년 5월 30일 판결언도가 있었던 것으로 보인다.

> 관계 사건의 중대성으로나 또는 미결에 예속된지 이미 3개년이라는 긴 세월을 끌어온 것으로 보아 세상의 주목을 끌고 있던 간도 5·30사건의 김근 등 34인[22]에 관한 치안유지법, 살인 등 사건의 제6회 공판은 25일 오전 9시 30분부터 경성지방법원 제4호 법정에서 山下재판장 주심, 佐佐木검사 열석으로 개정하고 곳 검사의 논고와 구형이 있었던 바 그 형기는 다음과 같은 것으로(중략) 판결언도는 오는 30일이라 한다. 死刑, 金槿, 無期, 蘇聖奎, 10年, 黃珍淵, 張龍石, 8年, 蘇秉和, 6年, 李哲漢, 李喆洙, 5年, 羅鐘克, 梁鳳來, 4年, 金允鳳, 韓東守, 3年, 崔炯益, 千秉舜 車秉桓 具然德 洪靑石 元容彦, 2年, 金夏益, 吳二南, 車輪伯, 韓東宇, 馬今南, 車定均, 金在烈, 朴在政, 許明九, 崔榮元, 辛昌永, 李德俊, 洪靑辰, 許奎錫, 元吉常, 元明喜, 李承典.[23]

이상의 내용을 종합해 보면 1930년 5월 30일을 기해 발발한 간도5·30봉기는 6월 14일을 전후하여 김근을 비롯하여 주동자들이 대부분 체

21) 高等法院檢事局思想部, 『思想月報』 3권 1호, 1931년 6월, 「間島五卅事件豫審終結す」.

22) 서대숙, 『한국공산주의운동사연구』, 화다, 1985, 212~215쪽. 5·30봉기의 전개과정에서 3개 지역의 폭동지도자로는 용정에 黃珍淵, 두도구에 金允鳳, 천도철도에 高河景, 韓英燮 이었으며, 함경북도 태생으로 ML파 공산주의자의 일원이었던 김근은 이 사건으로 무기징역을 받고 15년간 복역을 마치고 1945년에 석방되었다.

23) 『조선일보』 1932년 5월 26일, 「間島 5·30暴動 共産黨員 最高에 死刑과 武器 今日結審하고 峻烈히 求刑 判決言渡 期日은 來 30日」.

포되면서 비교적 초기에 수습되는 듯 하는 양상을 보이고 있었다. 그리고 일제는 5·30봉기 초기에는 이 사건이 기존의 간도공산당사건과는 성격이 다른 새로운 차원의 봉기였다는 점을 거의 인식하지 못하고 있었다고 하겠다.[24)]

2. 간도봉기로의 확대와 투쟁 양상의 변화

5·30봉기가 성공적이었다고 판단한 공산진영에서는 6월 11일을 합동회의 개최하고 9개 결의 통해 보다 적극적인 항일폭동을 전개하기로 하였으며, 무기의 구입이나 암호의 제정,[25)] 등에 대해 논의하였다.[26)]

---

24) 5·30봉기와 이후의 간도봉기를 간도 제4차와 제5차 간도공산당탄압사건으로 구분하여 설명하는 경우도 있다. 독립기념관 한국독립운동사연구소, 『한국독립운동사사전』, 2004. 서대숙, 『한국공산주의운동사연구』, 화다, 214~217.

25) 봉기와 관련된 기밀 유지를 위해 한인공산주의자들은 암호를 사용했던 것으로 보이는데 예를 들면 連絡部의 縣責任은 『建』자를, 區책임은 『維』자를 암호로 사용했던 것으로 나타나고 있다. 金正實, 「間島共産黨事件前後記」, 『新東亞』3－11, 1933. 11, 105쪽.

26) 앞의, 『現代史資料』 29, 566쪽. 9개항의 내용은 다음과 같다. 1) 中韓공산당 및 부속단체는 혁명사업의 前途 및 주변정세를 살피고, 일치협력해서 혁명운동에 공헌할 것. 2) 中韓공산당은 運名으로 금후 一心同體 정신하에 혁명운동상 步調를 하나로 할 것을 선언하고, 이것을 각 당원 및 부속단체에 배포·주지시켜 합력운동에 편케 할 것. 3) 중국공산당은 滿蒙에서 일본측 시설기관의 파괴 및 그 세력을 驅逐하는 것을 과업으로 하고, 主義 선전 및 黨務확자은 점진적으로 이에 따르게 할 것. 4) 中韓공산당의 계획적 테러(폭격) 운동을 위해 해당 조선공산당의 黨費문제에 대해서는 중공당이 간여하지 않음. 5) 中韓공산당은 각기 黨務상황에 대하여 적어도 1개월에 1회 이상 상호 연락통보할 것. 6) 농민운동자에 대한 교양 및 테러운동에 관한 시련적 과업 등에 대해서는 이를 통일하여 中韓공산당 합의에 의해 정해야 함. 7) 中韓공산당 및 부속단체는 각기의 당원 및 부속단체원임을 증명하기에 족한 암호를 만들어 이를 기억할 것. 8) 中韓공산당은 당면의 과업수행상 필요한 수단방법을 연구하고 상호 의견교환을 위해 만전을 기할 것. 9) 中韓공산당은 언제나 反動단

중국공산당 만주성위원회에서 반동통치계급에 대한 무자비한 투쟁의 전개를 당의 중심임무로 규정하고 동맹파업과 정치파업의 조직, 유격전쟁과 지방폭동, 兵變(군부대의 폭동을 통한 군사반란)의 조직, 한·중 농민의 공동투쟁의 강화 등을 결의하였다.[27)]

한인공산주의자들은 6월 10일에도 봉기를 이어갔으며, 『매일신보』에 의해 보도되었다.

> 간도 총령사관경찰서장은 지난번 폭동사건 이래 연일 밤을 새워가며 책동의 근거지를 알고자 ○○중이었는데 이 사건 관계자로 체포된 사람들의 자백에 의하여 그들의 임시본부가 龍井에서 약 2리 가량 떨어져있는 東良社에 있다는 것을 알게 되어 10일 오전 1시경에 川島 고등계 주임의 지휘 아래 10여명의 경찰대를 편성하고 때마침 쏟아지는 비를 무릅쓰며 목적지에 향하여 그들의 본부인 가옥을 포위하자 이를 알게 된 그들은 권총을 난사하여 경관대에 반항을 함으로 부득이 경관대에서도 한시간 이상이나 이에 응전하여 그들의 총지휘대장 金燦과 姜學濟를 사살하는 외에 崔鳳龍을 체포하고 등사판 1대 불온문서 수십매 증거품 수십 점 군자금으로 모집하였던 일본돈 70원 중국대양화 140원 등을 압수하였다. 이외에 그들의 간부 수명은 어둠을 뚫고 도주하여 수사를 하였으나 발견치 못하고 오전 7시 본서로 돌아와 체포한 최봉룡을 취조한 결과 중국측 공산계통의 지휘연락도 확실히 판명되었다.[28)]

체의 죄상을 폭로하여 그 自滅을 촉진할 것.

27) 앞의, 『現代史資料』 29, 617~623쪽.

28) 『매일신보』, 1930년 6월 12일, 「冒雨掩襲한 警察隊에 拳銃亂射 長時應戰, 總指揮隊長, 金燦外卽死, 등사판, 현금, 불온문서 등 다수 압수, 間島事件 檢擧繼續, 中國人의 參加說을 該官憲은 極否認, 제일 심한 곳은 두도구였다. 穗積外事課長歸來談」.

위의 내용에서 보면 5·30봉기 이후 한인공산주의자들의 체포에 주력하던 일본 경찰은 6월 10일 오전 1시에 용정 부근에 있던 임시본부를 급습하였으며, 한 시간이 넘는 교전 끝에 총 책임자 金燦과 姜學濟 등을 사살하였으며, 崔鳳龍을 체포하였다. 현장에서는 등사판 1대와 불온문서 수십 매 및 증거품 수십 점을 압수하였으며, 군자금으로 모집하였던 일본 돈 70원과 중국 대양화 140원 등을 찾아냈다고 하였다. 그런데 이 사건은 5·30봉기 이후 새로운 단계의 투쟁을 준비하고 있던 한인공산주의자들에게는 커다란 손실이었다.

체포한 崔鳳龍을 취조한 결과 중국측 공산계통의 지휘연락도 확실히 판명되었다는 보도를 통해서 보면 이 사건 이후 일제는 간도봉기가 한인공산주의자들과 중국공산당의 연합하에 진행되는 사건임을 보다 분명하게 파악하기 시작했던 것으로 보인다.[29]

간도봉기는 제2차 봉기인 '8·1吉敦蜂起'을 계기로 그 투쟁성격에 변화를 나타내었다.

> 제2차 폭동사건인 8월 1일 國際反帝데이 전후에 있어서 폭동 범위는 오직 東滿에만 그치지 않고 南北滿洲에 미쳤다. 특히 吉敦地方에서는 支那軍警公安隊에 대한 공격도 감행하여 그 共匪的 폭력은 점차 구체 확대화한 이래 …… 그 목표하는 바 日本帝國主義 시설뿐만 아니라 支那側 시설 및 支那人에 대한 폭행을 개시하여 그 행동

29) 김동화 외, 『연변당사 사건과 인물』, 연변인민출판사, 1988, 64쪽. 이 사건은 용정폭동지휘부에서 발생한 사건으로 당시 강학제는 교전 중에 마지막 남은 총알로 자살하였으며, 김철은 다리에 관통상을 입고 체포되었다. 그러나 김찬이 현장에서 즉사했다는 위의 내용은 오보이다. 김찬은 1931년 5월 국내로 들어오던 중 서울에서 체포되었다. 강만길 외, 『한국사회주의운동인명사전』, 창작과비평, 1996, 127쪽.

은 민족적 관념을 초월한 淳然한 中國共産主義運動으로의 赤色테로 운동으로의 실행을 인정하기에 이르렀다.[30]

공산주의자들은 길돈봉기를 계기로 투쟁대상이 일제 뿐 아니라 중국 군경이나 중국측의 시설로 확대되었던 것으로 나타나고 있다. 한인 공산주의자들의 급진성은 당시의 재판기록에서도 나타나고 있다. 김동필의 경우에서 보면 당시 한인공산주의자들은 부유한 민가를 습격하여 운동자금을 탈취하고 債權證書類를 강탈하였다. 혹은 곡물이나 주택 등을 燒燬하기도 했으며, 총기를 가진 자를 探査하여 이를 탈취하였다. 뿐만 아니라 한인공산주의자들은 당의 명령에 순종하지 않는 자를 反革命者로, 일제 및 중국 관헌에게 순종하는 자는 走狗라 하여 처단하였다. 이밖에 중국 陸軍兵營을 습격하여 무기를 탈취하려 하거나 兵營에 대한 방화를 기도하였다.[31]

한인공산주의자들의 육군병영 습격과 관련해서는 다음과 같은 재판기록의 내용을 통해 그 일면을 확인할 수 있다.

피고인 安應孫은 崔成祿, 安正奎, 姜秦鎬 외 백 여명과 함께 廣東暴動 3週年記念日인 동년(1930년) 12월 11일 오후 11시경 전기 夾皮溝 蕨坪北方의 산에 모여 夾皮溝 支那 陸軍兵營을 습격, 방화하고 무기를 약탈하고, 또 夾皮溝 시가를 습격하여 同地 金鑛公司 및 ○

30) 앞의, 『現代史資料』29, 602쪽.

31) 金東弼, 「豫審終結決定書(京城地方法院 : 1932. 12. 28)」 김동필은 延吉縣 崇禮鄕 茶條溝 仲坪里에서 中國共産青年會에 가입하였으며, 관헌의 밀정과 고리대를 하여 빈민을 착취하는 중국인을 처단하는 활동을 전개하다 체포되어 사형언도를 받았다.

成瑞方 에 방화하고 同 市街 각 상점을 파괴하고 상품을 약탈할 것을 모의, 습격, 방화, 약탈, 선전의 각 隊를 만들어 피고 車柄喆, 安應孫외 2인은 襲擊隊에, 피고 李鍾德 외 2인은 防火隊에, 崔成祿 등은 掠奪隊에 黃成龍 등은 宣傳隊에 각각 배속되어 (중략) 방화대의 일부는 兵營의 지붕을 향해 火矢를 던졌으나 燒燼에 이르지는 않고, 또 同 兵營의 强盜에도 착수하지 못하자 도주하여 강도를 준비하고 있던 다른 자는 금광공사를 습격하여 방화하려고 하다가 家人에게 발각되어 (중략) 마침 支那官憲이 출동하였기 때문에 약탈을 하지 못하고 도주하였으나…[32]

한인공산주의자 安應孫, 崔成祿, 安正奎, 姜秦鎬 등을 비롯한 100여 명은 광동폭동3주년기념일인 12월 11일 밤 11시에 夾皮溝에 주둔하고 있던 중국 육군군영을 습격·방화하고자 하였다. 또한 이들은 협피구 市街를 습격하여 상점을 파괴하고 상품을 탈취하고 습격대, 방화대, 선전대 등을 조직하여 활동에 착수하였으나 성공하지는 못하였다. 실제로 봉기 양상이 과격해지자 중국당국에서는 초기부터 군대를 투입하여 공산당원들이 반항만 해도 총살할 것을 결의하였다.[33] 뿐만 아니라.『조선일보』에는 국자가의 陸軍監獄도 大入滿員'이라고 보도될 정도였다.[34]

12월 11일 공산주의자들은 龍井, 頭道溝, 老道溝, 이도구와 두도구,

---

32) 安應孫, 「判決文(京城地方法院 : 1933. 12. 20)」. 안응손은 1931년 1월 중순 安正奎의 권유로 中國共産黨에 가입해 蕨坪小組 責任者가 되어 활동하다 체포되어 무기징역을 받았다.

33) 『조선일보』 1930년 6월 15일, 「延吉縣 軍事當局 共産黨員 銃殺 決議. 逮捕 당시에 反抗해도 銃殺, 朝鮮人引渡는 拒絶」.

34) 『조선일보』 1930년 7월 3일, 「間島農村을 휩쓰는 軍警隊의 檢擧旋風. 국자가로 매일 수 십명을 압송 陸軍監獄도 大入滿員」.

개산툰과 남양평 간의 전선을 절단하고 부호와 朝鮮人民會 등의 가옥에 대한 방화와 파괴를 계획하였으며,[35] 天圖鐵道 교량을 소각하고 전신주 10개를 넘어뜨린 후 전선줄을 이용하여 철도를 전복시키고자 하였다.[36]

金應洙의 경우는 8월 29일 '韓日併合記念日' 정오에 延吉縣 守信鄕 四道溝 大東溝 鮮明學校에서 약 400명의 마을 사람들을 招集하고 기념식을 거행하면서 지주 및 주구처단 계획에 따라 金光三과 그의 가족을 처단하고 가옥에 불을 질렀다.[37] 10월 20일에는 朴仁煥, 金明源, 宋一孫 등이 연길현 守信鄕 大八浦江에서 중국인 고리대금업자 張某의 집을 습격하여 방화를 시도하였고, 밀정 朱俊植의 집을 습격하여 그와 가족 3인을 처단하고 1명에게 부상을 입혔다.[38] 11월 7일 러시아혁명기념일에는 봉기를 준비하던 한인청년 30여명이 일·중관헌에 의해 체포되고 등사판 2대와 삐라 등을 압수 당하기도 하였다.[39]

---

35) 『동아일보』 1930년 12월 18일, 「共産黨 各地에 出現, 第二次로 間島暴動, 天鐵橋梁破壞, 二道溝 朝鮮民會에 衝火, 開山屯地方에서 朝中人 四名 射殺, 琿春高麗小學校 共産黨이 燒却, 會寧對岸에도 共産黨出現, 結氷期 압두고 對岸騷然, 民家와 露積에 衝火」.

36) 『동아일보』 1930년 12월 15일, 「天圖鐵道橋梁 燒却 列車顚覆을 企圖 전선대를 열개나 태어넘겻다, 間島地方에 共産黨」 천도철도 열차전복 기도는 오전 5시경 통과하는 임시열차가 그것을 발견하고 무사하였다고 한다.

37) 金應洙, 「豫審終結決定書(京城地方法院 : 1932. 12. 28)」. 1930年 8月 吉林 延吉縣 守信鄕 大東溝에서 중국공산당에 가입하여 平崗區 大東溝 지부의 책임자로 활동하였으며, 이후 체포되어 사형언도를 받았다.

38) 朴仁煥, 「豫審終結決定書(京城地方法院 : 1932. 12. 28)」. 박인환은 1930년 9월 21일 吉林省 延吉縣 자택에서 黃昌洙, 曺成洙의 권유로 農民協會에 가입하였으며, 체포된 후 13년 형을 받았다.

39) 『동아일보』 1930년 11월 10일, 「露農紀念日에 百餘名檢擧, 불온한 삐라도 다수히 압수, 物情騷然한 間島地方」.

Ⅲ. 국내 언론에 나타난 간도봉기의 양상과 한인사회의 대응

1. 언론에 나타난 간도봉기의 양상

5·30봉기 이후 투쟁 열기가 고조되자 한인공산주의자들은 <표 2> 에서와 같이 檄文을 뿌리거나 민회 및 친일학교에 대한 방화와 친일분자나 지주 및 부호에 대한 처단 및 활동자금의 모집과 차용증서 및 토지문건 등을 소각하는 활동을 전개하였다. 또한 철도의 파괴나 중국 군·경대와의 교전 및 동척이나 구제회의 농산물에 대한 방화 등의 활동도 전개하였다.

<표 2> 5·30봉기 이후 『동아일보』[40]와 『조선일보』에 나타난 한인공산주의자들의 중요 투쟁 양상

신문	날짜	중요 기사 내용
동아일보	1930.9.18	天圖線 湖泉街에 武裝共産黨 出現 조선인과 중국인으로 조직된 공산당원 18명이 나타나 전선절단 학교에 衝火, 日中警官이 追跡中
	1930.9.22	間島에 共産黨 五十名 突現, 중국륙군과 교화하든 끄테, 學校에 衝火後 潛跡
	1930.9.22	龍井에도 共産黨 出現 借用證書 燒却, 잠적 후 중국륙군이 나타나, 農民 四十九名 檢擧
	1930.10.6	旺淸縣 共産黨 三名을 銃殺 간도 왕청현에 공산당 출현, 민회간부등 세 명을 살해해, 民會幹部等을 殺害
	1930.10.12	前民會長을 又復 銃殺 인심은 자못 흉흉하다고 三日에 共産黨又現
	1930.10.22	龍井에 檄文 내용이 과격, 중국공산당의 명의로
	1930.10.24	間島와 琿春方面의 民會長等 總辭職 時局問題로 最後會議끄테 身邊危險等關係로, 間島 各地에 共産黨橫行 방화와 주의선전의 항렬 民會參議員等 襲擊
	1930.10.26	共産黨 間島再襲 詳報 利鎌으로 亂刺 六名을 殺傷 八浦江에 出現한 經過, 光東學校에 放火

40) 『동아일보』는 9월 2일자 기사에 『停刊日誌』가 6월 16일부터 정리되어 있는 것으로 보아 5·30봉기 기간 중에 정간당한 상황이었던 것으로 보인다.

	1930.10.26	二道溝에 공산당원 又 現巡査 一名 射殺, 前番負傷의 二名 絶命
	1930.10.29	朝鮮人富豪巨額을 强要, 천원 혹은 천오백원 강청 間島에 鐵血團活動, 全○根氏家에 又現 千五百圓 强請 본부를 돈화에 두고 활동, 領警에게 畢竟被捉
	1930.10.29	共産黨 三名이 突現 言爭中 地主 射殺 소작료로 언쟁중에 사살 卄七日 頭道溝에서
	1930.10.30	間島와 琿春方面의 民會長等 總辭職 時局問題로 最後 會議끄테 身邊危險等 關係로, 間島 各地에 共産黨橫行 방화와 주의선전의 항렬 民會 參議員 等 襲擊
	1930.10.31	間島에 共産黨又現, 保衛團 又復奪去, 長銃과 彈丸等 武器奪去, 洞長外 七名을 拉去
	1930.11.1	民會는 閉鎖 民議總辭職, 頭道溝에 共産黨又現, 倉庫와 民家에 衝火
	1930.11.10	露農紀念日에 百餘名檢擧, 불온한 삐라도 다수히 압수, 物情騷然한 間島地方
	1930.11.2	頭道溝楊家店에서 共黨과 陸軍交火 네명은 피신해 버렷다. 黨員一名 被殺
	1930.11.12	民會參議員 其他에 死刑狀 사형집행장 480장 間島共産黨이 發送
	1930.11.13	勞農革命記念日 朝鮮青年 七十五名 檢擧, 일본과 중국 경관이 출동, 檄文三千枚도 押收
	1930.11.19	和龍縣에 공산당 出現, 地主家에 放火
	1930.11.24	救濟會野積에 放火하야 燒却
	1930.12.18	共産黨 各地에 出現, 第二次로 間島暴動, 天鐵橋梁 破壞, 二道溝 朝鮮民會에 衝火, 開山屯地方에서 朝中人 四名 射殺, 琿春高麗小學校 共産黨이 燒却, 會寧對岸에도 共産黨出現, 結氷期 압두고 對岸騷然, 民家와 露積에 衝火
	1931.1.21	汪淸縣下에서 交戰 共産黨 卄名 被捉 拳銃爆彈等 押收, 敦化陸軍側 卄二名 檢擧
조선일보	1930.6.4	三名의 鐵血團 突現. 拳銃 爆彈 가지고 군자금 강탈코 도주, 間島 崇禮鄕에
	1930.6.7	拳銃團 十名 突現. 間島 細鱗河에, 주민 모하노코 연설한후에 證書 文簿 全部 燒火
	1930.7.11	共産黨 標榜한 七名이 突現. 현금 백여원을 강탈 후 文簿全部를 燒却, 간도 화룡현
	1930.8.20	募捐隊 六名 檢擧. 거번에 공산당 모연대 십여명이 간도 英東村 英東校場에 모하노코 일장연설, 이후 日領署員 출동 羅一俊 金在京등 六人 검속
	1930.8.21	武裝共産黨 三十名 中國軍과 又復交火. 旺青縣에서 수시간을 격전 現場被逮二十餘名
	1930.09.6	拳銃團 突現! 七名을 銃殺코 衝火. 여섯명이 침입하야 가족을 전멸, 間島 同胞家에 慘劇
	1930.9.11	間島共産黨員 再擧 二三道溝 襲擊. 電線切斷 襲擊으로 大騷亂, 日中警官 急遽出動
	1930.10.9	三人을 銃殺. 조선인민회 주사 李昌淵 外 二名을 銃殺, 공산당 대부대가 습래하여 間島龍井村에서

	1930.11.2	保衛團 三名 銃殺 東拓穀物에 放火. 間島共産黨의 行動
	1930.12.4	間島富岩洞에서 共黨과 警官隊 交戰. 오삼십사건 폭동책임위원 李東山과 그 외 수명의 공산당원이 체포되어, 무기도 압수
	1930.12.15	共黨 又復 暴動. 鐵道顚覆企圖, 오삼십事件 後 初有의 暴動行動, 備隊出動準備, 간도일대의 공산당
	1931.3.10	철교에 방화 전선을 절단.「간도 공산당이 출몰」용의자 1명 체포

당시 언론 보도에 따르면, 天寶山 관내 永芝溝에서는 수명의 공산당원이 나타나 救濟會 野積穀을 소각하였다고 한다.41) 또한 왕청현 소백초구에서는 무장공산당원 50여명과 중국 육군 20여명이 교전하였는데 중국육군은 공산당원 2명을 사살하고 8명을 검거하였으며, 권총 2정과 장총 10정을 압수하였다. 梨樹溝에 출동한 두도구의 중국육군 3연대는 공산당 20여명과 교전하였는데 공산당 1명이 피살되고 20세의 젊은 處女 洪惠順 외 1명이 중상을 당해 검거되었다.42)

공산주의자들은 교회를 공격하는 경우도 있었다. 용정촌에서는 선교사 金某가 『民聲報』에 공산주의에 대해 폄하하는 글을 게재하자 협박장을 보냈는데 요사이 간도공산당이 교회당을 습격하여 폭행과 협박 등의 행위를 자행하고 있다고 하였다.43)

간도봉기가 격화되고 친일관련 시설이나 민회에 대한 공격이 강화되자 총독부에서도 긴장하고 있었다.

41) 『동아일보』 1930년 11월 24일, 「救濟會野積에 放火하야 燒却」.

42) 『동아일보』 1931년 1월 14일, 「共産黨과 陸軍交火 五名 被殺 八名 被逮 묘령처녀도 한명이 피살되어 武器多數도 押收」.

43) 『매일신보』 1930년 8월 9일, 「間島共産黨 敎會를 脅迫, 선교사가 발표한 공산주의 반대로 문제」.

> 지난 17일 이래 간도에 출장하얏든 총독부 외사과 穗積 과장은 재작 25일 밤차로 귀경하야 다음과 가티 말하얏다. 龍井村 頭道溝 방면은 일본 경찰의 경계로 공산당의 활약이 이전보다 좀 줄엇다고 할 수 잇스나 아즉도 위험이 만허 민심이 극히 불안하외다. 가장 큰 위험을 즛느끼는 사람은 총독부의 보조밧는 학교의 교원으로 선생은 이집 저집으로 피신해 다니는 상태이며 보조서당으로 소실된 곳이 3곳이나 됩니다 그 중 두도구 鶴東書堂은 금년 5월 사건에 소실되엇슴으로 다시 세웟더니 이번에 또 소각을 당하얏슴으로 다시 어쩔 수업서 내버려 두엇습니다. 露積 방화가 빈빈하야 소실된 곡물이 6백여석에 달하며 18민회 역원의 사직은 이번 나의 출장으로 지난 21일부터 복직하기로 되엇습니다. 米價 폭락은 간도도 심하야 소작인의 참상은 생불여사 이라고 할 수 잇습니다.[44]

위의 내용은 1930년 11월 17일 간도로 출장을 떠났다가 25일에 돌아온 조선총독부 穗積 과장의 시찰담이다. 그는 용정촌과 두도구 방면은 일본 경찰이 경계중임으로 공산당의 활약이 이전 보다는 줄어들었다고 할 수 있으나 아직도 위험이 많아 민심이 극도로 불안하다고 하였다. 가장 위험을 느끼는 사람은 총독부의 보조를 받는 학교의 교원들로 이들은 이집 저집으로 거처를 옮겨다니는 상황이라고 하였다.

총독부 보조서당은 3곳이나 소실되었고 그 중에서도 두도구 鶴東書堂은 5·30봉기 과정에서 소실되어 다시 세웠으나 이번에 또 소각을 당해 어쩔 수 없이 내버려 둘 수 밖에 없게 되었다고 하였다.

이밖에 그는 露積한 곡물에 대한 放火가 빈발하여 소실된 곡물이

---

44) 『동아일보』 1930년 11월 28일, 「民會長은 復職 共産黨의 學校燒却頻頻」 間島 농민의 참상은 생불여사, 穗積外事課長 視察談」.

600여석 달하며, 18개 민회의 역원이 辭職했다가 자신의 출장 이후 다시 복직했을 정도로 민회에 대한 공산주의자들의 공격이 심각한 상황이었다고 하였다. 細麟河 부근에서는 民會側의 밀고로 영사관경찰에게 체포되었던 공산당원 30여명이 연행 도중 이를 제지하는 중국 保衛團의 항의로 풀려나기도 하는 등 공산진영과 민회의 긴장관계가 고조되고 있었던 것으로 보인다.[45] 1930년 10월에는 공산당 대부대가 龍井을 습격하여 朝鮮人民會 주사 李昌淵 외 2명이 총살당하였으며,[46] 10월 1일에는 旺清縣 牧丹地의 조선인학교에 출현한 공산당이 百草溝 조선인민회 간부 李某와 기타 2명을 처단하기도 하였다.[47]

天寶山 茶條溝 土門子 방면에서는 공산당원들이 조선인민회 參議員과 대지주 등 480명에게 사형집행장을 발송하였다는데 이 이로 인해 참의원들은 속속 사표를 제출하였다는 기사가 보도되기도 하였다.[48] 간도와 혼춘의 경우는 민회장 18인 가운데 용정 등의 10인은 1930년 10월 20일 사직하기로 하고 아래와 같이 자신들의 입장을 알리는 성명서를 黑田總領事를 등에게 보내기도 하였다.[49]

---

45) 『조선일보』 1931년 1월 23일, 「間島細麟河 부근에서 공산당 30명을 중국 보위단에 인도. 민회측의 밀고로 被捉」.

46) 『조선일보』 1930년 10월 9일, 「三人을 銃殺. 조선인민회 주사 李昌淵 外 二名을 銃殺, 공산당 대부대가 습래하여 間島龍井村에서」.

47) 『동아일보』 1930년 10월 6일, 「旺清縣共産黨 三名을 銃殺 간도 왕청현에 공산당 출현, 민회간부 등 세 명을 살해해, 民會幹部等을 殺害」.

48) 『동아일보』 1930년 11월 12일, 「民會參議員 其他에 死刑狀 사형집행장 480장 間島共産黨이 發送」.

49) 『동아일보』 1930년 10월 24일, 「間島와 琿春方面의 民會長等 總辭職 時局問題로 最後會議끄테 身邊危險等 關係로, 間島 各地에 共産黨橫行 방화와 주의선전의 항렬 民會參議員等 襲擊」.

금춘 이래로 간도일대에서 공산당원이 자주 각지에 출현하야 日本 補助學校와 朝鮮民會에 방화하며 동시에 직원을 총살하는 일이 빈번함으로 간훈민회장련합회의를 열고 모종대책을 결의하야 감독관청에 제출하얏다는데 감독관청에서 하등의 회답이 업슴으로 부득이 총사직을 단행하얏다 함은 긔보와 갓거니와 사직의 리유는 다음과 갓다 한다.

一. 從來間琿民會長會議에서 決意한 諸般事項을 監督官廳에서 採擇치 아니하는 것
一. 目下時局騷擾에 基因하야 會費徵收不能과 身上이 危險한 것
一. 在主同胞의 福利를 增進키 爲하야 設立된 民會임에도 불구하고 목적달성이 불가능한 것을 覺悟한 것.

간훈민회장연합회에서는 일본으로부터 보조를 받은 학교와 조선민회에 대한 방화 및 직원들에 대한 총살이 빈번해지고 회비의 징수가 불가능해지는 등 민회가 제 기능을 발휘할 수 없는 상황임으로 총사직을 단행한다고 하였다.[50)]

실제로 상황이 긴박해지자, 남양평, 천보산, 대랍자, 용정촌, 국자가의 민회장들은 1931년 1월 26일 서울에 와서 穗積 외사과장 및 기타 관리들을 방문하고 일본정부는 좀더 선명한 태도로 간도동포를 보호해야 하며, 자신들은 일본의 엉거주춤한 태도 때문에 이러지도 저러지도 못하고 있으며, 중국당국의 압박만 심할 뿐이라고 하였다.[51)]

---

50) 『동아일보』 1930년 10월 30일, 「間島와 琿春方面의 民會長等 總辭職 時局問題로 最後 會議끄테 身邊危險等 關係로, 間島 各地에 共産黨橫行 방화와 주의선전의 항렬 民會 參議員等 襲擊」.

51) 『동아일보』 1931년 1월 29일, 「間島朝鮮人民會 會長 五氏 突然 入京 철저히 보호해달라고 總督 其他를 訪問」. 당시 서울로 들어왔던 민회장은 남양평 朴京周, 천보

간도봉기가 확대되자 중국당국의 탄압도 격화되고 있다. 우선 중국당국에서는 教育主權의 回收라는 이름 하에 한인학교에 대한 통제를 강화하였다.

> 만주에 잇는 동포의 압박은 날로 가혹하여가며 教育主權回收라는 이름으로 조선인 학교를 강박으로 해산 하야 만주의 20만 조선인 아동은 배울 길이 업서 가두에서 방황하고 잇는 중 근일 吉林教育廳에서 간민사립학교취제판법 6항을 각현에 반포하여 시행하리라 하고 명령하였다 하는 바 그 대요는 아래와 같다.
>
> 1. 墾民私立學校는 규정된 시간에 조선어, 조선사, 조선지리를 교육하는 외에 기타 과목은 교육부에서 규정한 표준에 의하여 교육을 得 함.
> 2. 이미 성립된 간민사립학교는 교육부령 기간내(민국 20년 하기 방학 전)에 立案을 요함.
> 3. 간민사립학교에서는 所用하는 조선어, 조선사, 조선지리 등 교과서 每課後에 필히 漢文으로 번역하며 또한 編審辦法(차는 別定함)에 의하야 審查함을 요함.
> 4. 간민사립학교는 매학기 始에 本학기의 授課時間及 採用하는 교본을 教育主管機關에 存查함을 요함
> 5. 범 사립학교에 속한 일체 法令은 간민사립학교에서 절대로 준수함을 요함
> 6. 본 판법에 규정된 각 항은 該管 地方官廳及 教育局에서 간민사립학교에 준수하도록 하며, 만약 抗違情事가 有하면 교육청에 呈報한 후 情形에 의하여 公立으로 개편하며 或 解散하도록 함.[52]

산 文◯朝, 대납자 崔鳴◯, 용정촌 李庚在, 국자가 崔允周이었다.

52) 『동아일보』 1930년 11월 21일, 「峻嚴을 極한 私校令發布, 교과서 편찬까지 간섭을 해, 在滿同胞壓迫前提」.

길림교육청에서는 간민사립학교취체판법을 제정하여 한인자제들의 교육에 대한 감독을 강화하였는데 사립학교에서는 조선어, 조선사, 조선지리를 교육하는 이외에 기타 과목은 중국당국에서 규정한 표준에 의하여 교육해야 하며, 매학기 사용하는 교제에 대해 교육 주관기관에 조사를 받게 하였다.

중국 관헌들은 공산당원들에 대한 수사를 빙자하여 무고한 한인들을 체포하거나 살해하는 경우도 있었으며, 無錢取食[53]과 金錢强奪 등으로 한인들을 괴롭혔다. 심한 경우에는 조선인 거주민에게는 借家를 엄금하는 등의 불이익을 하였다.[54] 연길시 공안국에서는 간도봉기 이후 60여명의 외사경찰을 새로 채용하여 探偵隊를 신설하고 한인공산주의자들의 체포에 주력하기도 했다.[55]

1930년 9월 10일 밤 용정에서는 15·6명의 공산당원이 지역 주민들에게 소작료와 금융부에 대한 대금 납부 거부 등을 선전한 후, 借用證

---

53) 『조선일보』 1930년 7월 9일, 共産黨 討伐隊 共食主義 實施. 수백명씩 먹어대는 통에 移住同胞가 增加」. 간도에 잇는 조선인 동포들이 중국관헌에게 무리한 박해를 당하는 일은 비일비재이지만 최근에 이르러서는 더욱이 무리한 행패가 있던 특히 天寶山 土門子 雲河市는 조선인의 호수가 20호에 불과한데 거개 빈민으로 ○○○ 생활을 근근히 하여가는 바 금년 2월 이래로 중국 륙군과 순경들의 무전취식한 것이 400여명에 달하며 간도대사변이 잇는 이후 범인을 수색한다는 구실로 동리에 출동하야 600여명이 또 무전취식을 한 후 그 비용을 일반조선인 주민에게 부담시킴으로 당지 동포들은 이러한 일 때문에 그곳에서는 살수가 없어 경자하여 놓은 농작물도 집어던지고 이곳 저곳으로 이주할 모양이라는 바 당시 뿐아니라 간도 奧地에서는 동포들은 근일에 와서 이러한 박해를 거의 곳곳마다 당하고 있다한다

54) 『조선일보』 1930년 6월 21일, 「共産黨員 搜査를 憑藉 無錢取食코 金錢强奪. 二重受難의 間島同胞, 日中兩國의 國際問題化, 頭道溝 日警隊 青年 또 檢擧, 朝鮮人 居留民에게 借家까지 嚴禁」.

55) 『조선일보』 1930년 7월 17일, 「局子街 公安局 外事警官採用. 間島사변 이후에 륙십명이나 새로히 채용, 偵探隊도 設置, 共産黨을 搜査 活動中」.

書를 불태우고 사라지는 사건이 발생하였다. 보고를 받고 출동한 중국 육군은 공산당원을 한명도 체포하지 못하자 무고한 조선농민 49명을 검거하는 박해를 가하기도 했다.[56]

남양평에서는 縣立 제7학교가 공산당원의 방화로 불타게 되자 중국 육군은 부근의 양민 가옥을 일일이 수색하여 공산당이 배포한 협박문을 압수하는 한편, 공산당 협조자라는 명목으로 주민 30명을 검속 취조하였다.[57] 『동아일보』에서는 이도구에서 공산당과 중국육군이 교전 중에 5~6명의 조선인이 중국육군에 의해 사살되었다고 보도하였다.[58]

『조선일보』에서는 敦化 지역의 경우 중국당국에게 驅逐을 당한 조선 농민 40여명이 중국 육군에 의해 산림 중에서 처참하게 학살되었으며, 시신이 방치된 상황이라고 보도하였다. 그런데 『조선일보』의 이같은 보도는 吉敦蜂起 이후 중국 군경의 조선인에 대한 박해와 탄압이 가혹한 수준이었음을 보여주는 것이라고 할 것이다.[59]

천보산 숭례향에서는 중국인 자위단이 조선인이 소유한 70여정보의 토지를 빼앗기 위해 무장한 공산당원으로 위장하여 조선인 농민 10여명을 죽이고 放火하는 사건이 발생하기도 하였다.[60] 흑룡강성 泰來縣에

56) 『동아일보』 1930년 9월 22일, 「龍井에도 共産黨 出現 借用證書 燒却, 잠적 후 중국 륙군이 나타나, 農民 四十九名 檢擧」.

57) 『동아일보』 1930년 9월 22일, 「南陽坪 住民 三十名 檢擧, 공산당 협조자」.

58) 『동아일보』 1930년 9월 28일, 「行方不明者의 屍體를 發見, 무고한 주민 다섯이 죽어, 二道溝事件의 犧牲者」.

59) 『조선일보』 1930년 10월 19일, 「敦化 撫松間에서 同胞五十名 虐殺. 시체부패하야 目不忍見의 情景, 間島서도 一 名 또 被害」.

60) 『조선일보』 1931년 1월 13일, 「조선인 방축목적으로 동포 십여명을 총살. 간도중국인 자위단 소행. 공산당소위로 가장하고 있다가 필경 탄로. 진퇴유곡의 70만인」. 지난십 12월 29일밤 8시경에 間島 天寶山부근에 잇는 崇禮鄉 土門 西新貞呼일대에 무장한 共産黨員 수십명이 나타나 조선 同胞 농민 10명을 학살하고 放火까지 하엿

서는 한인들의 적극전인 '陳情' 노력에도 불구하고 600여 가구 3,000명의 조선인이 省政府의 명령으로 구축되기도 하였다.[61]

1930년 9월 요녕성 정부에서는 한인이 입경할 경우 공안국에 등기를 마친 3인 이상의 보증이 있어야 하며, 잠시 조선인의 입적을 금지하며, 일정한 직업이 없는 조선인은 境外로 구축할 것을 중요 내용으로 하는 법령을 제정하기도 하였다.[62] 그런데 흑룡강성과 요녕성 정부의 이같은 태도는 간도봉기 이후 중국당국의 한인들에 대한 박해와 탄압이 만주지역 전역에 걸쳐 광범위하게 확산되고 있었음을 보여주는 것이라고 하겠다.

2. 한인사회의 동향과 대응

5·30봉기 이후 공산주의자들의 투쟁 강도가 강화되고 중국당국의 박해와 탄압의 강도도 점차 높아가지 한인사회의 대응도 적극화 되었다. 연변지역의 한인들은 延邊4縣自治促進會(이하－자치촉진회)를 조직하고 중국당국의 협의하에 합법적인 대표기관을 조직함으로써 중국

다는 사실에 대하야 모처에서 그후 엄중이 조사한 결과 이것은 공산당원의 행동이 아니라 同地에 移住한 30여명의 중국인 공산당을 방해한다는 소위 自衛團이라는 미명아래 그 부근에 산재한 조선사람 지주 70여호를 放逐하기 위하야 무장한 35명의 중국인이 그와 가티 학살하고 조선사람의 소유한 70餘町步의 토지를 탈환하기 위하야 그와 가튼 잔악한 범행을 하고 공산당원의 소위이라 한 것이 판명되었는데 이로서 부근주민은 二重三重의 고통과 무참히 학살을 당하는 일이 적지 않음으로 家産 기타를 정리하야 속속 피난하는 중이라는데 간도 지방에 移住한 70만동포는 과연 진퇴유곡인 참경에 처하야잇다 한다.

61) 『동아일보』 1930년 11월 24일, 「泰來縣在住同胞 六百戶에 驅逐令, 黑龍江省政府命令으로 朝鮮人代表 陳情中」.

62) 『동아일보』 1930년 9월 11일, 「朝鮮人入境嚴重히 取締」.

당국의 한인사회에 대한 박해문제를 해결하고자 도모하였다. 자치촉진회는 1930년 9월 延吉市 籌備處長 張書翰이 연길, 화룡, 왕청, 혼춘 등의 한인대표 20명을 소집하여 시정방침에 대한 자문을 구한 것이 계기가 되어 조직되었다.[63]

'鄕老會'라고도 불렸던[64] 이 회의에서 한인대표들은 中國의 法律이 許諾하는 範圍內에서 民族的 自治團體의 組織을 제의하였으며, 중국당국로부터 정식인가를 받았던 것으로 보인다. 그런데 이 자치촉진회는 한인 농민들의 사상을 공산주의에서 민족주의로 전환케 하고 간민회와 금융기관을 설치하여 한인농민들을 보호하는 것을 목표로 하였다. 뿐만 아니라 이들은 조선인 민회와 일제 금융부를 배격함으로서 간도지역에서 일본세력을 一掃하는데 기여하고자 했던 것으로 보인다.[65] 이는 다음과 같은 『동아일보』 보도를 통해서도 확인된고 있다.

> 延琿和汪 지방자치촉진회 창립대회는 지난 四일 오후 一시부터 연길현농회에서 四현대표와 二十여명 주최 인사의 집합리에 金廷一씨의 개회사와 霍萬程 陳致業 량씨의 회무집행으로 다음과 가튼 순서에 의하여 성대히 창립식을 거행하고 나머지 토의사항은 신임간부에게 일임한 후 동일 오후 四시 반에 폐회하야다 한다.
>
> 一. 經過報告, 一. 延邊情勢報告, 一. 簡章通過, 一. 任員選擧 正會長 張斌, 副會長 仝盛鎬, 陳致業, 幹事 ○○○, 韓基奭 蔡奎五, ○輔仁, 馬玉仁, 盧祥麟.[66]

---

63) 앞의, 『現代史資料』29, 627쪽. 이 회의에는 延吉縣에서 金廷一·金京禧·張元俊, 汪淸縣에서 玄天極·崔振東, 琿春縣에서 蔡聚伍 등이 참석하였다.

64) 『東亞日報』 1930년 10월 11일, 「自治促進會 吉林省에서 許可」.

65) 앞의, 『現代史資料』29, 627쪽.

66) 『동아일보』 1930년 11월 12일, 「延琿和汪의 自治促進會」.

자치촉진회는 유세대를 편성하여 공산주의 타도를 선전하는 활동을 전개하며, 한인의 민족적 대동단결을 강조하였다.[67] 1931년 봄 국자가의 자치촉진회에서는 왕청현에 출동한 공산당 토벌대 사령부를 방문하고 공산당 토벌을 함부로 하여 농촌의 장정들이 모두 투옥되어 농사할 사람이 없음 정도임을 호소하기도 하였다. [68] 요컨대 자치촉회의 활동은 간도봉기 이후 반공주의를 내세우며 합법적 자치운동을 전개하고자 했던 세력이었던 것으로 보인다. 한편 중국당국에서는 全省警務處飜譯官이었던 조선인 吳仁華를 통해 자치촉진회의 간부인 全盛鎬·金廷一과 교섭을 갖고 자치촉진회의 활동을 후원하기로 했던 것으로 나타나고 있다.[69]

길림성 정부에서도 한인사회의 안정과 사상전환을 위해 노력하고 있었다.

> 12월 하순에 吉林省政府에서는 同府委員 중 조선통역관 吳仁華씨 등을 間島지방에 파견하야 간도일대 韓僑의 情況과 지방 사항 及 일본의 세력 침입 등의 상황을 조사케 하얏든 바 동부 관원들은 약 1개월을 체제하면서 전긔 상황을 조사하고 지난달 하순에 길림으로 도라와서 길림성 정부위원회에 간도 일대에 대한 상황 보고를 하는 한편으로 間島 行政 改善案을 제출한 바 이를 접수한 동위원회에서는 그 안을 심사 토의하야 동회에서 통과 되야 불원에 실현하리라는 데 전긔 건의안은 알에와 갓다고 한다.

---

67) 앞의, 『現代史資料』29, 628쪽.

68) 『동아일보』 1931년 4월 3일, 「共産黨討伐 司令部에 陳情, 장정이 업서 농사 못지어, 局子街 自治促進會」.

69) 앞의, 『現代史資料』29, 626~628쪽. 길림성정부 겸 전성경무청 통역관 吳仁華와 全盛鎬·金廷一 등은 회합을 가졌던 것으로 보인다.

一. 行政官署로써 선량한 墾民을 택하야 墾民指導員으로 任케하며 그로써 민중에게 절실히 勸告하야 思想을 轉換케할 것.
二. 간민교육을 주관기관을 設施하야 韓華人民을 均用하며 文化政治로서 墾民의 사상을 改善케 할것
三. 地方自衛團에 墾民을 編入하야 地方不良者 取締를 協力케할 것
四. 地方에 銀行을 設立하야 墾民의 ○困○○濟하며 其生計를 培植할 것
五. ○署에 墾民을 採用하야 行政事務에 補助케 할 것
六. 日本勢力○侵入을 防止케 할 것.[70]

길림성정부에서는 1930년 12월 오인화를 간도에 파견하여 한인들의 상황에 대해 조사케 하는 한편, 행정관서를 통해 선량한 墾民을 선발하여 한인들의 사상선도에 주력하게 하였다. 또한 한인들을 위한 교육 주관기관과 은행의 설립, 행정관서에서의 한인들에 대한 채용 등을 검토하고 있었다. 그러나 자치촉진회의 활동은 한인문제를 둘러싸고 중국과 일제의 정치적 갈등관계가 계속되는 상황에서, 그리고 한인공산주의자들의 반발 등으로 인해 성과를 기대하기는 어려웠던 것으로 보인다.[71]

이밖에 중국당국에서는 1930년 6월 21일부터 이틀동안 延吉鎭守使의 훈령에 따라 국가가 극장에 있는 조선인과 중국인 鄕甲長 500여명을 모아 놓고 무지한 하급 군인의 폭행이 있으면 즉시 보고하여 이를 미연에 방지해야 할 것을 강조하며, 치안상 관민협력이 필요함을 홍보

70) 『조선일보』 1931년 2월 13일, 「墾民교도에 주력 사상전환을 劃策. 간도일대 조선인 보호목적 길림성 당국의 개선책」.

71) 황민호, 『재만한인사회와 민족운동』, 국학자료원, 1998. 238쪽.

하기도 하였다.[72)]

한인사회 일부에서는 민중대회의 소집을 통해 스스로 보호하고자 하는 움직임을 보이기도 하였으며, 이 과정에서 1930년 9월 26일 全延邊民衆大會召集準備委員會가 조직되었다. 이들은 한인들의 피해실상을 조사하여 대중들에게 보고하고 이 문제를 중국당국과 교섭하기 위해 29일 오전 10시에 민중대회를 소집할 것, 대회 소집 취지서를 작성하여 내외 신문에 발표할 것 등을 결의하고 민중대회 준비에 착수하였다. 민중대회의 준비위원은 李昌珪, 李麟求, 鄭廣民, 朴鉉善, 金進國, 金自成, 金炳華 등 이었으며, 용정 시내에 있는 김진국의 집에서 회의를 개최하였다.[73)]

민중대회는 1930년 9월 29일 12시에 용정시 공회당에서 이린구의 사회로 진행되었으며, 4,000여명의 군중이 모인 가운데 개최되었다. 이 날 용정 시내의 모든 상점은 철시하였으며, 4개의 결의 사항과 15인의 상무위원을 선출하자 경찰의 강제해산으로 대회가 끝났다. 결의 사항은 다음과 같았다. 1. 신문지상으로 여론을 환기시킬 것. 2. 금후 이런 사건이 없도록 길림성 정부에 항의 할 것. 3. 살해 동포의 구휼금을 모

---

72) 『매일신보』 1930년 6월 25일, 「延吉鎭守使의 治安上訓令, 관민협력을 高調」. "연길진수사는 지난 21일부터 이틀동안 관내의 각 관공사립학교 직원을 비롯하야 조선인과중국인 鄕甲長 등 500여명을 국자가 중국 극장으로 소집하야 전 간도에 이러난 공산당원의 폭동사건을 상세히 설명한 후 [쏘벳트]露西亞는 공산주의의 실재한 것을 말하고 만일 또이러한 폭동이 일어나면 다만 이 방면의 치안 상 문제 뿐아니니 엇더한 중대한 사건을 이르킬는지 알수 업다(암암리에 일본측 ○○○○하면 양편이 손해라는 뜻을 암시하야) 고하여 금후의 취채방법과 또 이 공산당사건 취체를 빙자코 중국 하급 무지한 군인의 폭행이 잇스면 즉시 급보하야 제군과 함께 이를 미연에 방지하는 동시에 대외적으로 재앙이 일어나지 아니하도록하다고 엄달하얏다."

73) 『동아일보』 1930년 10월 2일, 「全延邊 民衆大會를 召集 각종 대책을 강구코자 同胞被害問題로」.

집할 것. 4. 상설기관을 설치할 것 등이었다.[74]

구체적인 활동계획은 1930년 9월 30일에 개최된 제 1회 중앙집행위원회에서 논의되었으며, 다음과 같은 내용이 결정되었다. 1. 내외 일치 전민족적 여론으로 世界公眼에 호소키로 함. 2. 항의는 성정부, 鎭守使處, 市政籌備處 3개소로 하되 성정부에는 서면으로 하고 진수사서와 시정주비처에는 항의 대표 5인을 파송키로 함. 3. 피해동포의 구휼금 모집은 서무부에 일임키로 함 등이었다. 이밖에도 경비는 발기단체와 사회유지의 동정금으로 할 것, 부서는 庶務, 調査, 外交 3부로 할 것, 사무실은 東亞日報支局으로 할 것 등이었다.[75]

1930년 10월 10일에는 동북변방부사령관 장작상에 의해 길림성에 있는 귀화한교 대표가 소집되었는데 金東三, 朴憲柄, 金利太 등 4인이 대표로 참석하였다. 이 회의에서 중국당국은 '종래 한인에 대한 취체규정이 없었기 때문에 무리한 경우가 있었음을 인정하고 각 현에 엄명하여 한인의 보호에 노력하는 중이니 양해주기 바란다'고 하며 사과하였다. 그리고 향후 언론기관에서는 양민족의 감정이 선회하도록 노력해주기 바라며, 현재 구금 중인 한인에 대해서는 좋은 대우를 할 것과 모두 석방할 가능성도 있음을 언급하였다고 한다.

실제로 이 회의를 전후해 중국당국에서는 길림에서 3명, 교하에서 6명, 반석에서 3명의 한인을 공안국 관리로 채용하기도 했다.[76] 또한 길

---

74) 『동아일보』 1930년 10월 5일, 「軍警嚴戒中 間島民衆大會, 천여명의 동포가 모혀 吉林省政府에 抗議」.

75) 『동아일보』 1930년 10월 9일, 「救恤金募集 抗議 代表選定, 생정부등 세곳에 항의, 民衆大會委員會」.

76) 『동아일보』 1930년 10월 13, 「代表會議를 期會로 朝鮮人官吏採用, 구금된 사람의 대우도 잘한다, 吉林當局態度好轉」.

림시정주비처에서 개최된 延邊朝鮮人元老會議에서 제기한 폭동 이후 애매하게 구금된 조선농민을 석방하여 달라는 진정이 수용되어 100여 명의 한인이 석방되기도 하였다.[77]

그러나 이러한 노력에도 불구하고 재만 한인에 대한 중국당국의 정책이 완전히 변경된 것은 아니었다. 한인들을 단속하기 위한 중국정부의 정책은 계속되고 있었다. 실제로 1931년 5월에 개최된 제3차 國民會議의 재만한인에 대한 정책확정안에서도 첫째, 입적케 할 일, 둘째, 생활안정을 도모할 일, 셋째, 동화교육을 실시할 일, 넷째, 인권을 보장할 일 등 원칙적인 문제에 대해서만 확인하고 있는 실정이었다. 중국당국에서는 한인의 입적이나 동화교육의 추진 등 기존의 정책을 고수하면서 인권의 보장이나 생활의 안정 등 지극히 원칙적인 문제에 대하여 간략하게 언급함으로써 중국당국의 정책에 큰 변화가 없음을 나타내고 있었다.[78]

Ⅳ. 맺음말

본고에서는 1930년 5월을 전후하여 발생한 간도봉기의 전개과정과 한인사회의 대응에 관해 당시의 언론자료와 재판기록 등을 중심으로 분석해 보았다. 그 특징을 정리하면 다음과 같다.

첫째, 언론자료를 통해서 보면 간도 5·30봉기는 6월 14일을 전후하

77) 『동아일보』 1930년 10월 8일, 「元老會 陳情으로 百餘同胞 放免 延吉市 公安鎭守兩處만 今後로도 續續 釋放될 듯」.

78) 韓元彬, 「在滿朝鮮農民驅逐問題」, 『農民』2－7, 1931년 7월, 18쪽.

여 김근을 비롯하여 주동자들이 체포되면서 초기에 수습되는 듯한 상황을 맞이하고 있었던 것으로 보인다. 일제는 사건 초기에는 이 사건이 한인공산주의자들과 중국공산당의 합당과정에서 발생한 사건으로 기존의 간도공산당 사건과는 다른 성격의 봉기였음을 명확하게 인식하지 못하고 있었다. 뿐만 아니라 중국당국 역시 봉기의 전개과정에 중국인들의 가담을 강력하게 부인하는 태도를 나타내고 있었다.

둘째, 간도봉기는 길돈봉기 이후 그 성격이 변하여 일제에 뿐만 아니라 중국군경이나 중국인 지주에 대한 투쟁으로까지 그 양상이 확대되어 갔다. 재판기록에 나타난 투쟁양상을 분석해 보면 한인공산주의자들은 부유한 민가를 습격하여 운동자금을 탈취하고 채권 증서나 차용증서를 강탈하였으며, 혹은 곡물이나 주택 등을 불태우고 총기를 가진 자를 찾아내어 이를 강탈하였다. 그리고 당의 명령에 순종하지 않는 자를 반혁명자라 하여, 일제 및 중국 관헌에게 순종하는 자는 走狗라고 하여 처단하였으며, 중국 육군병영을 습격하여 무기를 탈취하거나 병영에 대한 방화를 기도하는 공격을 시도하였음을 보여주고 있다.

셋째, 국내언론에 보도된 봉기의 양상과 관련해서는 한인공산주의자들이 친일단체인 조선인민회에 대한 공격이나 친일적 성격의 학교에 대한 공격이나 파괴 등과 관련된 보도가 여러 건 나타나고 있는데 한인공산주의자들의 이러한 투쟁은 간도봉기의 전개과정에 항일적 성격이 강하게 내포되어 있었음을 보여주는 것이라고 하겠다.

넷째, 간도봉기가 격렬해지고 중국당국에 박해와 탄압에 의한 피해가 극심해지자 한인들은 이에 대한 적절한 대응을 위해 노력했던 것으로 보인다. 실제로 중국 군인들은 공산주의자들을 체포한다는 명분으로 무고한 한인 양민들에 대한 총살이나 체포, 무전취식, 구타, 금품의 약탈 등을 자행했던 것으로 보이며, 한인 자제들의 교육문제나 심지어는 가옥을 빌리는 문제 등에까지 일일이 간섭하고 있었다.

중국당국의 박해와 탄압에 대해 한인들은 연변4현자치촉진회를 조직하여 대응하였다. 자치촉진회에서는 대체로 한인들이 공산주의에 경도되는 것을 방지하면서 중국당국과의 교섭을 통해 한인들의 합법적인 자치권을 획득하고자 노력했던 것으로 보인다. 또한 전 연변민중대회에서는 대규모의 민중대회를 소집하고 이를 통해 중국당국의 부당한 박해에 대해 정식으로 항의하는 한편, 피해 한인들의 구휼과 안정을 위한 활동을 전개하고자 했다. 한인들은 다양한 교섭 방법을 통해 중국당국과 접촉하고 있었던 것으로 추정된다. 그러나 한인사회의 이러한 노력에도 불구하고 간도봉기가 진행되던 기간 동안에 중국당국의 한인에 대한 박해와 탄압이 개선되었다고 보기는 어려울 것으로 판단된다고 하겠다.

제4부

연구 경향과 과제

만주지역 민족운동사 연구의 동향과 과제

Ⅰ. 머리말

1910년 국권이 피탈된 이래 민족진영은 새로운 독립운동의 근거지를 마련하기 위해 노력하였으며, 1920년에 이르면 봉오동전투와 청산리전투에서 대승을 거둠으로써 독립의 꿈과 의지를 키웠다. 1920년대 중반기에 이르면 正義府, 參議府, 新民府로의 鼎立을 이루어 각 단체는 재만 한인의 자치기관과 독립운동단체로서의 역할을 수행하였다.

1926년 5월 조선공산당 만주총국의 결성을 전후하여 빠른 속도로 세력의 성장을 이룬 한인공산주의자들은 1920년대 후반에 이르면 민족진영과 대별되는 하나의 운동세력으로 발전하였다. 양 진영은 1931년 9월 18일 만주를 침공해 오는 일제에 대항하여 적극적인 항일무장투쟁을 전개하였으며, 이는 1940년대 초까지 지속되었다.

만주지역에서 전개된 항일독립운동이 주로 일제의 침략과 억압 및 중국당국의 봉건적 수탈에 대한 우리민족의 자주적 대응이었다고 한다면 한인사회의 형성과 발전 및 그들이 처했던 사회경제적 여건, 특히 금융이나 농업 등에 대한 연구는 독립운동이 현실의 개관적 조건을 이해하는데 있어서 중요한 밑거름이 될 수 있을 것이다. 근자에 들어서는 만주지역에서의 교육운동과 종교에 대한 연구가 보다 풍부하게 진행되고 있으며, 친일조직의 결성이나 활동 혹은 친일 협력논리 및 안전농촌이나 집단부락에 대한 연구 등도 중요한 연구주제가 되고 있다.

만주지역 항일민족운동사에 대한 연구는 1990년대 이후 활발하게 전개되기 시작하였다. 대체로 1990년 이후부터 2005년 9월경 까지 만주지역 민족운동사 및 이주사, 조선족사, 그리고 그와 직·간접적으로 관련된 분야에서 저서 및 논문, 자료집 등을 망라한 연구 성과가 중국과 일본을 포함하여 400여 편에 이른다는 보고가 있었다.[1] 이러한 연구 성과를 시기별, 주제별로 검토한 논문도 여러 편 발표되었다.[2]

따라서 본 논문에서는 주로 기존의 연구경향에 대한 검토에서 다루지 못했던 최근의 연구 성과를 중심으로 만주지역 항일독립운동사와 관련된 인물과 단체에 대한 연구 및 교육운동과 종교, 재만 한인의 사회적 실태와 친일단체의 활동 등의 연구 성과와 특징에 대해 정리해 보

---

1) 장세윤, 「중국 동북지역 민족운동 연구의 성과와 과제」, 『중국동북지역 민족운동과 한국현대사』, 명지사, 2005.

2) 김성보, 「중국 동북지역 초기 민족해방운동」, 『쟁점과 과제 민족해방운동사』, 역사비평사, 1990. 김광운, 「항일무장투쟁과 조국광복회」, 『쟁점과 과제 민족해방운동사』, 역사비평사, 1990. 김희태, 「무장 항일독립운동사에 대한 延邊史學界의 시각」, 『한국독립운동사연구』5, 한국독립운동사연구소, 1991. 김성호, 「중국연변대학의 조선족연구단체 및 학자들」, 『쟁점한국근현대사』2, 한국근대사연구소, 1993, 박영석, 「해외 한인 독립운동사연구에 대한 회고와 전망」, 『한민족독립운동사』12, 국사편찬위원회, 1993. 신주백, 「무장투쟁사」, 「만주지역 사회주의운동사」, 「연변에서의 역사연구와 자료현황」, 『1920－30년대 중국지역 민족운동사』, 2005, 선인. 김춘선, 「조선인의 동북이주와 중·조(한) 국경문제 연구동향－중국학계의 연구성과를 중심으로」, 『한중관계사연구의 성과와 과제』, 국사편찬위원회, 2004.

고자 한다. 본고에선 주로 2005년을 전후하여 2010년까지의 만주지역 항일독립운동사와 관련된 연구 성과들을 중요 검토 대상으로 하였다. 본고는 이 연구를 통해 궁극적으로 만주지역 항일독립운동사에 대한 이해의 폭을 보다 깊이 있게 넓혀가고자 하였다.

II. 항일독립운동사 관련 연구

1. 독립군 단체의 결성과 항일무장투쟁

만주지역에서는 1919년 3·1운동을 전후하여 수많은 독립운동단체들과 독립군 조직이 결성되었다. 이들의 줄기찬 국내진입작전은 일제의 식민지통치에 타격을 가하는 한편, 국내외의 민중들을 각성시키는 성과를 거두었다. 따라서 1920년대 이후 만주지역에서 결성되었던 독립군단이나 독립운동단체 및 이들이 수행했던 전투, 혹은 관련 인물에 대한 연구는 만주지역 항일무장투쟁사연구의 중심 주제가 되어왔다. 기존의 연구에서는 북로군정서와 대한국민회, 대한독립단 및 광복군 총영, 대한청년단연합회 등에 대한 연구가 이루어졌다.

최근 독립기념관 한국독립운동사연구소에서는 광복 60주년을 기념하여 『한국독립운동의 역사』 총 60권을 발간하면서 만주지역 항일독립운동사에 대해 5권의 연구서를 발간하여 이 분야에 대한 그동안의 연구 성과를 정리하였다.[3] 개별적인 연구로는 대한독립군비단과 광정

3) 윤병석, 『1910년대 국외항일운동 I —만주·러시아』(2009), 황민호·홍선표, 『3·1운동 직후 무장투쟁과 외교활동』(2008), 반병률, 『1920년대 전반 만주·러시아지역 항일무장투쟁』(2007), 채영국, 『1920년대 후반 만주지역 항일무장투쟁』(2007), 장

단에 대한 연구와 대한광복군사령부와 대한광복군총영의 조직과정과 실체를 재론한 연구 및 독립군의 전투상황이나 군자금 모집의 동향을 확인할 수 있는 연구 등이 진행되었다.

위의 연구에서는 먼저 대한독립군비단이 대한민국임정부의 지시로 조직된 단체라는 기존의 견해에 의문을 제기하였다. 장백현에는 1913년에 이미 한교동사회가 조직되어 있었고 이 단체의 주축이 후일 군비단의 주요 구성원이 되었음을 감안할 때 군비단은 1910년대 이전에 단체 성립의 기운이 무르익고 있었다고 보는 것이 타당하다는 것이다. 뿐만 아니라 이 연구에서는 군비단이 발전적인 해소를 단행한 후 결성된 광정단의 이념과 활동에 대해서도 정리하였다.[4]

대한광복군사령부와 대한광복군총영에 대한 연구에서는 광복군사령부가 1920년 2월경 서간도의 한족회, 대한청년단연합회 및 민국독립단과 대한독립단이 통합한 독자적인 독립군단이 아니라, 1920년 8월경 상해 임시정부가 서간도에 설치한 임정 군무부 산하의 조직이었다고 주장하였다. 또한 대한광복군사령부와 대한광복군총영은 별개의 조직이 아니라 하나의 조직이 명칭을 달리하고 있었던 것이라고 주장하는 등 기존의 연구가 갖고 있는 문제점을 지적하였다.[5] 이밖에 1920

세윤, 『1930년대 만주지역 항일무장투쟁』, 한국독립운동사편찬위원회 독립기념관 한국독립운동사연구소, 2009.

4) 김주용, 「중국 長白地域 독립운동단체의 활동과 성격－大韓獨立軍備團과 光正團의 활동을 중심으로」, 『史學硏究』 제92호, 한국사학회, 2008.

5) 윤대원, 「서간도 대한광복군사령부와 대한광복군총영에 대한 재검토」, 『韓國史硏究』133, 韓國史硏究會, 2006. 이 연구에서는 대한광복군총영에 대해 1920년 7월 1일 이후 안동현에서 광복단을 중심으로 대한광복군총영이 조직되었으며, 이보다 약 한달 뒤에 임시정부에 의해 대한광복군사령부의 조직개편안이 완성되었는데 안동현과 상해의 정보교환이 원활하게 이루어지지 못했고, 뒤이어 일제의 토벌과 탄압

년대 만주와 연해주지역의 독립군단들의 통합운동의 전개과정과 이를 통해 대한독립군단이 결성되는 과정에 대해 설명하고, 그 역사적 의의를 부각한 연구가 있었다.[6)]

독립군의 전투상황과 관련해서는 봉오동전투와 청산리전투의 실질적 戰果에 대해 보다 분명하게 접근할 필요가 있다는 주장이 제기되기도 하였다.[7)] 『독립신문』 1920년 12월 15일자의 기사에 따르면 봉오동전투에서는 일본군 전사 157명과 중상 200여명, 경상 100여명의 큰 피해를 입은 것으로 되어 있으나 필자는 이에 대해 의문을 제기하였다.

그러면서 『조선민족운동연감』에는 일본군 전사자가 120명인 것으로 나타나 있고, 민족운동가이며 역사가인 金鼎奎의 일기에는 100여명의 일본군이 죽고 부상자가 심히 많았다는 기록이 보인다고 하였다. 또한 중국측의 문헌에는 6월 7일 새벽 한 차례의 전투에서 일본군 49명이 죽었는데 이중 장교가 3명 포함되어 있었다는 기록도 있다고 하였다.

필자는 청산리전투에 대해서도 한국측의 기록은 '대승(대첩)'을 강조하고 있는 것에 비해 일본 측에서는 피해를 의도적으로 축소하는 경향이 있다고 보았다. 즉 국내의 경우 청산리전투에 참여했던 당사자들의 기록을 수용하여 약 3,300명의 일본군이 살상된 것으로 주장하는 경우가 있는데 이는 다분히 과장된 것이라고 보았다. 일본 측의 내부보고서

으로 독립군단체가 각지로 흩어지면서 대한광복군사령부案은 관철되지 못하였으며, 이러한 상황에서 대한광복군총영이 실질적인 지방사령부 역할을 하게 되자 두 단체의 조직명이 혼용되게 되었다고 보았다고 파악하고 있는 것으로 생각된다.

6) 윤상원, 「무장부대 통합운동과 대한 독립군단 : 1920년대 초 만주와 연해주 무장부대들의 동향」, 『역사문화연구』 第24輯, 韓國外國語大學校 歷史文化研究所, 2006.

7) 장세윤, 앞의 책, 42~25쪽, 155~156쪽. 연구경향과 관련한 선행연구에 대한 검토는 주로 이 논문의 내용을 참조하였다.

에서는 가장 치열했던 1920년 10월 22일의 어랑촌전투에서 조차 일본군의 피해가 고작 보병 전사 1명, 부상4명, 기병 전사 2명, 부상 7명으로 축소되어 있다고 하였다.

필자는 지금까지의 자료를 종합해 보면 청산리대첩에서 독립군은 약 400~500명의 일본군을 섬멸했을 것으로 보인다고 하였다. 그리고 일종의 '신화'로 자리 잡고 있는 청산리전투의 실상을 이제는 냉정한 이성과 학문적 입장에서 이해하고 평가해야 한다고 주장하였다. 간도참변에 대해서는 1920년 10월부터 1921년 초까지 일제가 간도에서 자행한 만행에 대해 학계의 철저한 진상규명이 필요하며, 일본의 사과와 배상을 받아 내야한다고 하였다.[8]

조선총독부 기관지인 『매일신보』의 보도 경향을 분석한 연구도 있었다. 이 연구에서는 봉오동전투와 청산리전투에 대해 『매일신보』가 일본군이 '善戰'하고 있는 듯한 추측성 기사를 반복적으로 개제하고 있는 것이나 청산리전투에 참가했던 일본군 장교가 백두산 일대가 산림이 울창하고 지형이 험해 독립군을 토벌하는데 어려운 점이 있었다는 기사 등을 통해서 볼때 청산리전투의 戰況이 일본군의 뜻대로 이루어지지 않았음을 보여주는 것이라고 분석하였다. 1920년대의 독립군과 관련해서는 현지에서 채록한 <신흥무관학교 교가>와 『항일투쟁시기 노래집』 및 『조선족민요곡집』 등에 실려 있는 항일투쟁 노래의 의미와 내용을 분석하고 그 내용의 성격과 현재적 의미에 대해 분석한 연구가 진행되기도 하였다.[9]

---

8) 채영국, 「중국동북지역 속의 한국근현대사를 자신감 있게 파헤친 역작」, 『한국근현대사연구』 가을호 제38집 한국근현대사학회, 2006.

9) 길태숙, 「재만조선인 항일투쟁 노래의 과거와 현재적 의미」, 『동방학지』144, 연세

1930년대 국민부 산하의 무장대원들이 국내에 들어와 전개했던 군자금모집 활동에 대해서도 정리한 연구들이 발표되었다. 1932년 6월 邊洛奎를 대장으로 金光海, 金弓民 등이 국내로 들어와 전개한 군자금 모집활동에 대한 연구가 있었다. 1933년 6월 군자금 5만원 이상의 획득과 당 연락기관의 설치를 위해 활동했던 徐元俊의 활동에 대해 정리했던 연구도 발표되었다.10) 또한 1932년 3월 30일 조선혁명군 대원 李先龍이 東一銀行 장호원 지점을 습격하여 군자금을 모집하고자 했던 상황과 그의 활동에 대한 국내언론의 보도 경향 등에 대한 분석이 이루어졌다.11)

1930년대 중국 관내지역 독립운동세력의 만주지역 독립운동 세력의 인식에 대해 분석한 연구도 있었다. 이 연구에서는 金九와 金元鳳 등 중국 관내지역 독립운동세력들이 만주지역의 독립운동세력에 대해 큰 관심을 가지고 연대를 맺으려고 했음을 밝히는 동시에, 이들의 노력은 관내지역 독립운동세력이 독립운동 방략에 있어서 항일무장투쟁의 가치를 중시하고 있었음을 보여주는 것이라고 평가하였다.12) 만주와 중국관내의 독립운동세력이 서로에 대해 어떻게 이해하고 있었는지를 분석하는 연구는 중국지역에서의 독립운동사의 전개를 새로운 차원에서 이해할 수 있는 토대를 제공할 가능성이 높다고 할 수 있을 것이다.

대학교 국학연구원, 2008.

10) 황민호, 「1920년대 초 재만 독립군의 활동에 관한『매일신보』의 보도경향과 인식」, 『한국민족운동사연구』 50, 2007.

11) 박환, 「1930년대 조선혁명군의 국내 군자금 모금 활동－李先龍의거를 중심으로－」, 『한국민족운동사연구』 62집, 2010.

12) 한상도, 「중국 관내지역 독립운동세력의 동북지역 독립운동 인식」, 『한국민족운동사연구』57, 한국민족운동사학회, 2008.

사회주의진영의 동향에 관한 논문도 발표되었다. 1929년 이후 一國一黨主義路線에 따라 전개된 한인공산주의들의 중국공산당 입당과 이후에 전개된 한인들의 지속적인 항일무장투쟁 참여에 대해 '중국조선족'이라는 새로운 민족정체성의 탄생과정을 의미한다고 주장하는 연구도 있었다.13)

『滿鮮日報』와 『東亞日報』 및 『在滿朝鮮人通信』 등에 나타난 1930년대의 한인공산주의자들의 항일무장 투쟁 대해 분석한 연구도 있었다. 특히 이 연구에서는 『동아일보』와 『만선일보』에 나타난 김일성 관련 기사의 내용과 성격에 대해 상세히 분석하기도 하였다.14) 그런데 만주지역 항인공산주의자들의 활동과 관련해서는 향후 중국공산당과의 합동과 이것이 바탕이 되어 전개된 '間島蜂起'에 등에 대한 연구가 보다 치밀하게 이루어져야 할 것으로 생각된다.15)

---

13) 장우순, 「1920년대 만주한인사회의 세대교체와 운동이념의 변화」, 『史林』 제26호, 首善史學會, 2006. 이 연구 따르면 조선에서의 기억이 거의 단절되었던 이민 2세들의 경우 1920년대에 들어 새로운 정체성의 형성이 요구되고 있었는데 이들은 공화주의적 민족운동과 연결되어 있던 '조선연장주의'와 사회주의와 연결되어 있던 '조선연장주의'를 각각 극복함으로서 1930년대에 들어서 중국공산당의 깃발 아래 중국혁명과 항일투쟁에 참여하게 되었으며, 이 과정에서 자신들의 새로운 국가와 중국의 미래를 위한 혁명 활동에 헌신하게 되었다고 설명하고 있다. 그러나 그의 주장은 민족정체성의 형성이라는 문제를 지나치게 단순하게 설명하고 있는 듯한 느낌이다.

14) 최홍일, 「재만한인 공산주의자들의 항일무장투쟁에 관한 국내외 언론의 인식」, 『한국민족운동사연구』51, 한국민족운동사학회, 2007.

15) 장세윤, 「간도봉기와 한 · 중 연대 항일무장투쟁」, 『중국동북지역 민족운동과 한국현대사』, 명지사, 2005. 황민호, 「1920年代 後半 在滿韓人共産主義者들의 路線轉換과 間島蜂起에 관한 硏究」, 『國史館論叢』79, 국사편찬위원회, 1998.

2. 인물연구 및 자료조사

만주지역에서 활동했던 항일독립운동가에 대한 연구도 꾸준히 이루어졌는데 이동휘, 오동진, 양세봉, 홍진, 김좌진, 홍범도, 지청천, 정재면 등의 민족진영 인사에 대한 연구와 김일성을 비롯하여 동북항일연군의 지도자인 이홍광, 허형식 등 사회주의진영 인물에 대한 연구가 진행되었다.

정이형은 정의부 의용군 제6중대장으로 국내진공작전을 수행한 대표적인 인물이었다, 그는 1927년 3월 17일 하얼빈에서 체포되어 해방 직후인 1945년 8월 17일 대전형무소에서 출옥할 때까지 약 19년 동안 옥고를 치렀다. 해방 이후에는 좌우합작운동 및 친일파척결운동에 적극적으로 참여한 인물로 알려져 있다. 그에 대한 연구에서는 정이형의 독립투쟁 노선과 진보적 민족주의자로서 정치 이념에 대해 다양한 자료를 통해 실증적으로 체계화되고 있다.[16]

중국학자에 의해서는 양세봉과 최진동에 대한 연구도 출간되었다. 양세봉에 대한 연구에서는 조선혁명당의 강령과 정책이 1935년 관내에서 성립한 민족혁명당의 그것과 비슷하다는 주장을 제기하고 있으며, 남한과 북한에서 모두 존경받는 독립운동가인 그의 위상을 강조하고자 했던 것으로 보인다. 양세봉과 관련해서는 좌·우의 이념을 뛰어넘어 항일독립운동 전개하고자 했던 그의 민족의식의 흐름에 대한 보다 개관적이고 실증적인 연구가 필요한 것으로 생각된다.[17] 봉오동전

16) 박환, 『잊혀진 혁명가 정이형–친일파 처벌법 제정의 선구자』, 국학자료원, 2004.
17) 조문기 지음 · 안병호 옮김, 『조선혁명군 총사령관 양세봉–1930년대 항일무장투쟁사의 큰 봉우리』, 나무와숲 2007. 이 책의 서문에는 양세봉에 대해 '서울의 국립

투의 주역이며 청산리전투에 참가했던 최진동의 일대기도 정리되었다. 이 연구에서는 당시의 전투상황 뿐만 아니라 만년의 최진동이 연변에서 자치운동과 관련한 그의 활동에 대해 다루고있는 것으로 보인다.[18] 다만 보다 실증적이고 객관적인 자료의 검토가 필요할 것으로 생각되는 측면이 있다.

한족회와 서로군정서, 정의부 및 민족유일당운동에서 활약했던 김동삼과 봉오동전투와 청산리전투의 영웅 홍범도에 대한 열전이 출간되었다.[19] 김좌진에 대해서는 신민부의 결성과정과 그가 암살당한 이후 국내언론에 보도되었던 추모기사의 내용을 정리함으로써 일제 하에서도 김좌진이 수행한 청산리전투와 그의 독립운동 관련 행적이 대중들에게 상당한 수준으로 알려져 있었음을 확인하였다. 다만 신민부 결성과 김좌진의 사망과 관련된 국내언론의 보도에 대해서는 차후에 보다 상세한 보완이 있어야 할 것으로 여겨진다.[20] 통의부 군사위원장 신팔균에 대한 연구도 있었다. 그는 1876년 강화도조약 체결을 주도했으며, 초기 개화사상가 속했던 祖父 신헌의 영향을 받아 무관의 길을 걸었다. 이 연구에서는 통의부의 군사위원장 및 사령관을 역임하면서 순국

묘지와 평양 애국열사릉 양쪽에 모두 묘소가 있는 유일한 독립투사'라고 묘사되어 있다. 북한의 출판물에서는 양세봉에 대해 다음과 같이 서술하고 있다. '양사령은 늘 자기와 김형직은 결의형제라고 하면서 나를 친구의 자식으로 극진히 사랑해 주었다. 오동진, 손정도, 장철호, 이웅, 김사현, 현묵관과 함께 길림에서 나를 경제적으로 제일 잘 후원해 준 사람이 바로 양세봉이었다' 김일성, 『세기와 더불어』2, 조선노동당출판사, 1992, 363쪽.

18) 김춘선·안화춘·허영길, 『최진동장군』, 흑룡강조선민족출판사, 2006.

19) 김희곤, 『만주벌 호랑이 김동삼』, 지식산업사, 2009. 장세윤, 『홍범도의 독립전쟁－봉오동 청산리전투의 영웅』, 독립기념관 한국독립운동사연구소, 역사공간, 2007.

20) 황민호, 「북만에서 쓰러진 항일무장투쟁의 거인－김좌진」, 『春潭 劉準基 博士 停年退任紀念論叢－韓國近現代人物講義』, 국학자료원, 2007.

하기까지의 과정을 한국판 '노블리스 오블리지'의 전형이라고 평가하기는 했지만, 그의 활동에 대한 구체적인 실상이나 무장투쟁론자로서의 그의 정치적 이념의 형성과 발전 과정 등에 대해서는 보다 상세한 보완이 필요해 보인다.[21)]

1920년대 만주지역 민족유일당운동에 참여했던 金尙德의 독립운동과 해방 이후의 민족국가 건설의 역정에 대해 정리한 연구도 발표되었다.[22)] 1930년대에 한국독립군이 일본군과의 전투에서 대승을 거둔 대전자령 전투에 참여했던 조경한의 생애와 독립운동을 그가 남기『白崗回顧錄』을 중심으로 정리한 연구가 발표되었다.[23)] 그러나 필자도 지적하였지만 개인의 독립운동에서의 활동과 역할을 후대에 작성한 회고록에 의존해서 정리하는 작업은 엄격한 객관성의 확보라는 측면에서 조심스러운 부분이 있다고 하겠다.

김동삼과 홍범도, 이동휘, 정재면, 김정규, 김승빈 許銀 등의 자료집(회고록)이 출간된 바 있으며,[24)] 중국[25)]과 북한[26)]에서 관련 자료집과

---

21) 김주용, 「동천 신팔균의 독립운동연구」, 『한국민족운동사연구』 60집, 2009.

22) 신주백, 「한 길 속에서 일관되게 상대를 아우르려 한 今洲 金尙德」, 『한국민족운동사연구』 62집, 2010.

23) 장세윤, 「백강 조경한의 생애와 만주지역 독립운동」, 『南道文化硏』 14, 순천대학교 남도문화연구소, 2008.

24) 김세일, 『역사기록소설 홍범도』1~5, 제3문학사, 1989~1990. 이해동, 『만주생활 77년－일송선생 맏며느리 이해동여사 수기 '난중록'』, 명지출판사, 1990. 리영일, 「리동휘 성재선생」, 『한국학연구』5－별집, 1993. 정대위 엮음, 『하늘에는 총총한 별들이－북간도 鄭載冕의 독립운동사』, 청맥, 1993. 독립기념관 한국독립운동사연구소, 『龍淵 金鼎奎 일기』상·중·하, 경인문화사, 1994. 국가보훈처, 『해외의 한국독립운동사료 12－독립군의 수기』, 1995. 한국정신문화연구원, 『한국독립운동사자료집－홍범도편』, 1994. 허은, 『아직도 내귀엔 서간도 바람소리가』, 정우사, 1995.

25) 中共延邊州委黨史硏究室 編, 『東滿地區革命歷史文獻彙編』상 · 하, 연변대학 의학

답사기[27] 및 연변을 비롯하여 한인동포들이 거주하고 있는 지역의 사정을 알 수 있는 지방지[28] 등이 다양하게 출간되었다. 우선 대련시 당

원, 2000. 高術喬 主編, 『東北抗日聯軍 第1軍 在遼寧史料長篇』, 瀋陽, 白山出版社, 2001. 吉林省公安廳公安史研究室 · 東北淪陷十四年史吉林編寫組 編譯, 『滿洲國警察史』, 長春, 1990. 滿洲國史編纂刊行會 編, 黑龍江省社會科學院歷史研究所 譯, 『滿洲國史(總論)』, 哈爾濱; 黑龍江省 社會科學院歷史研究所, 1990. 中央檔案館 · 中國第二歷史檔案館 · 吉林省社會科學院 合編, 『東北'大討伐』, 北京, 中華書局, 1991. 孫邦 主編, '僞滿史料叢書' 전10권, 『'九 · 一八'事變』 · 『僞滿人物』 · 『僞滿軍事』 · 『抗日救亡』 · 『日僞暴行』 · 『經濟掠奪』 · 『植民政權』 · 『僞滿文化』 · 『僞滿社會』 · 『僞滿覆亡』, 長春: 吉林人民出版社, 1993. 大連市圖書館, 『東北地方文獻聯合目錄(日文圖書部分)』上 · 下, 大連, 1984, 遼寧省圖書館 · 遼寧省政協文史資料委員會 編, 『文史資料東北文獻編名索引』, 심양, 瀋陽書社, 1991. 지옥자 외(편), 『중국조선문도서총목록』, 연변인민출판사, 1992. 李晨生 主編, 『遼寧檔案通覽』, 瀋陽, 檔案出版社, 1988, 遼寧省檔案館 編, 『遼寧省檔案館指南』, 北京, 中國檔案出版社, 1994.

26) 『김일성주석 혁명역사자료집-1912.4.~1926.6.』, 외문출판사, 1991. 김일성, 『세기와 더불어』1~8, 조선로동당출판사, 1991~1998.

27) 윤병석『한국독립운동의 해외사적 탐방기』, 지식산업사, 1994; 조동걸, 『독립군의 길따라 대륙을 가다』, 지식산업사, 1995. 강용권, 『만주 항일유적지 답사-죽은자의 숨결, 산자의 발길』상 · 하, 장산, 1996. 임희준 편, 『중국조선민족 항일투쟁유적지』, 연변대학출판사, 1996. 안천, 『신흥무관학교-정통 독립군, 원초적 사관학교』, 교육과학사, 1996. 이원규, 『독립전쟁이 사라진다-중국 · 러시아 독립전쟁 현장 답사기』 1 · 2, 자작나무, 1996. 한국독립유공자협회 엮음, 『중국동북지역 한국독립운동사』, 집문당, 1997. 박도, 『민족반역이 죄가 되지 않는 나라-항일유적 답사기』, 우리문학사, 2000. 박환, 『만주지역 항일독립운동 답사기』, 2001, 국학자료원. 대한매일 특별취재반, 『저기에 용감한 조선군인들이 있었소-해외 항일전적지를 찾아서』, 동방미디어, 2001; 김철수, 『연변항일사적지 연구』, 연변인민출판사, 2001. 박청산, 『연변항일혁명사적지』, 연변인민출판사, 2002.

28) 연길시지방지 편찬위원회, 『연길시지(1986-2000)』, 북경, 중화서국, 2003. 길림성 연길시지방지 편찬위원회 편, 『연길시지』, 북경, 신화출판사, 1994. 연변조선족자치주 지방지 편찬위원회 편, 『연변조선족자치주지』상 · 하, 북경, 중화서국, 1996. 연변조선족자치주교육지 편찬위원회 편, 『연변조선족자치주 교육지(1715-1988)』, 하얼빈, 동북조선민족교육판사, 1992. 연길시교육지 편찬위원회, 『연길교육지(1901-1988)』, 연변신화 인쇄창, 1990. 안도현 지방지편찬위원회, 『안도현지』, 길림문사출판사, 1993. 화룡현 지방지편찬위원회, 『화룡현지』, 길림문사출판사, 1992. 돈화시 지방지편찬위원회, 『돈화시지』, 신화출판사, 1991.

안관의 한인독립운동사와 관련된 자료를 정리한 논문에서는 대련의 일본헌병대가 파악한 만주지역 항일독립운동단체나 조선공산당 및 동북항일연군 관련 자료의 현황에 대해 간략하게 소개하였다. 특히 이 연구에서는 대련지역에서 활동했던 沈得(德)龍 관련 자료에 대해서 상세하게 소개하면서 그의 활동에 대한 연구 필요성을 제기하였다. 심득룡은 북만지역에서 항일연군에 참가했다가 소련군 참모부에 발탁되어 관동군에 대한 정보수집활동을 전개하였으며, 체포된 뒤에는 731부대에 보내져 생채실험 당한 인물이었다.[29]

『不逞鮮人團體調査表(大正 15年 1月)』와 『鮮匪 參議府 狀況』이라는 자료도 소개되었는데 通化領事館(分館) 경찰서에서 작성한 것으로 보이는 이 자료는 기존의 자료들과 달리, 참의부의 주요 간부들과 지휘관의 명단이나 인적사항은 물론, 병사 개개인의 이름이나 나이 출신지역 등에 대해서도 구체적으로 기록하고 있다. 참의부의 조직과 편제 및 해당 직책의 주요 간부의 명단 등이 상세하게 수록되어 있어서 주목을 받

29) 유병호, 「대련지역 소재 한인민족운동 자료 탐색」, 『大连·旅顺地区与韩人民族运动家』, 大连韩·中国际学术会议, 韩国民族运动史学会·大连大学 韩国学研究院, 2007. 필자에 따르면 심득룡은 북만에서 항일연군에 참여하였다가 파견을 받고 소련으로 유학을 갔으며, 1938년 10월에 코민테른이 설립한 모스코바 공산주의 대학을 졸업하고 소련군 참모부에 발탁되어 무선기술과 기타 첩보기술을 훈련받았다. 1940년 소련군 참모부는 심득룡을 대련으로 파견하여 대련주재 소련 영사관의 지시에 따라 홍아사진관을 차리고 심양, 본계, 천진 등지에서 무전으로 일본군의 이동상황과 대련부두 창고 周水木 일본육군 창고의 군수품 수량 등의 정보를 보고하도록 하였다. 1943년 10월 대련헌병대는 장기간 심득룡의 무전신호를 추적하여 그를 체포하였으며, 731부대 마루타로 보내 생체실험을 하였다. 대련 일본 헌병대는 심득룡의 무전신호를 추적하는 과정을 일기형식으로 상세히 기록하여 500쪽 분량의 보고서를 남겼다. 이외에 심득룡 등 8명에 대한 예심자료와 종합보고서 등이 남아 있는데 총 분량이 1,500쪽 정도 된다고 한다.

았다.[30] 이밖에 중국 중요 당안관이 소장하고 있는 한국독립운동사 관련 사료의 현황을 정리하면서 당안관 별로 자료 발굴의 가능성과 기존 자료수집의 문제점을 지적한 연구가 발표되기도 하였다.[31]

독립기념관 독립운동사연구소에 의해 길림, 흑룡강성, 요녕성의 중요지역에 대한 조사가 진행되었으며, 흑룡강성 지역 가운데에서는 密山, 阿城, 尙志. 延壽 등에 대한 세부조사가 있었다.[32] 독립기관에서 발간한 『한국독립운동의 역사』 59권에서 '국외항일유적지'를 정리하는 가운데 만주지역의 독립운동 유적에 대해 개략적으로 정리하였다.[33] 만주지역의 항일독립운동 관련 유적지를 중심으로 거의 모든 독립운동사 관련 유적지가 포함된 답사기가 출간되기도 하였다.[34]

일제시기 재만 한인의 삶과 기억을 정리한 구술 자료집이 출간되었다. 이 자료집은 연길, 장춘, 심양, 오상 지역의 한인들을 중심으로 만주로의 이주와 정착과정, 가정 형편과 생활조건(의식주), 생계와 직업, 교

30) 장세윤, 「만주지역 독립운동에 관한 새로운 자료의 검토 -참의부 관련 중국 당안관 문서 소개-」, 『백범과 민족운동연구』 제6집, 백범학술원, 2008.

31) 윤휘탁, 「중국의 檔案자료 소장현황과 수집의 문제점」, 『한국민족운동사연구』 60집, 2009. 논문에서는 주로 북경의 중앙당안관, 중국제1역사당안관, 북경시당안관, 상해 · 강소지역의 중국제2역사당안관, 상해시당안관, 강소성당안관, 남경시당안관, 사천시당안관, 중경시당안관, 요녕성당안관, 심양시당안관, 길림성당안관, 장춘시당안관, 연변조선족자차주당안관. 흥룡강성당안관, 대련시당안관서의 자료수집의 가능성에 대해 정리하였다.

32) 독립기념관 독립운동사연구소, 『독립운동사적지 실태조사보고서(7)-흑룡강, 요녕성, 길림성지역』, 2007. 독립기념관 독립운동사연구소, 『독립운동사적지 실태조사보고서(8)-흑룡강성지역』, 2008.

33) 김주용 · 박환 외, 『국외항일유적지』, 한국독립운동사편찬위원회 독립기념관 한국독립운동사연구소, 2009.

34) 박환, 『(박환 교수의) 만주지역 한인유적답사기』, 국학자료원, 2009. 필자는 2001년에 발간한 『만주지역 항일독립운동 답사기』를 대폭 증보하여 발간하였다.

육. 풍속과 교육 등에 대한 내용이 정리되어 있다. 향후 독립운동과 관련된 기억을 되살리는 더 많은 구술 채록 작업이 이루어지는 것이 바람직할 것으로 보인다.[35] 밀산과 연수, 하얼빈 지역의 한인들은 최근 자신들의 역사를 정리하여 출간하기 하였다.[36]

Ⅲ. 재만 한인의 민족교육과 종교

만주지역에서 재만 한인들이 적극적인 항일독립운동을 전개할 수 있었던 배경과 관련해서는 교육운동과 종교운동에 관한 연구가 주목되어왔다. 한인들은 열악한 생활환경 속에서도 자녀들의 교육에 대해서는 대단히 적극적이었다. 교육운동이나 학교의 운영이 상당부분 기독교 등의 종교와 밀접하게 관련되어 있었다는 점에서 양자의 연관성이 강조되기도 하였다. 기존의 연구에서는 서전서숙, 명동학교, 신흥무관학교 등에 대한 연구가 비교적 소상하게 진행되었다.

국내의 연구에서는 한인사립학교들의 대부분이 민족주의 이념에 입각한 항일교육에 주력하였으며, 이를 통해 독립운동 세력들은 새로운 인재들을 공급받을 수 있는 것이 일반적이다. 따라서 이 시기 민족교육운동은 궁극적으로 1920년대 항일민족운동의 발전에 기여하였다고 보았다. 반면에 연변에서는 민족운동사적 관점에서 각종 학교의 역할을 높이 평가하면서도 민중을 계급적으로 각성시키지 못했다는 한계가

35) 김도형,『식민지시기 재만조선인의 삶과 기억 구술자료집』Ⅰ-Ⅳ, 선인, 2009.

36) 밀산조선족백년사편찬위원회,『밀산조선족백년사』, 흑룡강조선민족출판사, 2007. 연수현민족종교사무국・연수현조선족민족경제문화교류협회,『연수현조선족100년사』, 민족출판사, 2005. 서명훈,『하얼빈조선민족백년사』, 민족출판사. 2007.

있음을 지적하는 동시에, 한인 사립학교들이 사회주의 사상을 전파하는 기지로서의 역할을 담당하여 사회주의운동의 발전에 기여하였다고 보았다.

2007년 서전서숙 설립 100주년을 맞이하여 상동청년회와 서전서숙의 관계, 만주지역 항일독립투쟁과 우리나라 근대교육사에서의 서전서숙의 위상및 서전서숙 설립 전후 이상설의 민족운동 등에 대한 검토가 이루어졌다.[37]

2008년에는 명동학교 개교 100주년을 기념하는 학술대회가 개최되어 명동촌과 명동학교를 중심으로 한 북간도지역 한인사회의 구체적인 모습을 체계화하였다.[38] 김약연에 대한 '열전'이 출간되었으며,[39] 명동촌과 명동학교와 관련된 250여점의 사진을 간추린 사진집이 출간되기도 하기도 하였다.[40] 이밖에 간도노회 목사로 활동했던 문재린 목사 부부의 회고록이 출간되어 새로운 자료로서의 가능성을 보여주었다.[41]

명동학교의 민족주의교육과 항일운동의 전반적인 특징에 대해 정리한 글이 발표되었으며, 1920년대 사회주의 사상이 확산되는 과정에서

---

37) 윤병석 외, 『한국독립운동과 서전서숙』, 사단법인보재이상설기념사업회, 2007. 특히 서전서숙의 개숙과 관련해서는 러일전쟁과 을사늑약을 전후하여 활발하게 민족운동의 방략을 기획 추진하던 상동교회의 상동청년회와 상동청년학원 즉 '상동파'에 의해 설립되고 운영되었으며, 이동녕, 정순만, 이회영, 등이 후원세력이었을 것이라고 보았다.

38) 윤병석 외, 『북간도지역 한인민족운동』, 독립기념관 독립운동사연구소, 2008.

39) 서대숙, 『간도 민족독립운동의 지도자 김약연』, 역사공간, 2008.

40) 김재홍, 『북간도에 세운 이상향 명동』, 국립민속박물관, 2008.

41) 문재린·김신묵 지음, 『살아오는 북간도 독립운동과 기독교 운동사 기린갑이와 고만네의 꿈 (문재린·김신묵 회고록)』, 삼인, 2006.

명동학교 중학부가 폐쇄되게 되는 상황과 1925년 이후 명동학교 소학부의 운영 상황에 대해 검토한 연구가 발표되었다.42)

혼춘 북일학교에 관한 연구도 진행되었다. 이 연구에서는 북일학교에 대해 나자구 동림무관학교의 전통과 동창학교의 기반을 통합적으로 발전시킨 민족교육 기관이자 독립군 양성, 민족주의 함양 및 기독교 등을 교육이념으로 한 항일교육의 중심지였다고 평가하였다. 북일학교의 구성원들에 대해서는 혼춘지역의 3·13운동을 추진하였고 혼춘 군무부, 철혈광복단, 한민회, 대한독군부, 대한독립군에 참가하는 등 북간도지역 독립운동의 핵심적인 역할을 수행하였다고 보았다.43)

친일단체에 대한 연구도 진행되었는데 1921년 10월 용정에서 日高丙子郎에 의해 설립된 광명회의 특징에 대해 정리하였다.44) 광명회를 조직한 日高丙子郎는 1906년 러일전쟁 후 일본군 참모본부 촉탁으로 만주로 이주해 온 인물이며, 광명어학원, 광명여학교, 광명유치원, 광명사범, 광명고등여학교 등을 설립한 인물이다. 1925년 4월에는 재정난에 빠진 영신중학교, 영신중학교 부속 소학교를 인수하였으며, 광명농원을 개설하고 광명저금계, 용정부인회, 산업조합 등을 설립하였다.

그는 "만주로 건너간 이래 30년에 걸쳐 재만 조선인의 종교, 교육, 사상 선도, 농사, 산업, 위생 등 모든 방면에 진력을 다하였으며, 그 중에서도 교육 사업에 반생의 '精魂'을 기울여 지능의 계발, 민족융화에 공

---

42) 이명화, 「북간도 명동학교의 민족주의교육과 항일운동」, 『白山學報』 第79號, 白山學會, 2007. 한철호, 「明東學校의 변천과 그 성격」, 『한국근현대사연구』 제51집, 한국근현대사학회, 2009.

43) 장석홍, 「혼춘 북일학교의 건립과 독립운동」, 『한국학논총』 31, 국민대한국학연구소, 2009.

44) 許壽童, 「간도 光明會와 永新中學校」, 『만주연구』 8, 2008.

헌한 공적이 특히 현저하다"는 이유로 조선총독부 시정25주년기념 표창을 받았다고 한다.[45] 이에 필자는 광명회에 대해 한인들의 사회·교육활동에 보다 많은 기회를 제공한 것이 사실이지만, 그 목적은 조선인의 동화와 제국이념의 강요에 있었으며, 따라서 광명회가 실시한 교육은 근대적 교육이라기보다는 식민지교육으로 보아야 한다고 평가하였다.

1920년대 전반기 북간도지역 항일학생운동의 전개 양상과 중국 당국의 對朝鮮人教育政策의 성격을 분석한 논문이 발표되었다.[46] 특히 후자의 논문에서는 1910년을 전후하여 일제의 대륙침략이 노골화됨에 따라 중국은 재만 한인을 자국민으로 편입시켜 일본 세력의 침투를 미연에 방지할 필요성을 절감하게 되었으며, 이 과정에서 한인의 민족교육에 대한 통제를 강화하기 시작하였다고 보았다.

1915년 연길도윤 도빈이 반포한 「劃一墾民辦法」을 계기로 중국의 지방당국은 기존의 한인 교육에 대해 묵인 혹은 방임했던 태도를 버리고 한인 사립학교를 중국의 학제에 편입시키고 중국 국적의 국민교육 실시에 박차를 가하였다고 보았다. 그러나 중국측의 교육정책은 교육을 통한 일본의 세력 확장을 차단하는 것이 목적이었고 한인들의 민족성을 말살하는 고압적인 파시스트 교육이 아니었기 때문에 1920년대 전반기까지만 해도 간도지역의 한인들은 기존의 민족교육의 맥을 그대로 이어갈 수 있었다고 하였다.

---

45) 이명화, 위의 논문 340~341쪽.

46) 김주용, 「1920년대 전반기 북간도지역 학생운동의 양상」, 『한국근현대사연구』제51집, 한국근현대사학회, 2009. 박금해, 「20세기 초 間島 朝鮮人 民族教育운동의 전개와 중국의 對朝鮮人 교육정책」, 『한국근현대사연구』제48집, 한국근현대사학회, 2009.

재만한인의 종교와 관련된 논문은 기독교와 관련된 논문이 다수를 차지하고 있다. 기존의 연구자들은 용정지역의 캐나다 선교사들이 3·13운동이나 경신참변 당시 한국의 독립을 후견했다고 주장하지만, 이는 잘못된 견해라는 지적이 있었다. 실제로 선교사들은 이러한 말을 듣는 것에 대해 모욕적으로 느끼고 있었으며, 궁극적으로 한국인들은 일본의 치하에서 국가경영 능력을 배워야 한다는 인식을 갖고 있었다고 보고 있다. 이 연구에서는 대체로 선교사들은 인도주의와 기독교신앙의 관점에서 재만 한인과 기독교인들을 보호하고자 했으며, 그들이 재만 한인들에게 우호적이었던 것은 상대적으로 가혹했던 일제의 탄압에 대해 항의의 표현으로 보는 것이 합당하다고 주장하였다.[47]

신사참배 거부에 대한 연구도 진행되었다. 이 연구에서는 만주지역에서의 신사참배 거부운동은 국내에서의 신사참배 강요를 피해 만주로 이주한 기독교인들이 증가하면서 1930년대 말부터 본격화되기 시작했 보았다. 이 운동은 박의흠, 김윤섭 전도사와 한부선 선교사 등 신사참배를 인정하는 만주조선기독교회에 가입하지 않은 기독교인들을 중심으로 전개되었다. 처음부터 신사불참배교회의 설립을 목표로 추진 하였다. 1940년 1월에는 신사참배가 우상숭배임을 천명하는 '장로교서약'에 서명하는 등 다른 지역에 비해 적극적인 투쟁의 형태를 견지하고 있었다고 분석하였다.[48]

만주지역에서의 반종교운동은 1936년 6월 이후 중국공산당 만주성

47) 문백란, 「캐나다 선교사들의 북간도 한인사회 인식-합방후부터 경신참변 대응시기까지를 중심으로」, 『동방학지』144, 연세대학교 국학연구원, 2008.

48) 김승태, 「일제 말기 만주지역 한인기독교인들의 신사참배 거부항쟁」, 『한국민족운동연구』50, 한국민족운동사학회, 2007.

위원회가 항일민족통일전선을 확대하기 위해 전략과 전술에 변화를 가져오면서 새로운 연대의 가능성을 나타내기 시작했다고 보았다.[49] 이밖에 만주국의 건국이념과 종교의 관계를 '왕도낙토'에서 '황도낙토'로 변화되는 과정을 중심으로 그 특징을 분석한 연구 등이 진행되었다.[50]

Ⅳ. 한인사회의 동향과 친일문제

만주지역 독립운동을 이해하기 위해서는 일제의 침략 정책 및 중국 당국의 동향에 대해 이해하는 것은 필수적 이라고 할 것이다. 또한 재만 한인 사회의 전체상을 파악하기 위해서는 친일관련 단체들에 대한 연구가 반드시 필요한 것으로 생각된다. 그러나 이 주제와 관련된 연구는 기존의 운동사에 비해 상대적으로 소략한 편이다. 다만 최근에는 집단부락과 안전농촌 등에 대한 연구가 발표되었으며, 일부 친일단체에 대한 연구가 진행되고 있다.

한인사회의 동향과 관련해서는 墾民教育會에 주목하면서 간민회의 자치적 성격의 한계에 대해 지적한 연구가 발표되었다. 이 연구에 따르면 간민회는 1913년 1월 중국측으로부터 설립인가를 받아 4월에 정식 출범되었지만 중국측 사료인 「吉林東南路雜居區域墾民會草章」과 「墾

49) 최봉룡, 「1920~30년대 만주지역 한인사회주의운동과 종교 -종교에 대한 인식변화를 중심으로-」. 『한국민족운동사연구』 62, 2010.

50) 고병철, 「일제 강점기 간도의 한인 종교와 민족주의 -종교민족주의 개념을 중심으로」, 『한국민족운동사연구』 62, 2010. 고병철, 「만주국의 '황도낙토' 구상과 종교」, 『한국민족운동사연구』50, 한국민족운동사학회, 2007.

民會細則」은 간민회가 중국통치기구의 일부 보조기관의 위치에 있었으나 철저하게 예속되어 있음을 보여준다고 하였다. 이 연구에서는 설령 간민회가 기존의 연구에서처럼 '준 정부적'이었다고 하더라도 실제의 역할을 그럴 수 없었을 것이며, 간민회가 당초 시한인 2년은 고사하고 1년도 채 넘기지 못한 채 해산당한 것은 자치는 물론 어느 정도의 주체적인 활동마저도 불가능했던 당시 한인사회의 상황을 보여주는 것이라고 하였다. 따라서 이 연구에서는 간민회의 자치적 성격에 대해 지나치게 확대해석 하고 있는 기존의 연구경향에는 문제가 있다는 점을 지적하였다.51)

중·일 갈등의 틈바귀에 낀 재만 한인의 상황을 만주국 수립 이전까지의 시기를 중심으로 파악한 연구와52) 만주사변 이전 간도지역에 대한 일제의 경제적 침략을 금융자본의 측면에서 이해한 연구가 이루어지기도 하였다. 특히 간도우체국·민회금융부·조선은행 용정출장소의 업무와 기능을 분석하였으며, 청진항 루투 등 일제가 무역과 자본의 원활한 침투를 위해 구축한 교통과 통신시설의 확충 및 그 기능에 대해서 분석하였다.53) 대체로 이 연구는 일제의 만주지역 금융정책에 대한 연구가 희소한 상황에서 간도에서 영향력을 발휘하고 있던 일제 금융자본의 침략적 전개과정에 대해 새로운 연구 성과인 것으로 생각된다.

1920년대에 만주지역에서 전개되었던 한인사회의 자치운동의 성격

---

51) 박걸순, 「北間島 墾民會 선행조직의 추이와 성격」, 『한국근현대사연구』제51집, 한국근현대사학회, 2009.

52) 윤휘탁, 「侵略과 抵抗의 사이에서 -日·中 갈등의 틈바귀에 낀 在滿朝鮮人」, 『韓國史學報』19, 高麗史學會, 2005

53) 김주용, 『일제의 간도 경제침략과 한인사회』, 선인, 2008.

및 국내 언론에서 제기되었던 자치문제에 대한 논의에 대해 분석한 연구가 진행되기도 하였다. 이 연구는 중·일 양국의 부당한 박해 속에서 한인사회가 심각한 이중적 착취구조에 직면하고 있었음을 보여주는 한편, 한인사회는 현실의 문제를 타계 위한 방편의 하나로 '자치문제'를 지속적으로 제기·논의하고 있었다고 보았다.[54] 또한 만주사변 이후 한인들의 비참한 상황을 타개하기위해 조직되었던 재만동포협의회의 결성과 활동에 대해 살펴본 연구가 진행되었다.[55]

이밖에 만주사변 이후의 재만 한인들의 사회 경제적 상황과 관련해서는 1936년에 滿洲國 實業部 臨時調査局에서 실시한 間島省 延吉縣 陽城村 B屯(上村)의 실태조사의 분석을 통해 파악한 연구가 있으며,[56] 심양과 안동의 도시화와 재만 한인의 사회적 실태에 대해 연구도 진행되었다. 그런데 한인들의 도시로의 이주는 도시구조의 변화와 연동되며 이루어지는 경향이 있었지만, 그 변화는 위생시설 등의 부족 등 열악한 주거환경과 공권력의 일방적 철거 및 부당한 임금차별 등이 일상화되어 있던 근대도시 속의 식민지성을 들어내고 있었다고 보았다.[57]

연변지역 집단부락[58]과 營口·三源浦, 河東 지역 안전농촌에 대한 연

54) 황민호, 「재만 한인의 합법적 자치운동의 전개와 '自治'에 대한 국내 언론의 인식」, 『한국민족운동사연구』 47, 한국민족운동사학회, 2006.

55) 崔丙桃, 「滿洲同胞問題協議會의 결성 및 해체에 관한 연구－1930년대 초 국내 민족운동진영의 동향과 관련하여」, 『한국근현대사연구』 제39, 한국근현대사학회, 2006.

56) 김기훈, 「만주국시대 재만 朝鮮人 農民의 經濟的 狀況- 延吉縣 陽城村 B屯의 조사자료 분석」, 『만주연구』8, 2008.

57) 김주용, 「심양(봉천) 근대도시화의 양면성」, 『史學硏究』85, 韓國史學會, 2007. 김주용, 「만주지역 도시화와 한인이주 실태 -봉천과 안동을 중심으로」, 『韓國史學報』 35호, 고려사학회, 2009.

58) 유필규, 「1930년대 연변지역 한인 '集團部落'의 설치와 통제적 생활상」, 『한국독립운

구가 진행되어 집단부락의 강제성과 침략성 및 안전농촌의 설치를 통해 나타나는 일제의 민족협회의 허구성에 대한 검토가 이루어졌다. 집단부락과 안전농촌에 관한 연구는 현재도 해당지역에 당시를 기억하는 생존자들이 상당수 남아 있는 것으로 추정되는 상황에서 이들에 대한 구술 작업이나 현지 조사 등을 통해 보다 구체적인 연구 성과를 거둘 수 있을 것으로 생각된다.59)

친일단체와 관련된 연구로는 재만홍아협회와 관련된 일련의 연구가 진행되었다. 홍아협회는 1936년 6월 봉천지역 일본육군 특무기관 산하의 친일단체로 결성된 조직이었고 재만 한인에 대한 思想善導를 통해 한인사회와 독립운동세력의 연계를 차단하고자 했으며, 山東興亞協會 등을 지부로 두고 활동했던 것으로 보인다. 홍아협회에 대한 일련의 연구에서는 기관지였던 『재만조선인통신』의 분석을 통해 조직의 설립배경과 구성 및 성격, 사상선도의 내용과 대일 협력논리의 특징 등을 규명하였다.60)

동사연구』30, 한국독립운동사연구소. 2008. 유필규, 「1930~40년대 연변지역 한인 '集團部落'의 성격」, 『白山學報第』81, 白山學會, 2008.

59) 김주용, 「만주 지역 한인 '安全農村' 연구 : 營口, 三源浦 지역을 중심으로」, 『한국근현대사연구』38, 한국근현대사학회, 2006. 김주용, 「만주 '河東安全農村'의 설치와 운영」, 『白山學報』84, 백산학회, 2009. 김주용은 하동안전농촌에 관한 논문에서 상지시조선족100년사 주필 한득수가 집필한 『한동조선족 60년 변천실기』라는 자료에서 많은 도움을 받았으며, 이 자료에는 일제강점기와 해방 이후 하동촌의 역사를 그대로 재현할 만큼의 충실한 내용을 담고 있다고 밝히고 있다.

60) 황민호, 「滿洲地域 親日言論 '在滿朝鮮人通信'의 發行과 思想統制의 傾向」, 『韓日民族問題研究』10, 韓日民族問題學會, 2006. 황민호, 「1930년대 후반 在滿興亞協會의 설립과 對日協力論理 『한국독립운동사연구』30, 한국독립운동사연구소, 2008. 홍아협회의 기관지였던 『재만조선인통신』은 1936년 4월 1일 창간호를 발행하였으며, 1939년 12월까지 발행되었던 79호의 잡지가 국립중앙도서관 원문DB로 수록되어있다. 황민호, 「홍아협회 기관지 재만조선인통신(자료소개)」, 『숭실사학』

간도특설대와 관련해서는 부대의 조직체계와 활동 내용을 정리하는 한편, 위관급 및 하사관 이상의 명단과 중요활동 내용을 분석한 연구[61]와 간도특설대 설치를 위한 일제의 동원방식과 선전활동에 주목한 연구가 발표되었다. 그런데 후자의 연구에서는 간도특설대가 1937년 간도성장 李範益이 만주국 고위직의 환심을 사기위해 부대의 창설을 건의했다는 기존의 연구는 제고되어야 한다고 주장하였다. 필자는 간도특설대의 창설에 대해 관동군의 주도하에 부대의 창설이 이루어졌으며, 조선총독부가 間島省에 대한 직접적인 간섭을 줄이는 대신 신뢰할 수 있는 조선인 관리의 임용을 통한 간접적인 통제방식을 택하였는데 이범익도 이러한 간접 통치방식을 수용해서 조선인으로 구성된 특설부대를 설치·운영하고자 했을 가능성이 높다고 보았다. 그리고 이 부대의 설치 목적에 대해 단지 항일무장부대를 탄압하는데 그치는 것이 아니라, 기만적인 지원병 모집과 언론을 통한 대대적인 선전·선동, 그리고 청년들에 대한 황민화 교육을 통해 간도성의 조선인 사회를 통제하려했던 일본제국주의 정책적 의도가 반영된 것이라고 평가하였다.[62]

민생단의 후신으로 1934년 9월 6일 연길 헌병대장 加藤 중좌의 지도아래 결성되어 항일무장세력에 대한 파괴 공작을 수행했던 간도협조회에 대한 연구와 1933년에 수립된 혼춘상조회의 후신으로, 이른바 귀순작업을 통해 항일무장투쟁세력을 약화시키고자 활동했던 혼춘정의

21, 2008.

61) 김주용, 「만주지역 간도특설대의 설립과 활동」, 『韓日關係史硏究』Vol.31, 한일관계사학회, 2008.

62) 조건, 「일제의 간도성 '朝鮮人特設部隊' 창설과 재만 조선인 동원(1938~1943)」, 『한국근현대사연구』49, 한국근현대사학회, 2009.

단의 조직체계와 활동 및 해산과정에 대한 연구가 진행되었다. 이밖에 안동지역 조선인조합, 안동조선인회, 안동금융회 등의 설립과 활동에 대해 밝힌 연구가 진행되었는데 지역별로 활동했던 재만 한인 관련 친일단체의 조직과 활동에 대해서는 향후에도 많은 연구가 진행되어야 할 것으로 생각된다.63)

Ⅴ. 맺음말

지금까지 본고에서는 최근 국내학계에 보고된 만주지역 항일독립운동사와 재만 한인 관련 논문을 독립군 조직의 결성과 항일무장투쟁의 전개, 재만한인의 민족교육과 종교, 친일문제 등의 주제로 분류하여 연구 경향에 대해서 검토해 보았다. 이를 정리해 보면 다음과 같다.

첫째, 독립군 조직의 결성과 항일무장투쟁 및 독립운동가 개인에 대한 연구와 교육운동에 대한 연구 등 만주지역 독립운동사연구와 관련된 대부분의 영역에서 사회주의계열 조직이나 인물에 대한 연구가 근자에 들어 크게 축소되는 경향을 보이고 있는 것으로 파악되었다. 이것은 국내에서의 이들에 대한 자료적 접근이 어렵다는 측면이 있으며, 과거에 비해 일제하 사회주의운동에 대한 관심의 정도가 크게 약화되었다는 점에서 이해가 되는 면이 있기는 하지만, 생각해 볼 문제인 것으로 판단된다. 특히 최근 몇 년간의 인물연구가 민족진영의 인물들을 중

63) 김주용, 「간도지역 훈춘정의단의 역할과 성격」, 『東國史學』46, 동국사학회, 2009. 김주용, 「만주지역 間島協助會의 조직과 활동」, 『한국민족운동사연구』55, 한국민족운동사학회, 2008. 김주용, 「1910－1920년대 남만주친일 조선인 단체 연구」, 『한국독립운동사연구』24, 한국독립운동사연구소, 2005.

심으로 한 연구에 집중되어 있다는 점과 청년운동에 대한 연구나 만주사변 이후 항일유격대나 동북항일연군 등에서 활동했던 한인공산주의자들에 대한 연구가 거의 없다는 점은 아쉬움으로 남는다고 하겠다.

둘째, 종교와 교육분야의 연구에 있어서도 신종교에 대한 연구나 일제와 만주국의 종교정책에 대한 교단별 대응, 혹은 신사참배거부운동 같은 연구가 발표되었던 것으로 파악된다. 그러나 지나치게 특정인물이나 학교 및 교단을 중심으로 이루어지는 경향이 있다. 교육과 관련해서는 1920년대를 중심으로 다양한 학교들이 종교교단과 연결되어 한인자제들에 대한 교육에 힘쓰고 있었던 것으로 보이는데 이에 대한 보다 세밀한 연구가 이루어져야 할 것으로 생각된다. 뿐만 아니라 1930년대의 각 종교 교단의 활동에 대한 연구는 대단히 소략하거나 거의 연구가 진행되지 않아서 그 전체상을 이해하는데 문제 있는 것으로 생각된다.

셋째, 집단부락이나 안정농촌 등에 대한 연구가 활성화되고 만주지역 친일조직에 대한 연구가 시도되고 있는 것은 바람직한 연구 경향인 것으로 생각된다. 친일조직과 관련된 연구는 국내에서 일제하 친일문제에 대한 진상규명이 활발해지는 가운데 만주지역 친일세력 동향과 활동에 대한 관심이 높아지면서 연구가 진전되고 것으로 보인다. 다만 친일단체를 주도했거나 한인사회에 영향을 끼치고 있었던 친일인물에 대한 연구도 본격적으로 진행될 필요가 있을 것으로 생각된다.

집단부락이나 안전농촌에 대한 연구는 중국과의 왕래가 빈번해지면서 이와 관련된 자료와 현장 접근이 가능해지면서 활발한 연구가 진행되고 있는 것으로 생각된다. 그런데 현재도 당시를 기억하고 있는 많은 '조선족'들이 생존해 있고 한인마을의 현장 보존 상태가 일정하게 당시의 형태를 유지되고 있는 상황에서 이에 대한 현장조사나 중국 측 기록의 검토 및 생존자들에 대한 구술 자료의 확보 등이 이루어질 필요가 있어 보인다.

넷째, 만주지역 항일유적에 대한 실태조사가 꾸준히 진행되고 있으며, 사료조사의 범위가 당안자료에 대한 조사 및 검토와 활용 단계를 넘어 지역별로 일상사나 독립운동사와 관련된 구술 작업까지 진행되고 있다는 점은 발전적인 측면이라고 생각된다. 향후 이러한 일련의 작업은 일제시기 항일독립운동사의 구체적 실상을 보다 면밀하게 파악하는데 중요한 기초자료가 될 수 있을 것으로 생각된다.

청산리전투에 대한 연구 성과와 과제

Ⅰ. 머리말

1910년 일제에 의해 국권이 피탈된 이후 민족지도자들을 만주지역 중심으로 항일무장투쟁의 새로운 근거를 마련하기 위해 온 힘을 다했으며, 1920년 봉오동과 청산리전투에서의 승리는 이러한 노력의 결과였다. 이들 전투에서의 승리는 이후 우리의 항일독립운동사가 무장투쟁과 의열투쟁을 중심으로 줄기차게 전개할 수 있었던 원동력이 되었다.

만주지역 항일무장투쟁사에 대한 연구는 독립군 단체의 조직과 활동 및 인물에 대한 연구를 중심으로 심도있게 진행되어 왔으며, 이에 대한 연구경향에 대해서는 여러 편의 논문이 발표되었다.[1] 청산리전투와 관련해서는 琿春事件과 庚申慘變에 대한 검토를 비롯하여 청산리전투의 개념과 범위의 문제, 독립군과 일본군의 동향, 개별적 전투의 전

1) 김성보, 「중국 동북지역 초기 민족해방운동」, 『쟁점과 과제 민족해방운동사』, 역사비평사, 1990. 박영석, 「해외 한인 독립운동사연구에 대한 회고와 전망」, 『한민족독립운동사』12, 국사편찬위원회, 1993. 신주백, 「중국 동북지방 역사학계의 연구동향과 자료현황－연변지방을 중심으로」, 『역사와 현실』 15, 한국역사연구회, 1995.

개 양상 및 戰果와 武器 등에 이르기까지 다양한 연구가 진행되고 있다. 최근에 들어서는 이범석의 회고록인 『우등불』에 대한 비판적 연구가 진행되고 있으며, 홍범도의 활약과 관련해서도 구체적인 연구 성과가 있었다.

이에 본고에서는 청산리전투에 대한 중요 연구성과를 중심으로 그 내용을 정리 · 분석하여 청산리전투의 실제를 보다 명확하게 이해하는 데 기여하고자 한다.[2)]

II. 청산리전투 전후의 정황과 무기 및 戰果

1. 용어의 문제와 전투범위

청산리전투는 1920년 10월 21일 아침부터 10월 26일 새벽까지 6일간 길림성 삼도구 청산리와 이도구 일대에서 북로군정서와 대한독립군, 국민회군, 의군부, 광복단, 의민단, 신민단 등의 독립군 부대가 백운평, 완루구, 천수평, 어랑촌, 맹개골, 만기구, 쉬구, 천보산, 고동하 등에서 승리한 전투를 통칭하고 있다. 이 전투에 대해서는 1973년 독립운동사편찬위원회가 편찬한 『독립군전투사』를 시작으로[3)] 1980년대에 들어 본격적인 연구가 진행되어왔다.[4)]

---

2) 2000년대 이후의 만주지역 독립운동사에 대한 연구성과를 검토한 논문으로는 다음과 같은 것 들이 있다. 조동걸, 「青山里戰爭 80주년의 역사적 의의」, 『한국근현대사연구』15, 한국근현대사학회, 2000. 장세윤, 「중국동북지역 민족운동의 성과와 과제」, 『중국동북지역 민족운동과 한국현대사』, 명지사, 2005. 황민호, 「만주지역 민족운동사연구의 동향과 과제」, 『군사연구』129, 육군본부, 2010.

3) 金龍國 · 趙東杰 외, 『독립운동사』5(독립군전투사), 독립운동사편찬위원회, 1973.

전투를 통칭하는 용어와 관련하여 다양한 의견이 제시되고 있있다.5) 청산리전투 직후에는 백운평에서 전개된 전투만을 청산리전투라고 했으며, 다른 전투들은 별도의 지명을 붙여 구분하였다. 『독립신문』에서는 백운평전투를 '청산리 부근의 戰'으로, 천수평 전투를 '샘물둔지의 戰' 등으로 구분하였다.6) 북로군정서가 임시정부에 제출했던 보고서에서도 청산리 부근의 전투와 천수평 부근의 전투를 구분하여 칭하였다.7) 이밖에 『독립신문』의 '三一節의 產物인 北路我軍實戰記'에서는 '청산리 부근의 전투'와 '二道溝 부근의 전투', '맹개골 부근의 전투'로 구분하여 보도하기도 했다.8)

그러나 시간이 지남에 따라 일련의 전투를 통칭해서 부를 수 있는 용어가 필요졌으며, 1969년 이범석은 '屍山血河의 青山里戰役'이라는 글에서 이 전투는 사실, 4일간의 大小 10여 회에 걸친 계속적인 激戰이었다'라고 하여 '戰役'이라는 개념을 사용하였다.9) 이밖에도 청산리전투,10) 청산리대첩,11) 청산리독립전쟁,12) 청산리會戰,13) 청산리전쟁,14)

---

4) 신용하, 「獨立軍의 青山里獨立戰爭의 戰鬪들의 구성」, 『史學研究』38, 한국사학회, 1984.

5) 조필군, 「青山里戰役의 軍事史學的 再照明」, 『한국독립운동사연구』38, 한국독립운동사연구소, 2011.

6) 「北墾島에 在한 我獨立軍의 戰鬪情報」 『獨立新聞』 1920년 11월 12일.

7) 「大韓軍政署報告」 『獨立新聞』 1921년 1월 18일.

8) 「三一節의 產物인 北路我軍實戰記」, 『獨立新聞』이 1921년 3월 1일·12일.

9) 戰役은 주어진 공간 및 시간 내에 공동 목표를 달성하도록 지향된 일련의 관련된 군사작전, 또는 전쟁에 있어서 명료한 단계를 긋는 지역 및 시간적으로 관련된 일련의 제 작전으로 정의될 수 있다. 반면, 戰鬪(battle)는 작전을 성공적으로 이루기 위한 작전행동의 한 수단으로써 적을 섬멸하여 승리를 획득하기 위한 직접적인 행동을 뜻한다고 한다. 조필군, 앞의 논문, 267쪽.

10) 蔡根植, 『武裝獨立運動祕史』, 대한민국 공보처, 1949, 89쪽.

11) 姜興秀, 『朝鮮獨立血鬪史』, 高麗文化社, 1946, 138~139쪽.

경신년반토벌전[15] 등의 용어가 사용되고 있으며, 용어의 선택이 엄격하게 구분되고 있는 것은 아니다.

전투의 범위와 관련해서도 서로 다른 견해가 있다. 백운평전투에서 고동하전투까지 총 9차례의 전투를 통칭하여 청산리전투로 보는 견해가 있으며, 이는 현재 청산리전투를 설명하는 일반적인 경향이 되고 있다.[16] 그러나 이 논문에서는 『독립신문』 1920년 12월 12일자 보도에서 '김좌진씨 부하 600명과 홍범도씨 부하 300명은 大小戰爭 10여회에서 倭兵을 격살한 자가 1,200명'[17]이라고 하고 있는 것에서 볼 때 본 본 연구에서 밝히지 못한 내용은 향후의 과제'라고 하여 그 범위 좀더 넓을 수 있을 여지를 남겨두었다.[18]

전투의 범위에 대해서는 1920년 10월 21일의 전투에서부터 밀산에서 대한독립군단이 결성되는 일련의 과정을 모두 포함하는 12월 5일의 하마탄전투까지를 지칭해야 할 필요가 있다는 주장이 제기 되기도 하였다.[19] 연변에서의 연구에서는 훈춘현, 왕청현, 동녕현성의 동부전선과 서부전선의 주 전장으로 나누어 설명하면서 동부전선에서 전개된

12) 신용하, 『韓民族獨立運動史硏究』, 을유문화사, 1985.
13) 윤병석 외, 『中國東北地域 한국독립운동사』, 집문당, 1997.
14) 조동걸, 「靑山里戰爭 80주년의 역사적 의의」, 『한국근현대사연구』15, 한국근현대사학회, 2000.
15) 박창욱, 「봉오동전투와 청산리전투 연구를 재론함」, 『한국사연구』111, 한국사연구회, 2000. 필자는 경신년반토벌전이라는 용어가 당시 동부전선과 서부전선에서 전개되었던 모든 전투를 포괄할 수 있으며, 청산리독립전쟁이라는 용어에 비해 민족의 주체성이나 주동성을 정확하게 반영하지 못하는 것이 아니라고 하였다.
16) 홍선표·황민호, 『3.1운동 직후 무장투쟁과 외교활동』, 독립기념관, 2008.
17) 「我軍隊의 活動」, 『독립신문』 1920년 10월 13일.
18) 앞의, 「獨立軍의 靑山里獨立戰爭의 戰鬪들의 구성」, 512쪽·551쪽.
19) 앞의, 「靑山里戰爭 80주년의 역사적 의의」, 108쪽.

약 7건의 전투를 청산리전투에 포함시키기도 하였다.[20]

홍범도부대가 11월 7일~10일까지 백두산 방면의 안도현을 지나면서 소속 불명의 중국 마적 및 일본군 기병 연합부대와 공방전 치른 전투를 '청산리대첩'을 마무리하는 안도현 전투'로 보아야 한다고 주장하는 연구도 있다.[21]

2. 독립군의 근거지 이동을 둘러싼 정황

독립군의 동향에 대해서는 일제의 정보문서[22]와 『간도출병사』[23]

---

20) 앞의, 「봉오동전투와 청산리전투 연구를 재론함」, 126~127쪽. 그 내용은 다음과 같다. "동부전선에서의 반일부대들의 전투상황 ①10월 23일 북로군정서 잔류부대가 아시다와 다카다 중위가 지휘하는 부대를 습격하여 전투를 전개하였다. ②10월 27일 150여명의 나자구 의사부군이 노모저하구에서 다요기병 소대, 아베대대의 1개소대, 시데시마대대의 1개 중대 및 1개 기관총소대 등과 2시간 가량 격렬한 전투를 전개하였다. ③11월 4일 혼춘 한민회군 30여명이 혼춘현 3도구 북쪽 39리 떨어진 지점에서 일본군 78연대 우에사카 대대를 습격하여 약 1시간 정도 교전하였으며, 일본군 이다소위 이하 5명을 살상하였다. ④11월 6일 혼춘한민회의 김운서가 지휘하는 30여명의 결사대가 75연다 쥬지 중좌가 지휘하는 2개중대를 혼춘현 우두산 남쪽에서 습격하여 1시간 동안 교전하였다. ⑤11월 9일 독립군부대는 동녕현 소수분하의 팔가자에서 북만파견군 야스니시 대대의 무라다 중위가 지휘하는 5명의 경찰대를 전멸시켰다. ⑥12월 5일 시마다 소위가 지휘하는 30여명의 일본군이 하마탕 서북쪽 산곡에 있는 독립군부대의 숙소를 포위 공격하여 양측이 교전하였다. ⑦10월 28일 76연대 이와오 소좌가 나자구에서 대황구로 돌아올 때 왕청현 장가구에서 독립군부대로부터 2차례의 습격을 받았다."
반병률, 『1920년대 전반 만주 · 러시아지역 항일무장투쟁』, 독립기념관, 2009, 247~249쪽에서도 이 같은 서술이 나타나고 있다.

21) 장세윤, 『봉오동 청산리전투의 영웅 홍범도의 독립전쟁』, 독립기념관 독립운동사연구소, 2007, 191~192쪽. 필자는 소속 불명의 중국 마적에 대해 장강호마적일 것으로 추정하였다.

22) 梶村秀樹 姜德相 編, 『現代史資料』 27 · 28, みすず書房, 1972.

23) 朝鮮軍司令部 편, 김연옥 옮김, 『間島出兵史』, 경인문화사, 2019. 책의 머리말에는

및 관련자들의 회고 등을 통해 그 정황을 파악하고 있다. 그리고 청산리전투가 김좌진과 홍범도라는 두 지휘관에 의해 주도적으로 전개되기는 했지만, 이들이 상호 협의 하에 체계적으로 연합 작전을 전개한 것은 아니라고 보는 것이 일반적이다.

봉오동전투 이후 독립군 부대들은 연합을 위한 다양한 활동을 전개했으나 성과를 내지 못한 것으로 파악되고 있다. 독립군단들은 6월 23일, 7월 1일, 7월 20일, 8월 7~8일까지 모두 4차례에 걸쳐 임시정부의 파견원 이용과 안정근 등의 요청으로 연합회의를 개최하였으나 성과를 거두지 못하였다. 연합의 필요성과 새로운 조직될 부대의 구조 등에 대해서는 순조롭게 합의했으나 '인선문제에 있어서 의견의 일치를 보지 못했던' 것으로 보인다.[24]

게다가 경쟁관계에 있던 국민회와 북로군정서의 갈등 양상도 증폭되고 있었다. 이에 1920년 4월 경 군정서측에서는 총재 명의로 임시정부에 중재를 요청했으나,[25] 1920년 9월 하순에 연길현 銅佛寺 北溝에서 무력충돌이 발생하였다. 10월 18일에는 大坎子에서 국민회측과 군

'첫 페이지에서는 조선군참모장 하야시 나리유키(林仙之)가 육군성 부관(副官) 나카무라 고타로(中村孝太郎)에게 1926년(大正15) 5월 3일 송부(送付)한 참고 자료였음을 밝히고 있으며, 송부시점은 1926년이지만 내용상으로 1920년~1921년 작전 수행 당시에 기록된 내용이 많은 것으로 보인다고 되어 있다. 아세아역사자료센터 사이트에 공개되어있다'라고 밝히고 있다.

24) 신주백, 「봉오동, 청산리전투 다시 보기」, 『역사비평』, 역사비평사, 2019.5.

25) 「大韓軍政署略史와 및 軍政署總裁의 申請書」, 『獨立新聞』 1920년 4월 22일. 당시 군정서측에서는 임시정부에 위원을 보내 실제 상황을 파악하여 처리해 달라는 요청을 했으며, 파견원의 자격으로 ①無宗敎人, 국민회에서 종교시비하는 까닭으로, ②군정서나 국민회에 무관한 사람, ③명석한 두뇌와 공정한 心志를 가진 사람, ④사리와 법리에 밝은 사람, ⑤신망이 있고 더욱 군사상 지식이 있는 사람 등을 요청했다고 한다. 앞의, 『1920년대 전반 만주·러시아지역 항일무장투쟁』, 139쪽.

정서의 재무부장 桂和 등 10여 명이 회합한 '평화회의'가 개최되기도 했으나 성과없이 끝난 것으로 보인다.

이후 국민회에서는 홍범도에게 북로군정서를 공격하라는 요구를 했으며, 홍범도가 이를 거절하자 대한국민회 및 북로독군부와 함께 결성되었던 제1차 '三團聯合'이 깨졌던 것으로 보인다. 이후 홍범도는 북로군정서 및 지청천의 서로군정서와의 새로운 '삼단연합'을 시도했으며, 북로군정서와는 격이없이 의견을 교환하여 공동작전을 하기로 했으나 구체적으로 성사되지는 못하였다.[26)]

홍범도와 서로군정서는 북로군정서에 대표자를 보내 안도현에 집결하여 聯合職制를 조직하고 세 단체를 세개의 사령부로 나누어 두되 하나의 총괄기관을 설치하여 통솔하는 데 합의했던 것으로 파악되고 있다. 그러나 일본군의 간도침공으로 제2차 삼단연합은 실현되지 못한 체 독립군부대들은 청산리전투에 돌입했던 것으로 보인다.[27)]

이같은 상황에서 홍범도는 8월 하순 명월구 근거지 떠나 9월 21일경 이도구 어랑촌에 도착하였으며, 안무가 지휘하는 국민회군도 9월 말경 이도구 방향에 도착하였고 군무독군부군도 9월말 경 봉오동을 출발하여 나자구에 도착하였다. 이밖에 북로군정서는 9월 9일 사관연성소 생도들의 졸업식을 마친 후 9월 17일에 서대파를 떠나 10월 12일에

26) 梶村秀樹·姜德相 編, 『現代史資料』28, 397쪽. 장세윤, 「<洪範圖 日誌>를 통해 본 홍범도의 생애와 항일무장투쟁」, 『한국독립운동사연구』5, 독립기념관 한국독립운동사연구소, 1991. 232~234쪽. 채영국, 「1920년 琿春事件 전후 獨立軍의 動向」, 『한국독립운동사연구』 5, 독립기념관 한국독립운동사연구소 1991. 287쪽에서도 같은 설명을 하고 있다.

27) 我觀, 「兩大戰詳報(當地來函)」, 최광식 역주, 『단재 신채호의 天鼓』(아연출판부, 2004), 191쪽(번역), 345쪽(원문).

서 13일 경 청산리부근에 이르렀다.[28] 따라서 당시 독립군부대들은 일본군의 공세에 직면하여 '避戰策'을 결정했을 뿐, 조직적인 연합은 어려웠을 것으로 보인다.

근거지 이동과 관련하여 북로군정서의 徐一은 후방지역인 중소국경지대로, 玄天默은 백두산 방면으로 가자는 의견을 냈으며, 인적 · 물적으로 유리한 백두산 방면으로의 이동이 결정되었다.[29] 북로군정서가 청산리를 근거지로 정했던 것은 이 일대가 청일학교 · 의합천일학교 등이 있는 대종교 중심의 마을이었기 때문이었다. 지리적으로도 국내와 가까워 국내로의 진격이 용이할 뿐만 아니라, 산세가 험하고, 안도현과 인접하여 상대적으로 안전한 지역이기 때문이었던 것으로 보인다.[30]

홍범도부대가 백두산 방면으로 이동한 것에 대해서는 『홍범도일지』의 아래의 내용을 근거로 그가 북로군정서와 연합한 국내진공작전을 염두에 둔 선택이었던 것으로 파악되고 있다.[31]

> "……**군정서가 청산리에 있다 하니까 연합하여 고려(한국)로 나갈까 하고 찾아 가는 길에** 어구의 큰 길에 나가 서자마자 보초병이 뒤물러 서면서 일병이 수천명이 당금 당진하였다 한즉 할 수 없이 고려나가 쓰자고 하던 뿔리묘트(기관총)를 걸고 일병 대부대에다 내두르니 쓰러진 것이 부지기수(不知其数)로 자빠지는 것을 보고 도망하여 오른 길로 산페로 들어와……"[32]

---

28) 앞의, 『3.1운동 직후 무장투쟁과 외교활동』, 105쪽.

29) 앞의, 「봉오동, 청산리전투 다시 보기」, 308쪽.

30) 김춘선, 「발로 쓴 청산리전쟁의 역사적 진실」, 『역사비평』 가을호, 267쪽.

31) 장세윤, 「<洪範圖 日誌>를 통해 본 홍범도의 생애와 항일무장투쟁」, 『한국독립운동사연구』 5, 독립기념관 한국독립운동사연구소, 1991. 168~169쪽.

32) 앞의, 『홍범도장군-자서전 홍범도일지와 항일무장투쟁』, 89쪽.

홍범도는 부대를 이끌고 김좌진의 북로군정서와 연합하여 국내진공작전을 전개하기 위해 청산리 방향으로 진격하고 있었다.

중국측의 우호적인 태도에 관한 논문도 발표되었다. 중국 당안관의 자료를 근거로 연길도윤 장세전과 도빈 및 중국군 제1보병단장 맹부덕이 모두 독립군 부대에 대해 우호적인 태도를 견지하고 있었던 것으로 보인다. 뿐만 아니라 길림성에 거주하는 徐鳴岐, 孫華堂이나 혼춘의 임모 등은 독립군이 필요로 하는 물자를 대신 구입·조달해 주었으며, 국자가 거주 王澤普는 자신과 친밀한 육군 제1영장 陸氏로부터 독립군에 대한 토벌이 있을 것이고 일본군도 동행하여 철저하게 진행될 것이라는 정보를 대한독군부에 제공해 주었었다고 한다.[33]

3. 전투의 전개 및 무기와 전과

전투 상황과 관련해서는 『매일신보』의 보도 기사를 정리하여 당시의 상황을 파악한 연구가 있다.[34] 일본군은 漁老村(漁郎村)에서 초적단을 포함한 김좌진의 부하 1,000여명과 만나 일장[一場] 接戰을 했으며, '彼此死이 不少했다'는 내용을 통해서 볼 때 어랑촌의 대규모 접전이 있었음 보여주고 있다고 하였다.[35] 또한 전투에 참여했던 安川三郞 소좌가 青山里 西大浦(필자－西大坡)있던 무관학교는 군대의 편성도 매우

33) 손춘일, 「청산리전역 직전 반일무장단체의 근거지 이동에 대하여」, 『한국민족운동사연구』26. 한국민족운동사학회, 2000. 112~113쪽.

34) 황민호, 「1920년대 초 재만 독립군의 활동에 관한 매일신보의 보도경향과 인식」, 『한국민족운동사연구』50, 한국민족운동사학회, 2007.

35) 草賊團을 合한 一千餘名의 首魁 金佐鎭部下, 漁老村에서 서로 만나 충돌되며 일장 접전이 시작, 彼此死傷이 不少햇다」, 『매일신보』 1920년 10월 28일.

규칙적 이었으며, 그 단체들은 모두 크나큰 수목 속과 기타 수림 사이에 숨어 있어 수시로 토벌하기에 어려웠다고 한 인터뷰 기사를 통해서 볼 때 일본군의 작전은 독립군의 저항에 부딪쳐 성공하지 못했음을 보여준다고 하였다.[36)]

청산리전투 현장의 지리적 특징을 군사적 측면에서 파악한 논문이 발표되었다.[37)] 1933년 일본군이 제작한 청산리지역의 지도를 활용하여 독립군이 활동하였던 전투 지역의 면적은 약 3,000㎢에 이르며, 이는 현재 서울의 5배, 유사한 산악 지형인 지리산보다도 약 6배 가량 넓은 지역으로, 이는 일본군의 작전에 결정적인 영향을 끼쳤을 것이라고 보았다.

즉 東지대의 병력을 약 5,000여 명으로 추산했을 때 개인이 담당해야 하는 넓이는 약 0.6㎢이고 이는 빼곡히 나무가 들어차 있는 국제경기용 축구장 약 7개를 혼자서 수색해야 하는 크기라고 하였다. 필자는 이러한 지형적 요건은 독립군이 '避戰策'을 효과적으로 수행하며 일본군의 토벌에 적절하게 대응할 수 있는 요인이라고 보았다.

또한 어랑촌이 최대의 激戰地가 되었던 것은 동쪽으로는 용정[지금의 연길시]으로 남쪽으로는 삼도구[지금의 화룡시]로, 북쪽으로는 안도현으로 연결되는 교통의 요지였기 때문이라고 하였다. 독립군 부대들은 일본군의 포위망에서 벗어나기 위해서는 어랑촌을 거쳐 다른 지역으로 이동해야 했다고 보았다. 그리고 같은 이유에서 東지대의 지휘부

---

36) 「間島方面 陰謀團 총사령관은 김좌진인대 군기는 아라시기관총」, 『매일신보』 1920년 11월 18일.

37) 신효승, 「청산리 전역의 전개 배경과 독립군의 작전」, 『한국민족운동사연구』86, 한국민족운동사학회. 2016.

와 예비대 역시 인근에 주둔하고 있었다고 하였다.

독립군의 무기에 관한 연구도 진행되었다. 특히 각종 무기에 대해 사진과 설명이 함께 수록되어 독자들의 이해를 돕고 있다.[38] 청산리 전투에서 독립군은 러시아제 모신나강 소총(Mosin-Nagant M1891)과 일본제 아리사카 30식 소총(1897년 제조), 아리사카 38식 소총(1905년 제조), 독일제 마우저 소총(Mauser Gew71/84) 등을 주로 사용하였다. 모신나강총은 러시아혁명 이후 자제의 조달이 어려워진 러시아가 미국에 생산을 의뢰한 것이었기 때문에 독립군 부대가 사용한 모신나강은 주로 미국에서 만들어진 것이였다고 한다.

권총은 안중근의사가 사용한 것으로 알려진 부라우닝(Browning) 권총 외에도 나간트(Nagant) 권총 및 루거(Luger PO8) 권총 등이 사용되었으며, 일제가 개발한 남부식 권총 등도 사용되었다고 한다. 또한 슈타이어(Steyr)M95 장총과 러시아제 PM1910 맥심 기관총 등이 사용되었다고 한다. 또한 이 연구에서는 1920년 7월 경의 조선총독부의 보고서를 나타나는 독립군 군단 별 무장력을 다음과 같이 정리하였다. 대한(북로)군정서는 장정 약 1,000명, 군총 약 1,800정, 탄약 1정에 약 800발, 권총 150정, 기관총 7정, 기타 다수의 수류탄을 보유하고 있었다.

홍범도가 거느린 군단은 부원 약 300명, 총 200정, 권총 약 40정, 탄약은 총 1정에 대하여 약 200발 가량이었다. 대한국민회군은 具春先을

---

38) 박환, 『독립군과 무기』 선인, 2020. 박환, 「3.1운동 직후 만주지역 독립군과 무기」, 『전쟁과 유물』 7, 2015. 신효승, 「제1차 세계대전 이후 중국 동북지역 한인 무장단체의 무기」, 『한국민족운동사연구』 103, 한국민족운동사학회. 2020. '제1차 세계대전 기간 중에 러시아에 의해 미국에서 주문생산된 모신나강총의 경우 완성품 불량이나 문제가 있는 경우가 많았으며, 이 총기의 상당수가 독립군에게 제공되었을 것'이라고 보기도 했다.

회장으로 하고 회원 약 500명, 군총 약 400정, 권총 150정, 약간의 수류탄을 보유하고 있었으며, 이들은 상해임시정부를 지지하고 있었다. 대한북로독군부는 최명록(최진동)을 부장으로 하는 군단으로 대원 약 300명, 군총 약 800정, 권총 50정, 기관총 2문, 탄약 및 수류탄 약간을 보유하고 있었다.[39]

일본군의 동향에 대해서는 『간도출병사』의 내용을 분석하여 일본군의 작전이 실패했음을 인정하고 있었다고 분석하기도 했다.[40] 특히 東支隊에서는 '출동 지대가 敵地가 아니었던 점, 중국 군대의 타협적 토벌 이후로 賊徒들이 사방으로 흩어진 점, 긴급 출동 직후 초토행동으로 나설 수 없었던 점, 외교 및 기타 관계상 서쪽과 북쪽 지구는 대체적으로 개방된 정황이었던 점, 지역이 광활한 데 비해 병력은 매우 적고 시일은 짧았던 점 등의 요인으로 의해 섬멸적 타격을 가하는 것은 불가능했다'고 하고 있었다.

이같은 경향은 다른 지대의 경우도 비슷했다. 磯林支隊는 블라디보스토크 파견군 예하의 제11사단 토문자 지대 및 제13사단 하뉴지대와 협력하여 당초 계획보다 넓은 범위를 수색했지만, 성과를 거두지 못했던 것으로 파악하고 있었다.

기림지대에서는 "老母猪河 북방 산중에는 최명록의 북로독군부 외 각지에서 도피해 온 비적 약 600명이 있다는 정보를 입수해 연일 수색하였다. 그러나 그들이 거처를 계속 옮겨다녀 끝내 발견하지 못하였다고 하였다. 또한 五道溝 서북쪽 谷地에 한민회 군무부장 崔慶天 외 150

---

39) 독립운동사편찬위원회, 『독립운동사자료집(10)—독립군전투사 자료집』, 1976. 17~128쪽.

40) 김연옥, 「일본군의 '간도출병' 전략과 실태」, 『일본역사연구』 50, 일본사학회, 2019.

명이 잠복해 있다는 보고를 받고 출동했으나 결국 발견하지 못했다고 하였다. 즉 작전에 참가했던 일본 주력은 모두 작전이 실패를 인정하고 있었던 것으로 보인다.

일본 영사관 경찰도 토벌대의 길잡이 역할을 하거나, 일본군과의 공동작전 및 귀순공작 등을 전개했던 것으로 나타나고 있다.[41] 1920년 10월 14일부터 훈춘 西道溝·荒溝 등지에서 전개된 기림지대의 토벌작전에서는 6명의 혼춘영사분관의 경찰을 파견되어 길 안내를 담당했으며, 煙筒拉子에서도 한인 10명을 살해하고, 민가 14호와 양곡을 소각하였다.[42]

10월 18일 국자가영사분관에서는 青木중위 인솔하는 30명의 일본군이 연길현 石人溝와 의란구 등지에 작전을 전개할 때 경찰을 파견하여 길 안내를 도왔다. 이때 군정서 무관학교 교관 출신인 金熹, 군정서 計審課長 李秉進, 의군단 중대장 金德三 외 1명 등이 희생당하기도 하였다.[43] 24일 일본군이 두도구 지역의 독립군기지를 습격할 때에도 두도구 영사분관에서는 9명의 경찰을 파견였다.[44]

청산리전투의 戰果와 관련해서는 다양한 주장이 제기되어 있다. 일본군은 1920년 10월 하순부터 11월 하순까지의 작전을 종합 정리하면서 사살 375명, 체포 177명, 귀순, 1558명이라고 하였으며, 일본군측의 피해는 전사 하사 1명, 병졸 9명이었다고 하였다.[45] 반면에 『독립신문』

---

41) 김태국, 「청산리전쟁 전후 북간도지역 일본영사관의 동향과 그 성격」, 『韓國史研究』 제111호, 한국사연구회, 2000.

42) 앞의, 『現代史資料』28, 312·632쪽.

43) 앞의, 『現代史資料』28, 326쪽.

44) 앞의, 『現代史資料』28, 320

45) 앞의, 『現代史資料』28, 707쪽.

에 게재된 안정근의 「간도 사건 후의 간도 상황에 관한 정부 특파원의 보고」[46]를 비롯하여, 북로군정서 총재 서일의 「북간도에 在한 我 독립군의 전투보고」,[47] 「군정서격고문」,[48] 「대한군정서보고」,[49] 그리고 김훈의 「삼일절의 산물인 北路我軍實戰記」[50] 등 다양한 기록을 정리하여 정리한 연구가 있다.[51] 이밖에 중국 호남성 長沙에서 발행되던 『大公報』에서는 '日本稱兵間島之本旨'라는 제목 하에 청산리대첩으로 사망한 일본군은 600명이며, 독립군은 50명에 불과하다고 보도하였다.[52]

<표 1> 청산리 전역 '전과' 기록

구분	시기	작성자	전과
파견원보고	1920.11 중순 이전	안정근	1,000여 명
전투보고	1920.11.12.	서일	1,100여 명(자상 400여 명 포함)
아(我) 군대의 활동	1921.1.21		1,200여 명(자상 400여 명 포함)
군정서격고문	1921.2.25.	서일	1,200여 명
대한군정서보고	1921.2.25.	서일	1,257+自相擊殺者 500여 인
북로아군실전기 (1)·(2)	1921.3.1. 1921.3.12	김훈	약 146명+自相擊殺者/명중자
求亡日報	1939.6.21.		1개 연대

46) 「間島事件後의 間島狀況에 관한 政府特派員의 報告」(1920. 11. 25), 高警 第三七二三一號

47) 「北墾島에 在한 我獨立軍의 전투보고」, 『대한민국임시정부자료집』9, 국사편찬위원회, 2006, 48~52쪽.

48) 「軍政署檄告文」, 『獨立新聞』 1921년 2월 25일

49) 「大韓軍政署報告」, 『獨立新聞』 1921년 2월 25일

50) 「北路我軍實戰記」(1)·(2), 『獨立新聞』 1921년 3월 1일, 3월 12일

51) 신효승, 「'보고'에서 '석고화한 기억'으로-청산리 전역 보고의 정치학」, 『역사비평』 통권 제124호, 2018.08

52) 김주용, 「홍범도의 항일무장투쟁과 역사적 의의」, 『한국학연구』32, 인하대학교 한국학연구소, 2014.

한국독립운동 지혈사	1920.12.	박은식	우리 사령부조사 1,600여 명 중국 관청 조사 1,300여 명 일본 영사관 비밀보고서 900여 명 서양 신문의 평론 2,000여 명 중국신문 『遼東日日新報』 추산 2,000여 명
경천아일록	1921.3.21.	김경천	1,200여 명
우둥불	1971	이범석	3,300여 명

Ⅲ. 韓人들의 피해와 庚申慘變

청산리전투을 전후해 재만 한인들이 받은 피해에 대해서는 '天樂覺書'[53]의 내용을 바탕으로 친일 마적 長江好(본명: 長鮮武)의 활동을 정리한 연구가 있다.[54] 3.1운동 이후 서간도 지역의 독립운동세력을 탄압하기 위해 총력을 기울이고 있었던 조선총독부에서는 일본 육군 기병 예비역 중위 中野淸助(별명:天樂)을 통해 포섭된 장강호 마적단을 고용해 독립군 기지와 한인마에 대한 공격을 지속하였다. 이들은 200여 명의 한인청년들이 살해했으며, 120여호의 가옥을 불태웠으며, 홍범도와 윤세복, 이동휘 등을 동향을 파악할 수 있는 각종 문서를 탈취되었다.

이들은 蒙江縣에서 약 500명의 병력으로 독립군 토벌대를 조직했는데 1920년 7월에는 京城에서 조선총독부 고등과장 山口와 참사관 丸山

53) 「天樂覺書」, 『독립운동사자료집』10, 독립운동사편찬위원회, 1976, 209쪽. 이 각서는 조선총독부의 지시를 받아 마적두목 장강호를 매수하여 西間島지역에서 배일한국인 및 가옥을 닥치는대로 살육하고 소각하였던 中野淸助가 만행을 끝내고 나자, 총독부가 장강호와 그를 배신하므로 억울함을 호소하며 쓴 일종의 수기이다.

54) 채영국, 「1920년 琿春事件 전후 獨立軍의 動向」, 『한국독립운동사연구』 5, 독립기념관 한국독립운동사연구소 1991.

鶴吉로부터 권총과 소총탄약 2,000여발과 1,500원의 자금을 지원 받았다. 근거지로 돌아갈 무렵에는 경성의 天祐堂藥房에서 독가스 재료를 구입했는데 안도현 乳頭山에서 光復團 소속의 독립군 10여 명을 살해하는데 사용되었던 것으로 보인다.[55]

또한 이 연구에서는 혼춘사건을 일으킨 마적에 대해 러시아 과격파가 지휘하고 조선인 독립군이 다수 포함되어 있다고 한 『매일신보』의 보도 내용이 허구임을 밝히기도 하였다.[56] 사건 당시 마적단에게 끌려갔던 일본인 잡화상 히코사카 유키리(彦坂由喜二)가 훈춘의 자기 집에 보낸 편지에서 마적단 내에 조선인은 한명이 있는 듯하며, 두목은 支那人이라는 내용에서 볼 때 문제가 있다는 주장이다.[57] 그리고 이같은 사실은 훈춘영사관 분관주임 아키스(秋州)가 외무대신 앞으로 보낸 보고서에도 나타나 있다고 하였다.[58]

---

55) 앞의, 「天樂覺書」, 『독립운동사자료집』10, 209쪽. 대개 불령 선인의 '광복단'이라 칭하는 것은 봉천성 안도현 乳頭山에 있어서 40여 호의 조선인과 3호의 중국인으로 이루어진 부락으로서, 우리 일본인은 얼씬도 못하는 배일 부락이다. 이 전 부락을 들어서 광복 단원으로 하고 종종의 계획은 여기서 모의를 하게 되는 것이다. 그러므로, 먼저 우리 부대는 이 부락을 습격하여 가옥 40여 호를 소각하고 광복단 연병 교관 및 제 2대장, 외교부장 및 동 부원(조선인으로부터 금품을 징발하는 역원이다) 3명 아울러 구장, 부구장, 광복단 병졸(총기 휴대자) 등 10여명을 독가스를 사용하여 살육하였다.

56) 「暴虐殘忍한 馬賊團의 所爲, 烈火猛焰 中에 陷한 琿春, 2일 오전 3시에 마적 육백명이 혼춘에 襲來하여 西門內를 포위하고 방화, 일본인 死傷이 不少, 日領事館 全燒 日領事는 御眞影과 天命을 苦待, 此 마적단에는 支那軍人 排日朝鮮人도 含在한 듯」『매일신보』 1920년 10월 4일. '그들은 "마적의 계통은 자세치 못하나 支那軍이 얼마쯤 섞여있고 일본인을 습격할 모격이 있었기에 배일조선인이 있는 듯하다(중략) 한국독립군이 많이 가담한 러시아人이 지휘하는 무리, …단순한 마적이 아니라 과격파와 같은 것이라고 생각할만 하다."고 하였다.

57) 「마적에게 押去된 일본인.彦坂田喜二某의 서면은 비통애절 마적단의 포학은 日益격심」, 『조선일보』, 1920년 12월 10일.

혼춘사건이 장강호 마적단에 의해 수행된 것이 아니라는 주장이 구체적으로 제기되기도 하였다.[59] 이 연구에서는 혼춘을 습격한 마적은 靠山(일명 孫花亭)의 부하 戰東(鎭東 일명 王勝東)과 萬順(王四海), 雙羊, 萬天飛 등의 마적단이라고 보았다. 각자의 세력범위를 엄격하게 지키고 있었던 마적단의 관행으로 볼 때, 남만지역을 무대로 활동했던 장강호 마적이 북간도 혼춘까지 들어와 활동하는 것은 어려운 일이라고 하였다. 또한 훈춘사건에서 납치되었던 히코사카 유키리(彦坂由喜二)는 이번 사건의 도발자는 戰東이며 그는 당년 50세이고 변발(白髮이 섞였음)한 인품이 비속한 인물이라고 하였다.[60]

이밖에 고산은 브라디보스토크 파견군 제12사단의 간첩으로 사단 주둔지인 브라고벤체스크에서 손화정(孫花亭)이란 가명을 쓰면서 '오륜궁(奧倫宮)'이란 주점을 경영하였으며, 부하들을 각지에 파견하여 러시아 혁명파들의 동향을 정탐, 일본군에 전달하는 역할을 했다고 한다.

경신참변에 의해 한인사회가 당했던 피해에 대해서는 중화민국 '延吉道尹公署檔案'자료를 통해 연길현, 화룡현, 혼춘현, 왕청현과 장백현 및 서간도지역에서의 사례를 분석한 연구가 있다. 이 연구에서는 백운평에서 일제가 저지른 만행에 대해 "青山子溝里燒毁民三十二戶, 人民燒死者五十二名…以上諸戶均將房屋粮草燒毁無存"라고 하였다.[61]

경신참변에 대한 다른 연구에서는 일본군이 1920년 10월 30일 화룡

58) 「在琿春秋州領事電報」, 앞의, 『現代史資料』28, 134쪽.

59) 박창욱, 「훈춘사건과 '장강호'마적단」, 『역사비평』 여름호(통권 51호), 역사비평사, 2000.

60) 앞의, 『現代史資料』28, 170쪽

61) 中華民國檔案資料, 「日本侵略軍越界到我國的一些罪惡活動由」 和龍縣公署外交類, 民國九年, 66號卷.

현 장암동에서 재만한인 33명을 죽이고 2명에게 부상을 입히는 장암동 참변을 도발한 후 이에 대해 변명하는 육군 당국자의 인터뷰를 통해 그 참상을 확인하기도 했다.

> 그 다음 우리군대가 노유남여를 묻지 아니하고 燒殺하야 그 참상은 눈으로 볼 수 없는 것같이 보도하얐으나 이것은 필경 우리군대가 우리나라 국풍에 의지하여 후의로서 죽은 자를 화장하는 사실을 오해한 것인 듯하며 또한 연료가 부족한 까닭에 충분히 태우지 못한 것을 외국인 선교사로 하여금 촬영케 한 사실이 있는 것은 임의 보도한 바 있거니와 어찌할 수 없는 일이지마는 우리 군대에서 그와 같은 참학한 행동이 없는 것은 일반국민 확실히 믿고 의심하지 않는 바이다. 우리 군대 출동으로 인하여 음모조선인 촌락이 그의 음모를 또다시 근거지를 잃어버리게 된 것은 기쁜 일이요 지금 그 각 촌락으로부터 우리군대가 영구히 주둔하여 달라는 탄원한 일이 있스니 그것으로서 일반의 동정을 알 수가 있다.[62]

위의 내용에서 보면 일본군 당국자는 토벌대가 한인에 대해 男女老幼를 묻지도 않고 태워죽인 것이 아니라, 일본의 國風에 의지하여 후의로서 죽은자를 火葬해 준 것인데 연료가 모자라 충분히 태우지 못한 것을 외국인 선교사가 촬영해 오해한 것이니 어쩔 수 없는 것이라고 하였다. 또한 당국자로서는 음모 조선인 부락이 없어지는 것은 기쁜일이며, 지금 각 촌락에서는 일본 군대가 영구히 주둔해 달라는 탄원서를 내고 있으니 이것에서 보면 일반의 동정을 알수 있다고 하였다.

---

62) 『매일신보』 1920년 12월 5일. 「國境鎭壓에 對하야 外國人의 誤認, 엇지하는 수 없어서 행한 바를 모다 해석을 잘못한다고 陸軍某當局者談」. 앞의, 「1920년대 초 재만 독립군의 활동에 관한 『매일신보』의 보도경향과 인식」 참조.

경신참변에서의 한인들의 피해에 대해서는 명확하게 밝혀지지 않고 있으며, 엇갈린 통계가 존재하고 있다. 『독립신문』 92호(1921년 1월 27일)에서는 피살 3,664명, 체포 155명이고, 재산피해는 민가 3,520동, 학교 59개교, 교회당 19개소, 곡물 59,970섬인 것으로 나타나고 있다.[63] 박은식은 『한국독립운동지혈사』에서 서간도를 포함하여 한인 사망자 3,106명, 체포자 238명, 소실가옥 2,500호로 집계하였다.[64] 이에 반해 일제는 피살 494명, 체포 707명, 소각 민가 531동, 학교 25개교, 교회 1개소라고 하였다.[65]

한편 중국측 자료에서는 1921년 5월 5일 연길도윤이 외교총장에게 보고한 公文에서는 길림성 연길도(연길·화룡·왕청·훈춘·동녕)에서 피살자가 華民 622명, 墾民 320명이라고 보고하였다.[66] 이밖에 1920년 11월 7일자 『吉長日報』에서는 "최근 3주일 내에 연변 일대에서 살해된 조선인은 2,000여명"이라고 하였다고 하였다.[67] 그리고 이에 대해서는 경신참변에 대한 한·중·일의 자료와 주장이 서로 다른 상황임으로 국

---

63) 「懇島參狀後報」, 『독립신문』 92호 1921년 1월 27일. 이밖에 『독립신문』 87호에서는 피살 2,626명, 체포 46명, 재산피해는 민가 3,208동, 학교 39개교, 교회당 11개소, 곡물 53,265섬이 소실된 것으로 보도하였다. 「西北間島 同胞의 狀 血報」, 『獨立新聞』 1920년 12월 18일.

64) 朴殷植, 『한국독립운동지혈사』, 208~216쪽.

65) 「間島出兵史」, 金正柱, 『朝鮮統治史料』 2권, 韓國史硏究所, 1970, 108쪽. '剿討效果一覽表'; 일본군측의 '死亡者人名一覽表'에서는 일본군이 토벌에서 사살한 인명수는 보병제73연대 106명, 보병제74연대 64명, 보병제75연대 136명, 보병제78연대 7명 기병제27연대 65명, 야포병제25연대 16명, 보병제28여단 24명, 총계 524명으로 집계하고 있다. 앞의 『현대사자료』 28, 520~544쪽.

66) 中華民國檔案資料, 「五縣華人墾民被日軍燒殺受損狀況」(吉林省延吉道道尹公署公文), 1921년 5월 5일.

67) 金春善, 「庚申慘變 연구-한인사회와 관련지어-」, 『한국사연구』 111, 한국사연구회, 2000. 163쪽.

제적 공동조사가 필요하다는 주장이 제기되어 있다.[68]

경신참변 기간 중, 일제에 의해 강압적으로 진행되었던 歸順에 관한 연구도 발표되었다.[69] 일본군은 1920년 11월 5일 11개 조항의 「歸順者取扱規程」[70]을 발표하고 '귀순자취급사무위원회'를 설립하였으며, 각 支隊에서도 '귀순자취급세칙'을 만들어 귀순을 강요했던 것으로 보인다.[71]

이 연구에서는 최대 23,000명 웃도는 한인들이 귀순했을 것으로 추정하였다.[72] 중국당국에서는 한인들에게 중국으로의 귀화를 권유하는 한편, 귀화하지 않을 경우 일본군이 철수한 후 상당한 처분이 있을 것이라고 위협하였으며, 귀순한 한인들에 대해서는 '親日者'라는 이유로 압박을 가하거나 폭행하는 경우도 있었다고 하였다.

---

68) 조동걸, 「青山里戰爭 80주년의 역사적 의의」, 『한국근현대사연구』15, 한국근현대사학회, 2000. 114쪽.

69) 정예지, 「庚申慘變기 조선인 "귀순"문제 연구－북간도를 중심으로－」, 『사림』38, 수선사학회, 2011.

70) 그 내용을 보면, 첫째, '귀순자취급'에 대한 모든 업무는 지대장의 지시에 따른다(제1조, 제5조의 규정) 둘째, 지대장을 위원장으로 하고, 영사관 인원과 기타 필요한 인원으로 기순자 처리위원회를 구성한다(제3조). 셋째, 귀순을 원하는 '불령선인'들은 서약서를 제출하고, 그들에게는 '歸順之證'을 발급하며, 향후 거주하게 될 마을에서 5명 이상이 연대보증을 서도록 한다. 넷째, 석방한 '귀순자'는 담당구역 영사관에서 관리한다 (『外務省警察史間島ノ部』 SP.205－5, 2322~2326)

71) 1920년 11월 11일에 발표된 「東支隊歸順者取扱細則」은 모두 15조로 되어 있다. (『外務省警察史間島ノ部』 SP.205－5, 2327~2341) 앞의, 「청산리전쟁 전후 북간도지역 일본영사관의 동향과 그 성격」, 89쪽 참조.

72) 堺與三吉(間島總領事代理領事)→內田康哉(外務大臣), 「歸順申告自連名簿送付二開スル件」, 1920.12.23, 『不逞團關係雜件－朝鮮人의 部－在滿洲의 部』(25); 堺與三吉(間島總領事代理領事)→內田康哉(外務大臣), 「歸順事務取扱狀ノ件」, 1920.12.28., 『不逞團關係雜件－朝鮮人의 部－在滿洲의 部』(25)

IV. 청산리전투에 대한 이범석과 홍범도의 기억과 기록

청산리전투와 관련한 대표적인 '회고'는 이범석의 『우둥불』과 홍범도의 『홍범도일지』를 들 수 있으며, 그 특징과 문제점에 대해 분석한 연구가 발표되었다. 해방 이후 한국사회에서는 좌·우익의 격렬한 대립 속에서 이범석과 김두한에 의해 청산리전투의 전승이 이루어졌으며, 청산리 전투의 한 부분을 직접 지휘한 지휘관이자 살아 있는 권력이었던 이범석의 정치적 영향력을 무시하기 어려웠을 것이라고 보았다.[73] 이범석은 1946년 라디오방송을 통해 청산리전투에 대해 강연을 했으며,[74] 정부가 수립된 직후인 1948년 10월에는 정부 기구인 공보처에서, 1949년에는 '선전대책중앙위원회를 중심으로 다채로운 행사를 개최하였다.[75]

이 논문에서는 중국에서 발행되던 『救亡日報』의 '조선민족해방운동 30년사'라는 기사를 인용하여 청산리전투가 중국인 항일운동가들 사이에서도 3·1운동 이후 조선의 가장 대표적인 항일투쟁의 하나로 인식되고 있었음을 강조하였다.[76] 이밖에 이 연구에서는 청산리전투가

---

73) 신주백, 「한국현대사에서 청산리전투에 관한 기억의 流動－회고록·전기와 역사 교과서를 중심으로」, 『한국근현대사연구』57, 한국근현대사학회, 2011.

74) 「青山里전승기념, 금일 李장군 등 특별방송」, 『自由新聞』 1946년 10월 4일. '1920년 10월 4일 倭兵을 참패시킨 유명한 青山里戰鬪 제26주년을 맞이하여 이를 기념하고자 서울방송국에서는 4일 오후 8시부터 1시간 동안 특별순서를 작정하여 방송하기로 하였다는데 이 전쟁○○○○○지휘 분전한 李範錫 장군의 기념강연과 라디오 드리마가 있으리라 한다.

75) 「청산리戰捷 기념 강연회, 16일 上午 市公館서」, 『自由新聞』 1948년 10월 16일. 「青山里戰捷을 回想 李國務總理 獅子吼」, 『자유신문』, 1948년 10월 17일. 「青山里戰捷을 記念 來31일로 29년 돌맞이」, 『자유신문』, 1949년 10월 30일

76) 신주백, 「한국현대사에서 청산리전투에 관한 기억의 流動－회고록·전기와 역사

역사교과서에 반영된 것은 1966년 (제2차교육과정)에 편찬된 중학교 교과서부터였는데, 이는 정부수립 이후 권력의 2인자였던 이범석이 1950년대 중반 이후 이승만과 정치적으로 갈등 관계에 있었던 상황에서 독립운동가로서의 그 이미지가 대중적으로 확대 재생산되기 어려웠기 때문이었을 것이라고 보았다.

이범석이 1971년에 『우둥불』을 출간한 것에 대해서는 1970년에 미국 국회도서관으로부터 청산리전투와 관련한 일본의 MF문서가 입수되고 그 내용을 놓고 국회의원이나 이범석의 지인들 사이에서 사실 관계에 대한 논란이 일자, 이에 대한 맞대응의 일환이었을 것이라고 하였다.[77]

그런데 이범석은 『우둥불』에서 청산리전투에 대해 다음과 같은 몇 가지 중요한 주장을 하였다.

8일 밤 작전회의를 열고 김좌진 장군을 총지휘로, 홍범도, 최명록

교과서를 중심으로」, 『한국근현대사연구』57, 한국근현대사학회, 2011. 94쪽(재인용). '전 민족이 궐기한 대규모 시위운동(3.1 운동－인용자)은 즉각 격렬한 폭력적 직접행동으로 성격이 변화되었다. … 독립을 위한 혁명운동은 국내에서만 펼쳐진 것이 아니었다. 2백만 조선 민족이 이주해 살고 있던 동삼성에서도 직접적인 군사행동이 활발히 전개되었다. 이들은 일면 군관학교를 세워 혁명군사인재를 양성하고, 다른 한편으로는 독립군을 조직하여 수시로 국경방면의 일본군경비대를 습격하였다 당시 조선혁명군이 펼친 군사행동 가운데 가장 유명한 사건이 '청산리전투'이다.일본제국주의자들은 조선혁명군 근거지를 파괴하기 위해 수만 명의 정규군을 동원하여 동북 각지에서 대대적인 소탕작전을 벌였다. 이 과정에서 일본군은 무고한 농민들을 도살하고 부녀자를 간음하는가 하면 조선인 마을을 잿더미로 만들어 버리는 등 비인간적인 만행을 서슴지 않았다. 그 잔인무도함은 도저히 눈뜨고 볼 수 없을 정도였다. 이 무렵 延吉의 청산리에서 조선독립군에 포위된 일본군 1개 연대가 전멸당하니 이것이 유명한 '청산리전투'이다.

77) 송우혜, 「유명인사 회고록 왜곡 심하다 이범석의 우둥불」, 『역사비평』13, 1991.

두 분을 부사령관으로, 여행 단장이었던 내가 전적 총지휘, 즉 전투 사령관으로 부서를 정했다. 또한 홍범도 부대가 터시고우 방면, 의군부가 무산·간도 방면의 버들고개, 군정서 군대는 중앙의 송림평을 각각 각전지역으로 정했다.

그런데 9일 날 새벽에 보니 아무 연락도 없이 모두들 떠나가 버렸고, 다만 한민단 1개 중대만 남아 있었다. 3개 단체는 아무 말도 남기지 않고 밤의 장막과 함께 사라진 것이다.(중략)

나중에 안 사실이지만, 부서와 임무 배당에 불만이 있었다는 것이다. 내가 생각하기로는 불만도 있었겠지만 5만이 넘는 적의 대병력의 기세에 압도당해 전의를 상실한 게 확실하다.

홍범도부대가 이탈한 지 3일째 되는 날, 일군에게 포위당해 물 한 모금 먹지 못하고 추운 밤에 우등불 하나 올리지 못한 채, 굶고   떨면서 운명을 체념하고 그대로 그것에 있었다는 것이다, 그러던 중 천수평의 적이 우리에게 기습을 당해 포위망이 터진 것이다, 도의적으로 말하더라도 응당 거기서 책응하여 적을 협격했으면 전과가 더욱 올랐을 것이다. 그러나 운명의 신이 살길을 터준 줄만 알고 그 격전 틈에서 홍범도부대는 계속 안도현 쪽으로 궤주하고 말았다.

안도현 입구인 우도양창 계곡을 빠져들어가다가 그곳을 경계하던 일군 포위망에 다시 걸렸다. 적은 끈덕지게 추격했다. 이를 모르고 며칠 동안을 굶고 떨다가 이제는 전장을 떠났으려니 안심한 그네들은, 이날 밤 화광이 충천하게 대 우등불을 지펴 몸을 녹이며 먹을 것을 끓이는데 추격하던 일군이 모든 자동화기 포를 퍼부었다, 삽시간에 백 수십 명이 아무 저항도 못한 채 떼 죽임을 당했다. 또한 무기의 태반을 잃어 버렸다, 나머지 무기를 가지고 내도산이라는 곳으로 들어갔다. 일군이 청산리 전역에서 독립군으로부터 노획했다는 사진의 무기는 바로 그것이다.

다시 이야기를 돌려, 국민회 군대는 흩어지고 얼마의 무기를 땅에 파묻기도 했는데, 지방민의 밀고로 일군이 파낸 것도 적지 않았다. 옛날 의병 출신인 늙은 동지들로 편성된 부대를 영솔하던 홍범도 씨는 의의에 큰 타격을 입고 깨달은 바 커서 나머지 무기를 지청천 장군이 영도하는 신흥사관 생도에게 넘겨주어 장비케 함으로써 지청천 장군의 부대가 비로소 무장하게 되었다, 항간에 흔히 눈에 띄는, 지 장군이 청산리 전역에 직접 관여한 것처럼 기록된 것은 완전한 와전임을 아울러 밝혀둔다.[78)]

위의 내용에서 보면 이범석은 첫째, 청산리전투 직전에 김좌진 장군을 총지휘로, 홍범도와 최명록을 부사령관으로 하고 자신을 전투사령관으로 하여 작전을 전개하기로 하였다. 그러나 부서와 임무의 배당에 불만이 있던 홍범도와 최명록부대 등이 한민단 1개 중대만 남기고 사라졌으며, 나중에 안 사실이지만, 이들은 5만이 넘는 일본군의 기세에 압도 당해 戰意를 상실한 것이 확실하다고 하였다.

둘째, 홍범도부대는 이탈한 지 3일째 되던 날 일본군의 포위망에 걸렸는데 일본군에 대한 이범석부대의 공격으로 퇴로가 열리자 安圖縣 쪽으로 潰走하였다고 주장하였다. 이후 홍범도부대는 안도현의 입구인 우도양창 계곡에서 2번째로 일본군의 포위망에 걸려 수 백명의 병사들이 전사하고 무기의 태반을 빼앗겼는데 일본군이 청산리전투에서 노획했다고 하는 무기는 이것이라고 하였다.

셋째, 큰 타격을 입은 홍범도는 깨닭은 바가 커서 나머지 무기를 지청천 장군의 신흥사관 생도에게 넘겨주었으며, 지청천의 부대는 이때 비로서 무장하게 되었다고 하였다. 그리고 항간에 지청천이 청산리전역

---

78) 이범석, 「민족의 긍지인 역사적 사실을 흐릴 수 없다」, 『우등불』, 삼육출판사, 1971, 86~92쪽.

에 직접 관여한 것처럼 기록되어 있는 것은 완전한 와전임을 밝혀둔다고 하였다. 이범석의 이같은 주장은 검토의 여지가 큰 것으로 보인다.

해방 이후 발간된 이범석의 저서의 특징과 문제점에 대해 지적한 연구도 있다.[79] 청산리전투에 대한 이범석의 최초의 저서는 1941년 11월 『韓國的 憤怒』라는 제목으로 西安光復社에서 '光復叢書' 1권으로 출간되었다.[80] 국내에서는 이범석이 환국하기 두 달 전인[81] 1946년 4월 20일 『한국의 분노: 청산리 혈전 실기－』라는 제목으로 光昌閣에서 번역 출간되었다.[82] 국내에서 발간된 책에서 '서문에 代하여를 써던 엄항섭은 책 출간의 의의를 다음과 같이 정리하였다.

> 「한국의 분노」는 1941년 西安에서 中文으로 출간되어 中國各層 더욱이 革命의 政勢에 불붙고 있는 青年男女에게 熱狂的 환영을 받은 快著이다. 우리의 해방은 남의 손으로 되었다는 것이 일반의 觀念이요 甚至於 가만히 앉자서 하날에서 떨어진 선물을 받아드린데 불과한 듯이 생각하는 사람도 적지 않다. 그러나 우리는 국내에 국외에 혹은 저넓은 만주벌판에 혹은 중국대륙의 구석구석에 찍힌 수 없는 선열들의 거룩한 足跡과 이역만리 곳곳이 뿌려진 聖스러운 혁명의 피를 옷깃을 바로잡고 생각함이 있어야 할 것이다. 이 거룩한 足跡과 聖스러운 피의 일면을 眞○하고 정열에 가득한 필치로 우리 가슴에 호소하는 것이 『韓國의 憤怒』이다.[83]

---

79) 임공순, 「'청산리전투'를 둘러싼 기억과 망각술－'청산리전투'에 대한 이범석의 자기서사와 항(반)일－반공의 회로－」, 『국제어문』76, 국제어문학회, 2018.

80) 김재욱, 「이범석을 모델로 한 백화문 작품의 한국어 번역본」, 『중국어문학지』 48, 2014.

81) 「광복군참모장 이범석 귀국」, 『조선일보』 1946. 6. 5.

82) 「신간 '韓國의 憤怒, 李範奭作 金光洲譯, 光昌閣發行'」, 『동아일보』 1946년 6월 4일

83) 嚴恒燮, 「서문에 代하여」, 이범석, 김광주 옮김, 『한국의 분노: 청산리 혈전 실기』,

엄항섭은 이 책에 대해 우리의 독립이 남의 손으로 되었다는 것이 일반의 관념이요, 심지어 하늘에서 떨어진 선물을 받아드린데 불과한 것처럼 생각하는 사람이 적지 않은 상황에서, 국내외 혹은 만주 벌판과 중국대륙 구석구석에 뿌려진 선열들의 거룩한 피 값과 족적을 생각할 수 있게 하는 책이라고 하였다.

복간된 『삼천리』 1948년 6월호 「삼천 명의 일군 격멸하든 北滿 청산리의 激戰」에는 『한국의 분노: 청산리 혈전 실기』를 축약한 형태로 7~8쪽에 걸쳐 실려 있다. 그런데 이 책 3쪽의 「독립군의 戰史抄」에서는 '청산리전투'가 제1연대장 홍범도, 제2연대장 김좌진, 제3연대장 최진동의 합작품임을 명시하고 있다고 한다.

이후 1948년 8월 15일에는 대한민국정부 수립에 때맞춰 『혈전: 청산리 혈전 실기』가 재출간되었으며, 1956년 6월에는 월간 잡지 『희망』에는 「(실명소설)청산리의 여명」이라는 제목으로 백운평전투의 내용이 게재되었다.

한편 이 연구에서는 이범석의 청산리전투가 대중적이고 학술적 차원에서 새롭게 확산된 계기는 1964년 5월과 6월 『사상계』에 「청산리의 항전」이 (상)·(하)로 연재되면서 부터였다고 보았다.

(編者註) 韓國의 抗日戰史上 가장 榮光스러운 한 페이지를 차지할 뿐만 아니라, 韓國民族의 기개를 全世界에 널리 과시한 靑山里戰鬪의 생생한 記錄을 이제 四十여년이 훨씬 지난 오늘에 와서 다시 한 번 되새겨보게 됨을 진심으로 기쁘게 생각하며 앞으로 二回에 걸쳐 이 기록은 本誌에 연재될 것이다.

광창각, 1946, 2~3쪽

> 青山里戰鬪를 직접 진두지휘한 鐵騎 李範奭將軍은 이 青山里戰鬪記錄을 집필하게 된 동기를 「당시 北路軍政署 徐一 선생이 세상을 떠나시고, 또 총사령관이었던 金佐鎭將軍께서 불행하게도 흉한의 독수에 걸려 殞命하신 관계로 青山里戰鬪에 관한 역사적 사실의 保存責任이 부득이 나에게 돌아오게 되었기」 때문이라는 점을 밝혔다.
>
> 李將軍은 지금도 당시를 회고하면 「고요한 밤 명상을 깨뜨리는 阿鼻叫喚이 귓전에 쟁쟁하다」고 말한 念으로 갖은 北地의 고된 생활을 참고 견디던 有名 無名의 愛國戰士들은 대부분 그렇게 염원하던 祖國解放의 날을 보지도 못하고 순국한 오늘날, 새삼스레 그들의 愛國心에 머리를 숙이게 된다.
>
> 이제 또 다시 韓·日國交正常化라는 숙제를 앞에 놓고 중대한 시련기에 들어섰다. 우리는 과거에 얽매어 大義를 그르치려 하지도 않으며 또한 과거의 굴욕적인 전철을 다시 밟기도 원치 않는다. **이런 점에서 이 戰鬪記錄은 뜻있는 사람들에게 많은 示唆를 던져줄 것이라 믿어 의심치 않는다.** 끝으로 祖國의 獨立을 위해 싸우시다 殉國하신 여러 혼령들의 冥福을 빈다. 先烈들이여! 고히 잠드소서.[84]

장준하는 『사상계』를 통해 이범석의 청산리전투에 대한 기억을 되살림으로써 한일국교정상화문제를 새롭게 풀어가는 원동력으로 삼고자 했으며, 청산리전투의 기록이 "뜻이는 사람들에게 많은 示唆를 던져줄 것이라 믿어 의심치 않는다"고 하였다.

이밖에 이 『한국의 분노: 청산리 혈전 실기』는 '대전의 서막→조우→준비→암야에서 여명까지→白雲坪의 전투→甲山村으로 가는 도중→泉水坪의 전투→馬鹿溝의 전투→피로 삭인 에피소드→승리→종결→부(附) 작자의 약력'의 총 12장으로 구성되어 있는데 이는 청산리전

84) 이범석, 「청산리의 항전 (상)」, 『사상계』, 1964.5, 244쪽.

투에 대해 제한적으로 서술하고 있는 측면이 있다고 하였다.

그러면서 필자는 이것은 『독립신문』 1920년 12월 25일자 「青山里附近의 戰」과 1920년 3월 12일자 『北路我軍實戰記』에서 보도하고 있는 完樓溝전투와 漁郎村 전투의 내용을 축소하거나 삭제해야 가능한 것이라고 하였다. 따라서 이범석의 이 같은 청산리전투에 대한 기억과 기록은 검토의 여지가 있는 것으로 보인다.[85)]

1990년대에 들어서는 홍범도에 관한 본격적인 연구가 이루어졌다. 홍범도는 북한에서 출생하고 주로 북쪽지방에서 투쟁하였다는 점과 말년을 소련에서 보냈다는 사실, 그리고 사회주의를 수용했다는 점 등에서 적극적인 연구에 한계가 있었다.

홍범도와 관련해서는 1988년 『사회와 사상』 12월호에 실린 「실록 홍범도장군」이라는 연구에서 연변에 있다고 하는 홍범도의 후손 및 묘소와 묘비의 사진은 허위라는 주장이 제기되었다. 이 책에서 서술하고 있는 청산리전투에서의 홍범도의 활동은 중국에서 출간되었던 『韓國的憤怒』를 표절한 상태인 것을 알수 있다고 하였다.[86)]

『홍범도일지』의 내용을 분석하여 청산리전투에서의 홍범도부대의 활약에 대해 정리한 연구가 발표되기도 하였다.[87)] 이 연구에서는 첫째, 홍범도 부대가 泉水坪, 蜂密滿, 忠信場 등을 경과하면서 많은 일본군을

85) 청산리전투를 기록한 이범석의 기억은 『우등불』에서도 거의 같은 형태로 나타나고 있다. '전쟁의 序曲→遭遇→戰鬪준비→한밤에서 새벽까지→白雲坪의 전투→甲山村으로 가는 길→泉水坪 전투→馬鹿溝 전투→피어린 間奏曲→승리→맺음→민족의 긍지인 역사적 사실을 흐릴 수 없다'로 되어 있어 큰 틀에서 변화가 없는 것으로 나타나고 있다. 이범석, 『우등불』, 삼육출판사, 1971.

86) 송우혜, 「쟁점 최근 홍범도연구, 오류 허점 많다」, 『역사비평』 1988.12.

87) 장세윤, 「<洪範圖 日誌>를 통해 본 홍범도의 생애와 항일무장투쟁」, 『한국독립운동사연구』 5, 독립기념관 한국독립운동사연구소, 1991.

섬멸하였다는 사실을 확인할 수 있다고 주장하였다. 예를 들면 홍범도는 "……봉미거우[蜂密溝] 지나 忠信場 앞덕이에 올라서자 청산리 들여다 보니 청산(리) 갑산(촌) 어구에 일병이 수천명 모여 서서 장교놈이 군대에 여차여차 하여야 포로로 잡을 謀計를 가르치느라고 서서 公論할 때에 뿔리묘트 걸어 놓으니 막 쓰러지는 것을 보고 철(탄환)이 (떨어지고) 없어 놓지(쏘지) 못하고……"라고 하고 있는데 필자는 이 기록이 어랑촌 전투를 가리키는 것이라고 보고 있다.

둘째, 청산리 전투에서 홍범도 부대가 많은 戰果를 올리기는 했으나 피해도 적지 않은 것으로 보인다고 하였다.

> ……우두양창으로 안도현을 향하여 가다나니 날이 저물어지므로, 우두양창 막치기에서 불을 놓고 유(留)하게 되니까 내가 분부하되 우둥(불) 앞에서 불쬐지 말고 대(먼)거리마다 쬐되 燈下不明이므로 도적이 들어오는 것은 보지 못하는 것이라 명심하여라고 명령하고 밤을 지내는 때 마침 일병이 뒤를 좇아오다가 紅胡子[마적]를 만나 그놈들과 의병간 길을 알려주면 돈을 많이 주마 한즉 그놈들이 우리도 그놈들을 잡고자 하는 중이다 하고 같이 뒤를 좇아와서 **우둥(불)에다 속사포를 놓으니 우둥 앞에 불 쪼이던 군사는 씨도 없이 다 죽고 그 나머지는 사방으로 일패 도주하니 다시 更無興望이 되었다.** 숱한 탄환을 피하여 산간으로 기어 올라간즉……"

그런데 위의 내용에서 보면 홍범도부대는 마적에게 정보를 얻어 추적해 오던 일본군에 의해 커다란 타격을 입었던 것으로 보이는데 이는 당시 독립군이 마적과도 싸워야했던 일면을 보여주는 것이라고 하였다.

이밖에 이함덕, 이인섭, 김세일 본으로 구분되는 『홍범도일지』를 참고해 새롭게 주해 탈초한 단행본이 출간되었는데 필자는 『홍범도일지』가 통상적인 회고록이나 자서전의 범주에서 벗어나 자신이 겪었던 사실들을 가식없이 덤덤하게 기술하고 있다는 점에서 역사적 사실에 충실한 사료로서 손색이 없다고 하였다.[88]

V. 맺음말

본고에서는 주로 2000년대 이후의 청산리전투에 관한 연구성과에 대해 살펴보았으며, 그 내용을 정리하면 다음과 같다. 청산리전투를 지칭하는 용어의 문제와 전투의 범위 및 전과와 무기 등에 대해서는 학자들마다의 견해가 다르고 개념을 새롭게 정리해야 할 부분이 있어보지만 쉽게 정리되기 어려운 문제라는 점에 대해서도 나름의 공통된 인식을 가지고 있는 것으로 보인다.

당시 독립군부대들이 단일대오를 형성하고 공동작전을 전개하기 어려운 상황이었다는 점과 독립군에 대한 일본군의 포위공격이 실패할 수 밖에 없어던 이유 등에 대해서도 설명이 되고 있는 것으로 보인다. 독립군의 전과에 대해서는 『간도출병사』와 『매일신보』 및 『독립신문』과 이범석의 기억 등이 매우 다르게 나타나고 있는데 중국측의 기록이나 언론보도들이 참고가 될 수 있다는 주장이 제기되고 있는 것으로 보인다.

---

88) 반병률, 『홍범도장군－자서전 홍범도일지와 항일무장투쟁』, 한울아카데미, 2014.

경신참변에서는 재만한인의 피해 실상과 청산리전투를 전후한 시기 장강호 마적의 독가스 사용 등은 일제의 민간인에 대한 불법적인 만행이라고 할 수 있다. 이 문제는 중국과 일본 및 한국측의 관련 자료를 체계적으로 정리 연구가 반드시 필요한 부분인 것으로 보인다. 국가기관을 중심으로 한 자료집의 발간이나 체계적인 연구가 필요한 시점인 것으로 보인다. 이밖에 일제의 간도 침공에 대한 중국당국의 태도와 토벌작전에 참가한 일본 영사관 경찰의 활동 및 일제의 귀순공작에 관한 연구도 주목된다고 하겠다.

청산리전투에 대한 철기 이범석의 기억과 기록에는 일정한 한계가 있는 것으로 판단된다. 청산리전투에 대한 이범석의 초기의 기록이 일제시기 항일무장투쟁사의 성과를 빛내기 위한 작업의 일환이었으며, 우리나라 독립운동사의 중요한 측면을 보다 중요하게 강조하고자 했다는 점은 의의가 있다고 생각된다. 그러나 그의 기록이 지나치게 본인 위주로 서술되어 문제가 되고 있다는 점은 새롭게 정리될 필요가 있는 것으로 생각된다.

고등학교 한국사 교과서의 만주지역 독립운동사에 대한 서술체계와 내용

Ⅰ. 머리말

중·고등학교 학생들이 교과서를 통해 배우는 한국사는 학생들의 역사관이나 가치관 형성에 중대한 영향을 끼친다는 점에서 그 중요성이 강조되어 왔다. 이 같은 이유에서 중·고등학교 교과서의 내용과 체계는 국민적 관심사가 되어 왔으며, 학계에서는 새로 한국사 교과서가 발간될 때마다 이에 대한 검토를 수행해 왔다.

2009년 개정 교육과정(2010년 부분개정)에 따라 제작되어 2011년부터 사용되고 있는 『고등학교 한국사』 교과서에 대해서도 이미 여러 다양한 검토가 진행되어왔다.[1] 따라서 현행 교과서에 대한 1차적인 분석

1) 한국역사교육학회·한국역사연구회·한국사연구회·한국근현대사학회·전국역사교과서모임·역사학연구소·역사문제연구소·역사교육연구회·아시아평화와역사교육연대·민족문제연구소 주최 학술회의, 장세윤, 「새 검정통과본 고교 '한국사' 교과서의 일제강점기 서술내용 검토」, 2010. 10. 조성운, 「2009 개정 고등학교 '한국사'의 식민지시기 내용분석」, 『역사와 교육』13, 2011. 10. 조규태, 「고등학교 한국사 교과서의 3·1운동 서술의 체계와 내용」, 『한국민족운동사연구』 69, 2011. 12. 조규태, 「고등학교 한국사』 교과서의 동학·천도교 서술 검토」, 『동국사학』 32, 2011.

은 일정하게 이루어진 것으로 생각되며, 기왕의 연구가 지적하는 내용들은 향후 발간되는 새로운 교과서에 충실하게 반영되어야 할 것으로 생각된다.

이에 본고에서는 『고등학교 한국사』 교과서에 대한 주제별 분석의 일환으로 현재까지 세부적인 검토가 이루지지 않은 것으로 보이는 만주지역 항일무장투쟁사 부분에 대한 교과서의 내용 상의 특징과 문제점에 대해 분석해고 그 문제점을 정리하여 이후의 교과서 발행에 기여해 보고자 한다. 이를 위해 본고에서는 현행 고등학교 교과서 6종[2)]에 나타나는 근현대사 부분에 대한 서술상의 문제점을 정리해 보고 특히 만주지역 항일무장투쟁에 대해서는 각 교과서의 서술 내용과 지도 및 사진, 부속자료 등에 대해 교과서별로 비교적 상세하게 분석해 보고자 한다.

II. 교과서 단원의 구성과 일제시기에 대한 서술체계

2011년 3월에 발간된 『고등학교 한국사』에서 나타나는 전체 단원의 구성과 특징에 대해 살펴보면, <표 1>과 같다. 눈에 띄는 것은 총 9개

---

2) 6종 교과서의 필진은 다음과 같다. 한철호 김기승 김인기 조왕호 권나리 박지숙, 『고등학교 한국사』, 미래엔 컬처그룹, 2011. 도면회 이건홍 김향미 김동린 조한준 최태성 이희명, 『고등학교 한국사』, 비상교육, 2011. 주진오 박찬승 이신철 나인호 임성모 경규칠 송옥란 오정현, 『고등학교 한국사』, 천재교육, 2011. 최준채 서각수 윤영호 안정희 남궁원, 『고등학교 한국사』, 법문사, 2011. 이인석 정행렬 박중현 박범희 김쌍규 임행만, 『고등학교 한국사』, 삼화출판사, 2011. 정재정 장종근 오창훈 박찬석 김태진, 『고등학교 한국사』, 지학사, 2011.

의 단원으로 구성된 교과서의 서술 분량이 시기별로 불균형을 나타내고 있는 것으로 보인다는 점이다. 서술 분량으로 계산해 보면 전근대 시기가 대략 30% 정도에 해당되는 것으로 나타나는데 이는 근현대사를 중점으로 다루는 교과서이기 때문인 것으로 보인다.

<표 1> 『고등학교 한국사』의 내용 체계[3)]

영역	내용요소
우리 역사의 형성과 고대 국가	· 선사문화 · 고조선의 건국 · 고대 국가의 특성 · 남북국 시대의 형성과 발전
고려와 조선의 성립과 발전	· 고려의 건국과 통치 체제의 정비 과정 · 고려의 대외 관계와 문화 발달 · 조선의 건국과 통치 체제 정비 과정 · 민족 문화의 발달과 사림 문화의 발전 · 양난의 전개와 국내외에 끼친 영향
조선 사회의 변화와 서구 열강의 침략적 접근	· 통치 체제의 개편 · 조선 후기 사회 · 경제적 변화 · 19세기 정치 질서의 문란과 사회 동요 · 서구 열강의 접근과 조선의 대응
동아시아의 변화와 조선의 근대 개혁 운동	· 개항 과정 · 근대 개혁의 추진 과정 · 개항 이후 사회 · 경제적 변화
근대 국가 수립 운동과 일본 제국주의의 침략	· 근대 국가 수립을 위한 노력 · 국권 피탈 과정 · 국권 수호 운동의 전개
일제의 식민지 지배와 민족 운동의 전개	· 일제의 식민지 지배 정책 · 3 · 1운동의 전개와 영향 · 국내외 민족 운동의 전개

3) 교육과학기술부 고시 제 2010-24호, 「초 · 중등학교 교육과정 개정 고시」.

전체주의의 대두와 민족 운동의 발전	· 1930년대 이후 일제의 식민지 지배 정책 · 독립을 위한 민족 운동의 전개
냉전 체제와 대한민국 정부의 수립	· 8·15광복과 통일 정부 수립 활동 · 대한민국 정부의 수립 · 6·25전쟁의 원인 및 전개 과정과 영향
대한민국의 발전과 국제 정세의 변화	· 민주주의의 발전 · 경제의 성장과 문화의 발달 · 국제적 위상의 향상

현행 교과서에 대한 분석을 시도했던 기존의 연구에서도 일제시기의 경우 만주를 '중국동북지방'으로 칭할 것, '日帝'라는 일반적인 표현 대신, 상황에 맞게 '조선총독부, 조선총독부 경무국, 일본군, 조선군, 일본 경찰당국, 일본정부, 일본의 내각이나 외무성, 일본 영사관, 관동군, 만주국, 만주국 군경, 동양척식주식회사 등의 명칭을 사용하여 그 실체를 명확하게 표현해 주는 것이 바람직하다고 지적하였다. 정확한 명칭을 적시하는 것이 곤란한 경우도 있지만 반드시 고려해야 할 사항인 것으로 생각된다.

봉오동전투와 청산리대첩에 대해서는 각 교과서 마다 戰果나 전투의 전개상황에 대한 내용에 차이가 있다고 지적하는 한편, 간도참변에 대한 서술을 보강해야 한다고 주장하기도 하였다. 조선의용대와 조선의용군 및 동북인민혁명군이나 동북항일연군에 대한 서술은 이전에 비해 보다 상세하게 서술되었다고 평가하였다. 이밖에 기존의 연구에서는 삼화출판사의 경우 소년운동 지도자 중의 한 사람인 조철호를 천도교 신자라고 한 것은 사실관계의 오류라고 하였으며, 대한제국기에 발행되었던 『황성신문』과 『대한매일신보』 등이 일제 강점 이후 폐간되었다고 서술한 것은 6종 교과서가 모두 범하고 있는 오류라고 지적하였다. 뿐만 아니라 일제하 사회주의진영의 활동을 소략하게 서술하거나 서술했다고 하더라도 조선공산당과의 관계 속에서 서술하고 있는 교과서는 거의 없는데 이는 비역사적인 역사 서술임을 지적하기도 하였다.[4]

<표 2> 『고등학교 한국사』의 출판사별 식민지시기의 단원명

출판사	대단원	중단원
미래엔 컬쳐	VI. 일제의 식민지 지배와 민족운동의 전개	1. 팽창하는 제국주의와 민중의 저항 2. 일제의 억압과 수탈은 어떻게 전개되었나? 3. 3·1 운동과 대한민국 임시정부 4. 나라 안에서 다양한 민족운동을 전개하다 5. 무장독립전쟁의 불길이 치솟다
	VII. 전체주의의 대두와 민족운동의 발전	1. 전체주의 국가의 등장과 제2차 세계대전 2. '황국신민화'구호 아래 민족의 희생을 강요당하다 3. 사회운동의 변화와 민족문화수호운동의 전개 4. 줄기차게 전개된 무장독립전쟁
천재교육	VI. 일제의 식민지 지배와 민족운동의 전개	1. 제1차 세계대전과 새로운 국제질서 2. 무단통치와 비밀결사조직 3. 3·1운동과 아시아의 민족운동 4. 문화통치와 민족·사회운동 5. 대한민국 임시정부의 수립과 독립운동
	VII.전체주의의 대두와 민족운동의 발전	1. 전체주의의 대두와 제2차 세계대전 2. 전시수탈체제와 민족말살정책 3. 독립운동세력의 결집과 건국준비 4. 민족문화의 수호와 일상생활의 변화
법문사	VI. 일제의 식민지 지배와 민족운동의 전개	1. 제1차 세계대전과 러시아혁명 2. 일제의 식민지정책과 민족의 수난 3. 3·1운동과 대한민국 임시정부 4. 민족독립운동의 전개 5. 사회·경제적 민족운동

4) 조성운, 「2009 개정 고등학교 한국사의 식민지시기 내용분석」, 『역사와 교육』13, 2011.

	VII. 전체주의의 대두와 민족운동의 발전	1. 전체주의의 등장과 제2차 세계대전 2. 일제의 민족말살정책과 국외동포의 생활 3. 민족독립운동의 발전 4. 건국을 위한 노력과 국제사회의 움직음
비상교육	VI. 일제의 식민지 지배와 민족운동의 전개	1. 20세기 전반의 세계질서 2. 1910~1920년대 일제의 식민지지배 정책 3. 3·1운동과 대한민국 임시정부 4. 국내외에서 전개된 민족운동 5. 사회 각계층이 추진한 사회운동
	VII. 전체주의의 대두와 민족운동의 발전	1. 전체주의의 대두와 제2차 세계대전 2. 전시체제화에 따른 사회·경제적 변화 3. 전시동원체제와 한국인의 삶 4. 1930년대 민족운동 5. 민족통일전선의 형성과 건국준비활동
지학사	VI. 일제의 식민지 지배와 민족운동의 전개	1. 일제의 식민통치와 국제정세의 변화 2. 3·1운동과 대한민국 임시정부 3. 민족운동의 전개
	VII. 전체주의의 대두와 민족운동의 발전	1. 일제의 대륙침략과 민족말살정책 2. 사회문화운동의 전개 3. 국외민족운동의 전개
삼화 출판사	VI. 일제의 식민지 지배와 민족운동의 전개	1. 제1차 세계대전이 발발하고 러시아에서 혁명이 일어나다 2. 반제국주의 민족운동이 아시아를 휩쓸다 3. 식민지 지배가 이루어지다. 4. 식민지 경제의 기분을 구축하다. 5. 조선의 독립을 선언하다 6. 대한민국 임시정부가 활동하다 7. 독립군이 일본군과 맞서다 8. 독립보다는 실력이 먼저다 9. 사회운동이 활성화되다 10. 이념과 노선의 차이를 넘어 단결하자
	VII. 전체주의의 대두와 민족운동의 발전	1. 전체주의 국가가 등장하고 제2차 세계대전이 발발하다 2. 일본, 동아시아를 침략하다 3. 일제, 지배정책을 바꾸다

		4. 조선인의 민족성을 말살하고 조선인을 전쟁터로 내몰다 5. 항일연합전선을 결성하다 6. 민족문화운동, 황국신민화에 맞서다 7. 건국을 준비하다 8. 국제사회, 한국문제를 논의하다

<표 2>에서 보면 모든 교과서가 일제시기 민족운동과 관련해서 3·1운동과 임시정부를 중단원의 단일 목차로 설정하여 설명하고 있는데 반해 만주지역 독립군의 활동에 대해서는 단일목차로 설정하여 설명한 경우가 '삼화출판사' 한 종류에 불과한 것은 생각해 볼 문제인 것으로 보인다. 이같은 경향은 2009년도 과학기술부 고시 제2009－41호 『고등학교 교육과정 해설 사회(역사)』에서도 그대로 나타나고 있는데 현행 교과서는 이 고시의 내용을 반영하고 있는 것으로 보인다.[5)]

---

5) 교육과학기술부 고시 제2009－41호, 『고등학교 교육과정 해설 사회(역사)』. 이 내용에 따르면, '제6장 일제의 식민지 지배와 민족운동의 전개'에서는 강조할 내용에 대해 '① 제1차 세계대전과 러시아혁명을 거치며 세계정세가 크게 달라졌음을 안다. ② 일제의 식민지 지배정책을 시기별로 그 특징을 파악한다. ③ 3·1운동의 배경과 전개과정을 알고 민주공화제를 표방한 대한민국 임시정부 수립의 의의를 인식한다. ④ 나라 안팎에서 전개된 다양한 민족운동의 사례를 조사한다. ⑤ 3·1운동 이후 사회운동의 사례를 조사하여 그것이 사회·문화에 끼친 영향을 탐구한다. ⑥ 제1차 세계대전 후 아시아 여러 지역에서 일어난 민족운동의 사례를 조사하여 우리 민족운동과 비교한다. 또한 '제7장 전체주의의 대두와 민족운동의 발전'에서는 ① 대공황을 거치면서 전체주의국가가 등장하고 이들의 침략으로 제2차 세계대전이 일어났음을 안다. ② 1930년대 이후 달라진 일제의 지배정책을 파악하고 이에 따른 사회·경제적인 변화를 추론한다. ③ 일제의 인적·물적 자원 수탈과 민족말살정책을 파악하고 이 시대를 살아간 다양한 삶의 모습을 비교해본다. ④ 1930년대 이후에도 나라 안팎에서 민족운동이 활발하게 전개되었음을 파악한다. ⑤ 태평양전쟁 시기에 국내외에서 본격화된 건국노력을 설명한다. ⑥ 제2차 세계대전 진행 중에 우리의 독립과 연관된 국제사회의 움직임을 파악한다.

Ⅲ. 만주지역 독립운동사에 대한 서술 체계와 내용 검토

1. 서술체계와 1910년대의 독립운동

일제하 만주지역에서의 항일무장투쟁과 관련된 교과서의 서술은 <표 3>에서 보는 바와 같이 대체로 1910년대의 독립군 기지건설과 봉오동전투와 청산리대첩 및 1920년대의 민족진영 독립군진영의 조직 정비와 활동에 대해 서술하고 있다. 1930년대에 대해서는 조선혁명군과 한국독립군의 활동과 동북항일연군 등에 대해 서술하고 있다.

<표 3> 『고등학교 한국사』의 출판사별 식민지시기의 단원명

출판사	대단원 제목	만주지역 독립운동 관련 중단원과 소단원 목차
미래엔 컬쳐	VI. 일제의 식민지 지배와 민족 운동의 전개	3. 3·1 운동과 대한민국 임시정부 3－2. 국외 독립운동 기지를 건설하다 북간도지역의 독립전쟁 준비 남만주(서간도)지역의 독립운동 준비 국외 독립운동 기지 건설의 의미 5. 무장독립전쟁의 불길이 치솟다 5－1 독립전쟁의 승리와 고난 일본군을 봉오동으로 유인하여 격파하다 청산리대첩은 왜 대첩(大捷)인가? 독립군의 시련－간도참변과 자유시 참변 세 개의 군정부가 성립하다 3부 통합 운동을 전개하다 5－2 국외 이주 동포의 생활 무장 독립전쟁을 뒷받침한 만주 이주 동포
	VII. 전체주의의 대두와 민족운동의 발전	4. 줄기차게 전개된 무장독립전쟁 4－1. 한·중연합전선을 형성한 만주지역 무장독립전쟁 민족주의 계열 독립군의 대일 항전－조선혁명군과 한국 독립군 항일유격전쟁을 전개하다

천재 교육	VI. 일제의 식민지 지배와 민족 운동의 전개	03. 3·1운동과 아시아의 민족운동 3. 비밀결사를 만들고, 독립군을 조직하다 국외 독립운동 기지 건설운동 05. 대한민국 임시정부의 수립과 독립운동 3 독립군을 조직하고 무장투쟁을 전개하다 무장 독립운동 단체의 결성 봉오동전투와 청산리대첩 간도참변과 자유시참변 독립군부대의 정비와 3부의 성립 4. 새로운 터전을 일구다 만주와 간도 이주 동포
	VII.전체주의의 대두와 민족운동의 발전	03. 독립운동세력의 결집과 건국준비 한국독립군과 조선혁명군 조선의용군과 동북항일연군
법문사	VI. 일제의 식민지 지배와 민족 운동의 전개	4. 민족독립운동의 전개 ① 1910년대의 민족운동 독립운동 기지의 건설 ② 무장 독립 투쟁 무장독립군의 활동과 봉오동 전투 청산리대첩과 독립군의 시련 국외지역에서의 독립군 통합 운동
	VII. 전체주의의 대두와 민족운동의 발전	2. 일제의 민족말살정책과 국외동포의 생활 ② 국외이주 동포의 생활 만주와 연해주 이주동포의 삶 3. 민족독립운동의 발전 ③ 국외 민족운동의 발전 한·중 연합작전
비상 교육	VI. 일제의 식민지 지배와 민족 운동의 전개	3. 3·1운동과 대한민국 임시정부 ① 1910년대 국내외의 민족운동 4. 국내외에서 전개된 민족운동 ① 무장독립전쟁 ② 봉오동전투, 청산리 대첩 ③ 독립군의 시련과 재정비
	VII. 전체주의의 대두와 민족운동의 발전	4. 1930년대 민족운동 ⑦ 만주사변과 한·중 연합작전 ⑧ 만주지역의 항일 유격투쟁

지학사	VI. 일제의 식민지 지배와 민족운동의 전개	2. 3·1운동과 대한민국 임시정부 1. 1910년대 항일운동 독립운동 기지건설 3. 민족운동의 전개 2. 독립전쟁의 전개 봉오동전투와 청산리전투 독립군의 시련과 3부의 성립 국외 이주동포의 독립운동
	VII. 전체주의의 대두와 민족운동의 발전	3. 국외민족운동의 전개 1. 항일무장투쟁 한·중연합작전 만주에서의 항일유격 투쟁
삼화출판사	VI. 일제의 식민지 지배와 민족운동의 전개	5. 조선의 독립을 선언하다 국외에 독립군기지를 건설하다 7. 독립군이 일본군과 맞서다 독립군과 애국지사가 양성되다 독립군이 일본군을 격파하다 시련 속에 독립군을 재편하다
	VII. 전체주의의 대두와 민족운동의 발전	5. 항일연합전선을 결성하다 한·중 연합작전을 전개하다

교과서의 서술에 있어서 주의가 필요한 부분이 있는 것으로 보이기도 한다. 우선 한인의 만주 이주에 대해서는 천재교육의 경우 그 목차에서 '만주와 간도 이주 동포' 라고 하고 '간도이야기'를 박스로 만들어 간도문제의 역사적 중요성에 대해 강조하고 있다. 그런데 이 경우 간도와 만주를 같은 위상의 개념으로 하는 단원의 제목은 학생들이 이 지역의 지리적 개념을 이해하는데 혼선을 일으킬 가능성이 있을 것으로 생각된다. 다른 교과서와 마찬가지로 '만주 이주 동포' 정도로 표기하는 것이 바람직할 것으로 보인다.

삼화출판사와 비상교육과 같이 한인들의 삶에 대해 별도의 항목을 정하지 않고 있는 경우도 있으며, 비상교육의 경우는 '주제 깊이 읽기'

라는 설명 자료에서 '외국 이주 동포들의 활동'이라는 항목을 두어 보론 형식으로 서술하는 경우도 있다. 전체적으로 재만 한인에 대한 서술이 소략한 느낌이 든다.

서간도에서 독립운동 기지 건설에 힘썼던 이상용과 이회영의 활동에 대해서는 '노블레스 오블리주 꿈과 눈물의 터전, 서간도로 떠난 사람'라는 별도의 페이지(천재교육, 204쪽)를 두어 강조하는 경우도 있다. 미래엔에서는 허은의 '아직도 내 귀엔 서간도 바람소리가'를 인용하여 삼원보 이주 한인들의 생활을 소개하였으며(231쪽), '이회영과 형제들의 노불리스 오불리주'라는 별도의 페이지(233쪽) 두기도 하였다. 지학사 교과서에서는 사료탐구에서 '백서농장사'를 인용하여 신흥무관학교 졸업생의 활동을 소개하기도 하였다. 6종교과서는 모두 신민회의 독립전쟁론과 연결되어 전개되었던 서간도지역에서의 독립운동 및 인물에 대해 상대적으로 상세하게 소개하고 있다고 하겠다.

1910년대 북간도에서의 독립운동과 관련된 서술에 있어서는 중요 단체에 대한 설명이나 활동지역과 관련해 문제가 있는 것으로 보인다.

> ① 북간도로 거점을 옮긴 대종교에서도 중광단이란 무장 독립 단체를 만들고 사관 양성소를 세워 독립군을 양성하였다. 중광단은 3·1운동 이후 북로 군정서로 발전하였다.[미래엔]
> ② 북간도와 북만주 등지에서 간민회, 중광단을 비롯한 자치 단체가 조직되었고, 서전서숙, 명동 학교 등 교육 기관이 설립되어 민족 교육을 실시하였다.[비상교육]
> ③ 북간도에서는 이상설, 김약연 등이 용정촌과 명동촌을 중심으로 간민회와 중광단 같은 조직을 결성하고, 서전서숙과 명동 학교 등을 설립하여 민족 교육을 실시하였다.[천재교육]

④ 북간도의 용정촌, 명동촌 등에서는 간민회, 중광단 등의 독립 운동 단체가 독립운동 기지를 건설하고, 학교를 설립하여 민족 교육과 독립군 양성에 주력하였다.[법문사]

위의 내용에서 보면, 중광단의 성격에 대해 미래엔에서는 대종교계열에서 조직한 무장 독립운동 단체이며, 사관연성소를 건립했다고 서술하고 있다. 비상교육에서는 이들에게 대해 자치단체라고만 설명하고 있는데 각 단체의 특성에 대한 정확한 설명과 정리가 필요할 것으로 생각된다.

천재교육에서는 북간도의 용정촌과 명동촌을 중심으로 간민회와 중광단 등의 조직을 결성했다고 하고 있으며, 법문사의 경우는 용정촌과 명동촌 등에서 간민회 중광단 등의 독립운동 단체가 독립운동 기지를 건설한 것으로 설명하고 있다. 그런데 이 경우도 중광단이 용정촌이나 명동촌에서 조직된 것 같은 오해를 일으킬 가능성이 있기 때문에 보다 정확한 서술이 필요할 것으로 생각된다. 각 독립운동단체의 활동지역에 대해 좀더 상세하고 명확한 설명이 필요한 것으로 보인다고 하겠다.

2. 1920~30년대 독립운동

1920~30년대 만주지역에서의 독립운동 관련된 교과서의 내용은 주로 봉오동전투와 청산리대첩 · 민족유일당운동과 1930년대 민족진영의 항일무장투쟁 및 동북항일연군의 활동 등이 주류를 이루고 있다. <표 4>를 통해서 보면 모든 교과서는 봉오동전투가 독립군의 계속되던 국내 진입 작전에 시달리던 일본군이 독립군을 공격하기 위해 무

단으로 중국 국경을 넘어 침략해 옴으로서 발생한 사건이며, 전투는 홍범도의 대한독립군을 중심으로 한 연합부대의 공동작전으로 수행되었음을 강조하고 있다. 그리고 『독립신문』의 내용을 바탕으로 독립군의 전과를 소개하고 있다.

<표 4> 『고등학교 한국사』의 봉오동전투에 대한 서술 내용

교과서	전투 과정에 대한 중요 내용
미래엔 컬처 그룹	① 독립군의 국내 진입 작전에 시달리던 일본군은 1개 대대의 병력으로 두만강을 건너 독립군을 공격 ② 홍범도의 대한 독립군, 안무의 국민회군, 최진동의 군무 도독부군 등이 연합 부대를 형성하고, 일본군을 봉오동으로 유인하여 큰 승리. ③ 일본군은 157명 사살, 300여명 부상, 독립군 전사자 4명.(독립신문, 1920. 12.).
천재 교육	① 일본군은 북간도의 독립군들을 공격하기 위하여 추격대를 편성한 후 봉오동으로 진격해 옴. ② 홍범도의 대한 독립군과 최진동의 군무 도독부, 안무의 국민회군 등은 일본군을 봉오동 골짜기로 유인 대파. ③ 독립신문에 의하면 일본군 157명 사살, 독립군은 4명 전사.
법문사	① 일제가 독립군 진압 작전을 추진하자, 당시 봉오동에 있던 홍범도의 대한 독립군, 최진동 ② 군무 도독부군, 안무의 국민회군 등은 연합 부대를 편성하여 일본군의 공격에 대비. ③ 1920년 6월, 독립군 연합 부대는 봉오동 주변에 매복하고 있다가 일본군을 기습 공격하여 크게 승리하였다. 이것이 봉오동 전투이다.
비상 교육	① 독립군의 빈번한 국내 진입 작전에 시달리던 일본군은 1920년 대규모 부대를 조직하여 독립군을 추격. ② 홍범도가 이끄는 대한 독립군이 주축이 된 독립군 연합 부대가 일본군을 봉오동 계곡으로 유인하여 100여 명을 사살하고 300여 명에게 중경상을 입힘. ③ 봉오동 전투는 독립군이 일본 정규군과 벌인 대규모 전투에서 거둔 승리.
지학사	① 독립군은 국내 진공 작전을 전개하였으며, 1920년 6월, 두만강 북쪽의 삼둔자에서 박승길이 이끄는 신민단이 일본군과 교전을 벌인 후 화룡현 봉오동 방면으로 이동.

	② 일본군이 신민단을 추격해오자 홍범도의 대한 독립군 등은 일본군과 맞서 전투를 전개. ③ 독립군은 봉오동 전투에서 일본군 다수를 사살하는 전과를 거둠.
삼화 출판사	① 만주 삼둔자에 주둔하던 독립군이 두만강을 건너 일본군을 기습하여 큰 타격을 가함. ② 일본군은 추격 대대를 편성하여 독립군의 근거지였던 봉오동 지역에 파견. ③ 당시 봉오동에 주둔하고 있던 홍범도의 대한 독립군을 비롯한 독립군 연합 부대는 추격해 오는 일본군을 기습하여 커다란 전과를 거둠.

봉오동전투의 전개 과정을 설명하면서 지학사와 삼화출판사에서는 봉오동 전투가 삼둔자전투에서 비롯되었음을 언급하고 있다. 특히 지학사 교과서에서는 박승길이 이끄는 신민단이 삼둔자에서 일본군과 교전을 벌인 후 화룡현 봉오동 방면으로 이동한 것으로 서술하고 있다. 그러나 실제로 삼둔자전투는 1920년 6월 4일 신민단 소속의 독립군부대가 두만강을 건너 함경북도 종성 江陽洞의 일본군 순찰 소대를 습격한 후 날이 저물자 귀환하였으며, 보고를 받은 일본군 남양수비대장 新美二郎 중위가 다음날 1개 소대와 10여명의 헌병을 인솔하고 불법으로 중국 영토인 화룡현 삼둔자로 침입해 왔다.[6] 그리고 이를 독립군이 격퇴한 것이 삼두자전투였다.[7]

6) 장세윤, 『홍범도의 독립전쟁』, 한국독립운동사연구소, 역사공간, 2006, 144쪽.

7) 「三屯子附近의 戰」, 『독립신문』 1920년 12월 25일. '대한민국 2년 3월 1일 이래로 6월 초 ○○ 32회의 소전투를 하였는데 아군의 기습대와 전령대는 협동하여 도강할 時마다 기 임무를 진행하는 중 왜적의 순경대 왜정탐을 격살하며 왜관서 及 순사 파출소를 파괴한 것이 34이오 6월 4일 오전 5시에 아군 1소대는 화룡현 월신강 삼둔자에서 출발하여 종성군 북방 약 5리 되는 동군 강양동 상류로 도섭하여 해지 왜적의 보초장 憲兵軍曹 福江三太朗의 인솔한 적병(헌병 순사병정) 약 1소대를 격파하였고 其 후 日暮하므로 강을 渡還하여 적정을 경계하던 중 왜적 남양수비대장 新美二郎 보병 중위는 화룡현 戰敗의 報를 聞하고 즉시 其 부하 1중대병과 헌병순사 십여 명을 인솔하고 復戰主義로 渡江하여 아군을 향하고 전진할 새 我의 수색병은 此를 발

또한 기존의 『고등학교 한국근현대사』 교과서와 비교해 보면 간도 참변에 대한 서술 내용이나 분량이 크게 축소된 것으로 보인다. 반면에 청산리대첩의 戰果에 관한 설명에서는 현행 교과서가 보다 자세한 설명을 하고 있다. 실제로 『고등학교 한국근현대사』 교과서의 경우는 금성출판사의 경우만 '우리측 발표에 따르면 독립군은 이 전투에서 일본군을 1,200명이나 사살한데 비해, 피해는 전사 60명, 부상 9명에 지나지 않은 큰 승리를 거두었다고 하고 있으며, 나머지 대부분의 교과서는 독립군이 6일간 10여 차례의 크고 작은 전투에서 크게 격파하였다'고 서술하고 있는 정도였다.[8] 그러나 현행 교과서에서는 북로군정서가 임시정부에 제출한 자료나 이범석의 회고록인 '우등불' 및 중국의 신문 기록을 인용하여 보다 상세한 戰果를 설명하였다.[9]

1920년대 후반 이후 독립군의 재정비와 통합과정에 대한 설명에서는 거의 모든 교과서가 민족진영의 3부 통합 운동을 중심으로 서술하고 있으며, 각 교과서의 민족유일당운동에 대한 서술 내용을 정리해

견하고 즉시 본대에 경보하니 아군의 사령관 崔振東은 其 부하 1소대를 삼둔자 서남방 陰蔽地에 은폐케 한 후 약간의 兵員을 출동을 취하여 隱伏한 我의 부대 전방에 도착할 時 (6일 오후 10시)에 급 사격으로 적의 부대를 격멸하니 其 잔병은 삼둔자 北方으로 패주하고'라고 보도하였다.

반병률, 『1920년대 전반 만주 · 러시아 지역의 항일무장투쟁』, 한국독립운동사연구소, 2009, 220쪽. 이 책에서도 삼둔자에서는 북로독군부의 부장 최진동의 부대가 일본 추격군부대를 파멸시켰다고 하였다

8) 김한종 외, 『고등학교 한국근현대사』, 금성출판사, 2010.

9) '미래엔' 교과서의 경우가 대표적인데 '북로군정서가 임시정부에 제출한 보고서에서는 일본군 사상자가 연대장 1명, 대대장 2명, 기타 1,254명으로 기록되어 있으며, 독립신문에는 1,200명, 중국의 한 신문에는 2,000명, 이범석의 회고록 우등불에는 3,300명으로 기술되어 있다. 반면에 독립군 사상자는 전사 60명, 부상 90명에 지나지 않는다'는 내용을 수록하였다(259쪽). 이밖에 법문사(238쪽), 천재교육(241쪽)에도 청산리대첩의 전과에 대해 비교적 상세하게 수록하고 있다.

보면 <표 5>와 같다.

<표 5> 『고등학교 한국사』의 민족유일당운동에 대한 서술 내용

교과서	중요 내용
미래엔 컬처그룹	3부는 민족 유일당을 세우자는 기치 아래 활발한 통합 운동을 전개하여 1920년대 말 국민부와 혁신 의회의 두 세력으로 재편되었다. 국민부는 조선 혁명당을 결성하고 그 아래 조선 혁명군을 두어 남만주 일대를 관할하는 군정부로 활동하였다. 북만주에서는 혁신 의회가 군정부를 조직하지 못한 채 해체된 이후 지청천, 신숙 등이 한국 독립당을 결성했고, 일제가 만주에 침략하자 한국 독립군을 조직하여 항전하였다.
천재교육	1920년대 중반 만주 지역에 이와 같이 군정부의 성격을 띤 3부가 성립된 이후, 1920년대 말에는 이를 다시 통합하려는 노력이 전개되었다. 하지만 통합의 방법론을 둘러싸고 이견이 발생하여 결국 1929년 북만주의 혁신 의회와 남만주의 국민부로 재편되는 데 그치고 말았다. 두 군정부는 이를 지원하는 정당과 무장 부대를 거느리고 있었다. 남만주의 국민부 측은 조선 혁명당과 군사 조직인 조선 혁명군을 조직하였고, 북만주의 혁신의회 측은 한국 독립당과 한국 독립군을 조직하였다.
법문사	1925년에 일제가 미쓰야 협정을 체결하여 독립군을 위협하자, 만주 지역 독립군의 활동은 크게 위축되었다. 이를 극복하기 위한 방편으로 1920년대 말에 3부가 독립군 통합 운동을 전개하여 남만주에서는 전 민족 유일당 조직 협의회가, 북만주에서는 전 민족 유일당 조직 촉성회가 성립되었다. 이후 남만주에 국민부가, 그리고 북만주에 혁신 의회가 결성되었다. 국민부는 정당의 성격을 띤 조선 혁명당을 만들고, 그 아래에 조선 혁명군이라는 군부대를 창설하였다. 또 혁신의회는 한국 독립당으로 개편하고 군사 조직으로 한국 독립군을 두었다.
비상교육	1920년대 중반 국내외에서는 사상과 이념의 차이를 넘어 하나의 독립운동 정당으로 단결하여 투쟁하자는 민족유일당 운동이 일어났다. 베이징에서 시작된 이 운동은 국내를 비롯해 만주에도 전파되었다. 이에 만주 지역에서도 3부를 통합하려는 움직임이 일어났다. 3부 통합을 위한회의가 몇 차례 열렸지만 유일당 결성 방안에 대한 의견 차이를 좁히지 못하고 결렬되고 말았다. 우여곡절 끝에 남만주 지역에서는 국민부가 결성되었고, 북만주 지역에서는 혁신의회가 조직되어 새로운 독립운동의 진영이 갖추어졌다.
지학사	조선 총독부와 만주 군벌 사이에 체결한 미쓰야 협정으로 만주 지역의 독립운동은 커다란 제약을 받게 되었다. 1920년대 후반 국내외에서 각 지역의 독

	립운동 세력을 통합하고자 했던 민족 유일당 운동이 만주 지역에서도 일어났다. 그 결과 남만주에서는 국민부가 수립되고 북만주에서는 혁신의회가 구성되었다.
삼화출판사	독립군은 또다시 어려움에 직면하였다. 일제가 만주 군벌과 함께 독립군을 소탕하고 체포된 독립군을 일본 당국에 넘긴다는 미쓰야 협정을 체결하였기 때문이다. 1920년대 중반 이후에 우리 민족은 이념과 정파의 차이를 넘어서 통일적인 독립운동을 위해 민족 연합 전선 운동을 국내외에서 전개하였다. 중국과 만주에서도 민족 유일당 운동이 추진되어 3부는 양대 세력으로 재편되었다. 남만주에서는 국민부가 수립되어 조선 혁명당과 조선 혁명군을 조직하였다. 북만주에서는 혁신 의회가 결성되어 한국 독립당과 한국 독립군을 조직하였다.

<표 5>에서 보면 천재교육을 제외한 나머지 교과서에서 모두 민족유일당운동이라는 용어를 사용하고 있으며, 운동이 전개되었던 원인에 하나로 미쓰야협정의 체결을 꼽고 있다. 그러나 민족유일당운동의 경우 만주지역에서도 다른 지역과 마찬가지로 그 초기부터 朝鮮共産黨 滿洲總局을 중심으로 한인 사회주의자들이 참여한 좌·우연합적 성격의 운동 전개되고 있었는데 거의 모든 교과서에서는 이 점에 대해 명확하게 설명하고 있지 않은 것으로 보인다. 각 교과서에 게재된 민족유일당운동이나 3부통합운동에 대한 도표에도 한인공산주의자들의 존재나 활동에 대해 언급하고 있지 않는데 이 보완이 필요한 것으로 생각된다.[10]

만주지역 민족유일당운동의 전개과정에 대해 정확하게 설명하기 위해서는 1925년 6월 조직된 조선공산당 만주총국의 결성과 활동 및 재만한인 사회주의운동의 성장과정에 대해 일정하게 설명해야 할 것이다.

---

10) 황민호, 『재만한인 사회와 민족운동』, 국학자료원, 1997. 도표부분의 문제점에 대해 서술할 것.

지학사의 경우는 1931년 9월의 추수투쟁과 1932년 2월의 춘황투쟁에 대해 설명하는 '도움자료'(242쪽)를 두었다. 그런데 이 경우도 사건을 설명하는 것 자체는 긍정적이라고 할 수 있으나 추수투쟁과 춘황투쟁이 한인사회주의 진영의 주도로 이루어진 농민운동이었음에도 불구하고 이에 대한 명확한 설명이 없어 운동의 성격을 명확하게 이해하는 데는 한계가 있는 것으로 보인다. 법문사와 미래엔 교과서에서는 재만한인의 사회적 상황을 설명하는 과정에서 1931년 7월 길림성 장춘현에서 발생한 '만보산사건'에 대해 간단하게 언급하기도 하였다.

1930년대의 항일무장투쟁과 관련해서는 양세봉을 중심으로 한 조선혁명군의 활동과 지청천을 중심으로 한 한국독립군의 활동을 강조하고 있다. 조선혁명군의 항일무장투쟁에 대해 대부분의 교과서는 양세봉이 일제에 의해 피살된 후 그 세력이 크게 약화된 점을 강조하면서 그 이후의 활동에 대해 거의 언급하지 않고 있어서 문제가 있는 것으로 생각된다. 다만 미래엔에서는 양세봉이 전사한 후에도 조선혁명군의 활동은 1930년대 후반까지 계속되었다고 하였으며(300쪽), 천재교육의 '1930년대 항일무장투쟁'에 관한 지도에서는 조선혁명군이 1936년에도 여전히 결석령전투를 수행했음을 설명하고 있다.[11]

현행 교과서는 1930년대 만주지역 한인 공산주의자들의 항일무장투쟁에 대해 비교적 상세하게 서술하고 있다. 미래엔에서는 보천보전투에 대한 『동아일보』의 보도를 사진과 함께 상세하게 설명하고 있다. 삼

11) 결석령전투는 1936년 후반기에 조선혁명군 제4중대장 김윤걸이 지휘하는 부대가 동북항일연군 제1로군 사령관 양정우부대와 연합하여 함께 환인현 결석령에서 이동중인 일본군경 합동 환인경비대를 습격하여 큰 손실을 입힌 전투를 말한다. 滿洲國軍政部顧問部, 『滿洲共産匪の硏究』, 1936. 447~448쪽.

화출판사의 경우는 동북항일연군에 대한 설명과 함께 '역사의 창'이라는 박스를 만들어 보천보전투에 대해 설명하고 있으며, 『동아일보』의 보도기사 사진과 '동북항일연군 장병들'이라는 사진을 게재하였다. 지학사의 경우도 삼화출판사와 같은 사진을 '동북항일 제1로군 경위여단 대원'이라는 제목으로 게재하였다. 그런데 '동북항일 제1로군'은 '동북항일연군 제1로군'으로 표기해야 할 것으로 보인다. 비상교육의 경우는 보천보사건에 대한 상세한 설명보다 1935년 이홍광이 평안북도 후창군 동흥읍을 습격한 국내진공작전에 대해 박스로 소개하고 있다. 그리고 '민생단사건'에 대해 설명하고 있는 경우도 있다. 그러나 법문사의 경우는 1930년대 한인공산주의자들의 항일무장투쟁에 대해 설명하지 않고 있는데 이는 교과서별로 내용의 편차가 너무 큰 것 아닌가 하는 생각이다[12)]

IV. 인물 · 단체 · 지도 · 사진에 대한 내용 검토

학생들이 사용하는 교과서의 내용은 정확성을 바탕으로 다양성을 확보할 수 있다면 상대적으로 좋은 교과서라고 할 수 있을 것이다. 따라서 교과서에 게재되어 있는 인물과 · 단체 · 지도 · 사진 등에 대한 내용을 종합적으로 검토해 볼 필요가 있을 것으로 생각된다. 교과서에 서

12) 이전에 학생들이 사용했던 『고등학교 한국근현대사』 교과서의 경우 중앙교육, 「동북항일연군과 조국광복회」, 범문사, 「조선의용대의 활약과 동북항일연군」, 천재교육, 「조선의용대와 항일연군」, 금성출판사, 「만주지역의 항일유격투쟁」 등의 제목으로 한인공산주의자들의 항일무장투쟁에 대해 설명하고 있으며, 두산출판사의 경우에는 교과서에 해당 내용이 없는 것으로 보인다.

술된 인물이나 단체에 대해 교과서별로 정리해 보면 <표 6>과 같다.

<표 6>의 내용을 통해서 보면 각 교과서에서는 대체로 비슷한 시기의 같은 인물과 같은 단체의 내용과 활동을 서술한 것으로 보이며, 다만 백서농장이나 한중토일군 및 민족유일당운동과 관련된 부분의 단체 및 신숙, 박장호, 조맹선, 박승길, 신민단 등은 교과서 별로 서술빈도가 낮은 것으로 보인다.

그런데 현재 거의 모든 교과서가 1930년대 한인공산주의자들의 항일무장투쟁과 관련해서 동북항일연군과 조국광복회의 활동에 대해 서술하고 있는 상황에서 항일유격대와 동북인민혁명군, 동북항일연군의 전투 활동과 한인대원들 중 대표적 경우를 보다 상세하게 서술해 주는 것이 당시의 상황을 객관적으로 전달할 수 있는 방법이 될 수 있을 것이다. 현행 교과서에서는 한인공산주의자들의 전투 활동 중에 보천보 전투만을 지나치게 강조하고 있는 경향이 있으며, 개선되어야 할 문제인 것으로 보인다.

<표 6> 『고등학교 한국사』에 수록된 만주지역 독립운동 관련 인물과 단체

교과서	인물과 단체	
	본문	화보·보론
미래엔 컬처 그룹	서전서숙, 이상설, 명동학교, 김약연, 중광단, 이승희, 이회영, 이상룡, 김동삼, 경학사, 신흥학교, 부민단, 한족회, 서로군정서, 신흥무관학교, 홍범도, 대한독립군, 안무, 국민회군, 최진동, 군무독군부, 대한독립군단, 참의부, 정의부, 신민부, 국민부, 조선혁명당, 조선혁명군, 혁신의회, 한국독립군, 신숙, 지청천, 양세봉, 동북인민혁명군, 동북항일연군	서전서숙, 이상설. 홍범도, 김좌진, 서일, 양세봉, 신흥학교, 이회영, 이시영
법문사	신민회, 경학사, 부민단, 신흥무관학교, 간민회, 중광단, 천마산대, 보합단, 구월산대, 신흥무관학교, 서로군정서, 대한독립단, 광한단, 광복군사령부, 광복군총영, 북로군정서, 대	서전서숙, 이상설, 대한독립단, 군무독군부, 의군부, 국민회군, 의민단,

	한독립군, 군무독군부, 홍범도, 안무, 국민회군, 서일, 대한독립군단, 정의부, 참의부, 신민부, 전민족유일당조직촉성회, 전민족유일당조직협의회, 혁신의회, 조선혁명당, 조선혁명군, 한국독립군, 양세봉, 지청천, 동북인민혁명군, 동북항일연군, 조국광복회	북로군정서, 김좌진, 대한통의부, 동북항일연군
비상교육	신민회, 이동녕, 경학사, 부민단, 신흥강습소, 신흥무관학교, 간민회, 중광단, 서전서숙, 명동학교, 홍범도, 김좌진, 대한독립군, 북로군정서, 지청천, 대한독립단, 서로군정서, 광복군사령부, 광복군총영, 서일, 대한독립군단, 참의부, 정의부, 신민부, 국민부, 혁신의회, 조선혁명군, 양세봉, 지청천, 한국독립군, 동북인민혁명군, 동북항일연군, 조국광복회	홍범도, 전민족유일당 조직촉성회, 전민족유일당조직협의회, 동북인민혁명군 이홍광
삼화출판사	신민회, 경학사, 신흥강습소, 이회영, 이상설, 서전서숙, 중광단, 신흥무관학교, 지청천, 서로군정서, 박장호, 조맹선, 대한독립단, 대한국민회, 서일, 김좌진, 북로군정서, 사관연성소, 서일. 대한독립군단, 참의부, 정의부, 신민부, 국민부, 조선혁명당과 조선혁명군, 혁신의회, 한국독립당과 한국독립군, 양세봉, 민생단, 동북인민혁명군, 동북항일연군, 조국광복회	이상설, 서전서숙, 홍범도와 고려극장, 양세봉
지학사	신민회, 이회영, 신흥학교, 백서농장, 간민회, 신흥무관학교, 박승길, 신민단, 김좌진, 북로군정서, 홍범도, 대한독립단, 대한독립군단, 참의부, 정의부, 신민부, 국민부, 혁신의회, 조선혁명군, 양세봉, 지청천, 한중토일군, 동북인민혁명군, 동북항일연군, 조국광복회	동북항일 제1로군 경위단
천재교육	신민회, 이회영, 이시영, 이상룡, 경학사, 부민단, 신흥학교, 이상설, 김약연, 간민회, 중광단, 서로군정서, 대한국민회, 북로군정서, 대한독립단, 대한독립군, 광복군총영, 홍범도, 최진동, 군무독군부, 안무, 국민회군, 대한신민단, 대한독립군단, 참의부, 정의부, 신민부, 혁신의회, 국민부, 조선혁명당, 조선혁명군, 한국독립당, 한국독립군, 양세봉	명동학교, 이회영, 이상용, 참의부

교과서에서 사용하고 있는 지도에 대해서도 검토해 볼 필요가 있다. 현행 교과서에서는 모두 1910년대의 중요 독립운동단체의 위치를 표기한 지도를 제시하고 있는데 교과서에 따라 의군부나 대한국민회의 위치나 유인석 · 이상설 · 홍범도 등의 활동지역을 표기한 경우도 있다.

그런데 <지도 1>에서 보면 천재교육의 경우 중광단과 간민회가 모두 왕청현 지역에 있었던 것으로 표기하고 있으며, 이는 사실 관계에 있어서 오류인 것으로 보인다.[13)]

<지도 1> 중광단과 간민회의 위치를 표기한 지도[14)]

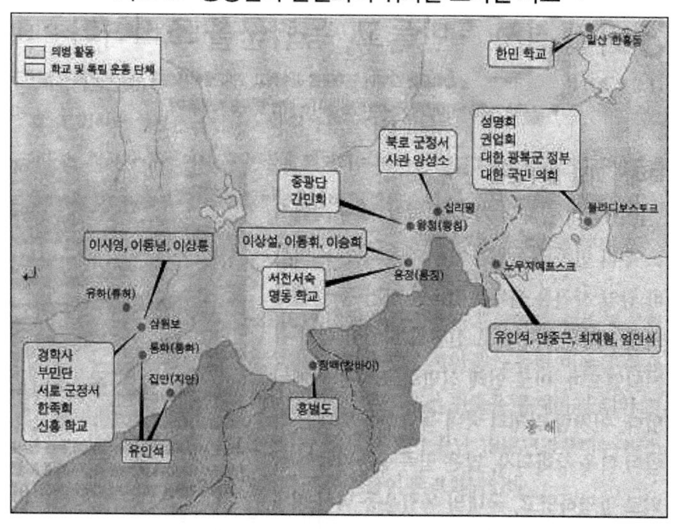

1910년대 해외 독립운동 단체의 분포

1930년대 독립군의 전투지역과 중요 전투의 명칭 표기에도 문제가 있어 보인다. 조선혁명군과 한국독립군의 전투에 관해서만 표기한 경우(천재교육, 지학사, 범문사, 삼화출판사)와 동북항일연군의 전투를 포함하여 표기한(비상교육, 미래엔) 경우로 나누어진다. 그런데 민족진

---

13) 실제로 미래엔 교과서에 제시된 지도에서는 간민회가 대한국민회와 함께 연길현에 있었던 것으로 표기되어 있으며, 범문사의 교과서는 간민회가 연길현에 있었던 것으로 표기하고 하고 있다.

14) 『고등학교 한국사』, 천재교육, 2012, 202쪽.

영의 전투에 관해서만 표기한 경우를 살펴보면 조선혁명군의 항일무장투쟁에 대해 5곳의 전투지역을 표기한 천재교육을 제외한 나머지 모든 교과서가 영릉가전투와 홍경성전투 단 2곳만 표기하고 있어서 조선혁명군의 항일무장투쟁의 성과에 대해 학생들이 너무 소략하게 받아드릴 가능성이 있는 것으로 생각된다. 가능한 한 많은 전투지역을 표기하는 방법을 고려할 필요가 있어 보인다.

<지도 2> 1930년대 독립군 전투관련 지도(예시)[15]

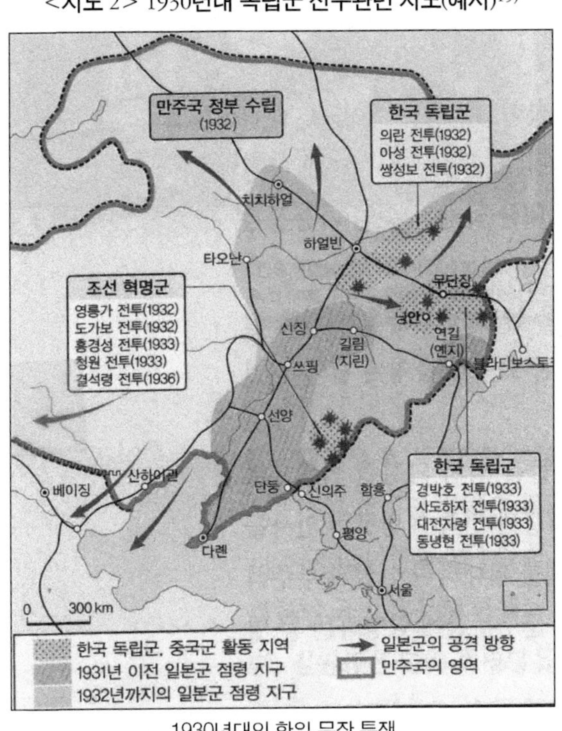

1930년대의 항일 무장 투쟁

15)『고등학교 한국사』, 천재교육, 2012, 278쪽.『고등학교 한국사』, 비상교육, 2012, 290쪽.

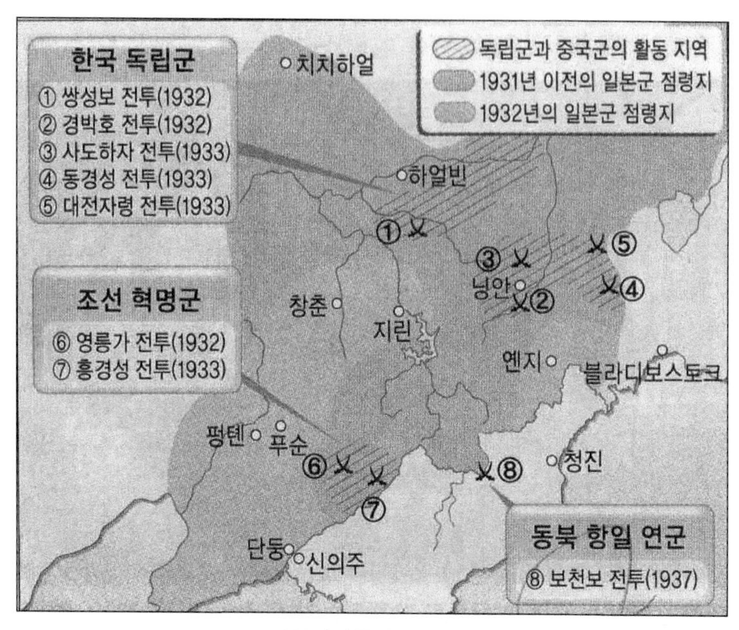

1930년대 무장 독립 전쟁

한국독립군의 항일무장투쟁에 대해서는 쌍성보전투와 대전자령 전투 등 5~7개의 지역을 표기하고 있어서 상대적으로 비교되는 느낌을 받는다. 조선혁명군의 전투상황과 관련해서는 앞에서 언급한 결석령 전투와 쾌대무자전투 등을 표기해 주는 것이 바람직할 것으로 생각된다.[16] 동북항일연군의 전투활동과 관련해서 모두 보천보전투만을 표

---

16) 장세윤, 『1930년대 만주지역 항일무장투쟁』, 한국독립운동의 역사 51, 독립기념관 독립운동사연구소, 141쪽. 쾌대무자전투는 1935년 9월 조선혁명군 제1사 사령관을 맡아 통화, 집안, 환인, 관전현일대를 근거지로 활동하고 있던 한검추(崔錫鏞) 부대가 수행한 전투이다. 일본이 쾨대무자에 진입하리라는 정보를 입수한 조선혁명군 제1사 160명의 대원들은 미리 이곳에 도착하여 매복작전을 준비하였으며, 일본군 1개 대대와 교전하여 적 80여명을 살상하고 최신식 기관총과 소총 등 다수의 물자를 노획하는 대승을 거두었다.

기하고 있는데 비상교육 교과서에서 언급하고 있는 이홍광의 동흥읍 전투에 대해서도 표기해 주는 것이 좋을 것으로 생각된다.

교과서에는 봉오동전투와 청산리대첩에 대한 지도를 게재하고 있는데 이 경우도 삼두자전투를 표기하고 있는 교과서와(법문사 · 지학사 · 삼화출판사)와 그렇지 않은 교과서가 있어서 문제가 될 수 있을 것으로 보인다.

교과서에 게재된 사진의 내용에도 문제가 있는 것으로 보인다. 첫째, 청산리대첩과 관련하여 교과서(천재교육 · 미래엔 · 비상교육)에는 청산리로 진입하는 일본군과 패전 후 후퇴하는 일본군 관련 사진이 게재되어 있는데 두 장의 사진을 비교해 보면 같은 시기의 일본군의 복장이 다르게 보인다. 실제로 <사진 1>를 비교해 보면 패전하고 후퇴하는 일본군과 같은 시기에 시베리아에 출병했던 일본군의 사진을 비교해 보면 두 사진은 같은 시기의 일본군 복장사진이라고 보기 어려운 측면이 있다. 검토가 필요할 것으로 보인다.

둘째, 경신참변과 관련해서도 교과서에 게재된 사건에 문제가 있는 것으로 보인다. <사진 2>는 '경신참변으로 가옥을 잃고 남편과 자식을 잃은 부녀자들'이라는 설명으로 천재교육(242쪽)에 게재되어 있으며, 폐허가 된 조선인 농가(법문사 · 삼화출판사) 사진이 게재되어 있다. 그런데 부녀자들에 관한 사진의 경우, 앞쪽의 어린아이가 반바지와 반팔의 복장이며, 부녀자들이 다리를 드러내고 있는 모습이 한여름의 복장으로 보인다. 경신참변은 1920년 10월부터 1921년 4월까지 계속되었으며, 겨울에 속하기 때문에 사진의 내용과 계절적 상황이 맞지 않는다.

<사진 1> 청산리전투 관련 사진[17)]

청산리로 행군하는 일본군

청산리전투에서 패전하고 후퇴하는 일본군

시베리아에 출병했던 일본군

<사진 2> 경신참변과 재만 한인 관련 사진[18)]

경신참변으로 폐허가 된 농가

경신참변으로 남편과 자식을 잃은 부녀자들

17) 「사진으로 보는 한국독립운동사」, 법문사, 1991, 46~49쪽.
18) 「사진으로 보는 한국독립운동사」, 법문사, 1991, 47쪽.

셋째, 범문사와 삼화출판사의 경우는 경신참변으로 폐허가 된 농가 사진을 게재하고 있는데 1920년 당시 만주지역 한인 농가는 대체로 초가집이었을 가능성이 높은 것에 비해 사진의 내용은 한인 농가를 반영했다고 보기기 어려운 측면이 있다. 마당에 쓰러져 있는 소도 한인농가에서 전통적으로 볼 수 있는 소의 모습과는 다른 것으로 보여 검토에 여지가 있는 것으로 보인다. 비상교육에서는 '감시받는 간도 주민'들이라는 제목으로 한인농민들의 사진을 게재하고 있는데 이 경우 한인들 주변에 외국인 선교사와 중국 군경 복장을 하고 있는 인물이 보인다. 사진에 대한 설명과 내용이 일치하지 않는 것 같다. 한인들이 일제 군경에게 감시 받는 다른 사진으로 교체하는 것이 좋을 것을 보인다. 종합하면 만주지역 독립운동사와 관련하여 현행 교과서가 사용하고 있는 사진가운데에는 문제의 소지가 될만한 사진들이 사용되고 있는 것으로 보인다고 하겠다.

Ⅴ. 맺음말

본고에서는 현행 『고등학교 한국사』의 내용 가운데 일제시기 만주지역 독립운동과 관련된 서술과 관련 자료의 특징 및 문제점에 대해 살펴보았으며, 이를 정리해 보면 다음과 같다.

첫째, 일제하에서 만주지역은 우리나라 독립운동사에 있어서 일제와의 항일무장투쟁이 가장 활발하게 전개되었던 지역이라는 역사적 중요성에 비해 상대적으로 교과서의 서술 분량과 내용의 비중이 소략하다는 아쉬움이 있는 것으로 보인다.

둘째 중광단이나 삼둔자 전투의 전개과정 및 민족유일당운동 대한 서술에 있어서는 교과서별로 오류를 시정할 필요가 있는 것으로 보인다. 또한 재만 한인 공산주의운동의 전개와 발전 과정에 대해서는 내용 보완이 필요한 것으로 보인다. 현행 교과서에서는 대체로 서간도지역에서의 민족진영의 항일독립운동에 대해 강조해서 설명하는 경향이 있는 것으로 보이며, 봉오동 전투나 청산리대첩의 전과에 대한 설명에 있어서는 이전의 교과서에 비해 적극적으로 서술하고 있고 하겠다. 1930년대의 항일무장투쟁과 관련해서는 동북항일연군이나 보천보전투 및 이홍광의 활동을 서술하는 등 과거에 비해 적극적인 측면이 나타나고 있다.

넷째, 교과서별로 게재된 지도나 사진 중에 문제가 되는 부분이 있는 것으로 보인다. 중광단과 간민회의 중심지가 왕청현이었다고 표시된 1910년대 독립운동 단체관련 지도는 수정이 필요한 것으로 보인다. 청산리전투와 관련해서 교과서에 게재된 일본군 관련 사진도 문제가 있어 보이며, 사건의 중요성에 비추었을 때 반드시 검토가 필요한 것으로 보인다.

경신참변과 관련된 사진의 경우도 사실관계에 있어서 문제가 있어 보인다. 이밖에도 사진설명이나 1930년대 독립군이 수행한 전투를 표기한 지도 등에 대해서는 좀더 신중한 선택이 필요하거나 일정한 원칙과 통일적인 기준을 마련하는 것도 필요해 보인다. 뿐만 아니라 동북항일연군과 관련된 교과서의 서술이 보천보 전투만을 강조하고 있는 경향을 나타내고 있는데 이는 수정될 필요가 있다. 이홍광이 수행한 동흥읍전투나 이밖에 동북항일연군이 만주지역에서 전개했던 다양한 전투의 내용을 선별적으로 설명할 필요가 있는 것으로 보인다.

전체적으로 고등학교 한국사 교과서는 학생들이나 국민들에게 우리나라 역사를 가장 정확하게 설명해 주어야 하는 지침서와 같은 것이라고 할 수 있다. 따라서 교과서는 사실관계에 대한 설명의 정확성은 물론, 게재된 사진이나 지도의 선택 혹은 설명에 있어서도 신중한 선택이 필요하다고 하겠다. 따라서 교과서 집필에서 영역이나 전공별로 보다 많은 집필 인원의 참여와 여러 차례에 신중한 검토나 검수가 이루어지는 제도적 장치가 만들어지고 그 안에서 다양한 내용의 알찬 교과서가 집필되어 학생들에게 제공되어야 한 것으로 보인다.

附編

奉天 關東軍의 在滿 興亞協會 設立과 친일논리

奉天 關東軍의 在滿 興亞協會 設立과 친일논리

Ⅰ. 머리말

1931년 9월 만주사변을 도발한 일제는 1932년 2월 5일 하얼빈 점령을 끝으로 대대적인 군사작전을 마무리하였으며, 3월 1일에는 만주국의 건국을 선포하였고, 9일에는 溥儀를 執政에 취임시킴으로서 신생국가로서의 체제를 확립하였다.

일제는 만주국 통치에서 조선이나 대만, 혹은 동남아시아에서 실시했던 總督制나 軍政의 실시라는 기존의 방식 대신에 關東軍이 친일매판세력을 내세워 이른바 '內面指導'를 통해 지배해 가는 간접지배 방식을 채택하였다. 이는 중국이 전통적으로 갖고 있던 민족문제의 갈등을 이용하고자 했던 것이다. 만주지역에 漢族 이외에 다수의 소수민족이 존재하고 있었다는 것은 일본제국주의가 '民族分離政策'을 지배정책의 현실적 대안으로 활용할 수 있는 기반이 되고 있었다.[1]

---

1) 임성모, 「滿洲國協和會의 對民支配政策과 그 實態 －東邊道治本工作과 관련하여－」, 『東洋史硏究』 42집, 1993, 100～102쪽. 실제로 일제는 이러한 '분할통치' 방식의 일

그런데 일제의 만주국에 대한 지배가 기본적으로 군사력과 경찰력에 의해 유지되고 있는 상황에서 조선혁명군이나 동북항일연군 등 다양한 항일무장투쟁 세력이 존재하고 있었고 이들이 재만 한인들의 민족적·계급적 각성에 영향을 끼치게 되자 관동군은 이를 시급하게 해결해야 하는 처지에 놓여있었다.

이에 만주국 國務院에서는 1932년 12월 9일 '暫行懲治盜匪法'을 발표하여 군사령관이나 고급경찰관에게 체포한 무장대원(匪賊)을 '臨陣擊殺'할 수 있는 재량권을 부여하였다.[2] 1933년 5월 장개석 정부와 '塘沽協定'을 체결에 성공한 이후에는 '治安維持會'를 조직함으로써 만주국의 통일적인 통제 하에 적극적인 군사 활동을 전개할 수 있게 되었다. 치안유지회는 호구조사·保甲制·교통·통신 시설의 정리 및 선무공작·掃匪工作 등을 통해 항일무장투쟁 세력의 활동을 원천적으로 차단하고자 하였다.[3]

봉천지역의 관동군은 재만 한인들의 사상적 동요를 막고 보다 적극적인 對民 통제정책을 강화하기 위한 방편의 하나로 1936년 3월 '興亞協會'를 조직했던 것으로 보인다.[4] 홍아협회에 대해서는 국내에서 발행되던 잡지 『삼천리』에서도 만주지역에 설립된 선전기관[5]인 것으로

환으로 만주에서는 民族協和와 王道樂土를 구호로 내세웠으며, 華北에서는 '北支人의 北支' 내몽골에서는 '몽고민족의 부흥'을 내세웠으며, 태평양전쟁의 발발과 함께 '白色帝國主義에 대항하는 이른바 '大東亞共榮圈을 주장하였던 것으로 보인다.

2) 滿洲國史編纂刊行會 編, 『滿洲國史』(總論), 滿蒙同胞援護會, 1970, 327~328쪽.

3) 滿洲國民政府資料科編, 『滿洲國民政年報』, 1933, 336~369쪽.

4) 陸軍少佐, 谷萩那華雄, 「興亞協會を創立して」, 『在滿朝鮮人通信』 제1호, 1936. 4.

5) 「滿洲國에서 활동하는 인물」, 『삼천리』9-4호, 1937. 5.1. 12쪽에서도 홍아협회에 대해 '선전기관으로 奉天에 興亞協會가 있는데 여기 주요 인물로 前 東亞日報의 徐範錫 씨가 있다'라고 되어 있다.

분석하고 있었다. 흥아협회는 기관지 '在滿朝鮮人通信－이하 '통신'을 발행하여 일차적으로 한인들에 대한 사상통제에 역점을 두었던 것으로 나타나고 있다. 뿐만 아니라 봉천지역 친일세력을 대상으로 시국간담회를 개최하거나 국방헌금을 모집하였으며, 친일 사립학교 東光學院의 설립에 깊이 개입하면서 한인사회의 '協和' 혹은 '內鮮一體'의 강화를 위해 노력하였다.

통신에는 흥아협회의 사무장이었던 徐範錫을 비롯하여 간도협조회 회장 金東漢, 간도성장 李範益, 봉천 일본총영사관 부영사 崔卓을 비롯하여 다양한 친일인사들의 논설이나 시사평론 등이 게재되어 있었다. 그리고 그 내용을 종합 정리해 보면 흥아협회의 조직과 활동 및 그들이 주장했던 대일협력 논리의 일면을 보다 구체적으로 재구성해 볼 수 있을 것으로 생각된다. 그런데 흥아협회에 대한 지금까지의 연구로는 일제하 친일기관의 동향을 설명하면서 그 조직의 성격에 대해 간단하게 언급[6]한 내용과 친일언론으로서의 '통신'의 체제 및 기사 내용의 일부를 분석한 연구가 있을 뿐이다.[7]

따라서 본고에서 기존의 연구를 바탕으로 1930년대 봉천지역 관동군의 직접적인 통제를 받고 있었던 흥아협회의 조직구성과 활동 내용에 대해 보다 구체적으로 살펴보는 한편, 기관지 '통신'에 나타는 재만한인문제에 대한 인식의 경향과 다양하게 나타나는 체제협력 논리에 대해 살펴봄으로서 궁극적으로 1930년대 후반 이후 관동군의 통제하에 있었던 재만 친일단체의 일면에 대해 접근해 보고자 한다.

---

6) 임종국, 「제1공화국과 친일세력」, 『해방전후사의 인식』2, 한길사, 2006, 186~189쪽.
7) 황민호, 「만주지역 친일언론 재만조선인통신의 발행과 사상통제의 경향」, 『韓日民族問題研究』10, 2006.

II. 흥아협회의 조직과 활동

1. 조직의 성립과 구성

봉천지역 관동군 특무기관의 주도하에 조직되었던 흥아협회는 결성 직후 기관지인 통신을 통해 '會規'를 발표하였는데 조직의 창립 목적과 그 구성의 일단을 확인해 보면 다음과 같다.

在滿朝鮮人善導機關興亞協會會規

제1조 본회는 日鮮兩文의 在滿朝鮮人通信을 부정기로 간행하야 左의 각항 목적의 달성을 圖하며 이에 관한 조사연구를 함.

1. 재만조선인의 사상선도, 2. 재만조선인의 지위 및 생활 향상 3. 滿洲國內地民族과의 和合

제2조 本會는 흥아협회라 칭함

제3조 본회는 본부를 奉天에 지부를 만주국내 각지에 둠.

제4조 본회는 役員의 추천을 得한자로서 회원으로 함

제5조 본회는 좌와 같이 역원을 설치하고 역원은 전부 名譽職으로 함 회장 1명, 부회장 1명, 이사 약간 명, 감사 1명.

제6조 회장은 본회를 대표하여 會務를 總理함. 부회장은 회장을 보좌함. 이사는 중요사항을 評議함. 감사는 회계를 감리함

제7조 본회의 사무를 처리하기 위해 사무원 약간 명을 置함.

제8조 회장이 필요하다고 認할 時는 총회 및 이사회를 수시로 소집 개최함

제9조 본회의 경비는 寄附金 收入으로서 支辨함

제10조 회칙 변경 및 세칙은 이사회의 議를 經하야 此를 정함

理事에 關한 細則

1. 이사는 左其機關에서 1명씩 선출함. 특무기관, 총영사관, 제1독립수비대사령부, 헌병대, 조선총독부, 협화회, 省公署, 조선

인민회, 東亞勸業公司, 東拓支店, 鮮銀支店.

2. 이사는 기관지편집자에 대하여 소속기관 관장 사항 중 필요하다고 인정되는 자료를 제공하여 提示를 與함.

회장 봉천육군특무기관장 三浦敏事, 부회장 봉천일본총영사 宇佐美珍彦, 이사장 봉천헌병대장 加藤泊次郎, 理事 봉천일본영사관 岩田冷鐵, 제일독립수비대사령부 참모 山縣武光, 조선총독부촉탁봉천출장원 福島二一, 협화회봉천사무국장 矢部僊吉, 일본거유민회장 野口多門, 동아권업주식회사 사무과장 酒井龜喜, 동척봉천지점장 松浦諒助, 조선은행봉천지점장 　藤寅吉, 제1군관구고문 田中信男奉天省公署總務課長 星子敏雄, 봉천육군특무기관보좌관 谷萩那華雄. 사무장 겸 편집장 徐範錫, 사무원 曹元煥, 사무원 洪鍉, 사무원 鄭國範.8)

위의 내용에서 보면 흥아협회는 회규에 대해 '在滿朝鮮人善導機關興亞協會會規'라는 명칭을 사용하였다. 그리고 재만 조선인의 사상 선도, 지위 및 생활향상, 만주국 내의 타민족과 協和를 달성해야 할 목표라고 함으로써 그 목적을 분명히 하고 있었다.

흥아협회는 봉천육군특무기관장을 회장으로 하여 부회장은 봉천지역 총영사, 이사장에는 봉천헌병대장을 선임했으며, 제1독립수비대참모, 조선총독부 촉탁 봉천출장원 협화회 봉천 사무국장, 일본거류민회장, 동아권업주식회사 사무과장, 동양척식회사 봉천지점장, 조선은행 봉천 지점장, 제1군관구 고문, 봉천성公署 총무과장, 봉천육군특무기관 보좌관이 이사로 임명되었다. 이들은 주로 통신의 발행에 있어서 필요한 자료를 제공하는 일을 담당하였던 것으로 보인다. 이밖에 흥아협

8) 「在滿朝鮮人善導機關興亞協會會規」, 『在滿朝鮮人通信』 제2호, 1936. 4.

회는 사무 처리를 위해 사무장 겸 편집장 徐範錫, 사무원 曹元煥, 사무원 洪湜, 사무원 鄭國範 등 조선인을 채용하고 있었다.

홍아협회는 1937년 1월 경 임원을 개편하였는데 기존의 제1독립수비대 사령부 참모와 조선총독부 촉탁 봉천출장원, 일본거류민회 회장, 동아권업주식회사 사무국장, 제1군관구 고문은 임원에서 제외되었으며, 대신에 안동특무기관장(田中信男), 圓部部隊本部 참모(山縣武光), 만철봉천지방 사무소장(關屋悌藏), 전만조선인민회연합 회장(野口多內)이 새로 편입되었고 관동군특무기관 보좌관은 谷萩那華雄에서 淺海喜久雄으로 교체되어 있는 상태였다.

이사의 인원은 11명에서 10명으로 축소되었으며, 조선은행원 '日下部政太郎'이 감사로 임명되었는데 외견상으로 볼 때 홍아협회 이사의 변동은 봉천지역 특무기관의 홍아협회에 대한 장악력이 강화되었음을 의미하는 것으로 파악된다. 사무원 중에는 홍시와 조원환이 명예촉탁이 되고 張昌華, 劉順姬, 鄭玉範이 새로 임명되는 변화가 있었는데[9] 이는 조원환과 홍시가 각각 協和會奉天民會 分會 常務員과 協和會 奉天事務局으로 자리를 옮겼기 때문이었던 것으로 보인다.[10]

조선인 관계자 가운데 행적을 확인할 수 있는 인물로는 서범석을 들 수 있는다. 그는 1930년에는 『동아일보』 봉천 특파원 이었으며, 이후 『滿鮮日報』의 편집부장으로 활동하였고 해방 이후에는 정계에 진출 1950년 제2대 민의원을 출발로 1960년대까지 야당의 중진 국회의원으

9) 「在滿朝鮮人善導機關興亞協會會規」, 『在滿朝鮮人通信』19, 1937. 1.1, 1쪽.

10) 조원환은 『在滿朝鮮人通信』34－35, 1937. 9.1 34쪽에 '協和會奉天民會分會常務員'의 명의로 「支那事變과 銃後의 任務」라는 논설을 게재하고 있었으며, 홍시는 「在滿朝鮮人通信』9, 1936. 8.1, 12쪽. '協和會奉天事務局' 명의로 「滿洲國協和會解說」이라는 논설을 게재하고 있다.

로 활동하였다.[11] 서범석은 동북항일연군의 귀순공작에도 관여했는데 그는 新京에서 조직된 '東南地區特別工作後援本部'의 상무위원으로 활동하면서 1941년 11월에는 동북항일연군을 대상으로 발표된 '歸順勸告文'[12]에 서명했던 것으로 나타나고 있다.[13]

홍아협회가 결성되자 특무기관 보좌관이었던 谷萩는 '홍아협회를 창립하며'라는 논설을 게재하여 조직의 설립취지와 목적에 대해 다음과 같이 정리하였다.

> 先月 在奉天 官民機關의 대표자는 興亞協會라 하는 것을 창립하였다. 종래 재만조선인은 만주국의 주요 구성민족의 一員이 되면서 각 關係方面에서 버리고 돌보지 않았던 감이 있다. 즉 있어도 좋고 없어도 좋은 존재로서 취급되어 왔다. 심한 사람은 조선인은 다스리기 어려운 국민이라고 말하며 조선인을 백안시하는 사람조차 있었다. 이것은 우리 제국의 대륙 경륜상에서 장차 또한 大東亞結成의 완성을 서두르는 금일에 있어서는 斷乎排擊하는 마음을 갖지 않으면 않된다. 우리 朝鮮人은 우리들 大和民族에게 취득된 新附의 동포

---

11) 정신문화연구원, 『한국인물대사전』, 1999, 889쪽.

12) 「金日成 等 反國家者에게 勸告文, 在滿同胞 百五十萬의 總意로」 『三千里』13－1, 1941년 1월. 권고문의 중요 내용은 다음과 같다. '嗚呼!! 密林에 彷徨하는 諸君!! 이 勸告文을 보고 즉시 最後의 斷案을 내려 更生의 길로 뛰여 나오라! 부끄러움을 부끄러움으로 알고 懺悔할 것도 懺悔하고 이제까지의 君等의 世界에 類例없는 不安定한 生活에서 즉각으로 脫離하야 同胞愛의 따뜻한 溫情속으로 돌아오라. 그리하야 君等의 武勇과 意氣를 新東亞建設의 聖業으로 轉換奉仕하라! 때는 늦지 않다! 只今 곧 我 150萬 同胞의 最後의 呼訴에 應하라. 最善을 다하야 諸君을 平和로운 生活로 引導할 本委員會의 萬般準備가 諸君을 기다리고 있는 것이다.

13) 東南地區特別工作後援會本部는 新京特別市 韓日通 鷄林會內에 있었으며, 顧問 淸原範益 崔南善 中原鴻洵, 總務 朴錫胤 伊原相弼 金應斗, 常務委員 崔昌鉉(新京) 朴準秉(新京) 李性在(新京) 金東昊(安東) 金子昌三郎(營口) 徐範錫(奉天) 金矯衡(撫順) 金仲三(鐵嶺) 外 60名을 중요 임원으로 구성하고 있었던 것으로 나타나고 있다.

이며, 만주국에 있어서는 五族의 일원이다. …

이상과 같은 思索에서 재만조선인의 善導機關인 興亞協會를 창립하여, 一, 재만조선인의 사상을 선도하여 大和民族과의 血盟을 깊이 깨닭게 하며, 또 滿洲國의 구성 민족으로서 最善民族이 되도록 指導 할 것이다. 二, 재만조선인의 地位 및 生活向上을 도모하지 않으면 안된다. 이것은 우선 재만조선인의 實情을 調査硏究하며, 나아가서는 指導斡旋, 調停을 하지 않으면 안된다고 생각한다. 三, 만주국 내의 타민족과의 協和懇親을 도모하여 만주국의 建國理想을 실현하도록 노력하지 않으면 안된다.[14]

谷萩는 지난달에 관민대표자가 흥아협회를 창립했다고 밝힘으로서 흥아협회가 1936년 3월에 조직되었음을 알려주고 있다. 또한 조선인은 일본이 취득한 '新附' 동포임에도 불구하고 조선인에 대해 다스리기 어려운 국민이라고 하거나 白眼視하는 상황에서 이를 단호히 배격해야 함을 강조하고 있었다. 그리고 이러한 사색 하에서 재만한인의 선도기관으로 흥아협회를 창립했다고 하였다.

그런데 흥아협회 설립의 실무담당자였던 谷萩의 이러한 주장은 만주국이 들어선 이후에도 한인사회는 여전이 일제에 대해 저항적인 태도를 나타나고 있었고, 관동군이 직접 나서 한인사회를 통제해야 하는 복잡한 상황이었음 보여주는 것이라고 하겠다. 谷萩는 흥아협회에 대해 한인들을 선도하여 일본민족(大和民族)과 血盟임을 깨달게 하여 만주국의 最善民族이 되게 하며, 만주국 내의 타 민족과도 協和懇親을 도모하여 만주국의 건국이상을 실현하도록 노력해야 한다고 주장하기도 하였다.

14) 陸軍少佐, 谷萩那華雄,「興亞協會を創立して」,『在滿朝鮮人通信』2 1936. 34~35쪽.

흥아협회는 '회규'에서 '본부를 奉天에 지부를 만주국 내 각지에 둔다'하고 있는데 지부로는 1938년 5월 8일 山東에서 조직된 '산동흥아협회' 정도가 있었던 것으로 나타나고 있다. 산동흥아협회는 3000명 조선인의 생활안정을 도모하며, 사상을 선도하여 충량한 일본제국의 臣民으로서의 자격을 실천·力行하기 위해 1937년 5월 8일에 發會式을 개최한 것으로 되어 있었다.

그리고 설립과정에서 '특히 본회를 위하여 진력해 주신 谷萩 특무기관장에게 感謝不已한다'고 하고 있는 것으로 보아 이 조직은 봉천에서 육군특무기관 보좌관으로 근무하던 谷萩가 산동특무기관의 기관장으로 자리를 옮겨오면서 설립되었던 것으로 보인다. 산동흥아협회가 결성되자 青島本部의 李如崗은 산동흥아협회는 재만 동포의 '國民化運動의 烽火가 될 것'이라고 강조하였다. 또한 그는 3·1운동에 대해 '소위 기미년의 조선독립소요사건은 2천 3백만 조선민족의 발전을 저해하였으며, 興亞建設의 숭고한 聖業에 汚印을 치게 한 조선의 羞恥라고 주장하였다.[15]

<표 1> 산동아협회 본부의 조사내용

날짜	중요 내용
1936.7.5	산동성 高密縣 芝蘭莊에서 식료잡화상을 하는 金龍澤에게 고밀현 공안국으로부터 일본인에게 가옥을 임대하는 것은 부당하다고 하며, 家主 李贊臣과 보증인을 逮捕引致하고 다시 일본일을 驅逐치 않으면 濟南으로 압송하여 사형에 처한다고 恐喝監禁한 것을 당지역의 총영사관이 고밀현장과 교섭하여 관련자들이 석방됨

15) 李如崗, 「結成된 東亞復興의 推進力 : 山東興亞協會創立 在支同胞의 國民化運動의 烽火 創立總會를 마치고」, 『在滿朝鮮人通信』29, 1937. 6.1, 13~14쪽.

1936.7.15.	靑島市場에서 白米醬油商을 하는 청도조선인회 평의원 白柄垠은 조선인과 중국 三路軍 소속 군인과의 사비를 말리던 중 중국군인이 창검으로 頭顔部를 自傷하고 도망하여 4주간의 치료를 받았는데 排外的인 만행임이 판명되어 가해자의 파면과 치료비 기타 100원을 물고 해결되었다.
1936.7.5	산동성 昌邑縣에서 석유잡화상을 하는 張德宗에 대해 縣 정부에서 가옥을 임대해준 중국인 주인에게 외국인에게 가옥을 임대하여 외국물건을 중국인에게 팔게하는 것은 賣國奴로서 극형에 처하겠다고 하고 10일 이내에 외국인을 驅逐하라고 명령하는 등 營業權을 침해하였다.
1936.12.12	卽墨縣 藍村에서 잡화상을 하는 白陽燁의 집에 3로군 營兵 병사 3명이 무단으로 침입하여 발포 협박 폭행하고 또 靑龍刀을 휘두르면서 이곳을 떠나지 않으면 刺殺하겠다 함으로 재유동포 32명이 일단 청도로 피신하였다.
1937.3.8	즉묵현에서 잡화상을 하는 崔時倜, 張瑞浩, 金時雨에게 財政部 稅警總團 병력이 침입하여 권총을 발사하고 가택을 수색하여 금품을 압수하고 崔와 張 을 인사불성케하여 폭박하여 영사관경찰에 넘겼는데 지폐위조와 마약을 판매하였다는 구실을 내세워 책임을 회피하여 新聞紙 등에 吹聽 하였다.
1937.3.20	즉묵현의 잡화상 黃京善, 白旭周 재정부 새경총단 병력이 短銃을 발사하며 습격하여 곤봉 단총으로 난타한 후 없는 무기를 내노라하며, 가택수색을 하여 금풍 가재도구를 약탈 몰수 함.
	즉묵현 석유면포상 金孝禹는 정당한 영업을 하고 있으나 즉묵현 지사의 外人驅逐政策으로 인해 家主와 보증인 등이 불법 감금당하고 김효우의 퇴거를 강요하고 있다.
	즉묵현의 東光醫院은 공안국원들이 병원문앞에서 출입하는 중국인 환자들에게 훌륭한 중국인 의사가 있는데도 불구하고 어찌하여 외국인 의사에게 치료를 받느냐고 하면서 安重連氏를구축하려 한다.
1936.8.10	臨淄縣 석유잡화상 李明松은 가옥을 임차하고 領事館에 영업허가를 받아 개업을 하였으나 定住營業을 불허한다는 縣知事의 명령에 의해 家主가 감금당였으며, 경찰이 番을 서고 일본상품 광고지를 찢어 버리는 등의 영업방해로 인해 손새가 1,000원에 달한다.
1937.4.14	즉묵현의 석유판매상 金龍俊의 집 앞에서 즉묵현 정부 비서 이하 공안국원 백수십명이 김용준을 집을 포위하고 문 앞에서 죄수 3명을 사형시킴
1937.5.3	財政府稅警總團 병력이 棘洪灘 程家莊, 西河套 조선인 점포 주택에 난입하여 6명을 모두 결박, 폭행 구타한 후 가택을 수색하여 금품을 약탈하고 점포 주택을 폐쇄한 후에 너희들이 안중근, 김구, 안창호를 아느냐 하여 안다고 대답하니 특별히 용서한다고 하며 오늘 즉시 이곳을 퇴거 하라고 하며, 퇴거하지 않으면 총살하겠다고 협박함으로 부득이 6명은 靑島로 퇴거하였는데 출장

	조사를 한즉 전기 퇴거 조선인의 주택 점포는 兵團의 兵舍로 사용되고 있었다. 약 2천원의 손해를 보았다.
1937. 5.10	즉묵현에 거주하는 잡화상 白金龍의 집에 재정부세경총단 병력이 난입하여 短銃 2~3발을 발사하며, 금품과 단총을 내놓으라하며 만약 불응하면 모두 총살한다고 하여 부득이 가지고 있던 현금 30원을 준 즉 돈을 받은 후 포위를 풀고 逃出하였다.
1937.5.12	김백룡의 집에 세경단 8인이 무장 난입하여 同居人 3인을 결박하고 중국돈 48원을 약탈도주하였다.
1937.5.15	김백룡의 집에 세경단 병력 4~5명이 민중을 선동하여 壁板과 지붕에 방화하는 것을 동거인이 발견하여 큰일은 없었느나 새로 來駐하는 부대가 자기의 주둔 병영부근에 거주한다는 이유로 橫幅極惡한 外人驅逐을 策하고 있다.
1937.5.15	膠濟路 南泉站의 조선인 가옥에 재정부 세경단 병력이 무장 난입하여 모두 결박하고 너희 조선인은 일본임으로 卽時 我 중화민국의 국토에서 퇴거하라 만약 그렇지 않으면 총살한다고 단총을 내어들고 협박 구타하고 가택수색을 行하야 금품을 약탈함으로 3戶 7명은 열차로 청도에 來到하였다.
1937.5.16	김백룡의 집에 재정부세경총단 군인들이 다시 찾아와서 가택수색을 하고 혹은 신체검사를 하여 현금 48원을 강탈하고 今日 이내로 이곳을 퇴거치 않으면 반드시 총살하다고 하여 부득이 청도에 귀환하였는데 귀환당시 벽에 박힌 탄환을 지참하여 當署 高等係 永西部長 手許에 전달함

산동흥아협회 본부에서는 1936년 7월부터 1937년 1월까지의 중국 관헌의 산동지역 한인들에 대한 박해사건을 조사하여 18건의 사례를 통신에 기고하였는데 그 내용은 <표 1>과 같다.[16] 산동지역 중국당국에서는 일제의 침략정책 노골화되자 在留韓人들을 일본인으로 간주하여 강력한 탄압정책을 실시하고 있었음을 알 수 있으며, 실제로 한인들에 대한 訊問 과정에서 안중근, 안창호, 김구를 알고 있다고 대답한 한인들에게 대해서는 '특별히 용서하여 준다'고 하고 있는 것(1937.5.3)으

16) 李如崗, 「支那抗日의 銳鋒은 朝鮮人에게」, 『在滿朝鮮人通信』30−31, 1937. 7, 6~10쪽. 사건18건에 대한 산동흥아협회의 보고는 상당히 자세하게 서술된 부분이 있으나 본고에서는 중요 내용을 간단하게 정리하였다.

로 보아 당시 중국당국의 재만한인에 대한 반감은 친일적 정서와 연결되어 있었던 것으로 보인다.

뿐만 아니라 이 조사보고서에서는 조사가 미흡한 '僻地在留' 한인의 피해는 알아볼 도리가 없는 가운데 피해의 내용은 神人이 共怒할 暴惡無道한 것이다. 따라서 在留同胞에 대해 보호 책임이 있는 일본관헌의 적극적인 보호정책 없이는 도저히 바랄 것이 없다고 하였다.

또한 高密縣에서 박해사건이 발생하자 해당 지역 일본총영사관이 개입하여 문제를 해결했다고 하거나 김백룡의 집에서 피해를 입었던 한인들이 青島에서 高等係 형사부장에게 벽에 박혔던 彈丸을 피해의 증거물로 신고했다고 하여 일제의 적극적인 간섭을 자극하고 있었다.

흥아협회는 기본적으로는 봉천특무기관, 봉천 일본총영사관, 동양척식회사, 조선은행, 동양권업주식회사 등의 기부금으로 경비를 조달했을 것으로 보이지만,[17] 통신 제5호 '謝告'에 '본 흥아협회의 취지에 찬동하시여 사업자금으로 보내주신 기부금은 감사히 받았습니다. 흥아협회장 鞠躬'이라는 문구와 함께 기부자의 명단이 있는 것으로 보아 일부 기부금을 받는 경우도 있었던 것으로 보인다.[18]

2. 활동내용

흥아협회의 활동은 주로 기관지인 통신의 발행을 통한 한인들에 대

17) 임종국, 「제1공화국과 친일세력」, 『해방전후사의 인식』2, 2006, 188쪽.

18) 「謝告」, 『在滿朝鮮人通信』5, 1936. 4, 6~10쪽. 당시 기부금을 냈던 사람들의 명단은 다음과 같다. '洪淳明, 金永龜, 潘基春, 黃繼奉, 朴承薰, 林承鶴, 金東錫, 金興植, 朴麟旭, 黃元憲, 李昌善.

한 사상통제에 주력하면서 학교의 설립이나 지역유지 간담회나 국방헌금의 모집 등과 같은 표면적인 활동을 전개했던 것으로 나타나고 있다.

홍아협회는 '會規' 제1조에서 '본회는 日鮮兩文의 在滿朝鮮人通信을 부정기로 간행하여' 그 목적을 달성을 도모하고자 한다고 하였다. 따라서 이를 통해서 볼 때 홍아협회는 통신의 발행을 통한 재만 한인들에 대한 언론 통제를 가장 중요한 활동의 하나로 인식하고 있었다.[19] 이러한 정황은 통신의 創刊辭를 통해서도 그 일면을 확인할 수 있다.

> 우리는 이러한 견지에서 재만조선인통신을 수시로 발행하여 東亞大同의 聖業에 참가한 조선동포가 금일에 가질 최선의 태도를 결정함에 있어서 알아야 할 實情을 報하고 이행한 義務의 성과를 여실히 발표하여 조선민족의 榮譽를 擧히야서 東亞 각 민족의 心的 和合을 圖하고져 하는 자이다.[20]

통신은 東亞大同의 聖業에 참가한 조선동포들이 가져야 할 최선의 태도를 결정함에 있어서 알아야 할 實情을 報하고, 이행한 의무의 성과를 발표하여 조선민족을 포함한 東亞 각 민족의 心的 화합을 도모하고자 하는 자라고 하고 있었다.

통신은 초기에는 부정기로 발행한다고 밝히고는 있으나 대체로 1개월에 2회, 15일 간격으로 발간되었으며, 1938년 10월 통권 69호 이후에는 월간지 형태로 변경되었으며, 合集으로 발간되는 경우도 있었다.[21] 1938년 4월에 발행된 제49·50호 합집 이후에는 잡지의 첫 장 상

---

19) 「在滿朝鮮人善導機關興亞協會會規」, 『在滿朝鮮人通信』 제2호, 1936. 4.

20) 「創刊辭」, 『在滿朝鮮人通信』1 1936. 4. 1쪽.

21) 「月刊雜誌로 雄飛하는 本」通信, 『在滿朝鮮人通信』59 1938. 10.

단에 '皇國臣民의 誓詞'를 게재하고 있었으며, 대체로 조선인민회와 교회, 서당, 유치원, 특수학교, 중학교, 집단부락, 병원, 농무계, 北支 및 長江方面 등 만주지역의 한인관련 기관들과 조선 내 각지 및 만주국 내 일본 관청 등에 통신을 배포하였던 것으로 나타나고 있다.22)

통신에는 대체로 '躍進 日本의 國勢'·'躍進 朝鮮의 表情'·'躍進 滿洲國의 全貌' 등과 같은 체제 선전용 기사가 다수 게재되어 있었으며, '東西南北'·'經濟欄'·'産業欄'·'興安說法'·'鐵筆說法' 등의 고정란 통해서도 한인사회의 친일화를 강조하고 있었다.

<표 2>에서 보면 통신은 국내와 만주지역의 유력인사나 친일인사를 동원하여 일제의 식민지 지배를 정당화하고 있었다. 윤치호는 지금 조선인의 前途는 일본민족과 共存共榮하는 것을 理想으로 삼고 一視同仁·內鮮一體의 목표 아래 국민의 의무를 충실하게 다하는 것이며, 滿洲와 北支가 개발됨에 따라 조선인의 面目을 세계에 새롭게 될 만한 기회가 오기를 바랄 뿐이라고 하였다.23)

<표 2> 『재만조선인통신』에 게재되었던 중요 인물의 논설24)

필자	직위	기사제목	권호
金東漢		赤色帝國主義의 東侵南下를 防止하자	13호, 1936.10
徐範錫		朝鮮과 朝鮮人問題 : 崔麟氏와 問答	22-23호, 1937.3
崔卓	在奉天日本帝國 總領事館 副領事	我帝國의 東洋에 있어서의 使命과 우리의盡力할 天分	34-35호, 1937.9
羅景錫	奉天 支那事變國民大會 朝鮮人代表	殲滅!容共支那軍閥救濟!支那四億良民	36호, 1937.9

22) 「本誌配付先」, 『在滿朝鮮人通信』5, 1936. 6.1, 34쪽.

23) 尹致昊, 「朝鮮人의 갈길을 알나」, 『在滿朝鮮人通信』63, 1939. 2, 14쪽.

徐範錫	興亞協會事務長	支那事變의 歷史性과 亞細亞的 良心을 論함	36호, 1937.9
崔南善		滿洲가 우리에게 잇다	39호, 1937.11
朴錫胤	外務部調査處長	東亞民族結成에 新機運	39호, 1937.11
李範益	間島省長	間島省의 現情	55－56호, 1938,7
朴宗勳	協和會 全國聯合會 間島省 代表	道義世界建設에 새信念	60호, 1938.11
尹喜炳	協和會 全國聯合會 奉天省 代表	協和運動은 이로부터	60호, 1938.11
楊正鉉	協和會 全國聯合會 吉林省 代表	新興滿洲帝國의 勇姿	60호, 1938.11
申德俊	協和會全國聯合會 龍江省 代表	渾然官民一體의 道	60호, 1938.11
尹相弼	拓政司第二指導科長	確乎한 信念을 가지라!	62호, 1939.1
尹致昊		朝鮮人의 갈길을 알나	63호, 1939.2.
朴榮喆	滿洲國 名譽 總領事	連繫 皇國臣民의 覺悟를 새롭게	63호, 1939.2.
韓相龍	關東軍顧問	農工併行의 發展을 希望	63호, 1939.2
宋燦道	總督府 事務官	時局을 認識하라	63호, 1939.2
徐椿		第二猶太人이 되지 말나	63호, 1939.2
秦學文	遣歐使節	獨伊의 興하는 緣由	64호, 1939.3

만주국 명예총영사 朴榮喆은 '정당한 입장에서 황국신민의 一員으로 대동아건설에 參劃하겠다는 각오로 나가는 것'이 중요하다고 강조하였다.[25] 최남선은 '만주가 우리에게 있다'라는 논설에서 조선인의 폐쇄적

---

24) 현재 통신은 1939년 12월까지 발행되었던 73호까지 국립중앙도서관에 남아있으며, 따라서 통신이 언제까지 발행되었으며, 흥아협회가 어느 시기까지 활동했는지 정확하지 않다. 또한 위의 중요인물들 중에 최남선, 서범석, 박석윤 등을 2편 이상의 논설을 게재한 것으로 보이는데 여기에서는 중요하다고 생각되는 1편의 제목만을 게재하였다.

25) 滿洲國名譽總領事 朴營喆, 「皇國臣民의 覺悟를 새롭게」, 『在滿朝鮮人通信』63, 1939. 2, 16쪽.

인 種族的 元氣는 일본의 國策에 자극되어 비로소 振張이 高潮되고 있다고 하면서 우리는 이 위대한 天職을 소홀히 해서는 안 될 것이라고 하였다.[26]

1936년 11월 베를린 올림픽에 마라톤 경기에서 손기정과 남성룡이 각각 1위와 3위를 차지하자 통신에서는 兩君은 고국을 떠나서 비로소 일본의 위세를 알았으며, 在留邦人(일본인)들이 至誠을 다한 것에 대해 오직 감격할 따름이며, 울면서 응원하고 울면서 뛰었던 때의 기분은 전혀 말로서 피력할 수 없다고 했다는 보도기사를 게재하였다.[27] 이밖에 『동아일보』와 『조선중앙일보』가 '日章旗抹消事件'을 일으키자 이는 非國民的 惡戱이며, 직접적인 책임자는 割腹하여 사죄해야 할 뿐만 아니라 그 간부들도 책임을 면키 어려울 것이라고 하였다.[28]

홍아협회에서는 한인자제의 교육문제를 해결한다는 명분 하에 '東光學園' 설립에 깊이 관여하였다. 교육사업은 관동군이 한인세력을 규합하고 만주국 설립 이후 체제선전에 이용하기 가장 좋은 사업이었을 것으로 생각된다. 학교가 설립되자 통신에서는 동광학교는 '우리의 자랑'이고, '희망'이며, '대륙에 웅비할 우리의 2세는 건재'하다는 취지의 기사를 게재하기도 하였다.

광동학원은 중학과정의 학교설립을 목적으로 1936년 9월 이사회를 구성하였으며, 洪淳文을 이사장으로 선출한 후 1937년 4월 봉천 총영

26) 崔南善, 「滿洲가 우리에게 잇다」, 『在滿朝鮮人通信』39, 1937. 11, 1쪽.

27) 「東西南北 : 孫基禎君의 族感想談」, 『在滿朝鮮人通信』15, 1936. 11, 19쪽. 그런데 孫基禎, 「次回오림픽과 朝鮮運動界의 展望」, 『在滿朝鮮人通信』57－58, 1938. 7, 49~50쪽에는 손기정이 베를린 올림픽 우승과 다음 경기 준비에 대한 대담을 실은 기사가 게재되어 있다.

28) 協和行人, 「東亞, 中央兩日報의 惡 를 擊함」, 『在滿朝鮮人通信』12, 1936. 9, 18쪽.

사관으로부터 설립인가를 받아 奉天保合堡普通學校를 臨時校舍로 개교하였다.[29] 이후 1937년 3월에는 3학급 150명의 학생을 선발하였으며, 일본육군대학 출신의 예비역 大佐 桶渡盛光을 교장으로 선임하였고 東京高師 출신의 金昌鎬, 城大 출신의 金忠善과 金龍庵, 金俊基 등을 선생으로 초빙하여 개교하였다[30]

그런데 통신에서는 흥아협회의 회장이었던 淺海특무기관장[31]이 '한인들을 지도하는 데는 중추인물을 교육할 기관이 필요하다고 강조했으며, 新校舍買入 등 절대적인 노력'을 다하였다고 하였다.[32]

1938년 11월에 개최되었던 재단이사회에서는 桶渡 교장과 서범석을 京城에 파견하여 모금활동을 전개하였다. 이들은 서울에서 '대륙에서 활동할 인재를 양성한다'는 명분 하에 총독부 외교부장, 松澤과 상무간사 曺秉相, 총독부 외교부 사무관 宋燦道 등의 도움을 받았으며, 경성방직의 金季洙와 경성방직으로부터 각각 1만원씩의 기부금을 확보하였다. 또한 이들은 崔昌學, 朴基孝, 閔圭植, 閔大植, 朴興植, 方奎煥, 李鍾万, 尹致昊, 李相玉, 曺秉學으로부터도 일정액의 기부금을 받았다.[33]

만주에서도 이사장 홍순문이 15,000원을 기부한 것을 비롯하여 營

29) K記者, 「在滿朝鮮人의 精神道場 : 奉天東光學園參觀記」, 『在滿朝鮮人通信』53-54, 1938. 6.

30) 「동광학원 개교, 4월 7일 개교식 거행」, 『在滿朝鮮人通信』25, 1937. 4.

31) 1937년 1월에 발행된 통신 제19집 淺海喜久雄, 「在滿洲朝鮮同胞에 告하는 各界人士의 新年年頭辭 : 自己完成에 全力을 傾하라」라는 기사에서는 淺海가 봉천 육군특무기관 보좌관으로 되어 있는 것으로 보아 그는 이 시기를 전후하여 승진했던 것으로 파악된다.

32) K記者, 「在滿朝鮮人의 精神道場 : 奉天東光學園參觀記」, 『在滿朝鮮人通信』53-54, 1938. 6.

33) 「東光學校消息」, 『在滿朝鮮人通信』62, 1939. 1. 총독부는 비상시국임에도 불구하고 20만원의 모금을 허락했다고 한다.

口 亂石山, 鐵嶺, 撫順, 開原, 新京 등지의 친일인사나 정미소, 商會 등을 통해 기부금을 모금하였으며,[34] 만주국 명예영사 朴榮喆이 時價 약 3만원의 토지와 2,500원 상당의 피아노를 기부하였다.[35]

동광학교 학생들은 1938년 6월 봉천국제운동장에서 개최된 日鮮滿中等學校의 聯合建國體操 대회 출전했는데 '그 모습이 마치 일본인과 같았다'는 소리를 들을 정도의 찬사를 받았다고 한다. 그리고 만주국 황제가 봉천지방을 '巡獵'할 때는 황제를 '奉迎'하는 거리행사에 동원되기도 하였다.[36]

홍아협회에서는 1937년 7월 18일 오후 4시 봉천 大和호텔에서 200여 명이 참석한 가운데 '奉天朝鮮人有志時局懇談會'를 개최하고 중일전쟁 발발에 따른 대응문제에 대해 논의하였다. 洪諟의 사회로, 사무장 서범석의 열렬한 개회사가 있은 후 北市場普通學校長 金秉甲이 좌장이 되어 진행되었으며, 5개항의 결의사항을 결정되었다. 그 내용은 다음과 같다. 1. 일치단결로서 北支의 一切의 暴戾行爲를 배격함. 2. 전만 및 재외와 조선 내 동포에 호응하여 對支輿論을 통일함. 3. 제국 정부에 조선인 義勇兵모집을 청원함. 4. 국방헌금을 모집하고 또 皇國將兵을 위문함. 5. 제국정부 및 제일선 皇軍에 激勵電을 발함 등이었다

이날 참석자들은 '국제적 신의를 破脫하고 侮日抗日을 일삼는 支那에 대해 破邪顯正의 劒刀를 번쩍일 때는 왔다. 동아안정을 확보하기 위해 暴惡無比의 도당을 철저하게 膺懲하기를 望함'이라고 하였다. 봉천

34) 「東光學園에 寄附하신 분」, 『在滿朝鮮人通信』53－54, 1938. 6.16, 16~18쪽.

35) 「朴榮喆 東光學園 財團法人 期成後援會長」, 『在滿朝鮮人通信』53－54, 1938. 6.16, 18쪽.

36) 「東光學校消息」『在滿朝鮮人通信』55－56, 1938. 7.16, 24쪽.

헌병대장 加藤과 협화회 봉천성본부 小林위원장의 강연도 있었는데 加藤은 '大和民族과 조선민족은 생사를 같이하여 동양평화를 확보하자'고 역설하여 열광적인 박수를 받았다.37)

1936년 여름 국내에서 대규모 홍수 피해가 발생하자 50원의 수재동포구제금을 봉천영사관을 통해 朝鮮社會事業協會에 전달하였으며,38) 1937년 8월과 9월에는 흥아협회 주체로 國防獻金을 모금하는 행사를 개최하기도 했였다.39)

Ⅲ. '재만조선인통신'에 나타난 체제선전의 경향

1. 재만 한인에 대한 계몽과 체제의 우월성

재만 한인의 '善導'를 목표로 발행되었던 통신은 <표 3>에서 보는 바와 같이 間島나 奉天, 營口, 大連, 東邊道 등의 지역별 친일 인사들에

---

37) 「事變과 朝鮮人의 第一聲, 興亞協會主催 奉天朝鮮人有志時局懇談會의 決議」, 『在滿朝鮮人通信』33, 1937. 8.1, 10~11쪽. 電文의 내용은 '支那는 다년 侮日抗日로서 일삼고 今回의 北支事變에 在하야 한업이 국제 신의를 破脫하야 최후까지 도전행위를 出한다. 아 제국은 정의 관대의 襟度를 保持하고 화평적 해결을 바라왔으나 바야흐로 破邪顯正의 劒刀를 번적일 때는 바로 온 것이다. 동아 안정확보를 위하여 彼等 暴惡無比의 도당을 철저적으로 膺懲하기를 望 함'이라고 되어 있다. 그리고 이 전문은 내각총리대신, 육·해군대신, 추밀원, 귀족원, 참의원 의장, 조선총독, 조선, 關東, 臺灣 주둔군사령관 등에게 보내질 예정이었다고 한다.

38) 「本 興亞協會에서 朝鮮水災地에 救濟金 50圓 急送」, 『在滿朝鮮人通信』12, 1936. 9.16, 13쪽.

39) 「興亞協會 取扱 國防獻金者 芳名 第一回分」, 『在滿朝鮮人通信』33, 1937. 8.1, 10~12쪽. 「第二回 國防獻金(興亞協會 取扱分)」, 『在滿朝鮮人通信』34-35, 1937. 9.1, 21쪽.

게 당면 현안에 대한 의견을 묻는 특집 기사를 게재하는 한편, '躍進 日本의 國勢'·'躍進 朝鮮의 表情'·'更生 朝鮮의 全貌' 등과 같은 체제 선전을 위한 논설들이 다수 게재하고 있었다.

1936년 9월에 게재되었던 三浦敏事의 '재만조선인 各位에 望함'이라는 논설에서는 '재만 조선인 諸位는 일본인이라는 矜持 하에 만주국 구성의 중요분자임을 感銘함으로서 국민으로서의 의무를 즐겨 이행할 것과 흔연히 타민족과의 協和融合에 힘씀으로서' 결국 전 아세아민족의 大協和에 매진할 것을 주문하기도 했다.[40]

<표 3> 한인문제와 체제선전에 관한 중요논설 목록

필자	구분	기사제목	권호
		在滿朝鮮人安全農村巡廻記: 보라! 天意는 歸正한다!	2호 1936.4
特輯		躍進日本의 國勢: 太平洋의 安眠을 確保하는 日本의 海軍[외 4편]	4호 1936.5
特輯		更生朝鮮의 全貌: 世界無比한 人口增殖率 [외 5편]	5호 1936.6
		治外法權一部撤廢條約成立: 條約全文 [외 5편]	6호 1936.6
小林一三	東京電燈 社長	幸福한 日本國內의 生活	7호 1936.7
金璟	琿春 馬滴達	課稅는 當然 率의 公正勿失	7호 1936.7
奉天 曹元煥		自族의 敦睦없이 他族과의 協和는 無望	9호 1936.8
		昭和十二年 上半期經濟界: 飛躍的인 朝鮮經濟界 : 朝鮮篇	11호, 1936.9
	經濟欄	數字로보는 大豊 : 今年朝鮮農況의 快報	14호 1936.10
		朝鮮內地의 明朗話題 : 小作人一千百八十名 一躍地主가 된全南 農村	15호 1936.11

40) 三浦敏事, 「만주사변 발발 滿5년을 맞지며 재만조선인 各位에 望함」, 『在滿朝鮮人通信』12, 1936. 9.16.

金泰德		偉大な日本國民性	15호 1936.11
		熱誠なる朝鮮の國防獻金	15호 1936.11
宇佐美珍彦	在奉天日本總領事	在滿洲朝鮮同胞에 告하는 各界人士의 新年年頭辭: 自重自愛하라 [외 5편]	19호 1937.1
表文化		日本民族發展의 內在的 原因	19호 1937.1
		國防獻金壹萬圓也 半島の一無名青年が獻金	22－23호 1937.3
		協和會民族別組織의成果: 安東朝鮮人分會의活動을 보라	28호 1937.5
		우리의 無名勇士 吳文奎君 戰死	32호 1937.7
香月 司令官	放送	穩忍과 膺懲: 東洋平和를 爲主한 日本의 武士道	34－35호, 1937.9
		先人英靈의遺産: 祝福 바든 在滿朝鮮人同胞	43호 1938.1
特輯		義務教育도 不遠: 躍進朝鮮의 表情 [외 6편]	44－45호, 1938.2
		內鮮一體主義滿洲에 延長	46호 1938.2
		長期戰에 對한 全國民의覺悟	49－50호 1938.4
		志願兵의 初日: 新興亞細亞人의 感激	57－58호 1938.8
		榮口農村訪問檢討記: 遼河兩岸에 展開된 平和境	57－58호 1938.8
特輯		在滿朝鮮人의 當面問題 奉天篇; 指導者의 在教育이 必要 등 11편	59호 1938.10
特輯		在滿朝鮮人의當面問題 安東篇: 公正한 指導를 등 11편	60호 1938.11
李範益	間島省長	最高의榮譽·歡喜不堪	60호 1938.11
特輯		在滿朝鮮人의 當面問題 哈爾濱篇: 自作農創定으로 民心安定 등 7편	61호 1938.11
特輯		在滿朝鮮人의 當面問題 犧牲的指導者가 必要 등 14편	61호 1939.1
		朝鮮人과 志願兵	61호 1939.1
特輯		躍進朝鮮의 全貌 : 躍進朝鮮의 交通網 등 9편	61호 1939.1
特輯		在滿朝鮮人當面問題. 間島篇 國防力의 强化를 圖하자 등 12편	63호 1939.2
特輯		在滿朝鮮人의 當面問題 牡丹江篇: 一人의 失敗는 百萬에게 등 5편	64호 1939.3
		朝鮮의愛國獻金	64호 1939.3
特輯		在滿朝鮮人當面問題. 營口·大連篇: 時局認識에 좀 더 徹底를 등 8편	65호 1939.4
		在滿朝鮮人의 當面問題 撫順·鐵嶺·開原篇: 誠意잇	66호 1939.5

		는 指導者가 잇서야 등 11편	
興亞役人		志願兵成績에 對한 一辯	66호 1939.5
特輯		在滿朝鮮人의 當面問題. 奉吉線篇: 內鮮人의 提携가 急務 등 14편	67호 1939.6
		奉天出身의 李圭完君 興亞戰線에榮譽의 戰死	67호 1939.6
特輯		在滿朝鮮人當面問題. 東邊道篇: 指導機關의 確立이 必要 등 10편	68호 1939.7
特輯		全聯鮮系代表移動座談會: 教育費二重負擔問題와 中等教育機關設置問題 등 5편	72호 1939.11
曺元煥		銃後吾等의 任務	73호 1939.12

曺元煥은 1936년 7월 일제가 한인들에 대한 治外法權을 폐지한다고 발표하자 향후 조선인은 만주국의 五兄弟 중 제2위에 있는 兄로서 위로는 일본인을 長兄으로 하고 기타 三族을 아우로 거느리는 가장 어려운 지위에 있는 것을 잊지 말아야 하며, 조선인으로서의 지위를 보존할 만한 점잖은 행동을 해야 한다고 하였다.[41]

통신에서는 재만 한인들에 만주족에게 모욕적인 언사인 '되놈'이라는 말을 절대로 엄금할 것' 만주족과 교제를 긴밀하게 하여 만주어를 능하게 하며, 만주사정을 연구할 것, 만주족 아동과 조선 아동의 교제를 장려하는 것 등이 양 민족의 協和를 위해 필요한 일이라고 주장하였다.[42]

---

41) 曺元煥, 「治外法權 撤廢에 際하야」, 『在滿朝鮮人通信』5, 1936. 6.1, 26~28쪽.

42) 이밖에 만주족과 재만 한인의 '협화'를 위해 필요한 사항으로 다음과 같은 것들을 장려하고 있었다. 부락에 회합이 있을 때도 의식이 있을 때는 만인 유력자를 초대하야 同樂할 것. 만인으로 입학 희망자가 잇을 때는 조선 아동의 교육에 지장이 없는 한 허가할 것. 조선 청소년 간에는 전통적 관습에 인하여 무의식으로 만인을 모욕하는 경향이 있으니 이것을 적극적으로 교정할 것. 만주국 축제일에는 만주 국기를 달도록 장려할 것. 건국 정신을 수시 설명 교수할 것. 만주국 국가를 습득하도록 할 것. 「鮮滿族의協和實話」, 『在滿朝鮮人通信』28, 1937. 5.16, 21쪽.

이밖에 그는 '更生하는 조선인의 狀況'이라는 논설에서 만주사변 이전 20개소에 불과했던 朝鮮人民會가 사변 후 200여 곳으로 늘어나는 발전을 보였으며, 만주국의 발전은 조선인의 행복일 뿐만 아니라, 세계의 행복을 초래하는 일임에도 불구하고 시기심 많은 열강들이 만주국을 승인하지 않고 있다고 하였다.[43)]

통신에서는 한인 농민의 이주문제와 관련에서도 일제의 移民政策을 옹호하는 기사들을 다수 게재하고 있었다. '祝福받은 在滿朝鮮人同胞'라는 논설에서는 초기 이민의 경우는 한인 이주민들이 소작료, 高利債務, 마적과 기타의 희생 등으로 '日日悲慘'을 면치 못했으나, 만주국이 건설된 이후 치안이 안정되고 당국이 한인보호에 竭力을 다하는 상황에서 渡滿者가 늘고 있다고 하였다. 그리고 부당한 압박과 착취가 사라지자 거주한인들은 新生의 희망에 불타고 있고 있으며, 집단농촌이 活況을 드러내자 사변전후에 있었던 都市景氣는 현재 農村景氣로 돌변해 버렸다고 주장하기도 하였다.[44)]

또한 근자의 이민이야 말로 조선족이 北進하는 장엄한 進軍이며, 鐵嶺농촌에서는 7개년 年賦로, 삼원보 농촌에서는 10개년 年賦로, 하동농촌은 15개년 年賦로 당지 농민들에게 땅을 불하한 것들은 일제의 自作農創定이 선전만이 아님을 단적으로 말해주는 것이라고 하였다.[45)]

鐵嶺集團農村에 관한 특집기사에서는 7년 전 東亞勸業株式會社에서 買收하여 피나민 192호 994명으로 시작한 이 농촌은 현재 438호 2300여명에 달하고 있으며, 완전히 조선을 옮겨다 놓은 듯 한 분위기이다.

---

43) 曺元煥, 「更生하는 在滿朝鮮人의 狀況」, 『在滿朝鮮人通信』1, 1936. 4.
44) 「先人英靈의遺産 : 祝福 바든 在滿朝鮮人同胞」, 『在滿朝鮮人通信』43, 1938. 1.
45) 「卷頭辭－朝鮮의 移民과 雜音」, 『在滿朝鮮人通信』26, 1937. 4. 16, 26.

처음에는 호당 14석의 수확밖에 올리지 못하였으나 현재는 호당 60석의 수학 중 토지 사용료 15석을 勸業에 내고 나면 호당 45석의 수익을 올릴 정도로 발전했다고 하였다.

뿐만 아니라 철영농촌에는 색끼를 짜는 기계가 80대, 가마니 기계가 100대나 있어 상당한 부업 수입도 올리고 있으며, 자녀 교육을 위해서는 학생 274명을 수용하는 철령농촌보통학교가 설립 · 운영되고 있다고 하였다. 1934년 4월에는 500여원의 비용으로 건립한 혈청 및 예방액 저장고는 혹시 있을지 모르는 전염병 발생에 대비하는 시설이며, 마을 주민은 스스로 자경단을 조직하여 매월 1회씩 경비회의 개최하고 정보 · 연락 · 피난 방법 등에 대해 연구하는 등 '教化農村'으로서 진면목을 보여주고 있다고 하였다.46)

이밖에도 통신에서는 在滿朝鮮人安全農村巡廻記 一, 보라! 天意는 歸正한다!, 在滿朝鮮人 安全農村巡廻記 二, 過去의憂鬱 · 慘澹은 完全解消, 榮口農村訪問檢討記, 遼河兩岸에 展開된 平和境, 牡丹江市 · 河東農村一瞥記 등 집단농촌 관련 기사를 게재하여 한인 농촌의 현황을 홍보하고 있었다.47)

통신에서는 국내 및 일본관련 기사를 게재하면서 체제의 우수성을 강조하고 있었다.

---

46) 「성과 얻은 대표적 집단농촌 鐵嶺集團農村 訪問記」, 『在滿朝鮮人通信』24, 1936. 10. 이 기사에서는 '鐵嶺集團農村'에 대해 만주국 건국이후 急設된 집단농촌 가운데 가장 성공한 곳이라고 보도하고 있었다.

47) 「在滿朝鮮人安全農村巡廻記. 一 : 보라! 天意는 歸正한다!」, 『在滿朝鮮人通信』2, 1936. 4. 16. 「在滿朝鮮人 安全農村巡廻記 2: 過去의憂鬱 · 慘澹은完全解消」, 『在滿朝鮮人通信』3, 1936. 5. 1. 金永三, 「榮口農村訪問檢討記, 遼河兩岸에 展開된 平和境」, 『在滿朝鮮人通信』57－58, 1938. 8. 16. 一記者, 「牡丹江市 · 河東農村一瞥記」, 『在滿朝鮮人通信』64, 1939. 4. 1.

> 인도, 안남, 에치오피아의 총독정치는 완전히 정복자와 피정복자의 倫理로 되어 있으나 일한합방의 결과 조선에 편 총독정치는 그러한 것이 아니다. 영원한 동양평화와 대동아의 결성과 양 민족의 一家形成을 위한 大理想 하에 양 민족의 合議로 된 것이다. 이 결과 조선의 산업경제, 교육 등 방면에 있어서 舊態를 차질 없이 勇躍發展되어 금일의 조선인은 일본제국의 一員으로 세계에 活步하게 되었다.[48]

통신에서는 영국과 프랑스, 이태리의 인도와 안남. 이디오피아에 대한 총독정치는 정복자와 피정복자라는 측면에서 정치가 이루어지고 있다고 하였다. 반면에 조선에 대한 일제의 총독정치는 영원한 동양평화와 대동아의 형성이라는 양 민족의 합의에 의해 이루어진 결과이며, 일제의 총독정치의 결과로 조선민족은 세계에 활보하게 되었다고 하였다.

이러한 경향의 기사는 여러 곳에서 나타나고 있다. 조선에서의 무역액이 1910년에는 수출 1,800만원, 수입 5,400만원, 총계, 7,200만원에 불과했던 것이, 1933년에 이르면 수출액은 3억 6천 8백만원, 수입액은 4억 4백만, 합계는 7억 7천 2백만원에 달하여 각각 약 20배, 7배, 11배의 성장이 있었다고 하였다. 쌀의 증산에 대해서는 1938년에는 實收穫高가 1,788만석이었는데 이는 前年에 비해 116만석이 증가한 것이며, 米價도 계속 高騰하고 있으며, 輸出高도 525만석으로 前年 同期에 비해 30만석이나 증가하였다고 주장하였다. 이밖에 大豆, 雜穀, 棉花 등도 모두 前年의 풍작을 유지하고 있어서 조선농가의 경제가 윤

48) 「更生朝鮮의 全貌－三千里江山에 活氣澎湃」, 『在滿朝鮮人通信』5, 1936. 5.

택해지고 있다고 하였다.[49)]

통신에서는 총독부의 예산이나 운송체계 및 산림정책 등이 크게 발전했음을 역설하였다. 1936년도의 총독부 예산은 약 4억 2만원으로 작년에 비해 1억 원이나 증가하였는데 이는 약진하는 조선을 말해주는 주목을 요하는 일이라고 하였다.[50)] 그리고 조선에 철도가 부설되기 시작한 이래 총 연장 5,000Km가 넘게 보급되어 1936년에는 총 1,200만 톤의 화물과 4,200만명의 여객을 운송하였다고 하였다. 영업용 자동차의 運轉網도 총 20,797Km에 달하여 조선내의 교통은 그 면목을 一新하였으며, 이를 통해 산업개발과 人文의 復興에 기여하는 바가 多大하다고 하였다.[51)] 뿐만 이나라 총독부의 적극적인 保林政策이 성공을 거두어 '而今江山은 綠樹靑靑하며, 旱災와 水災는 朝鮮에서 漸次驅逐되었다'고 하거나,[52)] 총독부가 총 40만원의 예산을 들여 지금까지 일본인 경찰에게만 지급해오던 宿舍料를 조선인 경찰에게도 지급하기로 했다고 보도하였다.[53)]

---

49) 「昭和十二年 上半期經濟界....朝鮮, 滿洲, 中國, 飛躍的인 朝鮮經濟界 : 朝鮮篇」, 『在滿朝鮮人通信』11, 1936. 9. 18쪽.

50) 「朝鮮總督府 豫算 四億圓을 突破!」, 『在滿朝鮮人通信』13, 1936. 1.

51) 「更生朝鮮의 全貌, 而今江山은 綠樹靑靑」, 『在滿朝鮮人通信』5, 1935. 1.

52) 「躍進朝鮮의 全貌 : 躍進朝鮮의 交通網」, 『在滿朝鮮人通信』69, 1939. 1, 72쪽.

53) 「朝鮮人警官의 待遇改善을 內定」, 『在滿朝鮮人通信』8, 1936. 7. 이밖에 통신에서 조선에서 생산되는 海苔의 생산이 일본에서의 생산량을 능가하고 있다는 기사를 보도하기도 했는데 이 기사에서는 다음과 같이 주장하였다. '昭和 10년도의 조선내해 태생산고는 총 수량 7억2천6백2십9만 枚로 일본 내지의 생산고 6억3천1백9십9만 매를 초과하기 실로 9천4백2십9만매에 달하야 내선을 합한다면 일본 전국 생산고의 53%를 조선에서 생산하게 되었다. 그런데 조선에 있어서 본년도 생산고는 미증유 기록적 수량으로 이 중에서도 생산량의 90%가 전라남도 1道에서 생산되었다.' 「半島海苔萬歲」, 『在滿朝鮮人通信』11, 1936. 9. 이밖에 통신에서는 일본의 발전을 소개하는 기사도 게재하고 있었는데 「躍進日本의 國勢 : 堤防을 넘는 日

2. 중·소에 대한 배타주의와 대일협력의 강조

1937년 7월 중일전쟁이 발발하자 통신에서는 장개석의 중국국민당 정부와 중국내의 항일세력과 함께 소련에 대한 비난 기사를 게재하였으며, 전쟁참여를 독려하거나 抗戰意志를 고취하는 다양한 기사를 게재하고 있었다.

<표 4> 중국관련 중요 기사 목록

필자 및 구분	기사제목	권호
	中國內亂勃發 中央과西南抗爭	6호, 1936.6
	廣東의 陳濟棠氏藍衣社員彈壓	6호, 1936.6
	中國의 稅關船이 日本船에 不法射擊	7호, 1936.7
	豊台中國兵暴行 惡化하는 排日熱	7호, 1936.7
	上海空氣益惡化 日本商人을 狙擊	7호, 1936.7
	藍衣社의 醜毒한內容, 一靑年 藍衣社員의 苦悶發表	9호, 1936.8
	上海一帶는 險惡排日去益惡化	13호, 1936.10
	中華民國에 國難來, 蔣介石氏를 張學良이 監禁	18호 1936.12
	東西南北, 蔣氏가 張學良 殺害	24호 1937.3
	北支事變의 惡化는 南京側의 抗日計畫	32호 1937.7
	自繩自縛한 蔣介石 : 北支事變은 抗日政策의 誤算	34－35호, 1937.9
	蔣介石政權의 墓穴排日敎育은 四億大衆을 塗炭에	33호, 1937.6
	抗日의 惡鬼二十九軍의 內容과 宋哲元	33호, 1937.6
	東洋平和의 攪亂者支那軍의 對日暴擧 半年未及에 七十餘件	33호, 1937.6

本商品의 洪水時代」, 『在滿朝鮮人通信』4, 1936. 5, 16. 「躍進日本의 國勢 : 驚異的新興工業의 發展」, 『在滿朝鮮人通信』4, 1936. 5, 16. 小林一三 [東京電燈社長], 「幸福한 日本國內의 生活」, 『在滿朝鮮人通信』7, 1936. 7, 1. 「日本外科醫術의 聲價」, 『在滿朝鮮人通信』8, 1936. 7. 金泰德, 「偉大な日本國民性」, 『在滿朝鮮人通信』15, 1936. 11. 表文化, 「日本民族發展의 內在的 原因」, 『在滿朝鮮人通信』19, 1937. 1. 「經濟上日本의 國際的地位」, 『在滿朝鮮人通信』20, 1937. 1. 등이 있다.

	支那機潰滅百九十四台	36호, 1937.9
	無敵皇軍士氣旺盛 : 支那全軍戰意喪失	36호, 1937.9
羅景錫 [奉天支那事變國民大會朝鮮人代表]	殲滅! 容共支那軍閥 救濟!支那四億良民	36호, 1937.9
	支那軍動搖, 上海戰線連日敗退로	36호, 1937.9
	南京空襲前後十八回	37호, 1837.10
	支那의 運命, 抗日口號로 統一된 支那, 抗日實行으로 滅亡될 支那	37호, 1837.10
	作日에 討共, 今日에 容共, 無定見한 支那의 革命思想	38호, 1837.10
	亞細亞의 吸血鬼 支那共産軍의 正體	38호, 1837.10
	南京政府完全赤化, 赤色테로 白晝에公公然流行	37호, 1837.10
特輯	支那事變의進展一覽, 事變前 二十九軍의 不法事件 등 8편	43호, 1938.1
	沒落한 支那의 地方軍閥	57－58호, 1938.8
	犬猿相助格의 國共合作	59호, 1938.10
	漢口沒落後의 蔣政權	59호, 1938.10
	敗戰支那의 共産黨去就, 虛張之勢로 奧地赤化에 專心	61호, 1938.12
	敗戰支那의 苦憫相, 武漢陷落을 압둔支那의 動搖去益甚大	60호, 1938.11
特輯	事變下의 昭和十三年回顧, 徐州攻略後蔣의 抗日戰惡質化 등 8편(總篇)	62호, 1939.1
휴 바이아스[米國人]	支那는 日本의 敵이 아니다	67호, 1939.6

<표 4>에서 보면 중일전쟁이 발발하자 통신은 전쟁의 모든 책임은 남경정부의 항구적인 排日教育政策과 抗日人民戰線의 迎合 등에 원인이 있다고 하였다. 또한 육·해·공군을 전시체제로 편성한 蔣介石이 一戰不辭의 태도를 나타냄으로 帝國政府도 萬不得 실력을 발동하여 중국의 長久한 反滿抗日的 誤認을 是正하기로 했다고 주장하였다.

뿐만 아니라 같은 기사에서 통신은 關東州에는 '防空令'이, 봉천에는 '警戒管制布告'가 선포되어 전쟁에 대한 불안감은 없으나 극악무도한

중국군이 중국관내에 거주하는 10만 명의 조선동포 身上에 가할 일들이 염려된다고도 하였다.[54] 그리고 '黃河 以北, 上海一帶 席捲한 皇軍'·'破竹之勢의 皇軍, 朗北支再建, 全支制空權確保'·'無敵皇軍士氣旺盛, 支那全軍戰意喪失'[55] 등의 보도기사를 통해 일본군의 승전 소식을 대대적으로 선전하였다.

통신에서는 지난 3개월간 일본 해군에 의해 격파된 중국의 비행기는 320여 대이며, 함정은 18척, 비행장 18, 병기창 10개라고 하였다. 이들 중에는 항속거리 4,000Km가 되는 것도 있어 東京이나 大阪이 공습을 받을 수도 있었으나 일본을 향해 한 번도 진격해 오지 못한 것은 오히려 이상한 일이며, 제공권을 빨리 확보해 준 我軍에게 감사할 따름이라고 하였다.[56]

장개석에 대해서는 '西安逢變'에 대한 보복으로 張學良을 살해했을지도 모른다는 추측성 보도를 하면서 중국정부의 國政이 活劇的으로 전개되고 있다고 하였다.[57] 그리고 우리 나라에서는 신라 말엽에 太子의 반대에도 불구하고 草木一支라도 害함을 입지 않게 하기 위해 국토를 高麗에 제공했던 聖主가 있었는데 지금 중국에서 소위 志士群이 천박한 愛國論을 들고 나오는 것은 무고한 民을 도살장으로 끌고 들어가는 편협한 소견이라고 하였다.[58]

---

54)「日支全面的衝突?, 皇軍의實力發動」,『在滿朝鮮人通信』32, 1937. 7.

55)「黃河以北上海一帶席捲한 皇軍」,『在滿朝鮮人通信』39, 1937. 11.「破竹之勢의 皇軍,明朗北支再建, 全支制空權確保」,『在滿朝鮮人通信』34－35, 1937. 9.「無敵皇軍士氣旺盛 : 支那全軍戰意喪失」,『在滿朝鮮人通信』36, 1937. 9.

56)「支那事變의 世界的意義」,『在滿朝鮮人通信』43, 1938. 1.

57)「蔣氏가 張學良 殺害?」,『在滿朝鮮人通信』24, 1937. 3.

58) 金永三,「片感錄」,『在滿朝鮮人通信』43, 1938. 1.

소련에 대해서도 '防共主義'에 입각한 논설을 다수 게재하여 비난하고 있었다. 러·일전쟁에 대해서는 모든 유색인종의 운명을 獨擔하여 백인의 횡포에 一擊을 가한 중대한 사건이며, 유색인종의 해방을 대륙에서 실행할 수 있게 하는 계기가 되었다고 하였다.[59] 또한 현재 73권이 남아있는 통신 가운데 소련과 관련된 기사의 건 수가 약 115건에 이르고 있으며, 기사의 제목도 '崩壞途上에 잇는蘇聯邦'·'神人이 共怒할 蘇聯의 暴政'·'第三共産黨의 罪惡史'·'殲滅共産主義紙上大會'·'紙上滅蘇大會'·蘇聯政治의 暗黑面·傳統的인 赤露의 東洋侵略·蘇聯은 스탈린의 私有國家·生地獄化 한 極東蘇 등 악의적 기사가 주류를 이루고 있었다.[60]

이러한 反蘇的 경향은 1937년 8월 3일 봉천에서 개최된 支那事變 國民大會에 조선인 대표로 참석했던 羅景錫의 연설에서도 확인되고 있다. 그는 공산당은 道義를 파괴하고 질서를 紊亂케 하여 평화를 攪亂하는 인류의 公敵이다. 이에 만주국 국민인 우리는 銃後에서 모든 희생과 봉사를 바쳐서 皇軍 및 國軍을 지원하여 동양평화의 화근을 제거해 한다고 주장하였다.[61]

---

59) 「卷頭辭－新日本의 表情」, 『在滿朝鮮人通信』33, 1937. 8.

60) 「崩壞途上에 잇는蘇聯邦」, 『在滿朝鮮人通信』16, 1936. 11.·「神人이 共怒할 蘇聯의 暴政」, 『在滿朝鮮人通信』10, 1936. 8. 「第三共産黨의 罪惡史」, 『在滿朝鮮人通信』18, 1936. 12. 「殲滅共産主義紙上大會」, 『在滿朝鮮人通信』19, 1937. 1. 「紙上滅蘇大會」, 『在滿朝鮮人通信』70, 1939. 9. 「蘇聯政治의 暗黑面」, 『在滿朝鮮人通信』30－31, 1937. 7. 「傳統的인 赤露의 東洋侵略」, 『在滿朝鮮人通信』57－58, 1938. 8. 「蘇聯은 스탈린의 私有國家」, 『在滿朝鮮人通信』32, 1937. 7. 「生地獄化 한 極東蘇」, 『在滿朝鮮人通信』32, 1937. 7

61) 羅景錫 演說 奉天支那事變國民大會朝鮮人代表, 殲滅!「容共支那軍閥 救濟!支那四億良民」, 『在滿朝鮮人通信』36호, 1937. 9.17, 18~20쪽.

통신에서는 재만 한인들의 전쟁참여를 독려하는 기사도 다수 게재하고 있었다. 1938년 2월 '육군특별지원병령'이 공포되자 '新興亞細亞人의 感激·황국신민의 榮譽와 威光'이라는 제목 하에 경성육군지원병훈련소에 입소하는 지원병에 대한 사진과 함께 훈련소 생활를 홍보하는 기사를 게재하기도 하였다. 이 기사에서는 6월 15일에 입소한 훈련병은 2,900여명의 지원자 가운데 엄선된 202명의 청년들이며, 이는 '半島青年의 愛國熱'의 표현이라고 강조하였다.62)

'間島特設隊'63)와 관련해서는 제2관구사령관 吉興과 주임고문 花立芳夫 및 간도성장 이범익의 명의로 발표된 '募兵布告文'을 게재하였다. 그리고 응모병의 자격에 대해서는 18세 이상 30세 미만의 間島省 내에 거주하는 조선인청년으로 제한하였으며, 모집인원은 228명이었고 소학교를 졸업하고 일본어를 이해할 수 있을 정도의 학력을 요구하고 있었던 것으로 나타나고 있다. 그리고 이들은 황제 폐하를 奉載하고 保國衛民의 大任을 지니는 인물이며 약 10가지 정도의 특전이 부여되었다고 강조하였다.64)

---

62) 「志願兵의 初日, 新興亞細亞人의 感激」, 『在滿朝鮮人通信』57－58호, 1938, 8. 2~4쪽. 이 기사에서는 지원병에 대한 4장의 사진이 함께 게재되어 있는데 이중 '군대식 영양식을 배불리 먹고나니 바우라도 차면 부수워질 것 같고 나무라도 잡아당기면 뽑혀질 것 같은 英氣가 五體에 솟아 오른다'고 하는 사진설명이 들어 있다.

63) 독립기념관, 『한국독립운동사사전』, 3, 2004. 40쪽.

64) 「幕兵佈告全文」, 『在滿朝鮮人通信』60호, 1938. 11, 15~16쪽. 복무자의 특전은 다음과 같다. 1. 최초 이등병을 命하고 봉급은 月額 7圓으로 給합. 2. 식비 및 피복은 전부 官給으로 함. 3. 兵中 성적이 우수한 자는 半年으로 일등병으로 1년으로 上等兵으로 진급시킴. 4. 능력과 희망에 의하여 逐次 軍士 軍官에 임명함. 5. 5년 이상 복무자는 희망에 의하여 屯墾兵으로 될 수가 있음 둔간병은 농경에 의하여 自立할 수 있음에 이르렀을 때 除隊시킴. 6. 복역을 종료하고 제대한 자에게는 귀향여비를 給하는 외에 退職賜金으로서 복무연한 수에 제대당시에 있어서의 봉급액수를 乘

한편 간도특설대의 추진이 본격화되자 이범익은 이를 적극적으로 지지하는 다음과 같은 내용의 논설을 게재하였다.

> 이번 我 간도성내 조선인 壯丁者를 모병하여 만주국군으로서의 특설대를 편성하게 된 것은 실로 획기적이고 또한 가장 時宜에 적합한 시설로서 참으로 歡喜不堪한 바이다. … 지원병제도가 본년도부터 실시되어 일본국내에 있어서 忠良한 군인으로서 활약하게 되어 감격리에 그 임무를 수행하고 있는 이때 일본제국과 일체 불가분의 관계에 의하여 일본군과 공동방위의 重任을 담당하는 我 만주국군에 지원병제도에 준하는 今回의 특설부대의 설치를 본 것은 전혀 兩國의 軌를 한가지로 한 施設로서 감격과 환희를 금할 수 없는 바이다.65)

이범익은 간도특설대의 설치에 대해 국내에서 육군지원병제도가 실시됨에 따라 이와 궤를 같이하는 정책적 차원에서 만주국에서 지원병제도에 준하는 제도로의 일환으로 설치되었음을 밝히고 있다. 뿐만 아니라 그는 애국의 피가 끓는 조선인 청년들은 이 壯擧에 自進應募하여 국민의 榮譽있는 임무를 다해주기를 바란다고 하였다.

이밖에 통신에서는 조선인 지원병제도의 실시와 관련해서는 조선인들이 정신적으로, 被動에서 能動으로 국민의 의무를 수행하여 진정한

한 額을 給함. 7. 복역 중 전사 또는 공무에 의하여 死傷한 경우에는 국가로부터 恤金을 給함.(일등병으로서 전사하게 되는 경우에는 약 500원을 給함과 如함). 8. 공무에 기인하는 傷疾 때문에 發疾 또는 불구로 된 자는 恤病院에 수용하여 특종 치료보호 및 불구자에 대한 직업교육을 실시함. 9. 가정곤란한 자에 대해서는 복무 중 그 가족에 대하여 구호의 방법을 講함. 10. 특이의 武功을 나타내는 자에게는 영예의 무공훈장을 부여하는 외에 상금을 給 함.

65) 李範益, 「最高의榮譽 · 歡喜不堪」, 『在滿朝鮮人通信』60호, 1938. 11, 17쪽.

의미의 內鮮一體가 이루어지는 계기를 만들었다고 하였다.[66] 그리고 제2차 지원병이 600명 모집에 12,000이 지원하자 조선인의 애국심이 어떠한 가를 잘 반영하는 것이며, 실로 기뻐하지 않을 수 없는 현상이라고 주장하였다.[67]

1937년 6월 間島協助會 회원이며, 東邊道特別工作員이었던 吳文煥이 교전 중 전사하자 그의 희생이야 말로 만주국건국의 최고 이상인 '道義的 戰死'라고 하면서 그의 죽음에 대해 아는 사람이 적은 것을 개탄한다고 하였다.[68] 또한 1939년 4월 봉천출신 통역병 李完圭가 山西省 汾水縣에서 전사하자 '21세 나이의 忠勇志士 護國의 靈이 되어 凱旋' 했다는 보도하기도 하였다.[69] 1938년 7월 29일에 발생한 '張高峰事件'에 대해서는 이번 전투를 통해 일본은 蘇滿國境 지대에서 소련의 극동군을 一蹴할 만한 정예병을 갖고 있다는 것을 알게 되었으며, 소련의 赤軍이 두만강을 건너려고 할 때 조선의 청년들은 槍劍을 들고 이를 격퇴할 勇氣와 用意를 가져야 할 것이라고 주장하기도 하였다.[70]

---

66) 「朝鮮人과 志願兵」, 『在滿朝鮮人通信』62호, 1939. 1.

67) 「世紀의興奮, 新日本의 喊聲」, 『在滿朝鮮人通信』64호, 1939. 3. 42쪽.

68) 「우리의 無名勇士 吳文奎君 戰死」, 『在滿朝鮮人通信』32호, 1937. 7.

69) 「奉天出身의 李圭完君 興亞戰線에榮譽의 戰死」, 『在滿朝鮮人通信』67호, 1939. 6.

70) 「張高峯事件은 우리에게 무엇을 啓示하엿나」, 『在滿朝鮮人通信』59호, 1938. 10.1, 21쪽. 또한 한인들의 전쟁분위기를 고취하는 기사로는 「朝鮮婦人의愛國熱」, 『在滿朝鮮人通信』34−35호, 1937. 9. 「朝鮮의愛國獻金」, 64호, 1939. 3 등이 있었다.

Ⅳ. 맺음말

지금까지 본고에서는 1930년대 후반 봉천지역의 친일단체 홍아협회의 조직구성과 활동 내용 및 기관지 통신에 나타난 논설의 경향에 대해 살펴보았으며, 이를 정리해 보면 다음과 같다.

홍아협회는 1936년 3월 봉천지역 관동군 특무조직에 의해서 조직된 관주도의 친일조직이었다. 봉천육군특무기관장을 회장으로 하여 부회장에는 봉천지역 총영사, 이사장에는 봉천헌병대장이 선임되었으며, 이하 봉천지역 일제의 중요기관에 소속되었던 인물들이 이사로 포진했던 것에서도 그 성격의 일면을 알 수 있다고 하겠다.

활동내용으로는 기관지 『재만조선인통신』을 발행하여 한인들의 사상선도와 지위향상 및 생활개선과 타민족과의 협화 등에 노력하도록 한다고 선전하였으나 실제로는 만주국 건국 이후 한인사회의 동요를 막고 소련을 중심으로 한 사회주의사상의 침투를 사상적으로 차단하고자 했던 것으로 보인다.

이러한 취지하에 봉천지역 친일세력을 대상으로 시국간담회를 개최하거나 국방헌금을 모집하였으며, 친일 사립학교인 東光學院의 설립에 깊이 개입하면서 한인사회의 '協和' 혹은 '內鮮一體'의 강화를 위해 노력하였다. 친일 교육기관의 설립과 관련한 홍아협회의 적극적인 노력은 봉천지역 친일세력의 단합에 기여하는 측면이 있었으며, 친일을 조장하는 좋은 선전자료가 되었을 것으로 보인다.

홍아협회 관계자나 통신에 논설을 게재했던 인물로는 홍아협회의 사무장 서범석을 비롯하여, 김동한, 박영철, 박석윤, 최린, 나경석, 최남선, 윤치호 등의 글이 있는데 이들의 활동이나 논설의 내용 등에 대해서는 보다 폭넓은 분석이 필요할 것으로 보인다.

홍아협회의 지회로는 산동홍아협회가 있었다. 산동홍아협회는 봉천 홍아협회의 설립을 주도했던 谷萩가 산동특무기관의 기관장으로 자리를 옮겨오면서 설립되었으며, 봉천지역 홍아협회와 유사한 활동을 했을 것으로 추정된다. 이후 자료가 보강된다면 홍아협회나 이와 유사한 조직이 만주나 중국의 다른 지역에서도 조직되었을 가능성이 있을 것으로 생각된다. 산동홍아협회는 산동지역에서 발생한 중국당국의 한인들에 대한 탄압에 대해 구체적인 실태조사를 했던 것으로 보이는데 그 내용을 통해서 보면 당시 중국인들은 일제의 중국침략이 강화 될수록 한인들에 대한 탄압의 강도를 높여갔던 것으로 보인다.

통신에 게재되었던 논설의 경향에 대해서 살펴보면, 통신은 다양한 친일기사의 게재를 통해 한인들의 사상통제에 기여하고자 했던 것으로 보인다. 본고에서는 윤치호의 논설이나 만주국 명예총영사 박영철의 논설 및 베를린 올림픽과 관련된 손기정의 기사나 일장기말소사건과 관련된 기사 등을 살펴보았는데 이들은 모두 재만 한인들의 친일의식을 강화하고자 했던 내용이었으며, 이후 보다 많은 논설이나 기사에 대한 체계적인 분석이 필요할 것으로 보인다.

통신에는 중국과 소련에 대해 배타적인 내용의 기사는 물론, 국내와 한인사회의 발전과 전쟁 참여를 독려하는 다양한 내용의 기사를 게재하고 있었는데 이러한 것들은 모두 홍아협회의 성격을 단적으로 말해주는 것이라고 하겠다.

참고문헌

자료

『대한매일신보』, 『독립신문』, 『동아일보』, 『조선일보』, 「중외일보』, 『중앙일보』, 『조선중앙일보』, 『매일신보』, 『신한민보』, 『青年』, 『新民公論』, 『開闢』, 『朝鮮之光』, 『東光』, 『太平洋勞動者』, 『新段階』, 『新東亞』, 『中央』, 『農民』, 『在滿朝鮮人通信』, 『朝鮮總督府官報』, 『光復』

김경천, 김병학 정리, 『擎天兒日錄』, 학고방, 2012.

慶尙北道警察局, 『高等警察要事』, 1927.

高等法院檢事局思想部, 『思想月報』 3권 1호, 1931.

국가보훈처, 『大韓民國 獨立有功者 功勳錄』第5卷, 1988.

국사편찬위원회, 『한민족독립운동사(독립전쟁)』4, 1988.

______________, 『韓民族獨立運動史資料集』 43, 2000.

______________, 『韓民族獨立運動史資料集』 43, 2000.

金俊燁·金昌順, 『韓國共産主義運動史』 4, 1986.

金學奎, 「三十年來韓國革命運動在中國東北」, 『光復』1－4, 1941.

독립운동사편찬위원회 편, 『독립운동사자료집』 10, 1970.

독립운동사편찬위원회 편, 『독립운동사』 5, 1973.

독립유공자사업기금운영위원회, 『독립운동사』5권(독립군전투사 상), 1983.

滿洲國軍政部顧問部 篇,『滿洲共産匪の硏究』, 1936.
滿洲國民政府資料科編,『滿洲國民政年報』, 1933.
滿洲國史編纂刊行會 編,『滿洲國史』(總論), 滿蒙同胞援護會, 1970.
梶村秀樹 姜德相 編,『現代史資料』29, みすず書房, 1972.
밀산조선족사편찬위원회,『밀산조선족 100년사』, 흑룡강조선민족출판사, 2007.
細井肇,『鮮滿の經營』, 自由討究社, 1921.
申　肅,『剛齊 申肅의 生涯와 獨立鬪爭 －나의 일생』, 국학자료원, 1963.
牛丸潤亮,『最近間島事情』, 朝鮮及朝鮮人社, 1928.
柳光烈,『間島小史』, 朝鮮基督敎文彰社, 1936.
李康勳,『抗日獨立運動史』, 正音社, 1984.
이극로,『苦鬪四十年』, 을유문화사, 1947.
이범석,『우둥불』, 삼육출판사, 1978.
_____,『철기 이범석 자전』, 외길사, 1991.
李相龍,『石洲遺稿』, 고려대출판부, 1973.
이은숙,『가슴에 품은 뜻 하늘에 사무쳐』, 인물연구소, 1981.
李錫台,『社會科學大辭典』, 文友印書館, 1948.
李元赫,「一松 金東三先生 略傳」,『獨立血史』2, 1949.
趙擎韓,『白岡回顧錄』, 종교단체협의회, 1985.
朝鮮總督府 警務局,『最近朝鮮の治安狀況』, 1938.
朝鮮總督府 高等法院檢事局 思想部,『思想彙報』高麗書林, 1987.
朝鮮總督府,『要視察人名簿』, 1925.
朝鮮總督府警務局 圖書館,『諺文新聞差押記事輯錄』, 1932.
池憲模,『靑天將軍의 革命鬪爭史』, 삼성출판사, 1949.
蔡根植,『武裝獨立運動秘史』, 大韓民國公報處, 1949.
崔衡宇,『海外朝鮮革命運動小史』, 東方文化社, 1945.
허　은,『아직도 내귀엔 서간도 바람소리가』, 정우사, 1995.
黃玹,『梅泉野錄』, 국사편찬위원회, 1955.

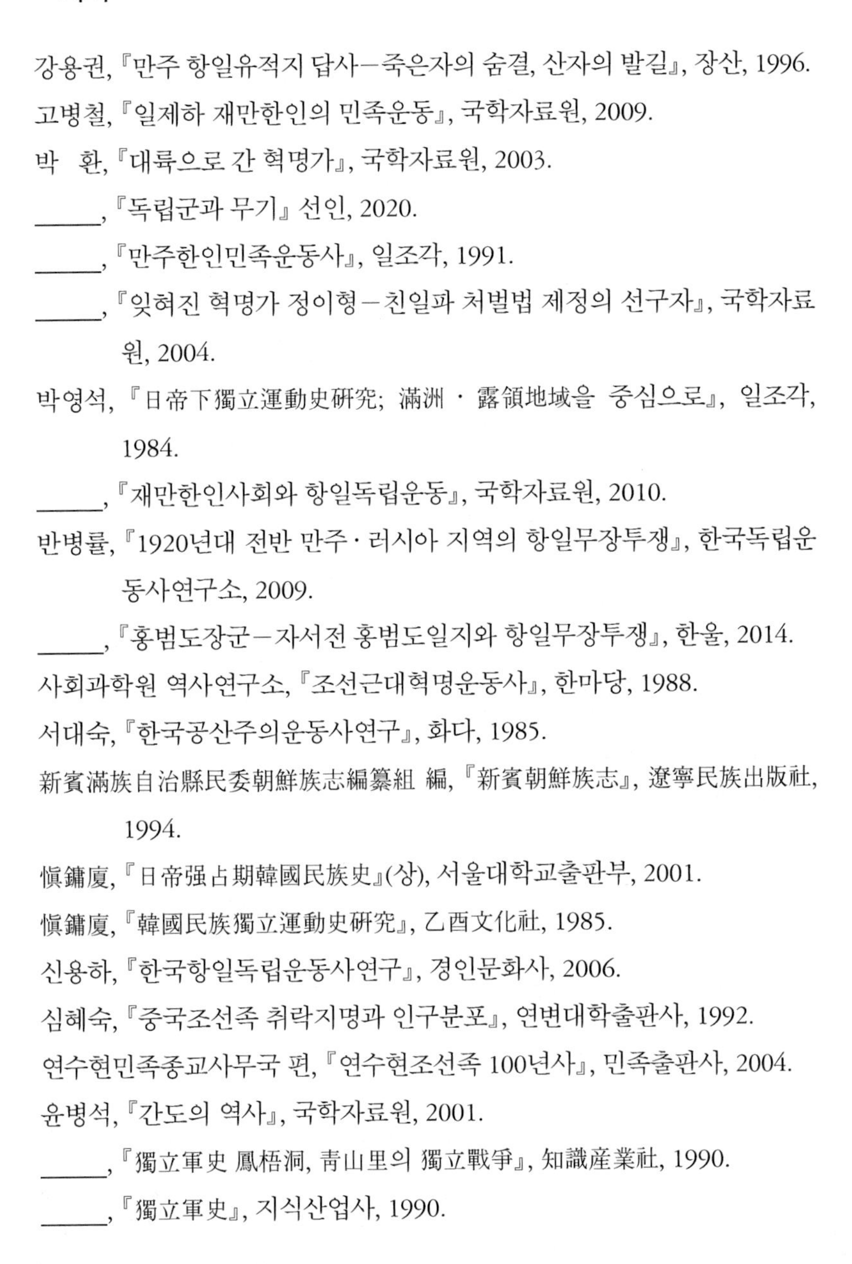

저서

강용권, 『만주 항일유적지 답사—죽은자의 숨결, 산자의 발길』, 장산, 1996.
고병철, 『일제하 재만한인의 민족운동』, 국학자료원, 2009.
박 환, 『대륙으로 간 혁명가』, 국학자료원, 2003.
_____, 『독립군과 무기』 선인, 2020.
_____, 『만주한인민족운동사』, 일조각, 1991.
_____, 『잊혀진 혁명가 정이형—친일파 처벌법 제정의 선구자』, 국학자료원, 2004.
박영석, 『日帝下獨立運動史硏究; 滿洲·露領地域을 중심으로』, 일조각, 1984.
_____, 『재만한인사회와 항일독립운동』, 국학자료원, 2010.
반병률, 『1920년대 전반 만주·러시아 지역의 항일무장투쟁』, 한국독립운동사연구소, 2009.
_____, 『홍범도장군—자서전 홍범도일지와 항일무장투쟁』, 한울, 2014.
사회과학원 역사연구소, 『조선근대혁명운동사』, 한마당, 1988.
서대숙, 『한국공산주의운동사연구』, 화다, 1985.
新賓滿族自治縣民委朝鮮族志編纂組 編, 『新賓朝鮮族志』, 遼寧民族出版社, 1994.
愼鏞廈, 『日帝强占期韓國民族史』(상), 서울대학교출판부, 2001.
愼鏞廈, 『韓國民族獨立運動史硏究』, 乙酉文化社, 1985.
신용하, 『한국항일독립운동사연구』, 경인문화사, 2006.
심혜숙, 『중국조선족 취락지명과 인구분포』, 연변대학출판사, 1992.
연수현민족종교사무국 편, 『연수현조선족 100년사』, 민족출판사, 2004.
윤병석, 『간도의 역사』, 국학자료원, 2001.
_____, 『獨立軍史 鳳梧洞, 靑山里의 獨立戰爭』, 知識産業社, 1990.
_____, 『獨立軍史』, 지식산업사, 1990.

_____, 『해외동포의 원류—한인 고려인 조선족의 민족운동—』, 집문당, 2005.
이이화 『빼앗긴 들에도 봄은 오리니』 김영사, 2008.
이인석 외, 『고등학교 한국사』, 삼화출판사, 2011.
이현주, 『한국광복군총사령 지청천』, 역사공간, 2010.
장세윤, 『중국동북지역 민족운동과 한국현대사』 명지사, 2005.
_____, 『홍범도의 독립전쟁—봉오동 청산리전투의 영웅』, 독립기념관 한국독립운동사연구소, 역사공간, 2007.
曹文奇, 『鴨綠江邊抗日名將 梁世奉』, 遼寧人民出版社, 1990.
조선일보사보편찬위원회, 『朝鮮日報50年史』, 1970.
조선족약사편찬조, 『조선족약사』, 연변인민출판사, 1986.
주성화, 『중국조선인이주사』, 한국학술정보원, 2007.
주진오 외, 『고등학교 한국사』, 천재교육, 2011.
중국조선민족발자취 총서 3, 『봉화』, 民族出版社, 1989.
지복영, 『역사의 수레를 끌고 밀며』 문학과지성사, 1995.
한철호 외, 『고등학교 한국사』, 미래엔 컬처그룹, 2011.
許東粲, 『金日成 評傳』, 북한연구소, 1987.
玄圭煥, 『韓國流移民史』 上, 語文閣, 1967.
황민호 · 홍선표, 『3 · 1운동직후 무장투쟁과 외교활동』, 한국독립운동사편찬위원회, 2008.
황민호, 『일제하 만주지역 한인사회의 동향과 민족운동』, 신서원, 2005.
_____, 『在滿韓人社會와 民族運動』, 국학자료원, 1997.
황용국 외, 『조선족혁명투쟁사』, 요녕인민출판사, 1988.

논문

堀內稔,「韓族總聯合會について」,『朝鮮民族運動史』9, 1993.

權　立,「近代 水田의 開發과 우리민족」, 윤병석 외,『獨立運動史의 諸問題』, 범우사, 1992.

金森襄作,「만주에 있어서 조선 중국공산당의 합동과 간도 5·30봉기에 대하여」,『1930년대 만족해방운동사』, 거름, 1984.

길태숙,「재만조선인 항일투쟁 노래의 과거와 현재적 의미」,『동방학지』 144, 연세대학교 국학연구원, 2008.

김광운,「항일무장투쟁과 조국광복회」,『쟁점과 과제 민족해방운동사』, 역사비평사, 1990.

김도형,『식민지시기 재만조선인의 삶과 기억 구술자료집』Ⅰ－Ⅳ, 선인, 2009.

김동화 외,『연변당사 인물과 사건』, 연변인민출판사, 1988.

金森襄作,「1930年の間島蜂起について」,『朝鮮民族運動史研究』3, 青丘文庫, 1986.

김성보,「중국 동북지역 초기 민족해방운동」,『쟁점과 과제 민족해방운동사』, 역사비평사, 1990.

김성호,「중국연변대학의 조선족연구단체 및 학자들」,『쟁점한국근현대사』2, 한국근대사연구소, 1993.

김수자,「대동청년단의 조직과 활동(1947－1948)」,『역사와 현실』31, 1999.

김승태,「일제 말기 만주지역 한인기독교인들의 신사참배 거부항쟁」,『한국민족운동연구』50, 한국민족운동사학회, 2007.

김연옥,「일본군의 '간도출병' 전략과 실태」,『일본역사연구』 50, 일본사학회, 2019.

김용달,「青山里大捷에 대한 임시정부의 대응」『한국근현대사연구』15, 한국근현대사학회, 2000.

김재홍, 『북간도에 세운 이상향 명동』, 국립민속박물관, 2008.
김정인, 「1920년대 중후반 천도교세력의 민족통일전선운동」, 『한국사학보』11, 고려사학회, 2001.
김주용, 「동천 신팔균의 독립운동연구」, 『한국민족운동사연구』 60집, 2009.
_____, 「만주 '河東安全農村'의 설치와 운영」, 『白山學報』84, 백산학회, 2009.
_____, 「만주 지역 한인 '安全農村' 연구 : 營口, 三源浦 지역을 중심으로」, 『한국근현대사연구』38, 한국근현대사학회, 2006.
_____, 「만주 지역 한인 '安全農村' 연구 : 營口, 三源浦 지역을 중심으로」, 『한국근현대사연구』38, 한국근현대사학회, 2006.
_____, 「만주지역 간도특설대의 설립과 활동」, 『韓日關係史研究』Vol.31, 한일관계사학회, 2008.
_____, 「중국 長白地域 독립운동단체의 활동과 성격－大韓獨立軍備團과 光正團의 활동을 중심으로」, 『史學研究』 제92호, 한국사학회, 2008.
_____, 『일제의 간도 경제침략과 한인사회』, 선인, 2008.
김준엽·김창순, 『韓國共産主義運動史』(資料集 II), 1976.
김춘선·안화춘·허영길, 『최진동장군』, 흑룡강조선민족출판사, 2006.
김춘선, 「墾民會研究」, 『韓國民族運動史研究』, 于松趙東杰先生停年紀念論叢刊行委員會, 1997.
_____, 「庚申慘變 연구 －한인사회와 관련지어－」, 『한국사연구』 111, 한국사연구회, 2000.
_____, 「발로 쓴 청산리전쟁의 역사적 진실」, 『역사비평』 통권 52호, 역사비평사, 2000.
_____, 「조선인의 동북이주와 중·조(한) 국경문제 연구동향－중국학계의 연구성과를 중심으로」, 『한중관계사연구의 성과와 과제』, 국사편

찬위원회, 2004.
김태국, 「남만지역 조선인회의 설립과 변천」, 『한국근현대사연구』 17, 2001.
_____, 「북간도지역 조선인거류민회(1917~1929)의 설립과 조직」, 『역사문제연구』제4호, 역사문제연구소, 2000.
_____, 「청산리전쟁 전후 북간도지역 일본영사관의 동향과 그 성격」, 『韓國史研究』 제111호, 한국사연구회, 2000.
김학규, 「백파자서전」, 독립기념관 독립운동사연구소, 『한국독립운동사연구』2, 1982.
김희곤, 『만주벌 호랑이 김동삼』, 지식산업사, 2009.
김희태, 「무장 항일독립운동사에 대한 延邊史學界의 시각」, 『한국독립운동사연구』5, 한국독립운동사연구소, 1991.
노경채, 「일본 육사 출신 광복군 총사령 지청천」, 『내일을 여는 역사』1, 2000.
도면회 외, 『고등학교 한국사』, 비상교육, 2011.
리관인, 「경신년 대토벌과 연변조선족 군중의 반'토벌'투쟁」, 『한국학연구』 4, 인하대학교 한국학연구소, 1992
문백란, 「캐나다 선교사들의 북간도 한인사회 인식－합방후부터 경신참변 대응시기까지를 중심 으로」, 『동방학지』144, 연세대학교 국학연구원, 2008.
문재린·김신묵 지음, 『살아오는 북간도 독립운동과 기독교 운동사 기린갑이와 고만네의 꿈 (문재린·김신묵 회고록)』, 삼인, 2006.
박 환, 「1930년대 조선혁명군의 국내 군자금 모금 활동 －李先龍의거를 중심으로－」, 『한국민족운동사연구』 62집, 2010.
_____, 「만주에서의 항일무장투쟁과 池青天」, 『만주지역 한인민족운동의 재발견』, 국학자료원, 2014.
_____, 「北路軍政署의 成立과 活動」, 『國史館論叢』 第11輯, 1990.

_____, 「잊혀진 만주지역 독립운동가 金昌煥의 민족운동」, 『한국민족운동사연구』73, 2012.
_____, 「在滿韓國獨立黨硏究」『在滿韓人民族運動史硏究』, 一潮閣, 1991.
_____, 「참의부 특파원 이수흥의 의열투쟁과 군자금 모집: 제2의 안중근을 꿈꾸며」, 『한국민족운동사연구』 65, 2010.
박걸순, 「北間島 墾民會 선행조직의 추이와 성격」, 『한국근현대사연구』제51집, 한국근현대사학회, 2009.
박금해, 「20세기 초 間島 朝鮮人 民族敎育운동의 전개와 중국의 對朝鮮人 교육정책」, 『한국근현대사연구』제48집, 한국근현대사학회, 2009.
박영석, 「晩悟 洪震硏究」, 국사편찬위원회, 『國史館論叢』18, 1990.
_____, 「白山 李靑天將軍」, 『在滿韓人獨立運動史硏究』, 일조각, 1988.
_____, 「白冶 金佐鎭將軍硏究」, 『국사관논총』 51, 국사편찬위원회, 1994.
_____, 「해외 한인 독립운동사연구에 대한 회고와 전망」, 『한민족독립운동사』12, 국사편찬위원회, 1993.
박주신, 「間島 韓國人의 民族敎育에 關한 硏究」, 인하대학교 박사논문, 1999.
박창욱, 「간도대폭동 봉기와 조선족공산주의자들」, 『間島史新論』下, 우리들의 편지사, 1993.
_____, 「김좌진장군의 신화를 깬다」, 『역사비평』 계간, 24호, 역사비평사, 1994.
_____, 「봉오동전투와 청산리전투 연구」, 『한국사연구』111, 한국사연구회, 2000.
_____, 「朝鮮革命軍과 遼寧民衆抗日自衛軍과의 聯合作戰」, 『韓民族獨立運動史論叢』, 朴永錫敎授華甲紀念論叢, 1992.
_____, 「훈춘사건과 '장강호'마적단」, 『역사비평』 여름호(통권 51호), 역사비평사, 2000.
서민교, 「만주사변기 조선주둔 일본군의 역할과 활동」, 『한국민족운동사연구』 32, 한국민족운동사학회, 2002.
손춘일, 「청산리전역 직전 반일무장단체의 근거지 이동에 대하여」, 『한국민족운동사연구』26. 한국민족운동사학회, 2000.
송우혜, 「대한독립선언서(세칭 「무오독립선언서」)의 실체」, 『역사비평』 18, 역사비평사, 1988.
_____, 「쟁점 최근 홍범도연구, 오류 허점 많다」, 『역사비평』 1988.12.
신용하, 「大韓(北路)軍政署 獨立軍의 硏究」, 『한국독립운동사연구』제2집, 1988.
_____, 「獨立軍의 靑山里獨立戰爭의 戰鬪들의 구성」, 『史學硏究』38, 한국사학회, 1984.
_____, 「獨立軍의 靑山里戰鬪」, 『군사』8, 국방부 군사편찬연구소, 1984.
_____, 『의병과 독립군의 무장독립운동』, 지식산업사, 2003.
신재홍, 「한중연합군의 항일전과 독립군의 수난」『한민족독립운동사』 4, 1988.
신주백, 「1920년대 중후반 재만한인 민족운동에서의 '自治'問題 檢討」, 독립기념관연구소, 『한국독립운동사연구』17, 2001.
_____, 「만주 연해주의 독립운동과 김규식」, 『(학술발표회)노은 김규식과 항일독립운동』, 구리문화원, 2004.
_____, 「무장투쟁사」, 「만주지역 사회주의운동사」, 「연변에서의 역사연구와 자료현황」, 『1920-30년대 중국지역 민족운동사』, 선인, 2005.
_____, 「한 길 속에서 일관되게 상대를 아우르려 한 侖洲 金尙德」, 『한국민족운동사연구』 62집, 2010.
_____, 「한국현대사에서 청산리전투에 관한 기억의 流動-회고록 · 전기와 역사교과서를 중심으로」, 『한국근현대사연구』57, 한국근현대사학회, 2011.
신효승, 「'보고'에서 '석고화한 기억'으로-청산리 전역 보고의 정치학」,

『역사비평』 통권 제124호, 2018.
_____,「청산리 전역시 일본군의 군사체계와 독립군의 대응」,『學林』37, 연세사학연구회, 2016.
_____,「청산리 전역의 전개 배경과 독립군의 작전」,『한국민족운동사연구』86, 한국민족운동사학회. 2016.
유병호,「남만지구 조선족들의 생활상」, 중국조선족발자취총서편집위원회,『중국조선족발자취총서』1, 민족출판사, 1999.
_____,「대련지역 소재 한인민족운동 자료 탐색」,『大连 · 旅顺地区与韩人民族运动家』, 大连韩 · 中国际学术会议, 韩国民族运动史学会 · 大连大学 韩国學研究院, 2007.
유필규,「1930~40년대 연변지역 한인 '集團部落'의 성격」,『白山學報第』81, 白山學會, 2008.
_____,「1930년대 연변지역 한인 '集團部落'의 설치와 통제적 생활상」,『한국독립운동사연구』30, 한국독립운동사연구소. 2008.
윤대원,「서간도 대한광복군사령부와 대한광복군총영에 대한 재검토」,『韓國史硏究』133, 韓國史硏究會, 2006.
윤상원,「러시아 내전 종결과 한인빨지사부대의 해산」,『역사연구』20, 역사학연구소, 2011.
_____,「봉오동전투와 청산리전투에 대한 소련과 러시아의 평가」,『역사문화연구』56, 한국외국어대학교 역사문화연구소, 2015.
윤휘탁,「중국의 檔案자료 소장현황과 수집의 문제점」,『한국민족운동사연구』 60집, 2009.
李命英,「1930年代 在滿韓人의 抗日武裝鬪爭」,『亞細亞學報』11, 1975.
이명화,「북간도 명동학교의 민족주의교육과 항일운동」,『白山學報』第79號, 白山學會, 2007.
이준식,「항일운동사에서 대전자령전투의 위상과 의의」,『한국독립운동과 대전자령전투』, 독립기념관 한국독립운동사연구소, 2013.

이홍석, 「만주지역에서 일제의 '以韓制韓' 통치방식 연구」, 『한국민족운동사연구』 42, 한국민족운동사학회, 2005.
임공순, 「'청산리전투'를 둘러싼 기억과 망각술－'청산리전투'에 대한 이범석의 자기서사와 항(반)일－반공의 회로－」, 『국제어문』76, 국제어문학회, 2018.
임성모, 「滿洲國協和會의 對民支配政策과 그 實態－東邊道治本工作과 관련하여－」, 『東洋史硏究』 42집, 1993.
林永西, 「1910~920년대 間島韓人에 대한 中國의 政策과 民會」, 『韓國學報』 73, 1993.
임종국, 「제1공화국과 친일세력」, 『해방전후사의 인식』2, 한길사, 2006,
장석홍, 「혼춘 북일학교의 건립과 독립운동」, 『한국학논총』31, 국민대한국학연구소, 2009.
장세윤, 「<洪範圖 日誌>를 통해 본 홍범도의 생애와 항일무장투쟁」, 『한국독립운동사연구』 5, 독립기념관 한국독립운동사연구소, 1991.
_____, 「1930년 중국연변 5·30봉기의 성격」, 성균관대학교 사학과 학위논문, 1985.
_____, 「1930년대 초 간도지방에서의 한인 대중봉기」, 한국정치외교학회, 『동북아질서의 형성과 변동』, 1994.
_____, 「만주지역 독립운동에 관한 새로운 자료의 검토 －참의부 관련 중국 당안관 문서 소개－」, 『백범과 민족운동연구』 제6집, 백범학술원, 2008.
_____, 「백강 조경한의 생애와 만주지역 독립운동」, 『南道文化硏』 14, 순천대학교 남도문화연구소, 2008.
_____, 「朝鮮革命軍 硏究－몇가지 爭點에 對한 批判的 檢討－」, 『한국독립운동사연구』 4. 1990.
_____, 「중국 동북지역 민족운동 연구의 성과와 과제」, 『중국동북지역 민족운동과 한국현대사』, 명지사, 2005.

_____, 「韓國獨立軍의 抗日武裝鬪爭研究」, 『한국독립운동사연구』3, 독립기념관 한국독립운동사연구소, 1989.

_____, 『1930년대 만주지역 항일무장투쟁』, 한국독립운동의 역사 51, 독립기념관 독립운동사연구소, 2006.

정원옥, 「在滿 國民府의 抗日獨立運動－國民府·朝鮮革命黨·朝鮮革命軍의 組織과 活動을 中心으로－」, 『亞細亞學報』 第11輯, 아세아학술연구회, 1975.

_____, 「在滿韓人獨立運動團體의 全民族唯一黨運動」, 『白山學報』19, 1975.

정재정 외, 『고등학교 한국사』, 지학사, 2011.

조 건, 「일제의 간도성 '朝鮮人特設部隊' 창설과 재만 조선인 동원(1938~1943)」, 『한국근현대사연구』49, 한국근현대사학회, 2009.

조규태, 「고등학교 한국사 교과서의 3·1운동 서술의 체계와 내용」, 『한국민족운동사연구』 69, 2011.

조동걸, 「青山里戰爭 80주년의 역사적 의의」, 『한국근현대사연구』15, 한국근현대사학회, 2000.

조문기 지음·안병호 옮김, 『조선혁명군 총사령관 양세봉－1930년대 항일무장투쟁사의 큰 봉우리』, 나무와숲 2007.

조성운, 「2009 개정 고등학교 '한국사'의 식민지시기 내용분석」, 『역사와교육』13, 2011.

조준희, 「단애 윤세복의 민족학교 설립 일고찰」, 『서도문화』8, 2010.

조필군, 「青山里戰役의 軍事史學的 再照明」, 『한국독립운동사연구』38, 독립기념관 한국독립운동사연구소, 2011.

車成瑟, 「獐巖洞慘案에 關한 研究」, 『獨立運動史의 諸問題』, 범우사, 1992.

채영국, 「1920년 琿春事件 전후 獨立軍의 動向」, 『한국독립운동사연구』5, 독립기념관 한국독립운동사연구소 1991.

최봉룡, 「1920~30년대 만주지역 한인사회주의운동과 종교－종교에 대한

인식변화를 중심으로-」. 『한국민족운동사연구』 62, 2010.
_____, 「滿洲國의 宗敎政策에 對한 硏究」, 『숭실사학』24, 2010.
_____, 『만주국의 종교정책과 재만 한인 신종교』, 태학사, 2009.
최준채 외, 『고등학교 한국사』, 법문사, 2011.
최홍일, 「재만한인 공산주의자들의 항일무장투쟁에 관한 국내외 언론의 인식」, 『한국민족운동사연구』51, 한국민족운동사학회, 2007.
추헌수, 「조선혁명당과 한국독립당의 활동」 『한민족독립운동사』 4, 국사편찬위원회, 1988.
한국독립유공자협회, 『中國東北지역 韓國獨立運動史』, 집문당, 1997.
한상도, 「在滿 韓國獨立黨과 韓國獨立軍의 中國關內地域 移動」, 『사학연구』55·56, 한국사학회, 1998.
_____, 「중국 관내지역 독립운동세력의 동북지역 독립운동 인식」, 『한국민족운동사연구』57, 한국민족운동사학회, 2008.
한시준, 「지청천과 한국광복군」, 『한국근현대사연구』56, 2011.
한철호, 「明東學校의 변천과 그 성격」, 『한국근현대사연구』제51집, 한국근현대사학회, 2009.
許壽童, 「간도 光明會와 永新中學校」, 『만주연구』8, 2008.
홍영기, 「한말 경기북부지방의 의병활동과 김규식」, 『(학술발표회)노은 김규식과 항일독립운동』, 구리문화원, 2004.
홍종필, 「滿洲 朝鮮人 移民 水田開拓 小考」, 『明知史論』3, 1990.
황민호, 「1920년대 초 재만 독립군의 활동에 관한 『매일신보』의 보도경향과 인식」, 『한국민족운동사연구』 50, 2007.
_____, 「1930년대 후반 在滿興亞協會의 設立과 對日協力 論理」, 『한국독립운동사연구』30, 독립기념관 한국독립운동연구소 2008.
_____, 「만주지역 민족운동사연구의 동향과 과제」, 『군사연구』129, 육군본부, 2010.
_____, 「만주지역 민족유일당운동에 관한 연구」, 『숭실사학』, 5, 숭실사

학회, 1988.

_____, 「북만에서 쓰러진 항일무장투쟁의 거인－김좌진」, 『春潭 劉準基 博士 停年退任紀念論叢－韓國近現代人物講義』, 국학자료원, 2007.

_____, 「일제하 한글신문의 만주지역 항일무장투쟁에 관한 보도경향」, 『한국민족운동사연구』58, 2009.

_____, 「재만 한인의 합법적 자치운동의 전개와 '自治'에 대한 국내 언론의 인식」, 『한국민족운동사연구』 47, 한국민족운동사학회, 2006.

_____, 「재만한국독립군의 성립과 항일무장투쟁의 전개」, 『사학연구』 114, 2014.

黃龍國, 「朝鮮革命軍 歷史에 대하여」, 『國史館論叢』9, 1989.

찾아보기

| ㄱ |

| ㄴ |

| ㄷ |

| ㅁ |

| ㅂ |

| ㅅ |

|ㅇ|

| ㅈ |

| ㅊ |

| ㅋ |

| ㅌ |

| ㅍ |

| ㅎ |

경력

숭실대학교 사학과 졸업
숭실대학교 사학과 교수
숭실대학교 인문대학 학장
숭실대학교 한국기독교박물관 관장
숭실대학교 한국기독교문화연구원장(역임)
한국민족운동사학회 회장(역임)
국가보훈처 현충시설심의위원회 위원
국가보훈처 독립유공자공적심사위원회 위원(역임)
독립기념관 한국독립운동사연구소 위원
인천광역시 문화재위원회 위원
문화체육부 영정동상심의위원회 위원
강제동원 피해조사 및 지원위원회 위원(역임)
국가기록위원회 위원(역임)
대통령기록관 기록관리전문위원회 위원(역임)
서울시사편찬위원회 위원(역임)
서울시문화재위원회 위원(역임)

저서

『재만한인사회와 민족운동』, 국학자료원(저서)
『일제하 식민지 지배권력과 언론의 경향』, 경인문화사(저서)
『일제하 만주지역 한인사회의 동향과 민족운동』, 신서원(저서)
『3·1운동의 전개와 매일신보』, 국학자료원(저서)
『철기 이범석 평전』, 선인(저서)
『식민지 조선과 매일신보－1910년대』, 선인(공저)
『3·1운동 직후 무장투쟁과 외교활동』, 독립기념관(공저)
『식민지시대자료총서』1－19권, 계명문화사 외

만주지역 항일독립운동사 연구

초판 1쇄 인쇄일 | 2024년 11월 8일
초판 1쇄 발행일 | 2024년 11월 20일

지은이 | 황민호
펴낸이 | 한선희
편집/디자인 | 정구형 이보은 박재원
마케팅 | 정찬용 정진이
영업관리 | 정구형 한상지
책임편집 | 이보은
인쇄처 | 으뜸사
펴낸곳 | 국학자료원 새미(주)
등록일 2005 03 15 제25100－2005－000008호
경기도 고양시 덕양구 권율대로 656 클래시아더퍼스트 1519, 1520호
Tel 02)442－4623 Fax 02)6499－3082
www.kookhak.co.kr
kookhak2010@hanmail.net

ISBN | 979-11-6797-176-0 *93910
가격 | 40,000원